Kraft/Kreutz, Gesellschaftsrecht

Juristische Lernbücher 5

ISSN 0340-5974

Gesellschaftsrecht

Prof. (em.) Dr. iur. Alfons Kraft
Universität Mainz

Prof. Dr. iur. Peter Kreutz
Universität Kiel

Elfte, neubearbeitete Auflage

LUCHTERHAND

Die Deutsche Bibliothek – CIP-Einheitsaufnahme

Kraft, Alfons:
Gesellschaftsrecht / von Alfons Kraft und Peter Kreutz. –
11., neubearb. Aufl. – Neuwied; Kriftel: Luchterhand, 2000
(Juristische Lernbücher; 5)
ISBN 3-472-03831-4

Satz: Satz Offizin Hümmer, Waldbüttelbrunn
Druck, Binden: Wilhelm & Adam, Heusenstamm
Printed in Germany, Dezember 1999

∞ Gedruckt auf säurefreiem, alterungsbeständigem und chlorfreiem Papier

Vorwort

Das vorliegende Lernbuch berücksichtigt, daß das Gesellschaftsrecht heute nicht mehr in seiner ganzen Breite im rechtswissenschaftlichen Studiengang relevant ist. Schwerpunkte bilden nurmehr das Personengesellschaftsrecht sowie die Grundzüge des Aktien- und des GmbH-Rechts. Ziel des Buches ist, Verständnis für die Grundgedanken des Gesellschaftsrechts in einer marktwirtschaftlichen Wirtschaftsordnung zu wecken, das notwendige gesellschaftsrechtliche Wissen zu vermitteln und für die Rechtsanwendung aufzubereiten.

Die Darstellung ist systematisch aufgebaut, versucht aber, wichtige Einzelfragen fallmäßig zu vertiefen. Als Lehr- und Lernbuch soll die Abhandlung nicht wissenschaftlich beeindrucken. Literatur- und Rechtsprechungshinweise sollen zur vertiefenden Weiterarbeit anregen.

Nach der gemeinsamen Konzeption haben Alfons Kraft die Abschnitte B, J-N, Peter Kreutz die Abschnitte A, C-I eigenverantwortlich ausgearbeitet.

Die 11. Auflage bringt das Lernbuch auf den Stand August 1999.

Die Verfasser

Inhalt

Abkürzungen

a. A.	anderer Ansicht
a. a. O.	am angegebenen Ort
ABG	Allgemeines Berggesetz
abl.	ablehnend
ABlEG	Amtsblatt der Europäischen Gemeinschaften
Abs.	Absatz
abw.	abweichend
AcP	Archiv für die civilistische Praxis
ADHGB	Allgemeines Deutsches Handelsgesetzbuch von 1861
a. E.	am Ende
a. F.	alte Fassung
AG	Aktiengesellschaft
AGBG	Gesetz zur Regelung des Rechts der Allgemeinen Geschäftsbedingungen
AktG	Aktiengesetz
allg.	allgemein
ALR	Allgemeines Landrecht für die preußischen Staaten
a. M.	anderer Meinung
Änd.	Änderung
Anh.	Anhang
Anm.	Anmerkung
AnwBl.	Anwaltsblatt
AP	Arbeitsrechtliche Praxis – Nachschlagewerk des Bundesarbeitsgerichts
AR	Aufsichtsrat
ArbGG	Arbeitsgerichtsgesetz
ArbN	Arbeitnehmer
Art.	Artikel
Auff.	Auffassung
Aufl.	Auflage
BAG	Bundesarbeitsgericht
BAnz.	Bundesanzeiger
Baumbach/Hopt	Handelsgesetzbuch, Kommentar, 29. Aufl. 1995
Baumbach/Hueck	Baumbach/Hueck, GmbH-Gesetz, 16. Aufl. 1996
BausparkG	Gesetz über Bausparkassen
BayObLG	Bayerisches Oberstes Landesgericht
BayObLGZ	Entscheidungen des BayObLG in Zivilsachen
BB	Der Betriebs-Berater (Zeitschrift)
Bd.	Band
Bearb.	Bearbeiter

Beil.	Beilage
ber.	berichtigt
bes.	besonders
Bespr.	Besprechung
betr.	betreffend
BetrVG	Betriebsverfassungsgesetz
BFH	Bundesfinanzhof
BGB	Bürgerliches Gesetzbuch
BGB-G	Die Gesellschaft des BGB (§§ 705 ff.)
BGBl.	Bundesgesetzblatt
BGH	Bundesgerichtshof
BGHSt	Entscheidungen des Bundesgerichtshofes in Strafsachen
BGHZ	Entscheidungen des Bundesgerichtshofes in Zivilsachen
BilRG	Bilanzrichtliniengesetz
Birili	Bilanzrichtlinie
BlStSozArbR	Blätter für Steuerrecht, Sozialversicherung und Arbeitsrecht (Zeitschrift)
BRAO	Bundesrechtsanwaltsordnung
BRD	Bundesrepublik Deutschland
BR-Drucks.	Drucksachen des Bundesrates
BSG	Bundessozialgericht
BT	Bundestag
BT-Drucks.	Drucksachen des Deutschen Bundestages
BVerfG	Bundesverfassungsgericht
BVerfGE	Entscheidungen des Bundesverfassungsgerichts
BVerwG	Bundesverwaltungsgericht
BVerwGE	Entscheidungen des Bundesverwaltungsgerichts
bzw.	beziehungsweise
c. i. c.	culpa in contrahendo
DB	Der Betrieb (Zeitschrift)
ders.	derselbe
d. h.	das heißt
Die AG	Die Aktiengesellschaft (Zeitschrift)
dies.	dieselbe(n)
diff.	differenzierend
Diss.	Dissertation
DJT	Deutscher Juristentag
DNotZ	Deutsche Notarzeitschrift
DRiZ	Deutsche Richterzeitung
DStR	Deutsches Steuerrecht (Zeitschrift)
DZWir	Deutsche Zeitschrift für Wirtschafts- und Insolvenzrecht

EEG	Eingetragene Erwerbsgesellschaften (österr. Bundesgesetz)
eG	eingetragene Genossenschaft
EG	Europäische Gemeinschaft(en)
EGAktG	Einführungsgesetz zum Aktiengesetz
EGBGB	Einführungsgesetz zum Bürgerlichen Gesetzbuch
EGInsO	Einführungsgesetzz zur Insolvenzordnung
eGmbH	eingetragene Genossenschaft mit beschränkter Haftung
eGmuH	eingetragene Genossenschaft mit unbeschränkter Haftung
Eisenhardt	U. Eisenhardt, Gesellschaftsrecht, 8. Aufl. 1999
EPG	Europäische Privatgesellschaft
EStG	Einkommensteuergesetz
etc.	et cetera
EU	Europäische Union
EuGH	Europäischer Gerichtshof
EuroEG	Gesetz zur Einführung des Euro (1998)
EuZW	Europäische Zeitschrift für Wirtschaftsrecht
e. V.	eingetragener Verein
EWG	Europäische Wirtschaftsgemeinschaft
EWIV	Europäische Wirtschaftliche Interessenvereinigung
f.	für, folgende
FamRZ	Zeitschrift für das gesamte Familienrecht
ff.	fortfolgende
FGG	Gesetz über die Angelegenheiten der freiwilligen Gerichtsbarkeit
Flume	W. Flume, Allg. Teil des Bürgerlichen Rechts Bd. I/1, Die Personengesellschaft, 1977 Die juristische Person, 1983
FN	Fußnote
FS	Festschrift
GBl.	Gesetzblatt
GBO	Grundbuchordnung
GbR	Gesellschaft bürgerlichen Rechts
GenG	Gesetz betreffend die Erwerbs- und Wirtschaftsgenossenschaft
Geßler/Hefermehl	Geßler/Hefermehl/Eckardt/Kropff, Aktiengesetz, 1973 ff.
GG	Grundgesetz
ggf.	gegebenenfalls
GmbH	Gesellschaft mit beschränkter Haftung
GmbHG	Gesetz betreffend die Gesellschaft mit beschränkter Haftung

GmbHRdsch.	Rundschau für GmbH (Zeitschrift)
GoA	Geschäftsführung ohne Auftrag
GroßKomm. HGB	Großkommentar zum Handelsgesetzbuch, 3. Aufl., neubearbeitet von Brüggemann u. a.; 1967 ff., 4. Aufl. 1983 ff.
Grunewald	Grunewald, Gesellschaftsrecht, 3. Aufl. 1999
GWB	Gesetz gegen Wettbewerbsbeschränkungen
h. A.	herrschende Auffassung
Hachenburg/Bearb.	Hachenburg, GmbHG, 8. Aufl. 1989 ff.
Halbs.	Halbsatz
HansOLG	Hanseatisches Oberlandesgericht
HDSW	Handwörterbuch der Sozialwissenschaften
HDWW	Handwörterbuch der Wirtschaftswissenschaft
HGB	Handelsgesetzbuch
h. L.	herrschende Lehre
h. M.	herrschende Meinung
Hofmann	P. Hofmann, Handelsrecht, 9. Aufl. 1996
HRefG	Handelsrechtsreformgesetz (1998)
HReg	Handelsregister
Hrsg.	Herausgeber
hrsg.	herausgegeben
HRV	Handelsregisterverfügung
Hueck	G. Hueck, Gesellschaftsrecht, 19. Aufl. 1991
Hueck, OHG	A. Hueck, Das Recht der offenen Handelsgesellschaft, 4. Aufl. 1971
Hüffer	U. Hüffer, Gesellschaftsrecht, 5. Aufl. 1998
HV	Hauptversammlung
i. d. F.	in der Fassung
i. d. R.	in der Regel
i. e. S.	im engeren Sinne
i. G.	in Gründung
IG	Interessengemeinschaft
i. L.	in Liquidation
insbes.	insbesondere
InsO	Insolvenzordnung
IntGesR	Internationales Gesellschaftsrecht
IPR	Internationales Privatrecht
IPRAX	Praxis des Internationalen Privat- und Verfahrensrechts (Zeitschrift)
i. S.	im Sinne
i. V.	in Verbindung
JA	Juristische Arbeitsblätter (Zeitschrift)
JBl.	Justizblatt

JFG	Jahrbuch für Entscheidungen in Angelegenheiten der freiwilligen Gerichtsbarkeit und des Grundbuchrechts
JR	Juristische Rundschau (Zeitschrift)
JurA	Juristische Analysen (Zeitschrift, eingestellt)
Jura	Juristische Ausbildung (Zeitschrift)
JuS	Juristische Schulung (Zeitschrift)
JW	Juristische Wochenschrift (Zeitschrift)
JZ	Juristenzeitung (Zeitschrift)
KAGG	Gesetz über Kapitalanlagegesellschaften
Kap.	Kapitel
KapAEG	Kapitalaufnahmeerleichterungsgesetz (1998)
KapErhG	Kapitalerhöhungsgesetz
Karsten Schmidt	Gesellschaftsrecht, 3. Aufl. 1997; Handelsrecht, 5. Aufl. 1999
KG	Kommanditgesellschaft, Kammergericht
KGaA	Kommanditgesellschaft auf Aktien
KO	Konkursordnung
Kölner Kommentar	Kölner Kommentar zum Aktiengesetz, hrsg. von W. Zöllner, 1. Aufl. 1970 ff.; 2. Aufl. 1986 ff.
KonTraG	Gesetz zur Kontrolle und Transparenz im Unternehmensbereich (1998)
krit.	kritisch
KTS	Konkurs-, Treuhand- und Schiedsgerichtswesen (Zeitschrift)
Kübler	F. Kübler, Gesellschaftsrecht, 5. Aufl. 1998
KWG	Kreditwesengesetz
LAG	Landesarbeitsgericht
Lehmann/Dietz	Lehmann/Dietz, Gesellschaftsrecht, 3. Aufl. 1970
Leits.	Leitsatz
LG	Landgericht
Lit.	Literatur
lit.	littera
LM	Lindenmaier/Möhring, Nachschlagewerk des Bundesgerichtshofes
LöschG	Löschungsgesetz
Lutter/Hommelhoff	Lutter/Hommelhoff, GmbHG, 14. Aufl. 1995
LZ	Leipziger Zeitschrift für Deutsches Recht
MarkenG	Gesetz über den Schutz von Marken und sonstigen Kennzeichen
MDR	Monatsschrift für Deutsches Recht (Zeitschrift)
MHbeG	Minderjährigenhaftungsbeschränkungsgesetz (1998)
MitbestBeiG	Mitbestimmungsbeibehaltungsgesetz

MitbestErgG	Mitbestimmungsergänzungsgesetz (Holding-Novelle)
MitbestG	Mitbestimmungsgesetz (1976)
MittRhNotK	Mitteilungen der Rheinischen Notar-Kammer (Zeitschrift)
MontanMitbestG	Montan-Mitbestimmungsgesetz (1951)
MünchKomm/Bearb.	Münchener Kommentar zum BGB, 2. Aufl. 1984 ff., 3. Aufl. 1993 ff.
m. w. N.	mit weiteren Nachweisen
NachhBG	Nachhaftungsbegrenzungsgesetz (1994)
n. F.	neue Fassung
NJW	Neue Juristische Wochenschrift (Zeitschrift)
NJW-RR	NJW Rechtsprechungs-Report
Nr.	Nummer
NVwZ	Neue Zeitschrift für Verwaltungsrecht
NWB	Neue Wirtschafts-Briefe für Steuer- und Wirtschaftsrecht
NZA	Neue Zeitschrift für Arbeitsrecht und Sozialrecht
NZG	Neue Zeitschrift für Gesellschaftsrecht
OHG	Offene Handelsgesellschaft
OLG	Oberlandesgericht
OLGE	Entscheidungen der Oberlandesgerichte
ÖstBGBl.	Österreichisches Bundesgesetzblatt
PartGG	Partnerschaftsgesellschaftsgesetz (1995)
PatG	Patentgesetz
PublG	Gesetz über die Rechnungslegung von bestimmten Unternehmen und Konzernen
PVV	Positive Vertragsverletzung
Raiser	Th. Raiser, Recht der Kapitalgesellschaften, 2. Aufl. 1992
RBeratG	Gesetz zur Verhütung von Mißbräuchen auf dem Gebiet der Rechtsberatung
RdA	Recht der Arbeit (Zeitschrift)
Rdz.	Randziffer
RdNr.	Randnummer
Rn.	Randnummer
RefE	Referentenentwurf
RegE	Regierungsentwurf
Reinhardt/Schultz	R. Reinhardt/D. Schultz, Gesellschaftsrecht, Lehrbuch, 2. Aufl. 1981
RG	Reichsgericht
RGBl.	Reichsgesetzblatt
RGRK	Kommentar zum BGB, hrsg. von Reichsgerichtsräten
RGZ	Entscheidungen des Reichsgerichts in Zivilsachen

RIW	Recht der internationalen Wirtschaft (Zeitschrift)
Rpfleger	Der Deutsche Rechtspfleger (Zeitschrift)
Rspr.	Rechtsprechung
RWS	Recht und Wirtschaft der Schule
S.	Satz, Seite
s.	siehe
Schlegelberger/Bearb.	HGB, 5. Aufl.
Scholz/Bearb.	Scholz, GmbHG, 8. Aufl.
SE	Societas Europaea
Soergel/Hadding	Soergel, Kommentar zum BGB, 11. Aufl., §§ 705 ff., 12. Aufl., §§ 21 ff.
Soergel/Schultze	Soergel/Siebert, BGB, Kommentar, 10. Aufl., §§ 705 ff.,
= v. Lasaulx	11. Aufl., §§ 21 ff.
sog.	sogenannte
SprAuG	Sprecherausschußgesetz
SpuR	Sport und Recht (Zeitschrift)
Staub/Bearb.	HGB, Großkommentar, 4. Aufl.
Staudinger/Keßler	Staudinger, Kommentar zum BGB, 12. Aufl., §§ 705 ff.
StBerG	Steuerberatungsgesetz
StG	Stille Gesellschaft
StGB	Strafgesetzbuch
str.	streitig
st. Rspr.	ständige Rechtsprechung
StückAG	Gesetz über die Zulassung von Stückaktien (1998)
StVG	Straßenverkehrsgesetz
u. a.	unter anderem
UBGG	Gesetz über Unternehmensbeteiligungsgesellschaften
UmwBerG	Umwandlungsbereinigungsgesetz
UmwG	Umwandlungsgesetz (1995)
unstr.	unstreitig
u. U.	unter Umständen
UWG	Gesetz gegen den unlauteren Wettbewerb
VAG	Versicherungsaufsichtsgesetz
VEB	Volkseigener Betrieb
VEK	Volkseigenes Kombinat
VereinsG	Vereinsgesetz
Verf.	Verfassung
vgl.	vergleiche
VO	Verordnung
Vorb. (Vorbem.)	Vorbemerkung
VVaG	Versicherungsverein auf Gegenseitigkeit

VVB	Vereinigung von Volkseigenen Betrieben
Westermann	Harry Westermann, Personengesellschaftsrecht, 5. Aufl. 1984, Sonderdruck aus: Westermann-Scherpf-Paulick-Bulla-Hackbeil, Handbuch der Personengesellschaften
WG	Wechselgesetz
WiB	Wirtschaftsrechtliche Beratung (Zeitschrift)
Wiedemann	H. Wiedemann, Gesellschaftsrecht, Bd. I, Grundlagen, 1980
WiKG	Gesetz zur Bekämpfung der Wirtschaftskriminalität
Wistra	Wirtschaft-Steuer-Strafrecht (Zeitschrift)
Wisu	Das Wirtschaftsstudium (Zeitschrift)
WM	Wertpapier-Mitteilungen (Zeitschrift)
WPO	Wirtschaftsprüferordnung
WRP	Wirtschaft in Recht und Praxis (Zeitschrift)
WuW	Wirtschaft und Wettbewerb (Zeitschrift)
ZBJ	Zeitschrift des Bernischen Juristenvereins
ZfA	Zeitschrift für Arbeitsrecht
ZgGenW	Zeitschrift für das gesamte Genossenschaftswesen
ZGR	Zeitschrift für Unternehmens- und Gesellschaftsrecht
ZHR	Zeitschrift für das gesamte Handelsrecht und Wirtschaftsrecht
ZIP	Zeitschrift für Wirtschaftsrecht
ZPO	Zivilprozeßordnung
ZRP	Zeitschrift für Rechtspolitik
Zs.	Zeitschrift
z. T.	zum Teil
zust.	zustimmend
zutr.	zutreffend

A. Grundlagen

I. Der Gegenstand des Gesellschaftsrechts

In der Bundesrepublik Deutschland ist das Gesellschaftsrecht nicht kodifiziert; eine zusammenfassende gesetzliche Regelung des Rechts aller Gesellschaften (»Gesellschaftsgesetzbuch«) ist derzeit auch nicht zu erwarten.

Die Zersplitterung des Gesellschaftsrechts auf viele Gesetze ist damit zu erklären, daß das »Gesellschaftsrecht« als ein zusammengehöriges eigenständiges Teilrechtsgebiet des Privatrechts erst im nachhinein von der Rechtswissenschaft erarbeitet wurde, während sich der Gesetzgeber, wie die historische Entwicklung zeigt[1], darauf beschränkt hat, in verschiedenen Gesetzen – orientiert an der Vielgestaltigkeit der Lebensbedürfnisse und überkommener Formtypen – jeweils einzelne Gesellschaftsformen (»Gesellschaftstypen«) zu normieren. Die wissenschaftliche Ausbildung des Gesellschaftsrechts beruht auf der Erkenntnis des allen Gesellschaften Gemeinsamen im Grundsätzlichen (gemeinsamer Nenner), trotz vieler, teils beträchtlicher Unterschiede im übrigen. Die gemeinsamen Merkmale bestimmen denn auch den Gesellschaftsbegriff, mit dessen Hilfe wiederum der Gegenstand des Gesellschaftsrechts abgrenzbar ist: **»Gesellschaft« ist** danach **jede privatrechtsgeschäftlich begründete Vereinigung von Personen zur Verfolgung eines gemeinsamen Zweckes.**

Freilich darf kein Zweifel darüber bestehen, daß dieser Gesellschaftsbegriff heute nurmehr von (zudem zweifelhafter[2]) wissenschaftlich-systematischer Bedeutung ist und völlige Klarheit darüber besteht, welche Rechtsformen als »Gesellschaften« i. S. des Gesellschaftsrechts anzusehen sind. Dies sind:

II. Übersicht: Gesellschaften nach Rechtsquellen geordnet

1. Im Bürgerlichen Gesetzbuch (**BGB** von 1896):
   a) der Verein (rechtsfähiger, §§ 21–53, 55–79; nichtrechtsfähiger, § 54)
   b) die Gesellschaft (BGB-G), §§ 705–740 BGB

2. Im Handelsgesetzbuch (**HGB** von 1897):
   a) die offene Handelsgesellschaft (OHG), §§ 105–160 HGB
   b) die Kommanditgesellschaft (KG), §§ 161–177 a HGB

---

1 Eine Darstellung der Geschichte des Gesellschaftsrechts liegt nicht vor. Geschichtliche Darstellungen beziehen sich auf die einzelnen Gesellschaftsformen.

2 Das ist im Hinblick darauf zu betonen, daß der traditionell (nach wie vor) in der Definition hervorgehobene Gesichtspunkt »Personenvereinigung« durch zulässige Gesellschaften mit nur einem Gesellschafter (»Einmann-Gesellschaften«) unstimmig geworden ist.

c) die stille Gesellschaft (StG), §§ 230–236 HGB
d) die Reederei, §§ 489–509 HGB

3. **Im** Gesetz betreffend die Gesellschaften mit beschränkter Haftung (**GmbHG** von 1892):
Die Gesellschaft mit beschränkter Haftung (GmbH), § 1 ff. GmbHG
4. **Im** Aktiengesetz (**AktG** von 1965):
a) die Aktiengesellschaft (AG), §§ 1 ff. AktG
b) die Kommanditgesellschaft auf Aktien (KGaA), §§ 278–290 AktG
5. **Im** Gesetz betreffend die Erwerbs- und Wirtschaftsgenossenschaften (**GenG** von 1889 i. d. F. vom 19. 8. 1994):
Die eingetragene Genossenschaft (eG), §§ 1 ff. GenG
6. **Im** Versicherungsaufsichtsgesetz (**VAG** i. d. F. vom 17. 12. 1992):
Der Versicherungsverein (kleiner und großer) auf Gegenseitigkeit (VVaG), §§ 7, 15–53 b VAG
7. **Im** Gesetz über Partnerschaftsgesellschaften Angehöriger freier Berufe (**PartGG** von 1994):
Die Partnerschaft, §§ 1 ff. PartGG
8. **Durch Verordnung** (EWG) Nr. 2137/85 **des Rates** der Europäischen Gemeinschaft vom 25. 7. 1985 ist die erste Gesellschaftsform **supranationalen** Rechts geschaffen worden (deutsches Ausführungsgesetz vom 14. 11. 1988, BGBl. I S. 514):
Die Europäische wirtschaftliche Interessenvereinigung (EWIV)
9. **Im Bergrecht der Länder** war früher die bergrechtliche Gewerkschaft als Gesellschaftsform geregelt; diese ist zum 2. 1. 1986 durch das Bundesberggesetz vom 13. 8. 1980 abgeschafft worden (vgl. zu Übergangsregelungen unten N III).

III. Arten der Gesellschaften

Zur systematischen Ordnung der Vielfalt der Gesellschaftsformen bieten sich mehrere Gliederungsgesichtspunkte an. Dazu zählt bei sinnvoller Betrachtung freilich nicht eine Unterscheidung danach, ob das Gesetz die jeweilige Gesellschaftsform als »Gesellschaft« bezeichnet, weil ja alle die begriffswesentlichen Merkmale einer Gesellschaft erfüllen. Auch würden außerrechtliche Gruppierungen, wie etwa solche nach der wirtschaftlichen Bedeutung oder Häufigkeit, rechtliche Unterschiede kaum hervortreten lassen. Dazu dient alleine eine Differenzierung im Hinblick auf die drei begriffswesentlichen Merkmale einer Gesellschaft:

»Personenvereinigung«
»zur (gemeinsamen) Verfolgung eines gemeinsamen Zweckes«,
»die privatrechtsgeschäftlich begründet ist«.

Dabei zeigt sich, daß diese Merkmale von gewisser Abstraktionshöhe sind und unterschiedlicher rechtlicher Ausfüllung durchaus Rechnung tragen.

1. Unterscheidung nach der Art der Personenvereinigung (Personengesellschaften und Vereine)

Wesentlich für jede Gesellschaft ist, daß sie aus einer Vereinigung von Personen entsteht (Ausnahme: Die Einmann-Gesellschaft[3]).

Als **Motive zu Personenvereinigungen** sind u. a. hervorzuheben:

- Ergänzung der persönlichen Fähigkeiten (z. B. kaufmännische und technische Fähigkeiten);
- Zusammenlegung der Kapitalkraft;
- Risikobegrenzung (durch Beschränkung der persönlichen Haftung);
- Erhaltung von Unternehmen (z. B. bei Alter oder Tod eines bisherigen Einzelunternehmers);
- ideelle Motive jeder Art.

Die rechtliche Ausgestaltung zur aktionsfähigen Einheit, ihre Organisation, ist bei den einzelnen Gesellschaftsformen ebenso unterschiedlich wie die Lebensbedürfnisse, denen sie gerecht zu werden haben. Daran vornehmlich knüpft die Unterscheidung zwischen Personengesellschaften (»Gesellschaften im engeren Sinne«) und Vereinen (»Gesellschaften im weiteren Sinne«), die für die traditionelle deutsche Gesellschaftsrechtswissenschaft grundlegend ist.

Sie ist bereits durch die unterschiedliche Behandlung von Vereinen (§§ 21 ff.) und BGB-G (§§ 705 ff.) im BGB angelegt; sie ist auch berechtigt. Es ist jedoch davor zu warnen, die Lösung von Einzelproblemen unter Berufung auf das Wesen oder die Rechtsnatur der jeweiligen Gesellschaftsform als Personengesellschaft oder Verein zu mystifizieren. Auch ist von vornherein im Auge zu behalten, daß die Vertragsfreiheit eine Mischung der Gesellschaftsformen ermöglicht (»Typenmischung«).

a) **Personengesellschaften sind:** BGB-G als Grundform, weiter OHG, KG, StG, Partnerschaft, EWIV und (nur eingeschränkt) die Reederei.

b) **Alle übrigen Gesellschaften rechnet man zu den Vereinen:**

(1) Vereine des BGB (als Grundform).
Dabei unterscheidet das BGB zwischen **rechtsfähigen** und **nichtrechtsfähigen** Vereinen. Rechtsfähige Vereine (zu unterscheiden: Idealvereine [e. V.], § 21; Wirtschaftsvereine, § 22) sind juristische Personen (womit sich ihre Regelung im Personenrecht des Allgemeinen Teils des BGB er-

3 Zur Möglichkeit der Gründung einer Einmann-Gesellschaft als besondere Erscheinungsform bei AG und GmbH vgl. B I 1 a.

klärt), während nichtrechtsfähige Vereine (praktisches Beispiel: arbeitsrechtliche Gewerkschaften) ausdrücklich den Vorschriften über die BGB-G unterstellt sind (§ 54). Rechtsprechung und Lehre halten diese rechtspolitische Entscheidung des Gesetzgebers jedoch für verfehlt und behandeln auch den nichtrechtsfähigen Verein weitgehend nach den Regeln des rechtsfähigen Vereins (vgl. dazu die Kommentare zu § 54 BGB).

(2) Wirtschaftsvereine in besonderer Rechtsform: AG, KGaA, GmbH, eG, VVaG.

c) Da die Gesetze weder den Verein noch die Personengesellschaft definieren, **müssen die tragenden Unterschiede zwischen beiden Gruppen aus den gesetzlichen Regelungen herausgearbeitet werden.** Dabei ergibt sich, daß Personengesellschaften in weit stärkerem Maße als Vereine von der Individualität der Personen, die sich vereinigt haben (Gesellschafter), geprägt werden. Die Berücksichtigung der Individualität der Gesellschafter läßt den Zusammenschluß als solchen nach innen, d. h. im Verhältnis der Gesellschafter zueinander, und nach außen, d. h. gegenüber Dritten, weniger als verselbständigte Einheit in Erscheinung treten als den Verein.

(1) Die **Personenbezogenheit** der Personengesellschaften äußert sich insbesondere darin, daß
- die Gesellschafter, nicht die Gesellschaft als solche, Träger aller gesellschaftlichen Rechte und Pflichten sind. Keiner Personengesellschaft ist demgemäß vom Gesetzgeber der Status einer juristischen Person verliehen;
- die Gesellschafter selbst die Geschäftsführung und Vertretung der Gesellschaft besorgen (Selbstorganschaft); Personengesellschaften sind demgemäß auf die enge Zusammenarbeit ihrer Gesellschafter ausgerichtet;
- die Gesellschafter insbes. auch untereinander rechtlich verbunden sind;
- die Gesellschafter nicht beliebig auswechselbar sind; Tod, Kündigung und Insolvenz eines Gesellschafters können den Bestand der Gesellschaft berühren.

(2) Demgegenüber steht bei den Vereinen die Ausgestaltung der Personenvereinigung als **selbständige Einheit** im Vordergrund. Das zeigt sich in
- einer **körperschaftlichen Organisation**, die darauf gerichtet ist, den Verein nach innen und außen zu einem handlungsfähigen Ganzen auszugestalten. Darunter versteht man, daß die Willensbildung, Geschäftsführung und Vertretung der Vereinigung von der Individualität ihrer Mitglieder abgelöst und besonderen Organen übertragen wird (Mitgliederversammlung, Vorstand) und die Einheit nach außen unter eigenem Namen auftritt. Die körperschaftliche Verfassung eröffnet

zugleich die Möglichkeit des unkomplizierten Mitgliederwechsels (Ein- und Austritte);
- einer **rechtlichen Verselbständigung**, indem die Rechtsordnung den Vereinen den Status einer juristischen Person verleiht und sie damit zum Zuordnungssubjekt des Vereinsvermögens, von sonstigen Rechten und Pflichten macht. Alle Vereine (mit Ausnahme des nichtrechtsfähigen BGB-Vereins, § 54 BGB) sind juristische Personen.

d) Die Unterscheidung zwischen Personengesellschaften und Vereinen ist mit der zwischen **Personengesellschaften** und **Kapitalgesellschaften** nicht identisch. Diese Unterscheidung, die vielfach hervorgehoben wird, stellt nicht auf die mehr oder weniger verselbständigte Einheit des Personenzusammenschlusses ab, sondern darauf, ob der gemeinsam verfolgte Zweck in einer Gesellschaftsform mehr durch den **persönlichen Einsatz** (Arbeitskraft, Kreditfähigkeit, Privatvermögen) oder einen mehr **unpersönlichen, beschränkten Kapitaleinsatz** der Gesellschafter, der für den Umfang ihrer Rechte und Pflichten in der Gesellschaft ausschlaggebend ist, erreicht werden soll. Diese Unterscheidung darf als Verständnishilfe nicht überbewertet werden, weil nur OHG einerseits und AG andererseits die Grundformen rein verkörpern. Gesetzliche Sonderbestimmungen für »Kapitalgesellschaften« (z. B. §§ 264ff. HGB, § 3 I Nr. 2 UmwG) sind natürlich zu beachten; dabei benennen die Gesetze die AG, KGaA und GmbH als Kapitalgesellschaften.

e) Die Unterscheidung zwischen Verein und Personengesellschaft deckt sich aber weitgehend mit der zwischen **juristischer Person** und **Gesamthandsgemeinschaft**. Nur Vereinen (Ausnahme: der nichtrechtsfähige Verein) kommt die Eigenschaft zu, juristische Person zu sein, d. h. als selbständiges Rechtssubjekt wie eine natürliche Person am Rechtsverkehr teilzunehmen, insbes. selbst Träger von Rechten und Pflichten zu sein[4].

Demgegenüber sind die Personengesellschaften allesamt nicht juristische Person (ganz h. M.); bei ihnen sind deshalb die Gesellschafter Träger aller Rechte und Pflichten. Das bedeutet allerdings nicht, daß jeweils nur eine individuelle Rechtszuständigkeit der Gesellschafter in Betracht kommt. Die Besonderheit von BGB-G, OHG, KG, Partnerschaft und EWIV als den wichtigsten Personengesellschaften besteht vielmehr darin, daß sie sog. Gesamthandsgesellschaften sind. Man spricht von Gesamthandsgesellschaften (oder Gesamthandsgemeinschaften), weil bei ihnen das **Gesamthandsprinzip** gilt, das durch die Regelungen in §§ 718, 719 BGB für die BGB-G in das Gesetz aufgenommen ist, auf die das Recht von OHG, KG, Partnerschaft und EWIV verweist (vgl. §§ 105 III, 161 II HGB, § 1 IV PartGG, § 1 EWIV-Ausführungsgesetz). Dieses Prinzip besagt zunächst, daß das **Gesellschaftsvermö-**

4 Zur (durchaus str.) Theorie der juristischen Person vgl.: *John*, Die organisierte Rechtsperson, 1977; *Ott*, Recht und Realität der Unternehmenskorporation, 1977; *Rittner*, Die werdende juristische Person, 1973; *Flume*, Die juristische Person, 1983; s. ferner die Kommentare zum BGB vor §§ 21ff.

gen den Gesellschaftern **gesamthänderisch** (zur gesamten Hand) zugeordnet ist. Ob sich darin jedoch die Bedeutung des gesellschaftsrechtlichen Gesamthandsprinzips erschöpft, ist seit jeher streitig; dieser Streit hat in den letzten Jahrzehnten neue Aktualität gewonnen und ist zumindest in seinen Grundzügen und Konsequenzen durchaus examensrelevant[5].

Jedenfalls wird durch das Gesamthandsprinzip eine **gewisse Verselbständigung auch der Personengesellschaften** erreicht. Diese ist bei OHG und KG noch dadurch verstärkt, daß diese Gesellschaften rechtstechnisch (§ 124 HGB) weitgehend *wie* juristische Personen behandelt werden (vgl. D I 4). Entsprechendes gilt für die Partnerschaft (§ 7 II PartGG) sowie für die EWIV (vgl. dazu I IV 3). Problematisch und schwierig bleibt die Einordnung der BGB-G (vgl. C I 1 d).

2. Unterscheidung nach der Art des verfolgten (gemeinsamen) Zweckes

a) Eine Reihe von Gesellschaftsformen ist kraft Gesetzes **auf die Verfolgung bestimmter Zwecke beschränkt**, nämlich:
(1) Der e. V. (§ 21 BGB): auf ideelle Zwecke (Gegensatz: wirtschaftliche Zwecke).
(2) OHG, KG (§§ 105, 161 HGB): auf den Betrieb eines Handelsgewerbes unter gemeinschaftlicher Firma.
(3) StG (§ 230 HGB): auf die Beteiligung am Handelsgewerbe eines anderen.
(4) Die Partnerschaft (§ 1 I PartGG): auf die gemeinsame Ausübung freier Berufe.
(5) Reederei (§ 489 HGB): auf die Verwendung eines mehreren Personen gemeinschaftlich gehörenden Schiffes zum Erwerb durch Seeschifffahrt.
(6) Die eG (§ 1 GenG): auf die Förderung des Erwerbs oder der Wirtschaft der Mitglieder mittels gemeinschaftlichen Geschäftsbetriebes.
(7) VVaG (§§ 7, 15 VAG): auf die Versicherung der Mitglieder nach dem Grundsatz der Gegenseitigkeit (d. h. die Mitglieder sind die Versicherten).
(8) EWIV (Art. 3 I EWIV-VO): auf Hilfstätigkeiten zur wirtschaftlichen Tätigkeit ihrer Mitglieder.

Alle anderen Gesellschaftsformen (AG, KGaA, GmbH, BGB-G, nichtrechtsfähiger Verein) lassen sich zur Verfolgung jedes erlaubten Zweckes nutzen.

Es ist jedoch zu beachten, daß eine BGB-G und ein nichtrechtsfähiger Verein in Wirklichkeit OHG sind (und damit OHG-Recht gilt), wenn ihr Zweck im Betrieb eines Handelsgewerbes unter gemeinschaftlicher Firma besteht (vgl. dazu D I 5).

---

5 Vgl. zum Streitstand C I 1 d sowie hinsichtlich der Konsequenzen C II 4 b bb, II 5, III 2 c, 3.

b) Umgekehrt ist die **Verfolgung bestimmter Zwecke** kraft ausdrücklicher gesetzlicher Regelung **nur in bestimmten Gesellschaftsformen zulässig**: Z. B. dürfen Kapitalanlagegesellschaften (Investmentgesellschaften) nur in Form der AG oder GmbH (§ 1 III KAGG), private Hypothekenbanken nur als AG oder KGaA (§ 2 HypothekenbankG), Bausparkassen nur als AG (§ 2 I BausparkG), Versicherungsgesellschaften nur als VVaG oder AG (§ 7 VAG), Unternehmensbeteiligungsgesellschaften nur als AG, KGaA, GmbH oder KG (§ 2 I UBGG) betrieben werden; alle Bank-Unternehmen müssen von Handelsgesellschaften betrieben werden (§ 2 a I KWG).

c) Bedeutungsvoll ist, ob die Vereinigung **nicht-wirtschaftliche** (ideelle) **oder wirtschaftliche Zwecke** verfolgt.
Diese Unterscheidung ist zunächst für den Verein des BGB wichtig, weil §§ 21, 22 BGB hinsichtlich der Erlangung der Rechtsfähigkeit scharf zwischen Idealvereinen (§ 21) und Wirtschaftsvereinen (§ 22) unterscheiden. Diese Unterscheidung kann im Einzelfall schwierige Abgrenzungsfragen aufwerfen[6]. Daß Wirtschaftsvereine nach dem Konzessionssystem Rechtsfähigkeit erlangen, während für Idealvereine das Normativprinzip gilt (vgl. zu dieser Unterscheidung B I 4 b), ist jedoch heute deshalb ohne große praktische Bedeutung, weil die Rechtsordnung für die wichtigsten Wirtschaftsvereine (AG, KGaA, GmbH, eG, VVaG) besondere Gesellschaftsformen bereitstellt, bei denen die Rechtspersönlichkeit grundsätzlich ebenfalls nach dem Normativprinzip erlangt wird.

Vor allem bei wirtschaftlichen Zweckverfolgungen (Gesellschaften als Unternehmensträger) ist die **Querverbindung des Gesellschaftsrechts zum Handelsrecht** zu beachten. Gemäß § 6 HGB gelten die für Kaufleute gegebenen Vorschriften für Handelsgesellschaften. Das sind: OHG, KG (vgl. Überschrift zweites Buch HGB), ferner kraft Rechtsform immer AG, KGaA, GmbH, selbst dann, wenn sie, was möglich ist, etwa ideelle Zwecke verfolgen (§§ 3, 278 III AktG, § 13 III GmbHG). Darüber hinaus gilt auch die eG als Kaufmann (§ 17 II GenG), ist der große (nicht der kleine) VVaG, obwohl er kein Gewerbe betreibt, den Vorschriften des HGB unterstellt (§ 16 VAG). Schließlich können aber auch Wirtschaftsvereine nach § 22 BGB dem HGB unterfallen (vgl. §§ 1–5 HGB).

3. Unterscheidung nach der Art der Gründung

Eine materielle Unterscheidung der Gesellschaftsformen nach der Art der Gründung läßt sich nicht treffen. Alle Gesellschaften werden durch freiwilliges **privatrechtliches Rechtsgeschäft** begründet. Wenn man auch davon

---

6 Vgl. BGHZ 15, 315; 45, 395; BVerwG, NJW 1979, 2261. Grundsätzlich: BGHZ 85, 84 (ADAC) und dazu *Hemmrich*, BB 1983, 328; *Reuter*, ZIP 1984, 1052; *ders.*, ZHR 1987, 237; *Karsten Schmidt*, Verbandszweck und Rechtsfähigkeit im Vereinsrecht, S. 198. Vgl. zur Abgrenzung am Beispiel der Fußballbundesligavereine *Heckelmann*, AcP 1979, 1; *Karsten Schmidt*, AcP 1982, 1.

spricht, daß Personengesellschaften durch Gesellschaftsvertrag, Vereine durch Feststellung der Satzung gegründet werden, so handelt es sich dabei nach zutreffender h. M.[7] doch nicht um wesensmäßig verschiedene Arten von privatrechtlichen Rechtsgeschäften. Beide Gründungsformen lassen sich unter dem Oberbegriff »Organisationsvertrag« zusammenfassen. Im Organisationsvertrag einigen sich die Gründer durch übereinstimmende Willenserklärung darauf, sich zur gemeinsamen Verfolgung eines bestimmten gemeinsamen Zweckes in einer bestimmten gesellschaftsrechtlichen Organisationsform zusammenzuschließen. Der Gesellschaftsvertrag ist dabei gleichzeitig Gründungsvertrag und Grundordnungsvertrag für das zukünftige Zusammenwirken. Bei der Einmann-Gründung (vgl. B I 1 a) tritt die einseitige Errichtungserklärung an die Stelle des Vertrages.

IV. Abgrenzungsfragen

1. Andere Rechtsgebilde

Vom Gesellschaftsrecht sind zunächst solche Rechtsgebilde abzugrenzen, die die erforderlichen **Begriffsmerkmale** einer Gesellschaft **nicht** aufweisen, insbes.:

a) **Körperschaften des öffentlichen Rechts,** § 89 BGB
Grund: Sie entstehen nicht durch privatrechtlichen Organisationsvertrag, sondern auf der Grundlage eines Hoheitsaktes oder eines öffentlich-rechtlichen Vertrages, wie z. B. Staat, Gemeinden, Kommunalverbände, Universitäten, Kammern, Kirchen. Stiftungen und Anstalten des öffentlichen Rechts erfüllen zudem nicht das Merkmal des Personenzusammenschlusses.

b) **Die Gemeinschaft,** §§ 741–758 BGB
Hier kommen zwei Gründe in Betracht:
Es fehlt an einer rechtsgeschäftlichen Begründung in den Fällen gesetzlicher Entstehung, z. B. §§ 947, 948 BGB (Verbindung und Vermischung), § 984 BGB (Schatzfund), § 6 PatG (Erfindergemeinschaften). Es fehlt die Verfolgung eines gemeinsamen Zweckes, wenn der Tatbestand einer Rechtsgemeinschaft rechtsgeschäftlich herbeigeführt wird, ohne daß sich

7 Sog. Vertragstheorie; vgl. etwa *Flume*, Die juristische Person, S. 315 ff.; *Soergel/Hadding*, § 25 Anm. 17; *Staudinger/Weick*, BGB (1995), § 25 Anm. 15; *Wiedemann*, Gesellschaftsrecht I, S. 159. Die auf *O. v. Gierke*, (Deutsches Privatrecht I, S. 486) zurückgehende »Gesamtaktstheorie«, nach der die Satzung einen Gesamtakt darstellt, »der nicht unter den Begriff irgendeines Rechtsgeschäfts gebracht werden darf«, ist heute überwunden. Allerdings wird auch heute noch (und wieder) gelegentlich dem Satzungsinhalt (zu Unrecht) Normqualität für die Zeit nach Entstehung der juristischen Person zuerkannt; vgl. etwa *Soergel/Schultze = v. Lasaulx*, § 25 Anm. 10; rechtstheoretisch: *Meyer-Cording*, Die Rechtsnormen, 1971. Nach MünchKomm/*Reuter*, der der sog. Normentheorie folgt (§ 25 Anm. 10), soll die Satzung eine Normsetzung mit rechtsgeschäftlichen Mitteln darstellen (§ 25 Anm. 13).

die Beteiligten darüber hinaus zur Förderung eines gemeinsamen Zwekkes verpflichten, z. B. beim Erwerb einer Sache zum Miteigentum (vgl. dazu noch C I 2 c), gemeinsame Miete einer Wohnung durch Ehegatten.

c) **Die Erbengemeinschaft,** §§ 2032–2057 BGB
Grund: Keine vertragliche Begründung, sondern Entstehung und Zweckbestimmung aufgrund Gesetzes.

d) **Die eheliche Lebensgemeinschaft** (Ehe)
Grund: Keine Verfolgung eines bestimmten gemeinsamen Zweckes, weil der Zweck der Ehe in der Herstellung einer vollen Lebensgemeinschaft besteht.
Aber: Die Verwirklichung der ehelichen Lebensgemeinschaft schließt die ausdrückliche oder stillschweigende Begründung einer (Personen-)Gesellschaft zwischen Ehegatten nicht aus[8].

e) **Die Gütergemeinschaft** als ehevertraglicher Güterstand (§§ 1415 ff. BGB)
Grund: Der Ehevertrag begründet keine Personenvereinigung, sondern regelt nur die vermögensrechtlichen Beziehungen in der ehelichen Lebensgemeinschaft[9].

f) **Die Stiftung,** §§ 80–88 BGB
Grund: Keine Personenvereinigung.

2. Kartelle, Konsortien, Konzerne und Interessengemeinschaften

Sie sind keine besonderen Gesellschaftsformen. Bei diesen Erscheinungsformen des Wirtschaftslebens handelt es sich um Unternehmensverbindungen rechtlich selbständiger und selbständig bleibender Unternehmen. Diese Unternehmensverbindungen stellen keine besonderen Gesellschaftsformen dar; vielmehr bedienen sich die Unternehmen bei ihrem Zusammenwirken der Rechtsformen des Gesellschaftsrechts. Insoweit gilt jeweils das Recht der gewählten Gesellschaftsform.

a) **Kartelle** liegen vor, wenn Unternehmen i. S. der Tatbestände von § 1 GWB oder Art. 81 EG-Vertrag[10] zu dem Zweck oder mit der Folge zusammenwirken (durch Vereinbarungen, Beschlüsse von Unternehmensvereinigungen

---

8 Zur Ehegattengesellschaft vgl. etwa BGHZ 8, 249 ff.; 47, 157 ff.; BGH, NJW 1974, 1554; BGH, WM 1987, 843; 1990, 877, 1463; 1995, 1365 (Anforderungen an die konkludente Begründung einer Ehegatteninnengesellschaft) und *Maiberg*, DB 1975, 385 (Rechtsprechungsüberblick); *Mutze/Bülow*, Ehegatten-Gesellschaftsverträge, 5. Aufl. 1987. Auch die nichteheliche (eheähnliche) Lebensgemeinschaft ist keine Gesellschaft; allerdings können nach BGH (BGHZ 77, 55; WM 1982, 747, 1122) unter bestimmten Voraussetzungen Grundsätze der BGB-G Anwendung finden. Zu Gesellschaften zwischen Ehegatten und Nichtehegatten in der Rspr. des BGH (krit.) *Frank*, FamRZ 1983, 541.

9 Vgl. zu den Anforderungen der Gründung einer OHG zwischen Ehegatten bei Gütergemeinschaft BGH, NJW 1975, 1774 und dazu *Reuter/Kunath*, JuS 1977, 376.

10 Beachte dazu: GWB i. d. F. vom 26. 8. 1998, BGBl. I S. 2546; EG-Vertrag i. d. F. des Vertrages von Amsterdam vom 2. 10. 1997, ABl. Nr. C 340 S. 173, in Kraft seit 1. 5. 1999.

oder aufeinander abgestimmte Verhaltensweisen), den Wettbewerb zu verhindern, einzuschränken oder zu verfälschen (z. B. durch Preisabsprachen, Gebietsaufteilungen). Eine solche Koordinierung des Wettbewerbsverhaltens kann vor allem auch durch Gründung oder auf der Grundlage von Gesellschaften erfolgen (z. B. kann beim Kartellvertrag der Kartellzweck insbes. in der Rechtsform der BGB-G, des BGB-Vereins und der GmbH verwirklicht werden und können Beschlüsse von Unternehmensvereinigungen solche von Gesellschafts- und Vereinsorganen sein); insofern gilt Gesellschaftsrecht. Die spezifischen Probleme des Kartellrechts sind im Hinblick auf eine Beschränkung des Wettbewerbs jedoch wettbewerbsrechtlicher, nicht gesellschaftsrechtlicher Natur; **Kartellrecht ist Wettbewerbsrecht**.

b) **Konsortien** sind Gelegenheitsgesellschaften, vornehmlich in der Rechtsform der BGB-G, die nur als vorübergehende Verbindungen zur Erledigung konkreter Einzelaufgaben vorgesehen sind (z. B. Emissionskonsortien zur Übernahme und Unterbringung von Wertpapieren [etwa Aktien] beim Publikum; Arbeitsgemeinschaften zur Durchführung von Großprojekten, etwa der Entwicklungshilfe).

c) **Konzerne** sind Unternehmensverbindungen, bei denen ein herrschendes und ein oder mehrere abhängige Unternehmen (Unterordnungskonzern) oder rechtlich selbständige, nicht voneinander abhängige Unternehmen (Gleichordnungskonzern) unter einheitlicher Leitung bei Wahrung ihrer rechtlichen Selbständigkeit zusammengefaßt sind (§ 18 I, II AktG). Entgegen dem Sprachgebrauch ist der »Konzern« als Rechtsbegriff nur eine Unterart der »Verbundenen Unternehmen«, die bisher lediglich im dritten Buch des AktG (§§ 291 ff.) eine gesetzliche Behandlung erfahren haben (vgl. dazu näher B V). Im Konzern können Unternehmen aller Gesellschaftsformen zusammengefaßt sein; die Konzernspitze, die die einheitliche Leitung ausübt, kann sich ebenfalls aller Gesellschaftsformen bedienen.

Konzernrecht ist als »Recht verbundener Unternehmen« **Gesellschaftsrecht**; darüber hinaus spielen Konzerne im Kartell- (Stichwort: Fusionskontrolle) und Steuerrecht eine Rolle.

Literatur: *Emmerich/Sonnenschein*, Konzernrecht, 6. Aufl. 1997.

d) **Interessengemeinschaften** (IG) in einem weiteren Sinne sind alle Gesellschaften. In einem engeren Sinne versteht man unter der Interessengemeinschaft (IG) aber insbesondere eine in der Form der BGB-G vereinbarte Gewinngemeinschaft, in der mehrere selbständige Unternehmen zur gemeinsamen Tragung des wirtschaftlichen Risikos ihren Gewinn zusammenlegen (poolen), um diesen dann nach einem bestimmten Schlüssel aufzuteilen (berühmtes Beispiel aus der Vergangenheit: die IG-Farben).

Literatur: *Fikentscher*, Die Interessengemeinschaft, 1966.

V. Numerus clausus der Gesellschaftsformen und Vertragsfreiheit

1. Numerus clausus der Gesellschaftsformen

Das Gesellschaftsrecht gestaltet das **Grundrecht der Vereinigungsfreiheit** (Art. 9 I GG) durch unterverfassungsrangige Rechtsnormen aus und ermöglicht damit die Grundrechtsausübung im Recht. Dabei herrscht im Gesellschaftsrecht ein **numerus clausus der Gesellschaftsformen**. Zulässig sind nur die Rechtsformen, die der Gesetzgeber in seinem Bemühen, der Vielfalt der Lebens- und Wirtschaftsbedürfnisse gerecht zu werden, zur Verfügung stellt. Die darin liegende **Beschränkung der Vertragsfreiheit** wird vor allem vom Schutz des redlichen Verkehrs gefordert. Gläubiger, Publikum und die Gesellschafter selbst (insbes. bei Massengesellschaften) müssen an der Gesellschaftsform erkennen können, mit welcher Gestaltung sie es zu tun haben. Deshalb ist der numerus clausus verfassungsgemäß. Er wahrt angesichts der Vielfalt der Gesellschaftsformen das Verhältnismäßigkeitsprinzip als grundrechtstypisches Bindungsprinzip, das auch für solche Grundrechte (wie das der Vereinigungsfreiheit) gilt, die nicht unter ausdrücklichem Gesetzesvorbehalt stehen. Daher ist die Durchsetzung neuer eigenständiger Gesellschaftsformen nur durch legislatorische Veränderung des Gesellschaftsrechts möglich. Beispiel dafür bietet die Partnerschaft, die der Gesetzgeber durch das PartGG von 1994 als neue eigenständige Gesellschaftsform geschaffen hat (vgl. unten H). Zu Entwicklungsperspektiven vgl. unten VI.

Der numerus clausus der Gesellschaftsformen steht nicht zuletzt auch allen Versuchen im Wege, durch »Demokratisierung der Wirtschaft« aus Arbeitnehmern »Gesellschafter« zu machen, die zwar mit dem ursprünglichen Unternehmensinhaber gleichberechtigte Betriebsbeteiligte sein sollen, ohne sich freilich mit ihm bezüglich des Unternehmerrisikos zu identifizieren[11]. Zu den Problemen, die sich stellen, wenn ein Arbeitnehmer zugleich Gesellschafter oder ein Gesellschafter zugleich Arbeitnehmer ist, vgl. Fohrmann, Der Arbeitnehmer als Gesellschafter, 1982; Loritz, Die Mitarbeit Unternehmensbeteiligter, 1984.

2. Gestaltungsfreiheit

Andererseits bleibt außer der Auswahlfreiheit unter den enumerativ zur Wahl gestellten Formen durchaus Raum zu rechtsgeschäftlicher Ausgestaltung **(Gestaltungsfreiheit)**. Das hat zwei Gründe: Einmal gibt es bei allen Gesellschaftsformen nicht normierte Regelungsbereiche. Zum anderen umlagern eine Vielzahl abdingbarer (dispositiver) Normen – von Gesellschaftsform zu Gesellschaftsform in unterschiedlichem Ausmaß – den Kern der für die einzelnen Rechtsformen zwingenden Normen. In diesem vornehmlich

11 Praktisches Beispiel: das sog. »Ahrensburger Modell«; vgl. dazu *Geißler*, in: Demokratisierung der Wirtschaft, 1973, S. 146 ff.; zu weiteren »Modellen« vgl. *N. Horn*, Unternehmensbeteiligungen und Gesellschaftsrecht, ZGR 1974, 133 ff.; *Kraft/Konzen*, Die Arbeiterselbstverwaltung im Spannungsverhältnis von Gesellschafts- und Arbeitsrecht, 1978.

die Innenstruktur der Gesellschaften berührenden Bereich besteht grundsätzlich **Vertragsfreiheit** und somit auch die Möglichkeit, Strukturelemente verschiedener Gesellschaftsformen durch entsprechende Gestaltung des Gesellschaftsvertrages zu verbinden und so innerhalb des numerus clausus der Gesellschaftsformen zu einer Formenvermischung **(Grundtypenvermischung)** zu gelangen[12]. Eine Grundtypenvermischung kann sich weiter daraus ergeben, daß etwa eine AG oder GmbH ihrerseits Gesellschafter einer BGB-G, OHG oder KG wird. Bedeutsames Beispiel: Die GmbH & Co. KG (dazu unten E VI).

Ein noch ungeklärtes aktuelles Problem ist, ob und ggf. **in welchem Umfang der Gestaltungsfreiheit** im Gesellschaftsrecht gerade im Bereich nachgiebigen Gesetzesrechtes und nicht normierter Regelungsbereiche **noch engere Schranken zu setzen** sind, als sie durch zwingende gesetzliche Normen (§ 134 BGB) und die guten Sitten (§ 138 BGB) gezogen werden. Soweit eine derartige Einengung der Vertragsfreiheit für erforderlich gehalten wird, hat sich bisher keine Begründung als überzeugend erwiesen.

a) Das gilt für die Berufung auf das **»Wesen«** einer Gesellschaftsform, aus dem der BGH (früher) eine Einengung der Vertragsfreiheit in einzelnen Punkten des GmbH- und OHG-Rechtes hergeleitet hat (vgl. BGHZ 14, 264, 269; 36, 292, 293). Das »Wesen«-Argument ist ein methodisch unbefriedigendes Scheinargument[13].

b) Genausowenig haben (wegen fehlender Abgrenzungsschärfe) die Auffassungen[14] zu überzeugen vermocht,

- dem jeweiligen **Gesellschafts»typus«** i. S. eines gesetzlichen Leitbildes oder
- dem **»institutionellen Charakter«** einer jeden Gesellschaftsform normativ zwingende Kraft beizulegen oder
- Schranken der Privatautonomie im Gesellschaftsrecht aus der **Wirtschaftsordnung** herzuleiten (»Wirtschaftsverfassungsrecht als Ordnungsprinzip«).

c) Der BGH ist dazu übergegangen, durch eine **»gerichtliche Inhaltskontrolle«** von Gesellschaftsverträgen im Personengesellschaftsrecht der Ge-

12 Vgl. dazu als Beispiele die Habilitationsschriften von *Nitschke* »Die körperschaftlich strukturierte Personengesellschaft« und *Immenga* »Die personalistische Kapitalgesellschaft«.

13 *Scheuerle*, AcP 163, 429 (431).

14 *Koller*, Grundfragen einer Typenlehre im Gesellschaftsrecht, 1967; *Mengiardi*, Strukturprobleme des Gesellschaftsrechts, ZBJ 102, 1968, S. 1; *Immenga*, Die personalistische Kapitalgesellschaft, 1970; *Nitschke*, Die körperschaftlich strukturierte Personengesellschaft, 1970; *Teichmann*, Gestaltungsfreiheit in Gesellschaftsverträgen, 1970; *H. P. Westermann*, Vertragsfreiheit und Typengesetzlichkeit im Recht der Personengesellschaften, 1970; *Reuter*, Privatrechtliche Schranken der Perpetuierung von Unternehmen, 1973; *H. P. Westermann*, Die GmbH & Co. KG im Lichte der Wirtschaftsverfassung, 1973. Vgl. dazu ferner: *Schultze = v. Lasaulx*, ZgGenW 1971, 325; *Duden*, ZGR 1973, 360; *Sack*, DB 1974, 369; *Wüst*, FS f. Duden, 1977, S. 749.

staltungsfreiheit engere Grenzen zu ziehen als sie durch §§ 134, 138 BGB gezogen werden. Kennzeichen dieser Inhaltskontrolle ist es, daß vertragliche Gestaltungen (im Streitfall) vom Gericht daraufhin überprüft werden, ob sie objektiv unbillig, unangemessen, unausgewogen sind, oder – wie der BGH formuliert hat – »Grundprinzipien des Gesellschaftsrechtes« verletzen; bejahendenfalls wird solchen Regelungen und Vertragsklauseln die Rechtswirksamkeit versagt[15]. Das ist im Hinblick auf die damit verbundene Rechtsunsicherheit nicht unproblematisch.

3. Wahl und Ausgestaltung der richtigen Gesellschaftsform

Wahl und Ausgestaltung der »richtigen« (zweckmäßigen) Gesellschaftsform (als Aufgabe der sog. Kautelarjurisprudenz) sind nicht nur von der Kenntnis der Gesellschaftsformen und der jeweiligen Ausgestaltungsfreiheit abhängig. Neben gesellschaftsrechtlichen Überlegungen (Haftungsrisiko, Einfluß auf die Unternehmensführung, Gewinnverteilung, Kreditwürdigkeit etc.) sind vor allem zu beachten[16]:

- **Die persönlichen Verhältnisse und Absichten** der Beteiligten, z. B. ihre Fähigkeiten, persönliche Beziehungen;
- **betriebswirtschaftliche** Gesichtspunkte, z. B. Kapital, Material und ihre Beschaffung, behördliche Erlaubnisse etc.;
- **steuerrechtliche** Gesichtspunkte. Allerdings ist zu beachten, daß das Körperschaftsteuerreformgesetz vom 31. 8. 1976 frühere Unterschiede in der Besteuerung des Gewinns von Körperschaften (»Doppelbesteuerung«) und Personengesellschaften gerade mit dem Ziel abgebaut hat, die steuerrechtlich motivierte Wahl von Gesellschaftsformen zurückzudrängen. Gleichwohl wird die Praxis des Gesellschaftsrechts nach wie vor von einem nicht rechtsformneutralen Steuerrecht nicht unwesentlich beeinflußt. Auf eine Darstellung der Besteuerung von Gesellschaften muß hier jedoch verzichtet werden[17];

---

15 Vgl. BGHZ 81, 263 und dazu krit. *Kreutz*, ZGR 1983, 109; *Bunte*, ZIP 1983, 8, beide m. w. N. Beachte allgemein zur Inhaltskontrolle von Gesellschaftsverträgen *Hönn*, JA 1987, 337; *Kanzleiter*, FS 125 Jahre Bayer. Notariat, 1987, S. 231; *Loritz*, JZ 1986, 1073; *Rehbinder* und *H. P. Westermann*, beide in: FS f. Stimpel, 1985, S. 47 bzw. 69. Vgl. ferner unten D VI 1 a und E V 3 a.

16 Vgl. allgemein *Baumdicker*, GmbH, Personengesellschaft oder Mischgesellschaft?, 3. Aufl. 1986; *Buchwald/Tiefenbacher/Dernbach*, Die zweckmäßige Gesellschaftsform, 5. Aufl. 1981; *Herold/Romanovszky/Rux/Tismer*, Vorteilhafte Gesellschaftsverträge, 8. Aufl. 1991; *Klauss/Birle*, Der Gesellschaftsvertrag in seiner zweckmäßigsten Form, 12. Aufl. 1986; *Krüger*, Zweckmäßige Wahl der Unternehmensform, 6. Aufl. 1999; *Monz*, Methodische Entscheidungshilfen der Rechtsformwahlberatung, 1985; *Münchener Vertragshandbuch*, Band I, Gesellschaftsrecht (Hrsg.: *Heidenhain-Meister*), 4. Aufl. 1996; *Peter/Crezelius*, Neuzeitliche Gesellschaftsverträge und Unternehmensformen, 6. Aufl. 1995; *Stehle/Stehle*, Die rechtlichen und steuerlichen Wesensmerkmale der verschiedenen Gesellschaftsformen, 16. Aufl. 1995.

17 Vgl. die Aufsatzreihe von *Flämig* (Gesellschaften und Steuerrecht), JuS 1978, 662, 741; 1979, 13, 89, 166, 243, 397, 548, 625, 773, 850; 1980, 14, 255, 327, 406. Weiterführende Lit.: *Brönner*, Die Besteuerung von Gesellschaften des Gesellschafterwechsels und der Umwandlungen, 17. Aufl. 1999; *Knobbe-Keuk*, Bilanz- und Unternehmenssteuerrecht, 9. Aufl. 1993; *dies.*, Das Steuerrecht – eine

- **unternehmensrechtliche** Gesichtspunkte, wie Unternehmenskontinuität, Rechnungslegung, Prüfung, Publizität und die Mitbestimmungsfrage (vgl. dazu B VII, VIII).

VI. Entwicklungen im Gesellschaftsrecht

1. Kein Gesellschaftsgesetzbuch

Mit einer Vereinheitlichung des Gesellschaftsrechts in einem Gesellschafts(-rechts)gesetzbuch ist nicht zu rechnen.

2. Reform des GmbH-Rechts

Am 1. 1. 1981 ist die sog. GmbH-Novelle vom 4. 7. 1980 (BGBl. I S. 836) in Kraft getreten[18]. Damit sind jahrzehntelange Bestrebungen um eine Reform des GmbH-Rechts in einer »kleinen« Reform zum Abschluß gebracht worden. Eine weitergehende grundlegende Reform des GmbH-Rechts ist in absehbarer Zeit nicht zu erwarten.

3. Reform des Aktienrechts

a) Am 10. 8. 1994 ist das »Gesetz für kleine Aktiengesellschaften und zur Deregulierung des Aktienrechts« (BGBl. I S. 1961) in Kraft getreten, mit dem der Gesetzgeber das Ziel verfolgt, die AG als Rechtsform für mittelständische Unternehmen zugänglicher und attraktiver zu machen und damit zugleich deren Zugang zur Eigenkapitalaufnahme an der Börse zu erleichtern[19]. Mit der »kleinen« Aktiengesellschaft wird keine neue Gesellschaftsform geschaffen; es werden lediglich bestimmte (förmliche) Anforderungen des Aktienrechts, die am Leitbild der großen Publikums-AG ausgerichtet sind, für sog. kleine AGen, die dahin gekennzeichnet werden, daß ihre Aktien nicht zum Handel an der Börse zugelassen sind, abgebaut. Mit dem Begriff »Deregulierung« werden weitere Änderungen des Aktienrechts angezeigt[20].

---

unerwünschte Rechtsquelle des Gesellschaftsrechts, 1986; *Kübler* § 19; *v. Wallis/Brandmüller/Schulze zur Wische*, Besteuerung der Personen- und Kapitalgesellschaften, 5. Aufl. 1997; *Barth*, Die Steuern als gestaltende Faktoren im deutschen Gesellschaftsrecht, FS f. Duden, 1977, S. 37; *Simon*, Die Wahl der Unternehmensform nach der Reform der Körperschaftsteuer, NJW 1978, 682; *Wittkowski/Wittkowski*, Besteuerung der Gesellschaften, Lehrbuch, 2. Aufl. 1998.

18 Vgl. dazu *Lutter*, DB 1980, 1317; *Karsten Schmidt*, NJW 1980, 1769.

19 Den Anstoß zur Novelle gaben *Albach/Corte/Friedewald/Lutter/Richter*, Deregulierung im Aktienrecht: Das Drei-Stufen-Modell, 1988.

20 Zum Überblick über die Novelle: *Blanke*, BB 1994, 1505; *Bösert*, DStR 1994, 1423; *Hahn*, DB 1994, 1659; *Hoffmann-Becking*, ZIP 1995, 1; *Lutter*, Die AG 1994, 429; *Seibert/Köster*, Die kleine AG, 2. Aufl. 1995.

b) Das »Gesetz über die Zulassung von Stückaktien (StückAG)« vom 25. 3. 1998 (BGBl. I S. 590) hat (als Alternative zur Nennbetragsaktie) die Begründung als Stückaktien zugelassen, bei denen sich der Anteil am Grundkapital nach der Zahl der Aktien bestimmt (§ 8 I, III, IV AktG). Diese nennwertlosen Aktien erleichtern die Umstellung bei der Einführung des Euro. Im übrigen sind die (wesentlich technischen) Anpassungen der Währungsumstellung von DM auf Euro im Gesellschafts- und Bilanzrecht im »Gesetz zur Einführung des Euro (Euro EG)« vom 9. 6. 1998 (BGBl. I S. 1242) geregelt.

c) Auf eine Reformierung und Modernisierung der Überwachung in der AG zielt das »Gesetz zur Kontrolle und Transparenz im Unternehmensbereich (KonTraG)«[21] vom 27. 4. 1998 (BGBl. I S. 786), in Kraft seit 1. 5. 1998. Das Gesetz baut die Verantwortlichkeit von Vorstand und Aufsichtsrat aus, gestaltet das Recht der Abschlußprüfung (§§ 316 ff. HGB, § 171 AktG) grundlegend um und strebt durch Neuerungen (insbes. bei den Stimmrechten) eine Stärkung der Kontrolle der Unternehmensleitung durch die Hauptversammlung an (Abschaffung von Mehrstimmrechten und [bei börsennotierten AG] von Höchststimmrechten; Einschränkung der Stimmrechtsausübung durch Kreditinstitute). Durch weitere Neuerungen wird die funktionale Wechselbeziehung zum Kapitalmarktrecht unterstrichen.

4. Die Partnerschaft als neue Gesellschaftsform

Durch das »Gesetz über Partnerschaftsgesellschaften Angehöriger Freier Berufe (Partnerschaftsgesellschaftsgesetz – PartGG)«[22], das am 1. 7. 1995 in Kraft getreten ist, hat der deutsche Gesetzgeber (erstmals in diesem Jahrhundert) eine neue Gesellschaftsform geschaffen: Die Partnerschaft (Partnerschaftsgesellschaft), in der sich (ausschließlich) Angehörige Freier Berufe zur gemeinsamen Berufsausübung zusammenschließen (vgl. näher unten H).

5. Reform des Umwandlungsrechts

Das UmwG[23], das am 1. 1. 1995 in Kraft getreten ist, hat das zuvor verstreut geregelte Umwandlungsrecht in einer Kodifikation zusammengefaßt und dabei die Möglichkeiten zu Umwandlungen (Verschmelzungen, Spaltungen, Vermögensübertragungen, Formwechsel) unter Beachtung des Schutzes

---

21 Vgl. zum Überblick *Lingemann/Wasmann*, BB 1998, 853; *Claussen*, DB 1998, 177. Zu den Auswirkungen des KonTraG auf die GmbH vgl. *Altmeppen*, ZGR 1999, 291; *Remme/Theile*, GmbHRdsch. 1998, 909.

22 Das PartGG ist in Art. 1 des (Artikel-)Gesetzes zur Schaffung von Partnerschaftsgesellschaften und zur Änderung anderer Gesetze vom 25. 7. 1994 (BGBl. I S. 1744) enthalten.

23 Das UmwG ist in Art. 1 des (Artikel-)Gesetzes zur Bereinigung des Umwandlungsrechts (UmwBerG) vom 28. 10. 1994 (BGBl. I S. 3210) enthalten.

von Gläubigern und Minderheitsbeteiligungen erheblich erweitert (vgl. näher unten B VI).

6. Reform des Handelsrechts

a) Die bedeutsamste Änderung des HGB (seit der Herausnahme des Aktienrechts durch das AktG 1937) hat zunächst das Bilanzrichtlinien-Gesetz 1985 gebracht: Es hat das **neue Dritte Buch des HGB** (§§ 238 ff.) geschaffen, das seit 1. 1. 1986 in Kraft ist und nunmehr die wesentlichen Teile des Rechts der Buchführung, Bilanzierung und Rechnungslegung für Kaufleute, Kapitalgesellschaften (AG, KGaA, GmbH) und eG enthält. Diese Reform war mit tiefgreifenden Änderungen des AktG, GmbHG, GenG und PublG verbunden (vgl. dazu näher unten B VIII). Eine wichtige Änderung der Rechnungslegungsvorschriften stellt die Zulassung von Konzernabschlüssen nach internationalen Standards mit befreiender Wirkung durch das KapAEG[24] dar.

b) Am 26. 3. 1994 ist das Nachhaftungsbegrenzungsgesetz (NachhBG)[25] in Kraft getreten, das u. a. die Unzulänglichkeiten des früheren Rechts bezüglich einer persönlich unbeschränkten Haftung ausgeschiedener Gesellschafter von Personengesellschaften durch eine **Enthaftungsregelung** (§ 160 HGB, § 736 II BGB) beseitigt (vgl. dazu D III 4 f, C V 1 b bb).

c) Grundlegende Veränderungen im Handels- und Gesellschaftsrecht hat sodann das Handelsrechtsreformgesetz (HRefG)[26] herbeigeführt, das am 1. 7. 1998 in Kraft getreten ist und neben einer HGB-Reform u. a. auch im BGB, AktG, GmbHG, GenG und PartGG wichtige gesellschaftsrechtliche Neuerungen gebracht hat. Kernbereiche dieses gelungenen Reformgesetzes sind:

(1) Die **Neuregelung des Kaufmannsbegriffs** (Normadressatenkreis des HGB) in der vereinfachenden und zugleich erweiternden Art, daß jetzt (§ 1 II n. F. i. V. mit § 1 I HGB) grundsätzlich jeder Gewerbetreibende Kaufmann im Sinne des HGB ist (»Kleingewerbetreibende« allerdings gemäß § 2 HGB erst, wenn die Firma des Unternehmens in das HReg eingetragen ist).

(2) Die **Neuregelung des Firmenrechts** durch eine Liberalisierung des Firmenbildungsrechts (Zulassung von Personen-, Sach- und Phantasiefirma für

---

24 Gesetz zur Verbesserung der Wettbewerbsfähigkeit deutscher Konzerne an Kapitalmärkten und zur Erleichterung der Aufnahme von Gesellschafterdarlehen (Kapitalaufnahmeerleichterungsgesetz – KapAEG) vom 20. 4. 1998 (BGBl. I S. 707).

25 Gesetz zur zeitlichen Begrenzung der Nachhaftung von Gesellschaftern vom 18. 3. 1994 (BGBl. I S. 560).

26 Gesetz zur Neuregelung des Kaufmanns- und Firmenrechts und zur Änderung anderer handels- und gesellschaftsrechtlicher Vorschriften vom 22. 6. 1998 (BGBl. I S. 1474); RegE mit Begründung BT-Drucks. 13/8444; Beschlußempfehlung des Rechtsausschusses BT-Drucks. 13/10332. Zum Überblick: *Bülow/Arzt*, JuS 1998, 680; *Körber*, Jura 1998, 452; *Schäfer*, DB 1998, 1269; *Karsten Schmidt*, NJW 1998, 2161.

Einzelkaufleute, Personenhandelsgesellschaften und Kapitalgesellschaften). Konkretisierung des Irreführungsverbots und Verbindlichkeit von Rechtsformzusätzen bei allen Firmen (auch denen von Einzelkaufleuten).

(3) **Änderungen im Personengesellschaftsrecht.** Für das Recht der Personenhandelsgesellschaften (OHG, KG), deren Zweck ja auf den Betrieb eines Handelsgewerbes (unter gemeinschaftlicher Firma) gerichtet ist, ist die Neudefinition des Begriffs »Handelsgewerbe« in § 1 II HGB n. F. (mit der das Gesetz den Kaufmannsbegriff neu bestimmt) von unmittelbarer Bedeutung, weil diese Bestimmung auch für §§ 105 I, 161 II HGB maßgebend ist. Darüber hinaus ist jetzt auch Kleingewerbetreibenden (die nicht unter § 1 II HGB n. F. fallen) und (reinen) Vermögensverwaltungsgesellschaften der Zugang zu OHG und KG eröffnet (§§ 105 II, 161 II HGB). Schließlich haben Änderungen der §§ 131 ff. HGB erhebliche Bedeutung für die Vertragsgestaltungspraxis, weil Gründe, die in der Person eines Gesellschafters liegen (Tod, Insolvenz, Kündigung) und bisher zur Auflösung der Gesellschaft führten, in Gründe umgewandelt worden sind, die (unter Fortsetzung der Gesellschaft) zum Ausscheiden des betroffenen Gesellschafters führen.

7. Europäisches Gesellschaftsrecht

Im Rahmen der Europäischen Gemeinschaft (EG) vollzieht sich seit Jahren eine wichtige Entwicklung des Gesellschaftsrechts, die vor allem das Recht der Kapitalgesellschaften (und hierbei insbes. das Recht der Aktiengesellschaft) betrifft.

Literatur: *Lutter*, Europäisches Unternehmensrecht, Grundlagen, Stand und Entwicklungen nebst Texten und Materialien zur Rechtsangleichung, ZGR Sonderheft 1, 4. Aufl. 1996; *Behrens*, Das Gesellschaftsrecht im Europäischen Binnenmarkt, EuZW 1990, 13; *ders.*, Die Europäisierung des Gesellschaftsrechts, GmbHRdsch. 1993, 129; *Donath*, Das Gesellschaftsrecht in Europa, JA 1993, 289; *Großfeld*, Europäisches Gesellschaftsrecht, WM 1992, 2121; *Kilian*, Europäisches Wirtschaftsrecht, 1996, G III; *Habersack*, Europäisches Gesellschaftsrecht, 1999.

a) Es geht dabei zum einen um eine **Angleichung der nationalen Gesellschaftsrechte** der Mitgliedstaaten zur Schaffung binnenmarktlicher Verhältnisse. Dies geschieht mittels Richtlinien, die der (Minister-)Rat der EG gestützt auf Art. 54 III lit. g bzw. (ggf.) Art. 100 ff. EG-Vertrag a. F. (jetzt Art. 44 II g bzw. [ggf.] Art. 94 ff. EG-Vertrag i. d. F. des Amsterdamer Vertrages) erläßt. Richtlinien sind für die Mitgliedstaaten, an die sie gerichtet werden, hinsichtlich des zu erreichenden Zieles verbindlich, lassen ihnen jedoch bei der Umsetzung in nationales Recht die Wahl der Form und der Mittel (Art. 249 III n. F., früher 189 III EG-Vertrag). Auf dieser Grundlage sind bereits **acht Richtlinien** des (Minister-)Rates zur Koordinierung der nationalen Gesellschaftsrechte in den Ländern der EG in geltendes deutsches Recht **überführt** worden, das insoweit geändert worden ist: vgl. die Durchführungsgesetze vom 15. 8. 1969 (BGBl. I S. 1146 »Publizitätsrichtlinie-Gesetz«), vom 13. 12. 1978 (BGBl. I S. 1959 »Kapitalschutzrichtlinie-Gesetz«), vom 25. 10. 1982 (BGBl. I S. 1425 »Verschmelzungsrichtlinien-Gesetz«) und vom 19. 12. 1985 (BGBl. I S. 2355 »Bilanzrichtlinien-Gesetz«), durch das die vierte (Bilanzrichtlinie), siebte (Konzernrechnungslegung) und achte (Zulassung der mit der Pflichtprüfung beauftragten Personen) Richtlinie durchgeführt (vgl. jetzt insbes. das Dritte Buch des HGB) und das bisher umfangreichste Vorhaben zur Harmonisierung des Gesellschaftsrechts in der EG abgeschlossen wurde (zu Änderungsrichtlinien auf diesem Gebiet vgl. aber ABlEG Nr. L 317, S. 57 [»Mittelstandsrichtlinie«, umgesetzt durch Gesetz vom 25. 7. 1994, BGBl. I S. 1682], S. 60 [»GmbH & Co. KG-Richtlinie«, noch nicht umgesetzt]); zuletzt Durchführungsgesetz vom 18. 12. 1991 zur »Einpersonen-GmbH-Richtlinie« (BGBl. I S. 2206) und Durchführungsgesetz vom 22. 7. 1993 zur »Zweigniederlassungsrichtlinie« (BGBl. I S. 1282). Als weitere Richtlinie des (Minister-)Rates liegt vor: Die sechste Richtlinie (Spaltung von Aktiengesellschaften), die zwar in der Bundesrepublik Deutschland nicht umzusetzen war, weil sie sich zwingend nur an diejenigen Mitgliedstaaten richtet, die in ihrem nationalen Recht das Rechtsinstitut der Spaltung kennen, aber im Rahmen der Bereinigung des Umwandlungsrechts umgesetzt wurde (vgl. unten B VI); bloße Richtlinien-*Vorschläge* der Kommission zu einer fünften (Verfassung der Aktiengesellschaft), neunten (Angleichung des Konzernrechts), zehnten (Grenzüberschreitende Verschmelzung von Aktiengesellschaften) und dreizehnten (Übernahmeangebote) Richtlinie liegen vor[27], ferner der Vorentwurf eines Vorschlags einer vierzehnten Richtlinie (Verlegung des Gesellschaftssitzes innerhalb der EU)[28]. Insoweit ist die Entwicklung im Auge zu behalten.

b) Zum anderen ist die Entwicklung zur Schaffung **supranationaler gemeinschaftsrechtlicher Gesellschaftsformen** zu beobachten:

Als europäische Unternehmensform hat der (Minister-)Rat der EG durch Verordnung vom 25. 7. 1985 nach Art. 235 EG-Vertrag a. F. (jetzt Art. 308 EG-Vertrag n. F.), die nach Art. 245 II n. F. (früher Art. 189 II EG-Vertrag) ohne Umsetzung in nationales Recht allgemeine und unmittelbare Geltung in allen Mitgliedstaaten hat, die **Europäische wirtschaftliche Interessenvereinigung** (EWIV) geschaffen (ABlEG Nr. L 199, S. 1 ff.). Diese Gesellschaftsform steht den Unternehmen seit dem 1. 7. 1989, dem Zeitpunkt der Geltung der Verordnung (Art. 43), zur Verfügung. Sie soll insbes. für kleinere und mittlere Unternehmen die grenzüberschreitende Kooperation erleichtern. In der Bundesrepublik Deutschland ist dazu 1988 ein Ausführungsgesetz ergangen (BGBl. I S. 514). Vgl. zur EWIV unten I.

---

27 Vgl. zu den Richtlinien und Richtlinienvorschlägen im einzelnen *Lutter*, a. a. O., S. 101 ff.; *Habersack*, a. a. O., S. 24 ff.; *Kilian*, a. a. O., G III 3.

28 Abgedruckt: ZIP 1997, 1721 und ZGR 1999, 157.

Beachtung verdient weiter das **Statut** einer **Europäischen Aktiengesellschaft** als eigenständige Gesellschaftsform im gesamten EG-Bereich (»Societas Europaea«, SE). Diese neue Gesellschaftsform sollte zunächst als materielles EG-Recht gemäß Art. 235 EG-Vertrag a. F. (jetzt Art. 308 EG-Vertrag n. F.) durch einstimmig zu beschließende Verordnung des Ministerrates auf Vorschlag der EG-Kommission geschaffen werden. Der (geänderte) Kommissionsvorschlag vom 30. 4. 1975 über das »Statut für Europäische Aktiengesellschaften«[29] enthielt eine in sich geschlossene Kodifikation einer Kapitalgesellschaft aktienrechtlicher Form, einschließlich einer Regelung über eine betriebliche und unternehmerische Mitbestimmung der Arbeitnehmer, war aber gerade wegen dieser Mitbestimmungsproblematik im Ministerrat nicht konsensfähig; das Vorhaben war deshalb blockiert. Die Kommission ergriff daraufhin 1988 erneut die Initiative mit dem Ziel, das SE-Statut politisch konsensfähiger zu machen und die SE für die grenzüberschreitende Zusammenarbeit von Unternehmen im Rahmen des 1992 zu vollendenden europäischen Binnenmarktes zur Verfügung zu haben (Memorandum der Kommission vom 15. Juli 1988); sie legte am 25. 8. 1989 einen neuen Verordnungs-Vorschlag vor (ABlEG Nr. C 263, S. 41 ff.)[30], der u. a. auf Regelungen betriebsverfassungsrechtlicher und konzernrechtlicher Art verzichtet und die Unternehmensmitbestimmung flexibel gestaltet, indem drei Mitbestimmungsmodelle zur Wahl gestellt werden (Vorschlag einer Richtlinie »zur Ergänzung des SE-Statuts hinsichtlich der Stellung der Arbeitnehmer«). Zwischenzeitlich hat die EG-Kommission ihren Verordnungs- und Richtlinienvorschlag zur SE erneut überarbeitet (vgl. zur VO ABlEG 1991 C 176/1 vom 8. 7. 1991, zur Richtlinie C 138/8 vom 29. 5. 1991)[31]. Der Erlaß von Verordnung und Richtlinie, die nunmehr auf Art. 95 EG-Vertrag n. F. (früher Art. 100 a EG-Vertrag) gestützt werden, ist ungewiß. Verschiedene neuere Initiativen sind seither immer wieder an der Mitbestimmungsfrage gescheitert[32].

Außerdem hat die EG-Kommission Ende 1991 drei weitere Verordnungsvorschläge zur Schaffung weiterer supranationaler Gesellschaftsformen vorgelegt (ergänzt wiederum wie bei der SE um drei Richtlinienvorschläge über die Mitbestimmung der Arbeitnehmer). Die Vorschläge sehen vor, einen **Europäischen Verein**, eine **Europäische Genossenschaft** und eine **Europäische Gegenseitigkeitsgesellschaft** zu schaffen (vgl. dazu Wiesner, Die AG 1992, R 66). 1993 wurden dazu abgeänderte Vorschläge vorgelegt (vgl. ABlEG C 236 vom 31. 8. 1993). Dem EG-Binnenmarkt würden damit (mit EWIV und SE) fünf supranationale Gesellschaftsformen zur Verfügung gestellt, die neben die nationalen Gesellschaftsformen treten. Zudem hat eine internationale Arbeitsgruppe den Entwurf für eine weitere supranationale Gesellschaftsform, die »Europäische Privatgesellschaft« (EPG), vorgelegt, die primär auf kleine und mittlere Unternehmen zielt[33].

c) Zum innergemeinschaftlichen Internationalen Gesellschaftsrecht ist ein **Übereinkommen** (von 1968 gemäß Art. 220 E[W]G-Vertrag) über die gegenseitige Anerkennung von Gesellschaften und juristischen Personen (s. BGBl. 1972 II S. 370) zu rechnen, das aber mangels Zustimmung aller EG-Staaten nicht in Kraft getreten ist.

29 Dazu: *Lutter* (Hrsg.), Die Europäische Aktiengesellschaft, eine Stellungnahme zum Vorschlag der Kommission, 2. Aufl. 1978.

30 Vgl. dazu u. a. *Hauschka*, Die AG 1990, 85; *Kallmeyer*, Die AG 1990, 103; *Kolvenbach*, DB 1989, 1957.

31 Dazu *Jaeger*, Die Europäische Aktiengesellschaft – europäischen oder nationalen Rechts?, 1994; *Wenz*, Die Societas Europaea, 1993.

32 Vgl. *Monti*, WM 1997, 607; *Hopt*, ZIP 1998, 96; *Wiesner*, AG 1996, 390.

33 *Boucourechlier/Hommelhoff* (Hrsg.), Entwurf einer Europäischen Privatgesellschaft, 1999; *Hommelhoff/Helms*, GmbHRdsch. 1999, 53.

8. Mitbestimmungsrecht

Tiefgreifende substantielle Veränderungen für Teile des Gesellschaftsrechts hat die Ausdehnung der Mitbestimmung der Arbeitnehmer im Unternehmensbereich durch das »Gesetz über die Mitbestimmung der Arbeitnehmer« (Mitbestimmungsgesetz – MitbestG) vom 4. Mai 1976 (BGBl. I S. 1153) gebracht. Das verfassungsgemäße (s. BVerfG, NJW 1979, 699) Gesetz sieht eine gleichberechtigte und gleichgewichtige Mitbestimmung der Arbeitnehmer durch paritätische Besetzung des Aufsichtsrates (gleiche Anzahl von Vertretern der Anteilseigner und der Arbeitnehmer) in Großunternehmen vor. Obwohl diese Mitbestimmung auf der Grundlage des geltenden Gesellschaftsrechts erfolgt, weist die paritätische Besetzung dem Aufsichtsrat doch eine neue materielle Funktion zu, selbst wenn ihm formal noch weitgehend die bisherigen rechtlichen Kompetenzen zukommen: Er ist nicht mehr bloß Überwachungsorgan der Gesellschafter (Anteilseigner) gegenüber dem Vorstand, sondern erhält die Aufgabe, Anteilseigner- und Arbeitnehmerinteressen »integrationistisch« zum Ausgleich zu bringen. Zum Mitbestimmungsrecht näher unten B VII.

9. Vom Gesellschaftsrecht zum Unternehmensrecht?

Unser Gesellschaftsrecht ist (jedenfalls außerhalb des Mitbestimmungsbereichs der Arbeitnehmer, vgl. B VII) »interessenmonistisch« strukturiert: Es regelt Beziehungen der Gesellschafter zueinander bzw. zur Gesellschaft und deren Verhältnis zu Dritten. In der wissenschaftlichen (weniger bisher in der politischen) Diskussion wird diesem Gesellschaftsrecht entgegengehalten, die Probleme eines Wirtschaftsunternehmens als eines interessen-pluralistischen (soziologischen) Gebildes (»Unternehmensverband«) nicht ausreichend zu erfassen. Deshalb wird gefordert, das traditionelle Gesellschaftsrecht zu einem Unternehmens(verfassungs-)recht fortzuentwickeln. Über Methode[34] und Inhalt dieser Reform besteht aber keine Einigkeit. Streitig ist insbes., inwieweit in die Konzeption eines Unternehmensrechtes neben den Interessen der Anteilseigner und Arbeitnehmer (»dualistische Konzeption«, gestützt auf die Faktoren »Kapital« und »Arbeit«) auch die Interessen der Manager (Unternehmensleiter = Faktor »Disposition«), der Geschäftspartner (Lieferanten, Abnehmer, Kreditgeber) und der Allgemeinheit (Stichwort: Umweltschutz) oder der öffentlichen Hand (»pluralistische Konzeption«) einzubeziehen sind.

Vor diesem Hintergrund ist festzuhalten, daß die Einführung paritätischer Mitbestimmung auf Aufsichtsratsebene durch das MitbestG in der Sache eine wichtige Zwischenstation auf dem Weg zu einem neuen Unternehmens-

34 Vgl. dazu *O. Kunze*, FS f. Geßler 1971, S. 47 ff.; *Duden*, FS f. Schilling, 1973, S. 309 ff.

recht darstellt. Insoweit überlagert und ergänzt Arbeitsrecht das Gesellschaftsrecht.

Zur Vorbereitung eines Unternehmensrechts war beim Bundesministerium der Justiz eine Sachverständigenkommission gebildet, die mit dem ausführlichen »Bericht über die Verhandlungen der Unternehmensrechtskommission« (1980) ihre Arbeit abgeschlossen hat; vgl. dazu die Beiträge in ZGR 1981, 377 ff. Es ist allerdings nicht zu erwarten, daß der Gesetzgeber aus dem Bericht Konsequenzen ziehen wird.

Literatur: Grundlegend *Boettcher/Hax/Kunze/v. Nell-Breuning/Ortlieb/Preller*, Unternehmensverfassung als gesellschaftspolitische Forderung, 1968; *Th. Raiser*, Das Unternehmen als Organisation, 1969; *H. Krüger*, Paritätische Mitbestimmung, Unternehmensverfassung, Mitbestimmung der Allgemeinheit, 1973. Zuletzt hat sich die Diskussion fast ausschließlich auf Festschriften-Beiträge konzentriert; vgl. *Ballerstedt* (Was ist Unternehmensrecht?), *O. Kunze* und *Schilling*, FS f. Duden, 1977; *Reinhardt* (Vom Gesellschaftsrecht zum Unternehmensrecht), FS f. G. Hartmann, 1976; *Rittner*, FS f. Schilling, 1973; *H. P. Westermann*, FS f. H. Westermann, 1974; vgl. auch *Wiedemann*, Grundfragen der Unternehmensverfassung, ZGR 1975, 385; *Th. Kunze*, Unternehmensreform und Art. 9 I GG, 1976; *O. Kunze*, Unternehmen und Gesellschaft, ZHR 1983, 16; zur institutionalisierten Vertretung diffuser Interessen im Unternehmen unterhalb der Gesellschaftsorgane vgl. *E. Rehbinder*, ZGR 1989, 305 (»Andere Organe der Unternehmensverfassung«).

VII. Internationales Gesellschaftsrecht

Nach dem Internationalen Gesellschaftsrecht als Kollisionsrecht bestimmt sich bei Fällen mit Auslandsberührung, welcher Rechtsordnung eine Gesellschaft in gesellschaftsrechtlicher Hinsicht unterliegt, d. h. nach welchem Recht sich ihr (einheitliches) **Gesellschaftsstatut** richtet, wie sie entsteht, lebt und endet (grundsätzlich beurteilen sich nach dem Statut etwa Gründung, Name oder Firma, Rechtsfähigkeit, Handlungsfähigkeit, Mitgliedschaft, Haftung gegenüber Dritten, Beendigung). Je nachdem, ob eine Gesellschaft inländischem oder ausländischem Recht unterliegt, spricht man insoweit von einer »inländischen« oder »ausländischen« Gesellschaft (zu Sonderfällen supranationaler Gesellschaftsformen vgl. oben VI 7 b). Das Internationale Gesellschaftsrecht der Bundesrepublik Deutschland ist nicht gesetzlich, sondern (abgesehen von Regelungen in bilateralen Staatsverträgen) nur gewohnheitsrechtlich geordnet; auch das IPR-Gesetz von 1986 (BGBl. I S. 1142) hat keine gesellschaftsrechtlichen Kollisionsregeln in das EGBGB eingefügt (vgl. Art. 37 Nr. 2 EGBGB). Das EWG-Übereinkommen von 1968 über die gegenseitige Anerkennung von Gesellschaften und juristischen Personen (s. oben VI 7 c) ist nicht in Kraft getreten.

Es darf daher nicht verwundern, daß die Anknüpfung des Gesellschaftsstatuts nach deutschem Recht streitig ist, insbes. (neben vermittelnden Varianten) zwischen der sog. Gründungstheorie (maßgeblich ist das Recht des Staates, nach dessen Rechtsordnung die Gesellschaft gegründet wurde) und der bei wertender Betrachtung der Vor- und Nachteile zu

Recht herrschenden sog. **Sitztheorie**, der insbes. auch der BGH (BGHZ 97, 269, 272) und die Instanzgerichte folgen. Nach dieser Theorie bestimmt sich das Gesellschaftsstatut nach dem Recht des Ortes, an dem die Gesellschaft ihren tatsächlichen Verwaltungssitz hat. Damit geht die Sitztheorie über die Gründungstheorie hinaus und verlangt, daß sich auch der Ort des Verwaltungssitzes in dem Staat befindet, dessen Recht Gründungsrecht ist, damit sich nach diesem das Gesellschaftsstatut bestimmt. Eine wichtige Rechtsfolge der (deutschen) Sitztheorie als allseitiger Kollisionsnorm ist, daß nach deutschem Recht eine ausländische Gesellschaft ipso iure anerkannt wird, wenn sie die Anforderungen der Sitztheorie erfüllt (Gründung nach dem Recht am ausländischen Verwaltungssitz). Wichtige Konsequenzen der Sitztheorie zeigen sich aber auch beim Auseinanderfallen von Gründungsrecht und Sitzstaat, sei es schon bei der Gründung (z. B. verhindert die Sitztheorie, daß eine Gesellschaft mit Verwaltungssitz in der Bundesrepublik Deutschland mit Wirkung für das Inland wirksam nach ausländischem Recht gegründet wird; ebensowenig kann eine Gesellschaft mit ausländischem Verwaltungssitz nach deutschem Recht wirksam gegründet werden), sei es bei späterer grenzüberschreitender Verlegung des Verwaltungssitzes (Verlegung des Verwaltungssitzes vom Ausland in das Inland [Zuzug] oder umgekehrt [Wegzug]). Verlegt z. B. eine ausländische Gesellschaft, die juristische Person ist, ihren Verwaltungssitz nach Deutschland, so bestimmt sich jetzt ihr Statut nach deutschem Gesellschaftsrecht; mangels Beachtung der deutschen Gründungsvorschriften (Registereintragung) ist sie danach grundsätzlich nicht als rechtsfähige juristische Person anzuerkennen, so daß im Inland nur die für nicht rechtsfähige Gesellschaften geltenden Regelungen Anwendung finden können, und zwar diejenigen, denen das Gebilde zuzurechnen ist (etwa OHG, BGB-G, nicht rechtsfähiger Verein).

Die Sitztheorie gilt auch (noch) für **Sitzverlegungen innerhalb der Europäischen Union**; das wird unter europarechtlichen Gesichtspunkten mehr und mehr in Zweifel gezogen, entspricht aber noch immer der Rechtsprechung des EuGH. Dieser hat 1988[35] entschieden, daß die Regeln des EG-Vertrages über die Niederlassungsfreiheit (früher Art. 52, 58 EG-Vertrag, jetzt Art. 43, 48 EG-Vertrag i. d. F. des Amsterdamer Vertrages) »beim gegenwärtigen Stand des Gemeinschaftsrechts« Gesellschaften nicht das Recht verleihen, ihren Verwaltungssitz in einen anderen Mitgliedstaat zu verlegen. Insoweit präjudiziert das Gemeinschaftsrecht das Internationale Gesellschaftsrecht in den EU-Staaten nicht i. S. der Gründungstheorie. Mit dem Ziel, die Mobilität von Gesellschaften in der EU zu fördern, hat nun aber 1997 die Kommission den Entwurf für einen vierzehnten Richtlinien-

35 Daily-Mail-Entscheidung, NJW 1989, 2186, dazu *Sack*, JuS 1990, 352; ähnlich EuGH, EuZW 1998, 91, 92; undeutlich in den Auswirkungen jetzt aber EuGH vom 9. 3. 1999, NZG 1999, 298 mit Anm. *Leible*.

vorschlag »über die Verlegung des Sitzes einer Gesellschaft in einen anderen Mitgliedstaat mit Wechsel des für die Gesellschaft maßgeblichen Rechts« vorgelegt[36]. Danach (vgl. Art. 3) werden die Mitgliedstaaten verpflichtet sicherzustellen, daß die Sitzverlegung einer Gesellschaft weder die Auflösung der Gesellschaft noch den Zwang zur Neugründung zur Folge hat, vielmehr einen Wechsel des auf die Gesellschaft anwendbaren Rechts durch Eintragung des neuen Sitzes im Gesellschaftsregister des neuen Sitzstaates bewirkt wird.

Literatur: *Hachenburg/Behrens*, GmbHG, 8. Aufl., Allg. Einleitung, Anm. 106 ff.; MünchKomm/*Ebenroth*, BGB, 2. Aufl. Bd. 7, EGBGB, Nach Art. 10 Anm. 86 ff.; MünchKomm/*Kindler*, BGB, Bd. 11, Internationales Handels- und Gesellschaftsrecht, 3. Aufl. 1999; *Soergel/Lüderitz*, BGB, 12. Aufl., Art. 10 Anhang II; *Staudinger/Großfeld*, EGBGB/IPR, Internationales Gesellschaftsrecht, Neubearbeitung 1998; *Zimmer*, Internationales Gesellschaftsrecht, 1996; zu Entwicklungstendenzen im deutschen internationalen Gesellschaftsrecht: *Ebenroth/Wilken*, JZ 1991, 1014, 1061, 1116.

VIII. Schrifttum zum Gesellschaftsrecht (Auswahl)

1. Lehrbücher

Flume, Allgemeiner Teil des Bürgerlichen Rechts, 1. Bd., 1. Teil, Die Personengesellschaft, 1977; 1. Bd., 2. Teil, Die juristische Person, 1983
Eisenhardt, Gesellschaftsrecht, 8. Aufl. 1999
Grunewald, Gesellschaftsrecht, 3. Aufl. 1999
G. Hueck, Gesellschaftsrecht, 19. Aufl. 1991
Hüffer, Gesellschaftsrecht, 5. Aufl. 1998
Klunzinger, Grundzüge des Gesellschaftsrechts, 10. Aufl. 1997
Kübler, Gesellschaftsrecht, 5. Aufl. 1998
Lehmann/Dietz, Gesellschaftsrecht, 3. Aufl. 1970
Maiberg, Gesellschaftsrecht, 7. Aufl. 1990
Th. Raiser, Recht der Kapitalgesellschaften, 2. Aufl. 1992
Reinhardt/Schultz, Gesellschaftsrecht, 2. Aufl. 1981
Karsten Schmidt, Gesellschaftsrecht, 3. Aufl. 1997
H. Westermann, Personengesellschaftsrecht, 5. Aufl. 1984 (Sonderdruck aus: *Westermann/Scherpf/Paulick/Bulla/Hackbeil*, Handbuch der Personengesellschaften)
H. Wiedemann, Gesellschaftsrecht, Bd. 1 (Grundlagen), 1980
Wilhelm, Kapitalgesellschaftsrecht, 1998

36 Vorentwurf und Begründung ZIP 1997, 1721 und ZGR 1999, 157. Vgl. dazu auch die Beiträge in ZGR 1999, 3 ff.

2. Handbücher

Münchener Handbuch des Gesellschaftsrechts:
Bd. 1 (Hrsg. *Riegger/Weipert*) BGB-Gesellschaft, OHG, Partnerschaftsgesellschaft, Partenreederei, EWIV, 1995;
Bd. 2 (Hrsg. *Riegger/Weipert*) Kommanditgesellschaft, Stille Gesellschaft, 1991;
Bd. 3 (Hrsg. *Priester/Mayer*) Gesellschaft mit beschränkter Haftung, 1996;
Bd. 4 (Hrsg. *Hoffmann-Becking*) Aktiengesellschaft, 1988;
H. P. Westermann, Handbuch der Personengesellschaften, Gesellschaftsrecht, Betriebswirtschaft, Unternehmensrechnung, Steuerrecht, Arbeitsrecht, Sozialversicherungsrecht, 4. Aufl. 1994 ff.

3. Repetitorien, Fallsammlungen und weitere Lernmittel

Bernert/Saar, 35 Klausuren aus dem Handels- und Gesellschaftsrecht mit Lösungsskizzen, 1995
Boll, Examinatorium im Handels-, Gesellschafts- und Konzernrecht, 1991
Fabricius, Grundbegriffe des Handels-, Wirtschafts- und Unternehmensrechts, Einführung anhand von Fällen, 5. Aufl. 1978
Hadding, Die HGB-Klausur, (JuS-Schriftenreihe-Fallbearbeitungslehren), 2. Aufl. 1995
Hopt/Hehl/Vollrath, Gesellschaftsrecht (Juristischer Studienkurs), 4. Aufl. 1996
Martinek/Theobald, Handelsrecht, Gesellschafts- und Wertpapierrecht, 55 Fälle mit Lösungen, 2. Aufl. 1995
Müller-Laube, Handels-, Gesellschafts- und Wirtschaftsrecht (Examenswichtige Klausurprobleme), 2. Aufl. 1993
Raisch, Unternehmensrecht I, Bd. 1: Handels- und Gesellschaftsrecht (1973), Bd. 2: Aktien- und Konzernrecht, Mitbestimmung und Fusionskontrolle (1974)
Roth, Handels- und Gesellschaftsrecht, 5. Aufl. 1998
Schumann, Handelsrecht Teil II, Handelsgesellschaften, 2. Aufl. 1972
Siegmund/van Venrooy, Gesellschaftsrecht, 1983
Timm, Fälle zum Handels- und Gesellschaftsrecht (JuS-Schriftenreihe – Fälle mit Lösungen), 3. Aufl. 1996
Timm, Höchstrichterliche Rechtsprechung zum Handels- und Gesellschaftsrecht, 1995
Wank, Personengesellschaftsrecht (Wiederholungs- und Vertiefungskurs), 1996
Wiedemann, Gesellschaftsrecht, 5. Aufl. 1988 (Schönfelder, Prüfe Dein Wissen – Rechtsfälle in Frage und Antwort, Heft 8)

4. Rechtsprechungsübersichten

Hommelhoff, 100 Bände BGHZ: Aktienrecht, ZHR 1987, 493
Hüffer, 100 Bände BGHZ: Personengesellschaftsrecht, ZHR 1987, 396
Kellermann/Stodolkowitz, Höchstrichterliche Rechtsprechung zum Personengesellschaftsrecht, 4. Aufl. 1994
Koch, Die Entwicklung des Gesellschaftsrechts in den Jahren 1984/85, NJW 1986, 1651; im Jahr 1986, NJW 1987, 2483; in den Jahren 1987/88, NJW 1989, 2662, 3130 u. NJW 1990, 158; in den Jahren 1989/90, NJW 1992, 404; Fortsetzung für die Jahre 1991–1995 bei *Hirte*, NJW 1996, 2827, 3392; *ders.* für die Jahre 1996/97, NJW 1998, 2943, 3459, NJW 1999, 179.
Reuter, Neuere Rechtsprechung zum Personengesellschaftsrecht, JZ 1986, 16, 72
Reuter, 100 Bände BGHZ: Vereins- und Genossenschaftsrecht, ZHR 1987, 355
Ulmer, Richterrechtliche Entwicklungen im Gesellschaftsrecht 1971–1985, 1986
(Weitere Angaben bei den einzelnen Gesellschaftsformen.)

5. Darstellung des Gesellschaftsrechts der EU-Staaten

»Jura Europae«, Gesellschaftsrecht, Bd. I und II
Hohloch (Hrsg.), EU-Handbuch Gesellschaftsrecht, 1997 ff.

6. Bibliographie zum Gesellschaftsrecht

Kirchner, Bibliographie zum Unternehmens- und Gesellschaftsrecht 1950–1985, ZGR, Sonderheft 8, 1989 (854 S.);
ders., Jährliche Bibliographie zum Gesellschaftsrecht in ZGR, zuletzt ZGR 1992, 662.

Anhang zu A. – Das Gesellschaftsrecht in der Rechts- und Wirtschaftsordnung

I. Gesellschaftsrecht im Rechtssystem

Das Gesellschaftsrecht ist **Teilgebiet des Privatrechts** (aber mit öffentlichrechtlichen Einschlägen); es regelt im wesentlichen nur die Beziehungen der Gesellschafter untereinander bzw. zur Gesellschaft und die Beziehungen der Gesellschaft bzw. der Gesellschafter zu den Gesellschaftsgläubigern und Gesellschaftsschuldnern. Wie alle Teilgebiete tritt es zu vielen anderen Bereichen der einheitlichen Rechtsordnung in mehr oder weniger enge Beziehung. Das gilt nicht nur für die Kerngebiete des Privatrechts, das **Bürgerliche Recht** und das **Handelsrecht** (im BGB und HGB sind ja selbst wichtige Gesellschaftsformen, im HGB auch das Bilanzrecht, geregelt). Enge Verbindungen bestehen zum **Arbeitsrecht** (sofern Gesellschaften Arbeitnehmer beschäftigen und deshalb Arbeitgeber sind) und **Unternehmensmitbestimmungsrecht** (vgl. B VII), zum **Bank-, Börsen- und Wertpapierrecht** (z. B. ist die Aktie Wertpapier) und auch zum **Kartell- und Wettbewerbsrecht**[1] (Beispiele: Gesellschaften schließen Kartellverträge oder Kartellverträge werden in Form von Gesellschaftsverträgen geschlossen, § 1 GWB, Art. 81 EG-Vertrag; nehmen marktbeherrschende Stellungen ein, § 19 f. GWB, Art. 82 EG-Vertrag; wollen fusionieren, §§ 35 ff. GWB, Fusionskontroll-Verordnung der EG; melden Patente [PatG] und Marken [MarkenG] an oder nehmen Wettbewerbshandlungen vor, § 1 UWG). Von besonderem Einfluß auf das Gesellschaftsrecht ist das **Steuerrecht,** das in vielen Fällen schon die Wahl einer Gesellschaftsform beeinflußt, aber in dieser Bedeutung nicht überschätzt werden sollte, da es zu steuerlicher Gleichbehandlung der Gesellschaftsformen tendiert[2]. Auch zum **Prozeßrecht** und zum **Insolvenzrecht** gibt es vielfältige Bezüge.

II. Gesellschaftsrecht im Wirtschaftssystem

Die Einordnung des Gesellschaftsrechts als Teildisziplin des Privatrechts darf nicht zu dem Schluß verleiten, als handele es sich um eine unpolitische Materie. Das Gegenteil ist der Fall. Denn die Hauptbedeutung des Gesellschaftsrechts liegt im Bereich der Wirtschaft, auch wenn es daneben prak-

1 Zum Verhältnis von Gesellschaftsrecht und Wettbewerbspolitik vgl. *Kübler/R. H. Schmidt*, Gesellschaftsrecht und Konzentration, 1988.

2 Vgl. die Nachweise oben bei A V 3. Vgl. auch *Walz*, Empfiehlt sich eine rechtsformunabhängige Besteuerung der Unternehmen? Gutachten F zum 53. DJT 1980 sowie *Flämig*, ZRP 1980, 237.

tisch wichtige und breite Anwendung im gesamten kulturellen und sozialen Bereich findet. Innerhalb des Normengefüges einer Wirtschaftsordnung gehört das Gesellschaftsrecht, wie etwa auch das Arbeits- und Wirtschaftsrecht, zu dem in besonderem Maße **systemgebundenen Recht.**

Als Wirtschaftsordnung bezeichnet man dabei heute üblicherweise den Teil der Rechtsordnung, der auf die Wirtschaft bezogen ist und in dem die Organisation und der Ablauf des Wirtschaftslebens geregelt werden. Wirtschaftsordnung ist somit zuvorderst Rechtsordnung[3] und als solche Mittel zur Gestaltung einer Gesellschaft, also Teil der Gesellschaftsordnung, die ihrerseits in Interdependenz zur Staatsordnung steht.

Konsequenz dieser Systemgebundenheit des Gesellschaftsrechtes: Es ist zwischen unterschiedlichen Gesellschafts- und Wirtschaftsordnungen (Systemen) nicht beliebig austauschbar. Die vorherrschende Wirtschaftsordnung bestimmt die Aufgabe eines Gesellschaftsrechts im Gesamtgefüge, ebenso wie es den einzelnen Gesellschaften Sinn und Funktion gibt. Andererseits bildet das Gesellschaftsrecht in seiner jeweiligen Ausgestaltung seinerseits ein wichtiges Strukturprinzip des jeweiligen Systems und macht dadurch den steuernden Einfluß des Rechts auf die Realisierung eines Wirtschaftssystems deutlich.

Die **Systemrelevanz** des Gesellschaftsrechts wurde bis zur 7. Aufl. dieses Lernbuches (vgl. 7. Aufl., S. 16 ff.) an den unterschiedlichen Wirtschaftsordnungen der Bundesrepublik Deutschland (»soziale Marktwirtschaft«) und der (SED-) DDR (»sozialistische Planwirtschaft«) deutlich gemacht. Für diesen Systemvergleich ist 1990 die reale Basis entfallen (vgl. 9. Aufl., S. 18).

Für das Verständnis des Gesellschaftsrechts ist es jedoch nach wie vor äußerst förderlich, wenn man seine Bedeutung in der Sozialen Marktwirtschaft der Bundesrepublik Deutschland im Kontrast zu einem Wirtschaftssystem »sozialistischer Planwirtschaft« nach dem Muster der früheren (SED-)DDR deutlich macht.

1. Das Wirtschaftssystem der sozialen Marktwirtschaft

a) Die Wirtschaftsordnung der Bundesrepublik Deutschland wird zutreffend als **System sozialer Marktwirtschaft** bezeichnet. Das Grundgesetz (GG) hat dieses System nicht ausdrücklich als solches i. S. eines Ordnungsmusters zur Koordination und Lenkung der Wirtschaft festgeschrieben. Nach ganz h. M. soll dem GG auch die Entscheidung für eine soziale Marktwirtschaft nicht zu entnehmen sein[4]. Die gegenwärtige Wirtschaftsordnung

3 Materialien zum Bericht zur Lage der Nation 1972, BT-Drucks. VI/3080, S. 105.

4 A. A. *Nipperdey*, Soziale Marktwirtschaft und Grundgesetz, 3. Aufl. 1965, zu Recht: Denn wenn insbes. die Wesensgehaltsgarantie der (auch) wirtschaftsordnenden, freiheitsverbürgenden Grundrechte (Art. 2 I, 5, 9 I, III, 11, 12, 14, 15 GG), das Bundesstaatsprinzip (Art. 20 I GG), das Selbstverwaltungsprinzip (Art. 28 II GG), der Bestimmtheitsgrundsatz für Verordnungsermächtigungen

stellt danach nur ein vom Grundgesetz akzeptiertes Ergebnis (wirtschafts-) politischer Willensbildung des demokratisch legitimierten Gesetzgebers im Rahmen des von der Verfassung offengehaltenen Gestaltungsspielraums dar[5].

(1) Die **marktwirtschaftliche Ordnung der Wirtschaft** bedeutet, daß die Volkswirtschaft prinzipiell (Ausnahmebereiche!) nach dem Gesetz von Angebot und Nachfrage durch den Wettbewerb eigenverantwortlicher Rechtspersonen (Wirtschaftssubjekte) gesteuert wird, die Waren und Leistungen anbieten und ihrerseits wieder als Nachfrager von Gütern und Leistungen auftreten. Dadurch wird eine überwiegend privatautonome (Gegensatz: hoheitliche) Gestaltung der Ordnung der Wirtschaft gewährleistet. Dies entspricht vor allem den grundgesetzlichen Gewährleistungen: der allgemeinen Handlungsfreiheit auch im wirtschaftlichen Bereich (Art. 2 I GG), der Vereinigungsfreiheit (Art. 9 I GG) und der Berufs- und Gewerbefreiheit (Art. 12 GG).

(2) **Sozial** ist diese Wirtschaftsordnung, weil sie da, wo der Wettbewerb als Lenkungsinstrument der Wirtschaft versagt oder zu versagen droht, nicht auf staatliche Wirtschaftslenkung zur Herstellung oder Wahrung sozialer Gerechtigkeit verzichtet (z. B. in der Wirtschaftspolitik, Konjunkturpolitik, Einkommens- und Vermögenspolitik). Es gilt der Satz: »Wettbewerb soweit wie möglich, Planung soweit als nötig«[6].

(3) **Juristische Organisationsgrundlage** unserer Marktwirtschaft ist die **Eigentumsordnung.** Die Verfassungsgarantie des Art. 14 I GG schützt das Privateigentum (als Institut und subjektives Recht) im Rahmen seiner Sozialpflichtigkeit (Art. 14 II GG) umfassend. Sie erfaßt jede Form privater Berechtigung, nicht nur an Konsumgütern, sondern vor allem auch an Grund und Boden und an industriellen Produktionsmitteln. Nur als Ausnahme sieht Art. 15 GG die Möglichkeit der Vergesellschaftung vor. Durch diese Eigentumsordnung wird vor allem erreicht, daß der **Wirtschaftsprozeß aus dem staatlichen Zuständigkeitsbereich weitgehend herausgehalten** wird.

b) Im Gegensatz zur sozialen Marktwirtschaft steht die **»sozialistische Planwirtschaft«**, wie sie etwa früher in der DDR-Verfassung als verbindliches Wirtschaftssystem und unantastbare Grundlage der sozialistischen Gesellschaftsordnung verbindlich positiv festgelegt war.

(1) **Sozialistisch** war diese Wirtschaftsordnung, weil sie auf den sozialistischen Produktionsverhältnissen aufbaute, die ihrerseits das »sozialistische Eigentum« zur Grundvoraussetzung hatten. **»Sozialistisches Eigentum« war das vergesellschaftete Eigentum an Produktionsmitteln,** wobei nach dem Grad der Vergesellschaftung noch zwischen gesamtgesellschaftlichem Volleigentum (Staatseigentum), genossenschaftlichem Gemeineigentum und Eigentum gesellschaftlicher Organisationen (Gruppeneigentum) unterschie-

---

(Art. 80 I 2 GG) sowie die Einbindung der Bundesrepublik in die EU auf der Grundlage einer marktwirtschaftlichen Wirtschaftsverfassung einer **grundsätzlichen** Abkehr von der marktwirtschaftlichen Wirtschaftsordnung hin zur Planwirtschaft entgegenstehen, andererseits der wirtschaftswissenschaftlichen Diskussion zu entnehmen ist, daß es im Ansatz nur zwei Wirtschaftssysteme gibt, nämlich »Marktwirtschaft« und »Planwirtschaft«, dann muß die marktwirtschaftliche Wirtschaftsordnung im Prinzip verfassungsrechtlich gewährleistet sein; dafür, daß dieses Prinzip Durchbrechungen kennt, stehen die Einschränkbarkeit der Grundrechte, das Sozialstaatsprinzip (Art. 20 I GG) sowie das Globalsteuerungsinstrumentarium des Art. 109 GG.

5 St. Rspr. des BVerfG; vgl. BVerfGE 4, 7, 17 ff.; 25, 1, 19 ff.; 50, 290, 336 ff.; Materialien (wie FN 3), S. 105 f. In der Sache formuliert das BVerfG (E 50, 338) jedoch genauer, wenn es sagt: »Der Gesetzgeber darf jede ihm sachgemäß erscheinende Wirtschaftspolitik verfolgen, **sofern** er dabei das Grundgesetz, insbes. die Grundrechte beachtet«.

6 *Schiller*, HDSW, Bd. 12 (1965), S. 215.

den wurde. Dahinter stand die marxistisch-leninistische Theorie, wonach das Privateigentum an Produktionsmitteln als Grundübel aller wirtschaftlichen und gesellschaftlichen Mißstände angesehen wird, weshalb Eigentum an den Produktionsmitteln im wesentlichen in sozialistisches Eigentum zu überführen ist, während das Eigentum an Konsumgütern als »persönliches Eigentum« den einzelnen Bürgern zustehen kann. Entscheidend für die sozialistische Volkswirtschaft war mithin die sozialistische Eigentumsordnung an den Produktionsmitteln (Art. 9 I der früheren DDR-Verfassung).

(2) Mit der sozialistischen Wirtschaftsstruktur verband die frühere DDR-Verfassung (Art. 9 III) das **Prinzip der im Grunde zentralistischen staatlichen Planung und Leitung der Volkswirtschaft.** In der Theorie wurde diese staatliche Planungs- und Leitungsbefugnis aus der sozialistisch strukturierten Wirtschaft hergeleitet: Weil das Produktionsmitteleigentum den Werktätigen als Volks- oder Gruppeneigentum zugeordnet war, bedurften diese »sozialistischen Eigentümer« des Staates als Machtinstrument zur Organisation und Entfaltung der sozialistischen Produktionsverhältnisse. Oder mit anderen Worten: Weil das vergesellschaftete Eigentum an Produktionsmitteln funktional Staatseigentum war, unterlag es – insoweit konsequent – staatlicher Planung und Leitung.

2. Gesellschaftsrecht im Systemvergleich

Im Systemvergleich zeigt sich, daß das Gesellschaftsrecht ein maßgebliches Strukturprinzip der marktwirtschaftlichen Wirtschaftsordnung ist, daß andererseits aber für ein Gesellschaftsrecht in unserem Sinne in der sozialistischen Planwirtschaft kein Raum ist.

a) Gesellschaftsrecht – Organisationsrecht

Unser Gesellschaftsrecht hat zur Voraussetzung, daß die Ordnung der Wirtschaft auf der Grundlage freien Unternehmertums privatautonom durch die einzelnen Rechtspersonen gestaltet wird. Das setzt Handlungsfreiheit im wirtschaftlichen Bereich (Art. 2 I GG), Freiheit zur Gründung von Gesellschaften (Art. 9 I GG), Berufs- und Gewerbefreiheit (Art. 12 GG) und nicht zuletzt Verfügungsmacht über Eigentumswerte einschließlich Grund und Boden und sonstiger Produktionsmittel (Art. 14 GG) voraus. Dementsprechend **ist für das Gesellschaftsrecht wesentlich, daß die beteiligten Personen frei entscheiden, ob, zu welchem Zweck, mit welchen Mitteln und in welcher Rechtsform sie sich zusammenschließen.**

Diese Voraussetzungen sind in der sozialistischen Planwirtschaft nicht gegeben. Die Verwaltung und Nutzung des vergesellschafteten Eigentums an den Produktionsmitteln erfordert staatliche Planung und Leitung der Volkswirtschaft. Dieses Konzept verlangt neben der Planung und Leitung der Produktion, der Arbeit und der Einkommensverteilung vor allem auch die planmäßige Organisation und Aufgliederung der Volkswirtschaft. Der Staat als gigantisches Wirtschaftssubjekt muß für eine möglichst effiziente Organisations- und Produktionsstruktur der Wirtschaft sorgen, weil sich die Arbeitsteilung in dieser Volkswirtschaft mangels Privateigentums an Produktionsmitteln, Leistungswettbewerbs, freier Preisbildung und Freizügigkeit von Arbeit, Kapital, Gütern und Dienstleistungen nicht spontan vollziehen kann. Dazu bedient sich der Staat eines **»Organisationsrechts«**, das als Teilgebiet des Wirtschaftsrechts anzusehen ist, durch das als Steuerungsinstrument die Wechselbeziehungen aller am Wirtschaftsprozeß Beteiligten organisiert werden müssen. Dem Organisationsrecht fällt dabei die Aufgabe der Ausgestaltung der Rechtsstellung aller Wirtschaftsbeteiligten (»Wirtschaftsorganisationen«), einschließlich des Verfahrens ihrer Gründung, Umbildung und Auflösung zu. Solche Wirtschaftsorganisationen sind neben staatlichen Planungs- und Leitungsorganisationen insbes. diejenigen organisatiorischen Einheiten, in denen sich der unmittelbare Produktionsprozeß vollzieht. Sie werden synonym als »Wirtschaftseinheiten« oder als »Betriebe« bezeichnet.

b) Gesellschaften – Wirtschaftseinheiten

Für den **funktionellen Unterschied** zwischen **Gesellschaften** und **Wirtschaftseinheiten** ist die Verwendung der Begriffe »Unternehmen« und »Betrieb« kennzeichnend. Im Wirtschaftsleben der marktwirtschaftlichen Wirtschaftsordnung fällt den **Gesellschaften** die entscheidende Rolle als **Unternehmensträger** zu. Namentlich Großunternehmen werden heute ausschließlich von Gesellschaften betrieben, darüber hinaus aber auch eine sehr große Zahl mittlerer und kleinerer Unternehmen. Diese von Gesellschaften getragenen Unternehmen übertreffen in ihrer wirtschaftlichen Bedeutung (Umsatz, Beschäftigtenzahl) bei weitem und mit noch immer ständig steigender Tendenz die Einzelunternehmer, die zahlenmäßig aber noch deutlich überwiegen.

Demgegenüber wurde mit der Bezeichnung »Betrieb« in der sozialistischen Wirtschaftsordnung begrifflich zutreffend zum Ausdruck gebracht, daß sie als unmittelbare Produktionseinheiten, nicht aber als Unternehmenseinheiten zu sehen sind, die sich produktionsfernere wirtschaftliche Ziele *eigenverantwortlich* setzen und verfolgen können. Der Eigenverantwortungsbereich sozialistischer Betriebe konnte nur in dem Rahmen bestehen, den die staatliche Leitung und Planung beließ; sie waren wirtschaftlich nicht autonom, konnten sich insbes. nicht von ihrem Eigeninteresse (Rentabilitätsgesichtspunkten) leiten lassen wie die Unternehmen in der Marktwirtschaft, sondern wurden als Bestandteile der gesamten sozialistischen Planwirtschaft durch die staatliche Planung und Leitung gesamtvolkswirtschaftlichen und gesamtgesellschaftlichen Erfordernissen verpflichtet. Dieses System stark beschränkter Eigenverantwortlichkeit der Wirtschaftseinheiten hat man als »ökonomisches System des Sozialismus« bezeichnet.

Dem trug die Ausgestaltung der Rechtsstellung der Wirtschaftseinheiten Rechnung. Alle Wirtschaftseinheiten besaßen eine beschränkte Rechtsfähigkeit. Daß sie überhaupt als Träger von Rechten und Pflichten an Rechtsverhältnissen (Leitungsverhältnissen zum Staat, Austauschverhältnissen untereinander) teilnehmen konnten und nicht als organisatorischer Teil des Staates angesehen wurden, weist auf die praktischen Grenzen zentraler Planung und Leitung hin: Eine beschränkte Rechtsfähigkeit und Selbständigkeit sollte durch Festlegung von Verantwortungsbereichen die Erfüllung staatlicher Wirtschaftspläne gewährleisten.

Der **Umfang der Rechte und Pflichten einer Wirtschaftseinheit** (ihre beschränkte Rechtsfähigkeit) hing von ihrer Organisationsform ab und wurde durch deren in Gesetz oder Statut festgelegten Zweck begrenzt. Es gab unterschiedliche **Organisationsformen.** Diese konnten jedoch nicht wie unsere Gesellschaftsformen (Auswahlfreiheit!) frei ausgewählt werden. Die Organisationsform einer Wirtschaftseinheit richtete sich vielmehr verbindlich nach den unterschiedlichen Unterformen des sozialistischen Eigentums an den Produktionsmitteln, das sie verwaltete und nutzte. In der Struktur der Wirtschaftseinheiten spiegelte sich die Eigentumsordnung (und die daraus abgeleitete Klassenstruktur) der früheren DDR wider.

Die bestimmende Stellung nahmen dabei die **staatlichen Wirtschaftseinheiten** ein, die auf gesamtgesellschaftlichem Volkseigentum als höchstentwickelter Form des sozialistischen Eigentums beruhten. Diese gliederten sich in volkseigene Betriebe (VEB), volkseigene Kombinate (VEK) und Vereinigungen volkseigener Betriebe (VVB). Sie wurden durch Gründungsanweisung der zuständigen Staats- und Wirtschaftsorgane gebildet, mit Kapital- und Investitionsgütern ausgestattet und entsprechend auch durch staatliche Stellen wieder aufgelöst. Daneben gab es die sozialistischen Betriebe der **Genossenschaften** (namentlich in der Landwirtschaft und im Handwerk) und der **gesellschaftlichen Organisationen** (etwa Verlagsbetriebe, soziale und kulturelle Einrichtungen der Massenorganisationen und der politischen Parteien) und – weil der Aufbau des Sozialismus noch nicht vollendet war – auch noch zahlreiche private Klein- und Mittelbetriebe (z. B. Gaststätten, kleinere Handwerksbetriebe und Handelsbetriebe).

c) Gesellschafter – Werktätige

Gesellschaften sind rechtlich mehr oder weniger verselbständigte Zusammenschlüsse von Gesellschaftern. Deren Verhältnis zueinander bzw. zur Gesellschaft ist gesellschaftsrechtlich ausgestaltet. Die Gesellschaften sind als Unternehmensträger die wesentlichen Strukturglieder in der Marktwirtschaft. Die **Unternehmer-Arbeitgeber-Funktion** kommt damit den **Gesellschaftern** zu. Sie sind die Unternehmensinhaber bzw. Anteilseigner. Ihnen steht das Gesellschaftsvermögen, insbes. auch das Produktionsmitteleigentum entweder gesamthänderisch zu (Personengesellschaften), oder sie sind durch ihre Geschäftsanteile am Grundkapital ihrer Gesellschaft beteiligt (Wirtschaftsvereine). Die Gesellschafter sind es, denen der Gewinn, aber auch der Verlust aus der unternehmerischen Nutzung von Eigentum in gesellschaftsrechtlicher Organisationsform zugerechnet wird. Sie verkörpern die Kapitaleignerseite, der die Verwaltungsrechte im Unternehmen zustehen. Im Sinne der schlagwortartigen Unterscheidung von »Kapital« und »Arbeit« wird ihnen die Arbeitnehmerseite gegenübergestellt. Den Gesellschaftern obliegt die autonome unternehmerische Planung, Leitung und Organisationskompetenz entweder persönlich (so im Grundsatz bei den Personengesellschaften) oder sie haben (jedenfalls außerhalb des Mitbestimmungsbereichs der Arbeitnehmer) bestimmenden Einfluß auf die Bestellung der dafür zuständigen Gesellschaftsorgane.

Demgegenüber waren die sozialistischen **Wirtschaftseinheiten** als die Grundeinheiten der sozialistischen Wirtschaft **»Kollektive von Werktätigen«**. »Werktätige« wurden die (arbeitenden) Bürger in der sozialistischen Gesellschaft genannt. Mit der Bezeichnung war im Sinne des Marxismus/Leninismus zum Ausdruck gebracht, daß in der DDR die Ausbeutung des Menschen durch den Menschen beseitigt sein sollte. Demgemäß wurden die Arbeitenden in den Betrieben nicht als Arbeitnehmer bezeichnet, obwohl ihr Verhältnis zum sozialistischen Betrieb arbeitsrechtlich gestaltet war und obwohl sie, von den Direktoren und Vorstandsmitgliedern abgesehen, Arbeitnehmerfunktionen erfüllten. Theoretisch wurde das damit erklärt, daß die Werktätigen als »Eigentümer« der Produktionsmittel (Volkseigentum, Gruppeneigentum) nicht von sich selbst Arbeit »nehmen« können. In den auf sozialistischer Eigentumsgrundlage beruhenden Betrieben waren die Werktätigen mithin Eigentümer und Produzenten, nicht jedoch Unternehmer. Das war jedoch nur Theorie, weil in der sozialistischen Planwirtschaft die entscheidende Unternehmer-Arbeitgeber-Funktion den wirtschaftsplanenden und wirtschaftsleitenden Staatsorganen zukam, soweit sie nicht im Rahmen beschränkter Eigenverantwortlichkeit der Betriebe in der Hand des Betriebsdirektors oder -vorstandes lag. Für alle sonstigen Betriebsangehörigen blieben de iure und de facto nur verschiedene Formen beratender und kontrollierender Mitwirkung.

Literatur: Materialien zum Bericht zur Lage der Nation 1972, BT-Drucks. VI/3080; *Heuer/Klinger/Panzer/Pflicke*, Sozialistisches Wirtschaftsrecht – Instrument der Wirtschaftsführung, Berlin-Ost, 1971; Lehr- und Studienmaterial zum Wirtschaftsrecht, 8 Hefte, Autorenkollektiv unter Leitung von *Such* und *Schüssler*, Berlin-Ost, 1972 ff.; *Pleyer/Neumann*, Aspekte des sozialistischen »Gesellschaftsrechts« in der DDR, FS f. Klingmüller (1974), S. 329 ff.; *W. Seiffert*, Wirtschaftsrecht der DDR, 1982, Ergänzungsband, Neuregelungen bis Mai 1985, 1985; *Haase*, Das Wirtschaftssystem der DDR, 2. Aufl. 1990.

B. Allgemeine Lehren

Eine Gesellschaftsrechtskodifikation und damit auch einen »allgemeinen Teil« des Gesellschaftsrechtes gibt es nicht. Gleichwohl erscheint es zweckmäßig und für das Verständnis der rechtlichen Besonderheiten des Gesellschaftsrechtes förderlich, gemeinsame, immer wiederkehrende Probleme aller Gesellschaftsformen grundrißartig der Darstellung der einzelnen Gesellschaftsformen als Orientierungshilfe voranzustellen[1]. Dabei ist besonders auf die Unterschiede zwischen Personengesellschaften einerseits und körperschaftlich strukturierten juristischen Personen (insbes. AG, GmbH) andererseits zu achten.

Arbeitshinweis: Dieser Abschnitt sollte auch nach dem Studium der einzelnen Gesellschaftsformen zur Wiederholung herangezogen werden.

I. Die Entstehung der Gesellschaften

1. Rechtsgeschäftliche Grundlage

Privatrechtliche Gesellschaften benötigen zu ihrer Entstehung eine rechtsgeschäftliche Grundlage. Bei Personengesellschaften, aber grundsätzlich auch bei körperschaftlich organisierten Verbänden (vgl. dazu oben A III 1), ist ein **Vertrag** (Gründungsvertrag) erforderlich, in dem sich zwei oder mehr Personen gegenseitig verpflichten, »die Erreichung eines gemeinsamen Zweckes« zu fördern (vgl. § 705 BGB). Daneben erkennt unsere Rechtsordnung auch einseitige Rechtsgeschäfte als Rechtsgrundlage für die Errichtung einer Gesellschaft durch nur eine Person an. Das gilt aber nur für die »Errichtungserklärung« bei Gründung einer GmbH nach § 1 GmbHG i. d. F. der Novelle vom 4. 7. 1980 (BGBl. I S. 836), obgleich § 2 GmbHG auch in diesem Fall von einem Gesellschaftsvertrag spricht. Durch das Gesetz für kleine Aktiengesellschaften und zur Deregulierung des Aktienrechts vom 2. 8. 1994 (BGBl. I S. 1961) wurde auch die Möglichkeit der Gründung einer AG durch eine Person mittels eines einseitigen Rechtsgeschäfts geschaffen (vgl. § 2 AktG).

Der Gesellschaftsvertrag (auch Gründungsvertrag genannt) bzw. die einseitige Errichtungserklärung wird bei den körperschaftlich organisierten, meist rechtsfähigen Gesellschaften (den Wirtschaftsvereinen) häufig als Satzung oder Statut bezeichnet (vgl. § 25 BGB: Verfassung, Satzung; §§ 2, 280 I

1 Zur dogmatischen Bedeutung der Herausbildung allgemeiner Lehren (»Institutionenbildung«) vgl. *Karsten Schmidt*, Gesellschaftsrecht, § 3 III, S. 54 f.

AktG: Satzung, § 5 GenG: Statut). Mit dieser Bezeichnung soll die körperschaftliche Organisation dieser Gesellschaften hervorgehoben, nicht aber der »**rechtsgeschäftliche Charakter der Gründungsvereinbarung**« oder der Errichtungserklärung verneint werden. Die auf O. v. Gierke[2] zurückgehende Theorie vom sozialrechtlichen Konstitutivakt (Gesamtakt), »der nicht unter den Begriff irgendeines Rechtsgeschäftes gebracht werden darf«, ist heute überwunden. Da jeder Gesellschaftsvertrag (bzw. die einseitige Errichtungserklärung) nicht nur rechtliche Voraussetzung, sondern zugleich Grundlage (»Grundgesetz«) für jede Gesellschaft als Dauerrechtsverhältnis ist, spricht man heute vielfach vom Organisationsvertrag[3] (bzw. Organisationsakt).

a) Zahl der Vertragspartner[4]

aa) bei Verträgen zur Gründung von Personengesellschaften: mindestens 2.

bb) bei Gründung einer AG und einer GmbH: mindestens eine Person (§ 1 GmbHG, § 2 AktG). Bei Errichtung einer KGaA müssen nach § 280 I 1 AktG nach wie vor mindestens 5 Personen mitwirken; alle persönlich haftenden Gesellschafter müssen sich gemäß § 280 AktG an der Feststellung der Satzung beteiligen.

cc) Das Problem der **nachträglichen Einmanngesellschaft** (Einpersonengesellschaft).

Soweit eine Gesellschaft zunächst mehrere Personen als Gesellschafter hat, stellt sich die Frage, was geschieht, wenn später alle Gesellschafter bis auf einen ausscheiden:

(1) Eine zweigliedrige Personengesellschaft endet bei Ausscheiden eines Gesellschafters. Das gilt auch für eine zweigliedrige Personenhandelsgesellschaft. Die Gesellschaft erlischt ohne Liquidation und das Gesellschaftsvermögen fällt an den verbleibenden Gesellschafter[5].

(2) Juristische Personen sind, wenn sie erst einmal entstanden sind, ihren Mitgliedern gegenüber rechtlich so verselbständigt, daß auch das Absinken der Mitgliederzahl auf eine Person nicht zum Wegfall der juristischen Person als solcher führt. Das war schon bisher gewohnheitsrechtlich anerkannt (BGHZ 21, 378, 384) und vom Gesetzgeber akzeptiert (vgl. § 319 I AktG sowie steuerrechtliche Bestimmungen). Der Gesetzgeber hat dies inzwischen durch Zulassung der Einmanngründung der GmbH

---

2 Deutsches Privatrecht I, S. 486, Die Genossenschaftstheorie und die deutsche Rechtsprechung, 1887 (Nachdruck) S. 133.

3 Im Anschluß an *Würdinger*, Recht der Personengesellschaften, 1937, S. 42. Vgl. auch *Hadding*, FS f. R. Fischer, 1979, S. 165; *Karsten Schmidt*, Gesellschaftsrecht, § 5 I 1 b, S. 80/81; *Wiedemann*, Gesellschaftsrecht, Bd. 1, § 3 II, 1 a, S. 159.

4 Der Einfachheit halber wird nachfolgend für das Rechtsgeschäft zur Errichtung einer Gesellschaft der Terminus »Vertrag« verwendet. Soweit Besonderheiten bei der Errichtung der Gesellschaft durch einseitiges Rechtsgeschäft bestehen, wird darauf hingewiesen.

5 Vgl. *Karsten Schmidt*, Gesellschaftsrecht, § 8 IV 2 b, S. 216; § 11 V 2 a, S. 317; MünchKomm/*Ulmer*, § 730 Anm. 10; vgl.auch BGH NJW 1993, 1717, 1719. Zur Aufhebung von § 142 HGB a. F. durch das HRefG vgl. Begründung BT-Drucks. 13/8444, S. 67.

und der AG (§ 1 GmbHG, § 2 AktG) erneut bestätigt. Die Regelung entspricht auch der 12. gesellschaftsrechtlichen EG-Richtlinie vom 12. 12. 1989 (ABlEG Nr. L 395/40 vom 30. 12. 1989), die durch Gesetz vom 18. 12. 1991 (BGBl. I S. 2206) in nationales Recht umgesetzt wurde[6]. Zur Einmanngesellschaft kann es nachträglich kommen, wenn sich – was vor Zulassung der Einmanngründung oft schon bei der Gründung beabsichtigt war (sog. Strohmanngründung) – sämtliche Aktien (bei AG) oder Geschäftsanteile (bei GmbH) in einer Hand vereinigen. Auch dann bleibt die Trennung von Gesellschafter und Gesellschaft als rechtlich verschiedenen Personen erhalten. Die für die juristische Person geltenden Bestimmungen sind weiter anwendbar. Insbes. haftet für Verbindlichkeiten der Gesellschaft grundsätzlich nur deren Vermögen (vgl. § 1 I 2 AktG, § 13 II GmbHG). **Wirtschaftlich** ließ sich so auch schon vor Zulassung der Einmanngründung ein einzelkaufmännisches Unternehmen mit (auf das Gesellschaftsvermögen) beschränkter Haftung führen. Der Gesichtspunkt des Gläubigerschutzes ist gleichwohl nicht tangiert: Auch bei mehreren Mitgliedern haftet für Gesellschaftsverbindlichkeiten einer juristischen Person nur das Gesellschaftsvermögen (§ 1 I 2 AktG, § 13 II GmbHG).

In Einzelfällen ist es denkbar, daß die Trennung von Gesellschaft und Alleingesellschafter rechtlich nicht berücksichtigt wird (z. B. Verkauf aller Anteile = Verkauf des Unternehmens, BGH, NJW 1976, 236; Erwerb eines Grundstücks von der Gesellschaft durch Alleingesellschafter = keine Berufung auf öffentlichen Glauben des Grundbuchs, RGZ 126, 46). § 181 BGB (Unwirksamkeit des Selbstkontrahierens) findet auf die Geschäfte des Alleingesellschafter-Geschäftsführers mit der Gesellschaft aber Anwendung (§ 35 IV 1 GmbHG). Zur sog. Durchgriffshaftung vgl. B III 3 a.

Literatur zur Einmanngesellschaft: *Driesen*, Neues Recht für die Einmann-GmbH, MDR 1992, 324; *Flume*, DB 1980, 1781; *ders.*, ZHR 146 (1982), 205; *Hachenburg/Ulmer*, § 11 Anm. 13 ff.; *Kraft*, Kölner Kommentar zum AktG, 2. Aufl., § 1 Anm. 64 ff. zur Einmann-AG; *Kreutz*, Von der Einmann- zur »Keinmann«-GmbH, FS f. Stimpel, 1985, S. 379; *Karsten Schmidt*, Gesellschaftsrecht, § 40 S. 1237 zur Einpersonen-GmbH; *Kübler*, § 22; *Scholz/Emmerich*, § 2 Anm. 25 ff. Zur Einmanngründung vgl. auch die Literaturangaben unten bei M II 5.

b) Mögliche Vertragspartner

Vertragspartner bzw. Gründer können sein:

aa) Natürliche oder juristische Personen sowie OHG und KG unter ihrer Firma (§ 124 HGB). Deshalb kann sich z. B. eine OHG an der Gründung einer AG beteiligen, wie umgekehrt etwa eine GmbH an einer KG (»GmbH & Co. KG«). Str. ist, ob sich eine BGB-G an der Gründung einer anderen Gesellschaft beteiligen kann. Die h. M. verneint dies für die Beteiligung an einer OHG und KG (vgl. BGHZ 46, 291, 296), bejaht dies aber für eine Beteiligung an einer anderen BGB-G (BGH NJW 1998, 376; vgl.

6 Vgl. dazu *Schimmelpfennig/Hauschka*, NJW 1992, 942.

auch unten C I 1 a mit FN 10). Der BGH (BGHZ 78, 311) hat inzwischen die Möglichkeit bejaht, daß eine BGB-G Gründerin einer GmbH sein kann. Der Geschäftsanteil wird nach dieser Entscheidung Gesamthandsvermögen der Gesellschafter, für die Einlagepflicht haften die Gesellschafter als Gesamtschuldner ohne die Möglichkeit einer Haftungsbeschränkung auf das Gesellschaftsvermögen der BGB-G. Die Begründung des Urteils wirft eine Reihe von Fragen auf. Die Unzulässigkeit einer Haftungsbeschränkung zugunsten der BGB-Gesellschafter wird aus den verschärften Kapitalschutzvorschriften des GmbHG und wohl auch aus § 18 II GmbHG hergeleitet. Ob dies die Inhaltsfreiheit beim Abschluß des BGB-G-Vertrages wirklich begrenzen kann, ist fraglich, ebenso, ob eine vereinbarte und den Mitgründern gegenüber erklärte Haftungsbeschränkung »kraft Gesetzes« mit Abschluß des Gesellschaftsvertrages der GmbH entfällt. Der BGH läßt auch offen, ob es genügt, wenn die BGB-G eine Mindeststammeinlage von DM 500,– (jetzt 100 Euro; § 5 I GmbHG) übernimmt oder »ob dieser Betrag mit der Zahl der Gesellschafter multipliziert werden muß«. Letztere Frage muß verneint werden, wenn wirklich die BGB-G als Gründerin anerkannt wird[7]. Inzwischen hat der BGH entschieden, daß die BGB-G auch Mitglied einer eG und einer AG sein kann[8]. Auch ein nichtrechtsfähiger Verein kann nach heute im Schrifttum im Vordringen befindlicher Meinung Gründer einer GmbH sein[9]. Nach den Urteilen des BGH müßte dann auch hier im Innenverhältnis die Haftungsbeschränkung der Mitglieder auf das Vereinsvermögen ausgeschlossen sein[10].

bb) Umstritten ist nach wie vor die Gründerfähigkeit einer Erbengemeinschaft. Sie ist zu verneinen, da die Erbengemeinschaft keine organisierte Personengemeinschaft, sondern eine auf Auflösung gerichtete Zwangsgemeinschaft ist[11]. War der Erblasser bereits Gründer, tritt allerdings die Erbengemeinschaft in seine Rechtsposition ein[12].

cc) Auch der Geschäftsunfähige und der beschränkt Geschäftsfähige (insbes. Minderjährige = Personen unter 18 Jahren) können Gründer sein. Sie werden durch ihren gesetzlichen Vertreter beim Vertragsschluß bzw. bei der Errichtungserklärung vertreten. Bei einem Gesellschaftsvertrag, der zum Betrieb eines Erwerbsgeschäftes eingegangen wird (OHG, KG, aber auch AG und GmbH), ist außerdem die Genehmigung des Vormundschaftsgerichtes (§§ 1643; 1822 Nr. 3 BGB) erforderlich[13]. Gleiches muß

7 Krit. zu der Entscheidung *Koch*, ZHR 146 (1982), 112; vgl. auch *Kraft*, Kölner Kommentar, 2. Aufl., § 2 Anm. 23; *Karsten Schmidt*, BB 1983, 1697; *ders.*, Gesellschaftsrecht, § 34 II 1, S. 999 f.

8 BGHZ 116, 86 zur eG; BGHZ 118, 83, 99 zur AG.

9 Vgl. *Hueck* in: *Baumbach/Hueck*, § 1 Anm. 34; *Hachenburg/Ulmer*, § 2 Anm. 80 ff.

10 So auch *Hueck*, wie FN 9.

11 Vgl. *Kraft*, Kölner Kommentar zum AktG, 2. Aufl., § 2 Anm. 27; a. A. *Hachenburg/Ulmer*, § 2 Anm. 80; *Hueck* in: *Baumbach/Hueck*, § 1 Anm. 35; *Raiser*, § 26 Rdz. 9; zweifelnd *Karsten Schmidt*, Gesellschaftsrecht, § 34 II 1 FN 6, S. 999.

12 *Kraft*, a. a. O., § 2 Anm. 28.

13 Vgl. *Soergel/Damrau*, BGB, 12. Aufl., § 1822 Anm. 23.

für die einseitige Errichtungserklärung gelten. Will der gesetzliche Vertreter mit minderjährigen Kindern einen Gesellschaftsvertrag schließen, so muß wegen § 181 BGB (Insichgeschäft) für jedes Kind ein Pfleger (Ergänzungspflegschaft, § 1909 BGB) bestellt werden. Zur nachträglichen Genehmigung durch den inzwischen volljährig Gewordenen vgl. BGH, NJW 1980, 1842.

dd) Ehegatten können untereinander einen Gesellschaftsvertrag schließen. Ein Gesellschaftsvertrag, den ein im gesetzlichen Güterstand der Zugewinngemeinschaft lebender Ehegatte mit Dritten schließt, kann gemäß § 1365 BGB der Zustimmung des anderen Ehegatten bedürfen[14]; gleiches kann für eine einseitige Errichtungserklärung gelten.

c) Form des Vertrages

aa) Für den Gesellschaftsvertrag einer Personengesellschaft als solchem besteht keine Formvorschrift (Ausnahme neuerdings: Schriftform nach § 3 I PartGG für den Partnerschaftsvertrag); er kann auch stillschweigend geschlossen werden. Zumindest schriftliche Festlegung empfiehlt sich aus Gründen der Rechtssicherheit. Ein Formerfordernis kann sich aus Vorschriften außerhalb des Personengesellschaftsrechtes ergeben, z. B. wenn sich ein Gesellschafter im Gesellschaftervertrag zur Übereignung eines Grundstücks (§ 313 BGB) oder zur Übertragung seines gegenwärtigen Vermögens oder eines Bruchteils davon (§ 311 BGB) verpflichtet oder wenn in Gütergemeinschaft lebende Ehegatten eine OHG gründen (BGHZ 65, 79). Dann bedarf der ganze Vertrag der notariellen Beurkundung.

bb) Der Gesellschaftsvertrag (Satzung) von AG, KGaA und GmbH bedarf immer notarieller Beurkundung (§§ 23 I, II, 280 I AktG, § 2 I GmbHG). Dies gilt auch für die Errichtungserklärung bei einer Einmanngründung (§§ 1, 2 I GmbHG, §§ 2, 23 I AktG).

cc) Das Statut der Genossenschaft bedarf der Schriftform (§ 5 GenG).

d) Inhalt des Vertrages

Der **Mindestinhalt** richtet sich nach den gesetzlichen Anforderungen bei den einzelnen Gesellschaftsformen (Vgl. z. B. § 23 II-IV AktG, § 3 GmbHG). Der **zulässige Inhalt** wird durch die allgemeinen Schranken der Vertragsfreiheit (§§ 134, 138 BGB) und die zwingenden Normen, die für die einzelnen Gesellschaftsformen gelten, bestimmt. Zwingend sind in der Regel insbes. alle Bestimmungen, die die Beziehungen der Gesellschafter bzw. der Gesellschaft zu Dritten ordnen (Außenbeziehungen). Gesetzliche Bestimmungen, die die Beziehungen der Gesellschafter untereinander bzw. der Gesellschafter zur Gesellschaft regeln (Innenverhältnis), sind dagegen bei Personengesellschaften (vgl. § 109 HGB) und der GmbH (vgl. § 45 GmbHG) grundsätzlich

---

14 Vgl. *Soergel/Lange*, BGB, 12. Aufl., § 1365 Anm. 52, 23.

abdingbar. Bei der AG ist auch dieser Bereich weitgehend zwingend geregelt (vgl. § 23 V AktG).

e) Auslegung des Vertrages

Sowohl bei der Auslegung von Personengesellschaftsverträgen als auch bei der Auslegung von Satzungen juristischer Personen ist in bezug auf die geltenden Auslegungsregeln nach dem materiellen Gehalt der auszulegenden Regelung zu differenzieren, und zwar zwischen Organisationsregeln und reinen Vertragsregeln[15].

aa) Reine Vertragsregeln sind Regelungen, die nur die schuldrechtlichen Beziehungen zwischen den Gesellschaftern oder zwischen ihnen und der Gesellschaft betreffen. Die individualrechtlichen Regelungen sind nach den allgemeinen Grundsätzen der Vertragsauslegung (§§ 133, 157, 242 BGB) auszulegen. Dies gilt auch für Satzungen juristischer Personen, soweit sie Regelungen enthalten, die nur das Verhältnis der Gründungsgesellschafter untereinander bzw. ihr Verhältnis zur Gesellschaft betreffen (z. B. §§ 23 II, 26, 27 AktG). Sobald es aber darum geht, den Inhalt des Vertrags im Verhältnis zu Dritten (Gläubigern, Arbeitnehmern) zu bestimmen, gelten die Auslegungsgrundsätze, die bei der Auslegung von Organisationsregeln anzuwenden sind.

bb) Organisationsregeln, Satzungsregelungen im materiellen Sinn, d. h. korporative Regelungen, die auch die Außenbeziehungen der Gesellschaft betreffen, für Gläubiger oder später eintretende Gesellschafter bedeutsam werden können, werden wie Rechtsnormen ausgelegt. Subjektive Vorstellungen der Vertragspartner dürfen deshalb bei der Auslegung keine Rolle spielen. Maßgebend ist der objektivierte Wille der Gründer, so wie er sich aus dem Wortlaut der Satzung und ihrem Sinnzusammenhang ergibt (»gemäßigte objektive Auslegungsmethode«). Insoweit unterliegt die Auslegung auch der Nachprüfung durch das Revisionsgericht[16].

f) Änderungen des Vertrages

aa) Personengesellschaftsverträge können grundsätzlich jederzeit durch Vereinbarung zwischen allen Gesellschaftern oder durch einstimmigen Beschluß abgeändert werden. Der Gesellschaftsvertrag selbst kann auch, unter Beachtung des sog. Bestimmtheitsgrundsatzes, eine Änderung durch Beschluß der Mehrheit zulassen (vgl. dazu C I 6 und E V 3 c).

15 Vgl. dazu *Hueck* in: *Baumbach/Hueck*, § 2 Anm. 25 ff.; *Kraft*, Kölner Kommentar zum AktG, 2. Aufl., § 23 Anm. 93 ff.; *Karsten Schmidt*, Gesellschaftsrecht, § 5 I 2 c, S. 87; § 5 I 4 S. 93; *Wiedemann*, Gesellschaftsrecht, § 3 II 2 a, S. 170; zur Auslegung des Gesellschaftsvertrages einer Familien-GmbH vgl. BGH, GmbHRdsch. 1982, 129; vgl. auch RGZ 156, 129, 133; BGHZ 14, 25, 36 f.

16 Vgl. z. B. BGHZ 113, 237, 240; 123, 347, 350; zur Inhaltskontrolle von Gesellschaftsverträgen durch die Gerichte vgl. *Wiedemann*, Gesellschaftsrecht, § 3 II 3, S. 172 ff.; *Hönn*, JA 1987, 7 sowie oben A V 2 c.

bb) Gesellschaftsverträge (Satzungen) juristischer Personen können durch satzungsändernden Beschluß des die Gesamtheit der Mitglieder repräsentierenden Organs (»Hauptversammlung« bei AG, »Gesamtheit der Gesellschafter« bei GmbH) geändert werden. Dieser Beschluß kann Mehrheitsbeschluß sein, muß aber besonderen Erfordernissen entsprechen (qualifizierte Mehrheit, notarielle Beurkundung, Eintrag ins HReg), vgl. §§ 179 ff. AktG, §§ 53 ff. GmbHG. Bei einer Einmanngesellschaft genügt die entsprechende Erklärung des Gesellschafters, die notariell zu beurkunden und in das HReg einzutragen ist. Ein wichtiger Fall der Satzungsänderung ist die Änderung des Grund- bzw. Stammkapitals in Form der Kapitalherabsetzung bzw. Kapitalerhöhung (vgl. §§ 182 ff. AktG, §§ 55 ff. GmbHG).

2. Der fehlerhafte Gesellschaftsvertrag

Als Rechtsgeschäfte unterliegen der Gesellschaftsvertrag und die Errichtungserklärung den Vorschriften des Allgemeinen Teils des BGB über Rechtsgeschäfte (§§ 104–185 BGB). Eine wesentliche Besonderheit besteht aber darin, daß die allgemeine Rechtsfolge der Nichtigkeit und Anfechtung von Rechtsgeschäften, nämlich die Unwirksamkeit von Anfang an, beim Gründungsvertrag bzw. beim Errichtungsakt nicht passen, sobald die Gesellschaft ihre Geschäftstätigkeit aufgenommen hat, insbes. im Rechtsverkehr aufgetreten, Verbindlichkeiten eingegangen ist und Rechte erworben hat. **Dann bedürfen Dritte eines Vertrauensschutzes, und auch die Gesellschafter untereinander können sinnvollerweise nicht auf das Bereicherungsrecht zur Abwicklung ihres Rechtsverhältnisses verwiesen werden.** Entsprechende Probleme tauchen auf, wenn beim späteren Eintritt eines Gesellschafters in eine bereits bestehende Gesellschaft Beitrittserklärungen an Rechtsmängeln leiden[17]. Wird die rechtsgeschäftliche Abtretung eines GmbH-Anteils angefochten, so gelten allerdings uneingeschränkt die Vorschriften des BGB[18]. Gesetzgeber, Rechtsprechung und Lehre haben sich dieser auch heute noch außerordentlich wichtigen Problematik frühzeitig angenommen. Dabei ist die Entwicklung bei juristischen Personen (insbes. AG, GmbH und eG) einerseits (vgl. K II 5; L II 3) und bei Personengesellschaften andererseits (vgl. D V) getrennt verlaufen; krit. dazu Schwintowski, NJW 1988, 937.

3. Die Rechtsnatur des Gesellschaftsvertrages

Der Gesellschaftsvertrag ist, abgesehen vom Fall der Einmanngründung (§ 1 GmbHG, § 2 AktG), **schuldrechtlicher Vertrag,** weil sich die Gesellschafter

17 Vgl. dazu BGH, WM 1988, 414.
18 BGH, NJW 1990, 1915; BGH NJW-RR 1995, 1182; anders noch BGH, WM 1975, 512.

verpflichten, die Erreichung eines gemeinsamen Zweckes zu fördern (vgl. § 705 BGB); deshalb finden grundsätzlich die allgemeinen Regeln über Schuldverhältnisse (§§ 241–432 BGB) Anwendung, die allerdings weitgehend dispositiv sind. Der Gesellschaftsvertrag ist aber **auch gemeinschaftsbegründender Organisationsvertrag**[19]. Er ist kein Austauschvertrag (wie etwa der Kaufvertrag), sondern wegen der Verpflichtungen zur Förderung eines gemeinsamen Zweckes »Leistungsvereinigungsvertrag« Deshalb ist zweifelhaft, ob, insbes. bei Leistungsstörungen, die Bestimmungen über den gegenseitigen Vertrag (§§ 320 ff. BGB) Anwendung finden können:

a) Beim Personengesellschaftsvertrag ist diese Frage nach wie vor umstritten; vgl. unten C I 1 c.

b) Beim Gesellschaftsvertrag (Satzung) juristischer Personen ist für die Anwendung der §§ 320 ff. BGB im Verhältnis der Gesellschafter untereinander kein Platz. Es fehlt an einem Gegenseitigkeitsverhältnis, weil bereits mit dem Abschluß des Gesellschaftsvertrages (»Feststellung der Satzung«) die körperschaftliche Organisationsstruktur der zukünftigen juristischen Person hervortritt, so daß Rechte und Pflichten primär zwischen dieser und den Gesellschaftern entstehen, nicht aber zwischen den Gesellschaftern.

Deshalb kann z. B. ein Aktionär nicht nach § 320 BGB seine Einlageleistung wegen Nichterfüllung der Einlagepflicht seitens eines anderen Aktionärs verweigern oder gar gemäß §§ 325, 326 BGB vom Vertrage zurücktreten.

4. Die Entstehung der Gesellschaften

Ein Gesellschaftsvertrag bzw. die Errichtungserklärung bei der Einmanngründung sind rechtliche Voraussetzung für die Entstehung jeder Gesellschaft; zur Formbedürfigkeit vgl. oben I 1 c. Keineswegs fallen jedoch bei allen Gesellschaftsformen Abschluß des Gesellschaftsvertrages und Entstehen der Gesellschaft zusammen. Vielfach sind noch weitere Voraussetzungen nötig. Auch hier ist wieder zwischen Personengesellschaften und juristischen Personen zu unterscheiden:

a) Personengesellschaften

aa) **BGB-G** und **StG** entstehen mit dem Abschluß des Gesellschaftsvertrages. Er begründet das Gesellschaftsverhältnis als Dauerrechtsverhältnis, das als Quelle verschiedener Rechte und Pflichten eine »konstante Rahmenbeziehung« zwischen den Gesellschaftern bzw. zwischen den Gesellschaftern einerseits und der Gesellschaft andererseits bildet.

bb) Bei **OHG** und **KG** ist zwischen dem Entstehen im Innenverhältnis und im Außenverhältnis zu unterscheiden. Im Innenverhältnis entstehen OHG

19 Allg. M.; Vgl. z. B. *Hueck*, FS f. Zöllner, 1998, S. 275, 278 und unten C I1 c cc.

und KG mit Abschluß des Gesellschaftsvertrages. Nach außen werden diese Gesellschaften grundsätzlich erst mit Eintragung im HReg wirksam (§§ 123 I, 161 II HGB). Nur bei (den vielen) Gesellschaften, die ein Handelsgewerbe nach § 1 II HGB betreiben, tritt diese Wirksamkeit schon mit Geschäftsbeginn ein (§§ 123 II, 161 II HGB), z. B. mit der Miete eines Geschäftslokales, der Bestellung von Maschinen etc. Für die **Partnerschaft** gilt Entsprechendes (vgl. unten H II); zur **EWIV** vgl. unten I II.

b) Juristische Personen

Bei juristischen Personen sind Abschluß des Gesellschaftsvertrages bzw. Abgabe der Gründungserklärung (»Feststellung der Satzung«) und Entstehung der Gesellschaft streng zu unterscheiden: **AG, KGaA** und **GmbH** entstehen »als solche«, d. h. als juristische Personen erst mit ihrer Eintragung ins HReg (§§ 41 I, 278 III AktG, § 11 I GmbHG); die Eintragung wirkt konstitutiv.

Entsprechendes gilt für die Eintragung der **eG** in das Genossenschaftsregister (§ 17 GenG), während **VVaG** Rechtsfähigkeit durch die Erlaubnis des Bundesaufsichtsamtes erlangen, als Versicherungsvereine auf Gegenseitigkeit Versicherungsgeschäfte zu betreiben (§ 15 VAG). Der Idealverein **(e. V.)** erlangt Rechtsfähigkeit durch Eintragung in das Vereinsregister (§ 21 BGB, vgl. unten J I 3 b, II 4 c).

aa) Diese Art der Bildung juristischer Personen bezeichnet man als **System der Normativbestimmungen.** Der Eintragung ins HReg (bzw. ins Genossenschaftsregister, Vereinsregister) bzw. der Erlaubnis des Bundesaufsichtsamtes kommt als staatlichem Akt für die Erlangung der Rechtsfähigkeit *konstitutive* Wirkung zu. Die Gründer haben aber Anspruch auf die Eintragung bzw. Genehmigung, wenn die Überprüfung durch die jeweils zuständige staatliche Stelle ergibt, daß die gesetzlichen Gründungsanforderungen (Normativbestimmungen) erfüllt worden sind. Dieses System schafft Klarheit über die Rechtsfähigkeit und den Zeitpunkt ihres Beginns, ohne dem Staat eine zu weitgehende Einflußnahme auf die juristische Person zu ermöglichen.

bb) Einflußmöglichkeiten erhält der Staat beim sog. **Konzessionssystem,** welches das deutsche Recht nur für die Erlangung der Rechtsfähigkeit von Wirtschaftsvereinen des BGB nach § 22 BGB vorsieht (vgl. unten J I 3 b). Danach ist die Rechtsfähigkeit von besonderer staatlicher Verleihung im Einzelfall abhängig; die Behörde kann bei ihrer Entscheidung Zweckmäßigkeitsgesichtspunkte berücksichtigen. Die Verleihung erfolgt nur ausnahmsweise, weil grundsätzlich die Rechtsformen der besonderen Wirtschaftsvereine (AG, GmbH etc.) ausreichen.

cc) Jede Mitwirkung des Staates fehlt beim Erwerb der Rechtsfähigkeit nach dem von unserem Recht nicht zugelassenen **System freier Körperschaftsbildung,** wonach jede körperschaftlich organisierte Personenvereinigung mit ihrer Gründung ohne weiteres Rechtsfähigkeit erlangt. Ein Höchstmaß an Freiheit wird dabei mit erheblicher Rechtsunsicherheit erkauft, weil jeweils nur schwer feststellbar ist, ob und wann eine

Körperschaft entstanden ist. Das System der freien Körperschaftsbildung findet sich in Art. 60 I Schweizerisches Zivilgesetzbuch für Idealvereine und in Art. 1842 I Code civil für die société civile[20]. Die neuerdings vertretene Auffassung, auch die BGB-G sei juristische Person »kraft Gesetzes« (vgl. Hadding, FS f. Kraft, 1998, S. 137; vgl. auch Th. Raiser, AcP 194 (1994), 495), nähert sich dem System der freien Körperschaftsbildung an, das unserer Rechtsordnung fremd ist.

5. Die stufenweise Entstehung von juristischen Personen, sog. Vorgesellschaft

Die Gründung von AG, KGaA und GmbH vollzieht sich in mehreren Stufen (Akten). Sie beginnt mit dem notariell beurkundeten Abschluß des Gesellschaftsvertrages (das AktG spricht dabei von der »Errichtung der Gesellschaft« durch »Feststellung der Satzung« und »Übernahme aller Aktien durch die Gründer« §§ 2, 23 I, II, 29 AktG) bzw. der notariellen Beurkundung der Gründungserklärung bei der Einmanngründung und endet mit der Entstehung der juristischen Person durch Eintragung ins HReg (§ 41 I AktG, § 11 I GmbHG). Häufig bestehen auch schon vor Abschluß des eigentlichen Gesellschaftsvertrages rechtlich verbindliche Abreden zwischen den Gründern, zur Errichtung einer juristischen Person zusammenzuwirken: Dann besteht zunächst eine sog. Vorgründungsgesellschaft. Demnach lassen sich typischerweise *drei Stufen* unterscheiden:

- Vertrag, gerichtet auf die Errichtung einer juristischen Person: Die **Vorgründungsgesellschaft** entsteht (fehlt bei der Einmanngründung).
- Abschluß des Gesellschaftsvertrages bzw. notarielle Beurkundung der Einmanngründungserklärung (Satzungsfeststellung): Die **Vorgesellschaft** entsteht (der BGH nennt sie Gründungsgesellschaft).
- Eintragung in das HReg: Die **juristische Person** entsteht (die AG, KGaA oder GmbH »als solche«).

Die einzelnen Stufen der Entstehung einer AG oder GmbH sind vor allem deshalb klar voneinander zu trennen, weil die Gründung einer juristischen Person u. U. kostspielige Planungs- und Vorbereitungshandlungen erfordert, häufig bereits im Gründungsstadium Rechtsgeschäfte mit Dritten abgeschlossen, Verbindlichkeiten eingegangen werden, und es sich fragt, wer die anfallenden Kosten zu tragen bzw. die Verbindlichkeiten zu erfüllen hat, insbes. ob die später entstehende juristische Person dazu verpflichtet ist. In diesem Problembereich ist vieles streitig; die gesetzliche Regelung ist lükkenhaft.

20 Zum Verhältnis der »Systeme« zueinander vgl. *Karsten Schmidt*, Gesellschaftsrecht, § 8 II 5, S. 199 ff.

a) Vorgründungsgesellschaft

Die Vorgründungsgesellschaft (Nebengesellschaft) ist meist BGB-G, sie kann OHG sein, wenn sie ein Handelsgewerbe i. S. von § 1 II HGB betreibt (vgl. § 105 I HGB), das meist in die Vorgesellschaft und später in die juristische Person eingebracht werden soll. Sie entsteht als BGB-G, wenn sich die Beteiligten verpflichten, zur Errichtung einer juristischen Person zusammenzuwirken, insbes. den Gesellschaftsvertrag (die Satzung) auszuarbeiten, als OHG mit Aufnahme der Geschäfte oder mit Eintragung ins HReg (§ 123 HGB).

Vom Inhalt dieses Vertrages hängt es ab, welche Pflichten sich für die Beteiligten daraus ergeben. Soll er bereits einklagbare Ansprüche auf Mitwirkung beim Abschluß des späteren Gesellschaftsvertrages und Übernahme bestimmter Gesellschaftsanteile gegen Einlage begründen, so ist notarielle Beurkundung nötig, weil sonst die Formvorschriften der § 23 I, II AktG, § 2 GmbHG, die auch die Gründer schützen wollen, umgangen würden (h. M.)[21].

Die Vorgründungsgesellschaft ist nicht identisch mit der später entstehenden Vorgesellschaft oder der juristischen Person. Für die Haftung für Verbindlichkeiten gelten die allgemeinen Bestimmungen über die Haftung bei der BGB-G (vgl. unten C III 3) bzw. der OHG, wenn ein Handelsgewerbe betrieben wird (vgl. unten D III 4). Rechte und Pflichten der Vorgründungsgesellschaft gehen nicht automatisch auf die später entstehende juristische Person über, die Pflichten erlöschen nicht automatisch mit Eintragung der GmbH[22].

Die Vorgründungsgesellschaft endet gemäß § 726 BGB regelmäßig mit Erreichung des Zweckes, für den der Inhalt des Vertrages maßgebend ist. Liegt eine OHG vor, so endet sie mit ihrer Vollbeendigung (vgl. unten D IV). Ein Nebeneinander von Vorgründungsgesellschaft und Vorgesellschaft (nach Abschluß des Gesellschaftsvertrages) ist nicht ausgeschlossen.

b) Entstehung der Vorgesellschaft

Der notariell beurkundete **Abschluß des Gesellschaftsvertrages** bzw. die notarielle Beurkundung der Errichtungserklärung (Feststellung der Satzung einschließlich der Übernahme aller Aktien bzw. Geschäftsanteile) **bringt die sog. Vorgesellschaft** (Gründungsgesellschaft) **zum Entstehen** (vgl. § 29 AktG: »Die Gesellschaft ist errichtet«). Zum Vorverein vgl. unten J II 4. Die Vorgesellschaft ist Durchgangsstadium auf dem Weg zur Entstehung der AG oder der GmbH, aber bereits gesellschaftsrechtliche Organisation, die sich am Rechtsverkehr beteiligen kann (allgemeine Meinung). Ihre

---

21 Vgl. *Kraft*, Kölner Kommentar zum AktG, 2. Aufl., § 41 Anm. 8 ff.; *Hachenburg/Ulmer*, § 2 Anm. 43 ff.; *Karsten Schmidt*, Gesellschaftsrecht, § 34 III 2 S. 1011 ff. zur GmbH; vgl. auch *Hueck* in: *Baumbach/Hueck*, § 2 Anm. 29 ff., der allerdings zu Recht »bloße Vorbereitungshandlungen ohne bindende Verpflichtung zum Abschluß des Gesellschaftsvertrages« nicht als »echten« Vorvertrag bezeichnet; *Keim*, JA 1988, 573.

22 BGH, NJW 1983, 2822; BGH, GmbHRdsch. 1985, 214; vgl. auch *Kort*, Die Haftung der Beteiligten im Vorgründungsstadium einer GmbH, DStR 1991, 1317.

Rechtsnatur war lange umstritten. Sie wurde früher insbes. als BGB-G[23] oder als nicht rechtsfähiger Verein angesehen. Die heute h. M. sieht in ihr eine Aufbaugemeinschaft auf dem Weg zu der letztlich angestrebten Organisationsform, eine **Vereinigungsform sui generis,** der zwar die Eigenschaft als juristische Person und damit die (volle) Rechtsfähigkeit noch fehlt, auf die aber das Recht der zu gründenden juristischen Person bereits soweit anzuwenden ist, als dieses nicht gerade die Eintragung der Gesellschaft voraussetzt[24]. Ob gleiches für die als **Einmanngesellschaft** errichtete GmbH und AG zwischen notarieller Beurkundung des »Gesellschaftsvertrages« (§ 2 I 1 GmbHG) und Eintragung gilt, ist fraglich, wird aber von einem Teil der Lehre bejaht[25]. Mit der Erkenntnis, die Vorgesellschaft sei eine Rechtsform sui generis auf dem Weg zur angestrebten Organisationsform, sind freilich die Schwierigkeiten der rechtlichen Behandlung vielfältiger Einzelprobleme nicht gelöst.

Rspr. und Lit. haben im Lauf der Zeit einen großen Teil der auftauchenden Fragen insbes. in bezug auf die GmbH praktikabel gelöst. Auch wenn nicht alle diese Lösungen dogmatisch einwandfrei begründbar sind, soll bei der nachfolgenden Darstellung von ihnen ausgegangen werden.

aa) **Die Vorgesellschaft ist verpflichtungsfähig.** Ebenso wie die innere Organisation der Vorgesellschaft richtet sich auch ihr Auftreten nach außen primär nach den körperschaftsrechtlichen Regeln der zukünftigen juristischen Person. Bereits im Gründungsstadium müssen Gesellschaftsorgane bestellt werden (Vorstand vgl. § 30 IV AktG, Geschäftsführer vgl. § 6 III 2 GmbHG sowie unten M II 2 b), denen die Geschäftsführung und Vertretung der Vorgesellschaft obliegt (BGHZ 80, 212, 215 für die GmbH), so daß die Vorgesellschaft nach außen geschlossen auftreten kann (BGHZ 80, 129, 132 für die GmbH). Sie kann im Rahmen der Vertretungsmacht ihrer Organe bereits Rechte erwerben und Verbindlichkeiten eingehen[26]. Die Vertretungsmacht ist grundsätzlich durch den Zweck der Vorgesellschaft, die Entstehung der künftigen juristischen Person zu fördern und bis dahin das schon eingebrachte Vermögen zu

23 So insbes. das RG; vgl. RGZ 144, 348, 356 für die AG; 151, 86, 91 für die GmbH.

24 St. Rspr.; vgl. BGHZ 80, 212, 214; 117, 323, 326; 120, 103, 105 unter b); *Kraft*, Kölner Kommentar zum AktG, 2. Aufl., § 41 Anm. 18 ff.; *Wiedemann*, Gesellschaftsrecht, § 3 I 1 a, S. 146; *G. Hueck*, Vorgesellschaft, FS 100 Jahre GmbH-Gesetz, 1992, S. 127 ff.; *ders.* in: *Baumbach/Hueck*, § 11 Anm. 7.

25 Vgl. *John*, BB 1982, 505 sowie *Hüffer*, Vorgesellschaft und Einmanngründung in: Die Zukunft der GmbH, 1983, S. 167; *Karsten Schmidt*, NJW 1980, 1769, 1774; zu Sonderproblemen vgl. unten M II 5.

26 Z. B. ist die Vorgesellschaft konkursfähig, grundbuchfähig (BGHZ 45, 338, 348; vgl. auch BayObLG, DB 1987, 216), aktiv und passiv parteifähig (BGH, NJW 1998, 1079; BGHZ 79, 239, 241) und namensfähig (vgl. BGHZ 120, 103, 105 f.). Sie kann auch Komplementärin einer KG (BGHZ 80, 129, 132) und Partner eines schuldrechtlichen Vertrages sein (BGH, GmbHRdsch. 1985, 114). Nach der h. M. in der Literatur ist sie auch wechsel- und scheckfähig (*Hachenburg/Ulmer*, § 11 Anm. 49; *Hueck* in: *Baumbach/Hueck* § 11 Anm. 14; *Scholz/Karsten Schmidt*, § 11 Anm. 31; BGHZ 117, 323, 326); a. M. noch BGH, NJW 1962, 1008.

verwalten und zu erhalten, begrenzt. Wird allerdings ein bereits eingebrachtes Handelsgeschäft fortgeführt (Sachgründung), so entspricht der Umfang der Vertretungsmacht des Vertretungsorgans der Vorgesellschaft dem des Vertretungsorgans der künftigen Gesellschaft. Bei Bargründungen deckt die Vertretungsmacht grundsätzlich nur die zum Herbeiführen der Eintragung unerläßlichen Handlungen. Die Gründer können aber auch in diesem Fall die Vertretungsmacht des vertretungsberechtigten Organs ausdehnen (so für die GmbH: BGHZ 80, 129, 139); umstritten ist, ob es sich dabei um eine echte organschaftliche Stellung (Ulmer, ZGR 1981, 593, 601) oder um eine Bevollmächtigung durch die Gründer handelt (so MünchKomm/Reuter, §§ 21, 22 Anm. 78).

bb) Da die **Vorgesellschaft keine juristische Person** ist, sind Träger des »Gesellschaftsvermögens« die Gründer gemeinschaftlich »zur gesamten Hand«. Das »Gesellschaftsvermögen« ist Sondervermögen der Gesamthandsgemeinschaft der Gründer (vgl. §§ 718, 719 BGB)[27]. Für Verbindlichkeiten, die rechtswirksam im Namen der Vorgesellschaft begründet wurden (Gesellschaftsschulden), haftet die Vorgesellschaft, genauer, die Gesamthandsgemeinschaft der Gründer, d. h. die Gründer i. d. R. als Gesamtschuldner (§§ 427, 431, ggf. auch 840 BGB) mit dem »Gesellschaftsvermögen«. Inwieweit die Gründer persönlich mit ihrem Privatvermögen haften, ist umstritten. Lange Zeit wurde überwiegend die Auffassung vertreten, daß die Gründer für die im Namen der Vorgesellschaft rechtsgeschäftlich begründeten Verbindlichkeiten auch mit ihrem Privatvermögen den Gläubigern unmittelbar haften, aber nur bis zur Höhe ihrer noch nicht erfüllten Einlagepflicht, weil – so die Begründung – durch das Auftreten für eine »GmbH« oder »GmbH i. G.« den Vertragspartnern erkennbar sei, daß die Vertretungsmacht des Geschäftsführers darauf beschränkt ist, die Gesellschafter nur bis zur Höhe ihrer Einlagepflichten zu verpflichten (str.)[28].

Der für Gesellschaftsrecht zuständige 2. Senat des BGH hat dieses **Konzept »beschränkter Außenhaftung« der Gründergesellschafter** nunmehr aufgeben[29]. Eine Haftungsbeschränkung lehnt er mit der Begründung ab, daß »die Gesellschaftsverpflichtungen Angelegenheiten der Gemeinschaft sind und den einzelnen Gesellschafter nur die Haftung für diese Verpflichtungen trifft«. Andererseits soll keine Außenhaftung im Gläubigerinteresse erforderlich sein; die Gründer sollen nur im Verhältnis zur Vorgesellschaft in Höhe ihrer Anteile einer Innenhaftung für Verbindlichkeiten

27 Vgl. *Hueck* in: *Baumbach/Hueck* § 11 Anm. 7; a. A. *Scholz/Karsten Schmidt*, § 11 Anm. 27; *Grunewald*, Gesellschaftsrecht, 2 E II Rdz. 29: Rechtsfähigkeit, aber keine juristische Person; *Raiser*, § 26 Rdz. 58: »Vorläufige Rechtsfähigkeit«; vereinzelt wird die BGB-G bereits als juristische Person angesehen, vgl. *Bälz*, FS f. Zöllner, 1998, S. 35, 62; *Hadding*, FS f. Kraft, 1998, S. 701; *Th. Raiser*, FS f. Zöllner, 1998, S. 469.

28 Vgl. BGHZ 65, 378, 381 f.; 72, 45, 49/50; 80, 129, 142; 84, 183 f.; BSG, ZIP 1986, 645, 646. Für unbeschränkte persönliche Haftung der Gründer *Flume*, FS f. Geßler, 1971, S. 3, 32 ff. und NJW 1981, 1753, 1755; *Karsten Schmidt*, NJW 1981, 1345, 1347; *ders.*, Gesellschaftsrecht, § 40 II 2, S. 1241; *Raiser*, § 26 Rdz. 89; vgl. auch *Weimar*, GmbHRdsch. 1988, 289.

29 Vorlagebeschluß vom 4. 3. 1996, NJW 1996, 1210; dazu *Gehrlein*, NJW 1996, 1193.

der Vor-GmbH unterliegen. Diese »Verlustdeckungshaftung« korrespondiere mit der »Differenzhaftung« nach Eintragung der Gesellschaft in das HReg (s. dazu sogleich unter c); sie soll vor allem im Hinblick auf Verbindlichkeiten einer Vor-GmbH, die nicht ins HReg eingetragen, sondern wieder liquidiert wird, den Gleichlauf der Haftung der Gründer vor und nach Eintragung der GmbH sicherstellen. Dieses **Haftungskonzept »unbeschränkter Innenhaftung«** widersprach der Rspr. des BSG (s. FN 28) und der Auffassung des BAG. Mit Vorlagebeschluß vom 23. 8. 1995[30] hatte bereits der 10. Senat des BAG den Gemeinsamen Senat der obersten Gerichtshöfe des Bundes um Entscheidung darüber gebeten, ob die Gesellschafter einer Vor-GmbH auch für **nichtrechtsgeschäftlich** begründete Verbindlichkeiten der Vor-GmbH nur beschränkt haften. Das BAG war der Auffassung, daß insoweit, ebenso wie für rechtsgeschäftlich begründete Verbindlichkeiten, nur eine auf die Einlage beschränkte Haftung bestehe. Der 2. Zivilsenat des BGH hat deshalb den Gemeinsamen Senat der obersten Gerichtshöfe des Bundes mit Vorlagebeschluß vom 4. 3. 1996 (vgl. FN 29) um Entscheidung darüber gebeten, ob seine Auffassung, wonach die Gesellschafter einer Vor-GmbH für Verbindlichkeiten dieser Gesellschaft unbeschränkt, aber nur im Verhältnis zur Vor-GmbH haften, zutrifft. Nachdem das BAG (Beschluß vom 16. 7. 1996, NJW 1996, 1365) und das BSG (Beschluß vom 31. 5. 1996, KTS 1996, 599) sich der Auffassung des BGH angeschlossen haben, wurde das Verfahren vor dem Gemeinsamen Senat der obersten Gerichtshöfe eingestellt. Damit hat sich das Konzept der unbeschränkten Innenhaftung der Gesellschafter einer Vor-GmbH in der Rspr. im Grundsatz durchgesetzt[31]. Die Literatur hatte dem neuen Konzept bereits vor den Entscheidungen des BGH überwiegend zugestimmt[32]. Aber es gibt zu Recht auch kritische Stimmen[33], da sich das Innenhaftungskonzept letztlich nur auf Praktikabilitätserwägungen stützt. Bei der Einmann-Vorgesellschaft ist das reine Innenhaftungskonzept sicher nicht vertretbar, der BGH will deshalb bei der Einmann-Vorgesellschaft den unmittelbaren Zugriff der Gläubiger auf den Gesellschafter gestatten (vgl. BGHZ 134, 333, 341).

cc) Neben und unabhängig von der Haftung der Vorgesellschaft mit dem Gesellschaftsvermögen besteht eine gesamtschuldnerische Haftung der Personen, die namens der künftigen juristischen Person gehandelt haben (**Handelndenhaftung:** § 41 I 2 AktG; § 11 II GmbHG). Diese Haftung trifft nach der Rspr. nur solche Personen, die als Geschäftsführer oder wie Geschäftsführer bzw. Vorstandsmitglieder tätig geworden sind[34]. Die Handelndenhaftung tritt nach st. Rspr. nicht ein, wenn **nur** im Namen der Vorgesellschaft gehandelt wurde[35]. Die Auslegung könne allerdings ergeben, daß zumindest **auch** für die künftige juristische Person gehandelt werden sollte; dies reiche aus, um § 11 II GmbHG und wohl auch § 41 I 2 AktG anzuwenden. Die überwiegende Meinung in der Literatur tritt zu Recht dafür ein, diese oft vom Sachverhalt her schwer zu treffende Unterscheidung aufzugeben. Nach ihrer Auffassung kann jedes Handeln

30 NZA 1996, 95.

31 Vgl. BGH vom 27. 1. 1997, BGHZ 134, 333.

32 Vgl. z. B. *Ulmer*, ZIP 1996, 733; *Dauner-Lieb*, GmbHRdSch. 1996, 82; *Kort*, ZIP 1996, 109; *Stimpel*, FS f. Fleck, 1988, S. 345.

33 Vgl. z. B. *Altmeppen* (zu der Entscheidung des BGH vom 27. 1. 1997), NJW 1997, 1507; *Beuthien*, ZIP 1996, 305; *Flume*, DB 1998, 45; *Raiser/Veil*, BB 1996, 1344; *Karsten Schmidt*, ZIP 1996, 353; *ders.*, ZIP 1997, 671; *ders.* schon ZHR 156 (1992), 93, 113 ff.

34 Vgl. BGHZ 47, 25; 65, 378 jeweils für die GmbH.

35 BGHZ 72, 45, 47; BGH, NJW 1980, 287; OLG Hamm, WM 1985, 658.

i. S. des § 11 II GmbHG bzw. § 41 I 2 AktG die Haftung auslösen, das erkennbar für die künftige GmbH oder die Vorgesellschaft erfolgt[36]. Die Handelndenhaftung greift nach Meinung des BGH nicht ein, wenn zur Zeit der Handlung der Gesellschaftsvertrag oder die Errichtungserklärung des einzigen Gesellschafters noch nicht notariell beurkundet war[37].

c) Entstehung der juristischen Person

Mit Eintragung im HReg entsteht die juristische Person (AG: § 41 I 1 AktG, GmbH: § 11 I GmbHG).

aa) Jetzt stellt sich die Frage, inwieweit und wie Rechte und Pflichten der Vorgesellschafter (der Vorgesellschaft) auf die juristische Person übergehen. Nach der herrschenden Einheitstheorie[38] (Identitätstheorie) sind Vorgesellschaft und spätere juristische Person in ihrer Struktur und Existenz identisch (dieselben Mitglieder, dieselbe Organisation); es handelt sich bei der Vorgesellschaft und der durch Eintragung entstandenen juristischen Person um ein und denselben Personenverband. Die Rechtsfähigkeit ist nur eine besondere Eigenschaft, die dem an sich unverändert bleibenden Verband verliehen wird. Konsequenz dieser Identität: Rechte und Pflichten der »Vorgesellschaft« werden automatisch solche der juristischen Person. Für den Übergang des gesamten Aktivvermögens wurde das schon lange überwiegend angenommen. Bei Verbindlichkeiten wurden mit unterschiedlicher Begründung Einschränkungen versucht, um das Grund- bzw. Stammkaptial von AG und GmbH bei ihrer Entstehung möglichst vollständig und unbelastet zu erhalten (Grundsatz des Vorbelastungsverbotes). Der BGH hat 1981 **für die GmbH** grundsätzlich entschieden, daß **sämtliche Aktiva und Passiva der Vorgesellschaft,** auch soweit sie aus nicht durch die Satzung gedeckten Geschäften stammen, **nahtlos auf die juristische Person übergehen** (BGHZ 80, 129, 140). Es ist anzunehmen, daß der BGH diese Auffassung auch für die AG vertreten würde, obwohl dies in bezug auf die Verbindlichkeiten im Hinblick auf § 41 II und III AktG zumindest fraglich ist[39]. Sicher ist, daß die juristische Person die vor ihrem Entstehen begründeten Verbindlichkeiten nach den allgemeinen Regeln des Schuldrechts (§§ 414, 415 BGB) und bei der AG unter Beachtung der Sondervorschriften des § 41 II, III

---

36 *Hueck* in: *Baumbach/Hueck* § 11 Anm. 44; *Hachenburg/Ulmer*, § 11 Anm. 109; *Scholz/K. Schmidt*, § 11 Anm. 107; vgl. auch *Karsten Schmidt*, Gesellschaftsrecht, § 34 III S. 1026: Voraussetzung für die Haftung ist Handeln im Namen der Vorgesellschaft.; *Flume*, FS f. Geßler, 1971, S. 3, 20 ff.; *Kübler*, Gesellschaftsrecht, § 24 III, FN 17.

37 BGH, NJW 1984, 2164 = BGHZ 91, 148; BGH, GmbHRdsch. 1985, 214.

38 Vgl. *G. Hueck*, Vorgesellschaft, FS 100 Jahre GmbHG, 1992, 127 ff.; *Kraft*, Kölner Kommentar zum AktG, 2. Aufl., § 41 Anm. 62; MünchKomm/*Reuter*, §§ 21, 22 Anm. 66; *Soergel/Hadding*, vor § 21 Anm. 71, 72; *Kübler*, Gesellschaftsrecht, § 24 II 3 c, III 2 a; zur Gegenmeinung *Barz*, Großkommentar zum AktG, § 41 Anm. 3 ff.

39 Vgl. *Kraft*, Kölner Kommentar zum AktG, 2. Aufl., § 41 Anm. 63, 118 ff.; a. M. *Karsten Schmidt*, FS f. Kraft, 1998, S. 573.

AktG übernehmen kann. Sie hat außerdem die Möglichkeit, die in ihrem Namen abgeschlossenen Rechtsgeschäfte analog §§ 177 ff. BGB zu genehmigen. Bei der **Einmann-Vorgesellschaft** wirft die Einheitstheorie besondere Probleme auf (vgl. unten M II 5).

bb) Da eine Außenhaftung der Gründer nun nach der BGH-Konzeption abgelehnt wird (vgl. oben b bb), stellt sich jetzt nur noch die Frage, was mit der vor Eintragung bestehenden Handelndenhaftung (oben b cc) geschieht. Nach Auffassung des BGH **erlischt** jedenfalls beim Entstehen einer GmbH durch Eintragung die **Handelndenhaftung** (BGHZ 80, 182 und BGH, NJW 1982, 932, beide Entscheidungen gingen noch von einer Außenhaftung der Gründer aus).

cc) Schließlich sollen die Gesellschafter der eingetragenen Gesellschaft »anteilig für die Differenz zwischen dem Stammkapital (abzüglich solcher Gründungskosten, die der Sache nach zu Lasten der GmbH gehen, wie insbes. Eintragungs- und Bekanntmachungsgebühren) und dem Wert des Gesellschaftsvermögens im Zeitpunkt der Eintragung haften **(Differenzhaftung/Unterbilanzhaftung/Vorbelastungshaftung)**«[40]. Lesenswert: Karsten Schmidt, Unterbilanzhaftung – Vorbelastungshaftung – Gesellschafterhaftung, ZHR 156 (1992), 93. Der entsprechende Anspruch der Gesellschaft verjährt in fünf Jahren seit Eintragung der Gesellschaft[41]. Gestützt wird die Differenzhaftung auf den Rechtsgedanken des § 9 GmbHG, der in allen vergleichbaren Fällen, also auch bei einer Bargründung, sachgerecht zur Geltung kommen müsse (BGHZ 80, 129, 142). Für die AG ist diese Frage bisher nicht entschieden. Sie wird dort auch keine große praktische Bedeutung haben. Angesichts der gleichen Struktur der Vor-AG und der Tatsache, daß die positive Regelung des § 9 I GmbHG nach Rspr. und Lehre auch für die Gründung der AG gilt, kann angenommen werden, daß die Rspr. für die AG zum gleichen Ergebnis kommen würde[42].

Berechnungsbeispiel:

5 Gründer mit gleichen Geschäftsanteilen, Stammkapital 25 000 Euro, Gründungskosten 1 000 Euro, Forderungen gegen die Gesellschaft aus Geschäften für ein vor Eintragung eingebrachtes Unternehmen 20 000 Euro.

Von den übernommenen Einlagen sind Einlagen in Höhe von 12 500 Euro erbracht, die noch offenen Einlageforderungen betragen somit 12 500 Euro.

Bei Eintragung ist noch ein Vermögen von 25 000 Euro minus 21 000 Euro = 4 000 Euro vorhanden.

---

40 Vgl. BGHZ 80, 129, 141; 105, 300.
41 BGHZ 105, 300.
42 So auch *Lutter*, NJW 1989, 2649, 2653 ff.; zu der neueren Rspr. vgl. *Flume*, NJW 1981, 1753; *Roth*, ZGR 1984, 597; *Karsten Schmidt*, NJW 1981, 1345; *Theobald*, Vor-GmbH und Gründerhaftung, 1984; *Ulmer*, ZGR 1981, 593; *Schultz*, JuS 1982, 732.

Außer Betracht bleiben die Gründungskosten in Höhe von 1 000 Euro. Das Gesellschaftsvermögen müßte also 24 000 Euro betragen. Als Differenzhaftung treffen die Gründer insgesamt 20 000 Euro, d. h. jeden Gründer 4 000 Euro.

Zu beachten ist, daß dieser Anspruch aus der Differenzhaftung nur der Gesellschaft zusteht, wenn sie eingetragen wird, und daß er nicht auf die Höhe des Stamm-(Grund-)Kapitals beschränkt ist, vielmehr unbegrenzt jede darüber hinausgehende Überschuldung ausgleichen soll (BGH, NJW 1989, 710).

dd) Nach der nunmehr wohl einhelligen Meinung des BGH, des BAG und des BSG haften die **Gesellschafter einer Vor-GmbH** im Innenverhältnis für die Verbindlichkeiten dieser Gesellschaft unbeschränkt. Es besteht eine Einheitliche Gründerhaftung in der unbeschränkten anteiligen »Verlustdeckungshaftung« bis zur Eintragung der Gesellschaft und eine an die Eintragung anknüpfende (anteilige) unbeschränkte »Vorbelastungs-(Unterbilanz-) haftung« jeweils im Innenverhältnis, d. h. der Vorgesellschaft bzw. der eingetragenen Gesellschaft gegenüber[43].

ee) **Beachte:** Die Einheitstheorie, die Voraussetzung der Haftung der GmbH für Verbindlichkeiten der Vor-GmbH und der Enthaftung der Handelnden und der Vor-GmbH selbst ist[44], veranschaulicht, aber begründet nicht, auf welchem Wege das Gesamthandsvermögen der Vorgesellschafter und die Verbindlichkeiten der Vorgesellschaft auf die juristische Person übergehen. Daß ein »Übergang« erforderlich ist, folgt daraus, daß auch die Einheitstheorie nur auf die ontologische Sicht einer Identität des Personenverbandes, nicht aber auf die (nicht vorhandene) Identität der Rechtsträger abstellt. Der geeignete Weg für einen »automatischen Übergang« wäre eine Gesamtrechtsnachfolge, die das Gesetz aber für diesen Fall nicht vorsieht; mit der jetzt vorliegenden Rspr. sind deshalb sicher noch nicht alle Probleme, insbes. aus dogmatischer Sicht gelöst. Insbes. bleibt abzuwarten, inwieweit die vorliegende Rspr. auch auf die AG im Gründungsstadium angewendet wird.

Literatur zur Vorgesellschaft: *Brinkmann*, Begrenzte Haftung der Einmann-GmbH in Gründung, GmbHRdsch. 1982, 269; *Beuthien*, Vorgesellschafter-Haftung nach innen oder außen?, GmbHRdsch. 1996, 309; *ders.*, Die Vorgesellschaft im Privatrechtssystem, Teil I ZIP 1996, 305, Teil II ZIP 1996, 360; *Dauner-Lieb*, Haftung und Risikoverteilung in der Vor-GmbH, GmbHRdsch. 1996, 82; *Escher/Weingart*, Aktienrecht und Differenzhaftung, Die AG 1987, 310; *Farrenkopf*, Differenzhaftung im Aktienrecht?, Die AG 1985, 209; *Fleck*, Neueste Entwicklungen in der Rechtsprechung zur Vor-GmbH, GmbHRdsch. 1983, 5; *Flume*, Die werdende juristische Person, FS f. Geßler, 1971, S. 3; *ders.*, Die Haftung der Vorgesellschaft bei der Gründung einer Kapitalgesellschaft, FS f. v. Caemmerer, 1978, S. 517; *Hüffer*, Gesellschafterhaftung und Geschäftsführerhaftung in der Vor-GmbH & Co. KG, JuS 1980, 485; *ders.*, Das Gründungsrecht der GmbH, Grundzüge, Fortschritte und Neuerungen, JuS 1983, 161; *Joost*, Vorbelastungshaftung und Leistung der Bareinlage in das Vermögen der Vor-GmbH vor Fälligkeit (zu BGHZ 105, 300), ZGR 1989, 554; *Kleindiek*, Zur Gründerhaftung in der Vor-GmbH, ZGR 1997, 427; *Kort*, Die Haftung der Beteiligten im Vorgründungsstadium einer GmbH, DStR 1991, 1317; *ders.*, Die Gründerhaftung in der Vor-GmbH, ZIP

43 BGH vom 21. 1. 1997, BGHZ 134, 333.
44 Vgl. *Karsten Schmidt*, Gesellschaftsrecht, § 34 III 4 c, S. 1028.

1996, 109; *Kraft*, Kölner Kommentar zum AktG, 2. Aufl., § 41 Anm. 59 ff., 118 ff.; *Lieb*, Meilenstein oder Sackgasse? Bemerkungen zum Stand von Rechtsprechung und Lehre zur Vorgesellschaft, FS f. Stimpel, 1985, S. 399; *Lutter*, Das überholte Thesaurierungsgebot bei Eintragung einer Kapitalgesellschaft im Handelsregister, NJW 1989, 2649; MünchKomm/*Reuter*, §§ 21, 22 Anm. 64 ff., 81 ff.; *Rittner*, Die werdende juristische Person, 1973; *Roth*, Die Gründerhaftung im Recht der Vor-GmbH, ZGR 1984, 597; *Karsten Schmidt*, Rechtsgrundlagen der Mitunternehmerschaft im Vorgründungsstadium der GmbH, GmbHRdsch. 1982, 6; *ders.*, Einmanngründung und Einmannvorgesellschaft, ZHR 145 (1981), 540; *ders.*, Theorie und Praxis der Vorgesellschaft nach gegenwärtigem Stand, GmbHRdsch. 1987, 77; *ders.*, Unterbilanzhaftung – Vorbelastungshaftung – Gesellschafterhaftung, ZHR 156 (1992), 93; *ders.*, Zur Haftungsverfassung der Vor-GmbH (Besprechung der Entscheidung des BGH vom 27. 1. 1997 = BGHZ 134, 333), ZIP 1997, 671; *Schröder*, Die Einmannvorgesellschaft, 1991; *Schultz*, Rechtsfragen der Vor-GmbH im Lichte der jüngsten höchstrichterlichen Rechtsprechung – BGHZ 80, 129, JuS 1982, 732; *Ulmer*, Zur Haftungsverfassung in der Vor-GmbH, ZIP 1996, 733; *Weimar*, Abschied von der Gesellschafter- und Handelndenhaftung im GmbH-Recht?, GmbHRdsch. 1988, 284; *Wiedemann*, Das Rätsel Vorgesellschaft, JurA 1970, 439; vgl. auch die **Literaturangaben unten M II 5**.

6. Entstehung durch Umwandlung

Zur Entstehung einer Gesellschaft durch Umwandlung vgl. unten VI sowie unten J II 8, K II 3, M VIII 2, N I 6.

II. Das Innenverhältnis der Gesellschaften

Wesentlich für das Verständnis der Rechtsfragen, die auftauchen, nachdem die Gesellschaft entstanden ist, ist die Unterscheidung zwischen dem Innenverhältnis und dem Außenverhältnis:

- Das **Innenverhältnis** ist das Rechtsverhältnis der Gesellschafter untereinander bzw. das der Gesellschafter zur Gesellschaft.
- Das **Außenverhältnis** betrifft das Rechtsverhältnis der Gesellschafter bzw. der Gesellschaft zu Dritten. Auch Gesellschafter können Dritte in diesem Sinn sein z. B. wenn ein Kaufvertrag zwischen einem Gesellschafter und der Gesellschaft geschlossen wird.

Dieser Unterschied ist auch im Zusammenhang von Geschäftsführungsbefugnis und Vertretungsmacht bedeutsam; vgl. dazu B II 2 a und B III 2.

Zum Innenverhältnis rechnen insbes. alle Bestimmungen über die Rechtsstellung der Gesellschafter (d. h. alle Rechte und Pflichten, die sich aus ihren Mitgliedschaftsverhältnissen in der jeweiligen Gesellschaft ergeben) und die Organisation des Personenzusammenschlusses. Grundlage der Innenbeziehungen ist der Gesellschaftsvertrag (Satzung); ihre Regelungen werden von den jeweiligen gesetzlichen Bestimmungen ergänzt. Die inhaltliche Vertragsausgestaltung unterliegt der von Gesellschaftsform zu Gesellschaftsform unterschiedlich weit reichenden Gestaltungsfreiheit (vgl. oben B I 1 d).

1. Die Rechtsstellung der Gesellschafter

Das Rechtsverhältnis der Gesellschafter untereinander und zur Gesellschaft stellt eine konstante Rahmenbeziehung dar, aus der gleichsam wie aus einer Quelle alle **Rechte** und **Pflichten** der Gesellschafter fließen. Man nennt diese Rechtsstellung **»Mitgliedschaft«** und dementsprechend die Gesellschafter »Mitglieder«. Ob die Mitgliedschaft selbst auch subjektives Recht ist, ist umstritten. Wegen ihrer einheitlichen Übertragbarkeit und Vererblichkeit ist dies mit der überwiegenden Auffassung im Schrifttum zu bejahen[45]. Ihre Ausgestaltung ist in den einzelnen Gesellschaftsformen unterschiedlich geregelt. Überblickartig läßt sich festhalten:

a) Pflichten

aa) Allen Gesellschaften gemeinsam ist die (schuldrechtliche) **Pflicht** der Gesellschafter, die im Gesellschaftsvertrag vereinbarten **Beiträge zu leisten**[46]. Gläubigerin dieser Verpflichtung ist bei Gründung einer juristischen Person zunächst die Vorgesellschaft, die insoweit nach ganz überwiegender Auffassung als Zuordnungssubjekt anerkannt wird; mit der Eintragung der Gesellschaft wird diese Gläubigerin. Auch die **Einmann-Vor-GmbH** kann nach überwiegender Auffassung bereits Träger von Rechten und Pflichten sein; sie ist bereits handlungsfähig (vgl. auch oben I 5 b)[47]. Diese Auffassung ist nicht unproblematisch, da danach allein durch die Erstellung einer notariell beurkundeten einseitigen Gründungserklärung und ohne daß eine Gesamthandsgemeinschaft entsteht, eine vom Gründer getrennte Vermögenszuständigkeit angenommen wird. Dafür bietet aber das Gesetz keinen Anhaltspunkt. Da die Vorgesellschaft nicht juristische Person ist, müßte man davon ausgehen, daß bis zur Eintragung der Gesellschaft der Einmanngründer Eigentümer der der Vorgesellschaft geleisteten Einlagen bleibt, auch wenn er das »Gesellschaftsvermögen« von seinem Privatvermögen rein tatsächlich absondert (vgl. dazu auch unten M II 5). Eine nachträgliche Erhöhung der Beitragspflicht der Gesellschafter ist grundsätzlich nur mit Zustimmung der Betroffenen möglich (vgl. § 707 BGB, §§ 182, 185, 186 AktG, §§ 26, 53 III GmbHG). Eine gewisse Durchbrechung dieses Grundsatzes stellt, jedenfalls im Ergebnis, das vom BGH für die (Vor-)GmbH entwikkelte Haftungskonzept (vgl. oben I 5 c cc) dar.

---

45 So auch *Karsten Schmidt*, Gesellschaftsrecht, § 19 I 3, S. 549; *Flume*, Die Personengesellschaft, S. 127; *ders.*, Die juristische Person, § 8 I; *Wiedemann*, Gesellschaftsrecht, § 2 I 1 b, S. 95; MünchKomm/*Ulmer*, § 705 Anm. 151 a; verneinend *Hadding*, FS f. Reinhardt, 1972, S. 249, 251; *ders.*, FS f. Steindorff, 1990, S. 31 ff.; *Soergel/Hadding*, § 705 Anm. 46.

46 Zur Leistung in das Vermögen der Vor-GmbH (vgl. oben I 5) vor Fälligkeit vgl. BGHZ 105, 300 sowie *Joost*, ZGR 1989, 554.

47 Vgl. *Karsten Schmidt*, Gesellschaftsrecht, § 40 II 2, S. 1241; *Raiser*, § 26 Anm. 58: Vorläufige Rechtsfähigkeit; *Scholz/Karsten Schmidt*, § 11 Anm. 147; *Grunewald*, Gesellschaftsrecht, 2 E Rdz. 29: Rechtsfähig.

bb) Bei den **Personengesellschaften** (Ausnahme: StG; Besonderheiten: KG) sind alle Gesellschafter zur **Führung der Geschäfte** der Gesellschaft **verpflichtet,** sofern nichts anderes vereinbart ist (vgl. §§ 709 ff. BGB, §§ 114 ff. HGB).

cc) Auch trifft die Personengesellschafter eine **gegenseitige Treuepflicht,** deren Verletzung schadenersatzpflichtig machen kann. Die Treuepflicht verpflichtet die Gesellschafter, im Rahmen der gemeinsamen Zweckverfolgung die Interessen der Mitgesellschafter und der Gesellschaft zu wahren und alles zu unterlassen, was diese Interessen schädigen könnte; sie findet ihre Grenze in der Wahrnehmung berechtigter eigener Interessen[48]. Umstritten ist, ob auch die **Gesellschafter von Kapitalgesellschaften (AG, GmbH)** einer Treuepflicht unterliegen. In Frage kommt einmal eine **Treuepflicht** des Aktionärs bzw. des GmbH-Gesellschafters **gegenüber seiner Gesellschaft.** Eine derartige Pflicht – etwa bei der Stimmrechtsausübung – wird heute der Sache nach kaum mehr bestritten[49]. Aber auch eine **Treuepflicht der Gesellschafter untereinander** wird **für die GmbH** seit geraumer Zeit bejaht[50]; der BGH hat sich in der ITT-Entscheidung (BGHZ 65, 15) klar dazu bekannt. **Für die AG** wurde hingegen eine Treuepflicht der Aktionäre untereinander lange Zeit abgelehnt[51]. Der BGH bejaht nunmehr eine solche Pflicht (BGHZ 103, 184, 194 »Linotype«)[52], zunächst im Verhältnis eines Mehrheitsgesellschafters zu Minderheitsaktionären, neuerdings auch für den Minderheitsaktionär. Aufgrund dieser Treuepflicht ist jeder Gesellschafter gehalten, seine Mitgliedschaftsrechte, insbes. seine Mitverwaltungs- und Kontrollrechte, unter angemessener Berücksichtigung der gesellschaftsbezogenen Interessen der anderen Aktionäre auszuüben (BGHZ 129, 136 = NJW 1995, 1739 »Girmes« mit Anm. Altmeppen)[53]. Umfang

48 Grundlegend: *A. Hueck*, Der Treuegedanke im modernen Privatrecht, 1947; ferner etwa *Soergel/Hadding*, § 705 Anm. 58 ff.

49 Vgl. *Zöllner*, Kölner Kommentar zum AktG, 1. Aufl., § 243 Anm. 189 ff.; *Wiedemann*, Gesellschaftsrecht, § 8 II 3, S. 431; BGHZ 14, 25, 38; RGZ 146, 385, 395 zur AG; RGZ 165, 68, 79 zur GmbH; BGHZ 98, 276 zur personalistisch ausgestalteten GmbH.

50 BGHZ 65, 15, 20; vgl. auch BGH, BB 1988, 1698 zur Grenze der Treuepflicht; *Hueck* in: *Baumbach/Hueck*, GmbHG, § 13 Anm. 20 ff.

51 Vgl. RGZ 158, 248, 254; BGHZ 18, 350, 365; vgl. auch *Fechner*, Die Treuebindung des Aktionärs, 1942; *Wiedemann*, Gesellschaftsrecht, § 8 II 3, S. 431; abl.: *Godin/Wilhelmi*, AktG, 4. Aufl., § 1 Anm. 5; *Meyer-Landrut*, Großkommentar zum AktG, § 1 Anm. 34; *Zöllner*, Die Schranken mitgliedschaftlicher Stimmrechtsmacht bei den privatrechtlichen Personenverbänden, 1963, S. 335 ff.

52 Zu der Entscheidung des BGH vgl. *Kort*, ZIP 1990, 294; vgl. auch *Lutter*, Die Treuepflicht des Aktionärs, ZHR 153 (1989), 446; *Hüffer*, Zur gesellschaftsrechtlichen Treuepflicht als richterrechtlicher Generalklausel, FS f. Steindorff, 1990, S. 59. Zur Frage der mißbräuchlichen Ausnutzung von Verwaltungsrechten insbes. durch Mehrheitsgesellschafter vgl. auch BGH, BB 1976, 721 (Audi-NSU); BGHZ 70, 117 (Mannesmann); 71, 40; 76, 352 sowie *Lutter*, JZ 1976, 562 und ZGR 1981, 171.

53 Vgl. dazu *Bungert*, DB 1995, 1749; *Hennrichs*, Treuepflichten im Aktienrecht, AcP 195 (1995), 271; *Henze*, Die Treuepflicht im Aktienrecht, BB 1996, 489; *Lutter*, JZ 1995, 1053; *Roschmann/Frey*, Treuepflicht des Gesellschafters, Teil 1, WiB 1996, 881, *Karsten Schmidt*, Gesellschaftsrecht, § 20 IV S. 588, 590 ff; krit. zur Treuepflicht des GmbH-Gesellschafters und des Aktionärs *Flume*, ZIP 1996, 161.

und Schutzrichtung der Treuepflicht der Aktionäre untereinander hängen von der Realstruktur der Gesellschaft ab und können nur von Fall zu Fall festgestellt werden[54].

b) Rechte

Bei den Rechten der Gesellschafter ist zwischen Vermögens- und Mitverwaltungsrechten zu unterscheiden. **Rechte vermögensrechtlicher Natur** sind bei allen Gesellschaften im Grundsatz gleich: Anspruch auf Gewinn und Anspruch auf Anteil am Liquidationserlös bei Beendigung der Gesellschaften. Unter den **Mitverwaltungsrechten** kommen grundsätzlich allen Gesellschaftern das Mitspracherecht (Stimmrecht) und Kontrollrechte (Auskunftsrecht) zu. Unterschiedlich geregelt ist dagegen das Recht zur Führung der Geschäfte (einschließlich der Vertretung) der Gesellschaft. Während dieses bei Personengesellschaften grundsätzlich allen Gesellschaftern oder, wie bei der KG und bei der KGaA, einem Teil von ihnen zukommt (Prinzip der Selbstorganschaft), haben Aktionäre und Gesellschafter einer GmbH dieses Recht jedenfalls aufgrund ihrer Mitgliedschaft nicht (Prinzip der Fremdorganschaft).

c) Das Verhältnis der Gesellschafter zum Gesellschaftsvermögen (dingliche Rechtszuständigkeit)

An der Zuordnung des Gesellschaftsvermögens (darunter sind alle vermögenswerten Gegenstände zu verstehen) zeigen sich deutlich die strukturellen Unterschiede zwischen den nicht rechtsfähigen (str.; vgl. unten C I 1 d). Personengesellschaften und den juristischen Personen.

aa) **Juristische Personen** sind selbst Träger aller Rechte und Pflichten (sie sind rechtsfähig). Sie können deshalb eigenes Vermögen erwerben, das vom Vermögen der Gesellschafter scharf zu trennen ist. Die Gesellschafter sind am Gesellschaftsvermögen nur wertmäßig durch ihre Geschäftsanteile (GmbH) oder Aktien (AG) beteiligt, die Vermögensgegenstände der Gesellschaft sind ihnen aber nicht unmittelbar dinglich zugeordnet. Rechtssubjekt und damit Träger aller Rechte und Pflichten ist allein die juristische Person.

bb) Demgegenüber fehlt den **Personengesellschaften** nach h. M. (vgl. unten C I 1 d) die Verselbständigung als juristischer Person, sie haben keine von den Mitgliedern unabhängige Rechtspersönlichkeit[55]. Das bedeutet, daß Inhaber aller Rechte und Pflichten »der Gesellschaft« ihre Gesellschafter sind; sie sind die Rechtssubjekte. Soweit ein Gesellschaftsvermögen gebildet ist, gehört es den Gesellschaftern gemeinschaftlich (§ 718 BGB,

54 *Karsten Schmidt*, Gesellschaftsrecht, § 20 IV, S. 593 ff.; *Raiser*, § 28 Rdz. 30.

55 Vgl. z. B. MünchKomm/*Ulmer*, Vor § 705 Anm. 8; *ders.*, AcP 198 (1998), 113, 151; *Hueck*, FS f. Zöllner, 1998, S. 275, 287; a. A. *Bälz*, FS f. Zöllner, 1998, S. 35; *Hadding*, FS f. Kraft, 1998, S. 137; *Th. Raiser*, FS f. Zöllner, 1998, S. 469.

abweichende Vereinbarungen sind möglich). Die Gesellschafter sind an sämtlichen Vermögensgegenständen unmittelbar dinglich berechtigt. Um aber das Gesellschaftsvermögen zur Erreichung des gemeinsamen Zweckes zusammenzuhalten, ist ihnen das Gesellschaftsvermögen als unteilbares Ganzes zur gesamten Hand (und nicht etwa wie bei der schlichten Rechtsgemeinschaft zu verfügbaren Anteilen, vgl. § 747 BGB) zugeordnet (§ 719 BGB; vgl. dazu unten C II 5). Wegen dieser Art der Vermögenszuordnung spricht man bei dem Normaltyp der Personengesellschaften auch kurz von Gesamthandsgesellschaften. Sehr streitig ist, ob den Gesamthandsgesellschaften, auch wenn sie nicht juristische Personen sind, Rechtssubjektivität (Teilrechtsfähigkeit) zukommt; richtigerweise ist das nicht der Fall (vgl. unten C I 1 d). Zu Auswirkungen des Meinungsstreits auf die Haftungsverfassung der BGB-G vgl. unten III 3 d.

2. Die Ordnung des Zusammenwirkens (Organisation)

Jede Gesellschaft als ein Zusammenschluß von Personen muß die Tätigkeiten entfalten können, die nötig sind, um den jeweiligen gemeinsamen Zweck verfolgen und erreichen zu können. Dazu bedarf es organisatorischer Regelungen, um das Agieren der einzelnen Mitglieder zu koordinieren und die Aktionsfähigkeit des Zusammenschlusses nach innen und außen zu gewährleisten. Man kann insoweit vom **Organisationsrecht** der Gesellschaften sprechen.

a) Bei Personengesellschaften handeln kraft ihrer Mitgliedschaft **die Gesellschafter** selbst: Sie führen die Tätigkeiten aus, die zur Verwirklichung des Gesellschaftszweckes erforderlich sind; sie sind, soweit sie persönlich unbeschränkt haften, zur **Geschäftsführung und Vertretung** berechtigt und verpflichtet. Die Unterscheidung zwischen Geschäftsführung und Vertretung ist für unser Gesellschaftsrecht typisch und wichtig. Der Umfang der Geschäftsführungsbefugnis bestimmt, ob ein Handeln im Innenverhältnis, d. h. im Verhältnis zur Gesellschaft bzw. zu den Mitgesellschaftern, vorgenommen werden darf, der Umfang der Vertretungsmacht, ob es im Außenverhältnis gegenüber Dritten wirksam ist. Geschäftsführungsbefugnis und Vertretungsmacht können, brauchen aber nicht übereinzustimmen (vgl. §§ 115, 125 HGB für die OHG). Wenn man zutreffend annimmt, daß Personengesellschaften nicht (teil)rechtsfähig sind (vgl. unten C I 1 d), ist jedes rechtsgeschäftliche Handeln einer vertretungsberechtigten Person für »die Gesellschaft« den Gesellschaftern selbst als den zuständigen Rechtssubjekten zuzurechnen.

b) **Die juristischen Personen** können nicht selbst handeln. Ihre Handlungsfähigkeit ist abhängig vom Vorhandensein **besonderer »Organe«**, in denen natürliche Personen für die Gesellschaft handeln. Organhandlungen werden der juristischen Person zugerechnet; diese wird als selbsthandelnd angesehen (so wie die natürliche Person durch ihre Körper-Organe handelt) und ist dadurch z. B. auch deliktsfähig (vgl. § 31 BGB)[56]. Die von den Organen ausgeübte tatsächliche Herrschaft über Sachen wird der Gesellschaft zugerechnet, so daß die juristische Person selbst Besitzer ist (vgl. BGHZ 57, 166, 167). Welche Organe notwendig sind und ob neben den zwingend vorgeschriebenen noch weitere Organe bestellt werden dürfen, richtet sich nach dem Recht der jeweiligen Gesellschaftsform. Gesetzlich geregelt ist auch der rechtliche Zuständigkeitsbereich des jeweiligen Organs. Der Zuständigkeit nach lassen sich unterscheiden: **Willensbildungsorgane** (Hauptversammlung [AG], Gesamtheit der Gesellschafter [GmbH]); **Geschäftsführungs- und Vertretungsorgane** (Vorstand [AG], Geschäftsführer [GmbH]); **Kontrollorgane** (z. B. Aufsichtsrat bei AG und teilweise bei GmbH). Eine völlige Trennung der Funktionen ist jedoch nicht durchführbar (z. B. können Willensbildungsorgane Kontrollaufgaben haben, Kontrollorgane Vertretungsfunktionen erfüllen; vgl. § 112 AktG). Jedenfalls bedarf jede juristische Person eines Willensbildungsorgans (als Organ, in dem die Gesellschafter ihren Willen zum Ausdruck bringen) und eines Geschäftsführungs- und Vertretungsorgans.

Soweit ein Gesellschaftsorgan aus mehreren Personen besteht, bedarf es eines rechtlichen Instruments, um eine Entscheidung für das Verhalten des Organs herbeiführen zu können. In diesem Zusammenhang ist auf den **Beschluß** als typisches gesellschaftsrechtliches Rechtsgeschäft hinzuweisen. Dieser ist seiner Rechtsnatur nach ein auf Willenserklärungen (Stimmabgabe der Mitglieder gegenüber dem jeweiligen Sitzungsleiter oder gegenüber den anderen Mitgliedern) beruhendes mehrseitiges Rechtsgeschäft. Vom Vertrag unterscheidet sich der Beschluß dadurch, daß keine sich ergänzenden Erklärungen ausgetauscht, vielmehr parallele Erklärungen abgegeben und zusammengefaßt werden. Der Beschluß ist somit das Ergebnis der Abstimmung zu einem bestimmten Antrag nach Ermittlung der positiven und negativen Stimmabgaben[57]. Die allgemeinen Vorschriften über Rechtsgeschäfte sind anwendbar, sofern keine Sondervorschriften eingreifen (z. B. die Vorschriften über nichtige und anfechtbare Hauptversammlungsbeschlüsse bei der AG, §§ 241 ff. AktG) oder die gesellschaftsrechtlichen Besonderheiten des Beschlusses nicht entgegenstehen (z. B. berührt eine nichtige oder anfechtbare Stimmabgabe nur dann den Bestand eines Beschlusses, wenn etwa Einstimmigkeit erforderlich oder bei Mehrheitsentscheidungen die erforderliche Mehrheit dadurch nicht erreicht ist)[58].

56 BGHZ 98, 148, 151; 99, 298, 302.

57 BGHZ 14, 264, 267; zur rechtsdogmatischen Einordnung des Beschlusses vgl. *Zöllner*, Die Schranken mitgliedschaftlicher Stimmrechtsmacht bei den privatrechtlichen Personenverbänden, 1963, S. 10 ff.; *Karsten Schmidt*, Gesellschaftsrecht, § 15 I 2, S. 442; vgl. auch *Wiedemann*, Gesellschaftsrecht, § 3 II, S. 175 ff.

58 Zu den Grundfragen der Unwirksamkeit von Beschlüssen vgl. *Noack*, Fehlerhafte Beschlüsse in Gesellschaften und Vereinen, 1989; *Karsten Schmidt*, Gesellschaftsrecht, § 15 II, S. 446 ff.

Bei der Einmanngesellschaft treten an die Stelle der Beschlüsse der Gesamtheit der Gesellschafter einseitige Erklärungen des Einmanngesellschafters (»Entschlüsse«).

III. Das Außenverhältnis (Rechtsbeziehungen der Gesellschaft bzw. der Gesellschafter zu Dritten)

Bei allen Gesellschaften, gleichgültig, ob sie rechtsfähig sind oder nicht, die im Rechtsverkehr als solche in Erscheinung treten (das sind grundsätzlich alle Gesellschaften mit Ausnahme der BGB-Innengesellschaft und der StG), muß die Rechtsordnung dafür Sorge tragen, daß Regelungen für das Auftreten Dritten gegenüber getroffen werden und ein ausreichender Verkehrs- und Gläubigerschutz, insbes. durch Regelung der Vertretungsmacht und der Haftung für Verbindlichkeiten, sichergestellt ist. Deshalb sind gesetzliche Bestimmungen, die die Beziehungen der Gesellschaften bzw. Gesellschafter zu Dritten ordnen, in der Regel **zwingendes** Recht.

1. Auftreten unter einheitlichem Namen

a) Bei den **juristischen Personen** ergibt sich bereits aus ihrer körperschaftlichen Organisation, daß sie nach außen unter einem einheitlichen Namen auftreten. Dieser Name ist, soweit es sich um »Handelsgesellschaften« handelt (AG, KGaA, GmbH), die Firma, für deren Bildung die jeweiligen Spezialgesetze Regelungen enthalten (§ 4 AktG, § 4 GmbHG, § 4 GenG).

b) Bei **OHG und KG** gehört der Betrieb eines Handelsgewerbes **»unter gemeinschaftlicher Firma«** zu den unabdingbaren Gesellschaftsmerkmalen (§§ 105 I, 161 I HGB). Für die Bildung dieser Firma sind §§ 18, 19 HGB maßgebend. Rechtliche Regeln für die Bezeichnung der **BGB-G** als solche bestehen nicht. Grundsätzlich wird sie durch die Namen sämtlicher Gesellschafter identifiziert (z. B. im Grundbuch und im Prozeß)[59]. Die BGB-G kann sich aber auch unter einem einheitlichen Namen nach außen betätigen, soweit gesetzliche Vorschriften und Rechte Dritter nicht entgegenstehen. Ein zulässig gebildeter und verwendeter Gesamtname genießt Schutz nach § 12 BGB[60] (vgl. auch unten C III 1).

2. Die Vertretung der Gesellschaft bzw. der Gesellschafter

Unser Gesellschaftsrecht unterscheidet streng zwischen Geschäftsführungs- und Vertretungsregeln. Das darf aber nicht mißverstanden werden. Vertretungshandlungen umfassen (wie auch sonst, vgl. § 164 BGB) die Abgabe und

59 Str.; vgl. MünchKomm/*Ulmer*, § 705 Anm. 131; § 718 Anm. 42 f.
60 MünchKomm/*Ulmer*, § 705 Anm. 225, 227.

Empfangnahme von Willenserklärungen in fremdem Namen mit unmittelbarer Rechtswirkung für und gegen den Vertretenen. Vertretung ist also Handeln gegenüber Dritten im rechtsgeschäftlichen Bereich, zugleich aber Geschäftsführungsmaßnahme (z. B. Kauf eines PKW für die Gesellschaft). Während jedoch die Geschäftsführungsregeln Auskunft darüber geben, was ein Geschäftsführer im Innenverhältnis *darf* oder *muß* (ggf. drohen bei Verletzung von Pflichten Schadensersatzansprüche der Gesellschaft), bestimmen die Vertretungsregeln, was er im Außenverhältnis rechtswirksam *kann*. Dabei brauchen Geschäftsführungsbefugnis und Vertretungsmacht nicht übereinzustimmen (vgl. §§ 115, 125 HGB für die OHG, vgl. auch oben II 2 a).

Bei der gesellschaftsrechtlichen Vertretung sind vor allem drei Fragen zu unterscheiden:

- Wer hat Vertretungsmacht?
- Welchen Umfang hat die Vertretungsmacht?
- Wer wird vertreten?

a) Wer hat Vertretungsmacht?

aa) Bei den **Personengesellschaften** ist die **Vertretungsmacht Ausfluß der Mitgliedschaft** und steht daher grundsätzlich allen Gesellschaftern zu, sofern nicht im Gesellschaftsvertrag etwas anderes bestimmt ist oder einem Gesellschafter die Vertretungsmacht nachträglich entzogen wird (vgl. §§ 709, 710, 714, 715 BGB, §§ 125, 127 HGB). Bei der KG sind aber die nur beschränkt haftenden Gesellschafter (Kommanditisten) kraft Gesetzes von der gesellschaftsrechtlichen Vertretung ausgeschlossen (§ 170 HGB); sie können allerdings bevollmächtigt werden, z. B. Handlungsvollmacht (§ 54 HGB) oder Prokura (§§ 48 ff. HGB) erhalten. Während das HGB bei OHG und KG im Interesse des Handelsverkehrs von der Einzelvertretungsmacht jedes vertretungsberechtigten Gesellschafters ausgeht (§§ 125 I, 161 II, 125 I HGB), ist im BGB für die BGB-G der Grundsatz der Gesamtvertretung vorgesehen (alle Gesellschafter können nur zusammen wirksam rechtsgeschäftlich handeln), §§ 714, 709 BGB. Beide Regelungen sind aber dispositiv. Nach h. M. muß allerdings stets mindestens ein Gesellschafter unbeschränkt vertretungsberechtigt sein, **Prinzip der Selbstorganschaft;** vgl. unten D II 1 c cc.

Nicht-Gesellschaftern (Dritten) kann jedoch rechtsgeschäftliche (gewillkürte) Vertretungsmacht nach allgemeinen Bestimmungen eingeräumt werden (§§ 164 ff. BGB, §§ 48 ff. HGB: Prokura, Handlungsvollmacht).

bb) Bei den **Gesellschaften mit Rechtspersönlichkeit** ergibt sich aus der Mitgliedschaft keine Befugnis zur Vertretung. Die Gesetze schreiben vielmehr zwingend die Bestellung von vertretungsberechtigten Organen vor (AG: Vorstand; GmbH: Geschäftsführer), deren **Vertretungsmacht**

auf Bestellung, nicht auf Mitgliedschaft, beruht; **Prinzip der Fremdorganschaft.** Auch hier ist aber selbstverständlich die Bestellung eines Gesellschafters als Organ oder Organmitglied und eine rechtsgeschäftliche Bevollmächtigung von Gesellschaftern und Dritten möglich (insbes. §§ 48 ff. HGB spielen eine Rolle).

b) Welchen Umfang hat die Vertretungsmacht?

Der **Umfang der Vertretungsmacht** ist bei OHG, KG und den Gesellschaften mit Rechtspersönlichkeit (juristischen Personen) im Interesse der Rechtssicherheit und zum Schutze Dritter zwingend und unbeschränkbar festgelegt (§§ 126 I, II, 161 II HGB, §§ 78, 82 AktG, §§ 35, 37 II GmbHG). Eine gleichwohl vorgenommene Beschränkung ist im Innenverhältnis aber wirksam; sie beschränkt das rechtliche Dürfen. Bei Nichtbeachtung solcher Beschränkungen drohen Schadensersatzpflichten gegenüber der Gesellschaft aus PVV. Nur bei der BGB-G unterliegt auch der Umfang der Vertretungsmacht im Außenverhältnis der Disposition der Gesellschafter, sie kann beliebig eingeschränkt werden[61].

c) Wer wird vertreten?

aa) **Juristische Personen** werden als solche vertreten. Sie selbst werden aus Geschäften, die ihre Vertretungsorgane in ihrem Namen und im Rahmen ihrer Vertretungsmacht mit Dritten schließen, berechtigt und verpflichtet: Partner eines Kaufvertrages, den der Vorstand im Namen der AG schließt, ist die AG, Eigentümerin eines Grundstücks, das die Geschäftsführer im Namen der GmbH erwerben, wird die GmbH.

bb) **Bei Personengesellschaften** ist str., ob nur die Gesellschafter vertreten werden oder (auch) die Gesellschaft als solche (Gesamthand; vgl. unten C III 2 c für die BGB-G), weil str. ist, ob die Gesamthandsgesellschaft (teil)-rechtsfähig, also Zurechnungssubjekt der gemeinschaftlichen Rechte und Verbindlichkeiten ist (vgl. unten C I 1 d). Lehnt man dies ab, werden bei einem Handeln von vertretungsberechtigten Personen im Namen der Gesellschaft nur die Gesellschafter berechtigt und verpflichtet. Nur diese werden vertreten (so ausdrücklich § 714 BGB). Dabei ist zu beachten, daß der vertretende Gesellschafter zugleich im eigenen und im Namen der Mitgesellschafter handelt, also selbst ebenfalls berechtigt und verpflichtet wird. Zur Erleichterung des Geschäftsverkehrs ordnet § 124 I HGB für die OHG und §§ 161 II, 124 I HGB für die KG an, daß diese Gesellschaften unter ihrer Firma Rechte erwerben und Verbindlichkeiten eingehen können. An der Rechtszuständigkeit der Gesellschafter (in ihrer gesamthänderischen Verbundenheit) ändert sich dadurch allerdings nichts, auch wenn diese Gesellschaften dadurch rechtstechnisch bereits *wie* juristische Personen behandelt werden.

---

61 Vgl. BGHZ 38, 26, 34; MünchKomm/*Ulmer*, § 714 Anm. 16; unten C III 2 a bb.

3. Die Haftung für Gesellschaftsschulden

Unser Recht unterscheidet zwischen **Schuld** und **Haftung**, zwischen Schuldner und Haftendem. Schuldner ist, wer zu einer Leistung verpflichtet ist. Haftender ist der, aus dessen Vermögen eine Schuld zu erfüllen ist und dessen Vermögen notfalls dem Zugriff eines Gläubigers in der Zwangsvollstreckung unterworfen ist (Vermögenshaftung). Dabei gilt auch im Gesellschaftsrecht der Satz: »Wer schuldet, der haftet«. Jeder Schuldner haftet in der Regel für eigene, nicht für fremde Schulden. Berücksichtigt man weiter, daß nach unserer Rechtsordnung nur derjenige Schuldner sein kann, der rechtsfähig ist oder doch wie rechtsfähig behandelt wird, so folgen daraus als **Haftungsgrundsätze im Gesellschaftsrecht**:

Gesellschaften, die juristische Person sind, können Gesellschaftsschulden begründen und haften für diese mit ihrem Gesellschaftsvermögen. Für Personengesellschaften, die allesamt keine juristischen Personen sondern grundsätzlich Gesamthandsgemeinschaften (vgl. oben II 1 c) sind, gilt dies entsprechend, soweit sie vom Gesetz rechtstechnisch **wie** juristische Personen behandelt werden; das ist bei OHG und KG (§§ 124, 161 II HGB), bei der Partnerschaftsgesellschaft (§ 7 II PartGG, § 124 HGB) sowie bei der EWIV (§ 1 EWIV-Ausführungsgesetz, § 124 HGB) der Fall. Diese Personengesellschaften können unter ihrer Firma bzw. Namen Verbindlichkeiten eingehen und haften für diese mit dem Gesamthandsvermögen. Neben der Personengesellschaft haften aber auch die Gesellschafter für die Verbindlichkeiten der Gesellschaft persönlich, weil sie auch zur Leistung verpflichtet sind (da es der Rechtszuständigkeit nach »Gesellschaftsschulden« gar nicht gibt). »Persönliche Haftung« bedeutet nicht Haftung »in Person«, sondern Haftung mit dem gesamten eigenen Vermögen; sie ist entweder

- unbeschränkt bis zur Höhe der Schuld (unbeschränkt persönliche Haftung)

  oder

- beschränkt bis zu einem Höchstbetrag (beschränkte persönliche Haftung).

Die BGB-G wird vom Gesetz nur als Gesamthandsgemeinschaft und nicht wie eine juristische Person behandelt; ihre sog. Haftungsverfassung ist deshalb sehr umstritten (vgl. unten C III 3).

Im einzelnen ist folgendes zu beachten:

a) Gesellschaftsschulden von AG und GmbH

Bei Gesellschaftsschulden von AG und GmbH sind diese Gesellschaften selbst Schuldner und haften mit ihrem gesamten (Gesellschafts-)Vermögen. Ausdrücklich bestimmen §§ 1 II AktG, 13 II GmbHG: »Für Verbindlichkeiten der

Gesellschaft haftet den Gläubigern nur das Gesellschaftsvermögen«. Eine persönliche Haftung der Gesellschafter ist ausgeschlossen. Sie haften nicht, weil sie nicht schulden. Sie schulden nicht, weil die Rechtsfähigkeit von AG und GmbH bewirkt, daß die im Namen der Gesellschaft begründeten Verbindlichkeiten nicht zugleich Schulden der Gesellschafter sind. Als Korrektiv für die Beschränkung der Haftung auf das Vermögen der juristischen Person (keine Haftung einer natürlichen Person!) müssen AG und GmbH eine Kapitalbasis (AG: Grundkapital; GmbH: Stammkapital) haben, auf deren Aufbringung und Erhaltung die Rechtsordnung aus Gründen des Gläubigerschutzes streng achtet (vgl. unten K III 1 b).

b) Das Problem der sog. Durchgriffshaftung

Literatur: *Drobnig*, Haftungsdurchgriff bei Kapitalgesellschaften, 1959; *Coing*, Zum Problem des sog. Durchgriffs bei juristischen Personen, NJW 1977, 1793; *Geßler*, Zukunft, Stillstand oder Geltungsverlust für die Durchgriffshaftung im Recht der GmbH?, GmbHRdsch. 1993, 71; *Kraft*, Kölner Kommentar zum AktG, 2. Aufl., § 1 Anm. 38 ff.; *Kübler*, Haftungstrennung und Gläubigerschutz im Recht der Kapitalgesellschaften, FS f. Heinsius, 1993, S. 397; *Rehbinder*, Zehn Jahre Rechtsprechung zum Durchgriff im Gesellschaftsrecht, FS f. Fischer, 1979, S. 579; MünchKomm/*Reuter*, Vor § 21 Anm. 20 ff.; *Karsten Schmidt*, Zur Durchgriffsfestigkeit der GmbH, ZIP 1994, 837; *Serick*, Rechtsform und Realität Juristischer Personen, 2. unveränderte Auflage, 1980; instruktiv *Wiedemann*, Gesellschaftsrecht, § 4 III, S. 217 ff.; *Wüst*, Das Problem des Wirtschaftens mit beschränkter Haftung, JZ 1992, 710; krit. zur Lehre von der Durchgriffshaftung: *Jan Wilhelm*, Rechtsform und Haftung bei der juristischen Person, 1981; *Litschen*, Die juristische Person im Spannungsfeld von Norm und Interesse, 1999; vgl. auch *Bauschke*, Mit dem »Durchgriff« ins kommende Jahrhundert, BB 1984, 698.

Trotz der grundsätzlichen Trennung von Gesellschafts- und Gesellschaftervermögen (Trennungsprinzip) bei AG und GmbH lassen Rspr. und Lit. unter besonderen Umständen eine persönliche Haftung der Gesellschafter für Gesellschaftsschulden zu[62]. Das Durchgriffsproblem (Haftungsdurchgriff) stellt sich vor allem bei Einmanngesellschaften, weil hier die wirtschaftliche Identität von Gesellschafter und Gesellschaft trotz »formaler« Trennung der Rechtspersönlichkeiten besonders auffällig ist. Rechtssystematisch wird der Durchgriff auf das Institut des Rechtsmißbrauchs oder auf einen Verstoß gegen Treu und Glauben, letztlich also auf § 242 BGB gestützt[63]. Nach st.Rspr. des BGH gilt folgendes[64]:

aa) Über die Rechtsfigur einer juristischen Person darf nicht »leichtfertig und schrankenlos hinweggegangen« werden[65]: »Durchgriff« kann im-

62 Zu einem Fall »gesellschafterfreundlichen Durchgriffs« (Schadensersatzanspruch des Alleingesellschafters einer GmbH gegen den Schädiger der GmbH) vgl. BGHZ 61, 380 = NJW 1974, 134 mit Anm. von *Mann* und *Roll*, NJW 1974, 492, 493; *Hüffer*, JuS 1976, 83. Diese Entscheidung ist aber u. a. wegen der Gefahren für die Gesellschaftsgläubiger höchst bedenklich: vgl. auch BGH, NJW 1977, 1283; zu dem Problem vgl. *Lieb*, FS f. R. Fischer, 1978, S. 385.

63 Vgl. *Raiser*, § 29 Rdz. 2.

64 Instruktiv BGH, NJW 1974, 1371, 1372; ausführlich zu den einzelnen Fallgruppen *Hachenburg/Mertens*, Anh. § 13 Anm. 5 ff.; *Karsten Schmidt*, Gesellschaftsrecht, § 9 IV, S. 241 ff.

65 BGHZ 20, 4, 11; 54, 222, 224; 61, 380; 78, 318, 333; BAG, NJW 1975, 708, 709.

mer nur das letzte Mittel sein (Subsidiarität der Durchgriffshaftung), scheidet insbes. aus, wenn eine eigene Anspruchsgrundlage gegen den Gesellschafter gegeben ist, etwa aufgrund Rechtsscheins[66], aufgrund unerlaubter Handlung[67] oder ungerechtfertigter Bereicherung oder in seiner Eigenschaft als herrschendes Konzernunternehmen[68].

bb) **Durchgriff kommt eventuell in Betracht,**
- wenn unter Verstoß gegen das Trennungsprinzip die Vermögensabgrenzung zwischen Gesellschafts- und Privatvermögen durch eine undurchsichtige Buchführung oder auf andere Weise allgemein verschleiert und dadurch die Beachtung der Vorschriften über die Kapitalerhaltung unkontrollierbar wird (Vermögensvermischung)[69];
- wenn die Trennung zwischen Gesellschaft und Gesellschafter(n) etwa durch Führung ähnlicher Firmen, Nutzung der gleichen Geschäftsräume und identisches Personal verschleiert wird (Sphärenvermischung)[70];
- wenn die Gesellschaft im Hinblick auf ihren Zweck unzureichend mit Grund- (Stamm-)kapital ausgestattet wird (Unterkapitalisierung; z. B. Flugzeugfabrik mit 25 000 Euro Stammkapital). Dieses Problem stellt sich aber nicht nur bei der Gründung; auch eine wachsende Gesellschaft benötigt entsprechend mitwachsendes Kapital! Wird dieser Grundsatz völlig außer Acht gelassen, kann es zu einer Durchgriffshaftung wegen unzureichender Kapitalausstattung kommen[71]. Stellt der Gesellschafter in einem solchen Fall das Betriebskapital als Darlehen zur Verfügung, um dadurch sein Haftungsrisiko zu mindern, so muß er nach Ansicht des OLG Karlsruhe (DB 1978, 1640) persönlich haften. Fraglich ist, ob dies angesichts der 1980 in das GmbHG eingefügten §§ 32 a und 32 b noch haltbar ist. Gegen einen Durchgriff bei Unterkapitalisierung hat sich der BGH ausgesprochen[72];
- wenn die Rechtsform der juristischen Person mißbraucht, d. h. die nach dem Gesetz fehlende Haftung der Gesellschafter (vgl. § 1 I 2 AktG, § 13 II GmbHG) bewußt zum Nachteil der Gläubiger der Gesellschaft eingesetzt wird (Institutsmißbrauch)[73]. Auf diesen Gesichts-

66 Vgl. BGH, Die AG 1991, 354.

67 Vgl. BGHZ 31, 258, 271.

68 Vgl. BGHZ 95, 330, 334 ff.; 107, 7; 115, 187; zur Durchgriffshaftung im faktischen Konzern vgl. *Meilicke*, DB 1992, 1867.

69 Vgl. BGHZ 95, 330, 334; 125, 366, 368; vgl. auch BGH NJW 1985, 740; *Lutter/Hommelhoff*, GmbHG, § 13 Anm. 11; *Raiser*, § 29 Rdz. 22.

70 Vgl. BGH, WM 1958, 463; *Karsten Schmidt*, BB 1985, 2074.

71 Vgl. *Lutter/Hommelhoff*, GmbHG, § 13 Anm. 9; krit. *Vonnemann*, Haftung von GmbH-Gesellschaftern wegen materieller Unterkapitalisierung, GmbHRdsch. 1992, 77.

72 BGHZ 68, 312, 315; krit. dazu *Wiedemann*, Gesellschaftsrecht, § 4 III 1 b, S. 225 f.; vgl. auch *Roth*, Unterkapitalisierung und persönliche Haftung, ZGR 1992, 710; *Vonnemann*, GmbHRdsch. 1992, 77.

73 Vgl. BGH, NJW-RR 1988, 1181: Gründung einer GmbH, um Handwerkern den Zugriff auf die mit ihren Werkleistungen geschaffenen Vermögenswerte unmöglich zu machen; BGHZ 54, 224 zum

punkt kann eine Durchgriffshaftung allerdings nur gestützt werden, wenn keine der vorher genannten Fallgruppen vorliegt;
- zur Durchgriffshaftung des Gesellschaftergeschäftsführers einer Einmann-GmbH vgl. BGH, GmbHRdsch. 1990, 44.

cc) In Durchgriffsfällen **haftet der Gesellschafter persönlich unbeschränkt** für die Verbindlichkeiten der juristischen Person. Anspruchsgrundlage gegen ihn: Die Anspruchsgrundlage gegen die juristische Person i. V. m. den Grundsätzen der Durchgriffshaftung (§ 242 BGB). Nach BGH (BGHZ 95, 330, 332): Haftung analog §§ 128, 129 HGB, wenn ein Handelsgewerbe (vgl. § 1 II HGB) betrieben wird.

dd) Der »umgekehrte Durchgriff« (die Gesellschaft soll für Verbindlichkeiten des sie beherrschenden Gesellschafters haften) wird vom BGH zu Recht abgelehnt, da das Vermögen der Gesellschaft ausschließlich der Befriedigung ihrer Gläubiger dient[74].

c) KGaA

Die gleiche Haftungsregelung wie bei AG und GmbH gilt bei der KGaA in bezug auf die Kommanditaktionäre (§ 278 III, § 1 I 2 AktG). Daneben besteht die Besonderheit dieser Gesellschaftsform darin, daß **mindestens ein Gesellschafter persönlich unbeschränkt und unmittelbar** für die Gesellschaftsverbindlichkeiten den Gläubigern haftet. Anspruchsgrundlage gegen diesen: § 278 II AktG, §§ 128, 161 II HGB.

d) Personengesellschaften

Bei den Personengesellschaften gibt es Gesellschaftsschulden (Gesellschaftsverbindlichkeiten) nur, soweit das Gesetz diese (rechtstechnisch) anerkennt, wie bei OHG und KG (§§ 124, 161 II HGB), Partnerschaft (§ 7 II PartGG, § 124 HGB) und EWIV (§ 1 EWIV-Ausführungsgesetz, § 124 HGB); diese Gesellschaften haften mit dem Gesellschaftsvermögen (als Gesamthandsvermögen). Den Gläubigern haften im Personengesellschaftsrecht aber grundsätzlich auch die Gesellschafter unmittelbar persönlich, weil die Verbindlichkeiten, die im Namen »der« Gesellschaft oder aller Gesellschafter begründet werden (oder dadurch entstehen, daß alle Gesellschafter einen gesetzlichen Haftungstatbestand verwirklichen), im materiell-rechtlichen Grunde die gemeinschaftlichen Verbindlichkeiten aller Gesellschafter sind. Im Theorienstreit um die Bedeutung des Gesamthandsprinzips im Gesellschaftsrecht sieht die sog. Gruppenlehre das freilich anders, indem sie der Gesamthand Rechtssubjektivität zubilligt und bei diesem Rechtsträger

---

e. V.; vgl. auch OLG Karlsruhe, GmbHRdsch. 1990, 303; krit. zur Mißbrauchslehre *Hüffer*, Gesellschaftsrecht, § 33 S. 325, 329.

74 Vgl. BGH, WM 1960, 632.

die unmittelbare Handlungs- und Rechtszuständigkeit enden läßt; dieser Theorie ist jedoch nicht zu folgen (vgl. unten C I 1 d).

Für OHG, KG, Partnerschaft und EWIV ist die persönliche gesamtschuldnerische Haftung der Gesellschafter gesetzlich bestimmt und damit im Ergebnis außer Streit. Die Gesellschafter haften in der Regel persönlich unbeschränkt (so die Gesellschafter der OHG, § 128 HGB; die Komplementäre der KG, §§ 161 II, 128 HGB; die Partner, § 8 I PartGG; die Gesellschafter der EWIV, Art. 24 I EWIV-VO). Nur die Kommanditisten der KG haften beschränkt bis zur Höhe ihrer Einlage (§ 171 HGB). Einzelheiten später bei den einzelnen Gesellschaftsformen. Zu Schuld und Haftung bei der BGB-G, die vom Gesetz **nicht wie** eine juristische Person behandelt wird, vgl. unten C III 3. Die persönliche Haftung der Gesellschafter macht weitere Gläubigerschutzvorschriften entbehrlich.

Eine **haftungsrechtliche Besonderheit** besteht darin, daß, wenn Personengesellschaften ein »Gesellschaftsvermögen« haben, dieses als Ganzes (ungeteilt und unteilbar) den Gesellschaftern zur gesamten Hand (nach der sog. Gruppenlehre der Gesamthand selbst) zugeordnet ist (Gesamthandsvermögen). Dieses Gesamthandsvermögen ist vom Privatvermögen der Gesellschafter gerade in haftungsrechtlicher Sicht scharf zu trennen: Zur Zwangsvollstreckung in das Gesellschaftsvermögen ist bei der BGB-G ein gegen alle Gesellschafter ergangenes Urteil (§ 736 ZPO), bei OHG, KG, Partnerschaft und EWIV ein Urteil gegen »die Gesellschaft« erforderlich (§§ 124 II, 161 II HGB, §§ 7 II PartGG, 124 II HGB, § 1 EWIV-Ausführungsgesetz, § 124 II HGB), aus dem in das Privatvermögen der Gesellschafter nicht vollstreckt werden kann (§§ 129 IV, 161 II HGB, § 8 I 2 PartGG, § 1 EWIV-Ausführungsgesetz i. V. m. § 129 IV HGB). Gerade daran zeigt sich, daß OHG, KG, Partnerschaft und EWIV weitgehend **wie** eine juristische Person behandelt werden. Insoweit kommt auch der Tatsache, daß diese Gesellschaften unter ihrer Firma bzw. unter ihrem Namen Verbindlichkeiten eingehen können (§§ 124 I, 161 II HGB, §§ 7 II PartGG, 124 I HGB, Art. 1 II EWIV-VO) Bedeutung zu: Die Besonderheit derartiger »Gesellschaftsschulden« besteht darin, daß das Gesellschaftsvermögen für sie Haftungsmasse ist.

IV. Die Beendigung der Gesellschaften

Mit dem Vollzug des Gesellschaftsvertrages hat sich bei Personengesellschaften über die Entstehung einzelner Rechte und Pflichten der Gesellschafter hinaus eine Rechts- und meist auch eine Vermögensgemeinschaft gebildet; bei der AG, der GmbH und der eG ist mit der Eintragung eine eigenständige, rechtsfähige Organisation, die juristische Person, entstanden. In der Regel gibt es ein entweder den Gesellschaftern als Gesamthändern (nach heute weitgehend vetretenen Ansicht der Gesamthand als solcher) oder der juristischen Person zustehendes Gesellschaftsvermögen, und meist wurden auch Rechtsbeziehungen zu Dritten begründet. All dies schließt aus, daß eine Gesellschaft von heute auf morgen aufhören kann zu bestehen. Vielmehr vollzieht sich die Beendigung jeder Gesellschaft während eines längeren u. U. Jahre dauernden Zeitraumes, der mit der »Auflösung« beginnt und mit dem Untergang der Gesellschaft (»Vollbeendigung«) endet.

1. Die Auflösung

Für alle Gesellschaften sieht das Gesetz Gründe vor, mit deren Eintritt die Gesellschaft aufgelöst ist. Bei den Personengesellschaften ist diese Aufzählung (§§ 723–728 BGB, §§ 131 ff. HGB, §§ 9 PartGG, 131 ff. HGB) allerdings nicht erschöpfend; der Gesellschafts-(Parnerschafts-)vertrag kann weitere Auflösungsgründe vorsehen. Gleiches gilt für die GmbH (vgl. § 60 GmbHG). Dagegen sind die Auflösungsgründe für die AG zwingend und, wenn auch nicht alle in § 262 I AktG, erschöpfend geregelt (vgl. §§ 262, 396 AktG, vgl. auch § 17 VereinsG)[75]. Das LöschG ist aufgehoben[76].

2. Die Auseinandersetzung (Abwicklung, Liquidation)

a) Der Eintritt eines Auflösungsgrundes bedeutet noch nicht die Beendigung der Gesellschaft. Die aufgelöste Gesellschaft muß vielmehr noch ihre Beziehungen zu Dritten abwickeln und, falls sie Personengesellschaft ist, die am Gesellschaftsvermögen bestehende Gesamthandsgemeinschaft auflösen, falls sie juristische Person ist, das dieser zustehende Vermögen verteilen. Bis zur Beendigung der Gesamthandsgemeinschaft bzw. bis zur vollständigen Verteilung ihres Vermögens (darauf kommt es entscheidend an, nicht etwa auf die Begleichung aller Verbindlichkeiten) bleibt die Gesellschaft als Auseinandersetzungs- (Abwicklungs- oder, was dasselbe ist: Liquidations-)Gesellschaft in ihrer bisherigen Rechtsform bestehen. Sie ändert freilich ihren **Zweck:** Der bisherige Zweck entfällt und wird ersetzt durch den **der Vermögensauseinandersetzung.** Die Gesellschaft wird unter Beibehaltung ihrer Identität von einer »werbenden Gesellschaft« zur »Liquidationsgesellschaft« mit dem Firmenzusatz »in Liquidation« bzw.

75 Str.; wie hier: *Kübler*, Gesellschaftsrecht, § 15 VI 2; *Raiser*, § 22 Rdz. 15; *Geßler/Hefermehl/Hüffer*, § 262 Anm. 12 ff.; die Gegenmeinung läßt insbes. zu, daß einem Gesellschafter in der Satzung ein Kündigungsrecht eingeräumt wird, dessen Ausübung die Auflösung der AG zur Folge hat (*Baumbach/Hueck*, AktG, § 262 Anm. 9; *Wiedemann*, Großkommentar zum AktG, 3. Aufl., § 262 Anm. 16; zweifelnd *Kraft*, Kölner Kommentar zum AktG, 2. Aufl., § 262 Anm. 16 ff.).

76 Die früher in §§ 1 I, 2 I LöschG für die AG, KGaA und GmbH enthaltenen Auflösungsgründe der Ablehnung der Konkurseröffnung mangels Masse und der Vermögenslosigkeit sind jetzt in § 262 I Nr. 4 und 6 AktG und in § 60 I Nr. 5 und 7 GmbHG geregelt. Das LöschG wurde durch Art. 2 Nr. 9, Art. 110 EGInsO mit Wirkung vom 1. 1. 1999 aufgehoben. Der in §§ 262 I Nr. 4 AktG, 60 I Nr. 7 in Bezug genommene § 141 a FGG wurde durch Art. 23 EGInsO in das FGG eingefügt.

»i. L.« oder »in Abwicklung« (vgl. § 153 HGB, §§ 264 II, 268 IV 1, 269 VI AktG).

b) **Art und Durchführung** der Auseinandersetzung sind bei Personengesellschaften nicht zwingend vorgeschrieben. Dies erklärt sich daraus, daß angesichts der grundsätzlich unbeschränkten persönlichen Haftung der Gesellschafter ein zusätzlicher Schutz der Gläubiger insoweit nicht erforderlich ist. Mangels abweichender Vereinbarungen gelten für die BGB-G §§ 730 ff. BGB, für OHG und KG §§ 145 ff. HGB.

Bei den juristischen Personen bedarf es eines strengen Gläubigerschutzes. Deshalb sind die Vorschriften über Art und Durchführung der Abwicklung bei AG und GmbH grundsätzlich **zwingend** (vgl. §§ 264 ff. AktG, §§ 66 ff. GmbHG).

3. Die Vollbeendigung

Erst mit dem Schluß der Abwicklung (vollständige Verteilung des Vermögens) tritt das Ende der Gesellschaft ein. Personengesellschaften sind in diesem Zeitpunkt automatisch beendet. Bei OHG und KG ist das »Erlöschen der Firma« zur Eintragung in das HReg anzumelden (§ 157 I HGB); die entsprechende Eintragung hat aber nur deklaratorische Bedeutung. Für die AG sieht § 273 I AktG ausdrücklich vor, daß der Schluß der Abwicklung zur Eintragung in das HReg anzumelden und die Gesellschaft »zu löschen« ist. Praktisch gilt gleiches für die GmbH, obwohl das HGB (§ 31 II 1) vom Erlöschen der Firma spricht und im GmbHG eine dem AktG entsprechende Regelung fehlt. Nach h. M. hat auch die Löschung bei AG und GmbH nur deklaratorische Bedeutung. Die Gesellschaft endet erst, wenn sowohl die Löschung erfolgt, als auch das Vermögen verteilt ist[77]. Hiergegen bestehen Bedenken. Schon im Interesse der Rechtssicherheit sollte man davon ausgehen, daß AG und GmbH, die erst durch Eintragung entstehen, auch durch die Löschung (konstitutiv) beendet werden[78].

V. Verbundene Gesellschaften

Rechtsgrundlage: §§ 15–22, 291–337 AktG.

Literatur: Kommentare zum Aktiengesetz; *Emmerich/Sonnenschein*, Konzernrecht, 6. Aufl. 1997; *Hirte*, Der Vertragskonzern im Gesellschaftsrecht, 1993; *Hommelhoff*, Die Konzernleitungspflicht, 1982; *ders.*, Konzernrecht für den Europäischen Binnenmarkt, ZGR 1992, 121 *Joost*, Grundlagen des Konzernrechts, in: *Küting/Weber*, Handbuch der Konzernrechnungslegung, II. Kapitel, Art. 1, 3. Abschnitt, Rdz. 206 ff.; *Kort*, Der »private«

77 Vgl. BGHZ 105, 259, 260 ff.; *Raiser*, § 41 Rdz. 24.
78 So – auch im Hinblick auf die Folgeproblematik – überzeugend *Hönn*, ZHR 138 (1974), 50 ff.; vgl. auch *Hüffer*, Gedächtnisschrift f. D. Schultz, 1987, S. 99.

Großaktionär als Unternehmen?, DB 1986, 1909; *Kropff*, Zur Konzernleitungspflicht, ZGR 1984, 112; *Lutter*, Die zivilrechtliche Haftung in der Unternehmensgruppe, ZGR 1982, 244; *ders.*, 100 Bände BGHZ: Konzernrecht, ZHR 151, (1987), 444; *ders.*, Stand und Entwicklung des Konzernrechts in Europa, ZGR 1987, 369; *ders.*, Organzuständigkeiten im Konzern, FS f. W. Stimpel, 1985, S. 825; *Mestmäcker*, Zur Systematik des Rechts der verbundenen Unternehmen im neuen Aktiengesetz, FS f. Kronstein, 1967, S. 129; *v. Mutius/Nesselmüller*, Juristische Personen des öffentlichen Rechts als herrschende Unternehmen i. S. des Konzernrechts, NJW 1976, 1878; *Rittner*, Der Staat – ein Unternehmen i. S. des AktG?, FS f. Flume, 1978, Bd. 2, S. 241 ff.; *Timm*, Grundfragen des »qualifizierten« faktischen Konzerns im Aktienrecht, NJW 1987, 977; *Westermann*, Organzuständigkeit bei Bildung, Erweiterung und Umorganisation des Konzerns, ZGR 1984, 352; *Wiedemann*, Die Unternehmensgruppe im Privatrecht (Methodische und sachliche Probleme des deutschen Konzernrechts), 1988; *Würdinger*, Aktienrecht und das Recht der verbundenen Unternehmen, 4. Aufl. 1981; *Zöllner*, Zum Unternehmensbegriff der §§ 15 ff. AktG, ZGR 1976, 1. Lit. zum GmbH-Konzernrecht und zum Konzernrecht für andere Gesellschaften vgl. auch die Literaturangaben unten bei 3 und 4.

1. Konzentration in der Wirtschaft

Dem Zuge einer **weltweit zu beobachtenden Konzentration** in der Wirtschaft folgt auch die deutsche Praxis. Die Gründe hierfür sind vielschichtig: Anforderungen moderner Technologie, Rationalisierung, Zugang zu Märkten und Finanzierungsquellen, gezielte Ausschaltung von Wettbewerb, Anpassung an die Größe der auf dem Weltmarkt tätigen Unternehmen, Steuergesetzgebung. Die Bewertung dieser Konzentrationstendenz ist insgesamt umstritten, vor allem wegen der drohenden Vermachtung der Wirtschaft und der Gefährdung des den Wirtschaftsablauf steuernden Wettbewerbs. Dieser Gefahr treten das GWB, Art. 81, 82 EG-Vertrag sowie die EG-Fusionskontrollverordnung vom 21. 12. 1989 (ABl. Nr. L 395 vom 30. 12. 1989, S. 1, abgedruckt in WuW 1990, 226) entgegen (Kartellverbot, Fusionskontrolle, Mißbrauchsaufsicht über marktbeherrschende Unternehmen). **Aus der Sicht des Gesellschaftsrechts** (zum Regelungsbedürfnis vgl. Kübler, Gesellschaftsrecht, § 28 I) sind zwei Fallgruppen von Konzentrationsvorgängen (sog. externes Wachstum) relevant.

a) Vorgänge, die zu *einer rechtlichen* Unternehmenseinheit, d. h. zu einer einzigen Gesellschaft führen: **Verschmelzung und (bestimmte andere) Umwandlungen** (dazu unten VI).

b) Vorgänge, die trotz Fortbestehens der Gesellschaften als rechtliche Einheiten jenseits formaler Selbständigkeit rechtliche oder tatsächliche Verbindungen und Abhängigkeiten schaffen: **Verbundene Unternehmen,** dazu sogleich.

2. Aktienkonzernrecht

Das **Leitbild unseres Gesellschaftsrechts** ist die rechtlich und wirtschaftlich unabhängige Gesellschaft als Unternehmensträger; dies entspricht weitgehend nicht mehr der wirtschaftlichen Realität: Nach Schätzungen sind z. B. 75% aller deutschen AGen und zwischen 40% und 50% der GmbHs konzernverbunden[79]. Daraus ergeben sich – vornehmlich bei Kapitalgesellschaften – rechtliche Probleme, insbes. die eines hinreichenden **Schutzes von Gesellschaftsgläubigern und Minderheitsgesellschaftern** (die wegen des Mehrheitsprinzips bei Beschlüssen der Majorität unterworfen sind), weil eine Unternehmensverbindung gerade zu ihrem Nachteil ausgenutzt werden kann (z. B. ungerechtfertigte, schwer erkennbare Wertverschiebungen). Ganz allgemein kann es dazu kommen, daß eine Gesellschaft dem Eigeninteresse einer anderen unterworfen wird. Der Gesetzgeber hat deshalb erstmals bei der Neufassung des AktG 1965 eine Regelung für **Unternehmensverbindungen unter Beteiligung einer AG oder KGaA** getroffen (§§ 291 ff. AktG), zuvor aber allgemein über Unternehmensverbindungen definitorisch Klarheit geschaffen (§§ 15 ff. AktG).

Verbindungen von Gesellschaften lassen sich insbes. auf zwei Wegen schaffen: einmal über die **gesellschaftsrechtliche Beteiligung** von Gesellschaften an anderen Gesellschaften (z. B. kann eine AG Gesellschafterin einer GmbH oder OHG sein und umgekehrt); zweitens durch **vertragliche Abreden** zwischen Gesellschaften. Das AktG geht jedoch nicht von verbundenen »Gesellschaften«, sondern von verbundenen »Unternehmen« aus und ermöglicht damit die Einbeziehung von Unternehmen, die von Einzelpersonen und sonstigen Unternehmensträgern geführt werden. Stets vorausgesetzt wird aber nach der aktiengesetzlichen Regelung die Beteiligung einer AG oder KGaA; deshalb ist z. B. die GmbH & Co. KG kein Fall verbundener Unternehmen i. S. der §§ 291 ff. AktG. Zu **mehrstufigen Unternehmensverbindungen** vgl. Emmerich/Sonnenschein, § 7 III 7, S. 120ff.; Bayer, FS f. Ballerstedt, 1975, S. 157; Rehbinder, ZGR 1977, 581.

Da das AktG keine Definition des »Unternehmens« enthält und auch in anderen Gesetzen ein einheitlicher Unternehmensbegriff nicht feststellbar ist, ist nach wie vor umstritten, was »Unternehmen« i. S. des Rechts der verbundenen Unternehmen ist, insbes., ob auch eine natürliche Person als *Großaktionär* ein »Unternehmen« betreibt. Dies ist zu bejahen, wenn der Großaktionär abgesehen von seiner Beteiligung an der Gesellschaft auch außerhalb von ihr unternehmerische Interessen verfolgt, nicht aber, wenn sich sein unternehmerisches Interesse auf die Gesellschaft beschränkt, um deren Beteiligung es im konkreten Fall geht[80]. Soweit eine Holdinggesellschaft an mehreren Unternehmen maßgeblich beteiligt ist, ist auch sie dieser Überlegung entsprechend Unternehmen[81].

Umstritten ist weiter die Frage, ob die *öffentliche Hand* (Bund, Länder, Gemeinden) bei Beteiligung an privaten Kapitalgesellschaften dem Recht der verbundenen Unternehmen

79 Vgl. *Emmerich/Sonnenschein*, § 1 II 1, S. 4; weitere Angaben in der Broschüre der Commerzbank »Wer gehört zu wem? Mutter- und Tochtergesellschaften von A-Z« 17. Aufl. 1991.

80 Vgl. BGHZ 95, 330, 337; 115, 187, 189; 122, 123, 127; BAG, NZA 1994, 931; BGH, NJW 1994, 3288; *Emmerich/Sonnenschein*, § 2 III, S. 27 ff.

81 Ausführlich zum Unternehmensbegriff *Koppensteiner*, Kölner Kommentar zum AktG, 2. Aufl., § 15 Anm. 6 ff.

des AktG unterliegt. Das Schrifttum bejaht diese Frage überwiegend[82]. Für zumindest analoge Anwendung treten Werner (JuS 1977, 143), Rittner (FS f. Flume, 1978, Bd. 2, S. 241) und Zöllner (ZGR 1976, 25) ein; diff. Koppensteiner, Kölner Kommentar zum AktG, 2. Aufl., § 15 Anm. 39 ff., 52. Der BGH hat die Bundesrepublik unter gewissen Voraussetzungen als herrschendes Unternehmen i. S. von §§ 17, 320 AktG angesehen[83].

a) Das AktG **definiert** zunächst, um für spätere Regelungen (vgl. etwa §§ 90 I 2, 131 I 2), darüber hinaus aber auch ganz allgemein begriffliche Klarheit zu schaffen, unter dem Oberbegriff »Verbundene Unternehmen« fünf sich häufig überschneidende Verflechtungen zwischen rechtlich selbständigen Unternehmen (§§ 15–19 AktG):

aa) **Mehrheitsbeteiligung** eines Unternehmens an einem anderen durch Innehabung der Mehrheit der Anteile oder der Stimmrechte (§ 16); die in § 15 nicht besonders erwähnte Eingliederung eines Unternehmens in ein anderes fällt unter diese Vorschrift, weil sie nach §§ 319 I, 320 I eine (qualifizierte) Mehrheitsbeteiligung (§ 16) voraussetzt.

bb) **Abhängigkeit** eines Unternehmens von einem anderen (herrschenden Unternehmen), die vom Gesetz bei Mehrheitsbesitz vermutet wird (§ 17): diese Vermutung ist widerlegbar, wie umgekehrt eine Abhängigkeit auch auf sonstige Weise dargetan werden kann (Minderheitsbeteiligung bei im übrigen zersplittertem Aktienbesitz, langfristige Lieferverträge, Identität der Organmitglieder). Der beherrschende Einfluß muß gesellschaftsrechtlich bedingt oder zumindest vermittelt sein. Eine rein wirtschaftliche Abhängigkeit reicht nicht aus[84]. Ohne Bedeutung ist, ob ein herrschender Einfluß wirklich ausgeübt wird.

cc) **Konzernverhältnis** von zwei oder mehreren Unternehmen, das in der tatsächlich einheitlichen Leitung dieser Unternehmen durch eines der beteiligten Unternehmen zum Ausdruck kommt (Konzern als wirtschaftliche Einheit; § 18), die ihrerseits durch Mitgliedschaftsrechte oder Beherrschungsvertrag (§ 291) oder auf sonstige Weise (etwa Personalunion bei Organträgern verschiedener Unternehmen) ermöglicht wird; bei Abhängigkeit eines Unternehmens von dem anderen und damit mittelbar bei Mehrheitsbeteiligung wird der Konzerntatbestand widerleglich vermutet. Je nach der Basis für die einheitliche Leitung spricht man von »faktischem Konzern« (Basis: insbes. Mitgliedschaftsrecht) und »Vertragskonzern« (Basis: Beherrschungsvertrag); je nach der inneren Struktur des Konzerns handelt es sich um einen Unterordnungs- (§ 18 I: einheitliche Leitung und Abhängigkeit) oder Gleichordnungskonzern (§ 18 II: nur einheitliche Leitung). In Betracht kommt auch die gemeinsame Beherrschung eines Unternehmens durch zwei Muttergesellschaften[85].

dd) **Wechselseitig beteiligte Unternehmen,** worunter § 19 den Fall versteht, daß jedes Unternehmen mehr als 25% der (Kapital-)Anteile des anderen innehat, ohne daß jedoch eines der Unternehmen vom anderen abhängig ist; wegen der auch hierdurch möglichen Gefährdung der Sicherungsfunktion des Grundkapitals und einer von den Gesellschaftern teilweise gelösten Herrschaft der Organe sieht vor allem § 328 gewisse Beschränkungen in der Ausübung der Mitgliedschaftsrechte vor.

ee) **Vertragsteile eines Unternehmensvertrages** i. S. der §§ 291, 292. Die Aufzählung der möglichen Typen von Unternehmensverträgen in diesen Bestimmungen ist abschließend. Es handelt sich um:

---

82 Vgl. die Nachweise bei *Emmerich/Sonnenschein*, § 2 IV, S. 32 ff., 52 FN 38; *Rittner*, FS f. Flume, 1978, Bd. 2, S. 241.

83 BGH, NJW 1978, 104 = BGHZ 69, 334; vgl. dazu *Zöllner*, Die AG 1978, 40; vgl. auch *Koppensteiner*, ZGR 1979, 91 und *Fischer*, ZGR 1979, 102.

84 BGHZ 90, 381, 395 ff. = NJW 1984, 1893.

85 Vgl. BGHZ 62, 193; 95, 330, 349; *Emmerich/Sonnenschein*, § 3 III, S. 47 ff.

(1) Beherrschungsvertrag, durch den eine AG oder KGaA ihre Leitung einem anderen Unternehmen unterstellt (§ 291 I 1). Durch diesen Vertrag erhält das herrschende Unternehmen eine weitgehende Leitungsmacht gegenüber der abhängigen Gesellschaft (§ 308).
(2) Gewinnabführungsvertrag, durch den eine AG oder KGaA sich verpflichtet, ihren ganzen Gewinn an ein anderes Unternehmen (den Vertragspartner oder einen Dritten) abzuführen (§ 291 I 1). Gleichgestellt sind Verträge, durch die sich eine AG oder KGaA verpflichtet, ihr Unternehmen für Rechnung eines anderen Unternehmens zu führen (§ 291 I 2).
(3) Möglich ist eine Kombination dieser beiden Vertragstypen, die dann zur sog. Organschaft und damit steuerlich zu einer wirtschaftlichen Einheit führt[86].
(4) Gewinngemeinschaftsvertrag, durch den eine AG oder KGaA sich verpflichtet, ihren Gewinn ganz oder teilweise mit dem eines anderen Unternehmens zusammenzulegen (Gewinnpool, § 292 I Nr. 1).
(5) Teilgewinnabführungsvertrag, dessen Partner nicht nur Unternehmen, sondern auch sonstige Personen sein können (§ 292 I Nr. 2).
(6) Betriebspachtvertrag, durch den eine AG oder KGaA ihren gesamten Betrieb einem anderen Unternehmen verpachtet, ohne selbst noch geschäftlich tätig zu sein (§ 292 I Nr. 3).
(7) Betriebsüberlassungsvertrag, durch den eine AG oder KGaA ihren gesamten Betrieb einem anderen überläßt, der ihn unter dem Namen der überlassenden Gesellschaft, aber auf eigene Rechnung, führt (§ 292 I Nr. 3).

b) Sodann versucht die Regelung über »Verbundene Unternehmen« in §§ 291–328 AktG durch **materielle Bestimmungen** die rechtspolitisch sinnvolle Beibehaltung der Möglichkeit zur Schaffung von Unternehmensverbindungen mit einer Abwehr der mit diesen Gestaltungen verbundenen Gefahren für Aktionäre und Gläubiger in Einklang zu bringen:

aa) Die durch einen **Beherrschungsvertrag** begründete *Leitungsmacht* des herrschenden Unternehmens wird durch eine *gesteigerte Verantwortlichkeit* der gesetzlichen Vertreter des herrschenden Unternehmens und eine entsprechende *Haftung* kompensiert (§ 309). Dem gleichen Zweck dient die zusätzliche Haftung der Hauptgesellschaft für Verbindlichkeiten einer eingegliederten Gesellschaft (§ 323). Fehlt ein Beherrschungsvertrag, besteht aber dennoch ein Abhängigkeitsverhältnis zwischen Gesellschaften (sog. **faktischer Konzern**), so gelten die Sondervorschriften der §§ 311 ff. Über die Bedeutung dieser Bestimmungen, insbes. ihr Verhältnis zu den Vorschriften über den Vertragskonzern, besteht nach wie vor Streit. Insbesondere geht es um die Frage, ob diese Vorschriften Vorrang vor dem gesetzlichen System der Vermögensbindung (§§ 57, 58, 60) sowie vor dem Grundsatz der eigenverantwortlichen Leitung der AG durch den Vorstand (§ 76 I) haben. Diese Frage ist im Prinzip zu verneinen, da sonst der Umgehung der u. U. unangenehmen Konsequenzen aus einem Beherrschungsvertrag oder einer Eingliederung Tür und Tor geöffnet wären[87].

bb) Der Vorstand jeder an einem **Unternehmensvertrag beteiligten AG oder KGaA** hat einen ausführlichen schriftlichen Bericht zu erstatten, in dem Abschluß und Inhalt des Vertrages zu erläutern sind (§ 293 a) . Außerdem ist für jede vertragschließende AG und KGaA eine Prüfung der Unternehmensverträge durch sachverständige Prüfer (Vertragsprüfer) vorgeschrieben (§§ 293 b-d), die über das Ergebnis der Prüfung

86 Vgl. *Emmerich/Sonnenschein*, § 10, S. 154 ff.; *Werner*, JuS 1977, 141, 148.
87 Vgl. dazu unten 3 b bb; *Emmerich/Sonnenschein*, § 20 IV, S. 362 ff. sowie *Geßler*, FS f. Flume, 1978, Bd. 2, S. 55. Zum »qualifizierten« faktischen Konzern vgl. *Karsten Schmidt*, Gesellschaftsrecht, § 17 I 4, S. 504; § 31 IV 4, S. 966; *Emmerich/Sonnenschein*, § 24 a, S. 396 ff.; § 20 a, S. 350 ff.

schriftlich zu berichten haben. Der Bericht ist mit einer Erklärung darüber abzuschließen, ob der vorgeschlagene Ausgleich oder die vorgeschlagene Abfindung angemessen sind (§ 293 f). Weiterhin bedürfen Unternehmensverträge der *Zustimmung der Hauptversammlung* (qualifizierte Mehrheit, §§ 293, 295 I) sowie der *Eintragung in das HReg* (§§ 294, 295 I). Entsprechendes gilt für die Eingliederung (§§ 319, 320, 327). Zur Anfechtung eines teilweise fehlerhaften Beherrschungsvertrags vgl. OLG Hamburg, NJW 1990, 521. Außenstehende Aktionäre erhalten eine in wiederkehrender Geldleistung bestehende *Ausgleichszahlung* (§ 304) und zum Ausgleich ihrer u. U. entwerteten Aktien ein *Abfindungsangebot* (§ 305). Ähnliches gilt für den Fall der Eingliederung (§ 320).

cc) **Gesellschaftsgläubiger** sind nach den §§ 300ff., 321 in besonderem Maße **gesichert**[88].

dd) Spezielle **Mitteilungspflichten** hinsichtlich des Vorliegens von Unternehmensverbindungen (§§ 20ff.) und Vorschriften über die **Rechnungslegung** im Konzern und ihre **Publizität** (§ 337 AktG, §§ 290ff. HGB) sollen ein hinreichendes Maß an Transparenz gewährleisten (vgl. auch unten VIII 3).

3. GmbH-Konzernrecht

Literatur: *Emmerich/Sonnenschein*, §§ 23ff., S. 381ff.; *Hachenburg/Ulmer*, GmbHG, § 53 Rdz. 137ff.; § 77 Anh. GmbH-Konzernrecht; *Lutter/Hommelhoff*, GmbHG, Anh. § 13; *Scholz/Emmerich*, GmbHG, § 44 Anh.; *Roth/Altmeppen*, GmbHG, 3. Aufl., 1997, § 13 Anh.; *Rowedder/Koppensteiner*, GmbHG, 3. Aufl. 1997, § 52 Anh.; *Zöllner* in: *Baumbach/Hueck*, GmbHG, Schlußanhang I; *Joost* in: *Küting/Weber*, Handbuch der Konzernrechnungslegung, II. Kapitel, S. 245ff.; *Henssler*, Minderheitenschutz im faktischen GmbH-Konzern, FS f. Zöllner, 1998, S. 203; *Priester*, Die Aufhebung des Unternehmensvertrags – Nagelprobe des GmbH-Vertragskonzernrechts, ZGR 1996, 189; *Zeidler*, Neues zur Haftung im qualifizierten faktischen Konzern?, GmbHRdsch. 1997, 881.

Das GmbHG enthält keine Regelung des Konzernrechts. Die Absicht der Bundesregierung, nach Abschluß der Aktienrechtsreform im Rahmen einer großen GmbH-Reform ein besonderes GmbH-Konzernrecht zu schaffen (vgl. RegE 1971, BT-Drucks. VI/3088), wurde (wie diese Reform selbst) 1974 aufgegeben. Die GmbH-Novelle von 1980 beschränkte sich auf wenige punktuelle Regelungen, die auch in einem GmbH-Konzern von Bedeutung werden können (vgl. die §§ 32a, 32b, 43a, 51a und 51b). In der Praxis spielt die GmbH im Rahmen von Konzernen eine wichtige Rolle. Wenn auch keine exakten Zahlen über die Verbreitung von Konzernen, an denen eine GmbH (meist als abhängiges Unternehmen) beteiligt ist, vorliegen, so kann doch davon ausgegangen werden, daß solche Konzerne weit verbreitet sind. Nach allerdings vagen Schätzungen sind etwa 50% der GmbH mit anderen Unternehmen konzernmäßig verbunden[89]. Soweit eine GmbH herrschendes Unternehmen in einem Konzern ist, gilt Aktienkonzernrecht, wenn eine AG als abhängiges Unternehmen beteiligt ist. Auch die §§ 290ff. HGB über die Konzerrechnungslegungspflicht sind anwendbar. Während das Aktienkonzernrecht deutlich auf den Schutz der abhängigen AG und KGaA zielt und ent-

88 Vgl. *Emmerich/Sonnenschein*, § 16 VII, S. 264ff.

89 *Emmerich/Sonnenschein*, § 23 I, S. 382.

sprechende Regeln enthält, fehlen für die Fälle, in denen eine GmbH **abhängiges** Unternehmen ist (**»GmbH-Konzern«**), solche Normen. Diese Lücke hat der BGH, begleitet von einer intensiven Diskussion in der Lit., dadurch geschlossen, daß er in einer Reihe von Leitentscheidungen die Grundlagen eines eigenständigen GmbH-Konzernrechts (als Richterrecht) entwickelt hat. Auch im GmbH-Konzernrecht gelten die Definitionsnormen der §§ 15–19 AktG und der in diesem Zusammenhang entwickelte Unternehmensbegriff (vgl. dazu oben 2). Bezüglich der übrigen Vorschriften für verbundene Unternehmen im AktG wurde zunächst eine generelle analoge Anwendung auf den GmbH-Konzern erwogen. Nach heute h. M. sind aber die §§ 311–318 AktG über sog. faktische Konzerne und die §§ 319–327 AktG nicht analogiefähig. Dagegen können die Vorschriften über Unternehmensverträge (§§ 291–310 AktG) zumindst teilweise auf Unternehmensverträge mit einer abhängigen GmbH übertragen werden[90].

a) Unternehmensverträge

Einer Gesamtanalogie der entsprechenden aktienrechtlichen Bestimmungen stehen nach allgemeiner Meinung die strukturellen Unterschiede zwischen AG und GmbH entgegen. Nicht anwendbar sind namentlich die §§ 293 a bis 293 g AktG (schriftlicher Bericht über den Unternehmensvertrag und dessen Prüfung, Prüfungsbericht und Information der Aktionäre). Im übrigen gilt nach der Rspr. und nach der überwiegenden Meinung folgendes:

aa) Beherrschungsvertrag

Zuständig für den Abschluß sind grundsätzlich die Geschäftsführer. Der Vertrag bedarf der Schriftform[91], in Fällen des § 15 IV GmbHG der notariellen Beurkundung. Der Vertrag wird nur wirksam, wenn ihm die Gesellschafterversammlung der abhängigen GmbH zugestimmt hat[92]. Wirksamkeitsvoraussetzung ist schließlich die Eintragung des Vertrags im HReg der abhängigen GmbH[93].

Der **Zustimmungsbeschluß** muß notariell beurkundet werden. Für diesen Beschluß ist nach h. M. die Zustimmung aller Gesellschafter erforderlich. Der Auffassung, wonach eine qualifizierte Mehrheit ausreicht, kann angesichts der durch den Beherrschungsvertrag bewirkten Änderung des Zwecks der Gesellschaft nicht zugestimmt werden[94].

Nach richtiger Ansicht muß dem Abschluß eines Beherrschungsvertrags auch das zuständige Gremium des herrschenden Unternehmens mit Dreiviertelmehrheit zustimmen[95].

---

90 Vgl. zu den möglichen Methoden der Lückenfüllung *Zöllner* in: *Baumbach/Hueck*, Schlußanhang I, Anm. 7 ff.

91 §§ 293 III, 294 AktG analog; vgl. BGHZ 105, 324, 342 »Supermarkt«; *Lutter/Hommelhoff*, NJW 1989, 1240.

92 Vgl. BGHZ 105, 324, 352 = NJW 1989, 295.

93 Vgl. *Emmerich/Sonnenschein*, § 25 II 2 b; *Zöllner* in: *Baumbach/Hueck*, Schlußanhang I, Anm. 37; vgl. auch BGH, NJW 1992, 1452.

94 Vgl. §§ 33 I 2 BGB, 53 II; *Emmerich/Sonnenschein*, § 25 II 3 b; *Zöllner* in: *Baumbach/Hueck*, Schlußanhang I, Anm. 39.

95 § 293 II AktG analog; vgl. BGHZ 105, 324, 333 ff. »Supermarkt«, dazu *Ulmer*, BB 1989, 10; BGHZ 115, 187, 192 »Video«; *Emmerich/Sonnenschein*, § 25 II 5; *Zöllner* in: *Baumbach/Hueck*, Schlußanhang I, Anm. 41.

Zur **Abfindung** und zur **Ausgleichspflicht** gegenüber den Minderheitsgesellschaftern der abhängigen GmbH vgl. Emmerich/Sonnenschein, § 25 II 6, S. 415.

Aufgrund des Beherrschungsvertrags hat das herrschende Unternehmen ein **Weisungsrecht** gegenüber den Geschäftsführern der beherrschten GmbH. Dieses Weisungsrecht hat Vorrang vor dem Weisungsrecht der Gesellschafter nach § 37 I GmbHG, da diese dem Abschluß des Beherrschungsvertrags zugestimmt haben. Für den **Gläubigerschutz** gelten die §§ 302, 303 AktG entsprechend[96].

Für die **Änderung** eines Beherrschungsvertrags ist, wie für den Abschluß, die Zustimmung aller Gesellschafter der abhängigen GmbH und die Zustimmung der herrschenden Gesellschaft erforderlich. Für letztere genügt allerdings eine qualifizierte Mehrheit (str.).

Ein Beherrschungsvertrag kann aus wichtigem Grund außerordentlich, fristlos **gekündigt** werden (§ 297 I AktG analog). Eine ordentliche Kündigung ist nur möglich, wenn der Vertrag dies vorsieht.

Für die einvernehmliche **Aufhebung** eines Beherrschungsvertrags sind die gleichen Voraussetzungen wie für den Abschluß erforderlich (str.)[97].

bb) Gewinnabführungsvertrag
Für ihn gelten im Grundsatz die gleichen Regeln wie für den Beherrschungsvertrag.

cc) Andere Unternehmensverträge
Zur Gewinngemeinschaft, zum Teilgewinnabführungsvertrag, Betriebspacht- und Betriebsüberlassungsvertrag vgl. Emmerich/Sonnenschein, § 25 IV 2, S. 424f.

b) Faktische Konzerne (Nichtvertragskonzerne)

Angesichts des Vorrangs der Gesellschafterversammlung gegenüber den Geschäftsführern ist die Beherrschung einer GmbH über eine Mehrheit in der Gesellschafterversammlung auch ohne Beherrschungsvertrag möglich. Diese Konstellation ist als sog. faktischer Konzern häufiger anzutreffen als ein GmbH-Vertragskonzern. Da die §§ 311 ff. AktG nicht, auch nicht analog, anwendbar sind, hat der BGH mit Unterstützung des Schrifttums eigenständige Regeln entwickelt. Dabei wird zwischen einfachen und qualifizierten faktischen Konzernen unterschieden[98].

aa) Einfacher faktischer Konzern
Dabei handelt es sich um Abhängigkeitsverhältnisse, die es dem herrschenden Unternehmen ermöglichen, der beherrschten Gesellschaft Weisungen zu erteilen. Gefahren, die in dieser Situation für die abhängige Gesellschaft, ihre Gesellschafter und ihrer Gläubiger bestehen, muß durch rechtliche Schutzmechanismen entgegengewirkt werden. Wo dazu genau anzusetzen ist, ist nach wie vor umstritten. Bei aller Unterschiedlichkeit der einzelnen Auffassungen im Detail besteht aber wohl Einigkeit darüber, daß an die **(gesteigerte) Treuepflicht** des herrschenden Unternehmens als Gesellschafter der abhängigen GmbH

96 Vgl. BGHZ 103, 5; 116, 37.
97 Vgl. *Emmerich/Sonnenschein*, § 25 IV 3, S. 422.
98 Vgl. zum Minderheitenschutz im faktischen Konzern BGHZ 65, 15 »ITT« (dazu Wiedemann, JZ 1976, 392); zum Gläubigerschutz im »qualifizierten« faktischen Konzern BGHZ 95, 330 »Autokran« (dazu *Lutter*, ZIP 1985, 1425); BGHZ 107, 7 »Tiefbau«; BGHZ 115, 187 »Video« (dazu *Stodolkowitz*, ZIP 1992, 1517; *Bauder*, BB 1992, 1009; *Flume*, ZIP 1992, 817); BGHZ 122, 123 = NJW 1993, 1200 »TBB« (dazu *Hommelhoff*, ZGR 1994, 395; *Karsten Schmidt*, ZIP 1993, 1838).

gegenüber dieser und den Mitgesellschaftern anzuknüpfen ist. Aus dieser Treuepflicht folgt, daß das herrschende Unternehmen auf die Interessen der beherrschten Gesellschaft und deren Minderheitsgesellschafter die gebotene Rücksicht zu nehmen hat[99]. Seit der ITT-Entscheidung sieht die Rspr. den Schutz der abhängigen GmbH und ihrer Minderheitsgesellschafter im einfachen faktischen GmbH-Konzern in einem sich aus der Treuepflicht ergebenden umfassenden Schädigungsverbot für die Gesellschaftermehrheit. Dieses generelle Schädigungsverbot ist die Reaktion auf die Gefahren, die für die abhängige GmbH und ihre Minderheitsgesellschafter durch die faktische Abhängikeit entstehen. Wann eine Einflußnahme der herrschenden Gesellschaft zu einer Schädigung der abhängigen GmbH und deren Minderheitsgesellschafter führt, ist nach den zu §§ 311, 313 AktG entwickelten Grundsätzen zu beurteilen. Das aus der Treuepflicht abgeleitete **Schädigungsverbot** greift ein, wenn und solange sich einzelne Weisungen der herrschenden Gesellschaft und ihre schädlichen Auswirkungen isoliert betrachten und beurteilen lassen (Beispiele: BGHZ 124, 111, 118 f.; BGHZ 65, 15, 18 ff.).

Der **Verstoß** gegen das Schädigungsverbot löst in erster Linie Schadensersatzansprüche der abhängigen Gesellschaft nach §§ 249 ff. BGB aus, u. U. auch Unterlassungs- oder Beseitigungsansprüche. Diese Ansprüche können grundsätzlich auch von den Gesellschaftern mit der actio pro socio geltend gemacht werden. Deren Voraussetzungen sind allerdings umstritten[100].

bb) Qualifizierter faktischer Konzern

Ein solcher Konzern liegt vor, wenn die Beherrschung einer GmbH so intensiv, so dicht, so umfassend ist, daß einzelne schädigende Maßnahmen nicht mehr isoliert werden können oder anders ausgedrückt, »wenn eine Gesamtbetrachtung ergibt, daß die Geschäftsführung der abhängigen Gesellschaft in ihrem Kern auf die Muttergesellschaft übergegangen ist« (Lutter, Die AG 1990, 183). Zöllner (Baumbach/Hueck, Schlußanhang I, Anm. 82) spricht plastisch von »Leitungsdichte«.

Das herrschende Unternehmen trifft im qualifizierten faktischen Konzern eine **Haftung** entsprechend den §§ 302, 303 AktG. Die analoge Anwendung dieser Vorschriften setzt voraus, daß das herrschende Unternehmen im eigenen Interesse die abhängige GmbH zu für diese nachteilige Maßnahmen veranlaßt hat, sofern es sich bei der Einflußnahme um einen objektiven Mißbrauch der Einflußmöglichkeit handelt. Ein solcher Mißbrauch liegt vor, wenn das herrschende Unternehmen nicht angemessene Rücksicht auf die eigenen Belange der abhängigen GmbH genommen hat und wenn sich ein Einzelausgleich der Nachteile durch Ersatzansprüche der abhängigen GmbH als unmöglich erweist[101].

Haftet die herrschende Gesellschaft, so hat sie in erster Linie die **Verluste** der abhängigen GmbH zu **übernehmen**. Auszugleichen ist die gesamte bei der abhängigen Gesellschaft entstandene Überschuldung[102]. Der entsprechende Anspruch steht der abhängigen GmbH zu; er kann aber auch von den Minderheitsgesellschaftern im Wege der actio pro socio geltend gemacht werden. **Nach Beendigung** des qualifizierten faktischen Konzerns tritt an die Stelle der Pflicht zur Verlustübernahme (vgl. § 302 AktG) die Pflicht des herrschenden Unternehmens zur **Sicherheitsleistung** (§ 303 AktG analog).

99 Vgl. BGHZ 65, 15, 18 ff. »ITT« (dazu *Wiedemann*, JZ 1976, 392; *Konzen*, NJW 1989, 2985).
100 Vgl. BGHZ 65, 15, 21 »ITT«; *Emmerich/Sonnenschein*, § 24 IV 2, S. 393.
101 Vgl. zu den Voraussetzungen der Haftung z. B. BGHZ 95, 330 »Autokran« (dazu *Lutter* ZIP 1985, 1425); BGHZ 107, 7 »Tiefbau« 115, 187 »Video« (dazu *Flume*, ZIP 1992, 817); BGHZ 122, 123, 130 »TBB« (dazu *Karsten Schmidt*, ZIP 1993, 1838); *Hommelhoff*, ZGR 1994, 395; BGH NJW 1997, 943; vgl. auch BAG NJW 1996, 1491.
102 Vgl. BGHZ 107, 7, 16 unten.

Zur **Zulässigkeit qualifiziert faktischer Konzerne**, insbes. zur Notwendigkeit der Zustimmung der Gesellschafter der abhängigen GmbH vgl. Emmerich/Sonnenschein, § 24 a, S. 403.

4. Konzernrecht bei anderen Gesellschaften

Literatur: *Emmerich/Sonnenschein*, §§ 26 ff., S. 379 ff.; *Ebenroth*, Die Konzernierung der Personengesellschaft zwischen Vertragsfreiheit und Minderheitenschutz – Ein Beitrag zur Vertragsgestaltung im Konzernrecht der Personengesellschaft, FS f. Boujong, 1996, S. 99.

Da Unternehmen aller Rechtsformen an Unternehmensverbindungen beteiligt sein können, ist die Diskussion des Konzernrechts etwa seit 1975 auch auf ein (ungeschriebenes) Konzernrecht der Personengesellschaften, der Genossenschaften und zuletzt auch der Vereine ausgedehnt worden, wobei jeweils der Schutz der abhängigen Gesellschaft im Mittelpunkt steht.

VI. Umwandlungen

Literatur: *Dehmer*, Umwandlungsgesetz, Umwandlungsteuergesetz, Kommentar, 2. Aufl. 1996; *Dörrie*, Das neue Umwandlungsgesetz, WiB 1995, 1; *Ganske*, Umwandlungsrecht, 2. Aufl. 1995; *Goutier/Knopf/Tulloch*, Kommentar zum Umwandlungsrecht, 1996; *Heckschen*, Die Entwicklung des Umwandlungsrechts aus der Sicht der Rechtsprechung und Praxis, ZIP 1996, 535; *Kallmeyer*, Das neue Umwandlungsgesetz, ZIP 1994, 1746; *ders.* (Hrsg.), Umwandlungsgesetz, 1997; *Lutter* (Hrsg.), Umwandlungsgesetz, 1996; *K. Mertens*, Umwandlung und Universalsukzession, 1993; *Neye/Limmer/Frenz/Harnacke*, Handbuch zur Unternehmensumwandlung, 1996; *Rieble*, Verschmelzung und Spaltung von Unternehmen und ihre Folgen für Schuldverhältnisse mit Dritten, ZIP 1997, 301; *Sargasser/Bula*, Umwandlungen, 1995; *Schwarz*, Das neue Umwandlungsgesetz, DStR 1994, 1694; *Schwedhelm*, Die Unternehmensumwandlung, 3. Aufl. 1999.

Unternehmensverbindungen (und die daneben bestehende Möglichkeit [internen] Wachstums aus sich selbst heraus) werden allein den Anforderungen nicht gerecht, die eine in ständigem Wandel begriffene Wirtschaft an eine optimale Gestaltung eines Unternehmens stellt. Häufig besteht die Notwendigkeit, Unternehmen oder ihre Träger umzustrukturieren oder zu reorganisieren. Um diesem Bedürfnis Rechnung zu tragen, sieht das neue UmwG[103], das am 1. 1. 1995 in Kraft getreten ist, unter dem Oberbegriff »Umwandlung« vier Grundformen zur Umstrukturierung und Reorganisation von Rechtsträgern vor, nämlich:

103 Das UmwG ist in Art. 1 des Gesetzes zur Bereinigung des Umwandlungsrechts (UmwBerG) vom 28. 10. 1994 (BGBl. I S. 3210) enthalten, dessen Art. 2–19 Änderungen anderer Gesetze und die Aufhebung des KapErhG regeln. Mit dem UmwG wird zugleich die zweite, dritte und sechste gesellschaftsrechtliche Richtlinie der EG umgesetzt (vgl. FN S. 3210 BGBl. I 1994). Begleitet wird das UmwBerG vom Gesetz zur Änderung des Umwandlungssteuerrechts (BGBl. I 1994 S. 3267), das ebenfalls ein Artikelgesetz ist, und in Art. 1 das neue Umwandlungssteuergesetz (UmwStG) enthält.

- Verschmelzung (§§ 2–122)[104]
- Spaltung (§§ 123–173)
- Vermögensübertragung (§§ 174–189)
- Formwechsel (§§ 190–304).

Das neue UmwG hat die früher über viele Gesetze verstreuten und unübersichtlichen Regelungen in einer Kodifikation zusammengefaßt, systematisiert und dabei Lücken im früheren Recht geschlossen, insbes. als eine Art Gegenstück zur Verschmelzung die Spaltung als allgemeines Rechtsinstitut geschaffen[105]. Insgesamt sind die Umwandlungsmöglichkeiten von früher 44 denkbaren Fällen auf zunächst 119 erweitert worden, die das UmwG abschließend (vgl. § 1 II) zuläßt[106]. In erstaunlich übersichtlicher Weise wird damit den Unternehmensträgern eine Organisationsautonomie eröffnet, die es gestattet, flexibel auf wirtschaftliche Verhältnisse und deren Änderungen zu reagieren; dabei wird der erforderliche Gläubiger- und Minderheitenschutz angemessen sichergestellt[107].

Anders als im Recht der Unternehmensverbindungen knüpft das UmwG nicht an den Begriff »Unternehmen« an. Regelungsgegenstand sind vielmehr die Umwandlungen von **Rechtsträgern** mit Sitz im Inland; bei den einzelnen Arten der Umwandlung gibt das Gesetz jeweils die Rechtsträgerformen abschließend an, die beteiligt sein können. Rechtliche Besonderheit ist es, daß das UmwG für Verschmelzung, Spaltung und Vermögensübertragung die **Gesamtrechtsnachfolge** oder eine entsprechende **Sonderrechtsnachfolge** (»partielle Gesamtrechtsnachfolge«)[108] zuläßt, die den bei diesen Umwandlungsarten stattfindenden Vermögensübergang erheblich erleichtern, der ansonsten nach deutschem Zivilrecht durch Einzelübertragung jedes einzelnen Vermögensgegenstandes und jeder einzelnen Verbindlichkeit stattzufinden hätte. Dadurch werden die mit jeder Liquidation verbundenen Wertverluste (Zerschlagung eines Unternehmens, Auflösung stiller Reser-

---

104 §§ ohne Zusatz betreffen das UmwG vom 28. 10. 1994.

105 Vgl. zur Entstehungsgeschichte des UmwBerG und zu den Materialien *Ganske*, Umwandlungsrecht, 2. Aufl. 1995; *Schaumburg/Rödder*, Umwandlungsgesetz, Umwandlungssteuergesetz, 1995; zum *Diskussionsentwurf* des Bundesministeriums der Justiz von 1988 (Beilage Nr. 214 a BAnz. vom 15. 11. 1988), mit dem die Reform angeschoben wurde, vgl. *Ganske*, DB 1992, 125; *Niederleithinger*, DStR 1991, 879; verschiedene Autoren ZGR 1990, 392 ff.; zum *Referentenentwurf* von 1992 (Beilage Nr. 112 a BAnz. vom 20. 6. 1992) vgl. *Ganske*, WM 1993, 1117; *Karsten Schmidt*, ZGR 1993, 366; *Zöllner*, ZGR 1993, 334; zum Gesetzgebungsverfahren nach dem *RegE* vom 26. 1. 1994 (BR-Drucks. 75/94) vgl. *Neye*, DB 1994, 2069; *ders.*, ZIP 1994, 165, 917.

106 Zwischenzeitlich hat das Gesetz zur Änderung des Umwandlungsgesetzes, des Partnerschaftsgesellschaftsgesetzes und anderer Gesetze vom 22. 7. 1998 (BGBl. I S. 1878) auch die Partnerschaft in das UmwG einbezogen; vgl. dazu *Gustavus*, GmbHRdsch. 1998, 17; *Neye*, ZIP 1997, 722; *Wertenbruch*, ZIP 1995, 712.

107 Zum Gläubigerschutz vgl. *Karsten Schmidt*, ZGR 1993, 366; *Rümker*, WM-Festgabe f. Hellner, 9. 5. 1994, S. 73; zum Minderheitenschutz vgl. *Hommelhoff*, ZGR 1993, 452; zu den arbeitsrechtlichen Aspekten des neuen Umwandlungsrechts vgl. zum Überblick *Bauer/Lingemann*, NZA 1994, 1057; *Bachner*, NJW 1995, 2881; *Boeken*, Unternehmensumwandlungen und Arbeitsrecht, 1996; *Däubler*, RdA 1995, 136; *Dürwell*, NZA 1996, 393; *Willemsen*, NZA 1996, 791; *Wlotzke*, DB 1995, 40.

108 Dazu *K. Mertens*, Umwandlung und Universalsukzession, 1992; *ders.*, Die AG 1994, 66.

ven, Steuerbelastungen) ebenso vermieden wie der mit der Einzelrechtsübertragung verbundene Kosten- und Arbeitsaufwand (z. B. Auflassung und Eintragung von Grundstücken). Beim Umwandlungstyp »Formwechsel«, bei dem ein Rechtsträger (unter Wahrung seiner rechtlichen Identität) eine andere Rechtsform erhält, kommt das UmwG sogar ohne Vermögensübertragung aus (vgl. § 202 I Nr. 1), obwohl sich beim Formwechsel von Personengesellschaften in Kapitalgesellschaften (und umgekehrt) der Vermögensträger ändert, indem die Vermögenszuständigkeit von der Gesamthand auf die juristische Person übergeht (und umgekehrt).

1. Verschmelzung (§§ 2–122 UmwG)

Das Kernstück des Gesetzes bilden die Vorschriften über die Verschmelzung[109] im 2. Buch (§§ 2–122), weil in den Bestimmungen über die anderen Umwandlungsarten soweit wie möglich auf diese Vorschriften verwiesen wird. Der erste Teil des 2. Buches (§§ 2–38) enthält allgemeine Vorschriften, die grundsätzlich für alle zugelassenen Verschmelzungen gelten, während im zweiten Teil (§§ 39–122) besondere Vorschriften enthalten sind, die jeweils für einen an der Verschmelzung beteiligten Rechtsträger einer bestimmten Rechtsform gelten. Die »verschmelzungsfähigen« Rechtsträger nennt § 3 abschließend; es sind dies vor allem Personenhandelsgesellschaften (OHG, KG), Partnerschaftsgesellschaften, Kapitalgesellschaften (GmbH, AG, KGaA), eG, e. V., VVaG und natürliche Personen, die als Alleingesellschafter einer Kapitalgesellschaft deren Vermögen übernehmen. An einer Verschmelzung können sich grundsätzlich alle verschmelzungsfähigen Rechtsträger (auch verschiedener Rechtsform) beteiligen (§ 3 IV; zu Einschränkungen vgl. §§ 99 II, 105, 109, 120).

a) Arten der Verschmelzung

Wie bisher sind zwei Möglichkeiten vorgesehen:

aa) **Die Verschmelzung durch Aufnahme,** bei der ein oder mehrere übertragende Rechtsträger ihr Vermögen als Ganzes auf einen anderen, bereits bestehenden (übernehmenden) Rechtsträger übertragen (§ 2 Nr. 1). Auf diese Weise können beliebig viele Rechtsträger verschmolzen werden. **Rechtsfolgen:** Die übertragenden Rechtsträger erlöschen ohne Liquidation, ihr Vermögen einschließlich der Verbindlichkeiten geht auf den übernehmenden Rechtsträger im Wege der Gesamtrechtsnachfolge über. Die Anteilsinhaber der übertragenden Rechtsträger werden Anteilsinhaber (Gesellschafter, Mitglieder) des übernehmenden Rechtsträgers (§ 20).

109 Literatur: Zusammenfassend zur Verschmelzung *Impelmann*, DStR 1995, 769; *Streck/Mack/Schwedhelm*, GmbHRdsch. 1995, 161; zur Verschmelzung aus betriebswirtschaftlicher Sicht *Ossadnik/Maus*, DB 1995, 105.

bb) **Die Verschmelzung durch Neugründung,** bei der sich zwei oder mehrere Rechtsträger (übertragende Rechtsträger) durch Gründung eines neuen Rechtsträgers, auf den sie ihr Vermögen übertragen, vereinen (§ 2 Nr. 2). **Rechtsfolgen:** Die sich vereinigenden Rechtsträger erlöschen ohne Liquidation, ihr Vermögen einschließlich der Verbindlichkeiten geht im Wege der Gesamtrechtsnachfolge auf den neu gebildeten Rechtsträger über, ihre Anteilsinhaber werden Anteilsinhaber des neuen Rechtsträgers (§§ 36 I, 20).

b) Die Verschmelzung durch Aufnahme (§§ 4–35)

aa) Die grundsätzliche Ausgestaltung des **Verschmelzungsverfahrens** hat sich gegenüber der früheren Regelung (etwa §§ 340–352 AktG a. F.) nicht grundlegend geändert.

(1) Grundlage der Verschmelzung ist der Abschluß eines notariell beurkundeten **Verschmelzungsvertrages** (§§ 4 I, 6), dessen Mindestinhalt § 5 festlegt und der nur wirksam wird, wenn ihm die Anteilsinhaber der an der Verschmelzung beteiligten Rechtsträger zustimmen (**Verschmelzungsbeschlüsse,** die notarieller Beurkundung bedürfen, § 13 I, III). Bei Beteiligung einer GmbH oder AG bedarf es daher z. B. der Zustimmung der Gesellschafterversammlung bzw. der Hauptversammlung, jeweils mit qualifizierter Mehrheit (§§ 50, 65 I), bei Personenhandelsgesellschaften grundsätzlich der Zustimmung aller Gesellschafter (§ 43 I).

(2) Zur Vorbereitung der Verschmelzungsbeschlüsse haben die Vertretungsorgane jedes der beteiligten Rechtsträger einen schriftlichen **Verschmelzungsbericht** zu erstatten, in dem insbes. die Angemessenheit des Umtauschverhältnisses der Anteile oder Mitgliedschaften begründet wird (§ 8 I).

(3) Außerdem hat eine Prüfung des Verschmelzungsvertrages (oder seines Entwurfs) durch sachverständige Prüfer (Verschmelzungsprüfer) stattzufinden, soweit dies im zweiten Teil des 2. Buches vorgeschrieben ist (**Verschmelzungsprüfung;** §§ 9–12, 60); z. B. findet bei einer beteiligten GmbH diese Prüfung nur statt, wenn ein Gesellschafter dies verlangt (§ 48). Auch diese Prüfung erstreckt sich insbes. auf die Angemessenheit des Umtauschverhältnisses der Anteile oder der Gegenleistung.

(4) U. U. ist eine Erhöhung des Grund- bzw. Stammkapitals des übernehmenden Rechtsträgers und die Eintragung dieser Kapitalerhöhung in das HReg nötig (vgl. §§ 66, 69, 53, 55).

(5) Die Verschmelzung ist zur Eintragung in das maßgebliche Register jedes beteiligten Rechtsträgers **anzumelden** (§§ 16, 17); die Verschmelzung ist **einzutragen** und **bekannt zu machen** (§ 19).

(6) **Mit der Eintragung** der Verschmelzung in das Register des übernehmenden Rechtsträgers **treten die gesetzlichen Folgen** der Verschmelzung **ein** (§ 20 I); s. oben a aa.

bb) Neben dem Schutz der Gläubiger der an einer Verschmelzung beteiligten Rechtsträger (§ 22: Anspruch auf Sicherheitsleistung[110]) will das Gesetz vor allem den Interessen der bei einer Verschmelzung besonders gefährdeten Minderheits-Gesellschafter der untergehenden Rechtsträger Rechnung tragen[111]. Die Anteilsinhaber der erlöschenden Rechtsträger werden kraft Gesetzes Anteilsinhaber des übernehmenden Rechtsträgers (§ 20 I Nr. 3). Um dabei Benachteiligungen zu vermeiden, muß der Wert der Anteile der erlöschenden Rechtsträger und die als Ersatz dafür zu gewährenden Anteile des übernehmenden Rechtsträgers ermittelt werden. Eine solche Bewertung ist außerordentlich schwierig; auch Börsenkurse sind nicht stets ein zuverlässiger Wertmaßstab, um eine Schädigung der bei der Verschmelzung möglicherweise majorisierten Minderheitsgesellschafter auszuschließen. Das Gesetz sieht daher neben Erläuterung und Begründung in den Verschmelzungsberichten und neben der Verschmelzungsprüfung, z. B. bei einer Verschmelzung unter Beteiligung einer GmbH oder AG, zum Schutze der Gesellschafter erweiterte Informationsrechte vor (§§ 47, 49 bei der GmbH, §§ 63, 64 bei der AG). Eine Klage gegen die Wirksamkeit eines Verschmelzungsbeschlusses (§ 14 I) kann indessen nicht darauf gestützt werden, daß das Umtauschverhältnis der Anteile zu niedrig ist oder die Mitgliedschaft bei dem übernehmenden Rechtsträger keinen ausreichenden Gegenwert darstellt (§ 14 II). Ist das Umtauschverhältnis zu niedrig bemessen, so kann aber jeder dadurch benachteiligte Anteilsinhaber eines übertragenden Rechtsträgers, dessen Recht, gegen die Wirksamkeit des Verschmelzungsbeschlusses Klage zu erheben, nach § 14 II ausgeschlossen ist, einen Ausgleich durch bare Zuzahlung fordern (§ 15). Bei Verschmelzung eines Rechtsträgers im Wege der Aufnahme durch einen Rechtsträger anderer Rechtsform (z. B. AG durch GmbH) hat der übernehmende Rechtsträger im Verschmelzungsvertrag den Anteilsinhabern der übertragenden Rechtsträger, die Widerspruch gegen den Verschmelzungsbeschluß zu Protokoll erklären, den Erwerb ihrer Anteile gegen eine angemessene Barabfindung anzubieten. Die Angemessenheit dieser Abfindung ist von den Verschmelzungsprüfern zu prüfen, sofern die Berechtigten nicht darauf verzichten (§§ 29, 30). § 34 sieht die Möglichkeit einer gerichtlichen Überprüfung der Angemessenheit der Abfindung vor. Streitigkeiten werden in einem Spruchverfahren[112] entschieden (§§ 305 ff.), für das grundsätzlich das FGG gilt (§ 307 I). Bei unkorrektem

110 Zum Gläubigerschutz durch Sicherheitsleistung vgl. *Karsten Schmidt*, ZGR 1993, 366, 381 ff.
111 Zum Minderheitenschutz vgl. *Bayer*, ZGR 1995, 613; *Hommelhoff* ZGR 1993, 452.
112 Vgl. zum Spruchverfahren *App*, BB 1995, 267.

Verhalten der an der Durchführung der Verschmelzung beteiligten Mitglieder des Vertretungs- und Aufsichtsorgans drohen diesen Schadensersatzansprüche (§§ 25–27).

c) Verschmelzung durch Neugründung (§§ 36–38)

Für diese Art der Verschmelzung (§ 2 Nr. 2) gelten im wesentlichen die Vorschriften über die Verschmelzung durch Aufnahme (§ 36 I) mit der Maßgabe, daß der neue Rechtsträger an die Stelle des übernehmenden Rechtsträgers tritt. Die Gründung des neuen Rechtsträgers richtet sich nach dessen Gründungsvorschriften (§ 36 II). Der Gesellschaftsvertrag oder die Satzung des neuen Rechtsträgers müssen im Verschmelzungsvertrag enthalten sein oder festgestellt werden (§ 37).

d) Besondere Vorschriften für beteiligte Rechtsträger bestimmter Rechtsform

In den §§ 39–122 werden, gegliedert in 9 Abschnitte für die einzelnen verschmelzungsfähigen Rechtsträger, alle erforderlichen speziellen Regelungen getroffen, die anzuwenden sind, wenn ein Rechtsträger der jeweiligen Rechtsform an einer Verschmelzung beteiligt ist. Diese Systematik unterscheidet sich vom früheren Recht, das von der Verschmelzung von Rechtsträgern derselben Rechtsform ausgegangen ist und anschließend sog. Mischverschmelzungen durch Verweisungsvorschriften geregelt hat.

Nach dem Aufbauprinzip »vom Einfachen zum Komplizierteren« wird im 1. Abschnitt mit der Verschmelzung unter Beteiligung von Personengesellschaften (OHG, KG) begonnen, die weniger strenge Regeln vorsehen als die Verschmelzung von GmbH (2. Abschnitt), AG (3. Abschnitt) und KGaA (4. Abschnitt). Im 5.–8. Abschnitt folgen die Vorschriften über die Verschmelzung von Genossenschaften, rechtsfähigen Vereinen (e. V. und Wirtschaftsvereine), genossenschaftlichen (Buch-)Prüfungsverbänden und VVaG. Im 9. Abschnitt wird schließlich, auf den ersten Blick nicht einfach zu erkennen, die Möglichkeit der Verschmelzung einer Kapitalgesellschaft (GmbH, AG, KGaA) durch Aufnahme auf eine natürliche Person geregelt, sofern diese Alleingesellschafter (Alleinaktionär) ist.

e) Internationale Verschmelzung

Durch den Abbau nationaler Grenzen gewachsene Wirtschaftsräume machen größere Unternehmenseinheiten auch im internationalen Bereich erforderlich. Die rechtlichen Regelungen haben jedoch mit der wirtschaftlichen Entwicklung nicht Schritt gehalten. Internationale Unternehmenskonzentrationen sind bislang nur in Form von Konzernen möglich. Auch Hilfskonstruktionen wie organschaftliche Personalunion und Anteilstausch zwischen rechtlich selbständig bleibenden Gesellschaften verschiedener

Nationalität können das Fehlen eines internationalen Verschmelzungsrechts nur unzulänglich kompensieren[113].

aa) Art. 293 EG-Vertrag sieht die Schaffung eines gemeinschaftlichen Fusionsrechtes zur Ermöglichung der Verschmelzung von Gesellschaften, die den Rechtsvorschriften verschiedener Mitgliedstaaten unterliegen, vor. Die Diskussionen um den Entwurf eines entsprechenden Abkommens von 1973 (Bulletin der EG, Beilage 13/73) erweisen sich freilich angesichts gravierender Unterschiede der nationalen Rechtsordnungen als äußerst schwierig, vor allem wegen des Mitbestimmungsproblems[114].

bb) Einen anderen Weg versucht die Kommission der EU mit dem Vorschlag einer Gemeinschafts-Verordnung über ein Statut für Europäische Aktiengesellschaften (Societas Europaea – SE) zu beschreiten; vgl. oben A VI 7 b. Hier soll eine neue Gesellschaftsform für den gesamten EG-Bereich geschaffen werden; dabei ist auch eine Verschmelzung zwischen AG und SE vorgesehen.

cc) Die Angleichung der nationalen Fusionsrechte bezweckte die 3. sog. Fusionsrichtlinie vom 9. 10. 1978, die durch Gesetz vom 25. 10. 1982 (BGBl. I 1425) in deutsches Recht überführt worden war. Inzwischen liegt ein Vorschlag der EG-Kommission für eine 10. Richtlinie des Rates zur grenzüberschreitenden Fusion von Aktiengesellschaften von 1985 (ABl. v. 25. 1. 1985 Nr. C 23) vor (vgl. dazu Ganske, DB 1985, 581). Die steuerrechtlichen Folgen einer grenzüberschreitenden Fusion sind inzwischen in der Richtlinie vom 23. 7. 1990 (ABlEG vom 20. 8. 1990, 225, S. 1) geregelt und durch Gesetz vom 25. 2. 1992 (BGBl. I S. 297) in deutsches Recht umgesetzt worden.

2. Spaltung (§§ 123–173 UmwG)[115]

Bei dem häufig als Realteilung bezeichneten Vorgang der Spaltung handelt es sich um eine Art Gegenstück zur Verschmelzung. Während die Gesamtrechtsnachfolge bei der Verschmelzung umfassend in die gesamten Rechtsbeziehungen des übertragenden Rechtsträgers erfolgt, ist die **Gesamtrechtsnachfolge** in den Fällen der Spaltung eine nur **partielle,** weil sie nur einen Vermögens**teil** des übertragenden Rechtsträgers »transportiert«. Sie ist aber gleichwohl eine Gesamtrechtsnachfolge, weil dieser Vermögensteil

113 Vgl. aber zur Möglichkeit grenzüberschreitender Fusion *Behrens*, ZGR 1994, 1; *Ebenroth/Wilken*, JZ 1991, 1014, 1061; *Gahnske*, DB 1985, 581; *Herzig/Förster*, Grenzüberschreitende Verschmelzung von Kapitalgesellschaften, DB 1994, 1; *Kallmeyer*, Grenzüberschreitende Verschmelzungen und Spaltung?, ZIP 1996, 535; *Kraft*, Kölner Kommentar zum AktG, 2. Aufl., § 339 Anm. 13 f., 38 ff. m. w. N.; *Wiedemann*, Gesellschaftsrecht, § 15 III 2, S. 871.

114 Vgl. *Lutter*, Europäisches Unternehmensrecht, ZGR Sonderheft 1, 4. Aufl. 1996, S. 12, 257 ff.; *Neye*, ZGR 1995, 191.

115 Einzelne zusätzliche Literaturhinweise: *Engelmeyer*, Die Spaltung von Aktiengesellschaften nach dem neuen Umwandlungsrecht, 1995; *Feddersen/Kiem*, Die Ausgliederung zwischen »Holzmüller« und neuem Umwandlungsrecht, ZIP 1994, 1078; *Hennrichs*, Zum Formwechsel und zur Spaltung von Kommanditgesellschaften, ZIP 1995, 794; *Jung*, Die stille Gesellschaft in der Spaltung, ZIP 1996, 1734; *Murawo*, Anteilseigner- und Gläubigerschutz bei Unternehmensspaltungen, Gedächtnisschrift für Grabitz, 1995, S. 431; *Naraschewski*, Haftung bei der Spaltung von Kommanditgesellschaften, DB 1995, 1265; *Nayl*, Die Spaltung durch Einzelrechtsnachfolge und nach dem neuen Umwandlungsrecht, DB 1996, 1221; *Schwedhelm/Streck/Mack*, Die Spaltung der GmbH nach dem neuen Umwandlungsrecht, GmbHRdsch. 1995, 7.

uno actu und als Gesamtheit auf die übernehmenden Rechtsträger übergeht, also ohne Einzelübertragungsakte[116].

Die Spaltung ist im 3. Buch geregelt. § 123 I sieht **drei Arten der Spaltung** (Aufspaltung, Abspaltung, Ausgliederung) vor, die jeweils **zur Aufnahme** (durch bereits bestehende Rechtsträger) oder **zur Neugründung** (durch neu gegründete Rechtsträger) führt. Die Spaltung kann auch durch gleichzeitig Übertragung auf bestehende und neue Rechtsträger (§ 123 IV) erfolgen. Die Spaltung zur Aufnahme wird auch als »Teilverschmelzung« bezeichnet.

a) Die Aufspaltung

Dabei wird das Vermögen eines übertragenden Rechtsträgers unter Auflösung dieses Rechtsträgers ohne Liquidation im Wege der partiellen (teilweisen) Gesamtrechtsnachfolge auf mindestens zwei andere bereits bestehende Rechtsträger oder von dem übertragenden Rechtsträger gegründete Rechtsträger (übernehmende Rechtsträger) übertragen. Die Anteilsinhaber des übertragenden Rechtsträgers erhalten Anteile oder Mitgliedschaftsrechte an den übernehmenden Rechtsträgern (§ 123 I). Die Aufspaltung ist somit die Umkehrung der Verschmelzung.

b) Die Abspaltung

Dabei bleibt der übertragende Rechtsträger bestehen, überträgt aber einen oder mehrere Teile seines Vermögens im Wege der partiellen (teilweisen) Gesamtrechtsnachfolge auf einen oder mehrere schon bestehende Rechtsträger oder auf einen oder mehrere von dem übertragenden Rechtsträger neu gegründete Rechtsträger gegen Gewährung von Anteilen oder Mitgliedschaftsrechten des/der übernehmenden Rechtsträger(s) an die Anteilsinhaber des übertragenden (abspaltenden) Rechtsträgers (§ 123 II).

c) Die Ausgliederung

Dabei überträgt der ausgliedernde Rechtsträger einen oder mehrere Teile seines Vermögens im Wege der partiellen (teilweisen) Gesamtrechtsnachfolge auf einen oder mehrere entweder schon bestehende oder von ihm neu gegründete Rechtsträger. Die dafür **gewährten Anteile** oder Mitgliedschaftsrechte an den/dem übernehmenden Rechtsträger(n) **erhält der übertragende Rechtsträger** selbst, nicht dessen Anteilsinhaber wie bei der Abspaltung (§ 123 III).

116 Zur Dogmatik der Spaltung als Akt der Vermögensübertragung vgl. *Teichmann*, ZGR 1993, 396; *Heidenhain*, Sonderrechtsnachfolge bei der Spaltung, ZIP 1995, 801.

d) Kombinationen

Die Kombination von Spaltungsarten wird nur in § 123 IV angesprochen. Möglich ist aber auch, daß ein Rechtsträger aus seinem Vermögen einen Teil oder mehrere Teile abspaltet, einen anderen Teil oder mehrere Teile ausgliedert.

Eine **Kombination von Abspaltung und Ausgliederung** ist darüber hinaus (ohne Verstoß gegen § 1 II) in der Weise zulässig, daß ein Teil der Anteile an den übernehmenden Rechtsträgern den Anteilsinhabern des übertragenden Rechtsträgers, der andere Teil dagegen dem übertragenden Rechtsträger selbst gewährt wird[117].

Eine **Kombination von Aufspaltung und Ausgliederung** ist hingegen nicht möglich, weil nach § 131 I Nr. 2 der übertragende Rechtsträger bei Aufspaltung zwingend erlischt[118].

Unzulässig, weil im UmwG nicht geregelt, ist die sog. »verschmelzende Spaltung«, die in § 123 IV des RefE 1992 noch vorgesehen war als gleichzeitige Verschmelzung eines durch Spaltung entstehenden Rechtsträgers mit einem anderen Rechtsträger im Wege der Verschmelzung durch Neugründung.

e) Spaltungsfähige Rechtsträger

Die spaltungsfähigen Rechtsträger werden in § 124 bestimmt. Es sind für alle Spaltungsarten im wesentlichen die in § 3 I aufgeführten verschmelzungsfähigen Rechtsträger (§ 124 I; vgl. auch oben 1); hinzu kommen als übertragende Rechtsträger einer Ausgliederung noch Einzelkaufleute, Stiftungen sowie Gebietskörperschaften einschließlich ihrer Zusammenschlüsse. Auch in Liquidation befindliche Gesellschaften können gespalten werden (§§ 124 II, 3 III). Klargestellt ist, daß auch an einem Spaltungsvorgang Rechtsträger unterschiedlicher Rechtsform beteiligt sein können (§§ 124 II, 3 IV).

f) Das Spaltungsverfahren

§ 125 bestimmt generalklauselartig, daß auf die Spaltung grundsätzlich die gesamten Verschmelzungsvorschriften (erster und zweiter Teil des 2. Buches) entsprechend anzuwenden sind. Spaltung zur Aufnahme (§§ 126–134) und Spaltung zur Neugründung (§§ 135–137) sind im übrigen ganz wesentlich übereinstimmend geregelt (vgl. § 135).

aa) Erforderlich ist ein (notariell zu beurkundender) **Spaltungs- und Übernahmevertrag,** dessen Mindestinhalt § 126 zwingend festlegt und der nach § 125 1 i. V. m. § 13 I der Zustimmung der Anteilsinhaber (Gesellschafter) der beteiligten Rechtsträger (**Spaltungsbeschluß**) bedarf, ein **Spaltungsbericht** jedes von der Spaltung betroffenen Rechtsträgers (§ 127), eine **Spaltungsprüfung** (§ 125 S. 1, § 9), die jedoch bei Ausgliederung nicht erforderlich ist (§ 125 S. 2), die **Anmeldung** der Spaltung und ihre **Eintragung** in die für die jeweiligen Beteiligten zuständigen Register (§§ 129, 130). Zu beachten ist, daß bei Spaltung zur Neugründung nur ein **Spaltungsplan** erstellt werden muß, da der Spaltungsver-

---

117 *Geck*, DStR 1995, 416, 417; *Mayer*, DB 1995, 861; Einzelheiten bei *Kallmeyer*, DB 1995, 81, 83.
118 *Geck*, DStR 1995, 416, 417; *Mayer*, DB 1995, 861 f.; a. A. *Kallmeyer*, DB 1995, 81, 82 f.

trag nur zwischen zwei schon bestehenden Rechtsträgern geschlossen werden kann (§ 136). Im Spaltungsplan wird der Beschluß gefaßt, den neuen Rechtsträger zu errichten und auf ihn die im Spaltungsplan aufgeführten Vermögensgegenstände zu übertragen[119].

bb) **Rechtsfolgen:** Mit Eintragung der Spaltung in das für den übertragenden Rechtsträger zuständige Register gehen das aufgespaltene Vermögen bzw. die abgespaltenen oder ausgegliederten Vermögensteile, einschließlich der Verbindlichkeiten, im Wege der (jeweils partiellen) Gesamtrechtsnachfolge auf die übernehmenden Rechtsträger über. Bei der **Aufspaltung** erlischt der übertragende Rechtsträger. Bei **Aufspaltung und Abspaltung** werden die Anteilsinhaber des übertragenden (spaltenden) Rechtsträgers nach Maßgabe des Spaltungs- und Übernahmevertrages Anteilsinhaber der übernehmenden Rechtsträger. Bei der **Ausgliederung** wird der übertragende Rechtsträger selbst nach Maßgabe des Ausgliederungs- und Übernahmevertrages Anteilsinhaber der übernehmenden Rechtsträger § 131 I). Der **Schutz** der Gläubiger und der Inhaber von Sonderrechten ist in § 133 geregelt[120], insbes. sieht § 133 I 1 die gesamtschuldnerische Haftung aller beteiligten Rechtsträger für Verbindlichkeiten des übertragenden Rechtsträgers vor, die vor dem Wirksamwerden der Spaltung begründet worden sind.

g) Besondere Vorschriften für beteiligte Rechtsträger bestimmter Rechtsform

Da insoweit schon in § 125 auf die Vorschriften des zweiten Teils des 2. Buches verwiesen wird, beschränkt sich die Regelung »Besonderer Vorschriften« bei der Spaltung (zweiter Teil des 3. Buches) auf nochmals erforderliche Abweichungen. Da solche für Personenhandelsgesellschaften nicht nötig waren, gelten insoweit nur §§ 39 ff. Vgl. im übrigen die nach Abschnitten gegliederten §§ 138–173 für die einzelnen Rechtsformen.

Hervorzuheben sind die »Besonderen Vorschriften« über die **Ausgliederung aus dem Vermögen eines Einzelkaufmanns**, dessen Firma im HReg eingetragen ist (§§ 152–160), durch die die Möglichkeiten der Umwandlung gegenüber dem früheren Recht erheblich erweitert werden. Möglich ist die Ausgliederung zur Aufnahme des einzelkaufmännischen Unternehmens oder von Teilen davon durch (bereits bestehende) Personenhandelsgesellschaften (OHG, KG), Kapitalgesellschaften (AG, KGaA, GmbH) oder eG sowie die **Ausgliederung zur Neugründung,** die aber auf die Errichtung von Kapitalgesellschaften beschränkt ist; die Ausgliederung kann nicht erfolgen, wenn die Verbindlichkeiten das Vermögen des Einzelkaufmanns übersteigen (§ 152 S. 2)[121]. Erfaßt die Ausgliederung das gesamte Unternehmen

119 Ausführlich zu Spaltungsvertrag und Spaltungsplan *Heidenhain*, NJW 1995, 2873; *Mayer*, DB 1995, 861, 862 ff.

120 Vgl. dazu näher *Geck*, DStR 1995, 416, 423; eingehend auch *Kleindieck*, ZGR 1992, 513; *Murawo*, Gedächtnisschrift f. Grabitz, 1995, S. 431, 440 ff.

121 Zu den Möglichkeiten »gestreckter« Fusion einzelkaufmännischer Unternehmen vgl. *Felix*, BB 1995, 1509.

des Einzelkaufmanns, so erlischt dessen Firma; das ist von Amts wegen in das HReg einzutragen (§ 155). Bei der Ausgliederung zur Neugründung handelt es sich der Sache nach um eine Einmann-Sachgründung einer Kapitalgesellschaft (vgl. § 159). Die (gesamtschuldnerische) Haftung des Einzelkaufmanns für Verbindlichkeiten, die auf übernehmende oder neue Gesellschaften übergegangen sind, bleibt zeitlich begrenzt bestehen (§§ 156, 157).

3. Vermögensübertragung (§§ 174–189 UmwG)

a) Bei der Vermögensübertragung im 4. Buch geht es in der Sache um Fälle der Verschmelzung und Spaltung, bei denen es aber wegen der Struktur der beteiligten Rechtsträger (Träger der öffentlichen Hand, Versicherungsunternehmen) nicht zu einem Umtausch von Anteilen kommen kann.

Nach § 174 kann ein (einziger) übertragender Rechtsträger unter Auflösung ohne Liquidation sein Vermögen als Ganzes (Gesamtrechtsnachfolge) auf einen anderen schon bestehenden Rechtsträger (übernehmender Rechtsträger) übertragen (**Vollübertragung,** § 174 I). Die Vermögensübertragung durch einen Rechtsträger kann auch in Form einer Aufspaltung, Abspaltung oder Ausgliederung im Wege partieller Gesamtrechtsnachfolge durchgeführt werden (**Teilübertragung,** § 174 II). Anders als bei der Verschmelzung und bei der Spaltung besteht die Gegenleistung an die Anteilsinhaber des übertragenden Rechtsträgers (bzw. bei Ausgliederung an den übertragenden Rechtsträger selbst) nicht in Anteilen oder Mitgliedschaften an dem übernehmenden Rechtsträger, sondern in Geld oder anderen Wirtschaftsgütern. Derartige Vermögensübertragungen sind nur in den im Gesetz (§ 175) ausdrücklich geregelten Fällen möglich (z. B. von einer GmbH, AG oder KGaA auf die öffentliche Hand, § 175 Nr. 1). Für die Voll- bzw. für die Teilübertragung sind die Verschmelzungs- bzw. Spaltungsvorschriften jeweils entsprechend anzuwenden, soweit sich aus den Vorschriften im zweiten und dritten Teil des 4. Buches nichts anderes ergibt.

b) Verträge, durch die sich eine AG zur Übertragung ihres gesamten Vermögens verpflichtet, ohne daß die Übertragung unter die Vorschriften des UmwG fällt, werden jetzt in § 179 a AktG geregelt; sie bedürfen in jedem Fall eines Beschlusses der HV, der nur mit einer zu Satzungsänderungen erforderlichen Mehrheit gefaßt werden kann.

4. Formwechsel (§§ 190–304 UmwG)

Die Wahl der zweckmäßigsten Rechtsform des Unternehmensträgers ist für eine erfolgreiche wirtschaftliche Betätigung des Unternehmens von großer Bedeutung. Veränderungen im persönlichen, wirtschaftlichen oder gesetzlichen Bereich (z. B. Steuergesetzgebung) können eine Änderung der Rechtsform des Unternehmensträgers erforderlich machen. Diesem Bedürfnis dienen die Umwandlungsmöglichkeiten durch Formwechsel, die das Gesetz im 5. Buch bereitstellt[122].

a) Kennzeichen der Umwandlung durch Formwechsel ist, daß ein Rechtsträger bei fortbestehender Identität lediglich eine andere Rechtsform erhält und dabei keine Vermögensübertragung stattfindet. Damit ist die frühere Unterteilung in den Formwechsel im engeren Sinne (bloße Änderung der Rechtsform *ohne* Vermögensübergang) und die »übertragende Umwandlung« (Übergang von der Rechtsform einer Personengesellschaft in eine juristische Person und umgekehrt mit der Folge eines Vermögenstransfers) überholt. Das Gesetz geht nunmehr davon aus, daß auch beim Formwechsel einer juristischen Person in eine Personengesellschaft und umgekehrt trotz sich ändernder Vermögenszuordnung (Gesamthand/juristische Person) der Rechtsträger alter Form mit dem Rechtsträger neuer Form identisch ist (§ 202 I Nr. 1). Ohne daß eine Übertragung von Vermögenswerten stattfindet, ist das Vermögen des formwechselnden Rechtsträgers nach dem Formwechsel Vermögen des Rechtsträgers neuer Rechtsform. Mit dieser **wirtschaftlichen Betrachtungsweise** wird der Akt der Umwandlung maximal vereinfacht; **für die Dogmatik der Gesamthand** können daraus **keine Konsequenzen** abgeleitet werden[123] (vgl. C I 1 d).

b) Wie bei den anderen Umwandlungsarten faßt das Gesetz im ersten Teil des 5. Buches die Vorschriften zusammen, die grundsätzlich für alle Arten des Formwechsels gelten. Gegliedert nach den möglichen formwechselnden Rechtsträgern wird dann im zweiten Teil durch »Besondere Vorschriften« den Unterschiedlichkeiten der einzelnen Rechtsträgerformen Rechnung getragen (§§ 214–304).

aa) Nach § 191 I können nur Personenhandelsgesellschaften (OHG, KG), Partnerschaftsgesellschaften, Kapitalgesellschaften (GmbH, AG, KGaA), eG, rechtsfähige Vereine (e. V. und Wirtschaftsvereine), VVaG sowie Körperschaften und Anstalten des öffentlichen Rechts die Rechtsform wechseln (»**formwechselnde Rechtsträger**«). Als neue Rechtsformen kommen die BGB-G, Personenhandelsgesellschaften, Partnerschaftsgesellschaften, Kapitalgesellschaften und eG in Frage (§ 191 II). Allerdings ergibt sich erst aus den »Besonderen Vorschriften« (§§ 214 ff.), welche Kombinationsmöglichkeiten jeweils in Betracht kommen. So kann etwa nach dem UmwG eine Personenhandelsgesellschaft nur in eine Kapitalgesellschaft oder eine eG (§ 214 I), eine Kapitalgesellschaft nur in eine BGB-G, eine Personenhandelsgesellschaft, eine Partnerschaftsgesellschaft, eine andere Kapitalgesellschaft oder eine eG (§ 226) umgewan-

122 Vgl. zum Überblick *Impelmann*, DStR 1995, 769; *Hennrichs*, ZIP 1995, 794; *Meyer-Landrut/Kiem*, Der Formwechsel einer Publikumsaktiengesellschaft, WM 1997, 1361, 1413; *Streck/Mack/Schwedhelm*, GmbHRdsch. 1995, 161; *Weber*, GmbHRdsch. 1996, 263, 334.

123 Vgl. etwa MünchKomm/*Ulmer*, § 705 Anm. 131; *ders.*, AcP 198 (1998), S. 113, 120; a. A. *Th. Raiser*, AcP 1994, 495; *Timm*, NJW 1995, 3209.

delt werden (vgl. auch § 258 für die eG; § 272 für den e. V.; § 301 für Körperschaften und Anstalten des öffentlichen Rechts).

Darüber hinaus kommt ein Formwechsel nur in Betracht, wenn er durch andere Gesetze (»ausdrücklich«) zugelassen ist (§ 1 II). Das ist für den Formwechsel von Personenhandelsgesellschaften untereinander und zur BGB-G nach HGB und BGB der Fall[124]; außerdem kommt ein Formwechsel einer BGB-G in eine Partnerschaft in Betracht (§ 2 II PartGG). Wie die OHG ist auch die EWIV, die in § 191 I nicht genannt wird, als formwechselfähiger Rechtsträger anzuerkennen, da für die EWIV mit Sitz in Deutschland gemäß § 1 EWIV-Ausführungsgesetz subsidiär die für die OHG geltenden Vorschriften maßgebend sind[125].

bb) In §§ 192–213 ist der Gang des **Umwandlungsverfahrens** im Grundsatz folgendermaßen geregelt:

(1) Erforderlich ist ein schriftlicher **Umwandlungsbericht** des Vertretungsorgans (§ 192) und ein **Umwandlungsbeschluß** der Anteilsinhaber des formwechselnden Rechtsträgers, der notarieller Beurkundung bedarf (§ 193) und dessen Mindestinhalt § 194 festlegt.

(2) Die für die neue Rechtsform geltenden Gründungsvorschriften sind einzuhalten (§ 197).

(3) Die neue Rechtsform bzw. der Rechtsträger neuer Rechtsform ist zur Eintragung in das Register, in dem der formwechselnde Rechtsträger eingetragen ist, **anzumelden** (§§ 198, 199); die Eintragung ist vom Registergericht **bekannt zu machen** (§ 201).

(4) Die Eintragung der neuen Rechtsform bzw. des Rechtsträgers neuer Rechtsform hat folgende **Wirkungen:** Der formwechselnde Rechtsträger besteht in der neuen Rechtsform weiter (§ 202 I Nr. 1). Die Anteilsinhaber des formwechselnden Rechtsträgers sind grundsätzlich an dem neuen Rechtsträger nach den für diesen geltenden Vorschriften beteiligt (§ 202 I Nr. 2). Zur Firmenfortführung vgl. § 200. Der Schutz der Gläubiger und der Inhaber von Sonderrechten richtet sich nach den für die Verschmelzung geltenden Vorschriften (§ 204). Anteilsinhabern, die gegen den Umwandlungsbeschluß Widerspruch zur Niederschrift erklären, steht nach Maßgabe der §§ 207 ff. ein Barabfindungsanspruch zu. § 205 sieht Schadensersatzansprüche des formwechselnden Rechtsträgers, seiner Anteilsinhaber und der Gläubiger, die durch den Formwechsel einen Schaden erlitten haben, gegen die Mitglieder des Vertretungsorgans, ggf. auch gegen die Mitglieder des Aufsichtsorgans, vor. Diese Schadensersatzansprüche können nur durch einen besonderen, vom Gericht des Sitzes des Rechtsträgers neuer Rechtsform zu bestellenden Vertreter geltend gemacht werden (§ 206).

VII. Die Mitbestimmung der Arbeitnehmer

Literatur: Grundlegend zur Mitbestimmungsdiskussion: Bericht der Sachverständigenkommission zur Mitbestimmung im Unternehmen (sog. Biedenkopf-Gutachten), BT-Drucks. VI/334. Kommentare zum MitbestG: *Fitting/Wlotzke/Wißmann*, 2. Aufl. 1978; Ge-

---

124 Vgl. Begründung zum RegE, BR-Drucks. 75/94, S. 137.

125 Ebenso *Decher* in: *Lutter* (Hrsg.), Umwandlungsgesetz, § 191 Anm. 2; § 214 Anm. 5; *Wertenbruch*, ZIP 1995, 712.

meinschafts-Kommentar (Hrsg. *Fabricius*), 1976 ff.; *Hanau/Ulmer*, 1981; *Hoffmann/Lehmann/Weinmann*, 1978; *Meilicke/Meilicke*, 1976; *Th. Raiser*, 2. Aufl. 1984. Vgl. weiter *Bardorf*, Der Gesellschaftereinfluß auf die GmbH-Geschäftsführung nach dem MitbestG, 1980; *Canaris*, Mitbestimmungsgesetz und innergesellschaftliche Organisationsautonomie der Aktiengesellschaft, DB 1981 Beilage 14; *Ensch*, Institutionelle Mitbestimmung und Arbeitnehmereinfluß, 1989; *Fischer*, Die KGaA nach dem Mitbestimmungsgesetz, 1980; *Kittner/Fuchs/Zachert*, Arbeitnehmervertretung im Aufsichtsrat, 4. Aufl. 1991; *Konzen*, Die Anstellungskompetenz des GmbH-Aufsichtsrats nach dem MitbestG, GmbHRdsch. 1983, 92; *Koch*, Das Unternehmensinteresse als Verhaltensmaßstab der Aufsichtsratsmitglieder im mitbestimmten Aufsichtsrat einer AG, 1983; *Loritz*, Sinn und Aufgabe der Mitbestimmung heute, ZfA 1991, 1; *Lutter*, Information und Vertraulichkeit im Aufsichtsrat, 2. Aufl. 1984; *Lutter/Krieger*, Rechte und Pflichten des Aufsichtsrats, 3. Aufl. 1993; *Martens*, Zum Verhältnis von Mitbestimmungs- und Gesellschaftsrecht, ZHR 148 (1984), 183; *Paefgen*, Struktur und Aufsichtsratsverfassung der mitbestimmten AG, 1982; *Püttner*, Mitbestimmung über Verträge und Verfassungsrecht, BB 1987, 1122; *Reuter*, Der Einfluß der Mitbestimmung auf das Gesellschafts- und Arbeitsrecht, AcP 179 (1979), 509; *Säcker*, Aufsichtsratsausschüsse nach dem MitbestG 1976, 1979; *Theisen*, Die Rechtsprechung zum Mitbestimmungsgesetz 1976–eine Zwischenbilanz, Die AG 1987, 137; *ders.*, Die Rechtsprechung zum Mitbestimmunggesetz 1976 – eine dritte Zwischenbilanz, Die AG 1993, 49; *Ulmer*, Die Bedeutung des Mitbestimmungsurteils des Bundesverfassungsgerichts für die Auslegung von Mitbestimmungs- und Gesellschaftsrecht, BB 1979, 398; *ders.*, Die Anpassung der Satzungen mitbestimmter Aktiengesellschaften an das MitbestG 1976, 1980; *ders.*, Der Einfluß des Mitbestimmungsgesetzes auf die Struktur von AG und GmbH, 1979; *Wank*, Die Aufgabenverteilung in der mitbestimmten GmbH, GmbHRdsch. 1982, 84; *Wiesner*, Aktuelle Probleme der Mitbestimmung in der GmbH & Co. KG, GmbHRdsch. 1981, 36; *Zöllner*, Der Mitbestimmungsgedanke und die Entwicklung des Kapitalgesellschaftsrechts, Die AG 1981, 13; vgl. auch die Angaben in FN 105 und 106. Zur Mitbestimmung im Konzern vgl. *Hanau*, Fragen der Mitbestimmung und Betriebsverfassung im Konzern, ZGR 1984, 462; *Lutter*, Mitbestimmung im Konzern, 1975; *ders.*, ZGR 1977, 208.

Zwei Grundformen der Mitbestimmung sind auseinanderzuhalten: die **betriebliche Mitbestimmung** einerseits und die Beteiligung der Arbeitnehmer in den Aufsichtsräten **(Unternehmensmitbestimmung)** andererseits. Die betriebliche Mitbestimmung ist im BetrVG von 1972 und im SprAuG von 1988 geregelt und Gegenstand des Arbeitsrechts. Sie läßt im Grundsatz die Planungs-, Organisations- und Leitungskompetenz des Unternehmens unberührt, soll vielmehr in deren Rahmen eine hinreichende partnerschaftliche Beteiligung der Arbeitnehmer an sie unmittelbar berührenden unternehmerischen Entscheidungen gewährleisten. Unternehmensmitbestimmung hingegen will der Arbeitnehmerseite Einfluß auf die eigentliche unternehmerische Sphäre ermöglichen. Sie ist in verschiedenen Gesetzen unterschiedlich geregelt:

1. Unternehmensmitbestimmung in der Montanindustrie und nach dem BetrVG 1952

a) Für einen Teilbereich der Wirtschaft, die sog. **Montanindustrie** (Bergbau, Eisen und Stahl erzeugende Industrie), ist seit 1951 die **paritätische Mitbestimmung** verwirklicht. Das **Montan-Mitbestimmungsgesetz** (MontanMitbestG) **von 1951** (BGBl. I S. 347) sieht für alle Unternehmen der Montanindustrie in der Form der AG und GmbH, die in der Regel mehr als 1 000 ArbN beschäftigen (zur Geltung des Gesetzes für Neugründungen BGHZ 87, 52), einen von Vertretern der Anteilseigner und der Arbeitnehmer **paritätisch besetzten Aufsichtsrat** vor, dem ein weiteres von beiden Gruppen berufenes (neutrales) Mitglied angehört. Überdies wird als gleichberechtigtes Mitglied des zur gesetzlichen Vertretung berufenen Organs (Vorstand, Geschäftsführer) ein **Arbeitsdirektor** bestellt, dessen Bestellung und Abberufung nicht gegen die Stimmen der Mehrheit der Vertreter der Arbeitnehmerseite im Aufsichtsrat möglich ist.

Das Mitbestimmungs-Ergänzungsgesetz (MitbestErgG, auch **»Holdinggesetz«** genannt) von 1956 (BGBl. I S. 707) unterwirft Unternehmen, die an sich nicht die Voraussetzungen des MontanMitbestG erfüllen, dann einer vergleichbaren paritätischen Mitbestimmung, wenn sie Montanunternehmen (unter das MontanMitbestG fallende Unternehmen) beherrschen und der Unternehmenszweck des Konzerns hierdurch gekennzeichnet wird: Die Mitbestimmung soll hier im Entscheidungszentrum des Konzerns eingreifen!

Beide Gesetze wurden durch das **Montan-Mitbestimmungsänderungsgesetz** vom 21. 5. 1981 (BGBl. I S. 441) in einigen Punkten geändert. Eingefügt wurden sog. Fortgeltungsklauseln (§ 1 III MontanMitbestG; § 16 II Nr. 2 MitbestErgG), wonach die Gesetze auf Unternehmen auch nach dem Wegfall gesetzlicher Anwendungsvoraussetzungen für weitere sechs volle Geschäftsjahre anwendbar bleiben. Geändert wurden die Vorschriften über die Wahl der ArbN-Vertreter im Aufsichtsrat (§§ 1 IV, 6 V MontanMitbestG; § 7 MitbestErgG)[126]. Durch Gesetz vom 23. 7. 1987 (BGBl. I S. 1676) wurden zunächst die Fristen für das Auslaufen der Montanmitbestimmung in § 1 III MontanMitbestG und § 16 II MitbestErgG bis 31. 12. 1988 verlängert. Durch das Gesetz vom 20. 12. 1988 (BGBl. I S. 2312, 2324) wurden diese Fristen beseitigt und in § 3 II 1 MitbestErgG die Anforderungen an die Geltung des MitbestErgG herabgesetzt[127]. Zur Beibehaltung der Mitbestimmung beim Austausch von Anteilen und der Einbringung von Unternehmensteilen, die Gesellschaften verschiedener Mitgliedstaaten der Europäischen Union betreffen, vgl. das Gesetz vom 23. 8. 1994 (BGBl. I S. 2228: Mitbestimmungs-Beibehaltungsgesetz, MitbestBeiG) i. d. F. des Art. 5 des Gesetzes zur Änderung des Umwandlungssteuerrechts vom 28. 10. 1994 (BGBl. I S. 3267); zur Beibehaltung der Mitbestimmungsregelungen bei Spaltung und Teilübertragung vgl. § 325 UmwG.

b) **Außerhalb** des Bereichs **der Montanindustrie** erfolgt (soweit nicht das MitbestG eingreift; dazu sogleich unten 2.) die Mitbestimmung über einen zwingend vorgeschriebenen Aufsichtsrat, dessen Mitglieder **zu einem Drittel**[128] Vertreter der Arbeitnehmer sind. Rechtsgrundlage: §§ 76–77 a, 81,

126 Zu der Neuregelung vgl. *Wißmann*, NJW 1982, 423; *Engels*, BB 1981, 1349.

127 Vgl. *Buchner*, NZA 1989, Beil. 1, S. 19 ff.; *Wißmann*, DB 1989, 426. Die Regelung in § 3 II 1 Nr. 2 MitbestErgG (Schwellenwert 2000 Arbeitnehmer) ist aber verfassungswidrig (BVerfG vom 3. 2. 1999, NJW 1999, 1535).

128 Der Gesellschaftsvertrag (Satzung) kann von diesem (zwingenden) Zahlenverhältnis nicht abweichen, insbes. auch keine »paritätische« Besetzung vorsehen (vgl. § 101 AktG). Auch durch Tarifvertrag oder Betriebsvereinbarung kann kein anderes Aufsichtsratsmodell eingeführt werden.

85, 87 BetrVG 1952, die nach § 129 BetrVG 1972 und § 1 III MitbestG fortgelten. Dieser Mitbestimmung unterliegen AG und KGaA mit in der Regel bis zu 2 000 ArbN (Ausnahme: sog. Familienaktiengesellschaften und AG, die nach dem 9. 8. 1994 in das HReg eingetragen wurden, sofern diese Gesellschaften weniger als 500 ArbN haben) sowie GmbH, großer VVaG und eG dann, wenn sie mehr als 500 ArbN beschäftigen (§§ 76 I, VI, 77 BetrVG 1952, § 1 I MitbestG). Sog. Tendenzbetriebe (z. B. Betriebe mit politischer, gewerkschaftlicher, konfessioneller Bestimmung) sind zur Sicherung pluralistischer Betätigungsbreite mitbestimmungsfrei (§ 81 BetrVG 1952). Nicht von der Mitbestimmung nach dem BetrVG 1952 erfaßt sind ferner Einzelunternehmen und Personengesellschaften, darunter die GmbH & Co. KG.

c) **Die Wahl der Arbeitnehmervertreter in den Aufsichtsrat:** Nach dem MontanMitbestG i. d. F. vom 21. 5. 1981 (Montan-Mitbestimmungsänderungsgesetz) werden alle Arbeitnehmervertreter durch die Betriebsräte der Betriebe des Unternehmens gewählt (§ 6 I, V MontanMitbestG); die sodann noch stattfindende Wahl durch das gesellschaftsrechtlich zuständige Unternehmensorgan (z. B. HV bei der AG) ist lediglich Formalakt (vgl. § 6 VI MontanMitbestG). Für die Berufung des neutralen Mitgliedes durch die Arbeitgeber- und Arbeitnehmervertreter im Aufsichtsrat sieht § 8 MontanMitbestG ein besonderes Verfahren vor. Nach dem BetrVG 1952 werden alle Arbeitnehmervertreter, darunter mindestens ein bzw. zwei Unternehmensangehörige, in allgemeiner, geheimer, gleicher und unmittelbarer Wahl von allen wahlberechtigten Arbeitnehmern gewählt; nur im Konzern ist eine Wahl durch Wahlmänner erlaubt (§ 76 IV BetrVG 1952). Das MitbestErgG sieht nunmehr aufgrund des Änderungsgesetzes für alle Arbeitnehmervertreter eine Wahl durch Wahlmänner vor, die ihrerseits in den einzelnen Konzernunternehmen gewählt werden (§§ 6, 7 MitbestErgG). Die wahlberechtigten ArbN können aber eine unmittelbare Wahl beschließen.

d) Die **Rechts- und Pflichtenstellung der Arbeitnehmervertreter im Aufsichtsrat** entspricht der der übrigen Aufsichtsratsmitglieder[129]; das gilt auch für die Verschwiegenheitspflicht. Die Kompetenz des Aufsichtsrats differiert freilich bei den einzelnen Gesellschaftsformen: Z. B. bestellt der Aufsichtsrat einer AG die Vorstandsmitglieder (§ 84 AktG), während bei der GmbH die entsprechende Befugnis grundsätzlich (anders § 3 II MontanMitbestG und § 31 MitbestG) bei der Gesellschafterversammlung liegt (§§ 46 Nr. 5, 52 I GmbHG, § 77 BetrVG 1952); die hiernach von der jeweiligen Gesellschaftsform abhängige Intensität der Mitbestimmung ist u. a. ein Grund für die Forderung nach einem umfassenden Unternehmensrecht; vgl. dazu oben A VI 6. Die Arbeitnehmervertreter im Aufsichtsrat bleiben Arbeitnehmer, dürfen sich z. B. auch an einem legitimen Streik beteiligen; besondere Streikaktivitäten sind mit ihrer Stellung allerdings unvereinbar.

---

129 *Lutter/Krieger*, Rechte und Pflichten des Aufsichtsrats, § 7 S. 216 ff.

2. Unternehmensmitbestimmung nach dem MitbestG

Nach jahrelanger Diskussion über die Erweiterung der Unternehmensmitbestimmung über das MontanMitbestG und das BetrVG 1952 hinaus, trat am 1. 7. 1976 das Gesetz über die Mitbestimmung der Arbeitnehmer (Mitbestimmungsgesetz – MitbestG) vom 4. 5. 1976 (BGBl. I S. 1153) in Kraft.

Das Gesetz, das vor allem von den Gewerkschaften u. a. unter dem Schlagwort der »Demokratisierung der Wirtschaft« seit langem gefordert wurde und das vom »Grundsatz der Gleichberechtigung und Gleichgewichtigkeit von Arbeitnehmern und Anteilseigner« ausgeht (RegE. BT-Drucks. 7/2172 S. 1), war bis zuletzt politisch umstritten. Verfassungsrechtliche Bedenken[130] insbes. aus Art. 9 III GG (Verstoß gegen die dort verfassungsrechtlich abgesicherte Tarifautonomie) und Art. 14 GG (Eingriff in die Eigentumsstellung der Anteilseigner) hat das BVerfG in seiner Entscheidung vom 1. 3. 1979[131] zurückgewiesen. Probleme bei der Anwendung des Gesetzes ergeben sich vor allem aus der nicht in allen Teilen sorgfältigen Formulierung sowie aus dem Umstand, daß das Gesetz auf das geltende Gesellschaftsrecht »aufgepfropft« ist, ohne das Verhältnis zu den gesellschaftsrechtlichen Regelungen (z. B. zur Kompetenz der Gesellschafter nach dem GmbHG) zu regeln.

a) Das **MitbestG gilt** für alle Unternehmen außerhalb des Geltungsbereiches der Montanmitbestimmung, die

- in der Rechtsform der AG, KGaA, GmbH oder eG betrieben werden und
- in der Regel mehr als 2 000 ArbN beschäftigen. Maßgeblich ist der Normalbestand an Arbeitsplätzen, vorübergehende Schwankungen sind unbeachtlich (für herrschende Konzernunternehmen vgl. § 5 MitbestG).

Nicht unter das Gesetz fallen Tendenzunternehmen (§ 1 IV 1 MitbestG; vgl. auch § 118 BetrVG) sowie die Religionsgemeinschaften und ihre karitativen und erzieherischen Einrichtungen. Eine KG, an der eine Kapitalgesellschaft als persönlich haftender Gesellschafter beteiligt ist (z. B. »GmbH & Co. KG«, unterfällt der Mitbestimmung nach Maßgabe des § 4 MitbestG (Zurechnung der Arbeitnehmer der KG zur GmbH).

b) Die Mitbestimmung erfolgt über einen zwingend vorgeschriebenen **Aufsichtsrat** (§ 6 I MitbestG), der aus einer gleichen Zahl von Vertretern der Anteilseigner und der Arbeitnehmer besteht. Die »Arbeitnehmerbank« setzt

---

130 Vgl. *Badura/Rittner/Rüthers*, Mitbestimmungsgesetz und Grundgesetz, 1977; *Th. Raiser*, GG und paritätische Mitbestimmung, 1975; *Scholz*, Paritätische Mitbestimmung und GG, 1974; *Zöllner/Seiter*, Paritätische Mitbestimmung und Art. 9 III GG, ZfA 1970, 97 ff. Dazu auch *Kübler/Schmidt/Simitis*, Mitbestimmung als gesetzgebungspolitische Aufgabe – zur Verfassungsmäßigkeit des Mitbestimmungsgesetzes 1976, 1978.

131 NJW 1979, 699; vgl. dazu *Raiser*, JZ 1979, 489; *Rittner*, JZ 1979, 743 sowie die ausführlichen Abhandlungen von *Papier*, *Rehbinder*, *Martens* und *Hanau*, ZGR 1979, 444 ff.

sich aus Gewerkschaftsvertretern sowie Arbeitern, Angestellten und leitenden Angestellten des Unternehmens zusammen (§§ 7 II, 15 II MitbestG). Die Zahl der Aufsichtsratsmitglieder richtet sich grundsätzlich (vgl. aber § 7 I MitbestG) nach der Arbeitnehmerzahl des mitbestimmten Unternehmens und beträgt 12, 16 oder 20.

Anders als nach dem MontanMitbestG (§ 4 I c) ist die Bestellung eines zusätzlichen neutralen Aufsichtsratsmitglieds nicht vorgesehen. Eine mögliche Pattsituation bei Abstimmungen wird dadurch verhindert, daß bei Stimmengleichheit eine erneute Abstimmung stattfinden kann, in der bei erneuter Stimmengleichheit der Vorsitzende des Aufsichtsrats zwei Stimmen hat (§ 29 II MitbestG). Diese Regelung soll den Anteilseignern das entscheidende Übergewicht vermitteln, da man davon ausgeht, daß der Aufsichtsratsvorsitzende der Anteilseignerbank angehört, was allerdings nicht zwingend ist (vgl. § 27 I MitbestG).

c) Die **Wahl** der Anteilseignervertreter erfolgt durch die dazu gesellschaftsrechtlich zuständigen Organe (HV, Gesellschafterversammlung, § 8 MitbestG). Die Arbeitnehmervertreter werden bei Unternehmen mit mehr als 8 000 ArbN durch Wahlmänner gewählt, sofern die Arbeitnehmer nicht die unmittelbare Wahl beschließen (§ 9 I und III MitbestG); sonst in Urwahl durch alle Arbeitnehmer, sofern diese sich nicht für Wahl durch Wahlmänner aussprechen (§ 9 II und III MitbestG). Das Wahlverfahren geht von getrennter Wahl für Arbeiter und Angestellte aus, es sei denn, gemeinsame Wahl würde ausdrücklich beschlossen; die leitenden Angestellten wählen in der Gruppe der Angestellten, benennen aber ihre Kandidaten selbst. Die Gewerkschaftsvertreter werden stets in gemeinsamer Wahl gewählt (§§ 16, 18 MitbestG). Wahlmodus: grundsätzlich Verhältniswahl (§ 15 I; Ausnahme: § 15 V MitbestG).

d) Für die **innere Ordnung**, die Beschlußfassung sowie die **Rechte und Pflichten des Aufsichtsrats** gelten bei AG uneingeschränkt die Vorschriften des AktG (§ 25 I Nr. 1 MitbestG), für die GmbH die in § 25 I Nr. 2 MitbestG genannten Vorschriften des AktG, für eG die des GenG. Äußerst umstritten ist, ob und inwieweit eine Beteiligung von Arbeitnehmervertretern in Ausschüssen des Aufsichtsrats erforderlich ist. Die Rspr. bejaht insoweit grundsätzlich die Gestaltungsfreiheit des Aufsichtsrats, die es aber nicht erlaube, das Mitbestimmungsrecht der Arbeitnehmer entgegen seinem Sinn zu unterlaufen. Daher soll der generelle Ausschluß der Arbeitnehmervertreter aus dem zentralen Personalausschuß unzulässig sein, sofern nicht ein sachlicher Grund für den Ausschluß besteht[132]. Der Vorsitzende des Aufsichtsrats und sein Stellvertreter werden mit 2/3-Mehrheit gewählt. Wird diese Mehrheit nicht erreicht, so wählen die Vertreter der Anteilseigner den Vorsitzen-

132 BGHZ 122, 342; vgl. auch *Lieb*, Schwerpunkte Arbeitsrecht, 6. Aufl., Rdz. 948 ff. m. w. N.

den, die Arbeitnehmervertreter den Stellvertreter jeweils mit einfacher Mehrheit. Wichtig: Den mitbestimmten Aufsichtsräten ist zwingend die Wahl **des Vertretungsorgans** (Vorstand, Geschäftsführer) übertragen; § 46 Nr. 5 GmbHG gilt insoweit nicht mehr. Auch der Abschluß des Anstellungsvertrages fällt in die Kompetenz des mitbestimmten Aufsichtsrats (BGH, NJW 1984, 733). (Kompliziertes) Wahlverfahren: § 31 MitbestG. In der **KGaA** kommt den Komplementären die Stellung des Vorstandes zu; da sie kraft ihrer Gesellschafterstellung die Gesellschaft vertreten, besteht insoweit kein Einfluß des mitbestimmten Aufsichtsrats. Die **Zusammensetzung des Vertretungsorgans** richtet sich nach den jeweiligen gesellschaftsrechtlichen Bestimmungen (Gesetz, Satzung, Gesellschaftsvertrag). Allerdings schreibt § 33 MitbestG vor, daß als gleichberechtigtes Mitglied ein **Arbeitsdirektor** zu bestellen ist (nicht für die KGaA), so daß Einmannvorstände(-Geschäftsführungen) in mitbestimmten Unternehmen nicht mehr zulässig sind. Ein besonderes Verfahren für die Bestellung des Arbeitsdirektors (entscheidendes Gewicht der Stimmen der Arbeitnehmervertreter) ist, anders als in § 13 MontanMitbestG, nicht vorgesehen; es gilt § 31 MitbestG.

e) **Rechte und Pflichten der Arbeitnehmervertreter** im Aufsichtsrat entsprechen denen der anderen Aufsichtsratsmitglieder[133]. Sie sind von Weisungen ihrer Wähler unabhängig. Streit besteht über die Verschwiegenheitspflicht. Jedenfalls geht eine Informationspflicht gegenüber der Belegschaft[134] zu weit, da die Arbeitnehmervertreter nicht primär Gruppenvertreter, sondern Teil des Unternehmensorgans sind und das MitbestG uneingeschränkt auf §§ 116, 93 AktG verweist (§ 25 I Nr. 1 u. 2 MitbestG)[135].

f) Gesellschaftsrechtliche Probleme ergeben sich insbes., wenn Gesellschaftsorgane Beschlüsse fassen (z. B. Satzungsänderungen), die gegen zwingende Regelungen des MitbestG als eines auf das Gemeinwohl ausgerichteten Gesetzes verstoßen. Derartige Beschlüsse sind nach § 241 Nr. 3 AktG nichtig und können durch Nichtigkeitsklage (§ 249 AktG) angegriffen werden[136].

VIII. Rechnungslegung, Publizität

Literatur: Kommentare zum HGB; *Adler/Düring/Schmaltz*, Rechnungslegung und Prüfung der Unternehmen, 6. Aufl. 1995 ff.; Beck'scher Bilanzkommentar, Handels- und Steu-

133 Vgl. *Lutter/Krieger*, Rechte und Pflichten des Aufsichtsrats, S. 216; *Kallmeyer*, Die Gleichbehandlung der Mitglieder des Aufsichtsrats, DB 1982, 1309; vgl. auch BGHZ 83, 106, 113; 83, 151, 154; 106, 54, 65.

134 So *Meyer*, BlStSozArbR 1976, 173, 175.

135 Vgl. dazu *Gaul*, GmbHRdsch. 1986, 296; *Lutter*, BB 1980, 291; *Lutter/Krieger*, Rechte und Pflichten des Aufsichtsrats, S. 86 ff.; vgl. auch *Säcker*, NJW 1986, 296.

136 Vgl. dazu: BGH, NJW 1982, 1525, 1528, 1530 = BGHZ 83, 106, 109; 83, 151, 153 ff.; 89, 45, 50; *Geßler*, ZGR 1980, 445 ff.; a. M. *Canaris*, DB 1981, Beil. 14, S. 5.

errecht, 3. Aufl. 1995; *Großfeld*, Bilanzrecht: Jahresabschluß, Konzernabschluß, Internationale Standards, 3. Aufl. 1998; *Küting/Weber*, Handbuch der Rechnungslegung, Bd. I a, 4. Aufl. 1995; *Knobbe-Keuk*, Bilanz und Unternehmenssteuerrecht, 9. Aufl. 1993.

1. Rechnungslegung

a) Im Zuge der europäischen Rechtsvereinheitlichung ist durch das Bilanzrichtliniengesetz vom 19. 12. 1985 (BGBl. I S. 2355) im Dritten Buch des HGB das sog. Recht der Rechnungslegung[137] zusammengefaßt und erweitert worden. Das Gesetz gliedert dabei nach »Vorschriften für alle Kaufleute« (1. Abschnitt, §§ 238–263), die über § 6 HGB auch für die Handelsgesellschaften (nämlich die Kapitalgesellschaften AG, KGaA, GmbH und die Personenhandelsgesellschaften OHG und KG) gelten, und »Ergänzende Vorschriften« für Kapitalgesellschaften (2. Abschnitt, §§ 264–335) und eingetragene Genossenschaften (3. Abschnitt, §§ 336–339)[138]. Mit dieser Regelungstechnik soll sichergestellt werden, daß die für Kapitalgesellschaften strengeren Bestimmungen nicht (ohne weiteres) auf Einzelkaufleute und Personenhandelsgesellschaften übertragen werden.

Falls diese jedoch die Größenkriterien nach § 1 des »Gesetzes über die Rechnungslegung von bestimmten Unternehmen und Konzernen« (PublizitätsG) vom 15. 8. 1969 (BGBl. I S. 1189, ber. BGBl. 1970 I S. 1113) erfüllen (in drei aufeinanderfolgenden Geschäftsjahren müssen mindestens zwei der Merkmale »Bilanzsumme über 125 Mio. DM«, »Umsatzerlöse über 250 Mio. DM«, »durchschnittlich mehr als 5000 Arbeitnehmer« zutreffen), richtet sich ihre Rechnungslegungspflicht über §§ 238 ff. HGB hinaus nach §§ 3, 5 PublizitätsG; von dort wird für deren Jahresabschluß dann im wesentlichen auf die Vorschriften für große Kapitalgesellschaften in §§ 265 ff. HGB verwiesen.

b) Die Rechnungslegungspflichten für (Kaufleute und) alle Handelsgesellschaften umfassen die Pflicht, Bücher zu führen und in diesen ihre Handelsgeschäfte und die Lage ihres Vermögens nach den Grundsätzen ordnungsgemäßer Buchführung ersichtlich zu machen (**Buchführungspflicht,** § 238), die Pflicht, zu Beginn des Handelsgewerbes sowie für den Schluß eines jeden Geschäftsjahres ein Inventar über Vermögensgegenstände und Schulden zu errichten (**Inventarpflicht,** § 240) sowie die Pflichten, zu Beginn des Handelsgewerbes und für den Schluß jeden Geschäftsjahres eine **Bilanz** (§ 242 I) und für jedes Geschäftsjahr eine **Gewinn- und Verlustrechnung** (§ 242 II) aufzustellen; Bilanz und Gewinn- und Verlustrechnung bilden den **Jahresabschluß** (§ 242 III)[139].

An die Rechnungslegungspflichten von **Kapitalgesellschaften** (AG, KGaA, GmbH) stellt das Gesetz dann unter Differenzierungen nach drei Größen-

137 Die Bezeichnung hat sich durchgesetzt, weil sie treffender ist als die Buch-Überschrift »Handelsbücher«.

138 Hinzu gekommen sind 1990 »Ergänzende Vorschriften für Unternehmen bestimmter Geschäftszweige« (4. Abschnitt, §§ 340–341 o).

139 Außerdem besteht die Pflicht zur Aufbewahrung der Unterlagen (§ 257) und zur Vorlegung im Rechtsstreit (§ 258).

klassen (die in § 267 umschrieben werden) besondere (zusätzliche) Anforderungen: Ihr Jahresabschluß ist um einen **Anhang** (dazu: §§ 284–288) und einen **Lagebericht** (dazu: § 289) zu erweitern (§ 264 I); außerdem wird die Aufstellung ihres Jahresabschlusses strengen detaillierten **Gliederungs- und Bewertungsvorschriften** (§§ 264–283) und Jahresabschluß und Lagebericht einer **Prüfung** durch Abschlußprüfer (§§ 316–324) unterworfen.

2. Publizität

Die Rechnungslegungspflichten betreffen das innere Organisationsrecht und dienen der Selbstkontrolle. Davon ist die **Publizität** zu unterscheiden, die die Rechnungslegung zur Grundlage hat, aber **durch Offenlegung** (Registereinreichung, Bekanntmachung, Prüfung durch das Registergericht) des Jahresabschlusses und sonstiger bezeichneter Unterlagen nach außen gerichtet ist. Für Kapitalgesellschaften ist diese Publizität in §§ 325 ff. geregelt. Für Personenhandelsgesellschaften sind Prüfung und Offenlegung nach außen nicht allgemein vorgesehen; nur wenn sie die Größenmerkmale des § 1 PublizitätsG erfüllen, bestehen entsprechende Publizitätspflichten nach dessen § 9[140]. Publizität ermöglicht Kontrolle; sie dient dem Gläubigerschutz und den Interessen der Allgemeinheit, aber auch gesellschaftsintern dem Schutz der (Anlage-)Gesellschafter gegenüber der Verwaltung.

3. Rechnungslegung und Publizität bei Konzernen

Sind Kapitalgesellschaften (AG, KGaA, GmbH) mit Sitz im Inland »Mutterunternehmen« in einem Konzern, so sind sie nach Maßgabe der §§ 290–315 zur Konzernrechnungslegung verpflichtet. Konzernabschluß und Konzernlagebericht sind durch Abschlußprüfer zu prüfen (§ 316 II) und unterliegen der Offenlegung (§ 325 III) und der Prüfung durch das Registergericht (§ 329). Sind Personenhandelsgesellschaften mit Sitz im Inland »Muttergesellschaften« in einem Konzern, so unterliegen sie einer entsprechenden Konzernrechnungslegungspflicht und Publizität nach §§ 11–15 PublizitätsG, wenn der Konzern die Größenmerkmale des § 11 I erfüllt; dies gilt aber nicht, wenn sich ihr Gewerbebetrieb auf die Vermögensverwaltung beschränkt und sie nicht die Aufgaben der Konzernleitung wahrnehmen (§ 11 V).

---

140 Mit der (geplanten) Umsetzung der GmbH & Co. KG – Richtlinie (90/605/EWG) in deutsches Recht wird für die GmbH & Co. KG allerdings eine den Kapitalgesellschaften vergleichbare Publizitätspflicht festgelegt.

C. Die BGB-Gesellschaft (BGB-G, GbR), §§ 705–740 BGB

Vorbemerkungen

1. Die BGB-G ist die Grundform aller Personengesellschaften! Sie steht zu den anderen Personengesellschaften (OHG, KG, StG, Reederei, Partnerschaft und EWIV) im Verhältnis von allgemeiner und spezieller Form. Das ergibt sich daraus, daß die Regelung der BGB-G in §§ 705 ff. BGB ergänzend (subsidiär) auch für die im HGB geregelten Personengesellschaften gilt (vgl. §§ 105 III, 161 II, 233 II, 234 HGB), ferner nach § 1 IV PartGG für die Partnerschaft und auch für die EWIV mit Sitz in der Bundesrepublik Deutschland (vgl. unten I I 4). An diese gesetzliche Systematik knüpft die Darstellung an: Zunächst wird das Recht der BGB-G behandelt, und zwar breiter angelegt als dies in Lehrbüchern gemeinhin geschieht. Dadurch soll eine Grundlage für das Verständnis des Personengesellschaftsrechts geschaffen werden, die es ermöglicht, Parallelen im Recht der anderen Personengesellschaftsformen, insbes. bei OHG und KG kurz zu halten – zugunsten einer Vertiefung an den Besonderheiten dieser Rechtsformen.

Literatur: Lehrbücher zum Schuld- und Gesellschaftsrecht; Kommentare zu §§ 705 ff. BGB, namentlich *P. Ulmer* in: Münchener Kommentar zum BGB, 3. Aufl. 1997; *Hadding* in: *Soergel*, Kommentar zum BGB, 11. Aufl. 1985; *Kessler* in: *Staudinger*, BGB, 12. Aufl. 1980; *Karsten Schmidt*, Gesellschaft bürgerlichen Rechts. Welche Änderungen und Ergänzungen sind im Recht der BGB-Gesellschaft geboten?, in: Gutachten und Vorschläge zur Überarbeitung des Schuldrechts, Bd. III, S. 413 (dazu krit.: *Hüffer*, AcP 1984, 584, 588; *Ulmer*, ZGR 1984, 313; *Schwichtenberg*, BB 1985, 429); *Schücking u. a.* in: *Riegger/Weipert*, Münchener Handbuch des Gesellschaftsrechts, Bd. 1, 1995; *Sudhoff*, Personengesellschaften, 7. Aufl. 1999; *H. P. Westermann*, Handbuch der Personengesellschaften, 4. Aufl. 1994 ff. Rechtsprechungsberichte: *Hüffer*, 100 Bände BGHZ: Personengesellschaftsrecht, ZHR 1987, 396; *Kellermann/Stodolkowitz*, Höchstrichterliche Rechtsprechung zum Personengesellschaftsrecht, 4. Aufl. 1994; *Kuhn*, Die Rechtsprechung des BGH zur stillen und zur bürgerlich-rechtlichen Gesellschaft, WM 1975, 718, Fortsetzung von *U. Fischer*, WM 1981, 638 und *Brandes*, WM 1989, 1357; 1989, 1357; 1994, 569; 1998, 261.

2. Die BGB-G tritt uns in vielfältigen tatsächlichen Erscheinungsformen entgegen; sie **hat** ein **breites Spektrum von Verwendungsmöglichkeiten**[1]. Dieses reicht (bei rechtsverbindlicher Absprache) von Spiel- und Wettgemein-

1 Vgl. näher MünchKomm/*Ulmer*, vor § 705 Anm. 23 ff.; *Soergel/Hadding*, vor § 705 Anm. 41 ff.; *Staudinger/Keßler*, Vorbem. 130 ff. vor § 705; *Karsten Schmidt*, Gesellschaftsrecht, § 58 III; zur Ordnung der Erscheinungsformen nach dem Gesellschaftszweck vgl. *Schücking* in: *Riegger/Weipert*, Münchener Handbuch des Gesellschaftsrechts, Bd. 1, § 4.

schaften, Fahrgemeinschaften, Kauf- und Wohngemeinschaften[2] bis hin zu Konsortien (Gelegenheitsgesellschaften insbes. im bankgeschäftlichen Bereich) und Kartellen (zu letzteren A IV 3). Besondere praktische Bedeutung kommt der BGB-G auch bei den Arbeitsgemeinschaften der Bauwirtschaft (Arge), den Bauherrengemeinschaften, bei Ehegattengesellschaften und (in bestimmten Varianten) der eheähnlichen Lebensgemeinschaft zu. Darüber hinaus kam der BGB-G im Wirtschaftsleben **bis vor kurzem** weitreichende Bedeutung zu, weil Freiberufler und Personen, die sich zum Betrieb eines Kleingewerbes oder der Verwaltung eigenen Vermögens (bis 1976 auch zum Betrieb von Land- oder Forstwirtschaft) in einer Personengesellschaft zusammenschließen wollten, keine Alternative zur BGB-G hatten. Außerdem waren Gesellschaften, die ein unter § 2 HGB a. F. fallendes (sog. sollkaufmännisches) Gewerbe betrieben, solange BGB-G, wie ihre Firma nicht im HReg eingetragen war. Dem hat der Gesetzgeber jetzt abgeholfen: Freiberuflern (wie insbes. Rechtsanwälten, Ärzten, Architekten, Wirtschaftsprüfern und Steuerberatern) steht seit 1. 7. 1995 zur gemeinsamen Berufsausübung (in sog. Sozietäten und Gemeinschaftspraxen) alternativ zur BGB-G auch die Partnerschaft als neue eigenständige Gesellschaftsform zur Verfügung (vgl. unten H). Außerdem hat der Gesetzgeber durch das HRefG 1998 (vgl. A VI 6 c) den Anwendungsbereich für die Personenhandelsgesellschaften OHG und KG, die auf den Betrieb eines Handelsgewerbes gerichtet sind (§§ 105 I, 161 I HGB), auf Kosten der BGB-G erheblich ausgeweitet. Das ist einmal durch die Erweiterung des Begriffs »Handelsgewerbe« in § 1 II HGB n. F. erfolgt; nunmehr ist grundsätzlich jeder Gewerbebetrieb »Handelsgewerbe« und dementsprechend jede Personengesellschaft, die (irgendein) Gewerbe betreibt, OHG oder KG, es sei denn, daß das Unternehmen nach Art oder Umfang einen in kaufmännischer Weise eingerichteten Geschäftsbetrieb nicht erfordert (sog. Kleingewerbe). Auch Personenzusammenschlüssen zum Betrieb von allen Kleingewerben ist jetzt aber der Zugang zu OHG und KG ebenso eröffnet wie Vermögensverwaltungsgesellschaften, bei denen es am Gewerbe fehlt (Immobilienfonds, Besitz- und Holdinggesellschaften); solche Gesellschaften sind nunmehr nur noch solange BGB-G, wie sie auf die Eintragung der Firma im HReg verzichten (§§ 105 II, 161 II HGB). Auch Gesellschaften zum Betrieb der Land- oder Forstwirtschaft sind, sofern sie keine Kleinbetriebe sind, nur BGB-G, wenn sie nicht für die Eintragung im HReg gemäß § 3 II HGB optieren. Der mit diesen gesetzlichen Veränderungen einhergehende Bedeutungswandel der BGB-G ist zu beachten, aber noch nicht allseits umgesetzt.

2 Beispiele für Lotto, Toto: BGH, WM 1974, 876; BB 1976, 529. Zur Fahrgemeinschaft: BGH, JZ 1979, 101. Auch Nachbarn, die sich für eine Heizölsammelbestellung zusammengeschlossen haben, bilden eine BGB-G; vgl. LG Konstanz, NJW 1987, 2521.

3. **Die BGB-G** ist in §§ 705–740 BGB als **einheitliche Gesellschaftsform** geregelt (»Einheitsmodell«); die Flexibilität dieses Rechts wird durch die Vielfalt der Erscheinungsformen der BGB-G unterstrichen.

Zu Recht wird in der Literatur aber hervorgehoben, daß tatsächliche qualitative Strukturunterschiede auch rechtlich relevant sind. Insoweit werden insbes. unterschieden: Dauer- und Gelegenheitsgesellschaften, personalistische und kapitalistische (Massen- oder Publikums-) BGB-Gesellschaften, Innen- und Außengesellschaften, Gesellschaften mit und ohne Gesamthandsvermögen[3]. Zweifelhaft ist es nach dem bisherigen Diskussionsstand jedoch, ob diese Unterschiede mit dem geltenden Gesetzesrecht und unter Berücksichtigung der Besonderheiten des Einzelfalles bewältigt werden können oder ob **für bestimmte Strukturtypen Sonderregeln** herausgebildet werden müssen. Da eine solche Sonderbehandlung in Teilen der Literatur vor allem[4] für die BGB-Außengesellschaft gefordert wird, ist die **Unterscheidung** zwischen **Außen- und Innengesellschaften** insoweit besonders zu beachten.

Diese Unterscheidung knüpft an die für das Gesellschaftsrecht maßgebliche Unterscheidung zwischen Innen- und Außenrechtsverhältnis an (vgl. oben B II). Außengesellschaften sind dementsprechend solche BGB-Gesellschaften, die nach dem Willen der Gesellschafter (so die Abgrenzung nach h. M.[5], die auf den Parteiwillen und nicht auf das tatsächliche Erscheinungsbild abstellt) auf Innen- und Außenrechtsbeziehungen angelegt sind, während die (bloßen) Innengesellschaften dadurch gekennzeichnet sind, daß sie sich auf Innenrechtsbeziehungen beschränken, weil die Gesellschaft nicht am Außenrechtsverkehr teilnehmen soll. Man denke dabei etwa an eine große Anwaltssozietät einerseits, an eine bloße Fahrgemeinschaft von Arbeitskollegen andererseits.

Da das Gesetz nicht zwischen Innen- und Außengesellschaft differenziert, vielmehr von der Außengesellschaft als Regelfall (Normaltyp) ausgeht, ist die Unterscheidung, die im Schrifttum mit unterschiedlichen weiteren Implikationen und Differenzierungen vorgenommen wird[6], vor allem im Hinblick darauf beachtlich, daß **in Teilen der Literatur an das Vorliegen einer BGB-Außengesellschaft Rechtsfolgen geknüpft werden, die über das gesetzliche Außenrecht für die BGB-G hinausgehen**. Dabei lassen sich insbes. zwei Entwicklungslinien ausmachen, die auf die Herausbildung eines Sonderrechts zielen, wenn auch nicht in deckungsgleichem Umfang. Zum einen fordert Karsten Schmidt seit langem rechts-

---

3 Vgl. etwa MünchKomm/*Ulmer*, vor § 705 Anm. 63 ff.; *Karsten Schmidt*, Gesellschaftsrecht, § 58 II; *Soergel/Hadding*, Vor § 705 Anm. 27 ff.

4 Daneben wird insbes. für die Publikums-BGB-Gesellschaften in Anlehnung an das richterrechtlich entwickelte Sonderrecht für Publikums-Kommanditgesellschaften (vgl. unten E V 3) eine Sonderbehandlung für erforderlich gehalten; vgl. *Karsten Schmidt*, Gesellschaftsrecht, § 57.

5 Vgl. MünchKomm/*Ulmer*, § 705 Anm. 233; *Soergel/Hadding*, Vor § 705 Anm. 28.

6 So wird zwischen Innengesellschaft im engeren und weiteren Sinn unterschieden (MünchKomm/*Ulmer*, § 705 Anm. 232 ff.), zwischen Innengesellschaften mit und ohne Gesamthandsvermögen (vgl. zum Streitstand *Karsten Schmidt*, Gesellschaftsrecht, § 58 II 2 b), zwischen unselbständigen und selbständigen Außengesellschaften (*Wiedemann*, WM 1994, Sonderbeilage Nr. 4, S. 4), zwischen schlicht zivilistischen und Mitunternehmer-Gesamthandsaußengesellschaften (*Karsten Schmidt*, a. a. O., § 58 II 4).

politisch, aber auch rechtsfortbildend einen Sonderstatus für die (von ihm so genannte) Mitunternehmer-BGB-Gesellschaft[7] (auch unternehmenstragende BGB-G oder Erwerbsgesellschaft genannt), der auf eine konsequente Verselbständigung dieses wirtschaftlich bedeutsamsten Strukturtyps einer (Gesamthands-)Außengesellschaft als Rechtssubjekt und eine weitgehende analoge Anwendung von OHG-Recht hinausläuft. Zum anderen bejahen diejenigen die Rechtssubjektivität der BGB-Außengesellschaft, die mit Flume aus dem Wesen der Gesamthand ableiten wollen, daß die »Gruppe der Gesellschafter« schon deshalb (teil-) rechtsfähig ist, weil sie als Gesamthand(sgesellschaft) am Rechtsverkehr teilnimmt (vgl. näher zum Streitstand um die Rechtsfähigkeit der BGB-G unten I 1 d). Die Annahme der Rechtssubjektivität der Gesamthands- bzw. der Mitunternehmer-BGB-G zieht nach beiden Ansichten weitere besondere Rechtsfolgen nach sich, nämlich insbes. für ihre Vertretung, ihre Deliktsfähigkeit, Parteifähigkeit im Prozeß und die Haftung der Gesellschafter für Gesellschaftsschulden. Indes haben sich **beide Lehren** in Rechtsprechung und Literatur bisher nicht entscheidend durchsetzen können. Nunmehr ist ihnen vom **Gesetzgeber die Berechtigung entzogen** worden. Dabei ist auch der Gesetzgeber davon ausgegangen, daß die BGB-G wegen fehlender Rechtsfähigkeit und Parteifähigkeit als Unternehmensträger unzureichend ausgestaltet ist[8]. Der Gesetzgeber hat die Problematik jedoch im wesentlichen dadurch gelöst, daß er für Freiberufler die Partnerschaft als neue Gesellschaftsform zur Verfügung gestellt hat und im übrigen durch das HRefG (wie oben aufgezeigt) den Anwendungsbereich für die Personenhandelsgesellschaften OHG und KG so wesentlich ausgeweitet hat, daß unternehmenstragende Gesellschaften heute nicht mehr auf die BGB-G als Gesellschaftsform angewiesen sind. Deshalb ist es heute mehr denn je gerechtfertigt, das Recht der BGB-G im Sinne des Einheitsmodells darzustellen; allerdings darf dabei der (noch nicht beendete) Meinungsstreit über die Rechtsfähigkeit der BGB-G nicht unberücksichtigt bleiben.

I. Entstehung (Gründung)[9] durch Gesellschaftsvertrag

Nach § 705 BGB sind **konstitutive Merkmale** einer BGB-G:

- ein Vertrag zwischen zwei oder mehr Personen **(Vertrag)**,
- gerichtet auf die Erreichung des gemeinsamen Zweckes **(gemeinsamer Zweck)**,
- den zu fördern sich alle Vertragspartner verpflichten **(Förderungspflicht)**.

1. Der Vertrag

Nach § 705 BGB entsteht die BGB-G durch Vertrag, genauer durch und mit Abschluß des Gesellschaftsvertrages, in dem als Mindestinhalt die Gesellschafter (mindestens zwei), der gemeinsame Zweck und die Pflicht der Gesellschafter zur Zweckförderung festzulegen sind. Ist der Gesellschaftsver-

7 Vgl. Gutachten und Vorschläge zur Überarbeitung des Schuldrechts, Bd. III, S. 496 ff.; JBL 1988, 745; Gesellschaftsrecht, § 58 V; ähnlich *Wiedemann*, WM 1994, Sonderbeilage Nr. 4; *Reiff*, Die Haftungsverfassungen nichtrechtsfähiger unternehmenstragender Verbände, 1996, S. 29 f., 159 ff.

8 BT-Drucks. 13/8444, S. 39.

9 Zur Entstehung durch Umwandlung aus einer OHG oder KG vgl. unter D I 5 a; zur Entstehung durch Formwechsel nach dem UmwG vgl. oben B VI 4.

trag rechtsgeschäftlich unwirksam, sind die Grundsätze über die fehlerhafte Gesellschaft (vgl. D V) zu beachten.

a) Gesellschafter

Gesellschafter können werden: natürliche und juristische Personen sowie solche (nichtrechtsfähigen) Personenzusammenschlüsse, die, wie OHG und KG, im Rechtsverkehr unter ihrer Firma als geschlossene Einheit auftreten können. Nicht: die Erbengemeinschaft. Überwiegend wird für möglich gehalten, daß auch eine BGB-G oder ein nichtrechtsfähiger Verein Gesellschafter werden können[10].

Juristische Personen und der nichtrechtsfähige Verein werden beim Vertragsschluß durch ihre vertretungsberechtigten Organe, OHG, KG und BGB-G durch ihre vertretungsberechtigten Gesellschafter **vertreten.** Nicht voll geschäftsfähige Personen (insbes. Minderjährige[11]) werden vom gesetzlichen Vertreter vertreten; dieser bedarf der familiengerichtlichen bzw. vormundschaftsgerichtlichen Genehmigung (§§ 1643, 1822 Nr. 3, 1908 i BGB), wenn ein Erwerbsgeschäft beabsichtigt ist. Zusätzlich bedarf es der Pflegerbestellung (§ 1909 BGB), wenn Eltern, Vormund oder Betreuer an der Vertretung gehindert sind (§§ 1629 II, 1795, 1908 i I BGB), insbes. weil sie selbst Vertragspartner sind. Verpflichtet sich ein Ehegatte im Gesellschaftsvertrag, über sein Vermögen im Ganzen zu verfügen, so ist nach § 1365 BGB Zustimmung des anderen erforderlich; wird diese verweigert, ist der Vertrag nichtig (§ 1366 IV BGB).

b) Form

Der Gesellschaftsvertrag kann grundsätzlich formlos, also auch stillschweigend abgeschlossen werden. Daß es im täglichen Leben Vertragspartnern vielfach nicht bewußt wird, daß sie einen Gesellschaftsvertrag schließen, schadet nicht, wenn nur die zwingenden Merkmale der BGB-G erfüllt sind. *Beispiele:* gemeinsames Spielen eines Lotterieloses, u. U. gemeinsame Urlaubsreise, »Ehegatten-Innengesellschaft«[12].

Enthält der Gesellschaftsvertrag aber formbedürftige Leistungsversprechen (wie z. B. die Verpflichtung zur Grundstücksübereignung in das Gesell-

---

10 MünchKomm/*Ulmer*, § 705 Anm. 67; *Soergel/Hadding*, § 705 Anm. 24; *Staudinger/Keßler*, BGB, § 705 Anm. 46; BGH, NJW 1998, 376; RGZ 136, 236, 240 (für BGB-G); a. A. RGRK/*v. Gamm*, § 705 Anm. 12. Dagegen wird der BGB-G nach h. M. die Fähigkeit abgesprochen, Gesellschafterin einer OHG oder KG zu werden; Vgl. z. B. BGHZ 46, 291, 296 sowie unten D I 1; dazu (diff.) *Klamroth*, BB 1983, 796. Allg. zur Beteiligung von Personengesellschaften an Gesellschaften *Hohner*, NJW 1975, 718. Zur Beteiligung der BGB-G an einer GmbH vgl. B I 1 b, an einer AG BGHZ 118, 83, 99 ff. und zur Mitgliedschaft in einer eG vgl. BGHZ 116, 86, 88 und dazu *Beuthien/Ernst*, ZHR 1992, 227.

11 Dazu: *Rosenau*, Beteiligung Minderjähriger an gesellschaftsrechtlichen Unternehmensformen, BB 1965, 1393; *Winkler*, Zur Genehmigung des Vormundschaftsgerichts zu gesellschaftsrechtlichen Akten bei Beteiligung Minderjähriger, ZGR 1973, 177; zur Pflegerbestellung für Minderjährige bei Familiengesellschaften s. *Oberloskamp*, FamRZ 1974, 296; *Priester*, DB 1974, 273; *Rosenau*, BB 1973, 975.

12 Zur stillschweigenden Vereinbarung einer »Ehegatten-Innengesellschaft« vgl. etwa BGH, WM 1990, 877, 1463 (wenn Eheleute einen über den typischen Rahmen der ehelichen Lebensgemeinschaft hinausgehenden Zweck dadurch verfolgen, daß sie durch Arbeit und Einsatz von Vermögenswerten gemeinsam ein Unternehmen aufbauen oder auch nur gemeinsam gleichberechtigt eine berufliche oder gewerbliche Tätigkeit ausüben); BGH, WM 1995, 1365.

schaftsvermögen) oder Erwerbspflichten, dann bedarf der ganze (Vollständigkeitsgrundsatz) Vertrag der Form (§ 313 BGB)[13]. Weitere Beispiele für Formvorschriften: §§ 311, 518[14] BGB, § 15 IV GmbHG. Ein Formmangel kann durch Vertragsvollzug geheilt sein (§§ 313 S. 2, 518 II BGB, § 15 IV 2 GmbHG). Bei Formmangel finden die Grundsätze über die fehlerhafte Gesellschaft Anwendung (dazu D V).

c) Rechtsnatur des Gesellschaftsvertrages

aa) Das BGB behandelt den Gesellschaftsvertrag als **Schuldvertrag;** das zeigt die Regelung im besonderen Teil des Schuldrechts. Daran ist festzuhalten.

Insbes. ist es völlig unergiebig, den Charakter eines schuldrechtlichen Vertrages zu leugnen und statt dessen den Gesellschaftsvertrag als »personenrechtlichen Vertrag« zu bezeichnen. Das hätte nur Sinn, wenn es einen Bestand von Normen und anerkannten Rechtsgrundsätzen gäbe, die man zur Lösung von Problemen bei »personenrechtlichen Verträgen« heranzuziehen hätte. Das ist jedoch nicht der Fall (Parallelproblem: der Arbeitsvertrag)[15].

Auf den Gesellschaftsvertrag sind deshalb im Grundsatz die allgemeinen Vorschriften über Verträge und Willenserklärungen ebenso anzuwenden wie die allgemeinen schuldrechtlichen Vorschriften des BGB, z. B. §§ 273, 275, 280, 286 (bei Verzug mit einer Leistungspflicht oder Unmöglichkeit der Leistung). Zur wichtigen Problematik fehlerhafter (nichtiger oder anfechtbarer) Gesellschaftsverträge vgl. D V.

bb) Der Gesellschaftsvertrag ist **gegenseitig verpflichtender Schuldvertrag,** weil sich die Parteien, wie § 705 BGB ausdrücklich hervorhebt, gegenseitig verpflichten, die Erreichung des gemeinsamen Zweckes zu fördern. Grundsätzlich sind danach die §§ 320 ff. BGB anwendbar, wenn es in Erfül-

---

13 Zur Formbedürftigkeit, wenn es Zweck der Gesellschaft ist, den Mitgliedern Eigentumswohnungen zu verschaffen, vgl. BGH, NJW 1978, 2505 (für KG). Zum Umfang der Beurkundungspflicht vgl. *Wiesner*, NJW 1984, 95. Zu aktuellen Streitfragen über die Anwendbarkeit des § 313 BGB im Personengesellschaftsrecht vgl. *Ulmer/Löbbe*, DNotZ 1998, 711.

14 Enthält der Vertrag ein Schenkungsversprechen (etwa schenkweise Einräumung einer Gesellschafterstellung), so spielt die Form des § 518 I BGB praktisch keine Rolle: Ein Formmangel wird gemäß § 518 II BGB durch Vollzug der Schenkung schon mit Vertragsschluß (»Einbuchen« einer Beteiligung) geheilt, weil damit die versprochene Leistung bewirkt ist. (Anders für reine Innengesellschaften, bei denen kein gemeinsames Vermögen gebildet wird, BGHZ 7, 174). Daneben ist aber zu berücksichtigen, daß der BGH, WM 1977, 862; WM 1981, 623, schon das Merkmal der Unentgeltlichkeit der Zuwendung für die Fälle verneint, in denen jemand in eine bestehende OHG eingetreten ist, ohne selbst eine Einlage leisten zu müssen; die eine Schenkung ausschließende Gegenleistung wird dabei schon in der Übernahme persönlicher Haftung gesehen. Dagegen kann der Kommanditanteil Gegenstand einer Schenkung sein; vgl. BGH, WM 1990, 1379. Vgl. allgemein zur Schenkung von Personengesellschaftsanteilen *Karsten Schmidt*, BB 1990, 1992; *Wiedemann/Heinemann*, DB 1990, 1649.

15 So heute h. A.; vgl. schon *Hueck*, OHG, § 6 II 2 (S. 50 ff.) m. w. N.

lung gesellschaftsvertraglicher Hauptpflichten zu Leistungsstörungen kommt (st. Rspr.; str. in der Lit.)[16].

Daran ändert nichts, daß es sich nicht um einen Leistungsaustauschvertrag, sondern um einen Leistungsvereinigungsvertrag zur Erreichung eines gemeinsamen Zweckes handelt: Unter systematischen Gesichtspunkten verbietet es gerade die Regelung des Gesellschaftsvertrages im BGB-Schuldrecht, nur Leistungsaustauschverträge als gegenseitige Verträge i. S. der §§ 320 ff. BGB anzuerkennen. Andererseits sind §§ 320 ff. BGB zugegebenermaßen in erster Linie auf Zwei-Parteien-Verträge, wie etwa Kauf- und Tauschvertrag, zugeschnitten. Doch ist diese Konstellation auch beim Gesellschaftsvertrag in zwei Fallgruppen nicht zu bestreiten:

(a) immer bei der zweigliedrigen Gesellschaft;
(b) bei der mehrgliedrigen Gesellschaft immer dann, wenn sich ein Gesellschafter und »die« Gesellschaft gegenüberstehen.

Im Verhältnis von Leistung und Gegenleistung können sich

bei (a) die Beitragspflicht der Gesellschafter,

bei (b) etwa die Beitragspflicht eines Gesellschafters und die Gewinnzahlungspflicht der Gesellschaft gegenüberstehen. In beiden Fällen sind die §§ 320 ff. BGB grundsätzlich anwendbar; sonst nur, wenn sie im konkreten Fall passen (so BGH). Gleichwohl ist in jedem Einzelfall noch zu prüfen, ob die Besonderheiten des Gesellschaftsvertrages und Gesellschaftsrechtes nicht entgegenstehen.

Wichtige *Beispiele*: Statt eines Rücktritts nach §§ 325, 326 BGB kommt bei in Vollzug gesetzter zweigliedriger Gesellschaft nur eine Beendigung des Gesellschaftsverhältnisses nach gesellschaftsrechtlichen Regeln in Betracht (§§ 723, 726 BGB). Das gilt auch, wenn Leistung und Gegenleistung nach §§ 275, 323 BGB entfallen.

Soweit die §§ 320 ff. BGB keine Anwendung finden können, gelten für Leistungsstörungen die §§ 275 ff. BGB, z. B. bei Verzug mit einer Leistungspflicht § 286 I BGB, bei Unmöglichkeit der Leistung §§ 275/280 BGB.

cc) Der Gesellschaftsvertrag schafft aber nicht nur schuldrechtliche Beziehungen. Das ist nur seine eine Seite; insoweit bildet er die Grundlage des Gesellschaftsverhältnisses als Dauerschuldverhältnis. Hinzu kommt, daß er den **Zusammenschluß von Personen** begründet und damit das soziale Gebilde entstehen läßt, welches das Gesetz (z. B. §§ 709, 718 BGB) **»Gesellschaft«** nennt. Im Schrifttum wird diese Seite des Gesellschaftsvertrages zu Recht besonders herausgestellt, wenn sich auch noch keine einheitliche Bezeichnung durchgesetzt hat, vielmehr bald vom »gemeinschaftsbegründenden Vertrag«[17], bald vom »Organisationsvertrag«[18] gesprochen wird. Wichtig ist allein die Erkenntnis, daß mit Abschluß des Gesellschaftsvertrages

16 RGZ 147, 340, 342; 163, 385, 388; BGH, NJW 1951, 308; WM 1959, 54 f. Die Lit. ist im Ergebnis weitgehend einig, daß §§ 320 ff. BGB Anwendung finden, wenn sie im Einzelfall passen, d. h. die Besonderheiten des Gesellschaftsrechts nicht entgegenstehen. Str. ist der dogmatische Ausgangspunkt: Während die einen von grundsätzlicher Anwendbarkeit ausgehen, halten andere §§ 320 ff. BGB nur für (analog) anwendbar, wenn sie passen. Vgl. zum Streitstand: *Hueck*, OHG, § 6 II 3; MünchKomm/*Ulmer*, § 705 Anm. 141 ff.

17 *Hueck*, OHG, § 6 II 1.

18 *Würdinger*, Recht der Personengesellschaften, 1937, S. 42.

»die Gesellschaft« entsteht, die das Gesetz in gewissem Umfang als verselbständigte Einheit anerkennt.

d) Rechtsnatur der BGB-G

Sehr streitig ist, wieweit die Verselbständigung der BGB-G geht. Dieser Streit wird heute offen (aber mit vielfältigen und weitreichenden Konsequenzen) um die Frage geführt, **ob Personengesellschaften rechtsfähig** sind, d.h. Träger von Rechten und Pflichten sein können. Diese Kontroverse hat das Recht der BGB-G schwieriger und rechtsunsicherer werden lassen, als es nach der Gesetzeslage in manchen Einzelfragen schon ist.

aa) Rechtsfähig wären Personengesellschaften, **wenn sie juristische Personen wären**, da nach überkommener Dogmatik neben natürlichen Personen nur diesen Rechtsfähigkeit (Rechtssubjektivität) zukommt (vgl. BGHZ 122, 142, 145). Bis vor wenigen Jahren war es jedoch unstreitig, daß keine Personengesellschaft juristische Person ist. Allerdings war und ist dabei zu beachten, daß OHG und KG (§§ 124 I, 161 II HGB), Partnerschaft (§ 7 II PartGG) und EWIV (§ 1 EWIV-Ausführungsgesetz) vom Gesetz **rechtstechnisch** schon weitgehend **wie** juristische Personen behandelt werden, da sie unter ihrer Firma (bzw. Namen) Rechte erwerben, Verbindlichkeiten eingehen, vor Gericht klagen und verklagt werden können. Nimmt man das so hin, wie es sich liest, so folgt daraus, daß der Streit um die Rechtsfähigkeit der Personengesellschaften in den **praktischen** Auswirkungen vor allem die BGB-G trifft, bei der es keine dem § 124 I HGB entsprechende Vorschrift gibt. Neuerdings sind in der Literatur Stimmen laut geworden, die die Personengesellschaften, namentlich auch die BGB-G (zumindest in bestimmten Erscheinungsformen) als juristische Person anerkennen[19]. Zur Begründung wird dabei insbes. auf die Neuregelungen des Formwechsels im UmwG 1994 abgestellt, der auch zwischen Kapitalgesellschaften (als juristischen Personen) und Personengesellschaften ohne Gesamtrechtsnachfolge, aber »identitätswahrend« möglich ist. Namentlich soll die Einbeziehung der BGB-G als »Rechtsträger neuer Rechtsform« (gemäß §§ 191 II Nr. 1, 202 I Nr. 1 UmwG) dazu zwingen, auch der BGB-G eine umfassende Rechtssubjektivität zuzubilligen. Diese Argumentation ist jedoch als vordergründig und als nicht zwingend **abzulehnen**[20].

Richtig ist, daß die BGB-G in § 190 II Nr. 1 UmwG als »Rechtsträger« bezeichnet wird. Damit wird jedoch keineswegs die Rechtssubjektivität der BGB-G anerkannt. Der Gesetzgeber hat nämlich (ausweislich der Entstehungsgeschichte des UmwG) den Begriff »Rechtsträger« für die im Rechtsverkehr auftretende »juristische Einheit« (Rechtsform) verwendet,

---

19 Zuerst *Th. Raiser*, AcP 1994, 495; *ders.*, FS f. Zöllner, 1998, Bd. I, S. 469; dann mit Pathos *Timm*, NJW 1995, 3209; *ders.*, ZGR 1996, 247; jetzt auch *Hadding*, FS f. Kraft, 1998, S. 137, 146; *Bälz*, FS f. Zöllner, 1998, Bd. I, S. 35; vgl. auch *Karsten Schmidt*, Gesellschaftsrecht, S. 191 ff.

20 Abl. auch *Berndt/Boin*, NJW 1998, 2854, 2857; *Cordes*, JZ 1998, 545, 549; *Hueck*, FS f. Zöllner, 1998, Bd. I, S. 275, 280 ff.; *Ulmer*, AcP 1998, 113, 119 ff.; *Wiedemann*, ZGR 1996, 286, 289 f.; *Zöllner*, FS f. Claussen, 1997, S. 423, 429 ff.

die jeweils an einem Umwandlungsvorgang beteiligt sein kann. Auch aus § 202 I Nr. 1 UmwG folgt nicht die Gleichsetzung der Begriffe »Rechtsträger« und »Rechtssubjekt«, wenn danach beim Formwechsel die Wirkung der Eintragung der neuen Rechtsform in das Register bündig dahin bestimmt wird, daß der formwechselnde Rechtsträger (z. B. eine AG) in der neuen Rechtsform (z. B. einer BGB-G) weiterbesteht. Da sich beim Formwechsel allein die rechtliche Organisation des Unternehmensträgers ändern soll, wird so nur und zwar ganz einfach (unter Verzicht auf eine Gesamtrechtsnachfolge) sichergestellt, daß das Vermögen des formwechselnden Rechtsträgers nach dem Formwechsel Vermögen des neuen Rechtsträgers ist. Daß dies nur funktionieren kann, wenn auch der neue Rechtsträger Rechtssubjekt ist, ist nicht einsichtig; denn die Vermögenszuordnung beim neuen Rechtsträger richtet sich nach dessen Vermögensverfassung. Mit den genannten Neuregelungen des UmwG hat der Gesetzgeber also keineswegs die klassische Zweiteilung des Gesellschaftsrechts in juristische Personen einerseits und Personengesellschaften (Gesamthandsgesellschaften) andererseits »aus den Angeln gehoben«.

bb) Nach verbreiteter Ansicht in der Lehre sind Personengesellschaften (ohne juristische Personen zu sein) **rechtsfähig, weil** (und soweit) sie **Gesamthandsgesellschaften** sind. Sie werden Gesamthandsgesellschaften genannt, weil für ihre Vermögensordnung das Gesamthandsprinzip gilt, das (ohne daß der Ausdruck »Gesamthand« oder »zur gesamten Hand« verwendet wird) in §§ 718, 719 BGB Aufnahme in das Recht der BGB-G gefunden hat und über §§ 105 III, 161 II HGB auch für OHG und KG sowie über § 1 IV PartGG für die Partnerschaft und über § 1 EWIV-Ausführungsgesetz auch für die EWIV gilt. Über die Bedeutung des gesellschaftsrechtlichen Gesamthandsprinzips besteht jedoch seit jeher Streit; dabei geht es vor allem um die Frage, was Gegenstand des Gesamthandsprinzips ist (nur Vermögenswerte oder auch Verbindlichkeiten) und um die Einordnung dieses Prinzips in das Rechtssystem (Kennzeichnet die Gesamthand ein Sondervermögen der Gesellschafter als Objekt oder ist die Gesamthand Rechtssubjekt?). Dieser Streit hat (ausgelöst durch Veröffentlichungen von Flume) wieder aktuelle Bedeutung gewonnen und in den letzten drei Jahrzehnten die »Theorie der Gesamthand« zu einer der umstrittensten Fragen der Gesellschaftsrechtsdogmatik werden lassen. Im Gegensatz zur traditionellen Gesamthands-Vermögenslehre hat Flume[21] (im Anschluß an die deutschrechtliche Gesamthandlehre O. v. Gierkes) und ihm folgend ein beachtlicher Teil der neueren Lehre[22] die Gesamthandgesellschaften **als Rechtssubjekte anerkannt**.

---

21 Grundlegend ZHR 1972, 177. Vgl. auch *Flume*, Allg. Teil des Bürgerlichen Rechts, Bd. I 1, Die Personengesellschaft, S. 50 ff., 68 ff.

22 Vgl. insbes. MünchKomm/*Ulmer*, § 705 Anm. 127 ff.; *Karsten Schmidt*, Gesellschaftsrecht, § 8 III, § 58 IV, V; *Soergel/Hadding*, vor § 705 Anm. 21; *Grunewald*, Gesellschaftsrecht, Rdz. 101 ff.; *Gummert* in: *Riegger/Weipert* (Hrsg.), Münchener Handbuch des Gesellschaftsrechts, Bd. 1, 1995, § 9 Rdz. 9; *Habersack*, JuS 1993, 1; *Hüffer*, § 7; *Lindacher*, JuS 1981, 431, 433 m. w. N. FN 27; *Schünemann*, Grundprobleme der Gesamthandsgesellschaft, 1975, S. 110 ff.; *Wiesner*, JuS 1981, 331, 333; neuerdings *Altmeppen*, NJW 1996, 1017, 1018 f.; *Hommelhoff*, ZIP 1998, 8; *Mülbert*, AcP 1999, 38; *Reiff*, Die Haftungsverfassungen nichtrechtsfähiger unternehmenstragender Verbände, 1996, S. 30. Auch der **BGH** erkennt die Verpflichtungsfähigkeit der BGB-G an (BGHZ 74, 240; 79, 374; BGH, WM 1987, 689; ebenso BFH, NJW 1987, 1770), ebenso ihre Scheckfähigkeit (BGHZ 136, 254); auch kann die BGB-G Mitglied einer eG (BGHZ 116, 86, 88), einer AG (BGHZ 118, 83, 99 f.) und einer anderen BGB-G sein (NJW 1998, 376); die Annäherung an die neue Lehre erfolgt jedoch

Nach dieser Auffassung ist für das Verständnis des Gesamthandsprinzips (über den gesetzlichen Ansatz in §§ 718, 719 BGB hinaus) nicht vom Gesamthandsvermögen als Objekt, sondern von der Gesamthand als Rechtssubjekt auszugehen; sie soll als Personengemeinschaft und Handlungseinheit zu verstehen sein. Gebrochen wird mit dem Dogma, daß Rechtssubjektivität nur natürlichen und juristischen Personen zukommt. Flume spricht zwar nicht von »der« Gesamthandsgesellschaft als Rechtssubjekt, sondern führt den Begriff »Gruppe« als rechtliche Kategorie ein. Die Gesamthand als Gruppe der Gesellschafter in ihrer Verbundenheit sei Rechtssubjekt gesellschaftsbezogener Rechte und Pflichten. Ohne juristische Person zu sein, sei die Gesamthand rechtsfähig. Hinsichtlich der Fähigkeit, Träger von Rechten und Pflichten zu sein, wird die Gesamthand also der juristischen Person gleichgestellt. Von dieser unterscheidet sie sich nur dadurch, daß diese gegenüber ihren Mitgliedern verselbständigt ist, während die Gesamthand als Gruppe der sie bildenden Personen existieren soll (»Theorie der kollektiven Einheit«, neuerdings verbreitet **»Gruppenlehre«** oder »Gruppen«-Lehre genannt).

Demgegenüber hält ein anderer, überwiegender Teil der Literatur[23] an der traditionellen Gesamthandslehre fest, nach der das Gesamthandsprinzip nur die Bedeutung hat, daß das von diesem erfaßte Vermögen zu einem **Sondervermögen** wird, dessen Träger die Gesellschafter in gesamthänderischer Verbundenheit sind. Nach dieser **»individualistischen Gesamthandsvermögenslehre«** gibt es **keine Gesamtheit als solche**, sondern nur die Gesellschafter als Rechtsträger in gesamthänderischer Verbundenheit (dazu unten II 5 a aa).

Stellungnahme: Der »individualistischen Gesamthandsvermögenslehre« gebührt der Vorzug. Für sie sprechen der Wortlaut der §§ 718, 719 BGB, der nur das Aktivvermögen als gemeinschaftliches Vermögen der Gesellschafter anspricht (nicht aber sonstige nicht vermögenswerte Rechte und insbes. nicht Verbindlichkeiten erfaßt) sowie auch die anderen auf das gesellschaftsrechtliche Gesamthandsprinzip bezogenen Vorschriften des BGB (§§ 714, 715, 738 I 1) und der ZPO (§ 736)[24]. Zum anderen deckt sich die Zuordnung der Vermögensgegenstände an die Gesellschafter mit dem überkommenen (freilich von der Gruppenlehre[25] in Zweifel gezogenem) Dogma, daß der Rechtszuständigkeit (Rechtssubjektivität, Rechtsfähigkeit) nach nur zwischen natürlichen und juristischen Personen zu

---

zögerlich und bisher liegt keine Entscheidung vor, in der die Rechtssubjektivität der BGB-G grundsätzlich anerkannt worden ist (vgl. aus jüngerer Zeit aber die in der Formulierung weitgehenden Entscheidungen BGHZ 116, 86, 88 und BGH, NJW 1998, 376; einschränkend dagegen BGHZ 122, 342, 345, zurückhaltend BGH, WM 1998, 1455, 1456).

23 Vgl. etwa *Soergel/Schultze = v. Lasaulx*, vor § 705, Anm. 36 ff.; *Staudinger/Keßler*, Vorbem. 64 ff. vor § 705; *Jauernig/Stürner*, BGB, 9. Aufl., § 705 Rdz. 1; *Palandt/Sprau*, BGB, 58. Aufl., § 705 Rdz. 3, 17; *Berndt/Boin*, NJW 1998, 2854; *Beuthien/Ernst*, ZHR 156 (1992), 227; *Cordes*, JZ 1998, 545; *Hopt/Hehl/Vollrath*, Rdz. 176 ff., 214 ff.; *Heil*, MittRhNotK 1998, 348, 356 f.; *Huber*, Vermögensanteil, Kapitalanteil und Gesellschaftsanteil an den Personalgesellschaften des Handelsrechts, 1970, S. 61 ff.; *G. Hueck*, § 3 II; *ders.*, FS f. Zöllner, 1998, Bd. I, S. 275; *Kübler*, §§ 4 III, 6 III; *Reinhardt/Schultz*, Rdz. 44; *Schulze-Osterloh*, Das Prinzip der gesamthänderischen Bindung, 1972, S. 163 ff.; *Weber-Grellet*, AcP 1982, 316; *Westermann*, Rdz. 281; *Wiedemann*, Gesellschaftsrecht, S. 248 ff.; *Zöllner*, FS f. Gernhuber, 1993, S. 563; *ders.*, FS f. Kraft, 1998, S. 701 sowie die Schuldrechtslehrbücher von *Fikentscher* (9. Aufl., Rdz. 964), *Larenz* (Bd. 2, 12. Aufl., § 60 IV c) und *Medicus* (Bd. 2, 8. Aufl. 1997, § 110 III 2, IV 2).

24 Das räumen die Vertreter der Gruppenlehre auch ein; vgl. *Ulmer*, AcP 1998, 113, 150; *Karsten Schmidt*, Gesellschaftsrecht, S. 211.

25 Vgl. zur Abgrenzung von Gesamthand und juristischer Person *Flume*, Die Personengesellschaft, S. 87 ff.; zu Tendenzen, den Gegensatz zwischen (rechtsfähiger) Gesamthand und juristischer Person aufzulösen, vgl. *Raiser*, *Hadding*, *Bälz* (wie FN 19).

unterscheiden ist, die Gesamthandsgesellschaften aber gerade nicht juristische Personen sind.

Demgegenüber mag offen bleiben, ob es der Lehre von der Gesamthand als Rechtsträger gelungen ist, ein tragfähiges Konzept zu entwickeln, das die gesetzlichen Entscheidungen zum Gesamthandsprinzip nicht unterläuft, sondern dogmatisch »zu Ende denkt«, wie etwa Karsten Schmidt[26] meint. Auch wenn man die Gruppenlehre (dogmengeschichtlich) für vertretbar und nicht falsifizierbar hält[27], erscheint sie jedenfalls so, wie sie sich heute darstellt, nicht vorzugswürdig, zumal das Handelsrechtsreformgesetz 1998 den Anwendungsbereich von OGH und KG so erweitert hat, daß keine Notwendigkeit mehr besteht, der BGB-Gesamthandsgesellschaft (oder einzelnen Erscheinungsformen) ohne positiv-rechtliche Anordnung durch den Gesetzgeber Rechtsfähigkeit zuzubilligen. Dabei muß man sich auch hier zunächst klarmachen, daß der Streit um die Rechtsfähigkeit von Gesamthandsgesellschaften seine praktischen Auswirkungen vor allem bei der BGB-G hat, weil die Rechtslage bei OHG, KG, Partnerschaft und EWIV dadurch praktisch geklärt ist, daß § 124 I HGB diese Gesellschaften wie juristische Personen behandelt (vgl. oben unter aa). Insofern muß man beachten, daß der breit angelegte Streit um die Rechtsnatur »der« Gesamthand nach der neueren Gruppenlehre im praktischen Kern auf die Rechtsfähigkeit der BGB-G zielt; insofern ist die Rechtsfigur der Gesamthand nur die Brücke, um die BGB-Gesamthandsgesellschaft ins Boot der übrigen Personengesellschaften zu holen, die dort gemäß § 124 I HGB schon sitzen[28].

Streitig ist, ob dem Theorienstreit zur Bewältigung von Sachfragen gerade bei der BGB-G überhaupt ernst zu nehmende praktische Relevanz zukommt und ob dabei die neuere der älteren Lehre aus Gründen der Sachgerechtigkeit überlegen ist[29]. Dabei fällt auf seiten der Gruppenlehre jedenfalls negativ ins Gewicht, daß ihre Apologeten mit vielen Zungen reden und deshalb eine Lehre gleichsam aus einem Guß (noch) nicht vorliegt; das zeigt sich vor allem bei der wichtigen Frage der Haftung der Gesellschafter für Gesellschaftsverbindlichkeiten (dazu unten III 3 b bb). Ein weiteres Manko liegt darin, daß sich namhafte Vertreter der Gruppenlehre bei der Lösung von praktischen Rechtsfolgefragen zur Änderung zuvor vehement vertretener Ansichten gezwungen sahen, die die Praxis verunsichern[30]. Viel (Abgrenzungs-)Rechtsunsicherheit und zudem eine Verkomplizierung der Rechtslage bei der BGB-G insgesamt haben führende Vertreter der Gruppenlehre schließlich und vor allem dadurch herbeigeführt, daß sie **nicht allen** BGB-Gesamthandsgesellschaften Rechtsfähigkeit zubilligen, sondern es für nötig halten, nach unterschiedlichen Abgrenzungskriterien zu differenzieren (mit der Folge, daß für die ausgegrenzten BGB-Gesamthandsgesellschaften die individualistische Gesamthandsvermögenslehre gilt). So hat Karsten Schmidt immer wieder gerade die Rechtsfähigkeit für die von ihm sog. Mitunternehmer-BGB-G gefordert, sieht aber offenbar für andere BGB-G kein Bedürfnis nach Rechtsfähigkeit[31]. Ulmer hat demgegenüber zunächst alle BGB-Gesamthandsgesellschaften im Sinne der Gruppenlehre als rechtsfähig angesehen, zuletzt dann aber »in Fortentwicklung und dogmatischer Absicherung der Gruppenlehre« als entscheidend für das Vorliegen einer (teil-)rechtsfähigen Gesamthand die Kombination von Organisationsvertrag und Gesamthandsvermögen erkannt mit der Folge, daß er nunmehr nur noch Gesamthandsgesellschaften mit eigener

26 Gesellschaftsrecht, S. 1718.
27 *Wiedemann*, Gesellschaftsrecht, S. 247.
28 Vgl. in diesem Sinne *Karsten Schmidt*, Gesellschaftsrecht, S. 192.
29 Vgl. dazu einerseits (bejahend) *Ulmer*, AcP 1998, 113, 134 ff.; andererseits (verneinend) *Zöllner*, FS f. Gernhuber, 1993, S. 563; *ders.*, FS f. Kraft, 1998, S. 701, 710 ff.
30 Das gilt u. a. etwa jetzt für *Ulmer*, der im Hinblick auf die Frage der Haftung der Gesellschafter für Gesellschaftsverbindlichkeiten als bisher namhaftester Vertreter der sog. Doppelverpflichtungslehre zur Akzessoritätstheorie gewechselt ist; vgl. ZIP 1999, 554.
31 Vgl. *Karsten Schmidt*, Gesellschaftsrecht, S. 1720 ff., 1724 ff.

Identitätsausstattung als (teil-)rechtsfähig anerkennt[32]. Hüffer etwa beschränkt die Rechtsfähigkeit auf BGB-Außengesellschaften mit Gesamthandsvermögen[33]. Diese Unsicherheiten über den Kreis der rechtsfähigen BGB-G (und damit insbes. auch über die Vertretungs- und Haftungsordnung) werden noch dadurch gesteigert, daß in der Literatur neuerdings für die BGB-G in bestimmten Erscheinungsformen Rechtsfähigkeit anerkannt wird, ohne daß dieses Ergebnis aus dem Gesamthandsprinzip abgeleitet wird, das insoweit (offenbar) als nicht tragfähig eingeschätzt wird[34].

Diese Vielfalt des Meinungsspektrums vermag nicht zu befriedigen und bestärkt die Vorbehalte gegen die Vorzugswürdigkeit der Gruppenlehre, weil sie Problemlösungen nicht (wie sie vorgibt) erleichtert.

Entscheidend kommt hinzu, daß gerade vor dem Hintergrund bloß differenzierender Zubilligung von Rechtsfähigkeit an (im Kernbereich unternehmenstragende) BGB-Gesamthandsgesellschaften zur Verbesserung ihrer Verkehrstauglichkeit jedenfalls heute für diese (rechtsfortbildende) Sonderbehandlung keine »unabweisbare rechtliche Notwendigkeit« mehr geltend gemacht werden kann[35]. Denn durch das Handelsrechtsreformgesetz von 1998 ist jetzt allen Personengesellschaften, die ein Gewerbe betreiben (auch den sog. Kleingewerbetreibenden) und darüber hinaus auch denen, die nur eigenes Vermögen verwalten, der Zugang zu OHG und KG jedenfalls eröffnet (sofern sie nicht schon dem handelsrechtlichen Rechtsformzwang unterliegen). Diese Ausweitung des Kreises der Personenhandelsgesellschaften erfolgte ausweislich der Gesetzesbegründung[36], ebenso wie bereits zuvor die Einführung der Partnerschaft als Gesellschaftsform zur gemeinsamen Berufsausübung für Angehörige freier Berufe, gerade weil die BGB-G »als Unternehmensträger wegen der fehlenden Rechts- und Parteifähigkeit als unzureichend anzusehen« ist. Damit hat der Gesetzgeber zugleich gegen eine rechtstechnische Verselbständigung der BGB-G (nach dem Vorbild des § 124 I HGB) entschieden; dem schuldet der Rechtsanwender Gehorsam.

cc) Zusammenfassend bleibt festzuhalten, daß die Vereinheitlichung des Personenzusammenschlusses in der BGB-G nur soweit geht, wie das Gesamthandsprinzip im Sinne der individualistischen Gesamthandsvermögenslehre gilt: **Keine BGB-G ist rechtsfähig oder parteifähig**. Die **Gesellschafter** sind als sog. Gesamthänder **Rechtsträger** eines Sondervermögens.

Hinweis: Aus studentischer Sicht erscheint es zunächst weiterhin erforderlich, für die Lösung der Einzelprobleme bei der BGB-G alternativ die traditionelle Lehre wie auch die Lehre von der Gesamthand als Rechtsträger (Gruppenlehre) zu berücksichtigen. Soweit die Theorien bei den Rechtsfolgefragen zu übereinstimmenden Ergebnissen gelangen, ist eine Stellungnahme für die eine oder andere nicht erforderlich. Zu den Auswirkungen des Theorienstreits bei der BGB-G vgl. insbes. II 4 b bb, 5, III 2 c, 3).

32 *Ulmer*, AcP 1998, 113, 150.

33 Vgl. *Hüffer*, Gesellschaftsrecht, S. 46 f.

34 Vgl. *Wiedemann*, FS f. Kellermann, ZGR-Sonderheft 10, 1992, S. 529; *ders.*, WM 1994, Sonderbeilage Nr. 4 (nur Zivilgesellschaften, die als organisatorische Einheit im Außenverhältnis auftreten); *Breuninger*, Die BGB-Gesellschaft als Rechtssubjekt im Wirtschaftsverkehr, 1991 (diff. nach Personifikationsstufen).

35 So noch *Karsten Schmidt*, Gesellschaftsrecht, S. 1703 für die sog. Mitunternehmer-BGB-G.

36 Vgl. BT-Drucks. 13/8444 S. 39.

2. Gemeinsamer Zweck[37]

Der Gesellschaftsvertrag muß als unabdingbares Erfordernis die Verabredung eines gemeinsamen Zweckes enthalten, auf dessen Erreichung es den Beteiligten (in erster Linie) ankommt. Durch diesen gemeinsamen Zweck wird das Zusammenwirken der Beteiligten in den Dienst einer gemeinschaftlichen Zielsetzung gestellt.

a) **Jeder erlaubte**[38] **Zweck** (Ziel) kommt in Betracht; es kann sich insbes. um ideelle (z. B. Gesellschaft zur Förderung der deutsch-französischen Freundschaft) oder erwerbswirtschaftliche, um eigennützige oder uneigennützige Zwecke handeln, der Zweck kann einmaliges (Gelegenheitsgesellschaften) oder dauerndes Zusammenwirken erfordern. Bei erwerbswirtschaftlicher Zielsetzung ist zu differenzieren: Liegt der Zweck im Betrieb eines Handelsgewerbes (»Gewerbe« gemäß § 1 II HGB n. F.), so ist die Gesellschaft automatisch OHG. Erfordert indes das Gewerbe nach Art oder Umfang keinen in kaufmännischer Weise eingerichteten Geschäftsbetrieb (»Kleingewerbe« i. S. von § 2 HGB n. F.), so ist die Gesellschaft zunächst BGB-G, wird aber dann zur OHG, wenn die Gesellschafter von der Kleingewerbetreibenden eingeräumten Option Gebrauch machen und die Firma des Unternehmens in das HReg eingetragen wird; Entsprechendes gilt bei der Verwaltung eigenen Vermögens als Zielsetzung der Gesellschaft (vgl. D I 5 a). Liegt der Zweck in der gemeinsamen Berufsausübung von Freiberuflern, so stehen alternativ die BGB-G und die Partnerschaft (vgl. H) zur Verfügung.

b) Der Zweck muß **gemeinsam** sein. Das ist nur der Fall, wenn alle Gesellschafter denselben Zweck erreichen wollen (Zweckidentität). Wenn alle oder einzelne Gesellschafter daneben weitere Zwecke oder unterschiedliche Endzwecke verfolgen, schadet das nicht. Auch spielen Motivation und subjektive Interessen der Beteiligten keine Rolle.

Zur Vertiefung ein **Beispiel**: Unternehmer U, sein Lieferant L und sein Gläubiger G verabreden eine gemeinsame Werbeaktion zugunsten des U. Die Werbung für die Produkte des U wird damit zum gemeinsamen Zweck. Unerheblich ist, daß es U primär darum geht, seinen Umsatz zu steigern, dem L darum, seinen eigenen Absatz an U zu erhöhen und dem G

---

37 Literatur: *Ballerstedt*, Der gemeinsame Zweck als Grundbegriff der Personengesellschaften, JuS 1963, 253 ff.; *Böhmer*, Die Vereinbarung eines gemeinsamen Zwecks bei der Gesellschaft bürgerlichen Rechts, JZ 1994, 982; *Fikentscher*, Zu Begriff und Funktion des »gemeinsamen Zweckes« im Gesellschafts- und Kartellrecht, FS f. H. Westermann, 1974, S. 87 ff.; *W. Kellermann*, Der Zweck, insbes. der Gesellschaft bürgerlichen Rechts, Diss. Kiel 1988; *A. Lenz*, Personenverbände, Verbandspersonen, Kartellverträge – Eine Studie zum Merkmal des gemeinsamen Zwecks im Personengesellschaftsrecht, im Recht der Körperschaften und im Kartellrecht, Diss. Osnabrück 1987; *Schulze-Osterloh*, Der gemeinsame Zweck der Personengesellschaften, 1973; *Sonnenberg*, Die Änderung des Gesellschaftszwecks, 1990.

38 Bei gesetzes- oder sittenwidrigem Zweck ist der gesamte Gesellschaftsvertrag von Anfang an nichtig, ohne daß die Grundsätze über die fehlerhafte Gesellschaft helfen; vgl. unten D V 1 c.

darum, die Realisierung seiner Forderungen zu sichern. Nach verbreiteter Auffassung[39] ist es für die Annahme einer Gesellschaft zwischen U, L und G allerdings entscheidend, daß (neben U) auch L und G ein materielles Interesse an der Werbung für die Produkte des U haben (L: Umsatzsteigerung; G: Forderungsrealisierung). Danach soll nämlich bei wirtschaftlicher Zwecksetzung ein gemeinsamer Zweck nur dann anzunehmen sein, wenn jeder Beteiligte ein materielles Interesse an der gemeinsamen Zweckverfolgung hat. Eine ältere Lehre hielt sogar eine Gewinnbeteiligung aller Gesellschafter für erforderlich. Diese Meinungen überzeugen nicht. Sie verkennen, daß der gemeinsame Zweck gesellschaftsvertraglich festgelegt wird und deshalb nicht identisch zu sein braucht mit den subjektiven Interessen der Beteiligten. Auch bei wirtschaftlicher Zwecksetzung ist es daher möglich, daß die Zweckverfolgung nur im Interesse eines Beteiligten liegt, und die anderen lediglich ideell an der Zweckerreichung interessiert sind (altruistische Interessenlage). Im Beispielsfall läge daher auch dann eine Gesellschaft vor, wenn statt L und G die Skatbrüder X und Y mit U die Werbeaktion verabredet hätten. Es ist allerdings zuzugeben, daß in der Praxis die materielle Interessenlage u. U. ein wichtiges Indiz darstellen kann, wenn zweifelhaft ist, ob ein gemeinsamer Zweck verabredet wurde oder nicht. Sonstige Indizien wären etwa die Einräumung von Mitwirkungs- und Kontrollrechten.

c) Schwierigkeiten bereitet die Prüfung des gemeinsamen Zweckes, wenn ein Recht (Vermögensgegenstand) mehreren gemeinschaftlich zusteht. Dann ist zwischen BGB-G und **sog. schlichter Rechtsgemeinschaft** (§§ 741–758 BGB) **abzugrenzen.** Soweit letztere, wie in der überwiegenden Zahl der Fälle, kraft Gesetzes aufgrund eines tatsächlichen Vorganges entsteht (Beispiele §§ 947 f., 984 BGB), ergeben sich keine besonderen Schwierigkeiten, weil es an dem für die Gesellschaft erforderlichen Vertrag fehlt. Anders, wenn die Rechtsgemeinschaft durch Vertrag herbeigeführt ist, was ohne weiteres möglich ist. Dann ist das Merkmal »gemeinsamer Zweck« das zutreffende Abgrenzungskriterium dafür, ob die Regeln des Gesellschaftsrechts oder der Gemeinschaft zur Anwendung kommen.

Beispiel: A und B vereinbaren, ein Hausgrundstück als Miteigentum zu erwerben. A soll in das Parterre, B in den ersten Stock einziehen. Anfallende Kosten sollen geteilt werden. Später will A seinen Grundstücksanteil an X veräußern. Kann er das? Der Veräußerung könnte § 719 I BGB entgegenstehen, wonach ein BGB-Gesellschafter nicht über seinen Anteil an dem Gesellschaftsvermögen und an den einzelnen dazugehörenden Gegenständen verfügen kann. Die Anwendbarkeit des § 719 I BGB setzt eine BGB-G voraus; deren Merkmale sind zu prüfen.

(1) A und B haben einen **Vertrag** geschlossen, in dem sie sich über den gemeinsamen Erwerb und die Nutzung und Kostentragung des Grundstücks einigten.

(2) Ist ein **gemeinsamer Zweck** vereinbart? Ein solcher lag zunächst darin, das Grundstück durch gemeinsames Erwerbsgeschäft zu erwerben. Dieser Zweck ist jedoch durch die Übereignung (nach §§ 873, 925 BGB) an A und B erreicht, eine unter diesem Gesichtspunkt gegründete BGB-G gemäß § 726 BGB beendet. Läßt sich ein das Erwerbsgeschäft überdauernder Zweck feststellen? Die Vereinbarung über die Nutzung und Kostentragung kann nicht als solcher angesehen werden. Diese Regelung ist Konsequenz des Umstandes, daß das Grundstück gemeinschaftliches Eigentum von A und B ist. Gemeinschaftliche Nutzung und Kostentragung gehören zum Wesen der Rechts-

39 Vgl. *Staudinger/Keßler*, BGB, Anm. 179 vor § 705; noch weitergehend *Schulze-Osterloh*, a. a. O., S. 22 ff.; wie hier: *Hueck*, OHG, S. 4; MünchKomm/*Ulmer*, § 705 Anm. 114; *Soergel/Hadding*, § 705 Anm. 36.

gemeinschaft (§§ 743, 745, 748 BGB). Die Gemeinschaftlichkeit des Rechtes (hier: Miteigentum am Grundstück zu haben) reicht jedoch nicht als gemeinsamer Zweck, weil die bloße Rechtsverbundenheit als Miteigentümer von den Beteiligten nicht gefördert werden kann, nachdem sie herbeigeführt ist. Dann besteht lediglich ein gemeinsames Interesse der Beteiligten an der Erhaltung und Nutzung des gemeinsamen Gegenstandes. Es fehlt aber an einer gemeinsamen Aufgabe (Zielsetzung), auf deren Erreichung hingearbeitet werden könnte. Deshalb müssen Parteien, wenn sie eine Gesellschaft wollen, einen der bloßen Rechtsverbundenheit übergeordneten Zweck vereinbaren[40]. Das ist hier nicht geschehen. Es liegt keine BGB-G vor. § 719 BGB steht einer Verfügung des A nicht entgegen. Nach § 747 S. 1 BGB kann A über seinen Anteil verfügen, ihn also veräußern, wobei die Übereignung nach §§ 873, 925 BGB erfolgt.

(3) Ein gemeinsamer Zweck läge dagegen etwa vor, wenn A und B verabredet hätten, ihr Hausgrundstück durch Zimmervermietung an Prostituierte zu nutzen (so BGH, WM 1974, 749). Dann hätten sie ihr Miteigentum einer gemeinsamen Zielsetzung unterstellt; es läge eine BGB-G vor (keine Sittenwidrigkeit des Gesellschaftsvertrages nach BGH a. a. O.). Auch in diesem Falle stünde jedoch § 719 BGB einer Verfügung des A nicht entgegen, weil das Grundstück nicht Gesellschaftsvermögen geworden (nach § 718 BGB), sondern im Miteigentum der Gesellschafter verblieben und der BGB-G nur zur Nutzung zur Verfügung gestellt worden ist. Das ist möglich.

(4) Ein gemeinsamer Zweck läge auch dann vor, wenn A und B (etwa als Ehegatten) sich zum Zwecke des Erwerbs und des Haltens eines Familienheims in einer BGB-G zusammengeschlossen und dementsprechend nicht als Miteigentümer, sondern »in Gesellschaft bürgerlichen Rechts« in das Grundbuch eingetragen worden wären. Das Halten und Verwalten des Gesamthandeigentums ist dann der vereinbarte Zweck (BGH, NJW 1982, 170; a. A. OLG Düsseldorf, BB 1973, 1325). Gemäß § 719 BGB führt dann die gesamthänderische Bindung zur Vermögensbindung. Zu bedenklichen Aspekten solcher Ehegattengrundstücksgesellschaften vgl. Karsten Schmidt, AcP 182 (1982), 481.

Aufbauhinweis: Es empfiehlt sich, in Fällen der vorliegenden Art mit der Prüfung der Vorschriften des Gesellschaftsrechts zu beginnen, weil die §§ 742 ff. BGB nur subsidiär gelten. Das bestimmt § 741 BGB mit den Worten »sofern sich nicht aus dem Gesetz ein anderes ergibt«. Im übrigen ist zu beachten, daß die §§ 741 ff. BGB bei Lücken im Gesellschaftsrecht subsidiäre Anwendung finden können, weil diese Bestimmungen eine subsidiäre Regelung für alle Rechtsgemeinschaften vorsehen, also auch für Gesellschaften, bei denen ein gemeinsames Vermögen der Gesellschafter vorhanden ist (vgl. dazu RGZ 158, 302, 311).

d) Wichtig ist schließlich, daß der gemeinsame Zweck **im Vertrag festgelegt** ist. Das bedeutet zweierlei.

(1) Einmal muß eine **rechtliche Bindung** im Hinblick auf die gemeinsame Zweck(ziel)setzung **gewollt** sein. Ein derartiger Wille wird insbes. im geselligen Bereich oft fehlen, z. B. bei Verabredungen zu gemeinsamen Spaziergängen oder zu wöchentlichem Skatspiel.

(2) Zum anderen darf die Gemeinsamkeit des Zweckes nicht nur rein tatsächlich gegeben sein; sie muß **verabredet** sein. Bloße Interessengemeinsamkeit der Beteiligten genügt nicht, auch wenn das gemeinsame Interesse von ein und demselben Umstand abhängt, der jedoch außer-

---

40 Das ist nach richtiger Ansicht (u. a. MünchKomm/*Ulmer*, § 705 Anm. 112; *Soergel/Hadding*, § 705 Anm. 35) schon dann der Fall, wenn das Halten und Verwalten des Gegenstandes deutlich als gemeinsamer Zweck festgelegt wird. Jedenfalls genügt für einen gemeinsamen Zweck die Absicht, Vermögensgegenstände (z. B. Grundstücke, Beteiligungen) in einer sog. Holding-Gesellschaft zu verwalten. Zum Gesellschaftszweck von Grundstücks-BGB-G vgl. auch *Petzoldt*, BB 1973, 1332.

halb des Vertragsverhältnisses liegt. Durch das Merkmal der vertraglichen Festlegung läßt sich insbes. die Abgrenzung der BGB-Innengesellschaft von sog. **partiarischen Rechtsverhältnissen** (möglich insbes. bei Darlehen, Miete – zur Abgrenzung BGH, WM 1988, 172 –, Pacht, Arbeitsverhältnis, wenn statt einer festen Vergütung Gewinnbeteiligung vorgesehen ist) und anderen Austauschverträgen vornehmen, bei denen rein tatsächlich ein gemeinschaftlicher Zweck feststellbar ist (vgl. auch BGH, NJW 1990, 573).

Beispiel (partiarisches Darlehen): A gibt B ein Darlehen in Höhe von DM 10 000,–, bei dem als Vergütung kein fester Zins, sondern für die Laufzeit des Darlehens 20% Beteiligung an dem Gewinn gewährt werden soll, den B mit dem Darlehensbetrag bei Börsenspekulationsgeschäften macht. A und B sind an der Erzielung eines möglichst hohen Gewinns bei B's Spekulationsgeschäften interessiert, haben sich aber nicht zu diesem gemeinsamen Zwecke verabredet. Vielmehr wird B unter eigener Verantwortung und auf eigene Rechnung tätig, während A durch die Beteiligung am Gewinn sein Geld gewinnbringend anlegen will. Hätten beide vereinbart, gemeinsam an der Börse zu spekulieren, so läge eine BGB-G vor.

3. Förderungspflicht

Im Gesellschaftsvertrag müssen sich alle Beteiligten verpflichten, die Erreichung des gemeinsamen Zweckes zu fördern. Daraus folgt, daß die Beteiligten den gemeinsamen Zweck auch *gemeinsam* verfolgen und fördern müssen. An die Förderungspflichten, die nach Inhalt und Umfang verschiedenartig sein können (vgl. aber § 706 BGB), sind jedoch keine strengen Anforderungen zu stellen. Die Verpflichtung zu jeder möglichen, nicht notwendig vermögenswerten Leistung (Beitrag) genügt, sofern sie nur nicht völlig ungeeignet ist, den Gesellschaftszweck zu fördern[41]. Auch genügt es, wenn sie nach dem Gesellschaftsvertrag bestimmbar ist.

Z. B. kann im Hinblick auf Kreditwürdigkeit, Ansehen, Verbindungen etc. schon die schlichte Beteiligung eines Gesellschafters ausreichen, den gemeinsamen Zweck zu fördern.

4. Keine weiteren notwendigen Merkmale

Weitere begriffsnotwendige Merkmale der BGB-G bestehen nicht.

a) Insbes. braucht ein **Gesellschaftsvermögen** als Gesamthandsvermögen (auch bei Außengesellschaften) nicht gebildet zu werden[42]. Es fehlt typi-

41 Dieser weite »Beitragsbegriff« schließt »beitragsfreie« Gesellschaften praktisch aus; vgl. *Staudinger/Keßler*, BGB, § 706 Anm. 2, 3; MünchKomm/*Ulmer*, § 706 Anm. 16.

42 H. M. (vgl. nur RGZ 166, 160, 163; MünchKomm/*Ulmer*, § 705 Anm. 209, 221 ff.; *Soergel/Hadding*, vor § 705 Anm. 28). »Gesellschaftsvermögen« ist immer Gesamthandsvermögen i. S. der §§ 718, 719 BGB (vgl. unten II 5). Es wird aber insbes. zugelassen, die Bildung von Gesamthandsvermögen gesellschaftsvertraglich auszuschließen (§ 718 BGB ist insoweit dispositiv), z. B. zu vereinbaren, daß alle im Rahmen der Gesellschaft erworbenen Gegenstände den Gesellschaftern nach Bruch-

scherweise vor allem bei sog. **Innengesellschaften,** d. h. Gesellschaften, die als solche nach außen nicht hervortreten (besondere Art dieser Form: die StG), bei denen lediglich eine Person als Träger von Rechten und Pflichten in Außenbeziehungen tritt. Beispiel: BGH, WM 1976, 787, 789. Es ist aber umstritten, ob Innengesellschaften ein Gesellschaftsvermögen (als Gesamthandsvermögen) haben können, oder ob eine Gesetzmäßigkeit dahin besteht, daß Gesellschaften mit Gesamthandsvermögen (Gesamthandsgesellschaften) immer Außengesellschaften sind[43].

b) **Nicht erforderlich** ist, daß sich die Gesellschafter eine **»gewisse Mindestorganisation«** geben, wie etwa Lehmann/Dietz (§ 1 I 1, S. 3) annahmen. Die Organisationsvorschriften des Gesetzes (vgl. §§ 709 ff., 714 BGB) reichen aus, ein Handeln für die Gesellschaft zur Erreichung des gemeinsamen Zweckes zu ermöglichen.

c) Die BGB-G braucht auch **keinen Namen:** Sie tritt unter dem Namen ihrer Gesellschafter auf (dazu auch unten III 1), die Innengesellschaft lediglich im Namen des nach außen Handelnden (dazu lehrreich Karsten Schmidt, JuS 1988, 444).

5. Fakultativer Inhalt

Neben dem Mindestinhalt kann der Gesellschaftsvertrag (im Rahmen der Schranken der Vertragsfreiheit, vgl. unten II 1 b) selbstverständlich weitere Regelungen enthalten (fakultativer Inhalt). Personengesellschaftsverträge sind grundsätzlich nach §§ 133, 157, 242 BGB auszulegen. Dabei ist der Parteiwille unter besonderer Berücksichtigung des Gesellschaftszweckes und der Realstruktur der Gesellschaft zu ermitteln. Bei lückenhafter Regelung kommt ergänzende Vertragsauslegung in Betracht.

6. Änderungen des Gesellschaftsvertrages

Änderungen des Gesellschaftsvertrages unterliegen der Vertragsfreiheit, dürfen aber, wenn die Gesellschaft weiterbestehen soll, den Mindestinhalt nicht beseitigen. Eine Rechtspflicht, einer von den übrigen Gesellschaftern gewünschten Änderung des Gesellschaftsvertrages zuzustimmen, besteht grundsätzlich nicht; sie kann sich aber in besonders gelagerten Ausnahmefäl-

---

teilen gemeinschaftlich zustehen sollen. Dann entsteht unter ihnen im Rahmen des Gesellschaftsverhältnisses eine schlichte Rechtsgemeinschaft i. S. der §§ 741 ff. BGB. Auch in diesen Fällen wird aber das Fehlen jeglichen Gesellschaftsvermögens bei Außengesellschaften nur dann praktisch werden, wenn die Beiträge aller Gesellschafter keinerlei Vermögenswert haben, weil andernfalls schon die Beiträge zum Gesellschaftsvermögen rechnen (vgl. unten II 5 b).

43 So *Karsten Schmidt*, Gesellschaftsrecht, § 58 II 2 b gegen die h. M., die im Fehlen von Gesamthandsvermögen kein begriffsnotwendiges Merkmal der Innengesellschaft sieht; vgl. *Steckhan*, Die Innengesellschaft, 1966, S. 74 ff.; MünchKomm/*Ulmer*, § 705 Anm. 234.

len aus der gesellschaftlichen Treuepflicht[44] (vgl. unten II 2 b) und wegen Wegfalls der Geschäftsgrundlage[45] ergeben. Zur Erweiterung ihrer Förderungspflicht können Gesellschafter aber nicht gezwungen werden (§ 707 BGB).

a) Änderungen vollziehen sich oft in der Form eines Beschlusses der Gesellschafter, der jedoch in Wirklichkeit Abänderungsvertrag ist. Derartige »Beschlüsse« sind daher grundsätzlich **einstimmig** zu fassen, sind andererseits aber auch an keinerlei Förmlichkeiten gebunden, soweit im Gesellschaftsvertrag nichts anderes vereinbart ist. Das Prinzip der Einstimmigkeit kann aber kraft Gesetzes (vgl. § 712 I BGB), insbes. aber auch durch den Gesellschaftsvertrag durch das **Mehrheitsprinzip** ersetzt sein; der Gesellschaftsvertrag hat dann auch die Mehrheitserfordernisse festzulegen.

Das Mehrheitsprinzip kann für Minderheiten u. U. sehr gefährlich werden. Deshalb stellt die Rspr. bisher mit Recht scharfe Anforderungen an die Feststellung eines entsprechenden Vertragswillens und an die Gültigkeit dieser Vereinbarung. Insbes. wird für erforderlich gehalten, daß die einzelnen Punkte (Beschlußgegenstände), die der Mehrheitsentscheidung unterliegen sollen, im Gesellschaftsvertrag bestimmt werden oder zumindest durch Auslegung bestimmbar sind **(»Bestimmtheitsgrundsatz«)**, wenn es sich um solche **ungewöhnlichen Inhalts** handelt; vgl. BGH, BB 1976, 948 mit Anm. Ulmer sowie BGHZ 71, 53, 57. Eine schrankenlose Unterwerfung der Minderheit unter den Willen der Mehrheit wäre nach § 138 I BGB sittenwidrig und nichtig; BGH, WM 1976, 472. Besonders wichtiger Anwendungsfall dieser Rechtsprechung: Die Erhöhung der Beitragspflichten (bzgl. des »Ob« und der Höchstgrenzen) durch Mehrheitsbeschluß; vgl BGHZ 8, 35, 42; 48, 251, 253; WM 1973, 100 u. 990.

Nachdem der BGH den Bestimmtheitsgrundsatz zunächst bei Publikums-Gesellschaften aufgegeben hatte (vgl. E V 3 c), ist das Gericht auch außerhalb dieses Bereichs nach entsprechenden Überlegungen in der Literatur (vgl. Hadding, ZGR 1979, 636) vom Bestimmtheitsgrundsatz zum Teil abgerückt. Nach BGHZ 85, 350 (= JZ 1983, 556 mit zust. Anm. Wiedemann) ist die Vereinbarung des Mehrheitsprinzips auch ohne Festlegung der Beschlußgegenstände wirksam, wenn die Gesellschaft (ohne Publikums-Gesellschaft zu sein) durch die Größe der Mitgliederzahl und körperschaftliche Verfassung vom gesetzlichen Leitbild (konkret: einer KG) abweicht. Der BGH hat dabei angedeutet, daß es allgemein genügen könnte, bei vereinbartem Mehrheitsprinzip zum Schutze von Minderheiten Mehrheitsentscheidungen durch die gesellschaftliche Treuepflicht (vgl. unten II 2 b) zu kontrollieren[46]. Danach hat der BGH den Bestimmtheitsgrundsatz wieder wie selbstverständlich beachtet[47]. Die Praxis zeigte sich verunsichert; vgl. Brändel, FS f. W. Stimpel, 1985, S. 95.

---

44 *A. Hueck*, ZGR 1972, 237; *Kollhosser*, FS f. Bärmann, 1975, 533; *Pabst*, BB 1977, 1524; *U. Schneider*, Die AG 1979, 57; *H. P. Westermann*, FS f. Hefermehl, 1976, S. 225; *Zöllner*, Die Anpassung von Personengesellschaftsverträgen an veränderte Umstände, 1979; krit. *Flume*, FS f. Rittner, 1991, S. 120.

45 Dazu: BGH, WM 1974, 831 und *Reuter*, ZGR 1976, 88.

46 Dazu *Hennerkes/Binz*, BB 1983, 713; *Leenen*, FS f. Larenz, 1983, S. 371; krit. dagegen *Autenrieth*, DB 1983, 1034; *Marburger*, NJW 1984, 2252.

47 Vgl. BGH, DB 1985, 2037 (dazu *Schiessl*, DB 1986, 735) und BGH, DB 1987, 1880; vgl. auch *Kort*, DStR 1993, 401, 438.

In der Lit. wird der Bestimmtheitsgrundsatz z. T. dahin eingeschränkt, daß er sich nicht auf alle ungewöhnlichen Mehrheitsbeschlüsse erstrecken soll, sondern nur auf solche, die in den **Kernbereich der Mitgliedschaft** des einzelnen Gesellschafters eingreifen[48]. Nach a. A. soll im »Kernbereich« den Gesellschaftern ein zwingendes Zustimmungsrecht zustehen, das die Zulässigkeit von Mehrheitsentscheidungen ausschließt[49]. Der BGH schwankt jetzt, ob am Bestimmtheitsgrundsatz festzuhalten oder der Kernbereichslehre zuzustimmen ist. Er erkennt aber an, daß auch bei Unanwendbarkeit oder Aufgabe des Bestimmtheitsgrundsatzes eine zusätzliche Legitimation bei Eingriffen in den Kernbereich der Mitgliedschaft erforderlich ist, die nicht schon in dem im Gesellschaftsvertrag generell zugelassenen Mehrheitsprinzip für Vertragsänderungen gesehen werden kann. Ausreichend ist (wie bei Geltung des Bestimmtheitsgrundsatzes), daß sich die Mehrheitsklausel auf das zum Kernbereich der Mitgliedschaft gehörende Recht bezieht und Ausmaß und Umfang des zulässigen Eingriffs erkennen läßt (BGH, NJW 1996, 1678, 1679). Die Legitimation könne sich aber auch aus der Verpflichtung des betroffenen Gesellschafters ergeben, die in Frage stehende Maßnahme aus dem Gesichtspunkt seiner Treuepflicht hinzunehmen oder ihr zuzustimmen (BGH, NJW 1995, 194). Nach dieser Entscheidung läßt sich der Kernbereich der Mitgliedschaft nicht abstrakt umschreiben, sondern nur unter Berücksichtigung der konkreten Struktur der jeweiligen Personengesellschaft und der Stellung des betroffenen Gesellschafters feststellen. Abgesehen von den unverzichtbaren und daher unentziehbaren Rechten[50] müssen dazu grundsätzlich auch die individuell nach Gesetz oder Gesellschaftsvertrag zustehenden Rechte (wie Stimm-, Gewinn- und Geschäftsführungsrecht, Recht am Liquidationserlös, aber auch Informationsrechte) gerechnet werden, soweit sie die Stellung des Gesellschafters in der Gesellschaft maßgeblich prägen.

Ist der Bestimmtheitsgrundsatz beachtlich, aber nicht gewahrt, so ist ein **Mehrheitsbeschluß unwirksam;** dies kann durch Feststellungsklage nach § 256 ZPO geklärt werden[51], wobei der Streit unter den Gesellschaftern auszutragen ist, wenn nichts anderes gesellschaftsvertraglich bestimmt ist (BGH, NJW 1995, 1218).

b) Zur Änderung des Gesellschaftsvertrages beim Ein- und Austritt von Gesellschaftern vgl. unten V 1, 2.

c) Möglich ist immer, daß die Gesellschafter im Einzelfall (»ad hoc«) einstimmig vom Gesellschaftsvertrag abweichen, ohne diesen grundsätzlich zu ändern (BGHZ 58, 115, 119/120). Die Abgrenzung zur konkludenten Vertragsänderung kann dabei schwierig sein. Wenn die Gesellschafter vorbehaltslos und widerspruchslos eine vom Gesellschaftsvertrag abweichende Praxis längere Zeit hingenommen haben (z. B. bei der Gewinnverteilung), spricht aber eine tatsächliche Vermutung dafür, daß sie insoweit den Gesellschaftsvertrag mit Wirkung für die Zukunft abgeändert haben (BGH, NJW 1966, 826; WM 1990, 714).

---

48 Vgl. MünchKomm/*Ulmer*, § 709 Anm. 77; *Mecke*, BB 1988, 2258; vgl. zum Verhältnis von Bestimmtheitsgrundsatz und Kernbereichslehre auch *Karsten Schmidt*, ZHR 158 (1994), 205.

49 Vgl. *Röttger*, Die Kernbereichslehre im Recht der Personengesellschaften, 1989.

50 Vgl. dazu *Hermanns*, Unverzichtbare Mitverwaltungsrechte des Personengesellschafters, 1993.

51 H. M.; vgl. BGH, NJW 1988, 411; zust. *Marburger*, ZGR 1989, 146; a. A. *Karsten Schmidt*, FS f. Stimpel, 1985, S. 217, der wie bei Kapitalgesellschaften auch bei Personengesellschaften für eine Anfechtungsklage als Gestaltungsklage plädiert, die in angemessener Frist zu erheben sein soll; ebenso OLG Hamm, DB 1989, 815 mit insoweit krit. Anm. *Tiedtke*, S. 813, 815.

d) Die Änderung eines Gesellschaftsvertrages, an dem ein Minderjähriger beteiligt ist, bedarf, auch wenn er auf ein Erwerbsgeschäft gerichtet ist, grundsätzlich nicht vormundschaftsgerichtlicher Genehmigung nach §§ 1643, 1822 Nr. 3 BGB (BGH, WM 1972, 1368, 1370; BGHZ 38, 26). Ausnahme: Änderungen beim Eintritt und Ausscheiden des Minderjährigen selbst[52].

II. Die Innenbeziehungen bei der BGB-G

Zur Ordnung der auftauchenden Rechtsfragen empfiehlt es sich, bei der BGB-G (wie bei allen anderen Gesellschaftsformen) soweit als möglich zwischen dem Innen- und Außenverhältnis zu unterscheiden. Beim *Innenverhältnis* geht es um die Rechtsstellung der Gesellschafter untereinander bzw. zu »der« Gesellschaft. Dagegen betrifft das *Außenverhältnis* die Rechtsstellung der Gesellschafter bzw. »der« Gesellschaft zu Dritten.

1. Allgemeines

Das Gesellschaftsverhältnis, das auf dem Gesellschaftsvertrag beruht, bildet eine konstante Rahmenrechtsbeziehung zwischen den Gesellschaftern bzw. zwischen diesen und »der« Gesellschaft. Aus ihm »fließen« verschiedenartige Rechte und Pflichten; die Gestaltung erfolgt durch Gesellschaftsvertrag oder Gesetz. Diese Rechtsbeziehungen sind nicht nur schuldrechtlicher, sondern auch dinglicher Natur, soweit (wie meist) ein Gesellschaftsvermögen besteht. Die Gesamtheit all dieser Rechtsbeziehungen bezeichnet man als *Mitgliedschaft*; sie umfaßt die gesamte Rechtsstellung als Gesellschafter im Innenverhältnis.

a) **Rechte und Pflichten der Gesellschafter** ergeben sich bei der BGB-G in erster Linie aus dem Gesellschaftsvertrag, weil die gesetzliche Regelung der Innenbeziehungen weitgehend dispositiv ist und daher erst (in zweiter Linie) zur Anwendung kommt, wenn keine vertragliche Regelung getroffen ist.

Enthält z. B. der Gesellschaftsvertrag keine Regelung über die Geschäftsführung, so steht diese gemäß § 709 BGB den Gesellschaftern gemeinschaftlich zu. Der Vertrag könnte die Geschäftsführung z. B. aber auch einem Gesellschafter derart übertragen, daß die übrigen davon ausgeschlossen sind (vgl. § 710 BGB).

b) **Grenzen der Gestaltungsfreiheit** für das Innenverhältnis ziehen die allgemeinen Schranken der Vertragsfreiheit (§§ 134, 138 BGB). Im Falle der Gesetzes- oder Sittenwidrigkeit des Gesellschaftszweckes oder einzelner Vertragsklauseln, die nach § 139 BGB zur Nichtigkeit des Vertrages führen, sind die Grundsätze über die fehlerhafte Gesellschaft zu beachten; vgl. D V.

52 Zu Einzelheiten vgl. *Winkler*, ZGR 1973, 177.

(1) Keine inhaltliche Gestaltungsgrenze bedeutet der für das Gesellschaftsrecht typische allgemeine **Grundsatz der Gleichbehandlung** der Gesellschafter (der in §§ 706 I, 709, 711, 722, 734, 735 BGB angesprochen ist und auf Rechtsanalogie zu diesen Bestimmungen gestützt werden kann): Das Gebot gleichmäßiger Behandlung und gleicher Berechtigung der Gesellschafter tritt regelmäßig hinter die Vertragsfreiheit der Gesellschafter zurück; es findet aber insbes. da Anwendung, wo Vertragslücken zu schließen, unklare Regelungen auszulegen oder anstößige Regelungen (z. B. der Verstoß einzelner Klauseln gegen § 138 BGB) zu korrigieren sind[53].

(2) Zur Frage, ob sich im Einzelfall im Bereich dispositiver Gesetzesbestimmungen oder gesetzlich überhaupt nicht normierter Regelungsbereiche engere (als durch §§ 134, 138 BGB gezogene) Grenzen der Gestaltungsfreiheit herleiten lassen (»gerichtliche Inhaltskontrolle«), vgl. A V 2 sowie E V 3 a.

2. Die schuldrechtlichen Rechte und Pflichten der Gesellschafter (Schuldrechtliche Seite der Mitgliedschaft)

a) Beitragspflicht (Förderungspflicht)

Sie ist Hauptpflicht jedes[54] Gesellschafters und ergibt sich aus dem Gesellschaftsvertrag, da sich jeder Vertragspartner begriffsnotwendig zu verpflichten hat, den Gesellschaftszweck durch eine Leistung zu fördern. Diese Leistungen sind die Beiträge der Gesellschafter; geleistete Beiträge nennt man »Einlage«. Über Inhalt und Umfang der Beiträge enthalten §§ 706, 707 BGB ergänzende Bestimmungen (lesen!). Wichtig ist insbes., daß (soweit nichts anderes vereinbart ist) keine Pflicht zur Erhöhung von Beiträgen oder zur Ergänzung von Einlagen bei Verlusten besteht **(keine Nachschußpflicht,** § 707 BGB).

Beiträge können in jeder möglichen Leistung bestehen; notfalls sind sie durch Auslegung des Gesellschaftsvertrages zu ermitteln. Die **Erfüllung der Beitragspflicht** richtet sich nach der Art der Beiträge, z. B. ist nach §§ 873, 925 BGB Auflassung und Eintragung erforderlich, wenn sich ein Gesellschafter zur Einbringung eines Grundstücks in gemeinschaftliches Eigentum aller Gesellschafter verpflichtet hat. (Beachte entsprechend § 929 BGB bei beweglichen Sachen, §§ 398, 413 BGB bei Forderungen und Rechten, z. B. Patenten). Für Verzug und Unmöglichkeit der Erfüllung der Beitragspflicht gelten, ebenso wie bei positiver Vertragsverletzung, im Rahmen ihrer Anwendbarkeit §§ 320 ff. BGB (vgl. dazu oben I 1 c bb), ansonsten §§ 275, 280, 286 BGB. Darüber hinaus können Bestimmungen einzelner besonderer Schuldverhältnisse ergänzend herangezogen werden, soweit die vereinbarte Beitragspflicht ihrer Art nach dem jeweiligen Schuldverhältnis nahekommt und die Besonderheiten des Gesellschaftsvertrages nicht entgegenstehen. Die Beitragspflicht kann insbes. den Leistungspflichten aus einem Kaufvertrag (bei Einbringung einer Sache zu Eigentum, vgl. §§ 445, 493 BGB), Miet- oder Pachtvertrag (bei Einbringung von Sachen zum Gebrauch), dem Darlehensvertrag oder dem Dienstvertrag ähneln. Dabei ist z. B. nach

---

53 Literatur: *G. Hueck*, Der Grundsatz der gleichmäßigen Behandlung im Privatrecht, 1958, insbes. S. 35 ff.

54 Es gibt keine »beitragsfreie« Gesellschaft; vgl. oben FN 41.

h. M. bei Leistung einer mangelhaften Sache ein Wandelungsanspruch (§ 462 BGB) mit dem Gesellschaftsvertrag unvereinbar, weil die Wandelung zum Ausscheiden des Gesellschafters führen würde. Die h. M.[55] gibt statt dessen einen Anspruch auf eine mangelfreie Sache oder auf Wertersatz.

b) Treuepflicht

Generell[56] wird anerkannt, daß für alle Gesellschafter von Personengesellschaften eine allgemeine Treuepflicht besteht; sie wird u. a. aus dem gemeinschaftsbegründenden Charakter des Gesellschaftsvertrages hergeleitet. Es ist jedoch vor jeder Mystifizierung und Übertreibung zu warnen (vgl. auch § 708 BGB, wonach jeder Gesellschafter nur für die Sorgfalt einzustehen hat, die er in eigenen Angelegenheiten anzuwenden pflegt). Die Treuepflicht hat ihre Rechtsgrundlage in § 242 BGB (wie Schutz- und Obhutspflichten bei Austauschverträgen) und bedeutet im Gesellschaftsverhältnis, daß jeder Gesellschafter sein Verhalten (Tun oder Unterlassen) am Gesellschaftszweck, zu dessen gemeinsamer Verfolgung er sich mit anderen zusammengeschlossen und den er zu fördern versprochen hat, orientieren muß. Außerhalb dieses Bereiches ist er nicht gehindert, seine eigenen Interessen frei wahrzunehmen[57]. Deshalb hängt es grundsätzlich von den Umständen eines jeden Einzelfalles ab, welche konkreten Folgen aus der Treuepflicht hergeleitet werden können; ihr Inhalt und Umfang liegen nicht allgemein fest. Grundsätzlich kann man aber sagen, daß die Treuepflicht in erster Linie geeignet ist, bestehende Rechte und Pflichten der Gesellschafter zu konkretisieren, zu modifizieren oder zu beschränken. Nur in Ausnahmefällen wird die Treuepflicht zur Grundlage besonderer Rechte und Pflichten werden können.

Z. B. gilt das etwa für ein im BGB-G-Recht sonst nicht festgelegtes Konkurrenzverbot (Pflicht, die gesellschaftsschädigende Konkurrenz zu unterlassen, vgl. § 112 HGB); vgl. dazu auch Salfeld, Wettbewerbsverbote im Gesellschaftsrecht, 1987. Auch kann ein Gesellschafter aufgrund der gesellschaftsrechtlichen Treuepflicht in Ausnahmefällen gehalten sein, einer Änderung des Gesellschaftsvertrages zuzustimmen, z. B. einer Erhöhung der Geschäftsführervergütung (vgl. BGHZ 44, 40; WM 1974, 375, 376) oder einer Änderung zur Sicherung des Fortbestandes des Gesellschaftsunternehmens (BGH, NJW 1987, 952; dazu Weipert, ZGR 1990, 142; Westermann, JZ 1987, 97) oder (bei OHG und KG) der Erhebung einer Ausschlußklage nach § 140 HGB (vgl. BGHZ 64, 253; zust. P. Ulmer, JZ 1976, 97; diff. Nickel JuS 1977, 14; krit. Kollhosser, NJW 1976, 144); vgl. auch die Angaben oben FN 44. Zu einer Erweiterung ihrer Beitragspflicht können Gesellschafter aber nicht gezwungen werden (vgl. § 707 BGB). Wenn eine Kapitalzuführung nötig ist, um den Fortbestand des Unternehmens der Gesellschaft zu sichern oder den Gesellschaftszweck zu errei-

---

55 Vgl. *Hueck*, § 7 I 1 a; *Lehmann/Dietz*, § 13 II 1 b; *Soergel/Hadding*, § 706 Anm. 21; a. A. MünchKomm/*Ulmer*, § 706 Anm. 22: Rechtsfolgen aus Nichterfüllung.

56 Vgl. nur *Hueck*, Der Treuegedanke im modernen Privatrecht, 1947; *Hueck*, OHG, § 13; *Staudinger/Keßler*, BGB, Anm. 38 ff. vor § 705; MünchKomm/*Ulmer*, § 705 Anm. 181 ff.; *Soergel/Hadding*, § 705 Anm. 58 ff.; *Hüffer*, Zur gesellschaftsrechtlichen Treupflicht als richterrechtlicher Generalklausel, FS f. Steindorff, 1990, S. 59; *Bartsch*, Die Entwicklung der personengesellschaftsrechtlichen Treuepflicht in der Rechtsprechung, Diss. Göttingen 1988.

57 Vgl. BGH, WM 1985, 1444; Verletzung der Treuepflicht durch Wahrnehmung eigener Interessen eines OHG-Geschäftsführers.

chen, kann die Treuepflicht aber gebieten, einer Kapitalzuführung durch andere Gesellschafter nicht zu widersprechen und damit veränderte Beteiligungsverhältnisse hinzunehmen (vgl. Wiedemann, WM 1990, Sonderbeilage Nr. 8, S. 13).

c) Recht und Pflicht zur Geschäftsführung

Die Regeln über die Geschäftsführung und Vertretung (von manchen als **Organisationsrecht** der Personengesellschaften herausgestellt) sorgen dafür, daß die BGB-G die Tätigkeiten entfalten kann, die zur Erreichung des Gesellschaftszweckes erforderlich sind.

aa) Geschäftsführung und Vertretung sind jedoch voneinander zu unterscheiden. **Geschäftsführung ist** in einem umfassenden Sinne **jede in Verfolgung des Gesellschaftszweckes vorgenommene Handlung** für die Gesellschaft, gleichgültig, ob sie tatsächlicher oder rechtsgeschäftlicher Natur ist. Deshalb gibt es keine Maßnahme der Vertretung (rechtsgeschäftliche Betätigung im Außenverhältnis), die nicht zugleich Akt der Geschäftsführung wäre[58], während es andererseits viele Geschäftsführungshandlungen gibt, die mit rechtsgeschäftlicher Betätigung im Außenverhältnis überhaupt nichts zu tun haben, wie z. B. Führung der Bücher, Erledigung der Korrespondenz, Organisation eines Betriebes, Leitung der Produktion.

Gerade die Tatsache, daß eine Maßnahme (z. B. der Abschluß eines Kaufvertrages für »die« Gesellschaft mit einem Dritten) zugleich Geschäftsführung und Vertretung sein kann, macht aber deutlich, daß der rechtliche **Unterschied zwischen Geschäftsführung und Vertretung** in der unterschiedlichen Blickrichtung zu sehen ist, aus der heraus eine Tätigkeit betrachtet wird: Während sich nach den Vertretungsvorschriften beurteilt, ob eine Handlung im Außenverhältnis (vgl. III 2) rechtsgültig ist (»was ein Gesellschafter nach außen kann«), geben die Geschäftsführungsvorschriften Antwort auf die Frage, ob ein Gesellschafter die Maßnahme (tatsächlicher oder rechtsgeschäftlicher Natur) im Innenverhältnis vornehmen darf oder muß; nur darum geht es hier.

bb) Voraussetzung für die Anwendung der Geschäftsführungs- (und Vertretungs-)regeln ist, daß die zu beurteilende Maßnahme den Charakter einer Geschäftsführungshandlung hat. Das ist jede Tätigkeit, die an der Erreichung des Gesellschaftszweckes (unmittelbar oder mittelbar) orientiert ist. Alle Maßnahmen, die darüber hinausgehen, insbes. alle Maßnahmen, die in die Ebene des Gesellschaftsvertrages gehören **(sog. Grundlagengeschäfte)**[59] und dessen Änderung bedeuten, rechnen **nicht** dazu.

Beispiele: Übertragung und Entziehung der Geschäftsführungsbefugnis und Vertretungsmacht; Aufnahme (BGH, WM 1967, 1275) oder Ausschluß eines Gesellschaf-

58 So deutlich auch *Hueck*, § 8 I 2.

59 Vgl. dazu *Schlüter*, Die Vertretungsmacht des Gesellschafters und die »Grundlagen der Gesellschaft«, 1965.

ters[60], Erhöhung oder Herabsetzung der Beiträge; Auflösung und Umwandlung der Gesellschaft. – Für diese Maßnahmen ist eine Änderung des Gesellschaftsvertrages durch einstimmigen Beschluß aller Gesellschafter erforderlich, sofern dafür nicht die Möglichkeit des Mehrheitsbeschlusses vorgesehen ist (vgl. I 6).

cc) Zur Geschäftsführung sind alle Gesellschafter gemeinschaftlich berechtigt und verpflichtet (**Gesamtgeschäftsführung,** § 709 I BGB); das bedeutet, daß bei jedem Geschäft zumindest die – allerdings auch stillschweigend mögliche – **Zustimmung** (es gelten §§ 182 ff. BGB) **aller Gesellschafter erforderlich** ist (§ 709 I BGB), wenn auch nicht unbedingt alle gemeinsam handeln müssen.

Im Wege sog. **Notgeschäftsführung** kann allerdings auch bei Gesamtgeschäftsführung jeder Gesellschafter allein die Maßnahmen treffen, die notwendig sind, um die zum Gesellschaftsvermögen gehörenden Gegenstände zu erhalten; dies ergibt sich aus §§ 744 II, 741 BGB; vgl. BGHZ 17, 181, 183.

Von der schwerfälligen, für den einzelnen Gesellschafter jedoch ungefährlichen Gesamtgeschäftsführung mit Einstimmigkeitsgrundsatz kann im Gesellschaftsvertrag nach Belieben über Gesamtgeschäftsführung mit Mehrheitsentscheidung bis hin zur Einzelgeschäftsführung (jeder darf allein handeln), bei der dann sogar alle Gesellschafter bis auf einen von der Geschäftsführung ausgeschlossen sein können, **abgewichen** werden. Vgl. dazu näher die in §§ 709 II, 710, 711[61] BGB angesprochenen, aber nicht erschöpfend aufgezählten Möglichkeiten. Insbes. kommen auch vielfältige Kombinationen von Einzel- und Gesamtgeschäftsführung in Betracht.

Beispiel: Von den Gesellschaftern A, B und C dürfen A allein, B und C aber nur zusammen mit einem anderen handeln. Häufig kommt eine gegenständliche Aufteilung der Geschäftsführung nach Aufgabenbereichen vor; sie bedeutet Einzelgeschäftsführung unter Ausschluß der übrigen im zugewiesenen Bereich. Beispiel einer Mischform: grundsätzliche Einzelgeschäftsführung durch Zuweisung von Aufgabenbereichen an die Gesellschafter A, B und C; für einen näher aufgeführten Katalog von Geschäften Gesamtgeschäftsführung für zwei Gesellschafter (das können A, B; A, C und B, C sein); für einen weiteren Katalog besonders wichtiger Geschäfte nur Gesamtgeschäftsführung aller Gesellschafter (A, B und C).

Nach h. M. ist es allerdings nicht möglich, alle Gesellschafter von der Geschäftsführung auszuschließen und diese einem Nichtgesellschafter (Dritten) zu übertragen (Problem der sog. Drittorganschaft bei Personengesellschaften; vgl. dazu BGH, NJW-RR 1994, 98 und unten D II 1 c cc).

dd) Die **Geschäftsführung,** gleichgültig ob als Gesamt- oder Einzelgeschäftsführung ausgestaltet, ist **Recht und Pflicht der Gesellschafter,** denen sie zusteht: Die Pflicht sichert die Mitwirkung bei der Verfolgung des Gesell-

60 Die Gründung einer StG mit einem Dritten ist dagegen möglich. Hier wird der Stille nicht »aufgenommen«, sondern es wird ein Gesellschaftsvertrag zwischen der Gesellschaft und dem Dritten geschlossen, bei dem die Gesellschaft vertreten wird; vgl. BGH, WM 1971, 127.

61 Zum Widerspruchsrecht i. S. des § 711 BGB und zur Auswirkung eines Widerspruchs auf die Vertretungsmacht vgl. unten III 2 a und D II 1 c.

schaftszweckes, nach dem sich, sofern nichts anderes vereinbart ist, auch ihr Umfang richtet; das Recht sichert den Einfluß auf das Schicksal der Gesellschaft. Recht und Pflicht zur Geschäftsführung sind Ausfluß der Gesellschafterstellung und beruhen nicht auf besonderem Auftrag. Gleichwohl bestimmen sich (mangels anderweitiger Regelung) die Rechte und Pflichten der Geschäftsführer nach Auftragsgrundsätzen (§§ 664–670 BGB), soweit sich nicht aus der Besonderheit des Gesellschaftsverhältnisses etwas anderes ergibt, § 713 BGB.

Dazu zwei Fälle:

(1) A ist Alleingeschäftsführer einer BGB-G. Er stellt die X als seine Sekretärin ein. Ist er als Geschäftsführer **persönlich** für ein Verschulden der X verantwortlich? Nein, §§ 664 I 3, 713 BGB greifen nicht ein, da X nicht als Hilfsperson zur Erfüllung der Geschäftsführerpflicht des A, sondern als Angestellte der BGB-G beschäftigt wird.

(2) A ist Alleingeschäftsführer einer BGB-G, für die er seine ganze Arbeitskraft einsetzt. Im Gesellschaftsvertrag ist keine Vergütung für seine Tätigkeit vorgesehen. Hat er gleichwohl einen Vergütungsanspruch? Als Anspruchsgrundlage kommen §§ 670, 713 BGB in Betracht. »Aufwendungen« sind alle freiwilligen Vermögensopfer; das kann bei beruflicher Betätigung auch Arbeitszeit sein. Bei A fehlt es jedoch an der Freiwilligkeit eines Vermögensopfers, da er aufgrund des Gesellschaftsvertrages zur Geschäftsführung verpflichtet ist. Deshalb kein Aufwendungsersatzanspruch! Vgl. auch RGZ 170, 392, 396; BGHZ 10, 44, 54. A bleibt die Möglichkeit, eine Vergütung für seine Tätigkeit im Gesellschaftsvertrag zu vereinbaren. In Ausnahmefällen können seine Mitgesellschafter aufgrund ihrer gesellschaftsvertraglichen Treuepflicht verpflichtet sein, einer derartigen Änderung des Gesellschaftsvertrages zuzustimmen (vgl. oben II 2 b).

ee) Bei **schuldhafter Verletzung der Geschäftsführerpflicht** ist der Geschäftsführer aus positiver Vertragsverletzung schadensersatzpflichtig, wobei die Verletzung in der Unterlassung erforderlicher (was er muß) oder der Schlechtleistung vorgenommener Tätigkeiten (was er darf) liegen kann. Haftungsmaßstab ist § 708 BGB (»diligentia quam in suis«), der aber Haftung für grobe Fahrlässigkeit nicht ausschließt, § 277 BGB. § 708 BGB ist abdingbar, kann in Ausnahmefällen sogar stillschweigend ausgeschlossen sein (Auslegungsfrage)[62]. Besondere Probleme werfen die Fälle auf, in denen ein Schaden dadurch entsteht, daß ein Geschäftsführer außerhalb seiner Geschäftsführungsbefugnis (kompetenzwidrig) handelt (z. B. auch, wenn bei Einzelgeschäftsführung ein Gesellschafter gegen den Widerspruch eines anderen handelt, § 711 BGB).

Beispiel: A und B sind Gesellschafter einer BGB-G. Nach dem Gesellschaftsvertrag ist B für die laufenden Geschäfte von der Geschäftsführung ausgeschlossen, für außergewöhnliche Geschäfte ist Gesamtgeschäftsführung vorgesehen. Der sonst zuverlässige A errichtet ohne Zustimmung des B eine Zweigniederlassung; dabei glaubt er, die Zustimmung des B nicht

62 Zur anders gearteten Problematik teleologischer Reduktion des § 708 BGB (keine Anwendung für Schädigungen im Straßenverkehr, vgl. BGHZ 46, 313) vgl. auch *Larenz*, FS f. H. Westermann, 1974, S. 299. Im übrigen hat derjenige die Entlastungsvoraussetzungen zu beweisen, der sich auf § 708 BGB beruft (BGH, NJW 1990, 573, 575).

zu brauchen. Alsbald stellt sich diese Maßnahme als Fehlinvestition dar. Ist A schadensersatzpflichtig?

Erste Anspruchsgrundlage: Positive Vertragsverletzung des Gesellschaftsvertrages wegen Überschreitung der Geschäftsführerbefugnis. Dem Zweck der Geschäftsführungsregeln kann die Verpflichtung der Gesellschafter entnommen werden, Geschäftsführungsmaßnahmen zu unterlassen, soweit kein Recht zur Geschäftsführung besteht[63]. Diese Verpflichtung kann A verletzt haben. Die Errichtung der Zweigniederlassung ist kein gewöhnliches Geschäft und hätte daher der Zustimmung des B bedurft (Gesamtgeschäftsführung). Das Tätigwerden des A ohne Zustimmung des B stellt jedoch dann keine Verletzung des Gesellschaftsvertrages dar, wenn sein Verhalten aus einem anderen Grunde gerechtfertigt ist. Es ist zu prüfen, ob eine GoA das Handeln des A rechtfertigt. Das ist nach h. M.[64] dann der Fall, wenn eine GoA dem objektiven Interesse und dem wirklichen oder mutmaßlichen Willen des Geschäftsherrn entspricht (§ 683 BGB). Hier liegen zwar die Voraussetzungen einer GoA vor (Geschäftsbesorgung für die BGB-G außerhalb der Geschäftsführungsbefugnis)[65], aber die Errichtung der Zweigniederlassung liegt als Fehlinvestition nicht im objektiven Interesse der Gesellschaft. Mithin ist das Verhalten des A durch GoA nicht gerechtfertigt. Ob A das Überschreiten der Geschäftsführungsbefugnis zu vertreten hat, richtet sich nach § 708 BGB; für einen stillschweigenden Ausschluß dieser Bestimmung bestehen keine Anhaltspunkte. Da A sonst zuverlässig ist, ist anzunehmen, daß er die diligentia quam in suis unbeobachtet gelassen hat, weil man von ihm als einem zuverlässigen Geschäftsführer verlangen kann, daß er die Grenzen seiner Geschäftsführungsbefugnis kennt oder sich zumindest entsprechend informiert. A ist somit zum Schadenersatz verpflichtet (ohne daß es darauf ankommt, ob er zusätzlich die Nachteile des kompetenzwidrigen Geschäfts, die Fehlinvestition, zu vertreten hat[66]).

Zweite Anspruchsgrundlage: § 678 BGB. GoA liegt vor. Für § 678 ist erforderlich, daß die Übernahme der Geschäftsführung mit dem wirklichen oder mutmaßlichen Willen des Geschäftsherrn in Widerspruch stand und A dies erkennen mußte. Der wirkliche Wille des B, auf den hier abzustellen ist, ist nicht zu ermitteln; mutmaßlich hätte B keiner Zweigniederlassungserrichtung zugestimmt, die sich alsbald als Fehlinvestition darstellte. Dies hätte A jedoch nur erkennen müssen, wenn ihm die Überschreitung seiner Geschäftsführungsbefugnis bewußt oder schuldhaft nicht bewußt war. Hier kommt ein schuldhafter Irrtum über die Grenzen seiner Geschäftsführungsbefugnis in Betracht. Fraglich könnte sein, welcher Verschuldensmaßstab anzulegen ist, § 276 BGB (so RGZ 158, 302, 313) oder § 708 BGB, wie die neuere Lehre mit Recht meint[67], weil auch die irrtümliche Überschreitung der Geschäftsführungbefugnis Verletzung einer Verpflichtung des Gesellschafters ist. Die Streitfrage kann hier offen bleiben, weil A jedenfalls auch nach § 708 BGB für die Überschreitung seiner Geschäftsführungsbefugnis einzustehen hat. A ist deshalb auch nach § 678 BGB zum Schadenersatz verpflichtet, ohne daß es weiter darauf ankommt, ob ihm bei der Durchführung der Errichtung der Zweigniederlassung ein Verschulden zur Last fällt.

---

63 Vgl. *Hueck*, OHG, § 10 VI 5 (S. 142); *Fischer*, GroßKomm.HGB, 3. Aufl., § 116 Anm. 28, 29; *Reinhardt/Schultz*, Rdz. 74; dem hat sich der BGH (WM 1988, 968, 970; NJW 1997, 314, beide zur OHG) angeschlossen. Nach älterer Auff. ist eine unbefugte Geschäftsführungshandlung nur nach den Regeln über die GoA zu behandeln (vgl. RGZ 158, 302; *Staudinger/Keßler*, BGB, § 708 Anm. 8 ff.), während *Fischer* a. a. O., Anm. 29 *nur* eine Haftung wegen Vertragsverletzung für möglich hält. Vgl. zum Meinungsstand *Häuser*, FS f. Kraft, 1998, S. 147; MünchKomm/*Ulmer*, § 708 Anm. 8 ff.

64 Vgl. *Soergel/Mühl*, BGB, Anm. 10 vor § 677 m. w. N.

65 Nicht gefolgt werden kann *Fischer* (wie FN 63), nach dem für die Anwendung der §§ 677 ff. BGB bei Überschreitung der Geschäftsführungsbefugnis überhaupt kein Raum sein soll; wie *Fischer* zuletzt aber *Häuser* (wie FN 63), S. 164 f.

66 So klarstellend BGH, NJW 1997, 314.

67 Vgl. neben den in FN 63 Genannten auch noch MünchKomm/*Ulmer*, § 708 Anm. 9; *Soergel/Hadding*, § 708 Anm. 5.

Merke noch: Nach den Regeln der GoA richten sich auch Ansprüche auf Aufwendungsersatz (§§ 683, 670) und Herausgabe des Erlangten (§ 684), wenn ein Gesellschafter ohne Geschäftsführungsrecht Geschäfte der Gesellschaft besorgt hat.

ff) **Erlöschen des Rechtes und der Pflicht zur Geschäftsführung.** Von der Pflicht zur Geschäftsführung kann sich ein Geschäftsführer durch Kündigung aus »wichtigem Grund« befreien, §§ 712 II, 671 III BGB. Aus »wichtigem Grund« (das Gesetz nennt beispielhaft grobe Pflichtverletzung und Unfähigkeit; allgemein ist auf Unzumutbarkeit weiterer Geschäftsführungstätigkeit für die übrigen Gesellschafter abzustellen) kann einem Gesellschafter das Recht zur Geschäftsführung durch Beschluß der übrigen Gesellschafter entzogen werden, § 712 I BGB. Beides gilt nach dem Wortlaut des § 712 BGB jedoch nur für die »durch den Gesellschaftsvertrag übertragene Befugnis zur Geschäftsführung«, also nicht für die subsidiäre gesetzliche Gesamtgeschäftsführung nach § 709 BGB[68].

d) Sonstige Mitverwaltungsrechte

(Auch der von der Geschäftsführung ausgeschlossenen Gesellschafter).

aa) **Stimmrecht.** Es berechtigt zur Mitwirkung bei Gesellschafterbeschlüssen in den vom Gesetz (vgl. § 712 I BGB) oder Gesellschaftsvertrag ausdrücklich vorgesehenen Fällen sowie bei allen den Gesellschaftsvertrag ändernden Beschlüssen (das sind in Wirklichkeit Vertragsänderungen: oben I 6). Es steht grundsätzlich allen Gesellschaftern zu. Einzelne Gesellschafter können vertraglich ausgeschlossen sein. Ein faktischer Ausschluß kann dadurch entstehen, daß Mehrheitsentscheidungen im Gesellschaftsvertrag vorgesehen sind[69]. Zum Stimmrechtsausschluß bei Interessenkollisionen vgl. D II 1 d. Für die Beschlußfassung ist die Einhaltung bestimmter Förmlichkeiten gesetzlich nicht vorgeschrieben (vgl. BGH, WM 1994, 1925).

In diesem Rahmen stellt sich das Problem der Wirksamkeit sog. **Stimmrechtsbindungsverträge,** die ein Gesellschafter mit anderen Gesellschaftern oder Dritten schließt, wobei er die Ausübung seines Stimmrechts von deren Weisungen abhängig macht[70]. Diese Verträge sind deshalb problematisch, weil sie einen Gesellschafter u. U. in die Lage bringen können, gesellschaftswidrige Interessen zu verfolgen. Gleichwohl sind diese Verträge bis an die Grenzen des § 138 BGB wirksam (vgl. BGHZ 48, 163, 167).

bb) **Informations-** und **Kontrollrecht;** vgl. § 716 BGB.

---

68 H. M.; a. A. MünchKomm/*Ulmer*, § 712 Anm. 5.

69 Der vereinbarte Ausschluß des Stimmrechts wird überwiegend als möglich angesehen; vgl. *Hueck*, OHG, § 11 II 1; MünchKomm/*Ulmer*, § 709 Anm. 58 m. w. N.; vgl. auch BGHZ 20, 363 (für einen Kommanditisten), wo jedoch zu Recht auch dem sonst stimmrechtslosen Gesellschafter in ihn persönlich berührenden Fragen (Verschlechterung seiner persönlichen Rechtsstellung) ein Stimmrecht zugestanden wird.

70 Grundlegend *A. Hueck*, Stimmrechtsbindungsverträge bei Personengesellschaften, FS f. Nipperdey, 1965, Bd. 1, S. 401 ff.

cc) Die sog. **actio pro socio.** Sie gibt jedem Gesellschafter das Recht, Ansprüche aus dem Gesellschaftsvertrag gegen Mitgesellschafter geltend zu machen **(»Gesellschafterklage«)**; näher dazu unten II 4 d.

e) Anteil am Gewinn und Verlust

»Im Zweifel« haben alle Gesellschafter gleichen Anteil am Gewinn und Verlust der Gesellschaft, § 722 BGB (Anspruch auf Gewinn, Pflicht zur Verlustdeckung).

Die vertragliche Regelung dieser wichtigen Fragen ist die Regel; in Betracht kommt insbes. Verteilung von Gewinn und Verlust nach Prozentsätzen oder nach der Höhe des jeweiligen Kapitalanteils (vgl. dazu unten II 6). Nach h. M. ist auch der Ausschluß eines Gesellschafters von Verlust und Gewinn möglich, wenn dabei noch ein »gemeinsamer Zweck« feststellbar ist (vgl. BGH, WM 1967, 346).

Anspruch auf Ermittlung von Gewinn und Verlust durch Rechnungsabschluß und Anspruch auf Verteilung des Gewinns haben die Gesellschafter allerdings nur bei Dauergesellschaften »im Zweifel« schon am Schluß eines jeden Geschäftsjahres, § 721 II BGB, sonst erst nach Auflösung der Gesellschaft (§ 721 I BGB). Andererseits sind die Gesellschafter vor Auflösung der Gesellschaft nur dann zur (jährlichen) Verlustdeckung verpflichtet, wenn dies im Gesellschaftsvertrag (eindeutig; vgl. BGH, WM 1982, 1311) so vereinbart ist (§§ 721 I, 735 BGB). Grund: § 707 BGB, wonach für die Gesellschafter keine Nachschußpflicht bei Verlust besteht, da sie für Verlust bei der Auseinandersetzung haften (§ 735 BGB). Mangels abweichender Vereinbarung wird daher der ermittelte Jahresverlust auf die Rechnung für das neue Geschäftsjahr vorgetragen.

f) Auseinandersetzungsanspruch, Abfindungsanspruch

Zum (künftigen) **Anspruch auf das Auseinandersetzungsguthaben** bei der Liquidation der BGB-G (§ 734 BGB) vgl. unten IV 2 b; zum **Abfindungsanspruch** beim Ausscheiden eines Gesellschafters vgl. unten V 1 b (3).

3. Übertragbarkeit von Gesellschafterrechten

Die vorstehend aufgeführten wichtigsten (schuldrechtlichen) Rechte der Gesellschafter aus dem Gesellschaftsverhältnis lassen sich in **Mitverwaltungsrechte** (insbes. Geschäftsführungs- einschließlich Vertretungsrecht, Stimm-, Auskunfts- und Kontrollrecht, actio pro socio) und **Vermögensrechte** (insbes. Gewinn- und Auseinandersetzungsanspruch; gesellschaftsvertraglicher Anspruch auf Geschäftsführungsvergütung, Aufwendungsersatzanspruch des Geschäftsführers [§§ 713, 670]) unterscheiden; § 717 S. 1 BGB spricht dabei von »Ansprüchen«.

a) **Vermögensrechte** sind nach Maßgabe des § 717 S. 2 BGB **übertragbar. Mitverwaltungsrechte** sind dagegen **un**übertragbar (§ 717 S. 1 BGB); dieser Grundsatz ist zwingend. Eine Übertragbarkeit von Mitverwaltungsrechten kann daher weder im Gesellschaftsvertrag wirksam vorgesehen noch etwa mit Zustimmung der übrigen Gesellschafter wirksam vorgenommen werden. Das folgt nach h. M.[71] aus dem Zweck der Bestimmung, der nicht nur dem Schutz der Mitgesellschafter vor einer Einmischung Dritter in Gesellschaftsangelegenheiten dient, sondern Ausdruck eines allgemeinen gesellschaftsrechtlichen Grundgedankens ist, wonach Mitverwaltungsrechte nicht von der Gesellschafterstellung gelöst werden können **(»Abspaltungsverbot«)**[72].

Deshalb gehen auch bei Abtretung übertragbarer Vermögensrechte nur der vermögensrechtliche Anspruch, nicht aber mit ihm zusammenhängende Mitverwaltungsrechte über, z. B. erwirbt der Zessionar eines Gewinnanspruchs kein Recht auf Mitwirkung bei der Gewinnfeststellung (RGZ 90, 19). Dieses könnte ihm aber **zusätzlich** durch Gesellschafterbeschluß eingeräumt werden (Hueck, OHG, § 17 IV 3)[73].

b) Der Grundsatz der Unübertragbarkeit von Mitverwaltungsrechten hindert nicht, im Gesellschaftsvertrag vorzusehen, daß die **Ausübung von Mitverwaltungsrechten durch Bevollmächtigte** erfolgen kann. Ohne diese Regelung bzw. ohne ad-hoc-Zustimmung der Gesellschafter sind Mitverwaltungsrechte höchstpersönlich auszuüben, weil die Gesellschafter die Einmischung Dritter gegen ihren Willen nicht zu dulden brauchen (Zweck des § 717 S. 1 BGB). Eine »verdrängende« bzw. »unwiderrufliche« oder eine solche Vollmacht an Dritte, die, ggf. im Zusammenwirken mit anderen Absprachen, einer unzulässigen Abspaltung gleichkommen würde, ist nicht wirksam möglich (BGHZ 3, 354; DB 1970, 247).

c) Soweit Mitgliedschaftsrechte unübertragbar sind, können sie weder Gegenstand eines Nießbrauchs[74] (§ 1069 II BGB) noch eines Pfandrechts (§ 1274 II BGB) sein und sind auch nicht pfändbar (§ 851 ZPO).

4. Individual- und Sozialrechtsbeziehungen

Die bisherige Betrachtung der Rechtsstellung des einzelnen Gesellschafters bezog sich auf die wichtigsten schuldrechtlichen Rechte und Pflichten. Offen ist, **wer** dem einzelnen Gesellschafter jeweils als Schuldner bzw. Gläubiger **gegenübersteht**. Dabei zeigen sich examensrelevante Besonderheiten.

---

71 Vgl. BGHZ 3, 354; 20, 363; 36, 292; MünchKomm/*Ulmer*, § 717 Anm. 7; *Fischer*, GroßKomm.HGB, 3. Aufl., § 109 Anm. 18; *Staudinger/Keßler*, BGB § 717 Anm. 22; vgl. auch *Wiedemann*, Die Übertragung und Vererbung von Mitgliedschaftsrechten bei Handelsgesellschaften, 1965, S. 276 ff.

72 Keine überzeugende Begründung des Abspaltungsverbotes bietet der BGH, wenn er dazu auf das »Wesen« der Personengesellschaften abstellt (BGHZ 3, 354, 357).

73 Der BGH (NJW 1960, 963) hat (bisher allerdings erst einmal) auch die Einräumung eines zusätzlichen Stimmrechts für zulässig gehalten. Zweifelhaft ist danach, nach welchen Kriterien sich bestimmt, ob eine unzulässige Abspaltung oder eine zulässige zusätzliche Einräumung anzunehmen ist. Vgl. zum Problem der Drittorganschaft D I c cc.

74 Weitergehend ist die Frage, ob ein Nießbrauch, der sich nicht auf die übertragbaren Vermögensrechte beschränkt, sondern den ganzen Gesellschaftsanteil erfaßt, mit Zustimmung aller Gesellschafter zulässig ist; bejahend BGHZ 58, 316, 318 f. und BB 1975, 295 (für Kommanditanteil); vgl. zum Meinungsstand MünchKomm/*Ulmer*, § 705 Anm. 82 ff.

a) Individual(rechts)beziehungen

Bedenkt man, daß sich Rechte und Pflichten des Gesellschafters allesamt aus dem Gesellschaftsverhältnis ergeben (Gesellschaftsvertrag als Schuldvertrag) und daneben keines weiteren Begründungstatbestandes bedürfen, so ergibt sich zwanglos, daß der Gesellschaftsvertrag Rechtsbeziehungen der Gesellschafter untereinander begründet, indem er die Gesellschafter **gegenseitig berechtigt und verpflichtet**[75].

Beispiel: A schuldet einen Beitrag von DM 20 000,–; B kann Erfüllung dieser Verpflichtung verlangen. Das bestätigen § 705 BGB (»verpflichten sich die Gesellschafter gegenseitig«) und § 717 BGB (»Ansprüche, die den Gesellschaftern ... gegeneinander zustehen«). So ist z. B. die Beitragspflicht, die Treue- und Geschäftsführungspflicht eine Pflicht eines Gesellschafters gegenüber jedem anderen Gesellschafter, wie sich etwa der Gewinnanspruch eines Gesellschafters gegen jeden Mitgesellschafter richtet. Rechte und Pflichten treffen den einzelnen als Partner des Gesellschaftsvertrages. Man kann insoweit von Individualbeziehungen sprechen (aber Vorsicht, die Terminologie ist nicht einheitlich)[76].

b) Sozial(rechts)beziehungen

Neben den Individualbeziehungen gibt es im Personengesellschaftsrecht[77] sog. Sozialbeziehungen[78]. Darunter versteht man **Rechtsbeziehungen zwischen dem einzelnen Gesellschafter und »der Gesellschaft«** aus dem Gesellschaftsvertrag. Es handelt sich dabei um dieselben Rechte und Pflichten wie bei den Individualbeziehungen, nur daß jetzt dem einzelnen Gesellschafter (als Gläubiger oder Schuldner) nicht jeder einzelne Mitgesellschafter, sondern »die Gesellschaft« als Schuldner oder Gläubiger gegenübersteht.

aa) Aus der Sicht der Gesellschaft unterscheidet man:

(1) **Sozialansprüche** (Ansprüche der Gesellschaft gegen einen Gesellschafter aus Gesellschaftsvertrag).

Wichtigste Beispiele: Anspruch auf Leistung der Beiträge (vgl. BGH, WM 1983, 929), auf Erfüllung der Geschäftsführungspflicht, der Treuepflicht sowie Schadensersatzansprüche bei Verletzung dieser Pflichten.

---

75 H. M.; vgl. nur *Westermann*, Rdz. 240; *Hueck*, OHG, § 18 II 3 beide m. w. N.; *Kübler*, § 6 II 3; *Hueck*, § 7 I 3; a. A. *Hadding* (JZ 1975, 159, 163; JuS 1977, 741; *Soergel/Hadding*, § 705 Anm. 47 ff.), der die Anerkennung von Individualansprüchen der Gesellschafter als mit dem Gesamthandsverhältnis unvereinbar erklärt; wie die h. M. dagegen *Flume*, Die Personengesellschaft, S. 142 ff. (der wie *Hadding* von der Theorie der kollektiven Einheit der Gesamthand ausgeht); wie *Hadding* jetzt MünchKomm/*Ulmer*, § 705 Anm. 153, 162 ff., 176 ff., der das Dilemma dadurch deutlich macht (a. a. O. Anm. 177), daß er zwar vertragliche Verpflichtungen zwischen den Gesellschaftern anerkennt, aber regelmäßig keine vertraglichen Leistungsansprüche zwischen ihnen.

76 Z. B. spricht *Westermann*, Rdz. 373, 374, von Individualbeziehungen, wenn ein Gesellschafter seiner Gesellschaft wie ein Dritter gegenübersteht. Dann sprechen wir von Drittbeziehungen; vgl. unten III 2 d.

77 Ausnahme: Die StG, weil es dort auch kein Gesellschaftsvermögen gibt.

78 Die nachfolgenden Grundsätze gelten gleichermaßen für die BGB-G sowie für OHG und KG; vgl. nur *Soergel/Schultze = v. Lasaulx*, § 705 Anm. 50 ff.; *Staudinger/Keßler*, § 705 Anm. 55 ff.; *Hueck*, OHG, § 18.

(2) **Sozialverpflichtungen** (Verpflichtungen der Gesellschaft gegenüber einem Gesellschafter aus Gesellschaftsvertrag).

Wichtigste Beispiele: Pflicht zur Gewinnauszahlung, zur Erstattung von Aufwendungen (BGH, NJW 1980, 339), zur Auszahlung des Auseinandersetzungsguthabens; aber auch die Pflicht, das Geschäftsführungsrecht, das Stimmrecht, das Informations- und Kontrollrecht eines Gesellschafters zu erfüllen.

bb) **Die rechtliche Begründung der Sozialrechtsbeziehungen** macht Schwierigkeiten.

Allerdings darf der Möglichkeit solcher Sozialbeziehungen nicht voreilig mit dem Hinweis begegnet werden, der BGB-G fehle, ebenso wie den Personenhandelsgesellschaften, die Eigenschaft, juristische Person zu sein. Letzteres ist zwar richtig, besagt aber, wie die Diskussion zur Theorie der Gesamthand zeigt (vgl. oben I 1 d), nur, daß diese Gesellschaften nicht selbst Rechtspersonen sind. Streitig ist hingegen, ob den Gesamthandspersonengesellschaften als solchen Rechtssubjektivität zukommt, was bedeutet, daß sie nicht nur im Außenverhältnis, sondern auch im Innenverhältnis (wie bei Sozialrechtsbeziehungen) Träger von Rechten und Pflichten sein könnten. **Die Theorie von der kollektiven Einheit der Gesamthand** (sog. **Gruppenlehre**) bejaht dies und hat deshalb mit der Erklärung von Sozialrechtsbeziehungen keine Schwierigkeiten. Ihr Problem ist es, das Nebeneinander von Individual- und Sozialrechtsbeziehungen zu erklären[79].

Nach der traditionellen **individualistischen Lehre** von der Gesamthand, der hier gefolgt wird, ist zwar auch die Gesamthand de jure immer gemeint, wenn bei Sozialrechtsbeziehungen (unscharf) von Rechten und Pflichten »der Gesellschaft« gesprochen wird. Da nach dieser Auffassung die Gesamthand jedoch nicht selbst rechtsfähig ist, ergeben sich Begründungsschwierigkeiten[80]. Das Gesetz ordnet das Prinzip gesamthänderischer Rechtszuständigkeit der Gesellschafter nur für die (dingliche) Beteiligung am Gesellschaftsvermögen an (§§ 718, 719 BGB). Vgl. dazu näher unten 5. Da das Gesellschaftsvermögen nur das Aktivvermögen umfaßt (vgl. § 718 I BGB), würde das bedeuten, daß auch im Innenverhältnis nur vermögenswerte Gegenstände von diesem Prinzip erfaßt würden, vornehmlich also Beitrags- und Schadensersatzansprüche aus Pflichtverletzungen (Sozialansprüche), die einen Teil des Gesellschaftsvermögens bilden. Die h. M. geht jedoch, größtenteils ohne nähere Begründung, darüber hinaus und wendet das Gesamthandsprinzip im Innenverhältnis insbes. auch auf alle nicht vermögenswerten Rechte und die Pflichten aus dem Gesellschaftsvertrag (Sozialverpflichtungen) an. Zur Begründung dieser Ausdehnung läßt sich auch seitens der individualistischen Gesamthandsvermögenslehre nur auf die **prägende Kraft des Gesamthandsprinzips** für Personengesellschaften verweisen. Nicht ausreichend wäre das Argument, ein Gesellschafter könne seinen Pflichten nur durch Leistung an die Gesamthand nachkommen (vgl. dazu d aa). Daraus folgt nämlich nicht zwingend, daß auch der Anspruch schon der Gesamthand zusteht. Ebenso kann daraus, daß die Gesellschafter für Sozialverpflichtungen nur mit dem Gesellschaftsvermögen haften (vgl. d cc), nicht zwingend geschlossen werden, daß bereits die Verpflichtung die Gesamthand trifft. Der Anerkennung von Sozialrechtsbeziehungen steht hingegen nicht entgegen, daß jeweils ein Gesellschafter auf beiden Seiten des Rechtsverhältnisses steht: Er ist etwa Gläubiger und in der gesamthänderischen Verbundenheit mit den anderen Gesellschaftern zugleich Schuldner eines Anspruchs (z. B. eines Gewinnanspruchs): Die Verselbständigung »der Gesellschaft« in der Form der Gesamthandsgemeinschaft gestattet Rechtsbeziehungen zwischen

---

79 Vgl. *Hadding* und *Flume* wie FN 75.

80 Krit. insbes. *Buchner*, Zur rechtlichen Struktur der Personengesellschaften, AcP 169 (1969), 483, 503 ff.

ihr und ihren einzelnen Mitgliedern auch nach der individualistischen Lehre (Hueck, OHG, § 18 I S. 258).

c) Übersicht

Das für Personengesellschaften typische Nebeneinander von Individual- und Sozialbeziehungen führt zu folgender Übersicht:

Jede Pflicht eines einzelnen Gesellschafters aus dem Gesellschaftsvertrag korrespondiert mit einem Anspruch jedes anderen Gesellschafters (Individualanspruch)[81] und zugleich mit einem Sozialanspruch.

Umgekehrt entspricht jedem Anspruch eines einzelnen Gesellschafters aus dem Gesellschaftsvertrag eine Verpflichtung jedes anderen Gesellschafters (Individualverpflichtung) und zugleich eine Sozialverpflichtung.

d) Besonderheiten

Beim Nebeneinander von Individualanspruch/Sozialanspruch bzw. Individualverpflichtung/Sozialverpflichtung sind **drei wichtige Besonderheiten** zu beachten (praktisch kommt es nur auf diese an):

aa) **Individualansprüche richten sich** nicht auf Leistung an den einzelnen Gesellschafter persönlich, sondern – wie der inhaltsgleiche Sozialanspruch – **auf Leistung an die Gesamtheit der Gesellschafter**[82] (d. h. in das Gesellschaftsvermögen). Das folgt aus dem Zweck gesellschaftsvertraglicher Leistungsverpflichtungen, die der Erreichung des gemeinsamen Gesellschaftszweckes dienen sollen und daher gegenüber allen anderen Gesellschaftern bestehen. Bei vermögenswerten Leistungen ist zudem zu beachten, daß der (inhaltsgleiche) Sozialanspruch Teil des Gesellschaftsvermögens ist, das den Gesellschaftern gesamthänderisch und nicht individuell zusteht; vgl. unter 5 a. Mit der Erfüllung des Individualanspruches erlischt zugleich der entsprechende Sozialanspruch.

bb) Str. ist, **inwieweit ein Gesellschafter Individualansprüche überhaupt geltend machen** kann. Problematisch ist dies wegen des Nebeneinanders von Individualanspruch und inhaltsgleichem Sozialanspruch, für dessen Geltendmachung die Organisationsregelung der Gesellschaft, insbes. die Ausgestaltung der Geschäftsführungsbefugnis (bei gerichtlicher Geltendmachung die Vertretungsbefugnis) entscheidend ist. Diese Regelung könnte aus den Angeln gehoben und die Geschäftsführung gestört werden, wenn

---

81 Zur Terminologie: Um das typische Nebeneinander von Sozialverpflichtung/Individualverpflichtung und Sozialanspruch/Individualanspruch terminologisch klar zum Ausdruck zu bringen, wird bewußt darauf verzichtet, Pflicht bzw. Anspruch des Gesellschafters, der der Gesellschaft jeweils als einzelner gegenübersteht, Individualverpflichtung bzw. -anspruch zu nennen.

82 H. M.; vgl. BGHZ 25, 47, 49; WM 1971, 723, 725. Hiervon läßt die Rspr. dann eine Ausnahme zu, wenn bei einer Abwicklungsgesellschaft durch die geforderte Leistung das Ergebnis der Auseinandersetzung mit den anderen Gesellschaftern in zulässiger Weise vorweggenommen und dadurch ein weiteres Auseinandersetzungsverfahren vermieden wird.

jeder Gesellschafter ohne Rücksicht auf seine Geschäftsführungsbefugnis Mitgesellschafter in eigenem Namen auf Erfüllung gesellschaftsvertraglicher Pflichten in Anspruch nehmen könnte. Hauptsächlich stehen sich zwei Auffassungen gegenüber:

(1) Nach h. M.[83] hat grundsätzlich jeder Gesellschafter das Recht zur (ggf. gerichtlichen) Geltendmachung eines Individualanspruchs (gerichtet auf Leistung an die Gesamtheit der Gesellschafter; vgl. oben aa). Diese Befugnis, die den Charakter eines bes. Mitverwaltungsrechts gewinnt, nennt man: **actio pro socio;** man spricht von der Gesellschafterklage, wobei jedoch dogmatisch wichtig ist zu erkennen, daß mit der actio pro socio der einzelne Gesellschafter einen eigenen (Individual-)Anspruch auf Erfüllung gesellschaftsvertraglicher Verpflichtungen geltend macht und nicht den entsprechenden Sozialanspruch auf Leistung an die Gesellschaft im eigenen Namen. Deshalb ist die actio pro socio kein Problem der Prozeßführungsbefugnis (als Zulässigkeitsvoraussetzung einer Klage)[84]. Weil sie jedoch die Geschäftsführungsbefugnis stören kann, bedarf sie unter dem Gesichtspunkt der Interessenabwägung der materiellrechtlichen **Begrenzung**. Die h. M. hilft mit § 242 BGB: Der In-Anspruch-Genommene kann sich damit verteidigen, daß die Geltendmachung des Individualanspruchs gegen die gesellschaftsrechtliche Treuepflicht verstößt oder die interne Organisationsregelung mißachtet[85].

(2) Nach einer von einer Minderheit vertretenen Meinung gebührt der Ordnung der Kompetenzen in der Gesellschaft grundsätzlich der Vorrang. Danach kommt eine actio pro socio **nur ausnahmsweise** in Betracht, wenn ein wichtiger Grund vorliegt bzw. der Prozeß der internen Gesamtwillensbildung nicht funktioniert oder nicht funktionieren kann[86], z. B. wenn der allein geschäftsführungs- und vertretungsberechtigte Gesellschafter in Anspruch genommen wird (etwa wegen Verletzung seiner

---

83 Vgl. BGHZ 10, 91, 100; 25, 47, 49; WM 1971, 723 (für die Abwicklungsgesellschaft); WM 1972, 1229; DB 1985, 2037; aus der Lit. statt vieler *Hueck*, OHG, § 18 II 3; *Westermann*, Rdz. 246; *Flume*, Die Personengesellschaft, S. 142 und die Übersicht JA 1972, S. 69 ff.; weitere Nachweise bei MünchKomm/*Ulmer*, § 705 FN 493.

84 A. A. vom Standpunkt der Theorie von der kollektiven Einheit der Gesamthand (Gruppenlehre) konsequent MünchKomm/*Ulmer*, § 705 Anm. 169 ff. und *Soergel/Hadding*, § 705 Anm. 50, die die Anerkennung von Individualrechtsbeziehungen, die mit den Sozialrechtsbeziehungen korrespondieren, ablehnen. Konsequenz der Annahme »gesetzlicher Prozeßstandschaft« ist, daß die Klage unzulässig wird, sobald der Kläger aus der BGB-G ausscheidet (OLG Karlsruhe, NJW 1995, 1296). Nach der Gegenauffassung ist die Klage hingegen als unbegründet abzuweisen, weil dem Kläger der Anspruch nicht mehr zusteht, wenn er ausgeschieden ist (zutr. *Früchtl*, NJW 1996, 1327).

85 Vgl. BGHZ 25, 47, 50, wo mit Recht weitergehende Einschränkungen des RG (vgl. RGZ 171, 51) aufgegeben werden. Zur weitergehenden Einschränkung hinsichtlich gesellschaftsvertraglich geschuldeter ordnungsgemäßer Geschäftsführung vgl. BGH, DB 1980, 1114 und dazu *Grunewald*, BB 1981, 407.

86 *Reinhardt*, Gesellschaftsrecht, 1. Aufl., Rdz. 167, im Anschluß an *Hadding*, Actio pro socio, 1966, S. 57 ff.; *Nitschke*, ZHR 128, 48, 84 f., 89; so jetzt auch MünchKomm/*Ulmer*, § 705 Anm. 173; *Soergel/Hadding*, § 705 Anm. 50. Der BGH (NJW 1992, 1890, 1892) hat die Frage offengelassen, aber doch betont, daß die actio pro socio immer Ausfluß des Mitgliedschaftsrechts des Gesellschafters ist.

Geschäftsführungspflicht). Im praktischen Ergebnis unterscheiden sich beide Auffassungen nur hinsichtlich der Beweislast für die Rechtfertigung der actio pro socio im Einzelfall; sie trifft nach Ansicht der Minderheit den Kläger.

Merke: Die actio pro socio kommt nur bei inhaltsgleichem Individual- und Sozialanspruch aus dem Gesellschaftsvertrag in Betracht, nicht, wenn ein Gesellschafter einen ihm aus sonstigem Grunde gegen einen Mitgesellschafter zustehenden Anspruch geltend macht (z. B. einen Anspruch auf Stimmabgabe in bestimmter Weise aus einem gültigen Stimmrechtsbindungsvertrag) oder wenn ein Gesellschafter wie ein Dritter zur Gesellschaft in Rechtsbeziehungen tritt (Drittbeziehungen) und aus dieser Rechtsbeziehung heraus (nicht aus dem Gesellschaftsvertrag) einen Mitgesellschafter in Anspruch nimmt, z. B. aus Darlehen, Kauf-, Miet-, Werk- oder Dienstvertrag (vgl. dazu unten III 2 d).

Literatur: *Hadding*, Actio pro socio. Die Einzelklagebefugnis des Gesellschafters bei Gesamthandsansprüchen aus dem Gesellschaftsverhältnis, 1966; *ders.*, JZ 1975, 159; *Fromm*, JA 1974, 797; *Nitschke*, ZHR 128 (1965), 48; *Hassold*, Actio pro socio, JuS 1980, 32; *Th. Raiser*, ZGR 1989, 1; *Grunewald*, Die Gesellschafterklage in der Personengesellschaft und der GmbH, 1990; *Höfler*, Die actio pro socio, JuS 1992, 388.

cc) Für Individualverpflichtungen und inhaltsgleiche Sozialverpflichtungen gilt die weitere Besonderheit, daß die Mitgesellschafter dem berechtigten einzelnen nicht persönlich, sondern nur mit dem Gesellschaftsvermögen haften[87]. So wie Individual- und Sozialanspruch auf Leistung an die Gesellschaft (in das Gesamthandsvermögen) gerichtet sind, so sind Individual- und Sozialverpflichtung **Verpflichtungen auf Leistungen aus dem Gesellschaftsvermögen.** Das wird durch Auslegung aus dem Inhalt gesellschaftsvertraglicher Verpflichtungen hergeleitet, insbes. aus § 707 BGB, wonach die Gesellschafter nicht zur Beitragserhöhung oder Einlageergänzung verpflichtet sind.

Zur Befriedigung aus dem Gesellschaftsvermögen genügt bei der BGB-G in Modifizierung des § 736 ZPO ein Titel gegen die übrigen Gesellschafter[88], bei OHG und KG ist ein Titel gegen die Gesellschaft erforderlich (§§ 124 II, 161 II HGB). Bei OHG und KG hat diese Haftungsbeschränkung die weitere Folge, daß § 128 HGB bei Sozialverpflichtungen keine Anwendung findet[89].

(1) Str. ist, ob diese Haftungsbeschränkung auch dann noch gilt, wenn das Gesellschaftsvermögen nicht ausreicht. Das ist wegen § 707 BGB mit der h. M. zu bejahen[90]. Der Berechtigte muß warten, bis die Auflösung der

87 Vgl. BGHZ 37, 299; WM 1971, 1451, 1452; NJW 1980, 339; aus der Lit. statt vieler *Hueck*, OHG, § 18 III 2; *Westermann*, Rdz. 373.

88 H. M., weil der Kläger, der selbst am Gesellschaftsvermögen beteiligt ist, sich nicht selbst verklagen muß; vgl. etwa *Staudinger/Keßler*, BGB, § 705 Anm. 78; *Soergel/Hadding*, § 705 Anm. 52; MünchKomm/*Ulmer*, § 705 Anm. 162.

89 Vgl. BGH, WM 1971, 1451, 1452, wo der BGH aber zu Recht betont, daß diese Beschränkungen nur für die Dauer der Gesellschaft und nur für die der Gesellschaft angehörenden Gesellschafter gilt. Deshalb kann ein ausgeschiedener Gesellschafter seine früheren Mitgesellschafter persönlich nach § 128 HGB in Anspruch nehmen.

90 Vgl. MünchKomm/*Ulmer*, § 705 Anm. 162 m. w. N.; zweifelnd *Buchner*, AcP 169 (1969), S. 483, 506.

Gesellschaft seinen Anspruch befriedigt oder bei Verlustbeteiligung berücksichtigt wird.

(2) Die Haftungsbeschränkung gilt nicht, wenn ein Gesellschafter, der im Außenverhältnis in Anspruch genommen wurde (z. B. eine Kaufpreisschuld »der Gesellschaft« freiwillig oder gezwungenermaßen bezahlt hat), im Innenverhältnis Ausgleichsansprüche nach § 426 I BGB geltend macht. Vgl. dazu D II 2 b.

5. Das Gesellschaftsvermögen (»dingliche« Seite der Mitgliedschaft)

Literatur: *Buchda*, Geschichte und Kritik der deutschen Gesamthandslehre, 1936; *J. Blomeyer*, JR 1971, 397; *Schulze-Osterloh*, Das Prinzip der gesamthänderischen Bindung, 1972; *Schünemann*, Grundprobleme der Gesamthandsgesellschaft, 1975; *Hennecke*, Das Sondervermögen der Gesamthand, 1976; *Flume*, Die Personengesellschaft, S. 68 ff.; *Weber-Grellet*, Die Gesamthand – Ein Mysterienspiel?, AcP 1982, 316; *Karsten Schmidt*, Die Vermögensordnung der Gesamthands-BGB-Gesellschaft, JZ 1985, 909.

Ein Gesellschaftsvermögen ist nicht erforderlich. Soweit es – wie meist – vorhanden ist, dient es der Verfolgung des Gesellschaftszweckes. Mit diesem Ziel hat es der Gesetzgeber zu einem Sondervermögen ausgestaltet, das vom jeweiligen Privatvermögen der Gesellschafter abzugrenzen ist. Als Haftungsgrundlage ist das Gesellschaftsvermögen im Grunde entbehrlich, weil – anders als bei juristischen Personen – die Gesellschafter grundsätzlich (auch) persönlich haften (vgl. dazu III 3).

Gesellschaftsvermögen ist nach § 718 I BGB das **gemeinschaftliche Vermögen der Gesellschafter.**

Dazu stellen sich insbes. zwei Fragen:

(1) *Wie* ist das Gesellschaftsvermögen den Gesellschaftern zugeordnet?
(2) *Was* gehört zum Gesellschaftsvermögen?

a) Das Gesellschaftsvermögen als Gesamthandsvermögen

Es besteht Einigkeit darüber, daß der Gesetzgeber in § 718 I BGB (»gemeinschaftliches Vermögen der Gesellschafter«) das **Gesamthandsprinzip** (ohne den Ausdruck zu verwenden) in das Recht der BGB-G (und über § 105 III bzw. §§ 161 II, 105 III HGB auch in das Recht der OHG und KG und über § 1 IV PartGG und § 1 EWIV-Ausführungsgesetz auch für Partnerschaft und EWIV) aufgenommen hat. Man spricht deshalb auch allgemein vom »Gesamthandsvermögen« oder davon, daß das Vermögen den Gesellschaftern gesamthänderisch (zur gesamten Hand) zugeordnet ist, und darüber hinaus nennt man deswegen BGB-G, OHG, KG, Partnerschaft und EWIV auch Gesamthandsgesellschaften. Höchst streitig ist jedoch, ob für das Verständnis des Gesamthandsprinzips von dem **Gesamthandsvermögen als Objekt** oder von der **Gesamthand als Rechtssubjekt** auszugehen ist (vgl. dazu oben I 1 d).

Da alle gesetzlichen Regeln, die die Gesamthand inhaltlich ausgestalten (neben der Verankerung der Gesamthandszuständigkeit und der Abgrenzung des Umfangs des Gesamthandsvermögens in § 718 BGB sind dies namentlich: Verfügungs- (§ 719 I BGB) und Vollstreckungsbegrenzungen (§§ 736, 859 I ZPO); Festlegung des sog. An- und Abwachsungsprinzips in § 738 I BGB; die Liquidationsvorschriften §§ 731 ff.), ausschließlich vermögensrechtliche Bestimmungen enthalten, sieht die traditionelle (noch) h. M. im Gesamthandsprinzip zu Recht ein bloßes Vermögenszuordnungsprinzip und im Gesamthandsvermögen bloß ein Sondervermögen, dem als Haftungsmasse rechtliche Relevanz zukommt. Die Gegenmeinung sieht demgegenüber die gesetzliche Regelung als fragmentarisch in dem Sinne an, daß sie lediglich die vermögens- oder (anschaulicher) sachenrechtliche Komponente des gesellschaftsrechtlichen Zentralbegriffs »Gesamthand« regele, so daß die gesetzlichen Regelungslücken darüber hinaus aus dem Gesamthandsprinzip zu schließen seien, das man als deutschrechtliches Rechtsinstitut zu kennen meint und das neben vermögensrechtlichen auch personenrechtliche Elemente enthalte (MünchKomm/Ulmer, § 718 Anm. 2).

Konsequenz dieser unterschiedlichen Ansätze:

aa) **Die Gesamthandsvermögenslehre** (noch immer h. M.) sieht das Gesamthandsvermögen als ein Sondervermögen an, das, wie § 718 I BGB definiert, »gemeinschaftliches Vermögen der Gesellschafter ist«. **Zuordnungssubjekte des Vermögens** (Träger der Vermögensrechte) **sind die Gesellschafter**. Doch was bedeutet »gemeinschaftliche« (»gesamthänderische«) Rechtszuständigkeit?

(1) Über deren Bedeutung macht das Gesetz keine positive Aussage. Es beschränkt sich darauf, die gesamthänderische Bindung der Gesellschafter in § 719 I BGB durch Verfügungsverbote zu normieren, nämlich

Verbot 1: Ein Gesellschafter kann nicht über seinen Anteil am Gesellschaftsvermögen verfügen;

Verbot 2: Ein Gesellschafter kann nicht über seinen Anteil an den einzelnen dazugehörenden Gegenständen verfügen.

Außerdem bestimmt § 719 I 2. Halbs. BGB, daß der einzelne Gesellschafter **nicht berechtigt** ist, **Teilung zu verlangen.** § 719 I BGB, namentlich beide Verfügungsverbote, sind zwingendes Recht[91]; sie machen den rechtlich relevanten Kern der Gesamtzuständigkeit aus. Eine entgegen den Verboten vorgenommene Verfügung ist nichtig (§ 134 BGB). Ausnahme: die Pfändbarkeit des Anteils am Gesellschaftsvermögen nach § 859 I ZPO.

Gleichwohl besteht heute Einigkeit darüber, daß sich die Gesamthandszuständigkeit nicht als bloßes Verfügungsverbot kennzeichnen läßt, zumal teilweise bezweifelt wird, ob es

91 Die h. M. hält dagegen Verbot 1 für nicht zwingend. Diese Auff. beruht jedoch auf einer unzutreffend-verkürzenden Gleichsetzung des »Anteils am Gesellschaftsvermögen« mit »der Gesellschafterstellung«, die nach heute h. M. übertragbar ist, wenn alle Gesellschafter zustimmen (vgl. unten V 3). Übertragbar ist aber nur die Gesellschafterstellung im ganzen, niemals nur die einen Teilbereich davon ausmachende gesamthänderische Beteiligung am Gesellschaftsvermögen. Verbot 1 besagt demnach, daß Gesellschafterstellung und Anteil am Gesellschaftsvermögen untrennbar miteinander verbunden sind. So auch *Westermann*, Rdz. 282; *Soergel/Hadding*, § 719 Anm. 2 ff.

überhaupt (ideelle) Anteile der Gesellschafter an den einzelnen zum Gesellschaftsvermögen gehörenden Gegenständen gibt[92]. Im Gegensatz dazu wird allerdings der Anteil am ganzen Gesellschaftsvermögen als Ausdruck der dinglichen Seite der Mitgliedschaft, nicht aber als dingliches Anteilsrecht, anerkannt!

(2) Die Beantwortung der Frage, wie das Gesellschaftsvermögen den Gesamthändern nach (noch) h. M. positiv zugeordnet ist (Parallelfrage: Wie ist das Bruchteilseigentum mehreren Personen zugeordnet? Vgl. §§ 741, 743, 747 BGB), hat zwei rechtliche Bezugspunkte zu beachten:

- Einmal, daß das Gesellschaftsvermögen ein gegenüber dem Privatvermögen der Gesellschafter abgegrenztes Sondervermögen ist (arg. dafür: §§ 718 II, 719 II BGB).
- Zum anderen, daß das Gesellschaftsvermögen keine verfügbaren Anteile der einzelnen Gesellschafter kennt, weder am Gesellschaftsvermögen im ganzen noch an den einzelnen dazugehörenden Gegenständen, und grundsätzlich unteilbar ist (§ 719 I BGB).

Daraus ist abzuleiten: Das Sondervermögen (genauer: die einzelnen zum Sondervermögen gehörenden Vermögensgegenstände) ist allen Gesellschaftern als Ganzes (ungeteilt und unteilbar) zugeordnet; diese können daher nur gemeinsam (ggf. durch ihre Funktionsträger in Geschäftsführung und Vertretung) über Gegenstände des Gesellschaftsvermögens verfügen[93].

»Gemeinschaftliche« Rechtszuständigkeit (Gesamthandszuständigkeit) **bedeutet** danach: Jeder Gesellschafter ist dinglich Träger eines jeden zum Gesellschaftsvermögen gehörenden Gegenstandes, beschränkt nur dadurch, daß auch alle Mitgesellschafter zugleich Träger desselben Rechtes sind.

Dabei stört nicht, daß die Gesamthandsberechtigung individueller Herrschaftsmacht des einzelnen Gesellschafters wenig Raum läßt und die Entscheidungsbefugnis weitgehend auf die Funktionsträger im Gesellschaftsverhältnis verlagert. Denn das ist gerade der Zweck, den das Gesetz mit der gesamthänderischen Vermögenszuordnung erreichen will: das Vermögen zur Verfolgung des Gesellschaftszweckes möglichst zusammenzuhalten.

bb) Demgegenüber erkennt die **Lehre von der kollektiven Einheit** (sog. Gruppenlehre) die Gesamthandsgesellschaft (die Gruppe der in der Gesellschaft verbundenen Gesellschafter) als solche als Rechtssubjekt, d. h. als Träger von Rechten und Pflichten an. Die **Gesamthandsgesellschaft** ist danach zwar nicht juristische Person, aber rechtsfähig mit der Folge, daß sie **als solche der eigentliche Träger des Gesellschaftsvermögens** ist und deshalb bereits bei der Gesamthand die unmittelbare Handlungs- und Rechtszuständigkeit endet; die Gesellschafter je persönlich haben danach unmit-

92 Vgl. MünchKomm/*Ulmer*, § 719 Anm. 6; *Staudinger/Keßler*, BGB, § 719 Anm. 9.

93 In Übereinstimmung damit behalten auch die vollstreckungsrechtlichen Vorschriften der §§ 736, 859 I ZPO den Zugriff auf das Gesamthandsvermögen den gemeinsamen Gläubigern vor und verweisen die Privatgläubiger der Gesellschafter auf den Weg der Anteilspfändung mit anschließender Verwertungsmöglichkeit nach § 725 BGB.

telbar keinen Anteil am Gesamthandsvermögen oder dessen einzelnen Gegenständen. Diese Lehre ist nicht vorzugswürdig (vgl. oben I 1 d bb).

b) Was gehört zum Gesellschaftsvermögen?

Nur das **Aktivvermögen**[94] (nicht: Verbindlichkeiten), also alle vermögenswerten Gegenstände, insbes. Sachen und Rechte aller Art (z. B. Forderungen, gewerbliche Schutzrechte, Nutzungsrechte), aber auch Werte tatsächlicher Art, wie z. B. Kundenbeziehungen, Know-how. § 718 BGB bestimmt im einzelnen, welche Gegenstände zum Vermögen der BGB-G gehören. Die Vorschrift gilt auch für OHG und KG (§§ 105 III, 161 II HGB), für die Partnerschaft (§ 1 IV PartGG) und die EWIV (§ 1 EWIV-Ausführungsgesetz). Da das Gesellschaftsvermögen somit nicht nur Rechte an Sachen erfaßt, ist die Bezeichnung der Beteiligung an ihm »als dingliche Seite der Mitgliedschaft« zu eng, aber anschaulicher als »vermögensrechtliche Seite der Mitgliedschaft«.

aa) Die **Beiträge der Gesellschafter** (§ 718 I BGB). Dabei ist aber zu unterscheiden: Sind die Beiträge noch nicht geleistet, so gehört doch bereits ohne weiteres die Forderung auf die Beitragsleistung gegen die einzelnen Gesellschafter zum Gesamthandsvermögen (heute allg. Meinung)[95], es handelt sich um Sozialansprüche; vgl. oben II 4 b. Geleistete Beiträge gehören aufgrund des jeweils zugrundeliegenden dinglichen Erwerbstatbestandes zum Gesellschaftsvermögen, soweit Gegenstände der Gesellschaft nicht nur zum Gebrauch überlassen sind (vgl. § 706 II BGB). Sachen und Rechte, die als Beiträge versprochen sind, fallen nämlich *nicht automatisch* ins Gesellschaftsvermögen (dessen Entstehung beruht nicht auf Gesetz!), sondern werden von der Gesellschaft nach den allgemeinen Erwerbstatbeständen durch Verfügung erworben, z. B. Forderungen nach § 398 BGB, bewegliche Sachen nach § 929 BGB, Rechte an Grundstücken nach § 873 BGB. Das Erfordernis eines Erwerbstatbestandes erklärt sich daraus, daß das Gesellschaftsvermögen ein selbständiges Sondervermögen darstellt (Gesamthandsvermögen), und deshalb mit der Beitragsleistung ein Wechsel der Rechtszuständigkeit vom Gesellschafter auf die Gesamthand verbunden ist.

Z. B. ist deshalb auch Eigentumsübertragung (Auflassung und Eintragung, §§ 873, 925 BGB) erforderlich, wenn sich sämtliche Gesellschafter verpflichtet haben, ein ihnen als Miteigentümer gehörendes Grundstück in die Gesellschaft einzubringen. Auch hier ändert sich die Rechtszuständigkeit: Ideelles Bruchteilseigentum (§§ 741, 747 BGB) wird zu Gesamthandseigentum. Vgl. zum Erfordernis der Auflassung und Eintragung bei einer Über-

---

94 Das ergibt sich eindeutig aus § 718 BGB und entspricht auch dem allg. bürgerlich-rechtlichen Vermögensbegriff, wird aber in der Lit. kaum betont; vgl. *Buchner*, AcP 169 (1969), 483, 491 m. w. N. Der BGH (WM 1981, 359, 360) hat allerdings unter Hinweis auf die »erworbenen Gegenstände« im Wortlaut des § 718 I BGB auch Pflichten zum Gesellschaftsvermögen gerechnet; das überzeugt indes nicht (vgl. auch MünchKomm/*Ulmer*, § 718 Anm. 15). Auch nach der Theorie von der kollektiven Einheit (Gruppenlehre) folgt nicht zwingend, daß Verbindlichkeiten zum Gesellschaftsvermögen i. S. des § 718 BGB zu rechnen sind, nur weil ihr Träger (auch) die Gesamthand ist.

95 Z. B. RGZ 111, 77, 83; *Staudinger/Keßler*, BGB, § 705 Anm. 56; *Soergel/Hadding*, § 718 Anm. 10; MünchKomm/*Ulmer*, § 718 Anm. 12.

tragung eines Grundstücks von einer BGB-G auf eine aus denselben Gesellschaftern bestehende andere BGB-G KG, NJW-RR 1987, 1321.

bb) **»Die durch die Geschäftsführung für die Gesellschaft erworbenen Gegenstände«** (§ 718 I 2. Fall BGB). Dieser Wortlaut ist nicht eindeutig. Er erweckt den Eindruck (indem das Gesetz vom Erwerb »durch Geschäftsführung«, nicht durch Vertretung spricht), als trete ein automatischer Vermögenserwerb ein, wenn ein Gesellschafter im Rahmen seiner Geschäftsführungstätigkeit für die Gesellschaft handelt. Das ist jedoch nicht der Fall. Mit der h. M. kann auch § 718 I 2. Fall BGB nicht als eigenständiger (gesetzlicher) Erwerbstatbestand anerkannt werden[96]. Das folgt schon daraus, daß die Vorschrift von »erworbenen Gegenständen« spricht. Die Gesellschaft erwirbt aber nur nach den allgemeinen Erwerbstatbeständen (z. B. §§ 398, 929, 873 BGB). § 718 I 2. Fall BGB besagt danach nur, daß die Gesellschafter zur gesamten Hand (»die« Gesellschaft nach der Lehre von der kollektiven Einheit der Gesamthand) erwerben, wenn sie nach allgemeinen Erwerbsgrundsätzen gemeinschaftlich erwerben.

(1) Für den **rechtsgeschäftlichen Erwerb** bedeutet dies, daß § 718 I BGB weder die Offenlegungspflicht nach § 164 II BGB noch etwa die vom Gesetz allgemein vorgesehene Offenlegung einer Verfügung über Sachen durch Besitzerwerb bzw. Grundbucheintragung suspendiert. Rechtsgeschäftlich erwirbt mithin die Gesamthand nur, wenn im Namen der Gesellschafter (bzw. der Gesellschaft) gehandelt worden ist (Ausnahme: wenn die Grundsätze des »Geschäfts, wen es angeht« Anwendung finden), wenn die Gesellschafter bei beweglichen Sachen Besitz[97] erlangen bzw. mit Eintragung der Gesellschafter mit dem Zusatz »als Gesellschafter einer BGB-G« im Grundbuch bei Grundstücksrechten (§ 47 GBO); die BGB-G kann nicht ins Grundbuch eingetragen werden, sie ist nicht grundbuchfähig (anders ist dies wegen der weitergehenden Verselbständigung bei OHG und KG).

Beispiel: Erwirbt ein geschäftsführender Gesellschafter für die Gesellschaft ein Grundstück, das im Grundbuch auf seinen Namen eingetragen wird, so gehört das Grundstück nicht zum Gesellschaftsvermögen. Der Geschäftsführer ist jedoch nach §§ 713, 667 BGB verpflichtet, das Grundstück auf die Gesellschaft zu übertragen. Dieser Sozialanspruch rechnet zum Gesellschaftsvermögen.

(2) Bei **nicht rechtsgeschäftlichem** Handeln ist erforderlich, daß gerade die Gesellschafter die Voraussetzungen des gesetzlichen Erwerbstatbestandes erfüllen. So können sie z. B. nach § 950 BGB Eigentum erwerben, wenn die Verarbeitung in ihrem Geschäftsbetrieb erfolgt.

cc) **Surrogate des Gesellschaftsvermögens** (§ 718 II BGB), wie Früchte, Entschädigungs-, Versicherungs- und Enteignungsansprüche.

dd) § 718 BGB wird von der h. M.[98] zu Recht nicht als abschließende Aufzählung verstanden; z. B. können OHG und KG (nicht die BGB-G) auch als Erbe oder Vermächtnisnehmer mit dem Erbfall Vermögen erwerben.

---

96 Vgl. für die h. M. etwa *Hueck*, OHG, § 16 III 2; *Soergel/Hadding*, § 718 Anm. 11; MünchKomm/*Ulmer*, § 718 Anm. 14; abweichend insbes. *Enneccerus/Lehmann*, Schuldrecht, § 179 I 2 (S. 747); *Lehmann/Dietz*, S. 104; diff. *Westermann*, Rdz. 285.

97 Zur Vertiefung von Fragen des Besitzes bei der Gesamthandsgesellschaft vgl. *Steindorff*, FS f. Kronstein, 1967, S. 151; *Flume*, Die Personengesellschaft, S. 75; BGH, BB 1983, 1248, 1810.

98 Vgl. *Hueck*, OHG, § 16 III 4; *Staub/Ulmer*, § 105 Anm. 278.

6. Der Kapitalanteil

Von der »dinglichen« Gesamthandsberechtigung ist die wertmäßige Beteiligung eines Gesellschafters am Gesellschaftsvermögen zu unterscheiden.

Das BGB verwendet den Begriff »Kapitalanteil« nicht (anders das OHG- und KG-Recht). Es ist aber in der Praxis häufig, daß der Gesellschaftsvertrag insbes. die Gewinn- und Verlustbeteiligung, aber auch das Stimmrecht, nach der Kapitalbeteiligung bemißt.

Der Kapitalanteil hat keinerlei sachenrechtliche Bedeutung. Er stellt auch keine Forderung oder, wenn er negativ ist, keine Verbindlichkeit eines Gesellschafters dar. Er ist vielmehr eine **Rechnungsgröße**, d.h. ein auf eine bestimmte Geldsumme lautender Betrag, **der die wertmäßige Beteiligung eines Gesellschafters am Gesellschaftsvermögen im Verhältnis zu den Mitgesellschaftern ausdrückt.**

Über den Kapitalanteil eines jeden Gesellschafters wird ein Kapitalkonto[99] geführt, auf das bei der Gründung zunächst die Einlage in einem von den Gesellschaftern frei[100] zu bestimmenden Geldwert, später die Gewinne gutgeschrieben und die Verluste und Entnahmen abgebucht werden, so daß die Höhe eines Kapitalanteils jeweils am saldierten Kontostand abgelesen werden kann.

Beispiel: Der Gesellschaftsvertrag einer BGB-G sieht vor, daß der Gewinn nach Maßgabe der Kapitalanteile verteilt und gutgeschrieben wird. A hat DM 100 000,– bar, B ein mit DM 200 000,– bewertetes Grundstück eingebracht. Beträgt der Gewinn im 1. Jahr DM 30 000,–, so erhält A DM 10 000,– , B DM 20 000,–. A hat dann einen Kapitalanteil von DM 110 000,–, B von DM 220 000,–.

Literatur: *U. Huber*, Vermögensanteil, Kapitalanteil und Gesellschaftsanteil an Personengesellschaften des Handelsrechts, 1970; HGB-Kommentare zu § 120 HGB.

III. Die Außenbeziehungen bei der BGB-G

Für die Beurteilung von Rechtsbeziehungen zu Dritten ist es von entscheidender Bedeutung, daß die BGB-G zwar nach ganz h.M. nicht juristische Person ist, vom Gesetz (im Gegensatz zu OHG und KG gemäß § 124 I HGB) auch nicht wie eine solche behandelt wird, daß aber zwischen der »individualistischen Gesamthands(vermögens)lehre« und der »Lehre von der kollektiven Einheit der Gesamthand« (sog. Gruppenlehre) höchst streitig ist, ob die BGB-G (i.S. der Gesamthand als Gruppe) als solche Rechtssubjekt ist, d.h. als solche Träger von Rechten und Pflichten sein kann, oder ob insoweit immer nur die Gesellschafter als Rechtssubjekte in Betracht kommen (mit der Besonderheit, daß für gemeinsame Vermögensrechte das Gesamthand-

99 Im Gegensatz zum Kapitalkonto weisen die in der Praxis daneben vielfach geführten Darlehenskonten im Zweifel echte Forderungen und Schulden der Gesellschafter gegen »die« Gesellschaft aus; vgl. BGH, BB 1978, 630. Zur Abgrenzung der Konten vgl. *Salje*, DB 1978, 1115.

100 Bis zur Grenze des § 138 BGB; vgl. BGH, WM 1974, 1151.

sprinzip als Zuständigkeitsordnung zu beachten ist). In diesem Streit gebührt der »individualistischen Gesamthands(vermögens)lehre« der Vorzug (vgl. oben I 1 d bb). Gleichwohl sind die Auswirkungen dieses Theorienstreits gerade im Außenverhältnis aufzuzeigen. Insbes. ist zu analysieren, welche unterschiedlichen Auswirkungen es hätte, wenn der BGB-G (zumindest in bestimmten Erscheinungsformen) Rechtsfähigkeit zuzubilligen wäre.

1. Name

Ein besonderes **Namensrecht der BGB-G besteht nicht.** Das Gesetz geht davon aus, daß im Namen der Gesellschafter gehandelt wird (vgl. § 714 BGB). Das schließt indessen nicht aus, daß in der Praxis auch BGB-Gesellschaften einen (Gesamt-)Namen haben und unter diesem Namen handeln (wenn dies nach individualistischer Auffassung freilich rechtlich auch immer ein Handeln im Namen der Gesellschafter ist). Der Gebrauch einer Firma kommt nicht in Betracht, weil die Firmenführung neben Kaufleuten nur Handelsgesellschaften vorbehalten ist, was die BGB-G nicht sein kann. Möglich ist aber etwa, daß Gesellschafter ihrem Namen einen Rechtsformzusatz anfügen (»BGB-Gesellschaft«, »Gesellschaft bürgerlichen Rechts«, »GbR«); Zusätze wie »und Partner« und »Partnerschaft« zum Namen eines oder mehrerer Gesellschafter (z. B. einer Anwaltssozietät) dürfen nunmehr aber nur noch nach Maßgabe der Übergangsregelung in § 11 PartGG geführt werden, weil sie im übrigen ausschließlich der Partnerschaft vorbehalten sind. Der eingeführte Name einer BGB-G genießt Schutz nach § 12 BGB. Allgemein gilt aber, daß die BGB-G, auch soweit sie einen Namen führt, nicht unter ihrem Namen auftreten kann, wenn die Rechtszuständigkeit offengelegt werden muß.

Beispiel: Eintragung in das Grundbuch (es sind alle Gesellschafter mit dem Zusatz: »als Gesellschafter einer BGB-G« einzutragen, § 47 GBO).

2. Vertretung

Beim Tätigwerden für die BGB-G unterscheidet das Gesetz zwischen Geschäftsführung und Vertretung. Die Außenbeziehungen unterliegen im rechtsgeschäftlichen Bereich den Vertretungsregeln: Nach diesen bestimmt sich die Wirksamkeit rechtsgeschäftlichen Handelns gegenüber Dritten (was ein Gesellschafter wirksam *kann*). Dabei stimmt der gesellschaftsrechtliche mit dem allgemeinen Begriff »Vertretung« (§ 164 BGB) überein. Vertretung **ist Abgabe und Empfangnahme von Willenserklärungen mit unmittelbarer und ausschließlicher Wirkung für und gegen den Vertretenen.** Beteiligt sind: der Vertreter, der Vertretene und ein Dritter als Erklärungsempfänger oder Erklärender.

Schwierigkeiten bereitet die Frage, ob es sich bei der gesellschaftsrechtlichen Vertretung um eine gesetzliche, rechtsgeschäftliche (gewillkürte) oder eine organschaftliche Vertretung handelt. Die Entscheidung hängt ebenfalls vom Theorienstreit zur Gesamthand ab. Bei individiualistischer Betrachtung überwiegt die gesetzlich/rechtsgeschäftliche, bei kollektiver Betrachtung die organschaftliche Sicht.

a) Vertreter

Vertreter i. S. der gesellschaftsrechtlichen Vertretungsregeln bei Personengesellschaften können nach h. M. **nur Gesellschafter** sein (Prinzip der Selbstorganschaft; dazu näher unten D II 1 c cc). Nichtgesellschaftern kann nach allgemeinen Regeln rechtsgeschäftliche Vertretungsmacht eingeräumt werden; die Vollmacht kann umfassend sein, solange das Prinzip der Selbstorganschaft gewahrt bleibt[101].

aa) Nach dispositiver gesetzlicher Regelung ist ein Gesellschafter **vertretungsberechtigt, soweit** er (auch hinsichtlich des Umfangs) **geschäftsführungsberechtigt** ist, § 714 BGB.

Nach dem Grundsatz der gesetzlichen Gesamtgeschäftsführungsbefugnis (§ 709 BGB) können mithin nur alle Gesellschafter zusammen nach außen wirksam rechtsgeschäftlich handeln (tun sie dies, so handelt es sich in Wirklichkeit nicht um Vertretung, sondern um Selbsthandeln aller Gesellschafter), freilich auch in der Form, daß ein Gesellschafter einen anderen ermächtigt (zu den Grenzen solcher Ermächtigung vgl. BGH, ZIP 1986, 501), bevollmächtigt oder daß er dessen Handeln genehmigt. Bei Einzelgeschäftsführung besteht Einzelvertretung. Wer von der Geschäftsführung ausgeschlossen ist, hat keine Vertretungsmacht.

Fraglich ist, wie sich bei Einzelgeschäftsführung ein Widerspruch eines Gesellschafters nach § 711 BGB (gegen eine Geschäftsführungsmaßnahme) auf die Vertretungsmacht dieses anderen Gesellschafters auswirkt. Nach § 714 BGB müßte der Widerspruch die Vertretungsmacht ausschließen. Anders zu Recht der BGH in BGHZ 16, 394 ff., der im Interesse des Verkehrsschutzes annimmt, daß der Widerspruch nur dann die Vertretungsmacht nimmt, wenn er dem Dritten mitgeteilt ist[102].

bb) § 714 BGB ist **abdingbare Auslegungsregel.** Die Vertretungsmacht kann gesellschaftsvertraglich auch völlig unabhängig von der Geschäftsführungsbefugnis und deren Umfang geregelt werden. Insbes. besteht die Möglichkeit einer **Beschränkung** des Umfangs **der Vertretungsmacht** (anders als bei OHG und KG §§ 126, 161 II HGB). Einem Dritten bleibt es daher nicht erspart, die Vertretungsmacht eines BGB-Gesellschafters im eigenen Interesse (vgl. BGH, NJW-RR 1996, 673) zu prüfen (kein Verkehrsschutz!).

cc) *Wichtiger Grenzfall*: **Die »BGB-G mit beschränkter Haftung«.**

Bisher wird überwiegend eine **Beschränkung der Vertretungsmacht** in der Form für zulässig gehalten, daß der Vertreter die vertretenen Gesellschafter **nur zu einer Haftung mit dem Gesellschaftsvermögen**, nicht mit ihrem Pri-

101 Vgl. zuletzt etwa BGH, NJW-RR 1994, 98.
102 So auch die h. M.; vgl. MünchKomm/*Ulmer*, § 711 Anm. 14; a. A. *Schmidt-Rimpler*, FS f. Knur, 1972, S. 235 ff.

vatvermögen, verpflichten kann. Die h. M. verlangt jedoch im Interesse des Verkehrsschutzes, daß eine solche (regelwidrige) Beschränkung der Vertretungsmacht jedenfalls für Dritte bei Prüfung erkennbar sein muß[103]. Auch dann kann aber eine unbeschränkte Rechtsscheinhaftung (kraft Duldungs- oder Anscheinsvollmacht) in Betracht kommen[104]. Nicht abschließend geklärt ist, ob für die Erkennbarkeit solchermaßen beschränkter Vertretungsmacht und den Ausschluß jeglicher Rechtsscheinhaftung ein deutlicher firmenähnlicher Namenszusatz ausreicht. Nach OLG Hamm (DB 1985, 963) sollte es genügen, wenn sich die Gesellschaft im Schriftverkehr als »BGB-G mit Haftungsbeschränkung« bezeichnet; nach BGH (NJW 1992, 3037) genügt die Bezeichnung »Gesellschaft bürgerlichen Rechts (mit beschränkter Gesellschafterhaftung)« jedenfalls dann nicht, wenn dies (bei einer Anwaltssozietät) »versteckt« im unteren Rand eines Briefbogens geschieht[105].

Die Möglichkeit, über eine Beschränkung der Vertretungsmacht für die Gesellschafter eine Haftungsbeschränkung auf das Gesellschaftsvermögen herbeizuführen, hat, namentlich im Gefolge des Streits um die Rechtsnatur der BGB-G (vgl. oben I 1 d), zu einer gewaltigen Literaturfülle zum Problemfeld »BGB-Gesellschaft mit beschränkter Haftung« geführt[106]. In dieser Diskussion sind aber auch erhebliche **Zweifel an der Tragfähigkeit dieser Konstruktion** deutlich geworden, und zwar nach allen Theorien:

(1) Aus der **Sicht der traditionellen Gesamthandsvermögenslehre** (rechtsfähig sind nur die Gesellschafter, nicht die BGB-G selbst) ist zunächst festzustellen, daß sich auf dem Weg über eine Beschränkung der Vertretungsmacht für den als Vertreter handelnden Gesellschafter keine Haftungsbeschränkung auf das Gesellschaftsvermögen erreichen läßt, weil dieser für sich selbst handelt, sich aber nicht selbst vertritt; für den Ausschluß seiner Haftung mit dem Privatvermögen bedarf es vielmehr einer entsprechenden Vereinbarung mit dem Gläubiger. Gleiches gilt, wenn alle Gesellschafter selbst handeln. Grundsätzlich ist darüber hinaus eingewandt worden, daß es nach dem Stellvertretungsrecht gar nicht möglich ist, die Vertretungsmacht so zu beschränken, daß die Vertretenen nur mit dem Gesellschaftsvermögen, nicht aber mit ihrem Privatvermögen haften[107]. Begründung: Weil sich die Wirkung der Stellvertretung nur auf eine Person und den Umfang der für sie zu begründenden Schuld bezieht, nicht aber auf den Umfang ihrer Haftung. Folgt man diesem

103 Vgl. RGZ 155, 75, 87; BGH in st. Rspr.; vgl. BGH, WM 1985, 56; 1990, 1113; 1991, 404; 1994, 237, 238; MünchKomm/*Ulmer*, § 714 Anm. 34 ff. m. w. N.

104 Vgl. BGH, WM 1987, 689, 690; BGH, NJW 1992, 3037, 3039.

105 Ganz abl. jetzt BGH, BB 1999, 2152; dazu *Henze*, BB 1999, 2260. Zu wettbewerbsrechtlichen und firmenrechtlichen Bedenken gegen den Namenszusatz »GbRmbH« oder »BGB-G mit beschränkter Haftung« vgl. BayObLG, ZIP 1998, 1959; OLG München, ZIP 1999, 535; LG München, ZIP 1998, 1800.

106 Vgl. etwa *Karsten Schmidt*, FS f. Fleck (ZGR-Sonderheft 7), 1988, S. 271; *Hadding*, FS f. Rittner, 1991, S. 133; *I. Wolf*, Vertragliche Haftungsbeschränkungen der Gesellschaft bürgerlichen Rechts gegenüber gesellschaftsexternen Gläubigern, 1990; *Heckelmann*, Die GbRmbH als (neue) Gesellschaftsform?, FS f. Quack, 1991, S. 243; *Schroeder*, DStR 1992, 507; *Schwark*, DZWir 1992, 441; *Gummert*, ZIP 1993, 1063; *Wellkamp*, NJW 1993, 2715; *Heermann*, BB 1994, 2421; *Saller*, DStR 1995, 183; *Kögel*, DB 1995, 2201; *Arnold*, BB 1996, 597; *Dauner-Lieb*, DStR 1998, 2014; *dies.*, Unternehmen in Sondervermögen, 1998, S. 520 ff.; *Hasselbach*, MDR 1998, 1200; *Heil*, MittRhNotK 1998, 348.

107 Vgl. *Aderhold*, Das Schuldmodell der BGB-Gesellschaft, 1981, S. 192 ff.; *Heckelmann*, FS f. Quack, 1991, S. 243, 245 ff.; *Dauner-Lieb*, Unternehmen in Sondervermögen, S. 523, 535 ff.; im Ergebnis auch *Hasselbach*, MDR 1998, 1200, 1201 f.; *Heil*, MittRhNotK 1998, 348, 349, jeweils unter Hinweis auf OLG Düsseldorf, NJW 1990, 2133.

treffenden Einwand und beachtet den Unterschied zwischen Schuld und Haftung, so läßt sich trotz der im Gesellschaftsvertrag »beschränkten Vertretungsmacht« die Beschränkung der Haftung aller Gesellschafter auf das Gesellschaftsvermögen doch wiederum nur durch eine **Haftungsbeschränkungsvereinbarung** erreichen, die der Vertreter für sich und die vertretenen Gesellschafter mit dem Gläubiger herbeizuführen hat.

(2) In der Diskussion ist aber auch deutlich geworden, daß die Konstruktion einer einseitigen Haftungsbeschränkung durch Beschränkung der Vertretungsmacht im Grunde nicht zur sog. **Gruppenlehre** paßt, und zwar weder nach der Konzeption der sog. Doppelverpflichtungstheorie noch nach der sog. Akzessorietätstheorie (vgl. dazu sogleich unter c bb).

Da nach der sog. Gruppenlehre der BGB-G selbst Rechtsfähigkeit zugebilligt wird[108], wird durch ein Vertreterhandeln namens der BGB-G zunächst nur diese berechtigt und verpflichtet. Nach der **Akzessorietätstheorie** haften die Gesellschafter für die Gesellschaftsverbindlichkeiten (gleich ob rechtsgeschäftlich oder gesetzlich begründet) akzessorisch. Da diese unbeschränkte persönliche Haftung der Gesellschafter (ungeachtet ihrer Herleitung) gleichsam eine gesetzliche ist, ist für eine einseitige Haftungsbeschränkung auf dem Wege der Beschränkung der Vertretungsmacht kein Raum. Auch insoweit kann die Haftung der Gesellschafter nur durch eine Vereinbarung mit dem Gläubiger ausgeschlossen oder begrenzt werden.

Zur sog. **Doppelverpflichtungslehre** paßt die Konstruktion einer einseitigen Haftungsbeschränkung deshalb nicht, weil nach deren rechtsgeschäftlichem Ansatz einer Mithaftung der Gesellschafter (neben der Gesellschaft) nicht die Haftungsbeschränkung der Gesellschafter auf das Gesellschaftsvermögen dargetan werden muß, sondern gerade im Gegenteil ihre rechtsgeschäftliche (Mit-)Verpflichtung und Haftung mit dem Privatvermögen. Diese müßte allerdings schon dann scheitern, wenn der Handelnde nur namens der BGB-G auftritt (und ihm nach dem Gesellschaftsvertrag auch keine Vertretungsmacht für die Mitgesellschafter eingeräumt ist). Daß es bei diesem Befund überhaupt auf die Offenlegung des gesellschaftsvertraglich vereinbarten Haftungsausschlusses ankommen soll, bedarf verschlungener Überlegungen zu einer (angeblich) regelmäßig drohenden Rechtsscheinhaftung der Mitgesellschafter und dient dann der Zerstörung des Rechtsscheins einer Duldungs- oder Anscheinsvollmacht[109]. Jedenfalls wenn den Anforderungen an die Offenlegung des Haftungsausschlusses Genüge getan wird, wäre dann aber eine »BGB-G ohne persönliche Gesellschafterhaftung« möglich, ohne daß es einer Vereinbarung mit dem Gläubiger über den Ausschluß persönlicher Haftung bedarf, wie das nach den anderen Theorien nötig ist. Gerade wegen der damit einhergehenden Verschlechterung der Gläubigerstellung werden zunehmend Einwände gegen die Akzeptanz der sog. Doppelverpflichtungstheorie selbst erhoben, die zuletzt dazu geführt haben, daß Peter Ulmer[110], ihr bisher namhaftester Vertreter, in das Lager der sog. Akzessorietätstheorie gewechselt ist. Die unternehmensrechtliche Kritik richtet sich vor allem dagegen, daß die Konstruktion der »BGB-G ohne persönliche Gesellschafterhaftung« nach der Doppelverpflichtungstheorie den Gesellschaftern einseitig (d. h. ohne Konsens mit dem Gläubiger) die Möglichkeit bietet, außerhalb des Kapitalgesellschaftsrechts (insbes. des GmbH-Rechts) mit seinen strengen Bestimmungen zur Kapitalsicherung und Publizität zur objektiven Gläubigersicherung erwerbswirtschaftlich tätig zu sein. Danach ist die sog. Doppelverpflichtungstheorie nicht länger haltbar.

---

108 Dazu, daß dies abzulehnen ist, vgl. oben I 1 d bb.

109 Vgl. zu diesem Rechtsscheinansatz MünchKomm/*Ulmer*, § 714 Anm. 35 ff.; *ders.*, ZIP 1999, 509, 513; krit. dazu *Dauner-Lieb* (wie FN 107), S. 525 ff.; *dies.*, DStR 1998, 2014, 2017.

110 ZIP 1999, 554 mit ausführlicher Würdigung der gegen die sog. Doppelverpflichtungslehre und für die sog. Akzessorietätslehre vorgebrachten Argumente und mit jeweils weiteren Nachweisen.

(3) Es bleibt die Frage, ob die nach der Gesamthandsvermögenslehre und der Akzessorietätstheorie (sofern Teile der Lit. an dieser Konzeption der Gruppenlehre festhalten) übereinstimmend erforderliche Haftungsbeschränkungs**vereinbarung** mit den Gläubigern **konkludent** herbeigeführt wird, wenn die BGB-G beim Vertragsschluß nach außen mit dem Namenszusatz »ohne persönliche Gesellschafterhaftung« (oder ähnlich klaren Zusätzen) auftritt und die Vertretungsmacht des handelnden Gesellschafters gesellschaftsvertraglich auch entsprechend beschränkt ist (Haftungsbeschränkung auf das Gesellschaftsvermögen bzw. Ausschluß der persönlichen Gesellschafterhaftung). Das ist zu verneinen. Nach der Rechtsgeschäftslehre ist schon höchst zweifelhaft, ob ein solches Auftreten zugleich den objektiven Erklärungswert eines konkludenten Angebots auf Abschluß einer Haftungsbeschränkungsvereinbarung hat, das der Gläubiger dann bei vorbehaltslosem Vertragsschluß annimmt. Selbst wenn man das bejaht[111], wäre jedoch die im Namenszusatz vorformulierte Haftungsbeschränkung als allgemeine Geschäftsbedingung im Anwendungsbereich des AGBG gemäß § 9 I AGBG wegen unangemessener Benachteiligung des Vertragspartners unwirksam[112]. Eine Haftungsbeschränkung bedarf mithin **ausdrücklicher individueller** Vereinbarung (so jetzt auch BGH, BB 1999, 2152). Das nimmt der »BGB-G mit beschränkter Haftung« (ungeachtet steuerrechtlicher Überlegungen) einen Teil ihrer Attraktivität. Das praktische Bedürfnis für diese Konstruktion ist zudem jetzt dadurch erheblich gemindert, daß das HRefG auch kleingewerbetreibenden und vermögensverwaltenden Gesellschaften den Zugang zu OHG und KG (und damit auch zur GmbH & Co. KG) eröffnet hat[113].

dd) Gesellschaftsvertraglich eingeräumte Vertretungsmacht (nicht dagegen die gesetzliche Gesamtvertretungsmacht) kann **durch Beschluß** der übrigen Gesellschafter **entzogen** werden; vgl. näher § 715 BGB.

§ 715 BGB findet keine Anwendung, wenn einem Gesellschafter oder einem Dritten eine rechtsgeschäftliche (nicht gesellschaftsrechtliche) Sondervollmacht erteilt wurde; dann gelten §§ 168 ff. BGB.

b) Sonderproblem: Die sog. Gesamthänderklage

Darunter versteht man die gerichtliche Geltendmachung von Gesellschafts(= Gesamthands)forderungen gegen Dritte durch einen nicht vertretungsberechtigten Gesellschafter im eigenen Namen. Die Gesamthänderklage betrifft nur Ansprüche, die nicht aus dem Gesellschaftsverhältnis herrühren, und hat deshalb nichts zu tun mit der sog. Gesellschafterklage (actio pro socio, vgl. II 4 d bb).

Beispiel: Die Gesellschafter A und B haben Gesamtvertretungsmacht. A weigert sich, eine Kaufpreisforderung der Gesellschaft gegen seinen Freund X geltend zu machen. Kann B, dem (allein) die Vertretungsmacht fehlt, im Namen der BGB-G zu klagen, in eigenem Namen gegen X auf Erfüllung (an A und B) klagen?

aa) Da die gesellschaftsrechtliche Vertretung auch die prozessuale Vertretung umfaßt, ist die Befugnis zur Gesamthänderklage (durch den gerade

111 So etwa *Ulmer*, ZIP 1999, 554, 561; *Heil*, MittRhNotK 1998, 348, 354; dagegen *Dauner-Lieb* (wie FN 107), S. 535 ff.: bloße Infomation für Gläubiger; vgl. auch OLG Jena, ZIP 1998, 1797.

112 *Dauner-Lieb* (wie FN 107), S. 539 f.; *Heil* (wie FN 111), S. 352 ff.; diff. auch *Ulmer*, ZIP 1999, 554, 562 f.

113 Diese Reform hat freilich die Konstruktion einer »Haftungsbegrenzung durch Beschränkung der Vertretungmacht« bei der BGB-G nicht unzulässig gemacht; die Gegenansicht (*Schön*, DB 1998, 1169, 1176) ist unbegründet.

nicht vertretungsberechtigten Gesellschafter) zunächst von der Anwendbarkeit des § 432 I BGB abhängig[114].

Danach ist, wenn mehrere eine unteilbare Leistung zu fordern haben, jeder Gläubiger berechtigt, vom Schuldner Leistung an alle zu fordern. Diese Voraussetzungen sind bei der Gesamthänderklage an und für sich erfüllt, weil die »Gesellschafts«forderung als Gesamthandsforderung eine rechtlich unteilbare Leistung darstellt (§ 719 I BGB), für die § 432 I BGB gilt.

Nach ganz h. M. kann jedoch § 432 I BGB im Gesellschaftsrecht (grundsätzlich) keine Anwendung finden: Die Bestimmung ist durch die Organisationsregeln über Geschäftsführung und Vertretung als verdrängt anzusehen[115].

Begründung: Das Interesse der Mitgesellschafter (daran, daß nur der geschäftsführungsbefugte Gesellschafter über die Geschäftsführungsmaßnahme »Geltendmachung einer Gesellschaftsforderung« entscheidet, weil jede Klage, auch wenn sie erfolgreich ist, mittelbar nachteilige Folgen für die Gesellschaft haben kann); Interesse des Gesellschaftsschuldners (daran, daß nur der vertretungsberechtigte Gesellschafter eine Gesellschaftsforderung geltend macht, weil er andernfalls eine Vielzahl von Prozessen befürchten muß).

bb) *Ausnahmsweise* bleibt § 432 I BGB dann anwendbar, »wenn der Gesellschafter an der Geltendmachung ein berechtigtes Interesse hat, wenn die anderen Gesellschafter die Einziehung der Forderung aus gesellschaftswidrigen Gründen verweigern und der Gesellschaftsschuldner an dem gesellschaftswidrigen Verhalten der anderen Gesellschafter beteiligt ist« (BGH, FN 115). Diese für die BGB-G aufgestellten Grundsätze (vgl. BGH, WM 1979, 366, wo deren weitere Geltung offengelassen wird) gelten jedoch nicht für OHG und KG wegen deren weitergehender Verselbständigung durch § 124 HGB[116].

Aufbauhinweis: In der gesellschaftsrechtlichen Klausur und Hausarbeit ist die Anwendbarkeit des § 432 I BGB als Problem der Prozeßführungsbefugnis im Rahmen der Prüfung der Zulässigkeit der Klage zu erörtern. Die Gesellschaftsforderung unterliegt der Gesamthandszuständigkeit und ist daher für den einzelnen Gesellschafter prozessual wie ein fremder Anspruch zu behandeln.

cc) Ist § 432 BGB unanwendbar, so kann mit einer in der Lit. vertretenen Meinung versucht werden, die Einzelklagebefugnis eines nicht vertretungsberechtigten Gesamthänders aus der subsidiären Anwendung (vgl. § 741 BGB) des § 744 II BGB (Notgeschäftsführungsrecht, aus dem auch eine Ermächtigung zum Handeln gegenüber Dritten gefolgert wird) herzuleiten[117].

---

114 So auch der BGH in st. Rspr.; vgl. BGHZ 12, 308; 39, 14; *Westermann*, Rdz. 247; *Nitschke*, ZHR 128, 48, 52 ff.; vgl. auch die Übersicht JA 1972, 7 ff. Nach einer starken Literaturmeinung soll dagegen die Gesamthänderklage im Anschluß an *Ganßmüller*, DB 1954, 860 nur auf § 744 II BGB entsprechend zu stützen sein.

115 BGHZ 39, 14 = NJW 1963, 641 m. zust. Anm. von *Ganßmüller*, a. A. insoweit für die BGB-G: *Westermann* und *Nitschke* (wie FN 114).

116 H. M.; vgl. BGH, WM 1964, 651; NJW 1973, 2198; *Hadding*, JZ 1975, 159; *Baumbach/Hopt*, HGB, § 124 Anm. 13; *Westermann*, Rdz. 247; a. A. *Hueck*, OHG, S. 219 FN 9.

117 Vgl. *Soergel/Hadding*, § 705 Anm. 56; *Staudinger/Keßler*, BGB, § 705 Anm. 70; *Lehmann/Dietz*, S. 95. An § 744 II BGB ist auch bei OHG und KG zu denken; *Baumbach/Hopt*, HGB, § 124 Anm. 14.

dd) Jedenfalls ist es diesem möglich, im umständlichen Weg der »actio pro socio« zunächst die anderen Gesellschafter aus dem Gesellschaftsvertrag (Geschäftsführungspflicht, Treuepflicht) zu verklagen, an der Geltendmachung der Forderung mitzuwirken, und bei obsiegendem Urteil (Vollstreckung nach § 894 ZPO) den Gesellschaftsschuldner in Anspruch zu nehmen (so auch BGHZ 39, 14). Im übrigen kann ein Gesellschafter nach den Grundsätzen gewillkürter Prozeßstandschaft klagebefugt sein (BGH, NJW 1988, 1585), z. B. weil die ermächtigenden Mitgesellschafter das Kostenrisiko scheuen (OLG Düsseldorf, ZIP 1985, 1000).

c) Wer wird vertreten?

Die Frage ist lebhaft umstritten. Ihre Beantwortung hängt unmittelbar von dem Standpunkt ab, den man zur Rechtsnatur der BGB-G und insbes. zur Theorie der Gesamthand einnimmt (vgl. dazu oben I 1 d):

aa) Nach der vorzugswürdigen **individualistischen Gesamthands(vermögens-)lehre** werden nur **»die anderen Gesellschafter«** vertreten, nicht die BGB-G als Gesamthandsgesellschaft, weil es ja in der Konsequenz der Verneinung ihrer Rechtssubjektivität liegt, daß es Rechte und Verbindlichkeiten der Gesellschaft als solcher nicht gibt, vielmehr immer die Gesellschafter Träger aller Rechte und Pflichten sind. Für diese Auffassung spricht der Wortlaut des § 714 BGB (»die anderen Gesellschafter Dritten gegenüber zu vertreten«); diese Regelung ist zugleich ein maßgebliches Argument dafür, daß das Gesamthandsprinzip auf das Gesamthandsvermögen beschränkt ist und der Gesetzgeber die Gesamthand nicht als Rechtssubjekt gesehen hat.

(1) § 714 BGB darf dabei nicht mißverstanden werden. Insbes. wäre es unzutreffend, im Hinblick auf § 164 I BGB anzunehmen, durch das rechtsgeschäftliche Handeln der vertretungsberechtigten Gesellschafter würden nur die vertretenen, d. h. »die anderen« Gesellschafter berechtigt und verpflichtet. Die Wirkungen des Handelns treten vielmehr bei dem oder den handelnden und den vertretenen Gesellschaftern ein, wie die gesamthänderische Zuordnung »der durch die Geschäftsführung für die Gesellschaft erworbenen Gegenstände« (§ 718 I BGB) deutlich macht. Das erklärt sich daraus, daß der oder die vertretenden Gesellschafter zugleich in eigenem und in fremdem Namen handeln. Handeln alle Gesellschafter gemeinschaftlich, so liegt nicht einmal Vertretung, sondern ein Fall des Selbsthandelns aller vor.

(2) An das Handeln im Namen aller Gesellschafter dürfen – obgleich § 164 II BGB gilt – keine allzu strengen Anforderungen gestellt werden. Es genügt die Bezugnahme auf die Gesellschaft, da sich auch das Gesetz die Geschäftsführung und Vertretung bei der BGB-G als Tätigwerden »für die Gesellschaft« vorstellt (§§ 709, 714, 718 I BGB). Führt die BGB-G einen Namen, so reicht schon ein Handeln unter diesem Namen als Handeln im Namen aller Gesellschafter aus.

bb) Nach der sog. **Gruppenlehre** (Theorie der kollektiven Einheit), die die BGB-G (wie OHG, KG, Partnerschaft und EWIV) als Rechtssubjekt mit eigenen Rechten und Verbindlichkeiten ansieht, wird dagegen zunächst die **Gesellschaft als solche** vertreten und demgemäß unmittelbar berechtigt

und verpflichtet (Gesamthandsansprüche; Gesamthandsschulden). Der anders lautende Wortlaut des § 714 BGB wird als Ausdruck dogmatischer Unsicherheit des Gesetzgebers über das Gesamthandsprinzip beiseite geschoben.

Für die sog. Gruppenlehre stellt sich schon im hier zu behandelnden Zusammenhang ein Folgeproblem, das für die individualistische Theorie folgerichtig keine Bedeutung hat. Ausgangspunkt dafür ist die im Ergebnis unstreitige Auffassung, daß die Gesellschafter hinsichtlich der »namens der Gesellschaft« eingegangenen Vertragsschulden (zu den gesetzlichen Verbindlichkeiten vgl. III 3) auch persönlich verpflichtet sind und entsprechend mit ihrem Privatvermögen haften (für die individualistische Theorie ist dies schon deshalb so, weil ja gerade die Gesellschafter durch gemeinsames Handeln oder durch Handeln namens der Gesellschafter in entsprechender Vertretungsmacht verpflichtet werden; vgl. oben aa). Wie diese Haftung zu begründen ist, ist allerdings unter den Anhängern der sog. Gruppenlehre streitig; diese Inkonsistenz spricht zusätzlich gegen diese Lehre. Zwei Ansichten, die beide nicht überzeugen, werden vertreten:

(1) Nach der **Akzessorietätstheorie**[118] wird beim Vertreterhandeln nur die Gesellschaft als solche vertreten, so daß primär lediglich eine Gesellschaftsschuld entsteht, an die sich dann jedoch die Gesellschafterschuld anlehnt, wobei zur Begründung (nicht überzeugend) teils auf eine Analogie zu §§ 128, 130 HGB, teils auf das Wesen der Gesamthand abgestellt wird. Diese Auffassung ist gläubigerfreundlich und hat den Vorteil, daß sie nicht nur für Vertragsschulden, sondern auch für gesetzliche Gesellschaftsverbindlichkeiten anwendbar ist. Sie ist aber methodengerecht nicht zu begründen, weil die für die Analogie erforderliche planwidrige Regelungslücke nie bestanden hat, erst recht aber nach dem HRefG nicht dargetan werden kann, das den kleingewerblichen und vermögensverwaltenden Gesellschaften den Zugang zu OHG und KG eröffnet hat, damit zugleich aber auch die überkommene Haftungsverfassung der BGB-G bestätigt hat.

(2) Nach der **Theorie der Doppelverpflichtung**[119] werden beim Handeln namens der Gesellschaft regelmäßig (Ausnahmen bestehen bei wirksamer Beschränkung der Vertretungsmacht und deren hinreichender Offenlegung beim Vertragsschluß) neben der Gesellschaft auch die einzelnen Gesellschafter persönlich verpflichtet. Insoweit werden dann sowohl die Gesellschaft als auch die einzelnen Gesellschafter, soweit sie nicht selber handeln, vertreten. Dazu noch näher unten 3 b bb; zur Kritik auch oben 3 a cc (2).

---

118 *Flume*, Die Personengesellschaft, S. 325 ff.; *Wiedemann*, WM 1994, Sonderbeilage Nr. 4, S. 3, 15 ff. (für die selbständige Außengesellschaft); ebenso für den Typ der Mitunternehmer-BGB-G: *Karsten Schmidt*, Gesellschaftsrecht, § 60 III 2; *Schwark*, FS f. Heinsius, 1991, S. 754; *ders.*, DZWir 1992, 441; *Reiff*, Die Haftungsverfassungen nichtrechtsfähiger unternehmenstragender Verbände, 1996, S. 220 ff., 288 ff.; allgemein *Timm*, NJW 1995, 3209, 3215 ff.; *Mülbert*, AcP 1999, 38, 67 ff.; jetzt auch *Ulmer*, ZIP 1999, 554, 564, der als bisher namhaftester Vertreter die sog. Doppelverpflichtungstheorie aufgegeben hat; OLG Hamm, BB 1989, 1218 (für Gewerbesteuerforderung); nach BGH kommt eine akzessorische Gesellschafterhaftung bei der BGB-G nicht in Betracht (vgl. BGH, NJW 1992, 1615).

119 MünchKomm/*Ulmer*, § 714 Anm. 25 ff., 31 ff. (anders jetzt *Ulmer*, ZIP 1999, 554 unter Würdigung der gegen die Doppelverpflichtungstheorie vorgebrachten Argumente); *Soergel/Hadding*, § 714 Anm. 10, 29; *Beuthien*, DB 1975, 725, 728 ff.; *Wiesner*, JuS 1981, 331, 334; *Habersack*, JuS 1993, 1; *ders.*, BB 1999, 61; *Hommelhoff*, ZIP 1998, 8; *Hüffer*, S. 100; *Kindl*, NZG 1999, 517. Dieser Auff. folgte in zwei vereinzelt gebliebenen Entscheidungen auch der BGH; vgl. BGHZ 74, 240; 79, 374. Unentschieden *Lindacher*, JuS 1981, 818, 821 ff.; JuS 1982, 36, 37 f. Gegen die Doppelverpflichtungstheorie *Dauner-Lieb*, Unternehmen in Sondervermögen, 1998, S. 521 ff., die nur die Akzessorietätstheorie für konzeptionell stimmig hält, soweit man rechtsfortbildend der BGB-G Rechtssubjektivität zubilligt.

cc) **Fall,** bei dem sich der Theorienstreit auswirkt: Eine GmbH hat mit zweigliedriger BGB-G einen Geschäftsbesorgungsvertrag abgeschlossen. M, der Geschäftsführer der GmbH, und X sind die beiden gesamtvertretungsberechtigten Gesellschafter der BGB-G; M hält seinen Geschäftsanteil treuhänderisch für X. Namens der BGB-G kündigt X den Geschäftsbesorgungsvertrag. Wirksam?

Ja, nach BGH (WM 1991, 1753), weil M wegen Interessenwiderstreits (Mehrvertretung) nach § 181 BGB nicht berechtigt war, die Gesamthand zu vertreten und deshalb X allein handeln konnte. Aber: Dieses Ergebnis ist nur nach der Theorie von der kollektiven Einheit (Gruppenlehre) richtig, weil nur nach dieser die BGB-G vertreten wird. Nach der individualistischen Gesamthandsvermögenslehre liegt hingegen bei Gesamtvertretung ein Selbsthandeln aller vor, also überhaupt keine Vertretung. Deshalb liegt auch für M kein Fall der Mehrvertretung vor. Da M seitens der GmbH von den Beschränkungen des § 181 BGB befreit war, war er am Selbsthandeln als Gesellschafter der BGB-G nicht gehindert. Ohne Mitwirkung des M konnte X somit nicht wirksam kündigen.

dd) Der Theorienstreit zur Rechtsnatur der BGB-G, insbes. zur Gesamthand hat auch das Prozeßrecht erfaßt. Bei individualistischer Sichtweise sind **im Prozeß** stets alle Gesellschafter Partei; Prozesse sind in ihrem Namen zu führen, da die BGB-G weder aktiv noch passiv parteifähig ist (so auch BGHZ 80, 222, 227 m. w. N.). Die Gesellschafter sind im Aktivprozeß notwendige Streitgenossen (§ 62 ZPO), im Passivprozeß – soweit individuelle Verteidigungsmöglichkeiten in Betracht kommen (nicht bei echten Gesamthandsschulden) – nur einfache Streitgenossen[120]. Demgegenüber mehren sich jetzt auf seiten der Vertreter der sog. Gruppenlehre die Stimmen, die eine aktive und passive Parteifähigkeit der BGB-G anerkennen[121].

d) Dritter

Dritter kann nicht nur jeder Außenstehende, sondern auch ein Gesellschafter sein, der etwa durch Abschluß eines Kauf-, Miet-, Darlehens-, Dienst- oder Werkvertrages mit seiner Gesellschaft in Rechtsbeziehungen getreten

---

120 Vgl. etwa RGRK/*v. Gamm*, BGB, § 714 Anm. 10; *Staudinger/Keßler*, BGB, § 714 Anm. 20; abl. zur Parteifähigkeit der BGB-G ganz überwiegend auch das prozeßrechtliche Schrifttum; vgl. *Baumbach/Lauterbach/Albers/Hartmann*, ZPO, 57. Aufl., § 50 Anm. 12; *Stein/Jonas/Bork*, ZPO, 21. Aufl., § 50 Anm. 17; *Thomas/Putzo*, ZPO, 21. Aufl., § 50 Anm. 9; *Zöller/Vollkommer*, ZPO, 21. Aufl., § 50 Anm. 26; *Rosenberg/Schwab/Gottwald*, Zivilprozeßrecht, 15. Aufl., § 43 II 8; *Göckeler*, Die Stellung der Gesellschaft bürgerlichen Rechts im Erkenntnis-, Vollstreckungs- und Konkursverfahren, 1992; *Heller*, Der Zivilprozeß der Gesellschaft bürgerlichen Rechts, 1989; *W. Lüke*, ZGR 1994, 266, 278 ff.; a. A. (ohne Ableitung aus dem Gesamthandsprinzip) *Wiedemann*, WM 1994, Sonderbeilage Nr. 4, S. 3, 9 f. (für die selbständige Außengesellschaft); *Timm*, NJW 1995, 3209, 3214.

121 Vgl. *Soergel/Hadding*, § 714 Anm. 52; *Hüffer*, FS f. Stimpel, 1985, S. 165; *Lindacher*, JuS 1986, 540; *Karsten Schmidt*, Gesellschaftsrecht, § 60 IV 1 c (für die Mitunternehmer BGB-G) alle m. w. N.; abl. zu Recht aber MünchKomm/*Ulmer*, § 718 Anm. 42 f.

ist. Insoweit wird er dann grundsätzlich[122] wie ein Außenstehender behandelt. Zur Unterscheidung von den Sozialbeziehungen (aus Gesellschaftsvertrag) kann man dabei von **Drittbeziehungen** sprechen (vgl. Prediger, BB 1971, 245 ff.).

aa) Für das **Zustandekommen** derartiger Drittbeziehungen gelten keine Besonderheiten. Die vertretungsberechtigten Gesellschafter schließen den Vertrag im Namen aller Gesellschafter mit dem Gesellschafter-Dritten. Dabei gilt § 181 BGB. Daß der Gesellschafter-Dritte auf beiden Seiten des Rechtsverhältnisses steht, er ist z. B. Schuldner und gleichzeitig als BGB-Gesellschafter Gläubiger, erklärt sich wiederum aus der in der Gesamthandsgemeinschaft zum Ausdruck kommenden Verselbständigung der BGB-G.

bb) **Pflichten** eines Gesellschafter-Dritten **aus Drittbeziehungen** sind in Einzelfällen nur schwierig von seinen Beitragspflichten als Gesellschafter abzugrenzen. Z. B. kann es fraglich sein, wenn ein Gesellschafter der Gesellschaft einen Betrag von DM 20 000,– zur Verfügung stellt, ob dies eine Kapitaleinlage als Beitrag oder ein Darlehen darstellt. Ähnliche Abgrenzungsschwierigkeiten können auch bei Lieferpflichten auftauchen; sie können Beitragspflicht sein, aber auch auf einem Kaufvertrag beruhen. Wegen der unterschiedlichen rechtlichen Behandlung von Sozialbeziehungen und Drittbeziehungen (vgl. insbes. D III 4 a) ist in diesen Fällen die Unterscheidung nach der Grundlage der Rechtsbeziehung besonders wichtig; notfalls müssen alle erreichbaren Anhaltspunkte ausgewertet werden.

3. Schuld und Haftung bei der BGB-G

Literatur: *Aderhold*, Das Schuldmodell der BGB-Gesellschaft, 1981; *Buchner*, Zur rechtlichen Struktur der Personengesellschaften, AcP 169 (1969), S. 483, insbes. 489 ff.; *Kornblum*, Die Haftung der Gesellschafter für Verbindlichkeiten von Personengesellschaften, 1972; *Nicknig*, Die Haftung der Mitglieder einer BGB-G für Gesellschaftsschulden, 1972; *Beuthien*, Die Haftung von Personengesellschaftern, DB 1975, 725, 773; *Flume*, Die Personengesellschaft, S. 314 ff.; *Wiesner*, JuS 1981, 331; *Lindacher*, Grundfälle zur Haftung bei Personengesellschaften, JuS 1981, 431, 818; 1982, 36; *Karsten Schmidt*, Zum Haftungsstatus unternehmenstragender BGB-Gesellschaften, FS f. Fleck, 1988, S. 271; *ders.*, Zur Außenhaftung der Innengesellschaft, JuS 1988, 444; *Hadding/Häuser*, Zum Rückgriff des haftenden Gesellschafters der BGB-G, WM 1988, 1585; *Habersack*, Die Haftungsverfassung der Gesellschaft bürgerlichen Rechts, JuS 1993, 1; *Wiedemann*, Rechtsverhältnisse der BGB-Gesellschaften zu Dritten, WM 1994, Sonderbeilage Nr. 4; *Timm*, Die Rechtsfähigkeit der Gesellschaft bürgerlichen Rechts und ihre Haftungsverfassung, NJW 1995, 3209; *Reiff*, Die Haftungsverfassungen nichtrechtsfähiger unternehmenstragender Verbände, 1996; *Dauner-Lieb*, Unternehmen in Sondervermögen, 1998, S. 521 ff.

Die Problematik von Schuld und Haftung (zur unterschiedlichen Bedeutung dieser Begriffe vgl. B III 3) ist bei der BGB-G (im Gegensatz zu OHG, KG und Partnerschaft) vom Gesetz nicht ausdrücklich geregelt. Deshalb, namentlich aber wegen des aktuellen Theorienstreites zur Rechtsnatur der BGB-G, insbes. zur Gesamthand (s. oben I 1 d), ist diese Problematik zur Zeit eine der meistdiskutierten Fragen des Personengesellschaftsrechts.

Der Schlüssel zum Verständnis dieser Problematik liegt in der Frage, ob es **echte Gesellschaftsschulden** (synonym wird der Begriff »Gesamthandsschulden« gebraucht) gibt. Die

---

122 Vgl. zu haftungsrechtlichen Besonderheiten unten D III 4 d.

Theorie der kollektiven Einheit (sog. Gruppenlehre), die der Gesamthand als Gruppe Rechtssubjektivität zuerkennt, bejaht dies[123]. Demgegenüber hält die vorzugswürdige traditionelle (noch immer) h. L., die die Rechtszuständigkeit in der Gesamthand individualistisch erklärt (individualistische Gesamthandsvermögenslehre), daran fest, daß es bei der BGB-G **nur Gesellschafterschulden** gibt. Wenn gleichwohl auch von Vertretern der h. L. vielfach der Begriff Gesellschaftsschuld (Gesamthandsschuld) verwendet wird, so ändert dies nichts daran, daß diese im Prinzip nichts anderes als gemeinschaftliche Schulden der Gesellschafter sind, deren Besonderheit nur darin besteht, daß das Gesellschaftsvermögen für sie Haftungsmasse ist. Die nachfolgende Darstellung hat demnach zu differenzieren:

a) Theorie von der Schuld der Gesellschafter mit doppeltem Haftungsobjekt

Nach der vorzugswürdigen Lehre können **Schuldner** (leistungsverpflichtet) bei der BGB-G **nur die Gesellschafter** sein, weil diese Lehre die BGB-G weder als Rechts- noch als Haftungssubjekt anerkennt. Ob die Gesellschafter

- **alle gemeinschaftlich** oder
- lediglich **einer oder einzelne**

zu einer Leistung verpflichtet sind, richtet sich nach dem jeweiligen Entstehungstatbestand der Verbindlichkeit. Die Unterscheidung ist im Hinblick auf die Haftungsobjekte, insbes. die Inanspruchnahme des Gesellschaftsvermögens wichtig.

aa) **Gemeinschaftliche Verbindlichkeiten** der Gesellschafter können sich **im Innenverhältnis** aus dem Gesellschaftsvertrag (sog. Sozialverpflichtungen, vgl. oben II 4 b) ergeben; **gegenüber Dritten** können sie folgendermaßen entstehen:

(1) **Rechtsgeschäftlich,** indem sich entweder alle Gesellschafter selbsthandelnd verpflichten oder, soweit sie nicht selbst handeln, vertreten werden. Dabei kommt insbes. die gesellschaftsrechtliche Vertretung nach §§ 709 ff., 714 BGB in Betracht (vgl. dazu oben 2 a); daneben aber auch rechtsgeschäftliche Vertretung nach §§ 164 ff. BGB (z. B. durch vertretungsberechtigte Arbeitnehmer).

(2) **Unmittelbar durch Gesetz,** soweit in der Person aller Gesellschafter der gesetzliche Tatbestand erfüllt ist, z. B. nach § 812 BGB, wenn das Gesellschaftsvermögen bereichert ist[124], nach § 894 BGB, wenn die Gesell-

123 Ebenso neuerdings diejenigen, die die Rechtssubjektivität der BGB-G losgelöst vom Gesamthandsprinzip anerkennen (vgl. oben I 1 d aa).

124 Hier stellt sich vor allem die Frage, ob die Gesellschafter aus ungerechtfertigter Bereicherung teil- oder gesamtschuldnerisch haften; vgl. dazu *H. J. Hoffmann*, NJW 1969, 724; *Thielmann*, ZHR 136 (1972), 397. Entgegen diesen hat der BGH (BGHZ 61, 338) bei beendeter BGB-G gesamtschuldnerische Haftung entsprechend § 427 BGB angenommen; krit. dazu *Meincke*, DB 1974, 1001; *H. P. Westermann*, ZGR 1977, 552; vgl. auch *Lindacher*, JuS 1982, 36, 38 f. Der BGH hat seine Auff. bestätigt: NJW 1983, 1905; 1985, 182; dazu *Crezelius*, JuS 1986, 685; vgl. auch *Kowalski*, NJW 1991, 3183.

schafter zu Unrecht in das Grundbuch eingetragen sind, aber auch bei öffentlich-rechtlichen, vor allem steuerrechtlichen Belastungen[125].

Namentlich für **Vertragsverletzungen** (Leistungsstörungen), **c. i. c.** und **unerlaubte Handlungen,** die die Gesellschafter nicht[126] alle gemeinsam begangen haben, bedeutet dies, daß außer dem (den) handelnden Gesellschafter(n) die anderen nur dann verpflichtet sind, wenn eine **Zurechnungsnorm** dies anordnet. In Betracht kommen:

- **§ 278 BGB.** Erfüllungsgehilfe der Gesellschafter kann sowohl ein Gesellschafter als auch ein Dritter (insbes. Arbeitnehmer) sein (BGHZ 56, 355).
- **§ 831 BGB.** Die Bestimmung findet jedoch keine Anwendung, soweit ein geschäftsführungsbefugter Gesellschafter gehandelt hat, weil diesem die für § 831 BGB erforderliche Weisungsabhängigkeit fehlt (BGHZ 45, 311, 313). Ein Dritter, etwa ein Arbeitnehmer, kann dagegen Verrichtungsgehilfe der Gesellschafter sein; insoweit ist dann aber die Exkulpationsmöglichkeit eines jeden einzelnen Gesellschafters zu beachten!
- Eine **dem § 31 BGB entsprechende Norm gibt es** bei der BGB-G **nicht.** Da die BGB-G selbst weder rechts- noch deliktsfähig ist, scheidet konsequenterweise auch eine entsprechende Anwendung des § 31 BGB beim Handeln geschäftsführungs- oder vertretungsberechtigter Gesellschafter aus[127].

bb) Verbindlichkeiten, die von allen Gesellschaftern geschuldet werden, werden im allgemeinen **Gesamtschulden** (§ 421 BGB) sein.

Das trifft für die wichtige Gruppe der auf teilbare Leistung gerichteten Vertragsschulden »im Zweifel« (§ 427 BGB), bei unteilbarer Leistung (§ 431 BGB) und unerlaubten Handlungen (§ 840 BGB) schlechthin zu. In diesen Fällen kann der Gläubiger nach seinem Belieben von jedem Gesellschafter die ganze Leistung verlangen (§ 421 BGB). Im Innenverhältnis hat der Inanspruchgenommene (anteilige) Ausgleichsansprüche gegen die übrigen Gesellschafter nach § 426 I BGB, »soweit nicht ein anderes (im Gesellschaftsvertrag) bestimmt ist«. Er ist jedoch aufgrund der gesellschaftsrechtlichen Treuepflicht gehalten, zunächst Befriedigung aus dem Gesellschaftsvermögen zu suchen, und kann erst, wenn dies nicht gelingt, die Mitgesellschafter persönlich anteilmäßig in Anspruch nehmen (vgl. dazu D II 2 b).

Es sind aber auch **Teilschulden** denkbar (§ 420 mit § 427 BGB; vgl. auch § 733 I BGB). Außerdem kommen Fälle vor, in denen die Primär-Verbindlichkeiten nicht von einem einzelnen Gesellschafter erfüllt werden können, die Leistung vielmehr nur von allen gemeinsam erbracht werden kann, wie z. B.

---

125 Der BFH bejaht die persönliche gesamtschuldnerische Haftung der Gesellschafter für (Umsatz-) Steuerschulden nach dem Rechtsgedanken der §§ 714, 421, 427 BGB; vgl. BFH, NJW 1990, 2086, 3294; ebenso für Gewerbesteuerschulden BVerwG, NJW 1994, 602 (krit. dazu *App*, NJW 1994, 2878).

126 Verletzen alle Gesellschafter, so ist der Leistungsstörungstatbestand durch Selbsthandeln aller erfüllt und einer Zurechnungsnorm bedarf es nicht. Begehen alle eine unerlaubte Handlung, so haften sie für diese gemäß §§ 823 ff., 830, 840 BGB.

127 BGHZ 45, 311 und die noch h. L.

bei der Übereignung eines im Gesamthandseigentum stehenden Grundstücks. Dann läßt sich auch nach der (noch) h. L. von Gesamthandsschulden sprechen.

cc) **Doppeltes Haftungsobjekt.** Als Haftungsobjekte (Vermögensmassen, aus denen die Verbindlichkeiten der Gesellschafter notfalls im Wege der Zwangsvollstreckung zu begleichen sind) kommen das jeweilige Privatvermögen der einzelnen Gesellschafter und das davon gesonderte Gesellschaftsvermögen in Betracht.

(1) **Privatvermögen als Haftungsobjekt.** Wie jeder Schuldner haftet auch ein BGB-Gesellschafter für jede seiner Verbindlichkeiten mit seinem ganzen Vermögen, ohne daß es einen Unterschied macht, ob die Verbindlichkeit im Rahmen des Gesellschaftsverhältnisses (als Einzelverpflichtung oder gemeinsame Verpflichtung aller Gesellschafter) oder außerhalb desselben begründet wurde (persönliche Haftung). Notfalls kann ein Gesellschafter-Gläubiger mittels eines Titels gegen den Gesellschafter in dessen gesamtes Vermögen vollstrecken (Privatvermögen als Vollstreckungsobjekt).

(2) **Gesellschaftsvermögen als Haftungsobjekt.** Aufgrund eines Anspruchs bzw. Titels gegen lediglich einen oder einzelne Gesellschafter kann nicht in das Gesellschaftsvermögen vollstreckt werden. Das folgt daraus, daß für Verbindlichkeiten jeweils nur das Vermögen des Schuldners in Anspruch genommen werden kann, das Gesellschaftsvermögen (als Sondervermögen) aber der gesamthänderischen Rechtszuständigkeit aller Gesellschafter unterliegt. Dessen Inanspruchnahme setzt deshalb voraus, daß alle Gesellschafter Schuldner der Leistung sind, derentwegen das Gesellschaftsvermögen in Anspruch genommen werden soll. Demgemäß ist nach § 736 ZPO zur Zwangsvollstreckung in das Gesellschaftsvermögen der BGB-G »ein gegen alle Gesellschafter ergangenes Urteil« erforderlich[128].

Nach h. M. genügt zur Zwangsvollstreckung in das Gesellschaftsvermögen jeder Titel gegen alle Gesellschafter, gleichgültig, ob der titulierte Anspruch im Rahmen des Gesellschaftsverhältnisses begründet wurde oder nicht[129] (z. B. kann sich der Kaufpreisgläubiger an das Gesellschaftsvermögen halten, wenn sich zwei Rechtsanwälte, die sich zur A, B-Anwaltssozietät (BGB-G) zusammengeschlossen haben, gemeinsam ein Landhaus kaufen. Anspruchsgrundlage: §§ 433 II, 427 BGB).

Soweit es sich nicht um eine Verpflichtung handelt, die nur von allen gemeinsam erbracht werden kann (»Gesamthandsschuld«) wird aber verlangt, daß die Gesellschafter als Gesamtschuldner verpflichtet sind, jeder also die ganze Leistung schuldet[130]. Zur Zwangsvollstreckung in das Gesellschaftsvermögen ist nicht erforderlich, daß der Titel gegen alle Ge-

---

128 Wird bloß aus einem Titel gegen einen Gesellschafter vollstreckt, so ist Drittwiderspruchsklage gegeben; BGH, DB 1978, 882.

129 Vgl. zum Streitstand MünchKomm/*Ulmer*, § 718 Anm. 37.

130 *Hueck*, § 9 IV 4; *Soergel/Schulze = v. Lasaulx*, BGB, 10. Aufl., § 718 Anm. 8; *Baumbach/Lauterbach/Albers/Hartmann*, ZPO, 57. Aufl., § 736 Anm. 2; *Brehm*, KTS 1983, 21.

sellschafter in einem Verfahren erstritten wird; mehrere selbständige Verfahren sind möglich[131].

dd) **Haftungsbeschränkung auf das Gesellschaftsvermögen**[132]
Hat ein Gläubiger einen Anspruch bzw. Titel gegen alle Gesellschafter, so kann er sich grundsätzlich nach seiner Wahl an das Gesellschaftsvermögen oder das Privatvermögen der einzelnen Gesellschafter halten (unbeschränkte persönliche Haftung). Es gibt jedoch Fälle, in denen die Haftung aller oder einzelner Gesellschafter auf das Gesellschaftsvermögen beschränkt ist, eine Vollstreckung in das Privatvermögen also ausscheidet[133]:

(1) **Allgemein** (nach verbreiteter Ansicht) bei rechtsgeschäftlich begründeten Verbindlichkeiten, **wenn** die **Vertretungsmacht** der vertretungsberechtigten Gesellschafter dem Umfang nach **darauf beschränkt ist,** Verbindlichkeiten nur unter Beschränkung der Haftung auf das Gesellschaftsvermögen eingehen zu können (krit. dazu oben 2 a cc),
(2) **im Einzelfall,** wenn die Haftung durch Vereinbarung mit einem Dritten auf das Gesellschaftsvermögen beschränkt wurde,
(3) **allgemein** bei Sozialverpflichtungen (vgl. oben II 4 d cc).
(4) Beschränkt haftet schließlich nach h. M. (neben den unbeschränkt haftenden Altgesellschaftern) **ein Neugesellschafter** für die vor seinem Eintritt in die Gesellschaft (vgl. dazu unten V 2) begründeten Altschulden[134].

Daß er überhaupt haftet, ist im Ergebnis im Hinblick auf § 736 ZPO (»Titel gegen alle Gesellschafter«) vertretbar, weil andernfalls den Gläubigern durch Aufnahme eines neuen Gesellschafters und dessen automatische Beteiligung am Gesellschaftsvermögen (Anwachsung, in entsprechender Anwendung des § 738 I 1 BGB) der Zugriff auf das Gesellschaftsvermögen entzogen werden könnte. Mangels feststellbarer Schuldübernahme kann jedoch eine Schuld des Neugesellschafters kaum plausibel begründet werden (Buchner, AcP 1969, 483, 489). Anders ist es, wenn man Gesellschaftsschulden anerkennt, wie dies die Theorie von der kollektiven Einheit der Gesamthand tut, weil die Gesellschaftsschuld vom Gesellschafterbestand unabhängig ist (aus diesem Grund für die sog. Gruppenlehre Lindacher, JuS 1981, 431, 433).

(5) **Keine** echte **Beschränkung** besteht **bei Ausgleichsansprüchen** nach § 426 I BGB im Innenverhältnis. Der persönlich In-Anspruch-Genommene ist jedoch aufgrund der gesellschaftsrechtlichen Treuepflicht gehalten, zunächst Befriedigung aus dem Gesellschaftsvermögen zu suchen und erst, wenn dies nicht gelingt, die Mitgesellschafter persönlich in Anspruch zu nehmen (vgl. auch D II 2 b).

---

131 Ganz h. M. seit RGZ 68, 221, 223.

132 Dazu *Kornblum*, a. a. O., S. 15 ff., 47 ff.; *Nicknig*, a. a. O., S. 15 ff.

133 Str. ist, wie die Haftungsbeschränkung im Urteil zum Ausdruck zu bringen ist. Nach *Westermann* (Rdz. 378) und *Reinhardt/Schultz* (Rdz. 85) ist das Urteil auf Duldung der Zwangsvollstreckung in das Gesellschaftsvermögen zu richten. Nach *Kornblum* (DB 1970, 1445, 1452) und *Nicknig* (a. a. O., S. 133 f.) ist den Schuldnern die Haftungsbeschränkung im Urteil analog §§ 780, 786 ZPO vorzubehalten, so daß sie gemäß §§ 785, 767 ZPO im Falle der Zwangsvollstreckung in ihr Privatvermögen vorgehen können.

134 Vgl. die Nachweise bei *Kornblum* a. a. O., S. 28 f. und 69 f.; *Lieb*, FS f. H. Westermann, 1974, S. 309, 322; a. A. *Buchner*, AcP 169 (1969), S. 483, 489 ff.

b) Theorie vom Nebeneinander von Gesellschaftsschuld und Gesellschafterschuld

Nach der sog. **Gruppenlehre**, die abzulehnen ist, ist die BGB-G (i. S. der Gesamthand als Gruppe) rechtsfähig, kann also auch als solche Schuldner (leistungsverpflichtet) sein. Man spricht dann von **Gesellschaftsschulden** (= Gesamthandsschulden), bei denen (unter Beachtung von § 736 ZPO) die unmittelbare Vollstreckung in das Gesellschaftsvermögen ermöglicht wird. Von den Gesellschaftsschulden sind nach dieser Theorie die (häufig) danebenstehenden **Gesellschafterschulden** zu **unterscheiden**, für die diese mit ihren Privatvermögen haften.

aa) **Gesellschafts(= Gesamthands-)verbindlichkeiten** können entstehen:

(1) **im Innenverhältnis** aus dem Gesellschaftsvertrag: sog. Sozialverbindlichkeiten (vgl. oben II 4 b);
(2) **im Außenverhältnis** (gegenüber Dritten): durch Rechtsgeschäft (Vertrag, indem entweder alle Gesellschafter gemeinsam handeln oder durch Stellvertreterhandeln, sei es durch die vertretungsberechtigten Geschäftsführer als Organe der Gesellschaft oder durch rechtsgeschäftlich bestellte Vertreter, namens der Gesellschaft) oder Gesetz (z. B. Verbindlichkeiten nach §§ 683, 670; 812 ff.; 894; 823 ff. BGB, § 7 StVG).

Dabei sind bei **Vertragspflichtverletzungen, c. i. c.** und **unerlaubten Handlungen** (die Gesellschafter nicht gemeinsam begangen haben) folgende Besonderheiten hinsichtlich der Zurechnungsnormen zu beachten:

- **§ 31 BGB** kann entsprechende Anwendung finden, da ja die BGB-G als Rechtssubjekt anerkannt wird und demgemäß die gesellschaftsrechtliche Geschäftsführung und Vertretung grundsätzlich als organschaftlich zu qualifizieren ist. Das bedeutet: Begehen Geschäftsführer/Vertreter unerlaubte Handlungen gegenüber Dritten, so haften sie selbst nach §§ 823 ff. BGB und die Gesamthand analog § 31 BGB.
  Ob § 31 BGB darüber hinaus auch im Bereich der Leistungsstörungen gilt und § 278 BGB als Zurechnungsnorm bei Organhandeln verdrängt, ist streitig[135]. Soweit man die entsprechende Anwendung von § 31 BGB ablehnt, gilt
- **§ 278 BGB.** Nach dieser Bestimmung hat die BGB-G im übrigen für ein Verschulden von Angestellten und solchen Gesellschaftern einzustehen, die von der Geschäftsführung und Vertretung ausgeschlossen sind.
- **§ 831 BGB** findet auf die Gesamthand bei rechtswidrig schädigendem Verhalten von Angestellten keine Anwendung, weil die **Gesamthand** als **nicht schuldfähig** angesehen wird, § 831 BGB aber eine Haftung für vermutetes eigenes Verschulden begründet. Eine Haftung der Gesamthand kann sich

135 Bejahend etwa *Larenz*, Schuldrecht, Bd. I, 12. Aufl., § 20 VII (S. 244); verneinend *Flume*, Die Personengesellschaft, S. 321.

in diesen Fällen aber gemäß § 31 analog, § 831 BGB ergeben, falls die Organe ein Verschulden i. S. von § 831 BGB trifft, das der Gesamthand analog § 31 BGB zugerechnet wird.

bb) Persönliche Schuld und Haftung der Gesellschafter

Die dogmatisch-konstruktive Begründung von **Eigenverbindlichkeiten der Gesellschafter** (für die sie mit ihrem Privatvermögen haften) neben den Gesellschaftsschulden macht den Vertretern der sog. Gruppenlehre erhebliche Schwierigkeiten, nicht zuletzt deshalb, weil sie ja § 714 BGB entgegen seinem Wortlaut auf die Vertretung der Gesamthand beziehen (vgl. oben 2 c bb).

Zwei unterschiedliche Rechtsgrundlagen werden diskutiert:

(1) Nach der **Akzessorietätstheorie**[136] zieht die Gesellschaftsschuld die prinzipiell gesamtschuldnerische Haftung sämtlicher Gesellschafter für die Verpflichtungen der Gesellschaft nach sich.

Zur Begründung wird teils auf eine Analogie zu § 128 S. 1 HGB, teils auf das Wesen der Gesamthand verwiesen; beides überzeugt indessen methodisch nicht; vgl. oben 2 c bb (1). Der konstruktive Vorteil dieser Auffassung liegt darin, daß sie die Gesellschafterhaftung sowohl auf Vertrags- als auch auf gesetzliche Schulden der Gesellschaft erstreckt (und damit den Gläubigerinteressen stark entgegenkommt). Konsequenz dieser Ansicht ist es, daß eine Gesellschafterhaftung nur dann nicht eintritt, wenn mit dem jeweiligen Gläubiger eine **Haftungsbeschränkung** auf das Gesamthandsvermögen **vereinbart** worden ist[137]; eine Haftungsbeschränkung auf dem Weg über die Beschränkung der Vertretungsmacht (s. oben 2 a cc) läßt sich nach dieser Auffassung (konsequenterweise) nicht herbeiführen.

(2) Demgegenüber stellt die **Theorie von der Doppelverpflichtung**[138] darauf ab, daß bei der **rechtsgeschäftlichen** Begründung einer Gesellschaftsschuld sogleich eine persönliche gesamtschuldnerische (§§ 427, 431 BGB) Verbindlichkeit der einzelnen Gesellschafter begründet werde.

Dazu ist freilich die (oft fiktive) Annahme erforderlich, daß die Willenserklärungen der Beteiligten in diesem doppelten Sinne interpretiert werden können und, soweit nicht ein Selbsthandeln der Gesellschafter, sondern Vertreterhandeln in Rede steht, die Vertretungsmacht besteht, die Gesamthand und zugleich die einzelnen Gesellschafter zu verpflichten. Nach dieser Auffassung **scheidet** eine **Gesellschafterhaftung** nicht nur bei Haftungsausschlußvereinbarung mit dem Dritten **aus**, sondern bereits dann, wenn die Vertretungsmacht auf die Begründung von Gesamthandsschulden beschränkt und dies dem Gläubiger zumindest erkennbar ist[139]. Die Theorie der Doppelverpflichtung

---

136 Vgl. die Nachweise oben FN 118.

137 So im Grundsatz *Flume*, Die Personengesellschaft, S. 327 ff.; ebenso im Ergebnis *Wiedemann*, WM 1994, Sonderbeilage Nr. 4, S. 3, 19; vgl. auch *Karsten Schmidt*, Gesellschaftsrecht, § 60 III 2 c; *Schwarck*, DZWir 1992, 441.

138 Vgl. die Nachweise oben FN 119.

139 Vgl. MünchKomm/*Ulmer*, § 714 Anm. 34 ff., wo zwar für die Mithaftung der Gesellschafter ein weitgehender Rechtsscheinansatz propagiert wird (Haftung kraft Duldungs- und Anscheinsvollmacht), der jedoch schon durch eindeutige Namenszusätze auszuschalten ist (vgl. *Ulmer*, ZIP 1999, 509); vgl. auch *Grunewald*, Gesellschaftsrecht, 1. A. Rdz. 56 ff. Deshalb (vgl. auch oben 2 a cc) ist nicht zu verkennen, daß diese Lehre (wie auch im Bereich gesetzlicher Verbindlichkeiten der Gesamthand)

ist auf Vertragsschulden zugeschnitten und führt daher (im Unterschied zur Akzessorietätstheorie) grundsätzlich nicht zu einer Gesellschafterhaftung für gesetzliche Gesamthandsverbindlichkeiten[140]. In diesem Bereich bestehen daher konsequenterweise Verbindlichkeiten einzelner Gesellschafter nur, wenn und soweit die jeweiligen Anspruchsvoraussetzungen auch gerade ihnen gegenüber erfüllt sind.

c) **Beispiel** (nach BGHZ 56, 355)[141], an dem sich die praktische Relevanz des Theorienstreites in Haftungsfällen üben läßt:

Die Rechtsanwälte A und B haben sich zur Anwaltssozietät in einer BGB-G zusammengeschlossen. A hat einen Auftrag von Mandant M angenommen, diesem aber grob fahrlässig eine falsche Rechtsauskunft erteilt. Dadurch ist M ein Vermögensschaden entstanden. Von wem kann M Schadensersatz verlangen?

Zur Lösung (nach den Theorien): Lindacher, JuS 1981, 818 (Fall 12).

4. Übersicht über die Zwangsvollstreckungsmöglichkeiten[142]

a) Vollstreckung in das Gesellschaftsvermögen

aa) **Voraussetzung:** Titel gegen alle Gesellschafter (§ 736 ZPO); str.
bb) **Durchführung:** nach den allgemeinen Bestimmungen der ZPO.

b) Vollstreckung in das Privatvermögen

aa) **Voraussetzung**

- Titel gegen den Gesellschafter, in dessen Privatvermögen vollstreckt werden soll;

zu einer gläubigergefährdenden »BGB-G mit beschränkter Haftung«, aber ohne Haftungsfond führt (vgl. *Schwark*, FS f. Heinsius, 1991, S. 753; *Dauner-Lieb*, Unternehmen in Sondervermögen, 1998, S. 524 ff.; *dies.*, DStR 1998, 2014). Nicht zuletzt hat die Kritik an dieser Haftungsverkürzung dazu geführt, daß jetzt *Ulmer* (ZIP 1999, 554) als bisher führender Vertreter der Doppelverpflichtungstheorie ins Lager der Akzessorietätstheorie gewechselt ist. Die Aufgabe der Gruppenlehre wäre überzeugender gewesen.

140 Vgl. aber zur Bereicherungshaftung auf der Grundlage der Doppelverpflichtungslehre *Kowalski*, NJW 1991, 3183.

141 Weitere Rechtsprechung: BGHZ 83, 328 = NJW 1982, 1866 (Haftung bei Sozietät aus Wirtschaftsprüfer, Steuerberater und Rechtsanwalt); BGH, JZ 1986, 899 = JR 1987, 18 mit Anm. *Schlund* (Haftung bei einer ärztlichen Gemeinschaftspraxis).

142 Der Theorienstreit zur Rechtsnatur der BGB-G schlägt sich auch hier nieder. Er betrifft dabei vor allem die Frage, ob zur Zwangsvollstreckung in das Gesellschaftsvermögen ein Titel gegen die BGB-G erstritten werden kann (wogegen formell § 736 ZPO spricht, der fehlender Parteifähigkeit der BGB-G Rechnung trägt) bzw. muß oder ob die gegen sämtliche Gesellschafter erstrittenen Titel genügen. Während letzteres für die (noch) h. M. mit Blick auf § 736 ZPO selbstverständlich ist (vgl. *Noack*, Die BGB-G in der Zwangsvollstreckung, MDR 1974, 811), gehen die Auff. unter den Vertretern der Theorie von der kollektiven Einheit (Gruppenlehre) erheblich auseinander (Vgl. m. w. N. *Soergel/Hadding*, § 714 Anm. 55 f. und *Lindacher*, JuS 1982, 592, 595 einerseits; MünchKomm/*Ulmer*, § 718 Anm. 44 ff., 54 und *Hüffer*, FS f. Stimpel, 1985, S. 165, 184 andererseits). Literatur: *Michelfelder*, Einzelzwangsvollstreckung und Konkurs beim Vermögen der BGB-G, Diss. Freiburg 1985; *Reichert*, Die BGB-G im Zivilprozeß, Diss. Bayreuth 1988; *Heller*, Der Zivilprozeß der Gesellschaft bürgerlichen Rechts, 1989; *Göckeler*, Die Stellung der Gesellschaft des bürgerlichen Rechts im Erkenntnis-, Vollstreckungs- und Konkursverfahren, 1992.

- Titel gegen alle Gesellschafter genügt (str.); es darf keine Haftungsbeschränkung auf das Gesellschaftsvermögen bestehen.

bb) **Vollstreckungsmöglichkeiten**

- **Pfändung der übertragbaren Rechte** aus dem Gesellschaftsverhältnis (vgl. § 717 BGB), insbes. des Gewinn- und Auseinandersetzungsanspruchs nach §§ 828 ff. ZPO. Die Pfändung des Auseinandersetzungsanspruchs führt allerdings nicht zur Auflösung der Gesellschaft; sie ist daher nur sinnvoll, wenn die Auflösung aus einem anderen Grunde erfolgt (vgl. zur Auflösung unten IV 1).
- **Pfändung des Anteils am Gesellschaftsvermögen.** Obwohl dieser Anteil nicht übertragbar ist (§ 719 I BGB), ist er nach § 859 I ZPO doch pfändbar (im Gegensatz zum »Anteil am einzelnen Vermögensgegenstand«). Die Pfändung richtet sich nach §§ 857, 828 ff. ZPO; Drittschuldner i. S. des § 829 ZPO sind die anderen Gesellschafter[143]. Mit der Pfändung wird der Gläubiger aber nicht etwa Gesellschafter; er kann deshalb Mitgliedschaftsrechte mit Ausnahme des Gewinnanspruchs nicht geltend machen (§ 725 II BGB). Er hat nach § 725 I BGB jedoch die Möglichkeit, die Gesellschaft fristlos zu kündigen und sich dann am Auseinandersetzungsanspruch zu befriedigen.

  Wichtige *Ausnahme*: Die Kündigung ist ausgeschlossen, wenn der Gläubiger in das Gesellschaftsvermögen vollstrecken kann, sei es, daß er sich einen Titel gegen alle Gesellschafter verschafft hat oder doch verschaffen kann. Dann gebietet sein Interesse nicht die Auflösung der Gesellschaft, weil er auch ohne diese an das Gesellschaftsvermögen herankommt[144].
- **Vollstreckung in das sonstige private Vermögen** der einzelnen Gesellschafter (z. B. Sparguthaben, Pkw, Grundstück) nach den allgemeinen Bestimmungen der ZPO.

IV. Die Beendigung der BGB-G

Anders als bei sonstigen Vertragsverhältnissen vollzieht sich die **Beendigung** des Gesellschaftsverhältnisses (»der Gesellschaft«) **in zwei Stufen**.

Erste Stufe: **Auflösung der Gesellschaft (§§ 723–728 BGB). Bedeutung:** Die BGB-G wird mit Eintritt eines Auflösungsgrundes aufgelöst. Die **Auflösung beendet** aber das **Gesellschaftsverhältnis nicht,** die BGB-G bleibt unter Auf-

143 Str.; a. A. BGH, DB 1986, 1517 m. w. N., der die Zustellung an den Geschäftsführer genügen läßt. Vgl. zu Einzelproblemen *Smid*, JuS 1988, 63; zur Anteilspfändung, wenn die Vermögensansprüche durch Abtretung vom Gesellschaftsanteil abgespalten waren, *Marotzke*, ZIP 1988, 1509.

144 § 725 BGB ist danach dem »Privatgläubiger« eines Gesellschafters vorbehalten; *Westermann*, Rdz. 330; *Schönle*, NJW 1966, 1797. Ist aber ein Gesellschafter Privatgläubiger eines Mitgesellschafters, so kann er aufgrund seiner Treuepflicht gehalten sein, von der Kündigung nach § 725 I BGB abzusehen; so für die OHG (§ 135 HGB) BGHZ 51, 84, 87.

rechterhaltung ihrer Identität bestehen (der Wortlaut des § 730 II BGB deutet zu Unrecht auf eine Fiktion hin), wandelt sich jedoch von einer »werbenden« in eine Auseinandersetzungsgesellschaft um. Das heißt: Es ändert sich (automatisch) der gemeinsame Zweck. An die Stelle des ursprünglichen Gesellschaftszwecks tritt als Zielsetzung die Durchführung der Auseinandersetzung. Diese Zweckänderung ist auch auf die schuldrechtliche Rechts- und Pflichtenstellung der Gesellschafter von Einfluß. Insbes. sind diese nun nicht mehr verpflichtet, den ursprünglichen Gesellschaftszweck zu fördern; die an der werbenden Gesellschaft ausgerichteten Beitragspflichten entfallen, sofern sie nicht zur Abwicklung erforderlich[145] sind. Ansprüche einzelner Gesellschafter gegen die Gesellschaft (Sozialverpflichtungen) oder Mitgesellschafter (Individualverpflichtungen) aus dem Gesellschaftsverhältnis werden zu bloßen Rechnungsposten der Auseinandersetzungsrechnung[146] und können grundsätzlich nicht mehr selbständig geltend gemacht werden[147]; ebensowenig umgekehrt Schadensersatzansprüche gegen einen Gesellschafter[148]. Vor allem ändert sich nach Maßgabe des § 730 II BGB die Organisation der Gesellschaft (vorbehaltlich der Fortdauer der Geschäftsführungsbefugnis nach § 729 BGB): Ist gesellschaftsvertraglich nichts anderes bestimmt, steht von der Auflösung an die Geschäftsführung (und damit gemäß § 714 BGB die Vertretung) allen Gesellschaftern gemeinschaftlich zu, auch wenn für die werbende Gesellschaft eine vom Gesetz (§ 709 BGB) abweichende Geschäftsführungs- oder Vertretungsregelung getroffen war.

Zweite Stufe: **Auseinandersetzung (§§ 730–735 BGB).** Bedeutung: Sie verfolgt das **Ziel,** die **gesamthänderische Vermögensgemeinschaft** der Gesellschafter durch rechtliche und tatsächliche Verteilung des Gesellschaftsvermögens **zu beenden** (was sollte sonst aus dem Gesellschaftsvermögen werden?). Eine Auseinandersetzung unterbleibt also (ausnahmsweise), wenn kein Gesellschaftsvermögen vorhanden (z. B. bei einer Innengesellschaft; BGH, WM 1986, 1143) oder kein Gesellschaftvermögen zu verteilen ist (z. B.

145 Dafür trägt der auf Zahlung rückständiger Beiträge in Anspruch genommene Gesellschafter die Darlegungs- und Beweislast (BGH, WM 1978, 898).

146 St. Rspr. BGHZ 37, 299, 304; BGH, WM 1984, 1152; NJW 1995, 189.

147 Zu vielfältigen Ausnahmen von diesem Grundsatz (wonach ein Zahlungsanspruch nurmehr hinsichtlich des abschließenden Saldos besteht, um der Gefahr von Hin- und Herzahlungen während des Auseinandersetzungsverfahrens zu begegnen) vgl. aber BGH, NJW 1968, 2005 (absichtliche Verzögerung der Liquidation), BGH, WM 1974, 375 (wenn ein Endergebnis bereits feststeht), BGH, NJW 1980, 1628, NJW-RR 1995, 1182 (wenn schon ein bestimmter Anspruch feststeht), BGH, NJW 1988, 1249 (wenn feststeht, daß ein geltend gemachter Betrag keinesfalls zurückgezahlt werden muß), BGH, NJW 1995, 189 (wenn es nur noch um die Verteilung des letzten Aktivpostens geht), BGH, WM 1997, 2220 (wenn sich nach Sinn und Zweck der gesellschaftsvertraglichen Bestimmung ergibt, daß sie bei Auflösung ihre Selbständigkeit behalten soll). Im übrigen ist die Klage auf Feststellung möglich, ein bestimmter streitiger Anspruch gehöre zugunsten oder zu Ungunsten eines Beteiligten in die Auseinandersetzungsrechnung oder sei unbegründet (BGH, WM 1984, 491, 1152); in einem verfrühten (und deshalb unbegründeten) Leistungsbegehren ist ein solcher Feststellungsantrag nach der BGH-Rspr. ohne weiteres enthalten (vgl. BGH, NJW 1995, 188, 189). Vgl. zur Problematik auch *Messer*, FS f. Stimpel, 1985, S. 205.

148 BGH, WM 1992, 306.

wenn bei zweigliedriger Gesellschaft ein Gesellschafter stirbt und vom anderen beerbt wird). In diesen Fällen ist die Gesellschaft (ausnahmsweise) mit der Auflösung beendet. Grundsätzlich erlischt sie jedoch erst mit dem Abschluß des Auseinandersetzungsverfahrens (ohne weiteren konstitutiven Akt). Man spricht (wegen § 726 BGB) von der **»Voll«-Beendigung** der Gesellschaft.

1. Die Auflösungsgründe im einzelnen

§§ 723–728 BGB nennen Gründe für die Auflösung der BGB-G; diese Aufzählung ist nicht abschließend. Auch führen nicht alle dort genannten Gründe zwingend zur Auflösung; die Auflösungswirkung ist insbes. nach Maßgabe des § 736 I BGB abdingbar. Die wichtigsten Auflösungsgründe sind:

a) **Auflösungsbeschluß.** Im Gesetz nicht erwähnt, aber selbstverständlich. Einstimmigkeit erforderlich, falls Gesellschaftsvertrag nicht Mehrheitsbeschluß vorsieht.

b) **Zeitablauf bei befristeter Gesellschaft.** Im Gesetz nicht geregelt, aber in §§ 723 I, 724 S. 2 BGB angesprochen. Die Gesellschaft kann jedoch (stillschweigend) fortgesetzt werden; sie gilt dann als auf unbestimmte Zeit eingegangen (§ 724 S. 2 BGB). Gleiches gilt bei **Bedingungseintritt** einer auflösend bedingten Gesellschaft.

c) **Zweckerreichung** bzw. **Unmöglichwerden der Zweckerreichung,** § 726 BGB.

Beispiel für Zweckerreichung: eine Gelegenheitsgesellschaft, z. B. eine Bauherrengemeinschaft (vgl. zu deren Zweckerreichung BGH, NJW-RR 1988, 616). Die Unmöglichkeit der Zweckerreichung muß offenbar sein (BGHZ 24, 279, 293).

d) **Kündigung der Gesellschaft (§§ 723, 724, 725 BGB)**

aa) **Durch** einen **Gesellschafter:**

(1) jederzeit ohne Kündigungsgrund (sog. **ordentliche Kündigung**) bei einer auf unbestimmte Zeit (§ 723 I BGB) oder auf Lebenszeit eines Gesellschafters (§ 724 S. 1 BGB) eingegangenen Gesellschaft, sofern nicht die Einhaltung einer Kündigungsfrist vorgesehen ist (§ 723 I 6 BGB),

(2) jederzeit »aus wichtigem Grund« (sog. **außerordentliche Kündigung**) bei einer auf bestimmte Zeit eingegangenen Gesellschaft (§ 723 I 2 BGB, in diesem Fall ist eine ordentliche Kündigung nicht möglich) oder wenn bei ordentlicher Kündigung eine Kündigungsfrist bestimmt ist (§ 723 I 6 BGB). Ein **»wichtiger Grund«** (Generalklausel) liegt neben den Beispielsfällen in § 723 I 3 BGB[149] dann vor, wenn dem Kündigenden

---

149 Das besondere Kündigungsrecht nach § 723 I 3 Nr. 2, 4, 5 BGB für den volljährig gewordenen Gesellschafter ist durch Art. 1 des MHbeG eingefügt worden und am 1. 1. 1999 in Kraft getreten.

bei Berücksichtigung aller Umstände des Einzelfalles und Abwägungen der Interessen der Beteiligten die Fortsetzung des Gesellschaftsverhältnisses bis zum Ablauf der Kündigungsfrist oder bis zum Zeitablauf nicht zugemutet werden kann (Verlust des Vertrauens zu einem Mitgesellschafter z. B. reicht nicht immer: BGH, WM 1975, 329).

bb) **Durch** den **Pfändungspfandgläubiger eines Gesellschafteranteils** am Gesellschaftsvermögen (§§ 725 BGB, 859 ZPO).

cc) Kündigung ist auch hier das Rechtsinstitut, eine auf Dauer eingegangene Bindung durch einseitige empfangsbedürftige Willenserklärung zu lösen; es gelten die dazu erarbeiteten allgemeinen Regeln (z. B. Wirkung nur für die Zukunft, Gestaltungsrecht, Bedingungsfeindlichkeit, Unterscheidung zwischen Kündigungsfrist und Kündigungstermin). Insbes. ist erforderlich, daß die Kündigung *allen Gesellschaftern* zugeht. Soweit im Gesellschaftsvertrag nichts anderes bestimmt ist, genügt die Kündigung gegenüber dem geschäftsführenden *Gesellschafter* nicht, weil sie die Grundlage des Gesellschaftsverhältnisses betrifft und deshalb ihre Entgegennahme keine Maßnahme der Geschäftsführung ist[150]. Grundsätzlich darf **nicht zur Unzeit** gekündigt werden (§ 723 II BGB). Vor allem darf das **Kündigungsrecht nicht** den gesetzlichen Bestimmungen zuwider **beschränkt** werden (§ 723 III BGB; insoweit **zwingend**). § 723 III BGB umfaßt auch mittelbare Beschränkungen, etwa in Form unangemessen langer Fristen oder unangemessener Kündigungsfolgen für den Kündigenden (daneben ist in diesen Fällen § 138 BGB zu beachten)[151].

dd) Die **Auflösungswirkung** der Kündigung (nicht das Kündigungsrecht selbst) ist durch eine Fortsetzungsklausel im Gesellschaftsvertrag **abdingbar.** Die Kündigung bewirkt dann das Ausscheiden des Kündigenden (§ 736 I BGB) nach §§ 738–740 BGB.

e) **Tod eines Gesellschafters** (§ 727 BGB). Dieser Auflösungsgrund unterstreicht die Personenbezogenheit der BGB-G[152]. Die Auflösungswirkung ist jedoch ebenfalls abdingbar (§§ 727 I, 736 I BGB).

aa) Führt der Tod zur Auflösung, so rücken der oder die Erben des Verstorbenen nach h. M. vollständig in dessen Gesellschafterstellung in der »Auseinandersetzungsgesellschaft« ein (§ 1922 BGB). Wer Erbe ist, bestimmt sich ausschließlich nach Erbrecht. Bei mehreren wird nicht jeder Erbe für sich selbständig Gesellschafter (die Gesellschafterstellung zerfällt nicht in mehrere Rechtsstellungen), sondern die Erbengemeinschaft tritt als solche an die Stelle des Erblassers[153]. Das bedeutet z. B., daß – wenn in der Gesellschaft nach Köpfen abgestimmt wird – den Erben insgesamt nur eine Stimme

---

150 Deshalb wird z. B. die Kündigung eines Privatgläubigers, die zu Händen der geschäftsführenden Gesellschafter gerichtet ist, erst wirksam, wenn alle Gesellschafter von ihr Kenntnis erhalten (BGH, NJW 1993, 1002 = JA 1993, 283 *[Landrock]*).

151 Beachte dazu *Thünnesen*, Gesetzliche und vertragliche Kündigungsbeschränkungen bei der GdbR, OHG und KG, 1988.

152 Anders als für OHG und KG hat der Gesetzgeber des HRefG 1998 wegen des breiten Anwendungsspektrums der (»nicht rechtsfähigen«!) BGB-G keinen Anlaß gesehen, gesellschafterbezogene Gründe (insbes. Tod) von Auflösungsgründen in Ausscheidensgründe umzuwandeln; vgl. Begründung HRefG BT-Drucks. 13/8444, S. 42.

153 Das ist nach h. M. die einzige Ausnahme vom Grundsatz, daß eine Erbengemeinschaft nicht Gesellschafterin von BGB-G, OHG und KG werden kann; vgl. *Hueck*, OHG, § 23 II 4; *P. Ulmer*, Groß-

zukommt. § 727 II BGB begründet für die Erben eine Mitteilungs- und Notgeschäftsführungspflicht.

bb) Die Auflösung der Gesellschaft durch den Tod eines Gesellschafters ist wirtschaftlich oft unangemessen; sie wird deshalb den Beteiligten nicht aufgezwungen, sondern tritt nur ein, »sofern nicht aus dem Gesellschaftsvertrag sich ein anderes ergibt« (§§ 727 I, 736 I BGB). Bei **unternehmerischen Dauergesellschaften** ist die Vereinbarung der **Fortsetzung** der Gesellschaft in der Praxis **üblich.** In Betracht kommen vornehmlich folgende Regelungen:

- die sog. einfache Fortsetzungsklausel,
- die sog. Nachfolgeklausel,
- die Eintrittsklausel.

Diese Regelungen unterscheiden sich – allgemein gesprochen – dadurch, daß bei der **einfachen Fortsetzungsklausel** der Verstorbene aus der Gesellschaft ausscheidet und die Gesellschaft von den übrigen Gesellschaftern **fortgeführt** wird (vgl. §§ 736 I, 738–740 BGB), während bei der **Nachfolge- und Eintrittsklausel** die Gesellschaft mit einem oder mehreren Nachfolgern des Verstorbenen fortgesetzt werden soll. Da gerade diese qualifizierten Fortsetzungsklauseln im Spannungsfeld zwischen Gesellschafts- und Erbrecht bes. Probleme aufwerfen, werden sie mit der Vererbung der Gesellschafterstellung ausführlich behandelt. Vgl. dazu D VI 4.

f) **Insolvenz eines Gesellschafters** (§ 728 II BGB). Durch die Eröffnung des Insolvenzverfahrens über das Vermögen eines Gesellschafters wird die BGB-G aufgelöst. Sinn dieses Auflösungsgrundes ist, das in der Gesellschaft gebundene Vermögen des Gemeinschuldners zur Befriedigung seiner Insolvenzgläubiger frei zu machen. Die Auflösungswirkung ist auch hier abdingbar (§ 736 I BGB); auch in diesem Fall scheidet der Gemeinschuldner nach Maßgabe der §§ 738–740 BGB aus der Gesellschaft aus.

g) **Insolvenz der BGB-G** (§ 728 I 1 BGB). Die BGB-G war früher nicht konkursfähig, ist jetzt aber (als Gesellschaft ohne Rechtspersönlichkeit) insolvenzfähig (§ 11 II Nr. 1 InsO). Nach § 728 I 1 BGB wird sie dementsprechend durch Eröffnung des Insolvenzverfahrens über das Vermögen der Gesellschaft (zwingend) aufgelöst. Nur unter den Voraussetzungen des § 728 I 2 BGB können die Gesellschafter die Fortsetzung der Gesellschaft später beschließen.

h) **Wegfall der Gesellschaftermehrheit.** Grundsätzlich wird die BGB-G auch aufgelöst (und sogleich voll-beendet), wenn sich alle Gesellschaftsanteile (Mitgliedschaften) in einer Person vereinigen, z. B. wenn bei zweigliedriger Gesellschaft ein Gesellschafter den anderen beerbt oder dessen Gesellschafterstellung durch Rechtsgeschäft erwirbt (vgl. unten V 3). So wie eine Personengesellschaft (anders als AG und GmbH) nicht durch eine Person

---

komm.HGB, 3. Aufl., § 131 Anm. 93; *Westermann*, Rdz. 453, 612; *Soergel/Hadding*, § 727 Anm. 4 alle m. w. N.; BGHZ 68, 225, 237 (dort auch Nachweise zur Gegenmeinung).

gegründet werden kann, so kann sie nach h. M. nicht als Einmann-Personengesellschaft fortbestehen[154].

Dem ist zuzustimmen, weil grundsätzlich alle Rechte und Pflichten, die sich aus dem Gesellschaftsverhältnis ergeben, durch Konfusion erlöschen, wenn sich alle Mitgliedschaften in einer Person vereinigen. Vom Grundsatz der Konfusion sind jedoch Ausnahmen anzuerkennen, die dazu führen, daß eine zwei-(oder mehr-)gliedrige Gesellschaft fortbesteht, obwohl nur noch ein Gesellschafter vorhanden ist. Dies ist dann der Fall, wenn wegen der Rechte Dritter an einem Gesellschaftsanteil (beschränkte dingliche Rechte wie Nießbrauch und Pfandrecht) oder der Zugehörigkeit eines Anteils zu einem Sondervermögen (namentlich bei Nacherbschaft, Testamentsvollstreckung, Nachlaßverwaltung oder Nachlaßinsolvenz) ein Bedürfnis nach weiterer Separierung des Anteils besteht, um rechtlichen Besonderheiten angemessen gerecht zu werden[155].

2. Die Auseinandersetzung

Die Auflösung der BGB-G verpflichtet die Gesellschafter, falls Gesellschaftsvermögen zu verteilen ist, gegenseitig zur Auseinandersetzung (§§ 730, 705 BGB), sofern nicht über das Vermögen der Gesellschaft das Insolvenzverfahren eröffnet ist, das dann das Auseinandersetzungsverfahren ersetzt. **Ziel** ist *nur* die **Beendigung der Gesamthandsgemeinschaft** am Gesellschaftsvermögen im Innenverhältnis.

a) Die **Art der Auseinandersetzung** und das **Verfahren ihrer Durchführung** überläßt das Gesetz (vgl. § 731 BGB) der Vereinbarung der Gesellschafter (sei es im Gesellschaftsvertrag, sei es durch Beschluß nach der Auflösung).

Als wichtigste, vom Gesetz abweichende »andere Art der Auseinandersetzung« kommt die **Übernahme des Gesellschaftsvermögens mit allen Aktiven und Passiven** durch einen Gesellschafter gegen Abfindung der anderen Gesellschafter in Betracht.

Voraussetzung ist die **vertragliche** Einräumung eines **Übernahmerechts**, die in der (mehrgliedrigen und zweigliedrigen) Gesellschaft unbestritten zulässig ist und (für bestimmte Auflösungsgründe) schon im Gesellschaftsvertrag, aber auch noch ad hoc nach Auflösung getroffen werden kann. Der **Vollzug** der Übernahme ist allerdings im Hinblick auf Arbeit und Kosten nur sinnvoll, wenn alle Gegenstände im Wege der **Gesamtrechtsnachfolge** auf den Übernehmer übergehen und eine Einzelübertragung (z. B. Auflassung und Grundbucheintragung eines Grundstücks) entfällt. Diese Rechtsfolge ist im Gesetz nicht vorgesehen, wird aber von der h. M. befürwortet, und zwar im Ergebnis in analoger Anwendung der **Anwachsung** nach § 738 I 1 BGB[156]. Der Anwendung des Anwachsungsprinzips ist zuzu-

---

154 Vgl. BGH, NJW 1978, 1525; OLG Düsseldorf, NZG 1999, 26; MünchKomm/*Ulmer*, § 719 Anm. 20.

155 In diesem Sinne grundlegend *Thorsten Schmidt*, Einmann-Personengesellschaften, 1998, S. 45 ff. Vgl. auch BGHZ 98, 48, 57. Weitere Literatur zur Problematik der Einmann-Personengesellschaften aus jüngster Zeit: *Weimar*, ZIP 1997, 1769; *Baumann*, BB 1998, 225; *Brand/Fett*, NZG 1999, 45.

156 Vgl. BGH, NJW-RR 1993, 1443; BayObLG, DNotZ 1984, 178; *Westermann*, Rdz. 748; MünchKomm/*Ulmer*, § 730 Anm. 62; *Soergel/Hadding*, § 730 Anm. 23; *Canter*, NJW 1965, 1553, 1557; *Lehmann/Dietz*, S. 123; *Rimmelspacher*, AcP 1973, 1 mit Rspr.-Nachweisen, FN 5; diff. *Staudinger/Keßler*, BGB, § 736 Anm. 9 f. Beachtenswert ist, daß auch bei mehrgliedriger BGB-G im Falle eines vertraglichen Übernahmerechts bei Auflösung der Gesellschaft § 142 III HGB a. F. analog angewandt wurde; vgl. BGH, NJW 1966, 827. Auch insoweit ist jetzt auf § 738 I 1 BGB abzustellen.

stimmen. Zwar kann dieses Ergebnis nach der Aufhebung des § 142 HGB durch das HRefG 1998 nicht mehr mit einer analogen Anwendung des § 142 III HGB, der § 738 I 1 HGB für die gesetzlichen Übernahmerechte nach § 142 I, II HGB a. F. für entsprechend anwendbar erklärte, begründet werden. Konsequenterweise ist jetzt aber direkt auf § 738 I 1 BGB abzustellen. Dies ist vor allem deshalb gerechtfertigt, weil die Ausübung des Übernahmerechts zugleich bewirkt, daß der oder die anderen Gesellschafter aus der Gesellschaft ausscheiden; das Anwachsungsprinzip (vgl. dazu V 1 b aa) ist aber gesetzliche Rechtsfolge des Ausscheidens. Das gilt auch für die zweigliedrige Gesellschaft, nachdem in § 140 I 2 HGB n. F. durch den Gesetzgeber klargestellt worden ist, daß einer Ausschließung nicht entgegensteht, daß nach der Ausschließung nur ein Gesellschafter verbleibt[157].

Ob der Übernahmeberechtigte sein Recht durch Gestaltungserklärung ausüben muß und somit die Übernahme auch ablehnen kann oder ob die Anwachsung unmittelbar eintritt, hängt von der (ggf. durch Auslegung zu ermittelnden) vertraglichen Regelung ab. Die Anwachsung bewirkt, daß das Gesamthandsvermögen mit Aktiven und Passiven auf den Übernehmer übergeht und sich damit in Alleinvermögen verwandelt. Die Abfindung des oder der Ausgeschiedenen (oder ihres Erben) bestimmt sich mangels abweichender Regelung nach §§ 738–740 BGB.

Ergänzung: Ein **gesetzliches** Übernahmerecht ist jetzt bei zweigliedriger BGB-G nicht (mehr) anzuerkennen. Bisher war zweifelhaft, ob in entsprechender Anwendung des § 737 BGB (oder nach dem Rechtsgedanken des § 142 I, II HGB a. F., der durch das HRefG aufgehoben wurde) ein gesetzliches Übernahmerecht entsteht. Der BGH (BGHZ 32, 307, 314 ff.) hat nach dem Rechtsgedanken des § 142 HGB (a. F.) ein Übernahmerecht zugebilligt, wenn die Voraussetzungen des § 737 BGB für den Ausschluß des anderen Gesellschafter vorliegen[158]. Da nunmehr aber durch den Gesetzgeber klargestellt ist (vgl. § 140 I 2 HGB n. F.), daß auch die Ausschließung eines Gesellschafters aus der zweigliedrigen Gesellschaft möglich ist, also § 737 BGB direkt zur Anwendung kommt, besteht für die Konstruktion eines gesetzlichen Übernahmerechts (in Analogie zu § 737 BGB) kein Bedürfnis mehr, weil die Rechtsfolgen des Ausscheidens direkt eintreten.

b) Nur mangels abweichender Vereinbarung (vgl. § 731 BGB) greifen die §§ 732–734 BGB ein, die der Sache nach ein **Liquidationsverfahren** in folgender (wiederum dispositiver) Reihenfolge vorsehen:

(1) Beendigung schwebender Geschäfte, § 730 II BGB.
(2) Rückgabe von Gegenständen (die ein Gesellschafter der Gesellschaft nur zur Benutzung überlassen hat), § 732 BGB.
(3) Berichtigung gemeinschaftlicher Schulden, § 733 I, III BGB.
(4) Rückerstattung der Einlagen, § 733 II, III BGB.
(5) Verteilung des Überschusses (nach Maßgabe der Gewinnanteile und möglichst in Natur), §§ 734 i. V. m. 731 S. 2, 752 ff. BGB.
Der Anspruch eines Gesellschafters auf einen Überschußanteil heißt: **»Auseinandersetzungsanspruch«**; (er ist Sozialverpflichtung; vgl. oben II 4 b).

c) Mit der **Beendigung des Auseinandersetzungsverfahrens** endet das Gesellschaftsverhältnis; die Gesellschaft ist vollbeendet. Das ist, wenn es bei der gesetzlichen Reihenfolge bleibt, mit Erfüllung der Auseinandersetzungs-

157 Vgl. Begründung RegE HRefG, BT-Drucks. 13/8444, S. 67 f.

158 Die Lit. lehnt diese Rspr. zum Teil ab, weil das Gesetz bei der BGB-G dem Gedanken des Bestandsschutzes keinen Raum gegeben habe; vgl. *Staudinger/Keßler*, BGB, § 736 Anm. 9; *Canter*, NJW 1965, 1553; *Westermann*, Rdz. 747; a. A. *Rimmelspacher*, AcP 1973, 1, insbes. FN 63; Münch-Komm/*Ulmer*, § 730 Anm. 56 ff.; *Soergel/Hadding*, § 730 Anm. 20: Gesetzliches Übernahmerecht in Analogie zu § 737 BGB.

ansprüche (d. h. mit der Verteilung des Überschusses), allgemeiner gesprochen immer dann der Fall, wenn kein Gesellschaftsvermögen mehr vorhanden ist, z. B. auch bei Übernahme des Gesellschaftsvermögens mit allen Aktiven und Passiven durch einen Gesellschafter im Wege der Anwachsung (oben a). Gleichgültig ist, ob es zur vollen oder teilweisen Befriedigung der gemeinschaftlichen Gläubiger, zur Rückerstattung von Einlagen restlos ausgegeben oder als Überschuß oder von vornherein an die Gesellschafter verteilt worden ist. Bis zur Beendigung des Auseinandersetzungsverfahrens haben es die Gesellschafter in der Hand, jederzeit durch einstimmigen Beschluß die eingetretene Auflösung rückgängig zu machen und die Fortsetzung der Gesellschaft zu beschließen[159], im Fall der Insolvenz der BGB-G allerdings nur unter den Voraussetzungen des § 728 I 2 BGB. Dagegen kann nach Beendigung der Gesellschaft nurmehr eine neue Gesellschaft gegründet werden.

d) Die **Gesellschaft endet** mit dem Erlöschen der Vermögensgemeinschaft ungeachtet etwa noch ausstehender gemeinschaftlicher Verbindlichkeiten der Gesellschafter (sog. »Gesellschaftsschulden«). Unbefriedigt gebliebene Gläubiger müssen sich an die persönlich haftenden Gesellschafter halten. Deren Inanspruchnahme erfolgt außerhalb des Auseinandersetzungsverfahrens. Ansprüche gegen sie verjähren in sinngemäßer Anwendung von § 159 HGB n. F. spätestens fünf Jahre nach Auflösung der Gesellschaft, wobei mangels Registerpublizität die Verjährung mit Kenntnis des Gläubigers von der Auflösung beginnt (§ 736 II BGB)[160].

Das Gesetz hat wegen der persönlichen Haftung der Gesellschafter einen besonderen Gläubigerschutz bei der Auseinandersetzung für überflüssig gehalten, insbes. auch **nicht zwingend** festgelegt, daß **Schuldentilgung vor Vermögensteilung** zu erfolgen hat (§§ 733 I, 731 BGB). Problematisch ist deshalb, was gilt, wenn Vermögen auf die Gesellschafter verteilt worden ist, aber noch Verbindlichkeiten offen sind, für die die Gesellschafter auf das Gesellschaftsvermögen beschränkt haften (vgl. oben III 3 a dd). Nach h. M. haftet dann jeder Gesellschafter in Höhe des aus dem Gesellschaftsvermögen Erhaltenen persönlich. Diese Haftungserweiterung wird mit § 242 BGB begründet[161].

e) **Anspruch auf Verlustausgleich.** Untereinander sind die Gesellschafter verpflichtet, nach dem Verhältnis ihrer Verlustanteile für den Fehlbetrag aufzukommen, wenn das Gesellschaftsvermögen zur Berichtigung gemeinschaftlicher Schulden und zur Rückerstattung der Einlagen nicht ausreicht (Anspruchsgrundlage: § 735 BGB, aber dispositiv). Der Verlustausgleich ist

159 Zu den Anforderungen an eine konkludente Beschlußfassung vgl. BGH, NJW 1995, 2843.

160 Nach seiner systematischen Stellung mag zweifelhaft sein, ob § 736 II BGB n. F. (i. d. F. des NachhBG) allein auf das Ausscheiden eines Gesellschafters zu beziehen ist. Es ist aber zu berücksichtigen, daß nach BGH (NJW 1992, 1615) schon § 159 I HGB a. F. analog auf die BGB-G anzuwenden war, der die Verjährung gleichermaßen für das Ausscheiden und die Auflösung der Gesellschaft regelte.

161 Vgl. *Westermann*, Rdz. 746; *Lehmann/Dietz*, S. 121; *Reinhardt/Schultz*, Rdz. 88; *Staudinger/Keßler*, BGB, § 730 Anm. 19; zur Rspr. FN 102.

eine Angelegenheit der einzelnen Gesellschafter untereinander; er hat nichts mit dem Auseinandersetzungsverfahren zu tun.

V. Gesellschafterwechsel

Das Gesetz geht für die BGB-G nach wie vor von der Vorstellung aus, daß diese Personengesellschaft an den jeweiligen Gesellschafterbestand gebunden ist und die Gesellschafter unauswechselbar sind: Grundsätzlich löst schon der »Wegfall« auch nur eines Gesellschafters (durch Tod, Kündigung oder Insolvenz) die Gesellschaft auf. Andererseits steht die gesetzliche Regelung dem in der Praxis vorherrschenden Bedürfnis nach einem Gesellschafterwechsel (Ausscheiden, Eintritt, Nachfolge in die Gesellschafterstellung) unter Aufrechterhaltung der Identität der Gesellschaft nicht entgegen: Sie ist weitgehend abdingbar. Die nachfolgende Behandlung der Rechtsfragen des Gesellschafterwechsels gilt weitgehend auch für OHG und KG, obwohl zu beachten ist, daß das HRefG 1998 bei diesen Gesellschaften im Interesse der Unternehmenskontinuität bisherige gesellschafterbezogene Auflösungsgründe zu Ausscheidensgründen umgewandelt hat (zu Besonderheiten vgl. unter D VI).

1. Ausscheiden eines Gesellschafters

Das Ausscheiden ist dadurch gekennzeichnet, daß sich unter Aufrechterhaltung der Identität der BGB-G die Zahl der Gesellschafter verringert, indem die Gesellschafterstellung des Ausscheidenden erlischt und die Gesellschaft unter den übrigen Gesellschaftern fortgesetzt wird.

a) **Voraussetzung** ist bei der BGB-G immer eine Regelung auf der Ebene des Gesellschaftsvertrages.

Folgende **Möglichkeiten** kommen insbes. in Betracht:

(1) Vereinbarung über das Ausscheiden ad hoc zwischen allen Gesellschaftern (bedeutet Vertragsänderung, BGH, WM 1969, 791, 792).
(2) Vereinbarung des automatischen Ausscheidens für bestimmte Fälle im ursprünglichen Gesellschaftsvertrag, z. B. der Ehefrau (oder Ehemann) für den Fall der Ehescheidung bei einer aus Ehegatten und ihren Kindern bestehenden Gesellschaft.
(3) Vereinbarung einer Fortsetzungsklausel i. S. des § 736 I BGB im ursprünglichen Gesellschaftsvertrag für die Fälle des Todes, der Kündigung (auch durch einen Pfändungsgläubiger nach § 725 BGB) und der Gesellschafterinsolvenz (vgl. Unterschied zu § 131 III HGB n. F.). Ausscheiden verhindert dann Auflösung.

(4) Fortsetzungsvereinbarung nach Eintritt einer der unter (3) genannten Auflösungsgründe zwischen allen Gesellschaftern (auch der vom Auflösungsgrund Betroffene bzw. seine Erben haben mitzuwirken). Diese bedeutet Änderung des Gesellschaftsvertrages, durch die die Rechtswirkungen einer Fortsetzungsklausel i. S. des § 736 I BGB nachgeholt werden.

(5) *Ausschluß* eines Gesellschafters unter den Voraussetzungen des § 737 BGB:
- Gesellschaftsvertrag enthält Fortsetzungsklausel für den Fall der Kündigung (dazu, daß dies genügt: BGH, WM 1985, 997);
- wichtiger Kündigungsgrund in der Person des Auszuschließenden für alle übrigen Gesellschafter;
- Ausschließungsbeschluß der übrigen Gesellschafter;
- Erklärung der Ausschließung gegenüber dem Auszuschließenden;
- der Ausschluß muß das letzte Mittel sein; es darf also keine weniger einschneidende Lösung, wie z. B. die Entziehung der Geschäftsführungs- und Vertretungsbefugnis, in Betracht kommen; so die Rspr. und Lit.[162].

Merke aber: § 737 BGB ist in vollem Umfang dispositiv. Im Gesellschaftsvertrag kann das Ausschließungsrecht eingeschränkt oder ganz ausgeschlossen, aber die Ausschließung auch erleichtert werden, und zwar hinsichtlich der Voraussetzungen und des Verfahrens (vgl. dazu entsprechend unten D VI 1 a).

Der Ausgeschlossene kann Klage auf Feststellung erheben, daß sein Anschluß nichtig ist. Die Klage ist nach § 256 ZPO zulässig, weil der Ausschließungsbeschluß als Rechtsgeschäft Rechtsverhältnis ist (BGH, WM 1992, 57).

b) Rechtsfolgen des Ausscheidens

aa) **Im Innenverhältnis:** Der Ausgeschiedene verliert seine Gesellschafterstellung.

(1) Schuldrechtliche **Mitgliedschaftsrechte und -pflichten erlöschen** ersatzlos (z. B. das Recht und die Pflicht zur Geschäftsführung) bzw. sind als unselbständige Rechnungsposten in die Abschichtungsbilanz einzustellen (z. B. Zahlungsansprüche, die vorher gesondert hätten geltend gemacht werden können, BGH, WM 1981, 487). Das gilt natürlich nicht für ein wirksames nachvertragliches Wettbewerbsverbot (vgl. dazu D II 1 b).

---

162 Vgl. BGH, WM 1971, 20, 22; MünchKomm/*Ulmer*, § 737 Anm. 8; *Westermann*, Rdz. 412; beachte auch *Piehler*, Der Ausschluß eines Gesellschafters aus einer Personengesellschaft, DStR 1991, 686, 716; *Schöne*, Gesellschafterausschluß bei Personengesellschaften, 1993; *Ch. Blanke*, Das Recht zur Ausschließung aus der Personengesellschaft ohne Angabe von Gründen, 1994.

(2) Zugleich endet seine dingliche Beteiligung am Gesellschaftsvermögen, weil das Vermögen immer den Gesellschaftern als Gesamthandsvermögen zugeordnet ist und deshalb niemand am Gesellschaftsvermögen beteiligt sein kann, ohne Gesellschafter zu sein (vgl. §§ 718 I, 719 I, 738 I BGB). Mit dem Ausscheiden eines Gesellschafters **wächst sein Anteil am Gesellschaftsvermögen den übrigen** Gesellschaftern **zu** (§ 738 I BGB), ohne daß es bes. Übertragungsakte bedarf (gehören etwa Grundstücke zum Gesellschaftsvermögen, so erfolgt lediglich Berichtigung des Grundbuchs).

Damit ist aber nur gemeint, daß der Kreis der Berechtigten verringert wird, weil die gesamthänderische Vermögenszuordnung weder verfügbare Anteile noch quotenmäßige Vermögensaufteilung kennt (vgl. oben II 5 a). Mit dem Vorgang der An- und Abwachsung verbindet man die Vorstellung, daß die dingliche Mitzuständigkeit dem Ausscheidenden ab- und den verbleibenden Gesellschaftern zuwächst; das ist eine Konsequenz des Gesamthandsprinzips.

(3) Zwischen dem Ausscheidenden und den verbleibenden Gesellschaftern findet eine **Vermögensauseinandersetzung** in schuldrechtlicher Form statt. Soweit nichts (oder nicht wirksam) anderes vereinbart ist, gelten (auch für OHG und KG gemäß §§ 105 III, 161 II HGB) die (dispositiven) **§§ 738–740 BGB**:

Der Ausscheidende hat **Anspruch auf Rückgabe** der Gegenstände, die er der Gesellschaft zur Benutzung überlassen hat (§ 738 I 2 1. Fall BGB)[163].

Ferner hat er einen **Abfindungsanspruch** (sog. »Abschichtungsanspruch«), § 738 I 2 3. Fall BGB[164], der für die verbleibenden Gesellschafter Sozialverpflichtung ist, für die sie nur mit dem Gesellschaftsvermögen haften (vgl. oben II 4 d cc).

Dieser Anspruch verschafft ihm einen Ausgleich für den Verlust seiner Beteiligung am Gesellschaftsvermögen und richtet sich auf das, »was er bei der Auseinandersetzung erhalten würde, wenn die Gesellschaft zur Zeit seines Ausscheidens aufgelöst worden wäre«. Das sind nach Maßgabe der §§ 733 II, 734 BGB die geleistete Einlage und der Überschußanteil, der aufgrund einer den wahren Wert des Gesellschaftsvermögens ermittelnden (vgl. § 738 II BGB) Auseinandersetzungs**bilanz** zu berechnen ist; dabei wird der **wirkliche Wert** (das ist abweichend vom Wortlaut nicht der Liquidationswert, sondern der Betrag, der bei Veräußerung des Unternehmens als Einheit zu erzielen wäre) nach heute h. M. nach dem Ertragswert (zukünftige Ertragskraft) bestimmt, während dem Substanzwert nur mittelbare Bedeutung zukommt[165].

---

163 In Betracht kommt aber ein Zurückbehaltungsrecht der Gesellschaft wegen eines Ausgleichsanspruchs nach § 739 BGB; vgl. BGH, WM 1981, 1126.

164 Dieser ist jedoch dispositiv; Abfindungsvereinbarungen sind weitgehend üblich. Dazu: *Heckelmann*, Abfindungsklauseln in Gesellschaftsverträgen, 1973; *Hartmann*, Der ausscheidende Gesellschafter in der Wirtschaftspraxis, 4. Aufl. 1983. Übersichten zu Abfindungsklauseln bei *Engel*, NJW 1986, 345; *van Randenborgh*, BB 1986, 75; *Großfeld*, Die AG 1988, 217; *Notthoff*, DStR 1998, 210.

165 Vgl. BGH, NJW 1985, 192; 1992, 892; 1993, 2101 (mit dem Hinweis, daß der Tatrichter gleichwohl nicht an eine bestimmte Wertermittlungsmethode gebunden ist); *Sudhoff*, ZGR 1972, 157; *Ulmer*,

Da die Ermittlung des wahren Vermögenswertes praktisch sehr schwierig ist (Sachverständigengutachten!), empfiehlt sich (auch zur Vermeidung eines Streits um Bewertungsmethoden) eine vertragliche Regelung der Abfindung. Als Abfindungsklauseln kommen etwa Abfindung nach dem Substanzwert (Wiederbeschaffungswert) oder nach dem Liquidationswert in Betracht. Grundsätzlich kann auch eine Abfindung nur nach dem (handels- oder steuerrechtlichen) **Buchwert** (Bilanzwert unter Ausschluß stiller Reserven und des Firmenwertes) rechtswirksam vereinbart werden (vgl. BGH, WM 1980, 1362; 1984, 1506 und dazu Schulze-Osterloh, ZGR 1986, 545), um Liquidität und Fortbestand des Unternehmens nicht durch zu hohe Abfindungen zu gefährden. Rechtlich »bedenklich« kann eine Buchwertklausel aber dann sein, wenn die Buchwertabfindung »erheblich« hinter dem wirklichen Anteilswert zurückbleibt, insbes. bei einem Auseinanderdriften im Zeitablauf bei wirtschaftlich erfolgreichen Unternehmen: Die Buchwertabfindungsklausel ist nach BGH (NJW 1979, 104)[166] im Falle einer Kombination mit einer sog. Hinauskündigungsklausel (vgl. dazu D VI 1 a (3)) gemäß § 138 I BGB nichtig, wenn die Abfindung hinter dem wirklichen Wert des Anteils erheblich zurückbleibt. Weiterhin hält der BGH (NJW 1989, 2685) die Beschränkung des Abfindungsanspruchs auf die Hälfte des Buchwerts nach § 138 I BGB für nichtig; in diesen Fällen tritt die dispositive gesetzliche Abfindung nach § 738 BGB an die Stelle der nichtigen Abfindungsregelung. Das gilt jedoch nur bei wirtschaftlicher Zielsetzung; verfolgt die Gesellschaft einen rein ideellen Zweck, kann die Abfindung weitgehend beschränkt oder gar ausgeschlossen sein (BGH, NJW 1997, 2592).

Außerdem hat der BGH eine Buchwertklausel nach § 134 BGB für unwirksam gehalten, wenn wegen eines erheblichen Mißverhältnisses zwischen Buchwert und wirklichem Wert die Freiheit eines Gesellschafters, das Gesellschaftsverhältnis zu kündigen, unvertretbar eingeengt wird; dann sollte ein Verstoß gegen das Verbot der Kündigungsbeschränkung (§ 723 III BGB) vorliegen (BGH, WM 1984, 1506)[167]. In diesem Fall sollte aber nicht die Abfindung nach dem wirklichen Wert (§ 738 BGB), sondern eine »angemessene« Abfindung an die Stelle der unwirksamen Buchwertabfindung treten. Dieser Rspr. ist in der Literatur entgegengehalten worden, eine Abfindungsvereinbarung könne nicht je nach Entwicklung des Verhältnisses von Buchwert und tatsächlichem Anteilswert zu verschiedenen Zeitpunkten wirksam oder unwirksam sein[168]. Daraufhin hat der BGH in jüngsten Entscheidungen seine Rspr. auf ein neues dogmatisches Podest gestellt (BGH, NJW 1993, 2101, 3193). Danach sollen Buchwertabfindungsklauseln, wenn sie nicht von Anfang an nach § 138 I oder §§ 134 I, 723 III BGB nichtig sind, auch dann als solche wirksam bleiben, wenn sich im Zeitablauf ein grobes Mißverhältnis zwischen Buchwertabfindungsanspruch und wirklichem Anteilswert ergibt. Der Inhalt der vertraglichen Abfindungsregelung soll in einem solchen Fall jedoch durch ergänzende Vertragsauslegung »nach den Grundsätzen von Treu und Glauben unter angemessener Abwägung der Interessen der Gesellschaft und des ausscheidenden Gesellschafters und unter angemessener Berücksichtigung aller Um-

---

FS f. Quack, 1991, S. 477. Allgemein zum Wert der Unternehmung *W. Müller*, JuS 1973, 603, 745; 1974, 147, 288, 424; 1975, 489, 553; *Großfeld*, Unternehmens- und Anteilsbewertung im Gesellschaftsrecht, 3. Aufl. 1994; *Künnemann*, Objektivierte Unternehmensbewertung, 1985; *Piltz*, Die Unternehmensbewertung in der Rechtsprechung, 2. Aufl. 1989; *Sieben/Lutz*, DB 1983, 1989; *Sigloch*, Jura 1987, 584; *Neuhaus*, Unternehmensbewertung und Abfindung bei freiwilligem Ausscheiden aus der Personengesellschaft, 1990.

166 Vgl. zu diesem Urteil: *P. Ulmer, Flume, Esch*, NJW 1979, 81, 902, 1390 sowie *Schilling*, ZGR 1979, 419 und *Huber*, ZGR 1980, 177. Vgl. ferner *Wagner/Nonnenmacher*, ZGR 1981, 674; *Hirtz*, BB 1981, 761; *Grossfeld*, ZGR 1982, 141; *Kreutz*, ZGR 1983, 109, 121; *Koller*, DB 1984, 545.

167 Vgl. zur Buchwertabfindungsklausel insoweit auch *Hennerkes/Binz*, DB 1983, 2669; *Rasner*, NJW 1983, 2905; *K. D. Weber*, Buchwertabfindungsklauseln in Gesellschaftsverträgen von Personengesellschaften, Diss. Tübingen 1987; *Gamon*, Buchwertklauseln beim Ausscheiden aus OHG und KG, 1989; Neues bei *Mayer*, DB 1990, 1319.

168 *Rasner*, NJW 1983, 2905, 2908; *Karsten Schmidt*, Gesellschaftsrecht, § 50 IV 2 c cc, S. 1475; *Büttner*, FS f. Nirk, 1992, S. 119, 124 f.

stände des konkreten Falles entsprechend den veränderten Verhältnissen neu zu ermitteln« sein (BGH, NJW 1993, 3193 = BGHZ 123, 281)[169]. Es liegt auf der Hand, daß diese Rspr. in der Praxis zu erheblichen Rechtsunsicherheiten führen muß.

Ergibt die Bilanz einen Passivsaldo, so ist der Ausscheidende zum **Verlustausgleich** verpflichtet; § 739 BGB gibt dafür die Anspruchsgrundlage.

Da gemeinschaftliche Verbindlichkeiten in die Auseinandersetzungsbilanz eingehen und das Abfindungsguthaben rechnerisch ermäßigen, gibt § 738 I 2 2. Fall BGB dem Ausscheidenden einen schuldrechtlichen **Anspruch auf Befreiung** von den gemeinschaftlichen Schulden (bzw. soweit diese noch nicht fällig sind, auf Sicherheitsleistung), § 738 I 3 BGB[170]. Anstelle der Aufnahme schwebender Geschäfte in die Auseinandersetzungsbilanz ordnet § 740 BGB schließlich **Teilnahme** des Ausgeschiedenen an Gewinn und Verlust dieser Geschäfte an; dazu rechnen aber nicht Dauerschuldverhältnisse, die zur Zeit des Ausscheidens noch andauern[171].

bb) **Im Außenverhältnis:** Die persönliche Haftung des Ausscheidenden für bereits begründete Verbindlichkeiten gegenüber Dritten bleibt grundsätzlich bestehen (aber Befreiungsanspruch im Innenverhältnis, § 738 I 2 2. Fall BGB); dagegen erlischt eine auf das Gesellschaftsvermögen beschränkte Haftung als Folge der »Abwachsung« der Beteiligung am Gesellschaftsvermögen.

Eine **Begrenzung der Nachhaftung** des Ausgeschiedenen folgt aus dem neuen § 736 II BGB (i. d. F. des NachhBG 1994). Danach gelten § 160 I, II HGB n. F. (und als Überleitungsbestimmung Art. 35 EGHGB) als die einschlägigen Regelungen für Personenhandelsgesellschaften sinngemäß (keineswegs analog!); vgl. dazu näher unten D III 4 f. Dementsprechend erlischt die Haftung des ausgeschiedenen BGB-Gesellschafters für solche (Alt-)Verbindlichkeiten, die erst später als fünf Jahre nach seinem Ausscheiden fällig werden sowie für alle (fälligen) Verbindlichkeiten, die nicht innerhalb der fünfjährigen Ausschlußfrist gerichtlich (Ausnahmen: § 160 I 1 2. Halbs., § 160 II HGB) geltend gemacht worden sind. Mangels Handelsregistereintragung des Ausscheidens bei der BGB-G ist für den Beginn der fünfjährigen (Haftungsausschluß-)Frist nach § 160 I 1 HGB n. F. auf die Kenntnis jedes einzelnen Gläubigers vom Ausscheiden abzustellen[172]. Das hat zur Folge,

169 Zu diesem Urteil: *Dauner-Lieb* und *Rasner*, ZHR 158 (1994), S. 271, 292; *Haack*, GmbHRdsch. 1994, 437; *Mark*, JZ 1994, 1123; *Piltz*, BB 1994, 1021; *Reimann*, ZEV 1994, 7; *Ulmer/Schäfer*, ZGR 1995, 134.

170 Dazu gehört z. B. auch die Befreiung von Sicherheiten, die der Ausgeschiedene Dritten gestellt hat; vgl. BGH, NJW 1974, 899.

171 Vgl. BGH, WM 1986, 581, 967; dazu auch *Roolf/Vahl* und *Karsten Schmidt*, DB 1983, 1964, 2405.

172 So auch schon BGHZ 117, 168 = NJW 1992, 1615 nach früherer Rechtslage (§ 159 HGB a. F. analog), an die der Gesetzgeber bei der Einfügung des § 736 II BGB argumentativ angeknüpft hat (vgl. Bericht des Rechtsausschusses, BT-Drucks. 12/6569, S. 13); ebenso *Eckert*, RdA 1994, 215, 222; *Reichold*, NJW 1994, 1617, 1621; *Seibert*, DB 1994, 461, 464.

daß die Enthaftung des Ausgeschiedenen verschiedenen Gläubigern gegenüber zu unterschiedlichen Zeitpunkten eintreten kann.

c) Zweigliedrige BGB-G

Bei **zweigliedriger** BGB-G herrschte lange Zeit die Vorstellung, daß ein Ausscheiden im eigentlichen Sinne nicht in Betracht kommt, weil ein Ausscheiden (begrifflich) die Fortführung der Gesellschaft voraussetzt, eine Personengesellschaft aber nicht als Einmanngesellschaft fortgeführt werden kann[173]. Diese Begrifflichkeit ist indes nicht (mehr) tragfähig. Auch für die zweigliedrige BGB-G gelten die (dispositiven) gesetzlichen Regeln über das Ausscheiden (bzw. den Ausschluß) von Gesellschaftern.Das wird mit Deutlichkeit durch die Entstehungsgeschichte des HRefG 1998 bestätigt, in der der Gesetzgeber klargestellt hat, daß auch aus einer zweigliedrigen Personengesellschaft ein Gesellschafter ausscheiden bzw. ausgeschlossen werden kann, »denn erst anschließend ist die Gesellschaft nicht mehr existent«[174]. Deshalb steht dem Ausscheiden nicht entgegen, daß danach nur ein »Gesellschafter« verbleibt. Für die Ausschließungsklage bei der OHG ist das »zur Vermeidung weiterer Diskussionen« in § 140 I 2 HGB n. F. ausdrücklich bestimmt. Mit dem Ausscheiden erlischt die Gesellschaft ohne Liquidation. Das Gesellschaftsvermögen wächst in Rechtsfolge des Ausscheidens dem verbleibenden Gesellschafter allein zu (§ 738 I 1 BGB); dabei verwandelt sich das Gesamthandsvermögen in Alleinvermögen. Im übrigen gelten die Rechtsfolgen wie beim Ausscheiden eines Gesellschafters bei mehrgliedriger BGB-G.

2. Eintritt (Aufnahme) eines Gesellschafters

Eine Erweiterung der BGB-G durch Eintritt neuer Gesellschafter ist gesetzlich zwar nicht vorgesehen, aber kraft Vertragsfreiheit jederzeit möglich[175].

a) **Voraussetzung** ist ein **Aufnahmevertrag** zwischen dem Eintretenden und allen Altgesellschaftern (die jedoch von einem von ihnen vertreten werden können; BGH, WM 1987, 1336), in welchem zur Erhaltung der Identität der Gesellschaft inhaltlich auf den bestehenden Gesellschaftsvertrag Bezug genommen wird (BGHZ 26, 330).

---

173 In diesen Fällen blieb daher nur die Auflösung und Auseinandersetzung. Dabei kam der Frage besonderes Gewicht zu, in welchen Fällen statt der Liquidation des Gesellschaftsvermögens als »andere Art der Auseinandersetzung« die Übernahme des Gesellschaftsvermögens mit allen Aktiven und Passiven durch einen Gesellschafter gegen Abfindung des anderen in Betracht kommt (vgl. dazu oben IV 2 a).

174 Vgl. Begründung zum RegE-HRefG, BT-Drucks. 13/8444, S. 67.

175 Nach h. M. ändert sich beim Eintritt, ebenso wie beim Ausscheiden eines Gesellschafters, die Identität der Gesellschaft nicht. Das ist nach innen wegen des Anwachsungsprinzips einleuchtend, nach außen bei Verneinung der Rechtsfähigkeit der Gesellschaft aber zweifelhaft.

Dabei handelt es sich für den Eintretenden um einen Gesellschaftsvertrag mit den Altgesellschaftern, für diese aber zugleich *auch* um eine Änderung des alten Gesellschaftsvertrages, nicht aber um eine Neugründung.

Vom Eintritt neuer Gesellschafter ist die Nachfolge in eine Gesellschafterstellung zu unterscheiden; vgl. unten V 3, 4.

b) Rechtsfolgen des Eintritts

aa) **Innenverhältnis:** Der Eintretende erwirbt eine Gesellschafterstellung.

(1) In seiner Person entstehen die schuldrechtlichen Mitgliedschaftsrechte und -pflichten, wie sie sich aus Gesetz und Gesellschafts-(=Aufnahme)vertrag ergeben; z. B. Beitragspflicht, Geschäftsführungspflicht.

(2) Zugleich erwirbt der Neue die gesamthänderische (dingliche) Beteiligung am Gesellschaftsvermögen (»die dingliche Beteiligung am Gesellschaftsvermögen folgt der schuldrechtlichen Gesellschafterstellung«). Auch hier spricht man in entsprechender Anwendung des § 738 I BGB von An- und Abwachsung.

Dem Eintretenden wächst die dingliche Mitzuständigkeit zu, den Altgesellschaftern wächst sie insofern ab, als nunmehr ein Gesellschafter mehr mitzuständig ist. Wichtige Konsequenz: Es bedarf keiner Übertragung der Gegenstände des Gesellschaftsvermögens, z. B. statt einer Auflassung und Eintragung nur Grundbuchberichtigung.

bb) **Außenverhältnis:** Für die vor seinem Eintritt begründeten gemeinschaftlichen Verbindlichkeiten der Altgesellschafter schuldet und haftet der Neue nur aufgrund eines haftungsbegründenden Tatbestandes, wie insbes. eines Schuldbeitritts (BGH, NJW 1979, 1821).

Fehlt es daran, so ist an und für sich eine Vollstreckung in das Gesellschaftsvermögen ausgeschlossen, weil der Gläubiger dazu eines Titels gegen alle Gesellschafter bedarf (§ 736 ZPO). Um diese Konsequenz zu vermeiden, wird in der Lit. überwiegend die Auffassung vertreten, daß der Neue Altgläubigern »mit seinem Anteil am Gesellschaftsvermögen haftet«, jedenfalls die Zwangsvollstreckung in das Gesellschaftsvermögen zu dulden habe. Diese Auffassung ist von der noch herrschenden individualistischen Gesamthandsvermögenslehre dogmatisch kaum plausibel zu begründen. Die Theorie der kollektiven Einheit (Gruppenlehre) kann das Ergebnis jedoch schlüssig aus der Anerkennung von Gesamthandsschulden ableiten. Vgl. oben III 3 a dd.

3. Übertragung der gesamten Gesellschafterstellung (in der Personengesellschaft)

Literatur: *Flume*, Die Rechtsnachfolge in die Mitgliedschaft einer Personengesellschaft durch Übertragung der Mitgliedschaft, FS f. Larenz, 1973, S. 769; *Huber*, Vermögensanteil, Kapitalanteil, Gesellschaftsanteil an Personengesellschaften des Handelsrechts, 1970, insbes. S. 349 ff.; *Wiedemann*, Die Übertragung und Vererbung von Mitgliedschaftsrechten bei Handelsgesellschaften, 1965, insbes. S. 43 ff.; *Hadding*, Verfügungen über Mitgliedschaftsrechte, FS f. Steindorff, 1990, S. 31; *Michalski*, Gesellschafterwechsel bei Personengesellschaften, NZG 1998, 95.

Unter einer Übertragung der gesamten Gesellschafterstellung ist **nicht die Kombination von Aus- und Eintritt** zu verstehen, also der Fall, daß ein Gesellschafter durch Vereinbarung aller Gesellschafter ausscheidet und ein anderer durch Aufnahmevertrag *praktisch* an seine Stelle tritt. Diese Fälle machen angesichts der Zulässigkeit des Ausscheidens und der Aufnahme (des Eintritts) von Gesellschaftern keine rechtlichen Schwierigkeiten (s. auch BGH, WM 1974, 1244); dabei geht es in erster Linie um zweckmäßige und sinnvolle Vertragsausgestaltungen, um sicherzustellen, daß der Eintretende dieselbe Stellung erhält wie der Ausscheidende.

Praktisch viel wichtiger ist die (gesetzlich nicht geregelte) **Übertragung der gesamten Gesellschafterstellung** (Mitgliedschaft; Gesellschaftsanteil) **im Wege eines echten Verkehrsgeschäftes** zwischen einem Gesellschafter und einem Dritten (oder auch einem anderen Gesellschafter), z. B. zur Erfüllung eines zugrundeliegenden Kaufvertrages oder einer Schenkung als Verpflichtungsgeschäft[176].

Dabei ist zu beachten, daß die Gesellschafterstellung (Mitgliedschaft; Gesellschaftsanteil) als solche kein subjektives Recht ist, das abtretbar (nach §§ 413, 398 BGB) wäre (str.)[177], sondern eine Rechtsstellung (ein Rechtsverhältnis), aus dem verschiedenartige Rechte und Pflichten fließen; insbes. lassen sich schuldrechtliche Rechte und Pflichten und die dingliche gesamthänderische Beteiligung am Gesellschaftsvermögen unterscheiden.

a) Gegen die Übertragbarkeit der Gesellschafterstellung lassen sich nicht §§ 717, 719 I BGB anführen: § 717 BGB sucht nur die Abspaltung einzelner Ansprüche von der Gesellschafterstellung zu vermeiden; § 719 I BGB soll verhindern, daß Gesellschafterstellung und dingliche Mitberechtigung am Gesellschaftsvermögen getrennt werden. Deshalb ist es nicht zwingend, daraus, daß Ansprüche aus dem Gesellschaftsverhältnis grundsätzlich nicht übertragbar (§ 717 S. 1 BGB) und Anteile am Gesellschaftsvermögen nicht verfügbar (§ 719 I BGB) sind, auf die Unübertragbarkeit der umfassenderen Gesellschafterstellung zu schließen.

b) Das Problem liegt darin, ob der sachenrechtliche Spezialitätsgrundsatz bei Verfügungsgeschäften, der die gesonderte Übertragung jedes einzelnen Rechtes und jeder Pflicht erfordert, der Übertragung ganzer Rechtsverhältnisse, wie etwa auch der Gesellschafterstellung, zwingend entgegensteht. Nach jetzt h. M. in Rspr. und Lit. ist das nicht der Fall. Unter Hinweis auf *ge-*

176 Weil Gegenstand zur Veräußerung die Gesellschafterstellung als solche ist, ist das Verpflichtungsgeschäft auch dann nicht (gemäß § 313 S. 1 BGB, § 15 IV GmbHG) formbedürftig, wenn sich Grundstücke und GmbH-Anteile im Gesellschaftsvermögen befinden (vgl. BGHZ 86, 367; BGH, WM 1997, 2220, 2222). Zur Problematik einer Analogie zu § 313 S. 1 BGB bei (bewußter) Umgehung vgl. *Ulmer/Löbbe*, DNotZ 1998, 711, 712 ff. m. w. N. Weitere Konsequenz der Veräußerung der Gesellschafterstellung als solcher: Es gibt keinen gutgläubigen Eigentumserwerb gemäß § 892 BGB an Grundstücken, die zu Unrecht zum Gesellschaftsvermögen zählten; vgl. BGH, NJW 1997, 860.

177 Wie hier *Hadding*, FS f. Reinhardt, 1972, S. 249 ff.; *ders.*, FS f. Steindorff, 1990, S. 31; *Soergel/Hadding*, § 705 Anm. 46; *Steinbeck*, DB 1995, 761 (762); a. A. die jetzt h. M., etwa *Flume*, Die Personengesellschaft, S. 127; MünchKomm/*Ulmer*, § 719 Anm. 16; *Karsten Schmidt*, Gesellschaftsrecht, § 45 III 3 a; *Habersack*, Die Mitgliedschaft – subjektives und »sonstiges« Recht, 1996, S. 28 ff. Zur Theorie der Mitgliedschaft vgl. *Lutter*, AcP 1980, 84.

setzliche Fälle des Übergangs ganzer Rechtsverhältnisse (§§ 571, 613 a BGB; 69 VVG) wird auch die *rechtsgeschäftliche* Übertragbarkeit von Rechtsverhältnissen anerkannt. Das gilt auch für das Rechtsverhältnis eines Gesellschafters zu den übrigen Gesellschaftern einer Personengesellschaft[178].

c) Allerdings reicht dazu ein zweiseitiges Verfügungsgeschäft wie bei Einzelrechten nicht aus. Die Berücksichtigung der Interessen der verbleibenden Partner des Rechtsverhältnisses erfordert eine **Übertragung im Wege eines dreiseitigen Rechtsgeschäfts eigener Art** zwischen dem Ausscheidenden (Veräußerer), dem Eintretenden (Erwerber) und dem oder den verbleibenden Partnern des Gesellschaftsverhältnisses. Dieses Rechtsgeschäft erfordert einen Vertrag als Verfügungsgeschäft über den Gegenstand »Gesellschafterstellung« (nicht etwa des Anteils am Gesellschaftsvermögen) zwischen Veräußerer und Erwerber, der analog §§ 398 ff. BGB zu behandeln ist und analog § 415 I S. 1 BGB zu seiner Wirksamkeit der Zustimmung der übrigen Gesellschafter bedarf[179]. Formvorschriften bestehen nicht.

aa) Bei dieser Konstruktion tritt der Erwerber als Rechtsnachfolger unmittelbar (vgl. BGH, WM 1974, 1244; BGHZ 81, 82, 84) und voll (BGH, WM 1973, 169) in die gesellschaftsrechtliche Stellung des Veräußerers **im Innenverhältnis** ein, ohne daß ein besonderer Aufnahmevertrag geschlossen wird oder auch nur nötig wäre und ohne daß Rechtsfolgen wie beim Ausscheiden im Innenverhältnis eintreten. Die erforderliche Zustimmung der übrigen Gesellschafter kann nach §§ 182 ff. BGB als Einwilligung oder Genehmigung erteilt werden.

Die Einwilligung kann darin gesehen werden, daß schon der Gesellschaftsvertrag die Übertragbarkeit der Gesellschafterstellung(en) vorsieht; in diesem Fall ist die individuelle Widerruflichkeit der Einwilligung nach § 183 BGB ausgeschlossen. Der Gesellschaftsvertrag kann für die Zustimmung zur Mitgliedschaftsübertragung auch eine Mehrheitsentscheidung der übrigen oder aller Gesellschafter vorsehen. Die Übertragung ohne erforderliche Einwilligung ist zunächst schwebend unwirksam (so h. M. seit BGHZ 13, 179), wird aber mit Genehmigung ex-tunc (§ 184 BGB) wirksam.

Frage: Hat nach Übertragung der gesamten Gesellschafterstellung der bisherige gegenüber dem neuen Gesellschafter einen Freistellungsanspruch nach § 738 I 2 2. Fall BGB? Nein, weil zwischen diesen keinerlei innergesellschaftliche Rechtsbeziehungen bestehen (BGH, NJW 1975, 166).

bb) **Im Außenverhältnis** wird der ausscheidende (!) Gesellschafter durch die Übertragung seiner Gesellschafterstellung nicht von seiner Haftung ge-

178 So BGH in jetzt st. Rspr.: WM 1981, 841; 1974, 1244; BGHZ 13, 179; 44, 229; vgl. auch BAG, AP Nr. 31 zu § 74 HGB. Neben der angegebenen Lit. vgl. noch *Reinhardt/Schultz*, Rdz. 95 ff.; *Westermann*, Rdz. 391; MünchKomm/*Ulmer*, § 719 Anm. 15 ff.; *Soergel/Hadding*, § 719 Anm. 11 ff.; *Karsten Schmidt*, Gesellschaftsrecht, § 45 III.

179 Zum Streit über die richtige Konstruktion und seine praktischen Auswirkungen vgl. *Michel*, ZGR 1991, 412. Ist die Mitgliedschaft die Stellung in einem Rechtsverhältnis, so stellt ihre Übertragung eine Vertragsübernahme dar; an der Abänderung des Rechtsverhältnisses müssen die übrigen Gesellschafter mitwirken.

genüber Dritten befreit; die Nachhaftung ist aber gemäß § 736 II BGB begrenzt (vgl. oben V 1 b bb)[180]. Der Übernehmer haftet Dritten nach der oben V 2 b bb geschilderten h. M. mit seinem Anteil am Gesellschaftsvermögen.

d) **Mit** der **Übertragung** der Gesellschafterstellung **kann** eine **Änderung des Gesellschaftsvertrages verbunden** werden. Das kann namentlich dazu führen, daß

- besondere Vorrechte und Pflichten des veräußernden Gesellschafters aufgehoben werden und somit nicht auf den Nachfolger übergehen;
- die einheitliche Gesellschafterstellung aufgespalten wird, und zwar in der Form der Aufteilung des Kapitalanteils mit der Folge, daß mehrere Nachfolger in die bisher einheitliche Gesellschafterstellung einrücken können.

e) Die Übertragbarkeit einer Gesellschafterstellung durch Verkehrsgeschäft ermöglicht es auch, unter Wahrung der Identität der Gesellschaft gleichzeitig **alle Mitglieder auszuwechseln** (BGH, NJW 1966, 499). Konsequenterweise kann ein Dritter auch alle Gesellschaftsanteile oder ein Gesellschafter diejenigen aller Mitgesellschafter erwerben; in beiden Fällen führt dies zur (Voll-)Beendigung der Gesellschaft (vgl. oben IV 1 h) ohne Auseinandersetzung, weil das Gesellschaftsvermögen dem Anteilserwerber nach dem Anwachsungsprinzip zugewachsen ist[181].

Erwirbt ein Gesellschafter den Anteil eines von mehreren Mitgesellschaftern, so führt der Grundsatz (»Dogma«) der **Einheitlichkeit der Mitgliedschaft** in der Personengesellschaft, der eine Mehrfach-Mitgliedschaft ausschließt[182], grundsätzlich zur Verschmelzung der Anteile zu einer Mitgliedschaft. Nur ausnahmsweise können – ganz ähnlich wie bei der Anerkennung der Einmann-Personengesellschaft (vgl. oben IV 1 h) – Sachgründe dazu führen, daß zur Berücksichtigung von Besonderheiten die einzelnen Anteile in der Hand desselben Rechtsträgers (zunächst) selbständig bleiben[183].

4. Die Vererbung der Gesellschafterstellung

Neben der rechtsgeschäftlichen Übertragung ist auch die Vererbung der Gesellschafterstellung möglich. Beide Vorgänge betreffen die Nachfolge in eine Gesellschafterstellung. Die Fortsetzung einer BGB-G, wie auch von OHG und KG mit den Erben eines Gesellschafters, wirft aber, da es **kein besonderes Gesellschaftserbrecht** gibt, im Spannungsfeld gesellschaftsrechtlicher und erbrechtlicher Regelungen eine Reihe schwieriger und umstrittener Rechts-

180 Für OHG (und KG) vgl. D VI 3, III 4 f.
181 Vgl. BGHZ 71, 296, 299 f.; MünchKomm/*Ulmer*, § 719 Anm. 20.
182 BGHZ 24, 106, st.Rspr.; MünchKomm/*Ulmer*, § 705 Anm. 152; krit. *Esch*, BB 1996, 1621.
183 Vgl. auch *Karsten Schmidt*, Gesellschaftsrecht, § 45 I 2 b bb; *Wiedemann*, FS f. Zöllner, 1998, Bd. I, S. 635, 639 ff.; weiter u. a. *Bippus*, AcP 1995, 13; *Esch*, BB 1993, 664; *Priester*, DB 1998, 55; *Steinbeck*, DB 1995, 761.

probleme auf, deren Zentralfragen unbedingt examensrelevant sind. Wegen der besonderen praktischen Bedeutung für OHG und KG und wegen des gesetzlichen Anknüpfungspunktes in § 139 HGB wird die Problematik, die im wesentlichen bei allen Gesamthandsgesellschaften die gleiche ist (trotz vom HRefG 1998 herbeigeführter Unterschiede in der Ausgangslage), bei der OHG erörtert (D VI 4).

D. Die offene[1] Handelsgesellschaft (OHG), §§ 105–160 HGB

Literatur: *H. Berg*, Hauptprobleme bei den Personengesellschaften des Handelsrechts, JuS 1974, 685; *Geck*, Die Einbringung von Einzelunternehmen in Personenhandelsgesellschaften, 1986; *Hadding*, Die HGB-Klausur, 2. Aufl. 1995, (§ 12); *Happ/Brunkhorst* in *Riegger/ Weipert* (Hrsg.) Münchener Handbuch des Gesellschaftsrechts, Bd. 1, 1995, §§ 40 ff.; *A. Hueck*, Das Recht der offenen Handelsgesellschaft, 4. Aufl. 1971; *Hüffer*, 100 Bände BGHZ: Personengesellschaftsrecht, ZHR 1987, 396; *Kellermann/Stodolkowitz*, Höchstrichterliche Rechtsprechung zum Personengesellschaftsrecht, 4. Aufl. 1994; *Köhler*, Die Willensbildung in der OHG und KG, JA 1983, 168; *Kuhn*, Die Rechtsprechung des BGH zur OHG, WM 1970, 1502; 1973, 1186; 1977, 126; 1978, Sonderbeilage Nr. 1; Fortsetzung des Rechtsprechungsberichts bei *Brandes*, WM 1986, Sonderbeilage Nr. 1; WM 1990, 1221; WM 1994, 569; 1998, 261; *Reuter*, Die Wesenselemente der Personengesellschaft in der neueren Rechtsprechung, GmbHRdsch. 1981, 129; neuere Entwicklungen auch bei *Hirte*, NJW 1999, 179; *Karsten Schmidt*, Zur Stellung der OHG im System der Handelsgesellschaften, 1972; *Sudhoff*, Personengesellschaften, 7. Aufl. 1999; *Ulmer*, Hundert Jahre Personengesellschaftsrecht: Rechtsfortbildung bei OHG und KG, ZHR 1997, 102; *H. Westermann*, Personengesellschaftsrecht, 5. Aufl. 1984; *H. P. Westermann*, Handbuch der Personengesellschaften, 1. Teil, 4. Aufl. 1994; *H. P. Westermann/V. Rebmann*, Rechtsprechung zum Personengesellschaftsrecht, DZWir 1993, 222, 327; sowie neben den Lehrbüchern zum Gesellschaftsrecht die Kommentare zu §§ 105 ff. HGB.

Zur Geschichte: *Servos*, Die Personenhandelsgesellschaften und die stille Gesellschaft in den Kodifikationen und Kodifikationsentwürfen von ALR bis zum ADHGB, Diss. Köln 1984.

Vorbemerkungen

1. Die OHG ist **eine gesetzlich geregelte Sonderform der BGB-G.** Die Regelung der OHG in §§ 105–160 HGB enthält deshalb entweder ergänzende Zusatzbestimmungen (z. B. §§ 110–113 HGB) oder die §§ 705 ff. BGB verdrängende Spezialbestimmungen (z. B. die Regeln über Geschäftsführung und Vertretung). Im übrigen gelten die Vorschriften über die BGB-G unmittelbar auch für die OHG (§ 105 III HGB). Das gilt namentlich für §§ 705–708, 713, 717–720, 722 II, 725 II, 732, 735, 738–740 BGB. Das HRefG 1998 hat für das Recht der OHG (und KG) eine Reihe bedeutsamer Änderungen gebracht.

2. Der **Anwendungsbereich der OHG** ist (entsprechend ihrem Charakter als Personengesellschaft des Handelsrechts) beschränkt, in diesem Rahmen aber durch das HRefG 1998 erheblich erweitert worden. Von großer praktischer Bedeutung ist die OHG in der mittelständischen Wirtschaft, weil sie in ihrer typischen[2] gesetzlichen Ausgestaltung zu einer Vereinigung von **Kapi-**

1 »Offen«, weil alle Gesellschafter nach außen hervortreten (Außengesellschaft) im Gegensatz zur »stillen« Gesellschaft (StG).

2 Zur atypischen Ausgestaltung vgl. insbes. *Nitschke*, Die körperschaftlich strukturierte Personengesellschaft, 1970; *H. P. Westermann*, Vertragsfreiheit und Typengesetzlichkeit im Recht der Personengesellschaften, 1970, insbes. S. 211 ff.; *H. Westermann*, Rdz. 150 ff.

tal (Beitragspflicht), **Kredit** (unbeschränkte persönliche Haftung der Gesellschafter) und **Arbeit** (Recht und Pflicht zur Geschäftsführung) der Beteiligten führt.

a) Nach § 105 I HGB steht als Zweck der OHG der **Betrieb eines Handelsgewerbes** (unter gemeinschaftlicher Firma) nach wie vor im Vordergrund.

Der Begriff **»Handelsgewerbe«** wird in § 1 II HGB definiert; diese Definition ist bei systematischer Auslegung auch für OHG (und KG) maßgeblich. Das HRefG hat den Begriff unter gleichzeitiger erheblicher Erweiterung neu bestimmt. Danach ist jetzt jeder Gewerbebetrieb Handelsgewerbe, es sei denn, daß das Unternehmen nach Art oder Umfang einen in kaufmännischer Weise eingerichteten Geschäftsbetrieb nicht erfordert[3]. Die negative »es sei denn«-Formulierung begründet die **Vermutung**, daß **jeder Gewerbebetrieb** Handelsgewerbe ist; nur nachgewiesene Kleingewerbe sind ausgenommen.

Der **Gewerbebegriff** ist gesetzlich nicht definiert, sondern der Konkretisierung durch die Rspr. überlassen. Diese fordert eine Tätigkeit, die selbständig, auf Dauer angelegt und planmäßig betrieben wird, auf dem Markt erkennbar hervortritt, auf Gewinnerzielung gerichtet (str.) und nicht gesetzes- oder sittenwidrig ist[4]. **Freiberufliche Tätigkeit** wird traditionell nicht als Gewerbe verstanden; gemeinsamer Berufsausübung von Freiberuflern stehen deshalb OHG (und KG) nicht zur Verfügung, sondern nur die BGB-G und speziell die Partnerschaft (vgl. unten H).

Land- und Forstwirte sind gemäß § 3 I HGB aus dem Handelsrecht ausgeschlossen. Gleichwohl eröffnet § 3 II HGB land- und forstwirtschaftlichen Unternehmen unter der Voraussetzung, daß sie nach Art und Umfang einen in kaufmännischer Weise eingerichteten Geschäftsbetrieb erfordern, die Möglichkeit zur Eintragung ihrer Firma in das HReg; die Eintragung hat gemäß § 2 HGB zur Folge, daß ihr Unternehmen als **Handelsgewerbe gilt**. Auf dem Wege über §§ 3 II, 2, 105 I HGB wird ihnen damit auch der Zugang zu OHG (und KG) eröffnet. Insoweit ist die Unterscheidung zwischen Handelsgewerbe kraft Gesetzes (§ 1 II HGB) und kraft Registereintragung (§§ 3 II, 2 HGB) weiterhin zu beachten.

b) § 105 II HGB (eingefügt durch das HRefG) erweitert den Anwendungsbereich der OHG (und KG, § 161 II HGB) auf solche Gesellschaften, deren Gewerbebetrieb nicht schon nach § 1 II Handelsgewerbe ist (sog. **kleingewerbliche Gesellschaften**, weil für ihr Gewerbe nach Art und Umfang ein kaufmännisch eingerichteter Geschäftsbetrieb nicht erforderlich ist) sowie auf solche Gesellschaften, die nur eigenes Vermögen verwalten (**Vermögensverwaltungsgesellschaften** wie Holdings, Besitzgesellschaften nach sog. Betriebsaufspaltung, Immobilienfonds), die nach überwiegender Ansicht überhaupt kein Gewerbe betreiben[5]. Diesen Gesellschaften eröffnet § 105 II HGB

3 Vgl. zum Erfordernis kaufmännischer Geschäftseinrichtung *Baumbach/Hopt*, § 2 Rn. 3; *Heymann/Emmerich*, HGB, § 2 Rn. 8ff.

4 So auch die Begründung RegE-HRefG, BT-Drucks. 13/8444, S. 24; zum Erfordernis der Gewinnerzielungsabsicht BGHZ 74, 273, 276; 83, 382, 386; a. M. etwa *Karsten Schmidt*, Handelsrecht, S. 289ff.

5 Vgl. Begründung zum RegE-HRefG, BT-Drucks. 13/8444, S. 40f. Die Ansicht von *Karsten Schmidt* (NJW 1998, 2161, 2165; ZHR 1999, 87, 89f.), der die 2. Alt. des § 105 II HGB (»nur« eigenes Vermögen verwaltet) dahin (rechtspolitisch) ausdehnend auslegt, daß sie »jede nichtgewerbliche Außengesellschaft« mit »auch« eigener Vermögensverwaltung erfaßt, also z. B. auch eine Freiberufler-Gesellschaft, geht über den Wortlaut der Norm und den Willen des Gesetzgebers hinaus, nur für typische Vermögensverwaltungsgesellschaften die Eintragungsoption zu eröffnen; ihr wird deshalb zu Recht die Zustimmung verweigert (vgl. *Schön*, DB 1998, 1169, 1174; *Ammon*, DStR 1998, 1474, 1476; *Schäfer*, DB 1998, 1269, 1273f.; *Ulmer*, ZIP 1999, 509, 512).

die Option für OHG (und KG, § 161 II HGB); sie können die Firma ihres Unternehmens ins HReg eintragen lassen. Sie werden aber erst dann zur OHG (bzw. KG), wenn die insoweit **konstitutive** Eintragung erfolgt. Auf den Betrieb eines »Handelsgewerbes« kommt es bei ihnen (tatbestandlich) nicht an.

I. Entstehung (Gründung)[6] der OHG

Nach der Erweiterung des Anwendungsbereichs der OHG gemäß § 105 II HGB ist es erforderlich, bei der Entstehung der OHG zwischen Gesellschaften, die den Betrieb eines Handelsgewerbes bezwecken (§ 105 I HGB) einerseits und kleingewerblichen und vermögensverwaltenden Gesellschaften (§ 105 II HGB) andererseits zu unterscheiden.

1. OHG nach § 105 I HGB

Bei Gesellschaften, deren Zweck auf den Betrieb eines Handelsgewerbes unter gemeinschaftlicher Firma gerichtet ist, muß unterschieden werden zwischen dem Entstehen der OHG im Innenverhältnis (das Gesetz spricht in der Titelüberschrift vor § 105 von der Errichtung der Gesellschaft) und dem Entstehen im Außenverhältnis (Wirksamkeit im Verhältnis zu Dritten gemäß § 123 HGB).

a) Innenverhältnis

Im Innenverhältnis entsteht die OHG grundsätzlich mit dem Abschluß des Gesellschaftsvertrages (Gründungsvertrag, § 109 HGB); damit gilt im Innenverhältnis OHG-Recht, sofern nicht ein späterer Anfangstermin vereinbart ist oder, was auch möglich ist, vereinbart ist, daß das OHG-Recht erst später gelten soll; dann handelt es sich in der Zwischenzeit um eine BGB-G.

Der Gründungsvertrag muß die **konstitutiven Merkmale** des § 105 I HGB enthalten. Das sind:

- Vertrag zwischen zwei oder mehr Personen
- gerichtet auf den Betrieb eines Handelsgewerbes unter gemeinschaftlicher Firma
- den zu fördern sich alle Vertragspartner verpflichten.

Diese Merkmale sind zu entwickeln durch Verbindung der allgemeinen Merkmale der BGB-G mit den Besonderheiten des § 105 I HGB. § 105 I HGB verweist, wie § 105 III HGB klarstellt, auf den Tatbestand des § 705 BGB, indem er die OHG definiert als »eine Gesellschaft, deren Zweck auf den Betrieb eines Handelsgewerbes unter gemeinschaftlicher Firma gerichtet ist«. Darin zeigt sich, daß die OHG eine Sonderform der BGB-G darstellt und sich von

6 Auf die Entstehung durch Umwandlung wird hier nicht näher eingegangen; vgl. oben B VI.

dieser nur dadurch unterscheidet, daß ihr »gemeinsamer Zweck« auf den Betrieb eines Handelsgewerbes (unter gemeinschaftlicher Firma) gerichtet ist. Dabei muß es sich um ein Handelsgewerbe kraft Gesetzes (§ 1 II HGB) oder (bei land- und forstwirtschaftlichen Unternehmen) kraft Registereintragung (§ 3 II i. V. m. § 2 HGB n. F.) handeln. Von den allgemeinen Merkmalen der BGB-G (wiederholen!) erfährt damit nur das Merkmal »gemeinsamer Zweck« eine Veränderung. Das bei der BGB-G zum Vertrag (Gesellschafter, Form, Rechtsnatur) und zur Förderungspflicht Gesagte (oben C I 1, 3) gilt unverändert. Allerdings kann nach h. M. eine BGB-G nicht Gesellschafterin einer OHG werden[7].

- Weiteres – **negatives** – **Begriffsmerkmal** ist nach dem Gesetzeswortlaut, daß »bei keinem Gesellschafter die Haftung gegenüber den Gesellschaftsgläubigern beschränkt ist« (§ 105 I 2. Halbs. HGB).

Da jedoch § 128 HGB die unbeschränkte und unbeschränkbare (Satz 2) persönliche Haftung aller OHG-Gesellschafter im Außenverhältnis als **zwingende Rechtsfolge** anordnet, kann diese nicht echte Voraussetzung für das Vorliegen einer OHG sein. Die Vereinbarung unbeschränkter Haftung ist daher ebenso unnötig, wie ihr Ausschluß unzulässig ist. Dies wird der Sache nach auch von der h. M. anerkannt[8] und jetzt auch dadurch bestätigt, daß § 105 II BGB das Merkmal nicht aufgreift. Die Bedeutung des § 105 I 2. Halbs. HGB liegt darin, daß er der OHG-Form einen zwingenden Auffangcharakter für Handelsgesellschaften zuweist, wenn bei keinem der Gesellschafter die Haftung gegenüber Gesellschaftsgläubigern (wirksam) beschränkt ist; vgl. unten I 5.

b) Außenverhältnis

Im Außenverhältnis entsteht die OHG (erst), wenn gemäß § 123 HGB im Verhältnis zu Dritten Wirksamkeit eintritt; erst dann gilt OHG-Außenrecht und damit OHG-Recht in vollem Umfang. Sinn dieser stufenweisen Entstehung: Der Verkehrsschutz erfordert erst von dem Zeitpunkt an, in dem die OHG **im Rechtsverkehr in Erscheinung tritt**, daß das für die OHG-Gesellschafter »gefährliche« OHG-Außenrecht (Vertretung, Haftung) maßgebend wird.

Das ist **spätestens mit Eintragung** der Gesellschaft in das HReg der Fall (§ 123 I, III HGB). Die Eintragung erfolgt aufgrund der Anmeldung (vgl. im einzelnen §§ 106–108 HGB), zu der sämtliche Gesellschafter verpflichtet sind (§ 108 I HGB). Beginnt die Gesellschaft ihre Geschäfte aber vor der Eintragung, dann wird sie schon im **Zeitpunkt ihres Geschäftsbeginns** wirksam (§ 123 II HGB). Dies gilt aber nur für die Gesellschaften, deren Zweck auf den Betrieb eines Handelsgewerbes i. S. des § 1 II HGB n. F. gerichtet ist, weil in diesen Fällen die HReg-Eintragung nur deklaratorische Bedeutung hat. Anders ist das bei land- und forstwirtschaftlichen Betrieben. Bei diesen wirkt die Eintragung zugleich konstitutiv, weil das für diese Gesellschaften notwendige »Handelsgewerbe« gemäß § 2 HGB (i. V. m. § 3 II HGB) erst durch die Eintragung entsteht; sie können deshalb nicht durch Geschäftsbeginn als

7 Vgl. BGH, NJW 1981, 1376; WM 1986, 1280; 1990, 586; a. A. etwa *Brodersen*, Die Beteiligung der BGB-G an den Personenhandelsgesellschaften, 1988; *Karsten Schmidt*, DB 1990, 93.

8 Vgl. *Staub/Ulmer*, HGB, § 105 Anm. 37 f.; *Hueck*, OHG, § 1 I 4; *Karsten Schmidt*, Gesellschaftsrecht, § 46 I 1 e; *Westermann*, Rdz. 57.

OHG wirksam werden. Das bestätigt der »soweit-Satz« in § 123 II HGB mit Bezug auf § 2 HGB.

Der Begriff »Geschäftsbeginn« in § 123 II HGB ist weit auszulegen, umfaßt auch Vorbereitungs- und Hilfsgeschäfte (z. B. Errichtung eines Bankkontos, Anmietung von Geschäftsräumen, Bestellung von Briefbogen, Zeitungsanzeigen). Das Geschäft muß rechtlich der Gesellschaft zuzurechnen sein. Das setzt Handeln im Namen der Gesellschaft und entsprechende rechtsgeschäftlich erteilte Vollmacht aller Gesellschafter voraus. § 125 HGB findet insoweit noch keine Anwendung, weil diese Vorschrift des Außenverhältnisses die Wirksamkeit der OHG bereits voraussetzt. »Geschäftsbeginn« liegt auch dann vor, wenn eine OHG (KG) ein Gewerbe **fortführt**, das bereits Handelsgewerbe ist oder als solches gilt, z. B. wenn ein Gesellschafter sein im HReg eingetragenes, unter § 2 HGB n. F. fallendes Unternehmen in die Gesellschaft eingebracht hat (»Aufnahme eines Gesellschafters durch einen Einzelkaufmann«); vgl. BGHZ 59, 179 = NJW 1972, 1660.

2. OHG nach § 105 II HGB

Kleingewerbliche und **vermögensverwaltende** Gesellschaften werden gemäß § 105 II HGB erst mit der Eintragung in das HReg zur OHG. Bei diesen Gesellschaften vollzieht sich die Entstehung einer OHG ebenfalls in zwei Stufen, allerdings mit der Besonderheit, daß zunächst eine BGB-G gegründet wird (weil der Zweck nicht auf den Betrieb eines Handelsgewerbes gerichtet ist). Für diese gilt im Innenverhältnis und, soweit sie schon vor Eintragung in das HReg durch Geschäftstätigkeit nach außen in Erscheinung tritt, auch im Außenverhältnis das Recht der BGB-G. Allerdings können die Gesellschafter auch vereinbaren, daß OHG-Innenrecht sofort gelten soll, und sie bringen dies im Zweifel schon dadurch zum Ausdruck, daß sie die Eintragung der Firma ihres Unternehmens im HReg vorsehen.

Diesen BGB-Gesellschaften eröffnet § 105 II BGB die Möglichkeit (Option), durch **konstitutive** Eintragung ihrer Firma zur OHG zu werden. Keinesfalls werden sie in diese Rechtsform gezwungen; sie sind berechtigt, aber nicht verpflichtet, die Eintragung herbeizuführen (§ 105 II 2 i. V. m. § 2 S. 2 HGB n. F.). Entscheiden sich die Gesellschafter aber durch freiwillige Anmeldung (nach den Vorschriften der §§ 106, 108 BGB) dafür, ihre Firma in das HReg eintragen zu lassen, dann haben sie Anspruch auf die Eintragung, und **mit** dieser **Eintragung** wird die Gesellschaft im **Innen- und Außenverhältnis zur OHG**. Überflüssigerweise wird das in § 123 II HGB mit Bezug auf § 105 II HGB im dortigen »soweit-Satz« für das Außenverhältnis noch einmal klargestellt. Die konstitutive Bedeutung der HReg-Eintragung schließt nicht aus, daß gutgläubige Dritte nach handelsrechtlichen Rechtsscheingrundsätzen geschützt werden, wenn Gesellschafter vor Eintragung als Mitglieder einer OHG auftreten (vgl. I 3).

3. Fehlen einer Entstehungsvoraussetzung

Fehlt es an einer Entstehungsvoraussetzung für eine OHG, sei es im Innenverhältnis, sei es im Außenverhältnis, insbes.: der Gesellschaftsvertrag ist unwirksam; der Gesellschaftsvertrag fehlt völlig; es wird kein (Handels-)Gewerbe betrieben oder in den Fällen des § 105 II HGB hat keine Eintragung im HReg stattgefunden, so können die Grundsätze über die **fehlerhafte Gesellschaft** und über die **Scheingesellschaft** zur Anwendung kommen. Beide Institute sind nicht zu verwechseln. Vgl. dazu ausführlich unten V.

4. Die OHG als selbständige Einheit

Die entstandene OHG ist mehr als ein Schuldverhältnis. Die Personen, die sich zu einer OHG zusammengeschlossen haben, bilden eine Einheit, »die OHG«, die vom Gesetz in bestimmtem Umfang verselbständigt ist. Wie weit geht diese Verselbständigung?

a) Die OHG ist **nicht juristische Person** (ganz h. M.[9]). Das ergibt sich aus §§ 105 ff. HGB, insbes. daraus,

- daß § 105 III HGB die subsidiäre Anwendung der §§ 705 ff. anordnet, die BGB-G aber nicht juristische Person ist (vgl. C I 1 d aa),
- daß der Gesetzgeber ansonsten deutlich zum Ausdruck bringt, wenn er einer Personenvereinigung eigene Rechtspersönlichkeit zuweist (z. B. § 1 I 1 AktG, § 13 I GmbHG), dies aber insbes. auch in § 124 HGB nicht geschehen ist.

Str. ist (zwischen den Theorien zur Gesamthand), **ob** die **OHG (KG)** als Gesamthandsgesellschaft (die §§ 718, 719 BGB gelten gemäß § 105 III HGB) **rechtsfähig** ist, d. h. als solche Träger von Rechten und Pflichten sein kann, obgleich sie nicht juristische Person ist. Die sog. Gruppenlehre (Theorie von der »kollektiven Einheit der Gesamthand«) bejaht dies, indem sie die Rechtssubjektivität der Gesamthand bejaht. Demgegenüber hält die noch immer herrschende sog. »individualistische Gesamthandsvermögenslehre« daran fest, daß als Träger aller Rechte und Pflichten in der Personengesamthandsgesellschaft nur die Gesellschafter in Betracht kommen, daß die OHG (KG) ebensowenig wie die BGB-G als Zuordnungssubjekt von Rechten und Pflichten ausgestaltet ist. Vgl. dazu C I 1 d bb. Während diesem Streit bei der Lö-

9 Vgl. statt vieler nur BGHZ 34, 292 = NJW 1961, 1022; *Fischer*, GroßKomm. HGB, § 105 Anm. 7, 8; *Hueck*, OHG, § 3 IV; *Hueck*, § 12 II 2; *Kübler*, § 7 I 2 b; *Westermann*, Rdz. 48; a. A. *Fabricius*, Relativität der Rechtsfähigkeit, 1963 (»Teilperson mit Teilrechtsfähigkeit«). Auch die Vertreter der Theorie von der kollektiven Einheit der Gesamthand (vgl. dazu C I 1 d bb) betonen, daß die Gesamthand nicht juristische Person ist; vgl. *Flume*, Die Personengesellschaft, S. 50 ff., 56; *Staub/Ulmer*, HGB, § 105 Anm. 40 ff.; vgl. auch *Karsten Schmidt*, Gesellschaftsrecht, § 46 II 1, S. 1359; a. A. neuerdings *Timm*, ZGR 1996, 247 (252); *Th. Raiser*, AcP 1994, 495, 510 f.; *Hadding*, FS f. Kraft, 1998, S. 137, 141. Zur Abgrenzung der (rechtsfähigen) Gesamthand zur juristischen Person nach dieser Theorie vgl. *Flume* a. a. O., S. 87 ff.

sung einer Reihe von Rechtsfragen bei der BGB-G praktische Relevanz zukommt (vgl. C III 3), kann er für OHG (und KG) mangels praktischer Auswirkungen weithin vernachlässigt werden. Denn:

b) Die **OHG kann,** obgleich nicht juristische Person, gemäß § 124 I HGB **unter ihrer Firma**

(1) Rechte erwerben (in Betracht kommen alle Rechte, soweit sie nicht, wie vornehmlich Familienrechte, ihrer Art nach auf natürliche Personen beschränkt sind),
(2) **Verbindlichkeiten eingehen,**
(3) **Eigentum** und andere dingliche Rechte **an Grundstücken erwerben** (dabei wird die OHG unter ihrer Firma ins Grundbuch eingetragen, § 15 I b Grundbuchverfügung von 1935),
(4) vor Gericht **klagen,**
(5) vor Gericht **verklagt werden.**

§ 124 I HGB ordnet damit zwingend an, daß die OHG **nach außen als Einheit zu behandeln** ist. Diese Verselbständigung dient der Beweglichkeit der OHG im Handelsverkehr und ist rechtstechnisch darauf gegründet, daß die Gesellschaft mit dem Firmenrecht ausgestattet ist und daher unter ihrer Firma als Einheit auftreten kann. Diese Verselbständigung der OHG ist ernst zu nehmen, auch wenn § 124 I HGB keine rechtsdogmatische Aussage zur Rechtsnatur der OHG (und KG, § 161 II HGB) enthält und deshalb nach noch h. M. an der Letztzuständigkeit der Gesellschafter als Träger von Rechten und Pflichten nichts ändert. Im Rahmen des § 124 HGB gebührt jedoch dem Gedanken der Einheit (»die OHG« unter ihrer Firma) der Vorrang vor dem Gedanken der Vielheit (die Gesellschafter als Rechtssubjekte). Man kann daher sagen: Im Rahmen des § 124 I HGB wird die OHG **wie** eine rechtsfähige juristische Person behandelt.

c) **Die OHG ist Gesamthandsgemeinschaft;** das Gesellschaftsvermögen ist den Gesellschaftern gesamthänderisch (nicht individuell quotenmäßig) zugeordnet. §§ 718, 719 BGB gelten (§ 105 III HGB); vgl. dazu näher oben C II 5. Die mit gesamthänderischer Rechtszuständigkeit bewirkte **Sonderung und Verselbständigung des Gesellschaftsvermögens** gegenüber dem Privatvermögen der einzelnen Gesellschafter geht jedoch bei der OHG weiter als bei der BGB-G:

(1) Das betrifft zunächst das **Gesellschaftsvermögen als Haftungsobjekt:** Zur Zwangsvollstreckung in das Gesellschaftsvermögen genügt im Gegensatz zur Rechtslage bei der BGB-G (vgl. § 736 ZPO) nicht ein Titel gegen alle Gesellschafter. Erforderlich ist nach § 124 II HGB vielmehr ein gegen die Gesellschaft gerichteter vollstreckbarer Titel. Ein solcher läßt sich erstreiten, weil die OHG unter ihrer Firma »vor Gericht verklagt werden« kann (§ 124 I HGB). Da ein Gläubiger einen solchen Titel aber nur erlangen kann, wenn es sich um »eine unter der Firma der OHG eingegangene Verbindlichkeit« handelt (§ 124 I HGB), kann nur wegen solcher Ansprüche ins Gesellschaftsvermögen vollstreckt werden. Im Hinblick auf diese den Gesellschaftsgläubigern vorbehaltene Möglichkeit der Inanspruchnahme des Ge-

sellschaftsvermögens hat bei der OHG der Begriff **»Gesellschaftsschuld«** (zur Abgrenzung von solchen gemeinschaftlichen Verbindlichkeiten der Gesellschafter, die nicht unter der Firma der OHG begründet wurden) schon nach dem Gesetz rechtliche Relevanz (vgl. näher unten III 3 b).

(2) Die weitergehende Verselbständigung des OHG-Gesellschaftsvermögens zeigt sich auch daran, daß die **Zwangsvollstreckung in das Privatvermögen** der Gesellschafter aufgrund eines gegen die Gesellschaft gerichteten Titels **nicht statthaft** ist (§ 129 IV HGB); Verteidigung mit der Drittwiderspruchsklage, § 771 ZPO.

(3) Das Gesellschaftsvermögen der OHG ist (wie das der BGB-G) **insolvenzfähig** (§ 11 II Nr. 1 InsO)[10].

5. Die zwingende Natur des § 105 I HGB

Es ist heute einhellige Meinung, daß immer dann, wenn die Tatbestandsmerkmale des § 105 I HGB vorliegen, *zwingend* eine OHG besteht. Insofern ist die Freiheit zur Wahl der Rechtsform eingeschränkt. Es herrscht insoweit **Typenzwang** (Zwang in die Rechtsform der OHG):

a) Das bedeutet **im Verhältnis zur BGB-G: Verdrängende Spezialität** der OHG-Form. Eine Gesellschaft, deren Zweck auf den Betrieb eines Handelsgewerbes unter gemeinschaftlicher Firma gerichtet ist, ist immer OHG, nie BGB-G.

Ob ein Handelsgewerbe bezweckt ist, beurteilt sich immer objektiv nach § 1 II HGB n. F. (bei land- und forstwirtschaftlichen Unternehmen nach § 3 II HGB n. F.), ohne daß es dabei entscheidend auf den Willen der Beteiligten ankäme. Im einzelnen ist aber zwischen dem Entstehen der OHG im Innenverhältnis und dem späteren Betrieb einer OHG zu unterscheiden:

aa) **Beim Abschluß des Gründungsvertrages** können Beurteilungsschwierigkeiten auftreten, weil ein Handelsgewerbe nach § 1 II HGB n. F. auch vom Umfang der Geschäfte abhängig ist. Hier richtet sich die Beurteilung danach, ob die Gesellschaft auf den Betrieb eines Gewerbes **»angelegt«** ist, das nach Art und Umfang einen in kaufmännischer Weise eingerichteten Geschäftsbetrieb erfordert. Der Wille der Beteiligten allein ist dafür nicht ausschlaggebend; es muß vielmehr die Herbeiführung von Tatsachen vereinbart sein, die, wenn sie herbeigeführt werden, objektiv ein Handelsgewerbe ergeben (vgl. BGHZ 32, 307 ff.); das wird nach § 1 II HGB n. F. bei jedem Gewerbebetrieb vermutet (»es sei denn ...«).

Beispiel: Vereinbaren A und B, unter gemeinschaftlicher Firma eine Werbeagentur zu eröffnen, so haben sie nur dann eine OHG gegründet, wenn sie Umstände ins Auge gefaßt

10 Bei OHG (§ 130 a HGB) und KG (§ 177 a HGB), bei denen kein Gesellschafter (bzw. bei KG kein Komplementär) eine natürliche Person ist, besteht nunmehr zum Schutze der Gläubiger bei Zahlungsunfähigkeit oder Überschuldung sogar eine Pflicht, die Eröffnung des Insolvenzverfahrens zu beantragen, deren Verletzung zu Schadensersatzpflichten führen kann (§ 130 a III HGB) und unter Strafdrohung gestellt ist (§ 130 b HGB); vgl. dazu *Deutler*, GmbHRdsch. 1977, 36.

haben, die nach Art und Umfang einen in kaufmännischer Weise eingerichteten Geschäftsbetrieb erfordern. Andernfalls liegt eine BGB-G vor, die sich aber bei Eintragung gemäß § 105 II HGB in eine OHG umwandelt.

bb) **Nach Aufnahme des Geschäftsbetriebes** (und Ablauf einer angemessenen Anlaufzeit) bestimmt sich das Vorliegen einer OHG (nach § 105 I HGB) und damit die Anwendung des OHG-Rechtes im Innen- und Außenverhältnis verbindlich danach, ob tatsächlich ein Handelsgewerbe i. S. des § 1 II HGB betrieben wird. Ist das der Fall, so liegt auch dann eine OHG vor, wenn die Beteiligten übereinstimmend davon ausgehen, eine BGB-G zu bilden. Auf ihren Willen und ihre Vorstellung kommt es nicht an. Die fehlende HReg-Eintragung steht nicht entgegen, weil die Gesellschaft, die ein Handelsgewerbe i. S. des § 1 II HGB betreibt, im Außenverhältnis schon mit Geschäftsbeginn wirksam wird (§ 123 II HGB).

cc) Im Zeitablauf kann es dabei kraft Gesetzes zu **Umwandlungen einer BGB-G in eine OHG (bzw. KG) und umgekehrt kommen,** mit der Folge, daß die jeweiligen zwingenden Normen der neuen Form Anwendung finden.

Beispiel: A und B handeln unter dem Namen »A & B« im Kleingewerbebetrieb mit Textilien. Steigt der Geschäftsumfang, so wird die BGB-G in dem allerdings schwer zu fixierenden Zeitpunkt, in dem die Grenze des § 1 II HGB überschritten wird, ohne weiteres zur OHG (§§ 15 I, 106 HGB sind zu beachten)[11].

Umgekehrt wird eine Gesellschaft, die nach § 105 I HGB OHG ist, aber noch nicht in das HReg eingetragen ist, kraft Gesetzes zur BGB-G, wenn ihr Geschäftsbetrieb auf den Umfang eines Kleingewerbes schrumpft. Eine solche Umwandlung erfolgt indes **nicht**, wenn die Firma im HReg eingetragen ist. Denn jetzt (anders als früher, als gemäß § 4 II HGB a. F. ein minderkaufmännisches Gewerbe nicht in Form der OHG und KG betrieben werden konnte) sind nach § 105 II HGB n. F. auch kleingewerblich tätige Gesellschaften OHG, wenn ihre Firma im HReg eingetragen ist; dies gilt auch, wenn das ursprüngliche Handelsgewerbe zum Kleingewerbe schrumpft. Mangels Unzulässigkeit der Eintragung kommt eine Amtslöschung (§ 142 FGG) nicht in Betracht; jedenfalls könnten die Gesellschafter ihr widersprechen und damit ihre Option förmlich bestätigen. Allerdings können die Gesellschafter ihrerseits auch die Löschung beantragen (§ 105 II 2 i. V. m. § 2 S. 3 HGB n. F.), durch die sich dann kraft Gesetzes die OHG in eine BGB-G umwandelt. Zu einer Umwandlung kraft Gesetzes kommt es auch dann, wenn eine eingetragene OHG (oder KG), die ein **land- oder forstwirtschaftliches** Unternehmen betreibt, zum Kleingewerbe schrumpft. Denn nach § 3 II HGB n. F. ist solchen Unternehmen der Zugang zum HReg (und damit zu den Personenhandelsgesellschaften) nicht eröffnet. Der Geltendmachung der Umwandlung steht § 5 HGB mangels »Gewerbe« nicht entgegen. Nach bisheriger Rspr. sollte schließlich eine OHG, die ihre gewerbliche Tätigkeit, nicht nur vorübergehend, aufgibt, zur BGB-G werden (BGHZ 32, 307)[12]. Da nunmehr aber gemäß § 105 II HGB auch eine Gesellschaft, die nur eigenes Vermögen verwaltet, OHG ist, wenn ihre Firma im HReg eingetragen ist, ist jetzt

---

11 Zu einer Umwandlung von der BGB-G zur OHG ist es bei Inkrafttreten des § 1 II HGB n. F. (1. 7. 1998) auch bei den Gesellschaften gekommen, die ein »sollkaufmännisches« Gewerbe i. S. des § 2 HGB a. F. betrieben haben, aber (noch) nicht in das HReg eingetragen waren; denn die Neudefinition des Begriffs »Handelsgewerbe« durch § 1 II HGB n. F. hat deren Gewerbe zum Handelsgewerbe gemacht und sie damit nach § 105 I HGB zur OHG.

12 Entsprechend wurde für eine KG entschieden, die ihre Gewerberäume (BGH, WM 1975, 99) oder ihr Betriebsgrundstück (BAG, ZIP 1987, 1446) vermietet oder verpachtet oder sonstwie ihre gewerbliche Tätigkeit aufgibt (BGH, NJW 1987, 3124, dort auch zu Haftungsfragen).

jeweils zu prüfen, ob durch Zweckänderung eine solche vermögensverwaltende OHG weiterbesteht.

Problem: Gilt nach Umwandlung einer OHG in eine BGB-G noch die im Gesellschaftsvertrag (OHG-Vertrag) getroffene Geschäftsführungs- und Vertretungsregelung oder gilt die gesetzliche Regelung für die BGB-G? Für Weitergeltung des Vertragsrechtes zu Recht BGH, WM 1960, 764; WM 1971, 1198; WM 1976, 1053; Westermann Rdz. 51; a. A. (für KG) Beyerle, NJW 1972, 230; Kornblum, BB 1972, 1032. Beachte auch Salomon, Die unbemerkte Entstehung einer nicht vollkaufmännischen Schein-KG und ihre Folgen, Diss. Münster 1988.

dd) Vollzieht sich die **Umwandlung** einer Personengesellschaft wie vorstehend aufgezeigt kraft Gesetzes in die Rechtsform einer anderen, so ist dies immer **identitätswahrend,** ebenso wie wenn ein Formwechsel von Personengesellschaften durch Änderung des Gesellschaftsvertrags herbeigeführt wird[13] (z. B. wenn eine OHG durch Aufnahme eines Kommanditisten in eine KG umgewandelt wird)[14].

Begründung: Es ändert sich lediglich der rechtliche Charakter (gleichsam als äußere Hülle), der Personenzusammenschluß als »soziale Einheit« bleibt aber der gleiche (BGH, NJW 1967, 821; NJW 1971, 1698). Unterstützt wird diese Sicht jetzt auch durch die noch weitergehenden Möglichkeiten identitätswahrenden Formwechsels, die im 5. Buch des neuen UmwG vorgesehen sind (vgl. oben B VI 4).

Folge: Es bedarf keiner aufwendigen Vermögensübertragung,

z. B. keine Grundstücksauflassung, sondern lediglich berichtigende Umschreibung des Grundbuches; ein von der BGB-G eingegangenes Mietverhältnis wird mit der Umwandlung ohne weiteres Mietverhältnis der OHG (BGH, NJW 1967, 821).

b) Im **Verhältnis zu anderen Handelsgesellschaftsformen** (KG, AG, KGaA, GmbH, eG), sofern deren Zweck auf den Betrieb eines Handelsgewerbes unter gemeinschaftlicher Firma gerichtet ist, bedeutet § 105 I 2. Halbs. HGB: **Zwingender Auffangcharakter der OHG-Form,** wenn bei keinem der Gesellschafter die Haftung gegenüber den Gesellschaftsgläubigern – wirksam – beschränkt ist[15]. Denn die unbeschränkte Haftung aller Gesellschafter unterscheidet die OHG von der KG, bei der die Kommanditisten beschränkt haften (§ 161 I HGB), und von den Kapitalgesellschaften, bei denen die Gesellschafter den Gesellschaftsgläubigern grundsätzlich nicht haften.

13 Die Fälle formwechselnder Umwandlung von Personenhandelsgesellschaften untereinander und zur BGB-G werden vom neuen UmwG nicht erfaßt (vgl. §§ 191, 214 UmwG); sie sind aber auch keineswegs durch § 1 II UmwG ausgeschlossen, weil sie nach HGB und BGB zugelassen sind.

14 Zu Haftungsfragen bei der Umwandlung einer OHG in eine KG vgl. unten E III 2 e.

15 Das hat vor allem beweisrechtliche Bedeutung: Die Gesellschafter einer Handelsgesellschaft müssen den Beweis erbringen, daß die Gesellschaft eine andere gesetzlich anerkannte Gesellschaftsform besitzt und deshalb nicht OHG ist. Eingehend zur Auffang-Funktion der OHG-Form: *Karsten Schmidt*, Zur Stellung der OHG im System der Handelsgesellschaften, 1972, insbes. S. 189 ff.; vgl. auch *Staub/Ulmer*, HGB, § 105 Anm. 37.

1. *Beispiel*: (BGHZ 22, 240 ff.): A, B und C betreiben unter der Firma »R-GmbH« ein Handelsgewerbe. Sie führen die Gesellschaft als GmbH, haben aber nicht die Absicht, die Eintragung der GmbH im HReg herbeizuführen. BGH: Es besteht eine OHG. Das ist richtig:

Ein Vertrag zwischen A, B und C ist geschlossen (kann auch in schlüssigem Verhalten liegen). Dieser ist gerichtet auf den Betrieb eines Handelsgewerbes unter gemeinschaftlicher Firma. Die Firma »R-GmbH« deutet zwar nicht auf eine OHG hin und entspricht nicht § 19 HGB. Die Verwendung einer firmenrechtlich zulässigen Firma ist jedoch nicht erforderlich (allgemeine Meinung). Es genügt jedenfalls, daß die Firma das Vorhandensein einer Gesellschaft andeutet (vgl. zur Firma der OHG unten III 1). A, B und C wollen diesen Zweck fördern. Die Voraussetzungen einer OHG liegen mithin vor. A, B und C wollten allerdings ihre persönliche Haftung für Gesellschaftsschulden ausschließen. Das folgt daraus, daß sie die Gesellschaft als »GmbH« führten. In der Rechtsform der GmbH wäre das auch möglich gewesen (§ 13 II GmbHG). Eine GmbH ist jedoch mangels Eintragung im HReg nicht entstanden (§ 11 I GmbHG). Deshalb liegt **keine wirksame** Haftungsbeschränkung vor; die Gesellschaft ist OHG. Zwingender Auffangcharakter! A, B und C haften nach § 128 HGB. (Zum anders gelagerten Problem der Vorgesellschaft [Stichwort »Vor-GmbH«] vgl. B I 5.)

2. *Beispiel*: (BGH, NJW 1979, 1705): Scheidet der einzige Komplementär einer KG (durch Tod) nach dem Gesellschaftsvertrag aus der KG aus, führen die Kommanditisten das Handelsgeschäft aber fort, so ist die KG kraft Gesetzes zur OHG geworden.

c) Ein **»nichtrechtsfähiger Verein«** (§ 54 BGB), der ein Handelsgewerbe betreibt, ist (in Wirklichkeit) OHG (BGHZ 22, 240 = NJW 1957, 218): verdrängende Spezialität der OHG-Form.

6. Die OHG als Handelsgesellschaft

Die OHG ist als Handelsgesellschaft Kaufmann (§ 6 I HGB); das Kaufmann-Sonderrecht gilt, z. B. ist Prokura-Erteilung möglich. Die h. L. und Rspr. (BGHZ 45, 282 = JZ 1967, 221 ff. m. w. N.) bejahen darüber hinaus die **Kaufmannseigenschaft der einzelnen OHG-Gesellschafter.** Das ist jedoch zweifelhaft, weil die Gesellschafter nicht individuell, sondern nur gemeinschaftlich ein Handelsgewerbe betreiben (§ 1 I HGB). Sie können daher auch nur in diesem Umfang Kaufleute sein[16].

II. Die Innenbeziehungen bei der OHG

Die Rechtsbeziehungen im Innenverhältnis bestimmen sich:

- In erster Linie nach den im Gesellschaftsvertrag getroffenen Vereinbarungen (ausdrücklich § 109 HGB); es herrscht Vertragsfreiheit. Damit entsteht vor allem die Problematik der richtigen (sinnvollen) Vertragsgestaltung; diese gehört zu den Aufgaben der sog. Kautelarjurisprudenz.
- In zweiter Linie nach §§ 110–122 HGB.
- In dritter Linie nach §§ 705 ff. BGB. Vgl. § 105 III HGB.

16 Vgl. *Landwehr*, JZ 1967,198; *Lieb*, DB 1967, 759; diff. *Baumbach/Hopt*, HGB, 29. Aufl., § 105 Anm. 1 I; *Staub/Ulmer*, HGB, § 105 Anm. 74 ff.; grundsätzlich a. A. *Karsten Schmidt*, ZIP 1986, 1510.

1. Rechte und Pflichten der Gesellschafter

Bei den **schuldrechtlichen Rechten und Pflichten der Gesellschafter** sind, falls im Gesellschaftsvertrag nichts anderes bestimmt ist, insbes. **folgende Besonderheiten gegenüber der BGB-G** zu beachten:

a) Beitragspflicht

Verzinsungspflicht bei Geldeinlagen, § 111 HGB.

b) Treuepflicht, Wettbewerbsverbot

Die allgemeine Treuepflicht als umfassende Verhaltenspflicht aller Gesellschafter hat in Form eines Wettbewerbsverbotes (§§ 112, 113 HGB) besonderen Ausdruck gefunden. Danach darf gemäß § 112 I HGB

– kein Gesellschafter ohne Einwilligung aller übrigen in dem Handelszweig der Gesellschaft Geschäfte machen

  Dieses Verbot ist weit auszulegen; es dient nicht etwa dazu, die Arbeitskraft des Gesellschafters für die Gesellschaft zu reservieren, sondern will die Gesellschaft vor Konkurrenz aus den eigenen Reihen unter Verwendung ihrer Interna schützen.

  Beispiele: einzelkaufmännische Betätigung (vgl. BGH, WM 1971, 412), Betätigung in Konkurrenzunternehmen als Handlungsgehilfe, Vorstand einer AG, Geschäftsführer einer GmbH (vgl. BGHZ 70, 331).

– oder als persönlich haftender Gesellschafter an einer anderen gleichartigen Handelsgesellschaft teilnehmen.

  Dieses Verbot soll die Haftungs- und Kreditgrundlage der Gesellschaft sichern. Deshalb ist der Handelszweig der »gleichartigen Gesellschaft« (OHG, KG, KGaA) ohne Bedeutung[17].

aa) **Rechtsfolgen bei Verletzung des Wettbewerbsverbots:** Schadensersatzanspruch der Gesellschaft (gesetzlich geregelter Fall positiver Vertragsverletzung) oder statt dessen »Eintrittsrecht« (§ 113 I HGB), deren Geltendmachung nach § 113 II HGB einen Beschluß der übrigen Gesellschafter voraussetzt.

Das »Eintrittsrecht« hat keine Außenwirkung (BGHZ 89, 162, 171), berechtigt also die Gesellschaft nicht zur Vertragsübernahme, sondern nur zur Gewinnabschöpfung. Für das »Eintrittsrecht« verlangt die h. M. wie für den Schadensersatzanspruch schuldhafte Verbotsverletzung. Zweifelhaft ist, ob das Eintrittsrecht auch hinsichtlich verbotener Beteiligung in einer anderen Handelsgesellschaft in Betracht kommt. Der Wortlaut des Gesetzes spricht dagegen; BGHZ 38, 306 bejaht aber aus Schutzüberlegungen für die Gesellschaft. Daneben kann eine Klage nach §§ 117, 127, 133, 140 HGB begründet sein (vgl. § 113 IV HGB).

bb) Läßt sich das Wettbewerbsverbot **mit dem Kartellverbot** nach § 1 GWB **vereinbaren?** Vgl. grundlegend BGHZ 38, 306 = NJW 1963, 646 und in Ergänzung dazu BGHZ 70, 331 = NJW 1978, 1001[18].

---

17 A. M. insoweit *Armbrüster*, Grundlagen und Reichweite von Wettbewerbsverboten im Personengesellschaftsrecht, ZIP 1997, 261, 262 f.: nur im selben Handelszweig.

18 Literatur: *Beuthien*, ZHR 142 (1978), 259; DB 1978, 1625, 1677; *Karsten Schmidt*, ZHR 1985, 1; *Salfeld*, Wettbewerbsverbote im Gesellschaftsrecht, 1987; *Immenga/Mestmäcker*, GWB, 2. Aufl., § 1

Nach Ansicht des BGH erfüllt das Wettbewerbsverbot, das trotz gesetzlicher Regelung in § 112 HGB letztlich als gesellschaftsvertragliches Verbot zu behandeln sein soll, den Tatbestand des § 1 GWB, wenn die Eignung zur (spürbaren) Marktbeeinflussung dargetan wird. Es ist davon auszugehen, daß die Neubestimmung des Kartellverbotstatbestandes durch die 6. GWB-Novelle (in Kraft seit 1. 1. 1999) der Rspr. keinen Anlaß zur Änderung ihrer Ansicht gibt, obwohl § 1 GWB jetzt »Vereinbarungen zwischen miteinander in Wettbewerb stehenden Unternehmen« fordert. Eine Kollision zwischen § 112 HGB und § 1 GWB läßt sich vermeiden, wenn das Wettbewerbsverbot im Gesellschaftsvertrag abbedungen wird! Das ist jedoch keine Lösung für den Regelfall, weil die gesetzliche Anerkennung der Unternehmensformen OHG und KG funktionsnotwendig einschließt, daß die einzelnen Gesellschafter ihre gesellschaftsvertraglich übernommene Verpflichtung zur tätigen Mitarbeit bei der Führung des Unternehmens gesellschaftstreu erfüllen und demgemäß ihre geschäftliche und unternehmerische Tätigkeit allein dem gemeinsamen Unternehmen zu widmen haben. Deshalb ist nach Auff. des BGH § 1 GWB nicht uneingeschränkt auf die wettbewerbsbeschränkenden Vereinbarungen in Gesellschaftsverträgen von OHG und KG anwendbar. Vielmehr soll im Regelfall seine Einschränkung im Interesse dieser volkswirtschaftlich besonders erwünschten Unternehmensformen hingenommen werden (»außerkartellrechtliche Rechtfertigung«). In Ausnahmefällen, in denen es an einer umfassenden Arbeits- und Haftungsgemeinschaft fehlt (wie bei der kapitalistisch organisierten Gesellschaft), könne hingegen das Wettbewerbsverbot wegen Verstoßes gegen § 1 GWB nichtig sein, in der Regel dann aber nicht der gesamte Gesellschaftsvertrag gemäß § 139 BGB. Zu Recht hat der BGH (BGHSt 30, 270) zudem klargestellt, daß § 1 GWB gilt, wenn der Abschluß des (Vertriebs-)Gesellschaftsvertrages selbst wettbewerbsbeschränkende Zwecke verfolgt, es also nicht nur um die Beurteilung eines Wettbewerbsverbotes in einem kartellrechtsneutralen Gesellschaftsverhältnis geht.

cc) Das Wettbewerbsverbot nach § 112 HGB gilt nur für die Dauer der Mitgliedschaft in der Gesellschaft. In der Praxis werden vielfach Wettbewerbsverbote für die Zeit nach Ausscheiden eines Gesellschafters aus OHG, KG und BGB-G im Gesellschaftsvertrag vereinbart (sog. Mandats- und Kundenschutzklauseln). Solche Wettbewerbsklauseln können nach § 138 I BGB (vgl. BGH, NJW 1991, 699) und § 1 GWB nichtig sein[19].

c) Recht und Pflicht zur Geschäftsführung

»Was ein Gesellschafter im Innenverhältnis tun darf und muß«, hat in §§ 114–117 HGB eine spezielle, die §§ 709–712 BGB verdrängende Regelung gefunden, die darauf abzielt, die Geschäftsführung an den Belangen des Handelsverkehrs (rasche Entscheidungen!) auszurichten. Der Begriff »Geschäftsführung« ist derselbe wie bei der BGB-G; insbes. sind wie dort Maßnahmen in der Ebene des Gesellschaftsvertrages (»Grundlagengeschäfte«) von Geschäftsführungshandlungen abzugrenzen.

aa) Anders als bei der BGB-G unterscheidet das Gesetz in § 116 HGB (nach dem Maßstab der konkreten Zwecksetzung der jeweiligen OHG; vgl. dazu BGH, WM 1969, 688 m. w. N.) zwischen Handlungen, die der gewöhnliche Betrieb des Handelsgewerbes *der* (dieser konkreten!) Gesellschaft mit sich

---

Anm. 357 ff.; *Rittner*, Wettbewerbs- und Kartellrecht, 5. Aufl. 1995, § 7 B III 2 b; *Emmerich*, Kartellrecht, 8. Aufl. 1999, § 4 unter 4 b.

19 Informativ dazu: *Mayer*, NJW 1991, 23; *Kanzleiter*, DNotZ 1989, 195.

bringt (»gewöhnliche Geschäfte«), und Handlungen, die darüber hinausgehen (»ungewöhnliche Geschäfte«).

(1) Für **gewöhnliche Geschäfte** gilt der (dispositive) Grundsatz: **Einzelgeschäftsführung aller** Gesellschafter (d. h. jeder Gesellschafter ist allein zum Handeln berechtigt und verpflichtet), **beschränkt durch** ein **Widerspruchsrecht jedes anderen** Geschäftsführers, §§ 114 I, 115 I, 116 I HGB.

Der **Widerspruch** als empfangsbedürftige Willenserklärung muß dem Handlungswilligen vor Ausführung der Maßnahme zugehen. Dieser kann aber in Ausnahmefällen aufgrund der Geschäftsführungspflicht zur Rücksprache verpflichtet sein (BGH, NJW 1971, 1613). Bei Widerspruch muß die Maßnahme unterbleiben, da sich zwei gleichwertige Geschäftsführungsakte (Widerspruch ist Geschäftsführungsmaßnahme!) gegenüberstehen und dem Handlungswilligen mithin die Geschäftsführungsmacht fehlt. Nur ein pflichtwidriger, mit der Treuepflicht erkennbar unvereinbarer bzw. das Gesellschaftsinteresse verletzender Widerspruch ist unbeachtlich (BGH, LM Nr. 1 zu § 115 HGB; BGH, WM 1985, 1316). Der Widerspruch wirkt sich nicht auf die Wirksamkeit der gleichwohl vorgenommenen Handlung im Außenverhältnis aus[20]. Wegen Verletzung der Geschäftsführungspflicht kann sich der Handelnde jedoch schadensersatzpflichtig machen; vgl. oben C II 2 c ee. Außerdem kann sein Verhalten »wichtiger Grund« i. S. der §§ 117, 133, 140 HGB sein. Ein Nichtgeschäftsführungsberechtigter hat kein Widerspruchsrecht. Ihm bleibt deshalb nur die Möglichkeit, den geschäftsführenden Gesellschafter nachträglich im Wege der actio pro socio wegen Verletzung der Geschäftsführungspflicht auf Schadensersatz in Anspruch zu nehmen (BGH, NJW 1980, 1463). Zu den Anforderungen an den gesellschaftsvertraglichen Ausschluß des Widerspruchsrechts vgl. BGH, WM 1988, 968.

(2) Für **ungewöhnliche Geschäfte** gilt der Grundsatz: **Gesamt»geschäftsführung« aller Gesellschafter,** wobei es sich aber nicht um echte Gesamtgeschäftsführung i. S. des § 115 II HGB handelt (z. B. kein Entzug nach § 117 HGB). Zu jeder Handlung ist ein zustimmender (grundsätzlich einstimmiger, § 119 HGB) Beschluß aller Gesellschafter erforderlich, § 116 II HGB.

§ 116 III HGB behandelt die Bestellung (nicht den Widerruf) der Prokura grundsätzlich als »ungewöhnliches Geschäft«. *Frage*: Wie ist die Möglichkeit der Prokuraerteilung bei der OHG überhaupt zu begründen? Vgl. § 6 I HGB.

bb) **Entzug des Geschäftsführungsrechts** (§ 117 HGB): Aus wichtigem Grund, auf Klage der übrigen Gesellschafter, durch gerichtliches Gestaltungsurteil[21].

Was gilt, wenn einem Gesellschafter, dem allein die Geschäftsführung übertragen ist (vgl. § 114 II HGB), diese entzogen wird? Nach h. M. tritt dann nicht die gesetzliche Einzelgeschäftsführung der übrigen, sondern Gesamtgeschäftsführung aller Gesellschafter an ihre Stelle (BGHZ 51, 198). In sonstigen Entziehungsfällen kommt es darauf an, welche durch

---

20 Anders ist dies bei Rechtshandlungen gegen Mitgesellschafter: Dann gelten immer die gesellschaftlichen Bindungen (vgl. BGHZ 38, 26, 34). Rückausnahme: Ein Widerspruch ist unbeachtlich, wenn er sich dagegen richtet, daß gegen den Widersprechenden selbst Klage im Namen der Gesellschaft erhoben werden soll (BGH, WM 1974, 834).

21 Auch § 117 HGB ist dispositiv; deshalb kann z. B. auch Entzug durch Mehrheitsbeschluß und ohne das Vorliegen eines wichtigen Grundes vorgesehen werden; vgl. BGH, WM 1973, 326. Ansonsten kommt auch ein Entzug durch einstweilige Verfügung unter den Voraussetzungen der §§ 935, 940 ZPO in Betracht; vgl. *Heymann/Emmerich*, HGB, 2. Aufl. 1996, § 117 Anm. 20; beachte auch *A. Wohlleben*, Einstweiliger Rechtsschutz im Personengesellschaftsrecht, 1990.

Auslegung zu ermittelnde Regelung dem Willen der Beteiligten am nächsten kommt (z. B. Einzelgeschäftsführung von A, wenn in der A, B-OHG dem B die Gesamtgeschäftsführungsbefugnis entzogen wird)[22].

Kündigung der durch Gesellschaftsvertrag übernommenen Geschäftsführungspflicht durch den Gesellschafter ist aus wichtigem Grunde möglich (§§ 712 II BGB, 105 III HGB).

cc) **Das Problem der sog. Dritt(Fremd)organschaft**[23]
»Drittorganschaft« läge vor, wenn gesellschaftsvertraglich alle Gesellschafter von der Geschäftsführung (oder der Vertretung, für die Entsprechendes gilt) ausgeschlossen wären und einem Nichtgesellschafter das gesellschaftsrechtliche (mitgliedschaftsrechtliche) Recht und die Pflicht zur Geschäftsführung (und/oder zur Vertretung) i. S. der §§ 114 ff., 125, 126 HGB übertragen worden wäre. Nach BGH und nach h. M. in der Lit. ist eine derartige Regelung jedoch unzulässig[24]. Danach muß zumindest ein Gesellschafter *unbeschränkt* geschäftsführungs- und vertretungsberechtigt und -verpflichtet sein **(Grundsatz der Selbstorganschaft)**.

Die h. M. stützt ihre Ansicht auf das »Wesen« der Personengesellschaften (insbes. BGHZ 41, 367, 369); das überzeugt nicht. Für die ablehnende Haltung des BGH ist aber weiter das Verbot der Abspaltung einzelner Mitverwaltungsrechte von der Gesellschafterstellung maßgebend (arg. § 717 BGB, insbes. BGHZ 36, 292). Dieses steht der Drittorganschaft entgegen, wenn man davon ausgeht, daß die organschaftliche Geschäftsführung und Vertretung durch Dritte nur von der Gesellschafterstellung abgespalten sein kann. Dieser Schluß wäre nicht zwingend, wenn man als andere Konstruktion die Neubegründung gesellschaftsrechtlicher Mitverwaltungsrechte in der Person Dritter zulassen würde (dafür insbes. Dellmann, wie FN 23). Die Problematik sollte nicht überbewertet werden; Zulässigkeit der Drittorganschaft würde die Gesellschafter »als Herren der Gesellschaft« nicht hindern, Dritte frei abzuberufen (Reuter, wie FN 23, S. 180; vgl. aber H. P. Westermann, wie FN 23, S. 448 ff.) oder sich ihrerseits (Einstimmigkeit vorausgesetzt) in die Geschäftsführung einzuschalten. Außerdem schließt die Unzulässigkeit der Drittorganschaft nicht aus, neben der unbeschränkten Geschäftsführungs- und Vertretungsmacht mindestens eines Gesellschafters einen Dritten (dienstvertraglich) mit umfassenden Geschäftsführungsaufgaben zu betrauen und ihm umfassende Vollmacht zu erteilen, die über den Umfang einer Prokura hinausgehen kann (BGHZ 36, 292; BGH, NJW-RR 1994, 98; der BGH hat sogar einen Betriebsführungsvertrag zugelassen: DB 1982, 846). Dadurch kann der Dritte einem Gesellschafter-Geschäftsführer bzw. -Vertreter praktisch gleichgestellt werden. Das Prinzip der Selbstorganschaft wird zum Formalproblem.

---

22 Vgl. *Hueck*, OHG, § 10 VII 9.

23 Literatur: *Dellmann*, Freundesgabe für H. Hengeler 1972, S. 64; *Oldenburg*, Fremdgeschäftsführung und -vertretung in den Personengesellschaften, 1973; *Reuter*, Privatrechtliche Schranken der Perpetuierung von Unternehmen, 1973, S. 178 ff.; *Teichmann*, Gestaltungsfreiheit in Gesellschaftsverträgen, 1970, S. 116 ff.; *H. P. Westermann*, Vertragsfreiheit und Typengesetzlichkeit im Recht der Personengesellschaft, 1970, S. 328 ff. Zuletzt nochmals grundsätzlich *Helm/Wagner*, BB 1979, 225; *Werra*, Zum Stand der Diskussion um die Selbstorganschaft, 1991.

24 Vgl. BGHZ 33, 105 (Vertretung); 36, 292 (Geschäftsführung); BGH, DB 1982, 218. Zum Meinungsstand vgl. *Helm/Wagner* a. a. O.; *Heymann/Emmerich*, HGB, 2. Aufl., § 105 Anm. 26 ff. Für Zulässigkeit sog. Drittorganschaft insbes. *Reinhardt/Schultz*, Rdz. 167 ff.; *Teichmann* a. a. O.; *Dellmann* a. a. O.

(1) **Drei Fälle zulässiger Drittorganschaft** werden allgemein hervorgehoben:

- § 146 HGB, wonach auch ein Nichtgesellschafter Liquidator werden kann.
- BGHZ 33, 105 ff.: Dort hat der BGH die Einsetzung eines Nichtgesellschafters zum Geschäftsführer und Vertreter (einer KG) im Wege einstweiliger Verfügung für die Dauer einer Ausschlußklage gegen den einzigen Geschäftsführer (und Vertreter) gebilligt.
- Praktisch läßt sich Drittorganschaft bei Einschaltung einer GmbH oder AG als Gesellschafter erreichen: Für die GmbH (AG), die zum Geschäftsführer und Vertreter der OHG bestellt ist, wird ein Dritter als Geschäftsführer (Vorstand) tätig (Prinzip der Fremdorganschaft bei AG und GmbH).

(2) **Rechtsfolgen unzulässiger Drittorganschaft:** Der Gesellschaftsvertrag im ganzen ist nicht nichtig; Gesamtgeschäftsführung bzw. Gesamtvertretung aller Gesellschafter (nicht die gesetzliche Regelung) treten vielmehr (durch Auslegung) an die Stelle der unzulässigen Regelung, weil dies der Interessenlage und dem Willen der Gesellschafter am nächsten kommt[25].

(3) Eine Übertragung des Rechts und der Pflicht zur Geschäftsführung (bzw. zur Vertretung) von einem von mehreren Gesellschafter-Geschäftsführern(-Vertretern) auf einen Dritten ist (als Unterfall der Drittorganschaft) wegen des Abspaltungsverbotes von Mitverwaltungsrechten ebenfalls unzulässig; vgl. oben C II 3.

Allerdings ist es möglich, einem Dritten die Ausübung dieser Mitverwaltungsrechte zu überlassen, wenn der Gesellschaftsvertrag dies vorsieht; aber auch dann ist eine verdrängende oder unwiderrufliche Bevollmächtigung unzulässig, wenn sie in der Sache einer Abspaltung gleichkommt (BGH, WM 1970, 246, 248; BGHZ 20, 363; 36, 292).

d) Sonstige Mitverwaltungsrechte

Mitverwaltungsrechte (auch der von der Geschäftsführung ausgeschlossenen Gesellschafter):

aa) **Stimmrecht,** § 119 HGB (Grundsatz der Einstimmigkeit bei allen Gesellschafterbeschlüssen).

(1) Eine Abspaltung des Stimmrechts (als Verwaltungsrecht) von der Gesellschafterstellung wird ebensowenig zugelassen wie die sog. Drittorganschaft (BGHZ 3, 354; 20, 263; BGH, WM 1970, 157). Dagegen hat der BGH (NJW 1960, 963) die Einräumung eines **zusätzlichen** Stimmrechts an einen Dritten nicht beanstandet.

(2) In Fällen echter Interessenkollision zwischen dem Interesse eines Gesellschafters und dem Interesse der Gesellschaft (z. B. bei Abstimmungen über die Entlastung oder Befreiung von Verpflichtungen eines Gesellschafters) hat der »Doppelbeteiligte« nach h. M.[26] kein Stimmrecht; eine dennoch abgegebene Stimme ist ungültig, der Beschluß u. U. fehlerhaft.

---

25 Vgl. BGHZ 33, 105; 51, 198; *Hueck*, OHG, S. 281; *Fischer*, Großkomm.HGB, 3. Aufl., § 125 Anm. 4.
26 BGH, WM 1974, 834; anders noch BGH, WM 1973, 842. Literatur: *Comes*, DB 1974, 2189, 2237.

Das wird mit einer entsprechenden Anwendung der körperschaftlichen Regelungen in §§ 34 BGB, 136 AktG, 47 GmbHG begründet.

(3) Aufgrund der Treuepflicht kann ein Gesellschafter gehalten sein, einem Gesellschafterbeschluß zuzustimmen[27]. Bei pflichtwidriger Ablehnung gilt die Zustimmung aber grundsätzlich (Ausnahme: Beschlüsse von existentieller Bedeutung für die Gesellschaft) nicht als erteilt, sondern muß durch Leistungsklage der übrigen Gesellschafter über § 894 ZPO erzwungen werden (BGH, WM 1986, 1556).

bb) **Informations- und Kontrollrechte,** § 118 HGB.

cc) **Actio pro socio:** Es gelten keine Besonderheiten. Vgl. oben C II 4 d bb.

e) Gewinn- und Verlustbeteiligung, Entnahmerecht

aa) §§ 120–122 HGB geben Spezialbestimmungen gegenüber §§ 721, 722 I BGB. Die Regelung berücksichtigt, daß die Gesellschafter in der typischen Ausgestaltung der OHG Arbeitskraft und Kapital zur Gewinnerzielung einsetzen und die OHG als Kaufmann zur Buchführung verpflichtet ist (§§ 238 ff. HGB). Dementsprechend erfolgt eine **jährliche Gewinnverteilung** aufgrund der nach §§ 242 ff. HGB errichteten Bilanz[28] nach kapitalistischen (§ 121 I, II HGB) und personalistischen Gesichtspunkten, während der Verlust nur nach Köpfen umgelegt wird (§ 121 III HGB). Gewinn und Verlust werden dem Kapitalkonto (vgl. dazu oben C II 6) eines jeden Gesellschafters zu- bzw. abgeschrieben (§ 120 II HGB).

bb) **Entnahmerecht.** Die Veränderung des Kapitalkontos nutzt dem wenig, der seinen Lebensunterhalt aus den Erträgen seiner Gesellschafterbetätigung zu bestreiten hat. Denn kein Gesellschafter kann, sofern nichts anderes vereinbart ist, für seine Geschäftsführungstätigkeit besondere Vergütung verlangen. § 122 HGB gibt deshalb einen besonderen Anspruch auf Kapital- und Gewinnentnahmen, der aber erlischt, wenn er nicht bis zum nächsten Jahresabschluß geltend gemacht wird (BGH, BB 1975, 1605)[29].

f) Auseinandersetzungsanspruch; Abfindungsanspruch

Zum Auseinandersetzungsanspruch bei der Liquidation vgl. § 155 HGB. Zum Abfindungsanspruch beim Ausscheiden gemäß § 105 III HGB, § 738 I 2 3. Fall vgl. oben C V 1 b (3).

---

27 Vgl. BGH, JZ 1987, 95 mit Anm. *H. P. Westermann;* OLG Hamm, NJW-RR 1986, 780; vgl. auch oben C I 6.

28 Deren Aufstellung fällt in den alleinigen Zuständigkeitsbereich der geschäftsführenden Gesellschafter. Im Gegensatz zur Aufstellung ist ihre Feststellung, durch die sie im Verhältnis der Gesellschafter untereinander für verbindlich erklärt wird, Grundlagengeschäft, das vorbehaltlich einer wirksamen anderweitigen Regelung im Gesellschaftsvertrag nur dann wirksam zustande kommt, wenn alle Gesellschafter zustimmen (bei der KG auch die Kommanditisten, str.); vgl. BGH, NJW 1996, 1678 m. w. N.

29 Zu dessen Übertragbarkeit und Pfändbarkeit vgl. *Muth*, DB 1986, 1761.

2. Individual- und Sozialrechtsbeziehungen

Grundsätzlich gilt auch bei OHG (und KG) das oben (C II 4) Gesagte. Insbes. zwei Besonderheiten sind aber zu beachten:

a) Die an eine Verletzung des Wettbewerbsverbots (§ 112 HGB) geknüpften Rechtsfolgen (**Schadensersatz oder Eintrittsrecht** gemäß § 113 I HGB) sind **nur als Sozialansprüche** ausgestaltet. Nur »die Gesellschaft« (nicht aber die Mitgesellschafter) können Schadensersatz und Eintritt fordern und die Ansprüche nach Maßgabe des § 113 II HGB geltend machen. Individualbeziehungen können in diesem Bereich allerdings aus der Verletzung der Treuepflicht selbst hergeleitet werden. Auch kann jeder Mitgesellschafter auf Unterlassung drohender Verstöße klagen (vgl. OLG Nürnberg, BB 1981, 452).

b) Nach näherer Maßgabe des § 110 HGB hat jeder (nicht nur ein geschäftsführender Gesellschafter; vgl. für diesen § 105 III HGB, §§ 713, 670 BGB) Gesellschafter einen **Aufwendungs- und Schadensersatzanspruch.** Diese Ansprüche richten sich **nur gegen die Gesellschaft**. Sie sind **nur Sozialverpflichtung,** nicht Individualverpflichtung der anderen Gesellschafter.

Problem: Kann ein nach § 128 HGB von einem Gesellschaftsgläubiger in Anspruch genommener Gesellschafter gegenüber seinen Mitgesellschaftern **Ausgleichsansprüche** geltend machen?

Fall: A, B und C sind Gesellschafter einer OHG, die in Zahlungsschwierigkeiten ist. X, der eine Kaufpreisforderung gegen die OHG in Höhe von DM 9 000,– hat, nimmt daher A in Anspruch. A zahlt und macht nun Ausgleichsansprüche gegen B und C in Höhe von je DM 3 000,– geltend. Mit Recht?

Anspruchsgrundlagen gegen B und C:

(1) § 128 i. V. m. § 110 HGB (B und C könnten für eine Gesellschaftsschuld aus § 110 HGB gegenüber A haften). Es sind die Voraussetzungen des § 128 HGB zu prüfen.

(a) Eine OHG besteht.

(b) B und C sind Gesellschafter dieser OHG.

(c) Ein Aufwendungsersatzanspruch des A gegenüber der OHG ergibt sich aus § 110 HGB.

Die Erfüllung der Kaufpreisforderung des X stellt sich für A als freiwilliges Vermögensopfer (Aufwendung) dar, gleichgültig, ob er freiwillig oder gezwungenermaßen gezahlt hat: Er handelte freiwillig i. S. des Aufwendungsbegriffs in § 110 HGB, weil er im Verhältnis der Gesellschafter untereinander nicht zur Bezahlung verpflichtet ist. Aber: Der Anspruch aus § 110 HGB ist Sozialverpflichtung, da er aus dem Gesellschaftsverhältnis erwachsen ist. Für Sozialverpflichtungen haften die Gesellschafter nicht persönlich (C II 4 d cc). § 128 HGB kann keine Anwendung finden. Davon gibt es keine Ausnahme.

(2) § 426 I BGB (Ausgleichsanspruch gegen B und C als Gesamtschuldner).

(a) A, B und C haften als Gesamtschuldner für die Kaufpreisforderung des X (§ 128 HGB).

(b) Eine Ausgleichspflicht der Gesamtschuldner untereinander besteht nur, »soweit nicht ein anderes bestimmt ist«. Eine »anderweitige Bestimmung« könnte in §§ 707 BGB, 105 III HGB gesehen werden. Dort wird eine Nachschußpflicht während des Bestehens der Gesellschaft ausdrücklich ausgeschlossen. Es ist jedoch zu bedenken, daß der Ausgleichsanspruch aus der neben und unabhängig von der Beitragspflicht bestehenden gesamtschuldnerischen Haftung aller Gesellschafter i. S. des § 128 HGB Folgen zu ziehen versucht. Das ist mit § 707 BGB vereinbar.

Eine »anderweitige Bestimmung« könnte weiterhin in § 110 HGB liegen. Der Ausgestaltung des Aufwendungsersatzanspruchs als (nur) Sozialverpflichtung könnte man den Sinn beilegen, daß in den von § 110 HGB erfaßten Fällen der Berechtigte nur von der Gesellschaft, nicht von seinen Mitgesellschaftern soll Ersatz verlangen können. Das ist zweifelhaft. Insbes. darf die in § 110 HGB erkennbare Tendenz nicht unberücksichtigt bleiben, die den Gesellschaftern zustehenden Rechte aus §§ 713, 670 BGB, 105 III HGB zu erweitern. § 110 HGB ist Ausgleichsregelung gegenüber der Gesellschaft, nicht aber »anderweitige Regelung« eines Ausgleichs unter den Gesellschaftern i. S. des § 426 I BGB. Auch Gerechtigkeitsvorstellungen gebieten diese Sicht: Andernfalls bliebe es dem Zufall (ggf. dem manipulierbaren Wohlwollen des Gesellschaftsgläubigers) überlassen, zu entscheiden, welcher Gesellschafter durch seine Inanspruchnahme nach § 128 HGB letztlich das volle Haftungsrisiko bis zur Liquidation der Gesellschaft allein zu tragen hätte.

(c) Nach § 426 I BGB sind die Gesamtschuldner zum anteiligen Ausgleich (»pro rata«) verpflichtet. Dieser Anteil ist gleich, soweit nicht ein anderes bestimmt ist. Aus der gesellschaftlichen Beteiligung wird man die Verlustbeteiligung als anderweitige Bestimmung zu folgern haben (h. M., vgl. Westermann, Rdz. 372). Diese erfolgt, soweit nichts anderes bestimmt ist, nach Köpfen (§ 121 III HGB). Demnach sind B und C gemäß § 426 I BGB zur Zahlung von je DM 3 000,– an A verpflichtet.

(d) Fraglich ist, ob B und C dem A entgegenhalten können, die Geltendmachung der Ausgleichsansprüche verstoße gegen seine gesellschaftsrechtliche Treuepflicht. Das wäre nur der Fall, wenn A seinen Aufwendungsersatzanspruch gegenüber der Gesellschaft aus § 110 HGB in zumutbarer Weise realisieren könnte. Da die OHG in Zahlungsschwierigkeiten ist, wird man davon nicht ausgehen können.

(3) § 433 II i. V. m. § 426 II BGB. Eine zusätzliche selbständige Anspruchsgrundlage ergibt sich für A daraus, daß mit seiner Zahlung an X dessen Kaufpreisforderung kraft Gesetzes (§ 426 II BGB) insoweit auf ihn übergegangen ist, als er gegenüber B und C nach § 426 I BGB ausgleichsberechtigt ist.

Die Lösungsskizze entpricht der heute h. M.; vgl. BGHZ 37, 299 (dogmatisch wenig ergiebig); Prediger, BB 1970, 868 m. w. N.; Walter, JuS 1982, 81. Zum Rückgriff des Gesellschafters, der nach seinem Ausscheiden gehaftet hat, vgl. unten IV f.; zum Rückgriff des Haftenden bei einer BGB-G vgl. Hadding/Häuser, WM 1988, 1585.

3. Das Gesellschaftsvermögen

Das Gesellschaftsvermögen ist bei OHG und KG (wie bei BGB-G) **Gesamthandsvermögen,** §§ 718, 719 BGB, 105 III, 161 II HGB (vgl. oben C II 5). Die Verselbständigung des Gesellschaftsvermögens als Sondervermögen ist jedoch stärker ausgeprägt (vgl. oben I 4 c).

III. Die Außenbeziehungen bei der OHG

Die Rechtsbeziehungen der Gesellschafter bzw. der OHG zu Dritten sind in §§ 123–130 b HGB im wesentlichen zwingend geregelt. Die Anwendung dieser Bestimmungen setzt voraus, daß die OHG nach Maßgabe des § 123 HGB nach außen wirksam geworden ist (vgl. oben I 1, 2).

1. Firma

Die Firma ist Begriffsmerkmal der OHG, § 105 I, II HGB. Sie ist der entscheidende Anknüpfungspunkt für die rechtstechnische Verselbständigung der OHG nach § 124 I HGB. Unter ihrer Firma kann die OHG »Rechte erwerben und Verbindlichkeiten eingehen, vor Gericht klagen und verklagt werden«. Da die OHG nicht juristische Person ist, ist die gemeinschaftliche Firma (»die Firma der OHG«) letztlich der Name, unter dem die Gesellschafter gemeinsam am Handelsverkehr teilnehmen (vgl. zum Begriff der Firma § 17 HGB). Sie rechnet kraft ihrer Kennzeichnungskraft, die einen wirtschaftlichen Wert darstellt, zum Gesellschaftsvermögen und steht somit den Gesellschaftern gesamthänderisch zu. Die Firma ist Schutzobjekt nach § 37 HGB, § 12 BGB, § 16 UWG.

a) **Firmenrechtlich ist zu beachten,** daß das HRefG 1998 zu einer wesentlichen Erleichterung der Firmenbildung für die OHG (und KG) geführt hat; die Vereinfachung und Liberalisierung des zuvor viel zu strengen Firmenbildungsrechts gerade auch für Einzelkaufleute und Personenhandelsgesellschaften ist ein zentrales Anliegen des HRefG gewesen[30].

Die Zulässigkeit der OHG-Firma richtet sich jetzt grundsätzlich nach § 19 I Nr. 2, II, § 18 I, II HGB n. F. (da die OHG als Handelsgesellschaft gemäß § 6 I HGB Kaufmann ist) und § 30 HGB[31]:

- Die Firma muß **Kennzeichnungswirkung** und **Unterscheidungskraft** haben, kann in diesem Rahmen jetzt aber Personen(namens)firma, Sachfirma oder Phantasiefirma sein; frühere Beschränkungen sind insoweit aufgegeben (§ 18 I HGB n. F.).
- Die Firma muß den konkreten **Rechtsformzusatz** »offene Handelsgesellschaft« oder eine allgemein verständliche Abkürzung (»OHG«, »oHG«)[32] dieser Bezeichnung enthalten (§ 19 I Nr. 2 HGB n. F.).
- Die Firma muß, sofern keine natürliche Person persönlich haftet, immer die damit verbundene **Haftungsbeschränkung** bezeichnen (§ 19 II HGB n. F.).
- Die Firma darf **keine irreführenden Angaben** enthalten (§ 18 II HGB n. F.).

30 Vgl. näher Begründung zum RegE-HRefG, BT-Drucks. 13/8444, S. 35 ff. Zu Einzelfragen der Neuregelungen vgl. *Gustavus*, GmbHRdsch. 1998, 57; *Jung*, ZIP 1998, 677; *Karsten Schmidt*, NJW 1998, 2161, 2167 f.

31 Zu Übergangsvorschriften zum HRefG vgl. Art. 38 ff. EGHGB.

32 Nach der Begründung zum RegE-HRefG a. a. O., S. 56, sollen auch »oH« und »OH« seit langem gebräuchliche Abkürzungen sein.

- Die (neue) Firma muß sich von allen an demselben Ort oder in derselben Gemeinde bereits bestehenden und eingetragenen Firmen deutlich **unterscheiden** (§ 30 I HGB).

Soweit nach §§ 21, 22, 24 HGB die bisherige Firma fortgeführt werden kann, tritt der im Irreführungsverbot des § 18 II HGB n. F. zum Ausdruck kommende Grundsatz der Firmenwahrheit teilweise zurück; der zwingende Rechtsformsatz (§ 19 I Nr. 2 HGB n. F.) ist aber auch bei Firmenfortführung als unverzichtbar anzusehen.

Merke: Ein **unzulässiger** Firmengebrauch beeinträchtigt die Rechtsgültigkeit der OHG nicht; es genügt, wenn die Gesellschaft überhaupt eine Firma hat (Beispiel: BGHZ 22, 240; dazu oben I 5 b).

b) Die Vereinfachungen des Firmenrechts werden zum Schutz des Rechtsverkehrs durch verschärfte Regelungen über **Pflichtangaben auf allen Geschäftsbriefen** (einschließlich Bestellscheinen) der OHG abgesichert (§ 125 a HGB n. F.). Pflichtverletzungen können durch Zwangsgeld sanktioniert werden (§§ 125 a II, 37 IV HGB).

2. Vertretung (§§ 125–127 HGB)

Die OHG kann im rechtsgeschäftlichen Bereich durch vertretungsberechtigte Gesellschafter (»organschaftliche Vertretung«) und Bevollmächtigte vertreten werden. Die Regelung der Vertretung durch vertretungsberechtigte Gesellschafter weicht in **fünf** wesentlichen Punkten von der bei der BGB-G ab:

a) Die **Vertretungsmacht** der Gesellschafter (»rechtliches Können im Außenverhältnis«) ist **nicht an** ihre **Geschäftsführungsbefugnis gekoppelt.** Darin kommt eine stärkere (schärfere) Trennung von Innen- und Außenverhältnis zum Ausdruck, die dem Verkehrsschutz dient.

b) Die rechtstechnische Verselbständigung der OHG (§ 124 I HGB) erlaubt, daß die **Gesellschaft** (nicht die anderen einzelnen Gesellschafter) **vertreten** wird. Die Vertreter handeln unter der Firma der OHG, nicht im eigenen und zugleich im Namen der übrigen Gesellschafter.

Dabei gilt zwar für die noch h. M., daß unter der Firma der OHG die einzelnen Gesellschafter gemeinschaftlich am Handelsverkehr teilnehmen. Diese Vorstellung braucht jedoch nicht herangezogen zu werden, um die Haftung der einzelnen Gesellschafter zu begründen: §§ 128 ff. HGB regeln diese Haftung umfassend.

c) **Wer hat Vertretungsmacht?** Grundsatz: Einzelvertretungsmacht jedes Gesellschafters (§ 125 I HGB).

Einzelvertretung bedeutet, daß ein Gesellschafter allein Willenserklärungen im Namen der Gesellschaft abgeben und empfangen kann. Einzelvertretungsmacht kann trotz mangelnder Geschäftsfähigkeit bestehen. Für juristische Personen als Gesellschafter handeln deren

Organe, für einen Geschäftsunfähigen sein gesetzlicher Vertreter. Ein beschränkt Geschäftsfähiger, etwa ein Minderjähriger, kann die OHG nicht ohne weiteres vertreten. § 165 BGB paßt nicht, weil der Minderjährige von der Willenserklärung, die er als Vertreter der OHG abgibt, selbst betroffen wird (so h. M.). § 112 BGB ist jedoch anwendbar (str.). Inwieweit in der vormundschaftsgerichtlichen Genehmigung (gemäß §§ 1643, 1822 Nr. 3 BGB) des Gründungsvertrages zugleich die Ermächtigung nach § 112 BGB liegt, ist Auslegungsfrage. Man wird dies anzunehmen haben, wenn schon im Gesellschaftsvertrag die Vertretung der OHG durch den Minderjährigen vorgesehen ist (str.)[33].

Der Grundsatz der Einzelvertretungsmacht ist nur insoweit dispositiv, als (bei entsprechender Eintragung im HReg [§ 125 IV HGB] und Bekanntmachung mit Wirkung gegen Dritte [vgl. § 15 II HGB]) ein oder mehrere **Gesellschafter** (nicht alle!) von der Vertretung **ausgeschlossen** werden können (§ 125 I HGB) und/oder **Gesamtvertretung** vereinbart werden kann (§ 125 II HGB). Insbes. ist sog. Drittorganschaft nicht möglich (vgl. oben II 1 c cc). Bei OHG (und KG) kommt auch die sog. Gesamthänderklage nicht in Betracht (vgl. für die BGB-G oben C III 2 b). Ist Gesamtvertretung vorgesehen, so ist zu unterscheiden:

aa) **Echte Gesamtvertretung** (alle oder mehrere Gesellschafter sind nur in Gemeinschaft zur Vertretung ermächtigt, § 125 II HGB); sie gibt es allerdings nur bei Aktivvertretung; Passivvertretung ist immer Einzelvertretung, § 125 II 3 HGB. Gesamtvertretung erfordert gemeinsames, nicht gleichzeitiges Handeln gegenüber dem Dritten. Es genügt, wenn einer (insoweit als falsus procurator) handelt und ein anderer das Geschäft genehmigt (BGH, WM 1976, 1053). Eine interne Einverständniserklärung der nicht handelnden Vertreter kann schon ausreichen (vgl. RGZ 81, 325). Die erforderliche Zustimmung kann, wie § 125 II 2 HGB klarstellt, in bestimmtem Umfang auch generell erteilt werden; vgl. dazu Lüdtke-Handjery, DB 1972, 565. Nach BGH (NJW 1975, 1117) kann sogar einer von zwei Gesamtvertretern, der mit der OHG oder KG einen Vertrag schließen will, den anderen nach § 125 II 2 HGB wirksam (kein Verstoß gegen § 181 BGB) zur Alleinvertretung der Gesellschaft (OHG oder KG) ermächtigen[34].

bb) **Unechte Gesamtvertretung** (ein Gesellschafter ist, wenn nicht mehrere zusammen handeln, nur in Gemeinschaft mit einem Prokuristen der OHG vertretungsbefugt, § 125 III HGB) wirft namentlich **zwei Probleme** auf:

(1) Ist unechte Gesamtvertretung als ausschließliche Vertretungsregelung zulässig?

Beispiel: In der A & B-OHG ist, wie im HReg eingetragen und bekanntgemacht ist, A von der Vertretung ausgeschlossen, B und Prokurist P sind unechte Gesamtvertreter. B kauft im Namen der OHG allein einen PKW bei V; P verweigert seine Zustimmung. Ist der Kaufvertrag wirksam?

(a) Die Wirksamkeit des Kaufvertrages hängt davon ab, ob B die A & B-OHG wirksam vertreten hat (§ 177 I BGB). B hat nach der gesellschaftsvertraglichen Regelung unechte Gesamtvertretungsmacht; insofern hat er, da P seine Zustimmung verweigerte, die OHG nicht wirksam vertreten.

---

33 Zum Streitstand vgl. *Hueck*, OHG, § 20 V 1; *Schlegelberger/Karsten Schmidt*, HGB, § 125 Anm. 18.

34 Ablehnend *Reinicke*, NJW 1975, 1185; vgl. auch *Schlegelberger/Karsten Schmidt*, HGB, § 125 Anm. 45.

(b) Fraglich ist indes, ob diese Vertretungsregelung wirksam ist. § 125 HGB geht in Abs. 1 vom Grundsatz der Einzelvertretungsmacht jedes Gesellschafters aus, läßt aber nach Abs. 3 die Vereinbarung unechter Gesamtvertretung zu. Das ist hier geschehen.

(c) Es ist jedoch zu bedenken, daß die vereinbarte unechte Gesamtvertretung als ausschließliche Vertretungsregelung getroffen ist. Es ist fraglich, ob dies zulässig ist. Der Wortlaut des § 125 III 1 HGB »wenn nicht mehrere zusammen handeln« spricht dafür, daß unechte Gesamtvertretung nur *neben* Einzel- oder echter Gesamtvertretung möglich ist. Außerdem würde bei ausschließlich unechter Gesamtvertretung eine unbeschränkte Selbstorganschaft nicht mehr vorliegen, da die Gesellschaft nicht mehr allein durch einen Gesellschafter vertreten werden kann, und der Prokurist als »Dritter« anzusehen ist. Da die h. M. am Prinzip der Selbst- und dem Verbot der Drittorganschaft festhält (s. oben II 1 c cc), bedeutet dies, daß **unechte Gesamtvertretung nur zulässig** ist, **wenn daneben Einzelvertretung oder echte Gesamtvertretung besteht** (BGHZ 26, 330). Die Regelung in der A & B-OHG ist insoweit unwirksam.

(d) B hat die OHG wirksam vertreten, wenn an die Stelle der unwirksamen gesellschaftsvertraglichen Regelung der gesetzliche Grundsatz der Einzelvertretung getreten wäre (§ 125 I HGB). Dieses Ergebnis ist jedoch nicht interessengemäß, weil die gesellschaftsvertragliche Regelung deutlich zum Ausdruck bringt, daß B nicht allein vertretungsberechtigt sein sollte. Die h. M. nimmt denn auch bei einem Verstoß gegen das Verbot der Drittorganschaft Gesamtvertretung aller Gesellschafter statt der gesetzlichen Einzelvertretung an (BGHZ 51, 198; Hueck, OHG, S. 281; Fischer, GroßKomm. HGB, § 125 Anm. 4). Folgt man dem auch hier, so bestand auch in der A & B-OHG echte Gesamtvertretungsmacht und B hätte die Gesellschaft nicht wirksam vertreten.

(e) Die echte Gesamtvertretungsmacht des B kann aber gemäß § 15 I HGB dem V nicht entgegengehalten werden, da sie nicht, wie durch § 125 IV HGB angeordnet, in das HReg eingetragen und bekanntgemacht ist.

Ergebnis: Der Kaufvertrag ist wirksam zustande gekommen.

(2) Ist unechte Gesamtvertretungsmacht wirksam vereinbart, so ergibt ein Vergleich zwischen §§ 49 und 126 HGB eine Diskrepanz hinsichtlich des Umfangs der Vertretungsmacht zwischen Gesellschafter und Prokurist. Die h. M. hilft, indem sie die Einräumung unechter Gesamtvertretung dahin auslegt, daß der Umfang der Prokura auf den Umfang der Vertretungsmacht nach § 126 HGB erweitert ist (vgl. RGZ 134, 303)[35]. Danach ist es bei unechter Gesamtvertretung z. B. auch möglich, ein Grundstück zu verkaufen und aufzulassen.

d) Der **Umfang** der Vertretungsmacht ist **zwingend festgelegt** (§ 126 I HGB) und damit Dritten gegenüber **unbeschränkbar** (§ 126 II HGB). (Im Innenverhältnis ist eine Beschränkung möglich.)

Die zwingende Festlegung bezweckt, den Handelsverkehr mit der OHG zu erleichtern, indem Dritten die Erkundigung über den Umfang der Vertretungsmacht erspart bleibt. Ob ein Gesellschafter überhaupt Vertretungsmacht hat, richtet sich dagegen nach § 125 HGB und ist vom Dritten zu prüfen.

aa) **Umfang:** § 126 I HGB erstreckt die Vertretungsmacht auf **»alle gerichtlichen und außergerichtlichen Geschäfte und Rechtshandlungen«**. Das Gesetz kennt keine Beschränkung auf gewöhnliche Geschäfte (anders

35 Entgegen der h. M. soll es nach *Beuthien/Müller* (DB 1995, 461) wegen § 50 I HGB nicht wirksam sein, umgekehrt Prokuristen an die Zustimmung eines Gesellschafters zu binden (»unechte Gesamtprokura«).

§ 116 HGB bezüglich der Geschäftsführung), auf Geschäfte dieses Handelsgewerbes, ja überhaupt auf Geschäfte *eines* Handelsgewerbes. Vertretung ist aber als rechtsgeschäftliche Maßnahme der Geschäftsführung ein Mittel, den Gesellschaftszweck zu erreichen. Deshalb umfaßt die Vertretungsmacht **nicht** sog. **Grundlagengeschäfte,** die in die Ebene des Gesellschaftsvertrages fallen, wie z. B. Auflösung der Gesellschaft, Aufnahme eines neuen Gesellschafters oder auch Veräußerung des gesamten Unternehmens[36].

Dagegen ist z. B. die »Aufnahme« eines stillen Gesellschafters möglich, weil dies Abschluß eines Gesellschaftsvertrages über die Gründung einer StG ist, bei dem die OHG vertreten wird (BGH, WM 1971, 127).

bb) Die **Unbeschränkbarkeit** des Umfangs der Vertretungsmacht Dritten gegenüber unterstreicht angesichts der dispositiven Geschäftsführungsregelung in §§ 114 ff. HGB die Unabhängigkeit der Vertretungsmacht von der Geschäftsführung. Das Fehlen der Geschäftsführungsbefugnis läßt die Wirksamkeit einer Willenserklärung, die von der Vertretungsmacht gedeckt ist, unberührt. Im Innenverhältnis verletzt der Handelnde jedoch seine Geschäftsführungspflicht und macht sich u. U. schadensersatzpflichtig.

Beispiel: A ist allein geschäftsführungs- und vertretungsberechtigter Gesellschafter der Werbeagentur A, B-OHG. Er veräußert das einzige Grundstück der OHG an X. Kaufvertrag und Auflassung sind wirksam, da von A's Vertretungsmacht gedeckt. Im Innenverhältnis hat A jedoch seine Geschäftsführungsbefugnis überschritten (§ 116 I HGB), da die Veräußerung des einzigen Gesellschaftsgrundstückes als ungewöhnliches Geschäft i. S. des § 116 II HGB anzusehen ist. Er kann schadensersatzpflichtig sein (vgl. oben C II 2 c ee sowie den Übungsfall bei v. Hoyningen-Huene, JuS 1985, 47).

cc) Der Grundsatz unbeschränkter Vertretungsmacht gilt auch gegenüber **Dritten, die von** einer **Beschränkung** der Vertretungsbefugnis im Innenverhältnis (wo sie wirksam ist) **wissen**. Davon gibt es **Ausnahmen:**

(1) Nach BGHZ 38, 26 (ebenso BGH, WM 1973, 637) soll dies bei **Rechtsgeschäften zwischen** der **Gesellschaft und** einem **Gesellschafter** (als Drittem) nicht gelten (z. B. beim Kaufvertrag zwischen der OHG und dem Gesellschafter A). Begründung: Der von § 126 HGB angestrebte Verkehrsschutz sei hier nicht erforderlich. Folge: Die Vertretungsmacht richtet sich nach der im Innenverhältnis getroffenen Regelung! Da ein Gesellschafter, der mit seiner Gesellschaft in Drittbeziehungen tritt, die Interna kennt, erscheint es mit Westermann (Rdz. 201) und Hueck (OHG, § 20 III 2 d) überzeugender, am Grundsatz festzuhalten, dem Gesellschafter-Dritten aber die Berufung auf § 126 I HGB nach Treu und Glauben (§ 242 BGB) zu versagen.

(2) Bei **Kollusion,** d. h. bei arglistigem Zusammenwirken zwischen Vertreter und Drittem zum Nachteil der Gesellschaft ist das Geschäft nach § 138 I BGB nichtig.

(3) Bei einem **Mißbrauch der Vertretungsmacht** ist es einem Dritten nach Treu und Glauben (§ 242 BGB) verwehrt, sich auf § 126 I HGB zu berufen, wenn er den Mißbrauch (d. h. die Pflichtwidrigkeit des Verhaltens des Vertreters im Innenverhältnis und eine damit verbundene Schädigung der Gesellschaft) kannte. Str. ist, ob dies auch schon dann gilt, wenn

36 Vgl. BGH, JZ 1995, 276 (mit krit. Anm. *Grunewald*): Weil dies zur Änderung des Gesellschaftszwekkes zwingt.

er den Mißbrauch lediglich hätte erkennen müssen, d.h. wenn er ihn fahrlässig nicht kannte[37].

e) Die Vertretungsmacht kann einem Gesellschafter aus wichtigem Grunde, auf Klage der übrigen Gesellschafter, **durch gerichtliches Gestaltungsurteil** gemäß § 127 HGB **entzogen werden.** Bei Entziehung der Vertretungsmacht des einzig vertretungsberechtigten Gesellschafters tritt Gesamtvertretungsberechtigung aller Gesellschafter an dessen Stelle (BGHZ 51, 198).

3. Rechte und Pflichten der OHG

Die OHG kann unter ihrer Firma »Rechte erwerben« und »Verbindlichkeiten eingehen«; sie wird insoweit **wie** eine juristische Person behandelt, § 124 I HGB. Das gilt auch für die KG (§§ 161 II, 124 I HGB).

a) **Rechtserwerb** (Rechte aller Art sind möglich, soweit sie nicht auf natürliche Personen beschränkt sind)[38] vollzieht sich nach den allgemeinen Erwerbstatbeständen (Rechtsgeschäft, Gesetz). Bei rechtsgeschäftlichem Erwerb (z. B. OHG als Gläubiger eines Anspruchs durch Abschluß eines Schuldvertrages) wird die OHG durch ihre vertretungsberechtigten Gesellschafter oder sonstige Vertreter (Prokuristen, Handlungs- oder sonstige Bevollmächtigte) vertreten, die in ihrem Namen (»unter ihrer Firma«) handeln. Kommt es dabei auf persönliche Eigenschaften an (z. B. Willensmangel, Nichtwissen, Kennen oder Kennenmüssen), so ist auf die Person des Vertreters abzustellen; auch bei der Vertretung durch Gesellschafter gelten § 166 I, II BGB.

Beispiel: Sind A und B, die Gesellschafter der A, B-OHG, gesamtvertretungsberechtigt, so hindert Bösgläubigkeit des A einen gutgläubigen Eigentumserwerb nach § 932 BGB, auch wenn B gutgläubig ist (vgl. § 166 I BGB). Sind A und B dagegen einzelvertretungsbefugt, so kann ein Eigentumserwerb der OHG nach § 932 BGB eintreten, wenn der bösgläubige A weder im Innenverhältnis (vgl. dazu § 166 II BGB) noch im Außenverhältnis am Rechtserwerb beteiligt war, vielmehr B allein (und ohne Weisungen durch A, § 166 II BGB) gehandelt hat.

Unter der Firma der OHG erworbene Rechte gehören zum Gesellschaftsvermögen und stehen den Gesellschaftern gesamthänderisch zu (§ 105 III HGB, §§ 718, 719 BGB)[39]. Die OHG ist jedoch befugt (§ 124 I HGB), im Prozeß unter ihrer Firma alle diese Rechte geltend zu machen; sie wird auch insoweit durch ihre vertretungsberechtigten Gesellschafter vertreten[40].

37 Vgl. zum Mißbrauch gesetzlicher Vertretungsmacht BGH, NJW 1966, 1911; 1968, 1379; *Mertens*, Jura 1970, 466; *Tank*, NJW 1969, 6.

38 OHG (und KG) sind insbes. auch grundbucheintragungsfähig (vgl. § 15 I b Grundbuchverfügung 1935), können Eigentum und andere dingliche Rechte (Nießbrauch, persönliche Dienstbarkeiten) an Grundstücken erwerben. Sie können auch Besitz haben; dazu näher *Steindorff*, FS f. Kronstein, 1967, S. 151; *Flume*, Freundesgabe f. Hengeler, 1972, S. 76; *Klett*, Die Besitzverhältnisse bei der Personengesellschaft, Diss. Freiburg 1989. Ihnen kann Vollmacht erteilt werden, sie können sich bei anderen Gesellschaften als Gesellschafter beteiligen.

39 Zu praktischen Konsequenzen daraus vgl. BGH, ZIP 1990, 304.

40 Ohne Rücksicht auf die Schwierigkeiten der theoretischen Einordnung der gesellschaftlichen Vertretungsmacht finden jedenfalls die Vorschriften der ZPO über gesetzliche Vertreter (z. B. § 130 Nr. 1 ZPO) Anwendung: *Hueck*, OHG, § 22 II 2; *Fischer*, GroßKomm.HGB, 3. Aufl., § 124 Anm. 12.

b) **Verbindlichkeiten,** die die OHG unter ihrer Firma eingeht, sind **Gesellschaftsschulden.** Der Begriff hat hier (unabhängig vom Theorienstreit zur Gesamthand) unmittelbare Relevanz, weil er von privaten gemeinschaftlichen Schulden (z. B. die Gesellschafter kaufen unter ihren Namen gemeinsam ein Segelboot) der Gesellschafter abgrenzt: Privatgläubiger können sich nicht an das Gesellschaftsvermögen halten, weil sie keinen Titel gegen die Gesellschaft erstreiten können, § 124 II HGB.

Soweit Gesellschaftsschulden **rechtsgeschäftlich** begründet sind, gelten die Grundsätze über die Vertretung der OHG; bei schuldhaftem Handeln von Gesellschafter-Vertretern und sonstigen Bevollmächtigten im rechtsgeschäftlichen Bereich wird die OHG nach § 278 BGB verpflichtet. Gesellschafter-Vertreter werden wie »gesetzliche Vertreter« i. S. dieser Vorschrift behandelt (str.); nach a. A. gilt auch hier § 31 BGB analog[41].

Gesetzliche Verpflichtungen der OHG entstehen, wenn gerade die OHG die gesetzlich erforderlichen Voraussetzungen erfüllt, z. B. § 812 BGB, wenn das Gesellschaftsvermögen bereichert ist, § 894 BGB, wenn die OHG zu Unrecht im Grundbuch steht, § 985 BGB, wenn die OHG Besitzer ist. Die OHG kann aber auch durch unerlaubte Handlungen verpflichtet werden: sie selbst wird als deliktsfähig angesehen; **gewohnheitsrechtlich** findet **§ 31 BGB analoge** Anwendung. Begründung: Die weitgehende Verselbständigung der OHG, die der Vereinheitlichung von Körperschaften nahekommt. Nach § 31 BGB haftet die OHG Dritten für solche Schäden, die einer ihrer Geschäftsführer oder Vertreter »in Ausführung (Gegensatz: nur bei Gelegenheit) der ihm zustehenden Verrichtungen« schuldhaft begangen hat. Dabei ist bei Schädigungen durch Rechtsgeschäfte auf die Vertretungsmacht, bei sonstigen (tatsächlichen) Handlungen auf die Geschäftsführung abzustellen[42]. Für unerlaubte Handlungen sonstiger Personen haftet die OHG nur nach Maßgabe des § 831 BGB.

Für Gesellschaftsschulden können die Gläubiger die OHG unter ihrer Firma auf Erfüllung in Anspruch nehmen und notfalls vor Gericht verklagen (§ 124 I HGB). Bei obsiegendem Urteil kann in das Gesellschaftsvermögen vollstreckt werden (§ 124 II HGB). Bei Zahlungsunfähigkeit der OHG (§ 17 InsO), unter den Voraussetzungen der §§ 18, 19 InsO auch bei drohender Zahlungsunfähigkeit und Überschuldung, kann das Insolvenzverfahren über das Gesellschaftsvermögen der OHG eröffnet werden. Die Gesellschaftsgläubiger können sich wegen der Gesellschaftsschulden (gleichgül-

---

41 Vgl. oben C III 3 b mit Nachweisen FN 135.

42 *Hueck*, OHG, § 19 IV; *Westermann*, Rdz. 343; BGH, WM 1974, 153. Str. ist, ob auch ein Prokurist als »verfassungsmäßig berufener Vertreter« i. S. von § 31 BGB angesehen werden kann. Das wird man jedenfalls dann anzunehmen haben, wenn der Prokurist zugleich Gesellschafter ist und die Prokuraerteilung durch Gesellschaftsvertrag erfolgte, eventuell auch in Fällen unechter Gesamtvertretung (vgl. *Fischer*, GroßKomm.HGB, 3. Aufl., § 126 Anm. 24, 25). Zur Schadensersatzpflicht der OHG (KG) und deren Gesellschafter, wenn ein nicht (allein-)vertretungsberechtigter Gesellschafter gegen die Vertretungsordnung der Gesellschaft verstößt, vgl. *Dieckmann*, WM 1987, 1473, 1509.

tig, ob es sich um rechtsgeschäftlich oder gesetzlich begründete Verbindlichkeiten handelt, auch solche aus Delikt) aber auch unmittelbar an die OHG-Gesellschafter halten.

4. Die Haftung der Gesellschafter für Verbindlichkeiten der Gesellschaft

Literatur: HGB-Kommentare zu § 128 HGB; ferner *Flume*, Der Inhalt der Haftungsverbindlichkeit des Gesellschafters nach § 128 HGB, FS f. R. Reinhardt, 1972, S. 223; *ders.*, Gesellschaftsschuld und Haftungsverbindlichkeit bei der OHG, FS f. A. Knur, 1972, S. 125; *Kornblum*, Die Haftung der Gesellschafter für Verbindlichkeiten von Personengesellschaften, 1972; *Prediger*, Die Inanspruchnahme der OHG und der Mitgesellschafter aus Drittverhältnissen von seiten eines Gesellschafters, BB 1971, 245; *Walter*, Der Gesellschafter als Gläubiger seiner Gesellschaft, JuS 1982, 81; *Schönewolf*, Die persönliche Haftung der Gesellschafter der OHG und der GbR für im Rahmen der Geschäftsführung begangene Delikte, Diss. Osnabrück 1989; *Altmeppen*, Haftung der Gesellschafter einer Personengesellschaft für Delikte, NJW 1996, 1017.

Rechtsfolge jeder OHG ist die unbeschränkte persönliche Haftung jedes Gesellschafters für Verbindlichkeiten der Gesellschaft, § 128 S. 1 HGB (selbst wenn der Gesellschaftsvertrag für das Innenverhältnis etwas anderes bestimmt, § 128 S. 2 HGB). Sie kennzeichnet die OHG als Kredit- und Haftungsgemeinschaft, gewährleistet ihre Kreditfähigkeit und macht die für Kapitalgesellschaften typische Bindung des Kapitals[43] überflüssig. Andererseits wird dadurch die OHG-Form für die Gesellschafter gefährlich. Haftungsbeschränkungen (etwa auf das Gesellschaftsvermögen) sind aber durch Vereinbarungen mit dem Gläubiger möglich (arg. § 128 S. 2 HGB).

§ 128 S. 1 HGB ist eine der wichtigsten Anspruchsgrundlagen des gesamten Gesellschaftsrechts.

a) Voraussetzungen des § 128 S. 1 HGB

(1) Es muß eine nach außen **wirksame OHG** bestehen (vgl. § 123 HGB).

(2) Der In-Anspruch-Genommene muß **Gesellschafter** dieser OHG sein. (Zur Haftung des ausgeschiedenen Gesellschafters vgl. unten f.).

(3) Es muß eine **Verbindlichkeit der OHG** (Gesellschaftsschuld, § 124 I HGB) bestehen (s. oben III 3 b). Der Zeitpunkt der Entstehung der Verbindlichkeit ist insofern gleichgültig, als ein Gesellschafter auch für die vor seinem Eintritt in die Gesellschaft entstandenen Verbindlichkeiten zwingend haftet (§ 130 HGB).

(4) Die Verbindlichkeit darf **keine sog. Sozialverpflichtung** sein, da die Mitgesellschafter dafür nur mit dem Gesellschaftsvermögen haften (oben C II 4 d cc); nach § 128 HGB haften die Gesellschafter nur im Außenverhältnis; »Dritter« kann aber auch ein Gesellschafter sein (sog. Drittbeziehungen, vgl. unten d).

---

43 Vgl. K III 1 (für AG); M III 1 (für GmbH).

b) Verteidigung

Zu seiner Verteidigung kann der In-Anspruch-Genommene gemäß § 129 I-III HGB geltend machen:

aa) Alle Einwendungen (und Einreden) **aus seinen persönlichen Rechtsbeziehungen** zum Gläubiger (§ 129 I HGB »in seiner Person begründet«), z. B., daß dieser gerade ihm Erlaß oder Stundung gewährt habe; auch kann er mit einer privaten Forderung aufrechnen; der volljährig Gewordene kann die »Dürftigkeitseinrede« gemäß §§ 1629 a I, 1990 BGB erheben.

bb) Alle Einwendungen (und Einreden), die **von der Gesellschaft** erhoben werden können (§ 129 I HGB), z. B. Nicht-Entstandensein der Verbindlichkeit wegen Einigungsmangels (§§ 154, 155 BGB) oder Nichtigkeit (z. B. §§ 125, 134, 138, 142, 306 BGB), Erlöschen der Verbindlichkeit durch Erfüllung (§ 362 I BGB), Erlaß (§ 397 BGB; zur Vertiefung: BGH, WM 1975, 974) oder Unmöglichwerden (§ 275 I BGB), Stundung, Verjährung (dazu: BGHZ 73, 217 mit Bespr. Hadding, ZGR 1981, 577; nicht aber kann der Gesellschafter Verjährung einwenden, wenn der Gläubiger diese ihm gegenüber rechtzeitig unterbrochen hat; BGHZ 104, 76).

cc) **Besondere Leistungsverweigerungsrechte** (aufschiebende Einreden) nach Maßgabe des § 129 II, III HGB (wie ein Bürge, § 770 BGB):

- wenn die **Gesellschaft** das zugrunde liegende Rechtsgeschäft **anfechten** kann (§ 129 II HGB, §§ 119–124 BGB), oder
- wenn sich der »Gläubiger« durch **Aufrechnung** gegen eine fällige Forderung der Gesellschaft befriedigen kann (§ 129 III HGB, §§ 387 ff. BGB).

Dem Wortlaut des § 129 III HGB darf man nach h. M. nicht trauen (vgl. näher Schlüter, FS f. H. Westermann, 1974, S. 509). Drei Fälle werden unterschieden:

§ 129 III HGB greift (sicher) ein, wenn sowohl Gläubiger als auch Gesellschaft aufrechnen können.

§ 129 III HGB greift entgegen dem Wortlaut **nicht** ein, wenn *nur* der Gläubiger, nicht aber die Gesellschaft aufrechnen kann (BGHZ 42, 396). Grund: Die ratio der Bestimmung wäre nicht zu erreichen. Danach soll ein Gläubiger einen Gesellschafter nicht zur Erfüllung zwingen können, wenn er aufrechnen kann *und* seinerseits eine Aufrechnung der Gesellschaft (»mit fälliger Forderung«) hinnehmen müßte.

§ 129 III HGB greift entgegen dem Wortlaut ein, wenn *nur* die Gesellschaft, nicht der Gläubiger aufrechnen kann, z. B. weil dieser aus einer vorsätzlichen unerlaubten Handlung haftet, § 393 BGB.

Fallbeispiel: Bülow/Schumann, JuS 1988, 796.

c) Rechtsfolge des § 128 S. 1 HGB

Der In-Anspruch-Genommene »haftet für die Verbindlichkeit der Gesellschaft als Gesamtschuldner persönlich«. Über die rechtstheoretische Einordnung sowie über Inhalt und Umfang dieser Haftung besteht Streit.

aa) In der Lit. wird die **Bedeutung der persönlichen Haftung** nach § 128 HGB im wesentlichen davon bestimmt, in welchem Umfang man die OHG verselbständigt sieht.

Für die sog. Gruppenlehre (Theorie der kollektiven Einheit der Gesamthand; vgl. C I 1 d bb), die die OHG als rechtsfähig anerkennt, stellt sich § 128 HGB als notwendige Ergänzung des § 124 I HGB dar: Da zunächst nur die OHG verpflichtet ist, bedarf die Haftung der Gesellschafter besonderer Anordnung (vgl. insbes. Flume, Die Personengesellschaft, S. 286 ff.).

Die noch h. M. (individualistische Gesamthandslehre), die (konsequenterweise auch) eine Rechtsfähigkeit der OHG ablehnt und nur die Gesellschafter als Zuordnungssubjekte der unter der Firma der OHG eingegangenen Verbindlichkeiten versteht, muß die Besonderheit des § 128 HGB zunächst darin sehen, daß für die Verbindlichkeit der Gesellschaft mehrere Vermögensmassen haften: einmal das gesamthänderisch gebundene Gesellschaftsvermögen (§ 124 II HGB), zum anderen das Privatvermögen der einzelnen Gesellschafter (»Lehre von der Identität der Schuld bei doppeltem Haftungsobjekt«).

Darüber hinaus darf aber gerade auch vom Standpunkt der h. M. aus die rechtstechnische Bedeutung des § 128 HGB nicht übersehen werden. § 128 HGB begründet die persönliche gesamtschuldnerische Haftung der Gesellschafter in der Form eines gesetzlichen Haftungsschuldverhältnisses[44] und macht es damit entbehrlich, diese Haftung nach allgemeinen Bestimmungen zu konstruieren (wie dies etwa bei der BGB-G gemäß §§ 709, 714, 164, 427 BGB nach noch h. M. der Fall ist). Zugleich läßt sich diese gesetzliche Haftung der OHG-Gesellschafter als Konsequenz daraus verstehen, daß § 124 I HGB die OHG wie eine rechtsfähige juristische Person behandelt.

bb) Der Streit um **Inhalt und Umfang der »Haftung«** geht vornehmlich darum, ob die Gesellschafter zur **Erfüllung** der Gesellschaftsverbindlichkeit verpflichtet sind (so die herrschende Erfüllungstheorie) **oder** ob sie **nur Geldersatz** schulden (so die sog. Haftungstheorie); dabei sind beide Auff. darüber einig, daß »haften« in § 128 HGB »schulden« (d. h. zu einer Leistung verpflichtet sein) bedeutet[45]. Der Streit wird praktisch, wenn die Verbindlichkeit der OHG nicht in einer Geldschuld besteht.

Beispiele: (1) Eine OHG, die ein Bauunternehmen betreibt, hat sich zur Errichtung eines Bauwerks verpflichtet. Kann die Bauausführung, ggf. Mängelbeseitigung nach § 633 II BGB (bejahend: BGHZ 73, 217), von Gesellschafter A verlangt werden? (2) Eine OHG hat

---

44 So auch *Hadding*, ZGR 1973, 137, 146 m. w. N., der sich mit Recht gegen die Theorie von der Identität der Verbindlichkeit der OHG und der persönlichen Verpflichtung der einzelnen Gesellschafter wendet. Der BGH, der früher der Identitätstheorie gefolgt ist (BGHZ 34, 193), hat die Frage dann ausdrücklich offengelassen: BGH, NJW 1974, 750. Gegen die Identitätstheorie spricht nicht nur der Wortlaut des § 128 HGB (Verbindlichkeit der OHG als Voraussetzung der Haftung), sondern insbes. auch die konstitutive Bedeutung des § 128 HGB, der (weitergehend als §§ 427, 431, 840 BGB) allgemein ohne Rücksicht auf den Entstehungsgrund einer Gesellschaftsverbindlichkeit gesamtschuldnerische Haftung der Gesellschafter anordnet. Im Ergebnis auch *Kornblum* a. a. O., S. 152 f. und die Lehre von der kollektiven Einheit der Gesamthand; vgl. *Karsten Schmidt*, Gesellschaftsrecht, § 49 II 2.

45 Zum Streitstand: *Hueck*, OHG, § 21 II; *Baumbach/Hopt*, HGB, § 128 Anm. 8 ff.; *Heymann/Emmerich*, HGB, 2. Aufl. 1996, § 128 Anm. 18 ff.; *Karsten Schmidt*, Gesellschaftsrecht, § 49 III; für Erfüllungstheorie: BGHZ 23, 302; 34, 293; 73, 217; BGH, WM 1987, 847 (849).

in einem Kiesausbeutungsvertrag eine Sperrbezirksklausel akzeptiert, die ihr Eingriffe in die Schutzzone des Vertragspartners verbietet. Kann der Vertragspartner auch von Gesellschafter A Unterlassung solcher Eingriffe verlangen? (Im Ergebnis bejahend BGHZ 59, 64 = NJW 1972, 1421)[46].

(1) Richtig erscheint folgender **Grundsatz: Jeder Gesellschafter** schuldet nach § 128 HGB **die gleiche Leistung wie die OHG.** Dafür sprechen mehrere Gründe:

Der Wortlaut des § 128 HGB ordnet eine persönliche Haftung »für die Verbindlichkeiten der Gesellschaft an«; hätte das Gesetz nur Haftung für das Interesse gewollt, wäre dies zum Ausdruck gekommen.

In dogmatischer Hinsicht läßt sich darauf verweisen, daß die OHG keine juristische Person ist, eine Verbindlichkeit der OHG daher (wenn man mit der noch h. M. der Theorie von der kollektiven, rechtsfähigen Einheit der Gesamthand nicht folgt) letztlich den Gesellschaftern als Rechtssubjekten zuzurechnen ist. Schuld der Gesellschaft und Schuld der Gesellschafter müssen von daher gesehen auf die gleiche Leistung gerichtet sein. Die rechtstechnische Ausgestaltung der Haftung in Form eines gesetzlichen Haftungsschuldverhältnisses hindert zwar, von einer Identität (»ein und dieselbe«) der Schuld zu sprechen, nicht aber, der persönlichen Verpflichtung der Gesellschafter den gleichen Inhalt wie der jeweiligen Gesellschaftsverbindlichkeit zuzuerkennen. Dafür sprechen auch die parallelen Verteidigungsmöglichkeiten der Gesellschafter, § 129 I HGB.

Entscheidend ist der Zweck des § 128 HGB: Die persönliche Haftung dient dem Sicherheitsinteresse der Gesellschaftsgläubiger. Nur die Erfüllungspflicht bietet aber ein Höchstmaß an Sicherheit dafür, daß die von der Gesellschaft geschuldete Leistung auch tatsächlich erbracht wird. Die Haftung auf das Geldinteresse würde nicht die von § 128 HGB erstrebte primäre Haftung bedeuten, sondern würde die Haftung zu einer subsidiären Verpflichtung abschwächen (vgl. aber Fischer, GroßKomm. HGB, 3. Aufl., § 128 Anm. 9, der eine primäre, auf gleicher Stufe mit der Gesellschaftsverbindlichkeit stehende »Einstandspflicht« annimmt).

(2) **Ausnahmen von der Erfüllungspflicht** werden in Rspr. und Lit. mit unterschiedlicher Begründung zugelassen.

Beispiel **(Villengrundstücksfall)**: A und B sind alleinvertretungsberechtigte Gesellschafter der A, B-OHG. A verkauft das Villengrundstück des B, das dieser auf keinen Fall hergeben will, formgültig im Namen der OHG an K. Kann K von B nach § 128 HGB Auflassung verlangen?

Erfüllungstheorie: B ist zur Auflassung verpflichtet. Nach BGHZ 23, 302 ff. soll die Entscheidung, ob im Einzelfall ein Gesellschafter auf Erfüllung oder lediglich auf Geldersatz in Anspruch genommen werden kann, durch Abwägung des Sicherungsinteresses des Gläubigers mit dem Interesse des Gesellschafters auf Freihaltung seiner Privatsphäre getroffen werden. Maßgebend soll dabei insbes. sein, ob der Gesellschafter seinerseits gegenüber der OHG zu der Leistung verpflichtet ist, die der Dritte von ihm verlangt. Dann kein Schutz seiner Privatsphäre; (zust. u. a. Kornblum, a. a. O., S. 155 ff.; Westermann, Rdz. 355, der deshalb eine Auflassungsverpflichtung des B verneint). Dieser Auff. ist entgegenzuhalten, daß § 128 HGB für eine derartige Interessenabwägung keinerlei Anhaltspunkte bietet, und daß zudem bei Geldschulden auch ohne Rücksicht auf Rückwirkungen in der Privatsphäre

46 Nach OLG Nürnberg (WM 1996, 399, 402) sollen die Gesellschafter aber für die Erfüllung gesetzlicher Unterlassungspflichten, die eine Personenhandelsgesellschaft etwa wegen Verletzung von Ausschließlichkeitsrechten (§ 14 MarkenG) treffen, nicht haften.

und ohne Rücksicht auf eine entsprechende Beitragspflicht immer Erfüllung verlangt werden kann.

Richtigerweise wird man Ausnahmen von der Erfüllungspflicht dann zuzulassen haben, **wenn die Auslegung** des zugrunde liegenden Schuldverhältnisses zwischen Gesellschaft und Gläubiger **ergibt, daß sich die Erfüllung auf die Gesellschaft beschränken soll**[47]. Dabei ist zu beachten, daß eine die Haftung nach § 128 HGB beeinträchtigende Vereinbarung nach § 128 S. 2 HGB nur unwirksam ist, wenn sie zwischen den Gesellschaftern (im Innenverhältnis) getroffen wird. Dagegen kann durch Vereinbarung mit dem Gläubiger die Haftung der Gesellschafter ausgeschlossen oder beschränkt werden. Einen **vertraglichen Ausschluß der Erfüllungspflicht** (als Beschränkung der Haftung) wird man insbes. regelmäßig dann anzunehmen haben, wenn die Verpflichtung – auch für den Gläubiger erkennbar – von vornherein ihrem Inhalt nach nur durch die Gesellschaft zu erfüllen oder gar erfüllbar ist, z. B. bei selbständigen Unterlassungspflichten der OHG[48] oder bei Willenserklärungen der OHG (z. B. Auflassungserklärung bei Übereignung eines Gesellschaftsgrundstücks). In diesen Fällen betrifft die Haftungsverpflichtung nur das Erfüllungsinteresse bei Leistungsstörungen.

Zwischenergebnis im Villengrundstücksfall: B ist zur Auflassung verpflichtet, wenn noch eine solche Gesellschaftsschuld besteht, da diese nach ihrem auslegbaren Inhalt nicht auf die OHG beschränkt ist. Keine Rolle spielt insoweit, ob B gegenüber der OHG zur Auflassung verpflichtet ist oder nicht. Zur weiteren Lösung sogleich:

cc) Soweit die Gesellschafterhaftung nicht ausgeschlossen ist, richten sich ihr Inhalt und Umfang, was **Entstehung und Fortbestand** angeht, nach der Verbindlichkeit der Gesellschaft. Veränderungen (z. B. durch Kündigungen, Leistungsstörungen) der Gesellschaftsverbindlichkeit verändern auch den Inhalt der Gesellschafterhaftung. Man spricht zutreffend von **»akzessorischer«** Haftung[49].

Beispiel: Schuldet die Gesellschaft dem K Lieferung einer Maschine und wird ihr diese Leistung unmöglich, so wird sie entweder von der Leistungspflicht frei (§ 275 BGB) oder sie muß, wenn sie die Unmöglichkeit zu vertreten hat, Schadensersatz wegen Nichterfüllung leisten (§ 280 oder § 325 BGB). Dann schulden auch die einzelnen Gesellschafter nach

---

47 Die Maßgeblichkeit der Auslegung wird in der Lit. mehr oder weniger deutlich anerkannt; vgl. *Hadding*, ZGR 1973, 137, 149 f.; *Hueck*, OHG, § 21 II 5; *Heymann/Emmerich*, HGB, 2. Aufl. 1996, § 128 Anm. 21; vgl. auch *Hadding*, ZGR 1981, 577; grundsätzlich abl. *Schlegelberger/Karsten Schmidt*, HGB, § 128 Anm. 24. Für ausnahmslose Erfüllungspflicht *Martensen*, Der Inhalt der unbeschränkten Haftung von Personenhandelsgesellschaftern, Diss. Kiel 1989.

48 Vgl. RGZ 136, 266; BGHZ 59, 64; *Kornblum*, BB 1971, 1434. Auch in diesen Fällen kommt nach der Rspr. ein Unterlassungsanspruch gegen die vertraglich nicht gebundenen Gesellschafter in Betracht: Anspruchsgrundlage §§ 128 HGB, 242 BGB, weil die Rechtsordnung nicht zulassen kann, »daß die Gesellschafter durch ein Handeln außerhalb der Gesellschaft den Zweck eines Vertrages durchkreuzen, den die Gesellschaft mit einem Dritten geschlossen hat«; BGHZ 59, 64 = NJW 1972, 1421; RGZ 136, 266. In Wahrheit hat dieser Anspruch freilich nichts mit § 128 HGB zu tun, weil nicht die Gesellschaft, sondern die Gesellschafter selbst gegen § 242 BGB verstoßen haben.

49 Diese Sicht rechtfertigt sich insbes. aus den parallelen Verteidigungsmöglichkeiten der Gesellschafter nach § 129 HGB; vgl. insbes. *Hadding*, ZGR 1973, 137, 147 ff.; *Kornblum* a. a. O., S. 131 ff.; ganz h. M.

§ 128 HGB nicht mehr Lieferung der Maschine, sondern sind ihrerseits frei oder haben Schadensersatz zu leisten.

Villengrundstücksfall: B schuldet nur dann Auflassung, wenn die OHG dazu verpflichtet ist (Akzessorietät). In Betracht kommt, daß sich B auf die Unmöglichkeit der Auflassung seitens der OHG beruft (§ 129 I HGB). Die OHG hat eine fremde Sache verkauft; die Erfüllung der Auflassung war ihr von Anfang an unmöglich, weil B sein Grundstück nicht hergeben will. Rechtsfolge: Der Vertrag ist gültig, der Gläubiger hatte zunächst auch einen Erfüllungsanspruch (h. M. bei Fällen anfänglichen Unvermögens). Dieser wandelte sich jedoch in einen auf Geld gerichteten Schadensersatzanspruch um (§§ 440 I, 325 BGB), als das Unvermögen der OHG feststand. Jetzt wäre eine Verurteilung der OHG zur Erfüllung unzulässig. Folglich ist auch B nach § 128 HGB nur zum Schadensersatz verpflichtet (so auch Reinhardt/Schultz, Rdz. 132).

Ein anderes Ergebnis könnte sich ergeben, wenn in bezug auf die Unmöglichkeit der Auflassung seitens der OHG § 425 BGB anzuwenden wäre. Das würde ein Gesamtschuldverhältnis zwischen OHG und Gesellschaftern voraussetzen. Daran fehlt es nach h. M. Wegen der Akzessorietät der Gesellschafterhaftung kann § 425 BGB auch nicht entsprechend herangezogen werden; vgl. sogleich.

dd) **Untereinander** haften die Gesellschafter, wie § 128 HGB ausdrücklich anordnet, immer **als Gesamtschuldner** (§§ 421–426 BGB), d. h. jeder ist die ganze Leistung zu bewirken verpflichtet (§ 421 BGB). Dies gilt ohne Rücksicht auf den Entstehungsgrund der Gesellschaftsschuld und ohne daß es auf §§ 427, 431, 840 BGB ankommt. Streitig ist, ob auch im Verhältnis Gesellschaft-Gesellschafter die Regeln über die Gesamtschuld anzuwenden sind[50].

Die h. M. lehnt insoweit ein echtes Gesamtschuldverhältnis ab und beruft sich dabei auf die »Lehre von der Identität der Schuld bei doppeltem Haftungsobjekt«. Diese Begründung überzeugt angesichts der Haftungsausgestaltung in Form eines gesetzlichen Haftungsschuldverhältnisses nicht. Wegen der »Akzessorietät« der Gesellschafterhaftung fehlt es jedoch an der für ein echtes Gesamtschuldverhältnis erforderlichen inneren Selbständigkeit der einzelnen Verpflichtungen (so auch Fischer, GroßKomm. HGB, § 128 Anm. 17). Es erscheint aber richtig, im Einzelfall zu prüfen, ob die §§ 421 ff. BGB passen und entsprechend anwendbar sind. Uneingeschränkt lassen sich §§ 422 I, 424 BGB entsprechend anwenden.

Beispiel: BGHZ 47, 376, 378 = NJW 1967, 2155, 2156. Danach kann § 423 BGB nicht mit der Maßgabe Anwendung finden, daß ein Gläubiger der Gesellschaft gegenüber eine Gesellschaftsschuld unter Vorbehalt des Anspruchs gegen einzelne Gesellschafter erläßt; § 423 BGB paßt wegen der parallelen Verteidigungsmöglichkeiten nach § 129 I HGB nicht; krit. dazu allerdings: Kühne, ZHR 133, 149 ff.

ee) Die Gesellschafter haften nach § 128 S. 1 HGB **persönlich und ohne Beschränkung.** Dieses Merkmal bezieht sich auf die Haftung im engeren Sinne, d. h. auf die Vollstreckungsmöglichkeit des Gläubigers. Unbeschränkte persönliche Haftung bedeutet, daß der Gläubiger in das gesamte Privatvermögen des Gesellschafters vollstrecken kann.

---

50 Dagegen die h. M.; vgl. nur BGHZ 34, 293; 47, 376; *Karsten Schmidt*, Gesellschaftsrecht, § 49 II 4; a. A. *Flume*, Die Personengesellschaft, S. 286 ff.

ff) Die **Rechtsfolge** des § 128 S. 1 HGB läßt sich demnach dahin **zusammenfassen,** daß jeder Gesellschafter den Gesellschaftsgläubigern

- unmittelbar (Gegensatz: bloße Nachschußpflicht in die Gesellschaftskasse, wie z. B. bei der eG gemäß §§ 105 ff. GenG),
- primär (Gegensatz subsidiär; der Gläubiger braucht sich nicht vorher an die Gesellschaft zu wenden),
- Erfüllung (Gegensatz: Bloßes Einstehenmüssen für das Erfüllungsinteresse = Haftungstheorie),
- der ganzen Verbindlichkeit (Gegensatz: anteilige Verpflichtung; die Gesellschafter schulden als »Gesamtschuldner«, § 421 BGB),
- in ihrem jeweiligen Bestand (Akzessorietät) schuldet und
- mit seinem gesamten Vermögen haftet (Gegensatz nur mit einer Einlage, wie der Kommanditist).

d) Gesellschafter als Drittgläubiger

Ein Gesellschafter kann Gläubiger seiner OHG sein. Handelt es sich um sog. Sozialverpflichtungen (aus Gesellschaftsvertrag), so findet § 128 HGB keine Anwendung (vgl. oben II 2 b). Dagegen kann ein Gesellschafter als sog. Drittgläubiger aus Drittbeziehungen zur Gesellschaft (etwa Ansprüche aus Lieferungen, Vermietung und Verpachtung, Darlehen) seine Mitgesellschafter nach § 128 HGB in Anspruch nehmen.

Beispiel: A verlangt von seinen Mitgesellschaftern B und C Rückzahlung eines der OHG gewährten Darlehens von DM 15 000,–. Anspruchsgrundlage: § 128 S. 1 HGB.

Dabei sind *zwei Besonderheiten* zu beachten:

(1) Die Treuepflicht gebietet, daß sich der Gesellschafter-Drittgläubiger zunächst aus dem Gesellschaftsvermögen zu befriedigen sucht; **§ 128 HGB ist insoweit subsidiär** (h. M.)[51]. Dabei braucht er hinter anderen Gesellschaftsgläubigern nicht zurückzutreten (BGHZ 51, 391).

(2) Der Drittgläubiger muß sich bei Geldforderungen ferner den Anteil abziehen lassen, der seiner eigenen **Verlustbeteiligung** entspricht (h. M.), weil er selbst gesamtschuldnerisch haftet, so daß die Mitgesellschafter von ihm pro-rata-Ausgleich nach § 426 I BGB fordern könnten. Dann wäre es unbillig, sie zunächst voll haften zu lassen und auf den Ausgleich zu verweisen (dolo-petit-Einwand; Berg, JuS 1974, 689).

Im Beispiel kann A bei gleicher Verlustbeteiligung (§ 121 III HGB) von B und C nur DM 10 000,– als Gesamtschuldner fordern.

51 Vgl. *Hueck*, OHG, § 21 V; *Baumbach/Hopt*, HGB, § 128 Anm. 24; BGH, NJW 1983, 749, übergeht diese Subsidiarität.

e) Ausgleichsansprüche

Zu Ausgleichsansprüchen eines nach § 128 HGB in Anspruch genommenen Gesellschafters gegenüber der OHG nach § 110 HGB und den Mitgesellschaftern nach § 426 I, II BGB vgl. oben II 2 b.

f) Begrenzte Haftung des ausgeschiedenen Gesellschafters

Der Ausgeschiedene (vgl. oben C V 1, 3 und unten VI 1) haftet für bis dahin begründete (nicht unbedingt fällige) Verbindlichkeiten der Gesellschaft (sog. **Altverbindlichkeiten**) nach § 128 HGB weiter; das stellt § 160 I 1 HGB (i. d. F. des NachhBG vom 18. 3. 1994) klar. Die Bestimmung begrenzt jetzt aber die persönliche Nachhaftung des Ausgeschiedenen auf solche Altverbindlichkeiten, die innerhalb einer Frist von fünf Jahren (nach Eintragung seines Ausscheidens in das HReg, § 160 I 2 HGB) fällig sind und Ansprüche daraus gegen ihn vor Ablauf der Fünfjahresfrist gerichtlich geltend gemacht worden sind. Dieser gerichtlichen Geltendmachung (als Nachhaftungsvoraussetzung) bedarf es nicht, soweit der Gesellschafter den Anspruch schriftlich anerkannt hat (§ 160 II HGB); bei öffentlich-rechtlichen Verbindlichkeiten genügt zur Geltendmachung der Erlaß eines Verwaltungsaktes (§ 160 I 2. Halbs. HGB)[52].

Die zeitliche Begrenzung der persönlichen Haftung führt zum einen dazu, daß der Ausgeschiedene für Altverbindlichkeiten **nicht haftet,** die erst nach Ablauf der Fünfjahresfrist **fällig** werden. Berücksichtigt man, daß für die Abgrenzung einer Altverbindlichkeit nach dem Zeitpunkt der Begründung die objektive Rechtslage maßgeblich ist (für Verbindlichkeiten aus Vertrag dessen Abschluß[53], für gesetzliche Verbindlichkeiten die Erfüllung sämtlicher Tatbestandsmerkmale), so hat diese Enthaftung vor allem Bedeutung bei **Dauerschuldverhältnissen,** deren einzelne Leistungen erst später fällig werden (z. B. Miete, Pacht, Darlehen, Arbeits-, Dienst-, Geschäftsbesorgungs- oder Lieferungsverträge), und bei den durch Leistungsstörungen begründeten sekundären Ersatz- oder Rückgewährpflichten aus Schuldverhältnissen, die vor Eintragung des Ausscheidens begründet worden sind.

Zum zweiten tritt für alle (fälligen, aber nicht ordnungsgemäß geltend gemachten) Altverbindlichkeiten **mit Ablauf der fünfjährigen Ausschlußfrist Enthaftung** des Ausgeschiedenen ein. Insoweit erlischt die Haftung; er hat nicht nur ein Einrederecht wie bei Verjährung (§ 222 BGB). Unterliegt ein Anspruch kürzeren Verjährungsfristen, so bleibt die Einrede der Verjährung von der Enthaftungsregelung unberührt.

Wechselt ein bisher unbeschränkt haftender Gesellschafter (einer OHG oder ein Komplementär einer KG) **in die Stellung eines Kommanditisten,** so gilt nach § 160 III HGB die Haftungsbegrenzung nach § 160 I, II HGB n. F. entsprechend für die im Zeitpunkt der Eintragung der Änderung in das HReg begründeten Verbindlichkeiten. Dem Ausscheiden wird insoweit die bloße Umwandlung der Rechtsstellung gleichgestellt, und zwar entgegen bis-

---

52 § 160 HGB n. F. ist nicht zwingend; zwischen Gesellschaftsgläubiger und ausscheidendem Gesellschafter kann die Nachhaftung abweichend vereinbart werden. Vgl. *Baumbach/Hopt*, HGB, § 160 Anm. 8; *Heymann/Sonnenschein/Weitemeyer*, HGB, 2. Aufl. 1996, § 160 Anm. 23; a. A. (grundsätzlich) *Leverenz*, ZHR 160 (1996), 75.

53 BGHZ 55, 267, 269 f. für einen Werkvertrag. Vgl. auch BGH, WM 1986, 288 und dazu *Reichold*, JuS 1987, 775.

heriger Rechtsprechung auch dann, wenn er in der Gesellschaft weiter geschäftsführend tätig bleibt (§ 160 III 2 HGB n. F.).

Mit der Nachhaftungsbegrenzung in § 160 HGB n. F. durch das NachhBG vom 18. 3. 1994[54] hat der Gesetzgeber die zuvor umstrittene Problematik[55] der Nachhaftung ausgeschiedener Gesellschafter bzw. in die Kommanditistenstellung gewechselter Gesellschafter, insbes. bei Dauerschuldverhältnissen rechtsklar gelöst und zugleich von der Haftung der Gesellschafter nach Auflösung der Gesellschaft (jetzt: § 159 HGB n. F.) abgekoppelt. Zuvor waren beide Komplexe in § 159 HGB a. F. einer Verjährungsregelung unterstellt, wie sie jetzt nur noch für die Haftung nach Auflösung vorgesehen ist. Es ist aber zu beachten, daß aufgrund der Überleitungsvorschriften zu § 160 HGB n. F. (für Verbindlichkeiten die vor Inkrafttreten des NachhBG entstanden sind) in Art. 35, 36 EGHGB für bestimmte Verbindlichkeiten § 159 HGB a. F. (mit den dazu von der Rechtsprechung entwickelten Haftungsbegrenzungen) weiterhin maßgeblich ist. Darüber hinaus sind die bisherigen Einschränkungen der Nachhaftung aber selbst dann nicht mehr anwendbar, wenn sie im Einzellfall zu einer kürzeren Begrenzung der Nachhaftung führen würden; insoweit hat § 160 HGB n. F. der auf eine teleologische Reduktion von § 159 HGB a. F. gestützten bisherigen Rechtsprechung den Boden entzogen (a. A. Baumbach/Hopt, HGB, § 128 Anm. 32). Beachte, daß im NachhBG, einem Artikelgesetz, auch andere Änderungen der Nachhaftungsbegrenzung (insbes. bezüglich §§ 26, 28 HGB, § 736 II BGB) enthalten sind.

Lit. zum NachhBG: *Eckert*, RdA 1994, 215; *Hornung*, Rpfleger 1994, 488; *Kainz*, DStR 1994, 620; *Kollbach*, GmbHRdsch. 1994, 164; *Lieb*, GmbHRdsch. 1994, 657; *Moll/Hottgenroth*, RdA 1994, 223; *Nitsche*, ZIP 1994, 1919; *Reichold*, NJW 1994, 1617; *Karsten Schmidt*, ZIP 1994, 243; *Seibert*, DB 1994, 461.

Für Gesellschaftsschulden, die erst nach dem Ausscheiden eines Gesellschafters begründet werden (sog. **Neuverbindlichkeiten**), haftet der Ausgeschiedene – wie bisher – grundsätzlich nicht. Ausnahme: Haftung über § 15 I HGB, weil das Ausscheiden in das HReg einzutragen ist (§ 143 II HGB). Auch für diese Verbindlichkeiten (die zwischen Ausscheiden und dessen Eintragung begründet worden sind) gilt dann aber die Regelung über die Begrenzung der Nachhaftung nach § 160 I HGB analog[56].

Vertiefungsfall (nach BGHZ 65, 309):

Die Gesellschafter A und B der aus vier Personen bestehenden X-OHG waren gesamtvertretungsberechtigt; dies war im HReg eingetragen. B schied aus der Gesellschaft aus. Nach seinem Ausscheiden, aber vor Eintragung dieses Vorgangs in das HReg, kaufte A im Namen der X-OHG Waren von V. Kann V den B auf Zahlung des Kaufpreises in Anspruch nehmen? Zur Lösung: Kreutz, Jura 1982, 626, 637 m. w. N.; Karsten Schmidt, Handelsrecht, 4. Aufl., § 14 II 4 c m. w. N.

54 BGBl. I 1994, S. 560. Das Gesetz ist am 26. 3. 1994 in Kraft getreten. Vgl. zur Entstehungsgeschichte: RegE BR-Drucks. 446/91, auf der Grundlage eines RefE 1988 (Bericht DB 1988, 1586); Begründung zum RegE nebst Stellungnahme des BR und Gegenäußerung der Bundesregierung BT-Drucks. 12/1868; Beschlußempfehlung und Bericht des Rechtsausschusses BT-Drucks. 12/6569; Lit. zum RegE eines NachhBG: *Büscher/Klusmann*, ZIP 1992, 11; *Funke*, DB 1992, 2177; *Lieb*, GmbHRdsch. 1992, 561; *Ulmer/Timmann*, ZIP 1992, 1; auch schon *Kapp/Oltmanns/Bezler*, DB 1988, 1937; *Karsten Schmidt*, DB 1990, 2357.

55 Vgl. zur früheren Rechtslage die 9. Aufl. E III 4 f. (S. 137 f.) mit umfangreichen Rspr.- und Lit.-Nachweisen.

56 Vgl. *Heymann/Sonnenschein/Weitemeyer*, HGB, 2. Aufl. 1996, § 160 Anm. 9.

Beachte: Soweit der ausgeschiedene Gesellschafter Gesellschaftsgläubiger aufgrund fortbestehender Außenhaftung befriedigt hat, stellt sich das Problem des Rückgriffs gegenüber der Gesellschaft (Anspruchsgrundlage: §§ 683, 670 BGB oder § 110 I HGB analog, str.) und den aktuellen Gesellschaftern (Anspruchsgrundlage: § 426 I, II BGB)[57].

g) Besonderheiten bei der beschränkt haftenden OHG

Zu Besonderheiten bei der beschränkt haftenden OHG, insbes. wenn alle Gesellschafter Kapitalgesellschaften sind, vgl. E VI 4.

5. Die OHG im Prozeß

a) § 124 I HGB behandelt die OHG auch in Aktiv- und Passivprozessen wie eine juristische Person; unter ihrer Firma kann sie klagen und verklagt werden. Als Einheit kann die OHG auch Rechtsstreitigkeiten mit ihren Gesellschaftern aus Gesellschaftsvertrag oder Drittverträgen führen; dagegen gilt § 124 I HGB nicht für Klagen der Gesellschafter untereinander.

Das ergibt sich für die Gestaltungsklagen nach §§ 117, 127, 133, 140, 142 HGB unmittelbar aus diesen Bestimmungen[58]. Aber auch Rechtsstreitigkeiten über den personellen Bestand der OHG können nur zwischen den Gesellschaftern ausgetragen werden; die OHG ist nur Objekt dieses Streites; BGHZ 30, 195; WM 1972, 1399.

b) Auch im Prozeßrecht sind jedoch (nach noch h. M.) die Gesellschafter letztlich die Träger von Rechten und Pflichten. Fraglich ist deshalb z. B., ob die Gesellschafter im Prozeß der OHG als Partei oder als Zeugen zu vernehmen sind (str.)[59]. Da die OHG im Prozeß von ihren vertretungsberechtigten Gesellschaftern vertreten wird (sie ist prozeßunfähig), sollte mit BGHZ 42, 230 davon ausgegegangen werden, daß diese als Partei, die übrigen Gesellschafter als Zeugen zu vernehmen sind.

c) Am Prozeß der OHG wegen Gesellschaftsschulden brauchen die Gesellschafter nicht beteiligt zu werden, da ein vollstreckbarer Titel gegen die OHG nur zur Zwangsvollstreckung in das Gesellschaftsvermögen (§ 129 IV HGB) berechtigt, § 124 II HGB[60]. Andererseits kann ein Gläubiger neben der OHG auch die einzelnen Gesellschafter verklagen[61]; das ist sogar empfehlenswert, da nur dieses Vorgehen dem obsiegenden Gläubiger die Vollstreckung

57 Vgl. dazu *Karsten Schmidt*, Gesellschaftsrecht, § 51 III 2 b; *Hadding*, FS f. Stimpel, 1985, S. 139; *Büscher/Klusmann*, ZIP 1992, 11 (15 ff.); *Preuß*, ZHR 1996, 163.

58 Vgl. zur Frage notwendiger Streitgenossenschaft in diesen Fällen *P. Ulmer*, FS f. Geßler, 1971, S. 269; *Karsten Schmidt*, Mehrseitige Gestaltungsprozesse bei Personengesellschaften, 1992.

59 Vgl. *Hueck*, OHG, S. 335 ff.; *G. Hueck*, Gesellschaftsrecht, § 15 I 5.

60 Auf ein die Klage gegen die OHG abweisendes Urteil können sich die aus § 128 HGB persönlich in Anspruch genommenen Gesellschafter berufen: § 129 I HGB. Ist die OHG verurteilt, bleiben den Gesellschaftern persönliche Einwendungen, § 129 I HGB.

61 Der Übergang vom Gesellschaftsprozeß zum Gesellschafterprozeß (etwa nach Vollbeendigung der OHG) ist nach vom BGH geteilter Auff. als gewillkürter Parteiwechsel zu beurteilen und nur zulässig, wenn die Gesellschafter zustimmen; vgl. BGH, NJW 1974, 750.

sowohl in das Gesellschafts- als auch in das Privatvermögen der Gesellschafter ermöglicht. In einem derartigen Prozeß sind OHG und Gesellschafter einfache, nicht notwendige Streitgenossen (i. S. von § 62 ZPO), da ein Gesellschafter persönliche Verteidigungsmöglichkeiten haben kann (so jetzt h. M.; BGHZ 54, 251; WM 1985, 750; *Karsten Schmidt*, Gesellschaftsrecht, § 49 VI 1 b m. w. N.).

IV. Die Beendigung der OHG

Die Beendigung der OHG vollzieht sich (wie die der BGB-G) in **zwei Stufen**, sofern nicht ausnahmsweise sofort Vollbeendigung eintritt (wie nach h. M. beim Wegfall der Gesellschaftermehrheit; vgl. C IV 1 h).

1. Auflösung

Erste Stufe: Auflösung der OHG (§§ 131, 133 HGB). Die werbende Gesellschaft wird mit Eintritt eines Auflösungsgrundes Abwicklungsgesellschaft; OHG-Recht gilt jedoch grundsätzlich weiter (§ 156 HGB).

a) Die (allgemeinen) **gesetzlichen** Auflösungsgründe sind in § 131 I HGB n. F. erschöpfend geregelt; zusätzliche Auflösungsgründe bestimmt § 131 II HGB n. F. für die sog. beschränkt haftende OHG. **Gesellschaftsvertraglich** können weitere Auflösungsgründe vorgesehen werden.

§ 131 I HGB n. F. sieht nur noch vier Auflösungsgründe vor:

- **Zeitablauf** bei befristeter Gesellschaft;
- **Auflösungsbeschluß** aller Gesellschafter (sofern der Gesellschaftsvertrag den Mehrheitsbeschluß nicht wirksam zugelassen hat);
- **Eröffnung des Insolvenzverfahrens** (durch Eröffnungsbeschluß) über das Vermögen **der OHG**. Wird die Eröffnung mangels Masse abgelehnt (§ 26 InsO), führt das grundsätzlich nicht zur Auflösung (arg. § 131 II Nr. 1 HGB n. F.). Nach Insolvenz kann unter den Voraussetzungen des § 144 HGB die Fortsetzung der Gesellschaft beschlossen werden;
- **Gerichtliche Auflösungsentscheidung.** Dieser Grund bezieht sich auf § 133 HGB. Die **Auflösungsklage aus wichtigem Grunde** ersetzt die im Gesetz für die OHG (anders als für die BGB-G) nicht vorgesehene außerordentliche Kündigung aus wichtigem Grund (im Interesse der Klarheit der Rechtslage im Handelsverkehr). Die Auflösung folgt in diesem Fall durch Gestaltungsurteil mit Eintritt der Rechtskraft.

Im **Unterschied zur Rechtslage bei der BGB-G** (C IV 1 d, e, f) hat das HRefG 1998 aus dem Katalog des § 131 I HGB n. F. die Gründe herausgenommen, die in der Person eines Gesellschafters begründet sind und nach früherem Recht (§ 131 Nr. 4, 5, 6 HGB a. F.) auch zur Auflösung der OHG geführt haben (sofern der Gesellschaftsvertrag nichts anderes bestimmt hat):

- Der Tod eines Gesellschafters,
- die Insolvenzeröffnung über das Vermögen eines Gesellschafters,
- die Kündigung eines Gesellschafters sowie
- die Kündigung durch den Privatgläubiger eines Gesellschafters

führen jetzt (mangels abweichender vertraglicher Bestimmung) nicht mehr zur Auflösung der OHG, sondern nach § 131 III HGB n. F. nunmehr zum Ausscheiden des persönlich betroffenen Gesellschafters und der Fortsetzung der Gesellschaft unter den übrigen[62]. Mit dieser **Umwandlung** von **Auflösungs- in Ausscheidensgründe** wollte der Gesetzgeber dem Gesichtspunkt der Unternehmenskontinuität den Vorrang vor dem der Personenkontinuität geben und zugleich die gesetzliche Regelung der Rechtswirklichkeit anpassen, in der die Vertragsgestaltungspraxis durch Fortsetzungs- und Nachfolgeklauseln im Gesellschaftsvertrag die Auflösung der Gesellschaft (gemäß § 138 HGB a. F.) im Regelfall verhindert hat[63].

Erreichung oder Unmöglichwerden des Gesellschaftszweckes ist bei der OHG aus Gründen der Rechtsklarheit kein Auflösungsgrund; § 726 BGB ist durch § 131 I HGB n. F. zwingend verdrängt. Aber: Die in § 726 BGB genannten Sachverhalte werden in der Regel einen wichtigen Grund i. S. des § 133 HGB bilden.

b) Die Auflösung der OHG ist in das HReg einzutragen und bekanntzumachen (§ 143 I HGB); bis dahin kommt § 15 I HGB zur Anwendung.

2. Auseinandersetzung

Zweite Stufe: Auseinandersetzung (§§ 145 ff. HGB). Sie zielt darauf ab, die (soweit vorhanden) vermögensrechtliche Gesamthandsgemeinschaft aufzuheben, das Vermögen, soweit es nicht zur Gläubigerbefriedigung verwendet wird, unter den Gesellschaftern zu verteilen. **Erst ihr Abschluß führt zur Vollbeendigung** der aufgelösten OHG: Die Einheit »OHG« ist damit erloschen. Bis dahin können die Gesellschafter, grundsätzlich einstimmig, die Fortsetzung beschließen, im Falle der Auflösung nach § 131 I Nr. 3 gemäß § 144 HGB. Die Auseinandersetzung findet in Form eines Liquidationsverfahrens nach den weitgehend dispositiven §§ 145 ff. HGB statt, wenn keine andere Art der Auseinandersetzung (im Gesellschaftsvertrag oder ggf. in einem Auflösungsbeschluß) vorgesehen ist (oder noch nach Auflösung vereinbart wird), und nicht über das Vermögen der Gesellschaft das Insolvenzverfahren eröffnet ist, das dann das Auseinandersetzungsverfahren ersetzt (§ 145 I HGB).

Als andere Art der Auseinandersetzung kommt z. B. die Vereinbarung der Übernahme des Unternehmens mit allen Aktiven und Passiven durch einen Gesellschafter in Betracht (für deren Vollzug das Anwachsungsprinzip nach § 738 I 1 BGB gilt; vgl. C IV 2 a), aber auch Umwandlungen (Verschmelzung, Spaltung, Formwechsel), die grundsätzlich auch bei aufgelösten Personenhandelsgesellschaften als Rechtsträgern möglich sind (§§ 3 II, 124 II, 191 III UmwG), soweit dem nicht andere Vereinbarungen der Auseinandersetzung entgegenstehen (vgl. §§ 39, 125, 214 II UmwG).

62 §§ 136–138, 141, 142 HGB a. F. sind dementsprechend aufgehoben worden.
63 Vgl. Begründung RegE-HRefG, BT-Drucks. 13/8444, S. 41 f.

Eine Zerstörung des Unternehmens als Wirtschaftseinheit durch die **Liquidation** i. S. der §§ 145 ff. HGB **wird in der Praxis** wegen der damit verbundenen Wertverluste (Wegfall des good will, Zerschlagung der Unternehmenseinheit, Verluste bei der Schaffung einer teilungsfähigen Geldmasse etc.) soweit wie möglich (durch Vereinbarung einer anderen Art der Auseinandersetzung) **vermieden.** Findet sie statt, so sind gegenüber der BGB-G folgende Abweichungen zu beachten:

Die Liquidation wird durch Liquidatoren durchgeführt; »geborene« Liquidatoren sind die Gesellschafter, §§ 146–148 HGB. Die Rechtsstellung der Liquidatoren bestimmt sich nach §§ 149–153 HGB. Die Aufgabe der Liquidatoren ergibt sich aus §§ 154, 149, 155 HGB: Aufstellung von Bilanzen, Schaffung einer teilungsfähigen Masse, Verteilung des Restvermögens an die Gesellschafter nach dem Verhältnis ihrer Kapitalkonten. Nach Beendigung der Liquidation ist das Erlöschen der Firma zum HReg anzumelden (§ 157 HGB); die Eintragung wirkt aber nur deklaratorisch. Beachte auch Ernsthaler, Die Liquidation von Personengesellschaften, 1985; Hillers, Personengesellschaft und Liquidation, 1988; Karsten Schmidt, Die Handels-Personengesellschaft in Liquidation, ZHR 1989, 270.

3. Vollbeendigung

Nach Abschluß der Liquidation und **Vollbeendigung der OHG ist insbes. zu beachten:**

a) Die gesamtschuldnerische **Haftung** der Gesellschafter gemäß § 128 HGB für nicht erfüllte Gesellschaftsverbindlichkeiten **bleibt bestehen.** Das bestätigt § 159 I HGB n. F.[64], wo bestimmt wird, daß ein Gesellschafter spätestens fünf Jahre nach der Eintragung der Auflösung (nicht der Vollbeendigung) in das HReg (§ 159 II HGB) oder ab einer nach dieser Eintragung eintretenden Fälligkeit der Verbindlichkeit (§ 159 III HGB) die Einrede der Verjährung erheben kann.

b) Zwischen den Gesellschaftern findet ein **(internes) Ausgleichsverfahren** statt, wenn aufgrund der Schlußbilanz (im Liquidationsverfahren) ein oder mehrere Gesellschafter ein negatives Kapitalkonto aufweisen.

Beispiel: Gesellschaftsvermögen DM 40 000,–, Kapitalanteil von A und B je DM 30 000,–, von C minus DM 20 000,–. In der Schlußbilanz erhielten A und B je DM 20 000,–. Den Rest, d. h. je DM 10 000,– , können A und B von C verlangen. Anspruchsgrundlage: § 735 BGB, § 105 III HGB.

64 § 159 HGB n. F. beruht auf der Änderung durch das NachhBG vom 18. 3. 1994 (vgl. oben FN 38). Die Bestimmung gilt (anders als § 159 HGB a. F.) nicht mehr für die Nachhaftung ausgeschiedener Gesellschafter, die jetzt in § 160 HGB n. F. geregelt ist. § 160 HGB a. F. ist als neuer Abs. 4 in § 159 HGB n. F. übernommen worden.

V. Die fehlerhafte Personengesellschaft (zugleich Abgrenzung zur Scheingesellschaft)

Literatur: *Erman*, Personalgesellschaften auf mangelhafter Vertragsgrundlage, 1947; *Goette*, Fehlerhafte Personengesellschaftsverträge in der jüngeren Rechtsprechung des Bundesgerichtshofs, DStR 1996, 266; *A. Hueck*, OHG, § 7; *Möschel*, Das Außenverhältnis der fehlerhaften Gesellschaft, FS f. Hefermehl, 1976, S. 171; *Pörnig*, Die Lehre von der fehlerhaften Gesellschaft – ein Personen- und Kapitalgesellschaftsrecht verbindendes Konzept, 1999; *Ronke*, Der fehlerhafte Beitritt zu einer Gesellschaft und die fehlerhafte Gesellschaft nach der Rechtsprechung des Reichsgerichts, FS f. Laufke, 1971, S. 217; *ders.*, Die Rechtsprechung des BGH zur fehlerhaften Gesellschaft, FS. f. Paulick, 1973, S. 55; *Karsten Schmidt*, »Fehlerhafte Gesellschaft« und allgemeines Verbandsrecht, AcP 1986, 421; *ders.*, Fehlerhafte Anteilsübertragung, BB 1988, 1053; MünchKomm/*Ulmer*, § 705 Anm. 253 ff.; *Soergel/Hadding*, § 705 Anm. 70 ff.; *Ulmer*, GroßKomm. HGB, § 105 Anm. 327 ff.; *Westermann*, Rdz. 750–786; *Wiese*, Die Scheinhandelsgesellschaft und die fehlerhafte Gesellschaft nach Neufassung des § 15 HGB, 1978; *Wiesner*, Die Lehre von der fehlerhaften Gesellschaft, 1980.

Der Gesellschaftsvertrag von (allen) Personengesellschaften wie auch die einzelnen Willenserklärungen der Gründer können an Mängeln (»Fehlern«) leiden, die nach allgemeinem bürgerlichem Recht **Nichtigkeit** (z. B. fehlende Geschäftsfähigkeit, Scheingeschäft, Formmängel, Dissens, §§ 134, 138, 306 BGB) oder **Anfechtbarkeit** (wegen Irrtums, Täuschung, Drohung) des **ganzen** Vertrages (ggf. über § 139 BGB) zur Folge haben: »Fehlerhafte Gesellschaft«. Eine wichtige (examensrelevante) gesellschaftsrechtliche **Besonderheit** besteht dann darin, **die Folgen rückwirkender** (ex tunc) **Nichtigkeit** (für die Anfechtung vgl. § 142 I BGB) **nicht in vollem Umfang eintreten zu lassen** (Lehre von der Beschränkung der Nichtigkeitsfolgen)[65]. Es greifen die in Lit. und Rspr. (rechtsfortbildend) entwickelten Regeln über die »fehlerhafte (faktische) Gesellschaft« ein. Dabei gilt (hier exemplarisch für OHG, KG und BGB-G herausgestellt), wenn auch vieles umstritten ist, folgendes:

1. Voraussetzungen für das Eingreifen der Rechtsfolgen bei fehlerhafter Gesellschaft

a) **Es muß überhaupt ein Gesellschaftsvertrag vorliegen,** der nach allgemeinen Regeln (im ganzen) nichtig oder anfechtbar ist (so auch BGH, WM 1976, 180). Grundlegende Voraussetzung ist also das Vorliegen von auf den Abschluß eines Gesellschaftsvertrages gerichteten (wenn auch fehlerhaften) Willenserklärungen zwischen den Beteiligten (BGH, ZIP 1992, 247). Bei *rein faktischer* Betätigung von »Gesellschaftern«, die nicht auf einem fehlerhaften (evtl. nur stillschweigenden) Vertragsschluß basiert, handelt es sich nie

65 Andere berufen sich zur dogmatischen Begründung der Lehre von der fehlerhaften Gesellschaft auf die »Doppelnatur der Gesellschaft als Schuldverhältnis und Organisation«. Danach soll die Überlagerung des Schuldverhältnisses durch die gesellschaftsrechtliche Organisation dafür maßgeblich sein, daß nur eine Auflösung ex nunc in Betracht komme; Vgl. m. w. N. *Ulmer*, GroßKomm. HGB, § 105 Anm. 337 f.; *Pörnig* a. a. O.

um eine fehlerhafte Gesellschaft: In diesen Fällen können nur Rechtsscheingrundsätze eingreifen.

Die früher vertretene Lehre von der rein faktischen Gesellschaft (Haupt, Faktische Vertragsverhältnisse, 1941; S. Simitis, Die faktischen Vertragsverhältnisse, 1957) ist heute überwunden. Um dies terminologisch zum Ausdruck zu bringen, spricht man jetzt überwiegend von der »fehlerhaften Gesellschaft«.

b) **Die Gesellschaft muß in Vollzug gesetzt sein.** Eine Beschränkung der Nichtigkeits- und Anfechtungsfolgen folgt aus einem doppelten Bedürfnis: Vertrauensschutz Dritter, die mit der Gesellschaft in Rechtsbeziehungen getreten sind (Außenverhältnis); Fehlen geeigneter Bestimmungen, ein fehlerhaftes Gesellschaftsverhältnis, in dem Beiträge erbracht, Werte geschaffen, Gewinnchancen genutzt sind, gemeinschaftliches Risiko getragen wird, im Innenverhältnis abzuwickeln, weil insbes. das Bereicherungsrecht nicht auf eine gerechte Verteilung gemeinsam erarbeiteter Vermögenswerte zugeschnitten ist[66]. Beide Gesichtspunkte werden aber erst relevant, wenn die Gesellschaft in Vollzug gesetzt ist; bis dahin bleibt es bei der ex-tunc-Nichtigkeit. **Wann** ist eine fehlerhafte Gesellschaft **in Vollzug gesetzt?** Unstr. durch Aufnahme von Rechtsbeziehungen zu Dritten. Fehlt es daran, so wird im Innenverhältnis überwiegend darauf abgestellt, ob ein Gesellschaftsvermögen entstanden ist[67]. Folgerichtiger erscheint, darauf abzustellen, ob bereits eine Situation entstanden ist, die bei rückwirkender Nichtigkeit erhebliche Schwierigkeiten der Rückabwicklung aufwirft[68]. Dazu gehört mehr als Erfüllung der Einlagepflichten, solange die Einlagen noch in Natur vorhanden sind (a. A. BGHZ 13, 321); nach ganz h. M. reicht auch die Eintragung der OHG (oder KG) im HReg nicht aus[69]. Abgrenzungsformel nach BGH (vgl. ZIP 1992, 247, 249): Wenn Rechtstatsachen geschaffen worden sind, an denen die Rechtsordnung nicht vorbeigehen kann.

c) **Die Mängel dürfen nicht so schwerwiegend sein, daß ihre Nichtbeachtung mit gewichtigen Interessen** der Allgemeinheit oder einzelner schutzwürdiger Personen **in Widerspruch treten würde** (st. Rspr.; grundlegend: BGHZ 3, 285, 288; 55, 5, 8). Diese Formel ist ausfüllungsbedürftig und bereitet der Rechtsanwendung Schwierigkeiten. Gegen diese Grenzen der Anerkennung fehlerhafter Gesellschaften sind, namentlich im Hinblick auf Konsequenzen, die das OLG Hamm (NJW-RR 1986, 1487) beim Verstoß des Gesellschaftsvertrages (eines sog. kooperativen Gemeinschaftsunternehmens) gegen das Kartellverbot (§ 1 GWB), das dem Schutz der Allgemeinheit vor Beschränkungen des Wettbewerbs diene, gezogen hat, berechtigte Be-

---

66 Ganz h. M.; abweichend *Rödig*, Bereicherung ohne Rechtfertigung durch Gesellschaftsvertrag, 1972; *H. J. Weber*, Zur Lehre von der fehlerhaften Gesellschaft, 1978.

67 BGHZ 13, 321; *Ulmer*, GroßKomm. HGB, § 105 Anm. 343; *Westermann*, Rdz. 765.

68 *Erman*, a. a. O., S. 58; *Westermann*, Rdz. 765; *Reinhardt/Schultz*, Rdz. 251; a. A. *Hueck*, OHG, § 7 III 6, der diese Abgrenzung als zu unbestimmt ablehnt.

69 A. A. *Hueck*, OHG, § 7 III 6.

denken erhoben worden[70]. Auf der Basis der BGH-Rspr. sind folgende Fallgestaltungen, bei denen die Rechtsfolgen fehlerhafter Gesellschaften nicht eingreifen, besonders zu beachten:

(1) Der **Gesellschaftsvertrag** ist **nur zum Schein abgeschlossen** (§ 117 BGB). Hier besteht kein Grund, den Beteiligten die Regeln der fehlerhaften Gesellschaft gegen ihren erklärten Willen aufzuzwingen (BGH, NJW 1953, 1220; BGHZ 11, 190).

(2) Der verfolgte **Gesellschaftszweck selbst** (nicht etwa nur einzelne Vertragsklauseln, die nur gemäß § 139 BGB zur Nichtigkeit des gesamten Vertrages führen; dazu BGH, WM 1976, 1027) **verstößt gegen ein gesetzliches Verbot** (§ 134 BGB), z. B. gegen § 1 RBeratG (BGHZ 62, 234) oder **ist sittenwidrig** (§ 138 I BGB); vgl. BGH, NJW 1970, 1540; WM 1974, 1151. Schulbeispiel: gewerbsmäßiger Schmuggel.

(3) Als **schutzwürdige einzelne Personen** kommen nicht voll Geschäftsfähige, insbes. Minderjährige in Betracht (wenn die Zustimmung des gesetzlichen Vertreters und/oder die Genehmigung des Vormundschaftsgerichtes fehlt, §§ 1643, 1822 Nr. 3 BGB). Nach BGHZ 17, 160, 166 ff. sind Minderjährige nicht in eine fehlerhafte Gesellschaft einzubeziehen; nur zwischen den übrigen Gesellschaftern (also nur bei mehrgliedriger Gesellschaft) sollen die Regeln über die fehlerhafte Gesellschaft zur Anwendung kommen[71]. Richtig erscheint hier, den Minderjährigenschutz durch Bestimmungen der Rechtsfolgen im Einzelfall sicherzustellen, statt den Minderjährigen von vornherein von der fehlerhaften Gesellschaft auszunehmen, zumal die Einwilligung des gesetzlichen Vertreters oder die Genehmigung des Vormundschaftsgerichts bei schwebend unwirksamer Beteiligung auch noch nachträglich erteilt werden kann und dann den Beitrittsmangel rückwirkend (§ 184 BGB) heilt[72].

(4) Als schutzwürdige einzelne Personen sind dagegen **nicht** anerkannt: arglistig getäuschte oder durch rechtswidrige Drohung (§ 123 BGB) zum Vertragsschluß bestimmte (vgl. BGHZ 26, 330, 335; 63, 338, 344) oder sittenwidrig übervorteilte Personen (BGH, BB 1975, 758).

2. Rechtsfolgen fehlerhafter Gesellschaften

Anfechtungs- und Nichtigkeitsgründe können nicht mehr mit rückwirkender Kraft (ex-tunc) geltend gemacht werden (vgl. RGZ 165, 193, 201 ff.; BGHZ 3,

70 Vgl. *Karsten Schmidt*, AcP 1986, 421, 446 ff.; *ders.*, Gesellschaftsrecht, § 6 III 3; *Schwintowski*, NJW 1988, 937.

71 Vgl. BGH, NJW 1983, 748; ebenso MünchKomm/*Ulmer*, § 705 Anm. 255 ff.; *Soergel/Hadding*, § 705 Anm. 82.

72 Vgl. *Westermann*, Rdz. 778; *Reinhardt/Schultz*, Rdz. 248; *Hueck*, OHG, § 7 III 4 c; *Karsten Schmidt*, JuS 1990, 517, 521.

285, 287 ff.; 11, 190 f.). Bis zur Geltendmachung dieser Gründe ist die Gesellschaft im Innen- und Außenverhältnis grundsätzlich wie eine vollwirksame zu behandeln. **Die Gesellschaft ist nicht nichtig, sondern nur mit Wirkung für die Zukunft vernichtbar.**

a) **Im Außenverhältnis** gelten alle für den entsprechenden Gesellschaftstyp anwendbaren Bestimmungen, bei der OHG insbes. §§ 124 ff. HGB, so als bestünde eine vollwirksame Gesellschaft (ohne daß es auf den guten Glauben Dritter [wie beim Eingreifen von Rechtsscheingrundsätzen] ankäme). Voraussetzung ist jedoch, daß die OHG (KG) nach § 123 HGB wirksam geworden ist. Denn die Regeln über die fehlerhafte Gesellschaft suspendieren § 123 HGB nicht. Bei einem Gewerbe, das unter §§ 3 II, 105 II HGB fällt, sowie bei Gesellschaften, die nur eigenes Vermögen verwalten (§ 105 II HGB), ist HReg-Eintragung erforderlich; andernfalls können im Außenverhältnis nur die Grundsätze über die Scheingesellschaft eingreifen (vgl. dazu unten 4).

b) **Im Innenverhältnis** ist grundsätzlich nach den gesellschaftsrechtlichen und gesellschaftsvertraglichen Regeln zu verfahren (Beitragspflicht, Treuepflicht, Recht und Pflicht zur Geschäftsführung, Gewinn- und Verlustbeteiligung). Die ältere Lehre, die die Regeln der »faktischen Gesellschaft« auf das Außenverhältnis beschränken wollte, ist heute überholt (BGHZ 55, 5, 8; 63, 338, 344).

c) Nach h. M. ist die fehlerhafte Gesellschaft jedoch **nicht in jeder Beziehung wie eine fehlerfreie zu behandeln.** Immer ist zu prüfen, ob die Beschränkung der Nichtigkeitsfolgen im Hinblick auf die an ihre Stelle tretende gesellschaftliche Rechtsfolge gerechtfertigt ist. Entgegenstehende überwiegende Interessen sind zu beachten, insbes.:

aa) Die **fehlerhafte Absprache** selbst hat außer Betracht zu bleiben (die Rechtsordnung kann diese nicht billigen),

z. B. erfolgt die Gewinnverteilung nicht nach einer sittenwidrigen Gewinnverteilungsabrede; an ihre Stelle muß eine angemessene (nicht unbedingt die gesetzliche) Regelung treten (BGHZ 47, 293, 301). Das gilt etwa auch bei einem wegen Verstoßes gegen § 313 BGB fehlerhaften Gesellschaftsvertrag: Hier kann die Rechtsfolge nicht darin bestehen, daß der Gesellschafter gleichwohl zur Auflassung des Grundstücks verpflichtet ist (vgl. BGH, WM 1976, 1027; Ulmer, GroßKomm. HGB, § 105 Anm. 360; Hueck, OHG, § 7 III 2 a).

bb) Der **Schutz nicht voll geschäftsfähiger Personen geht stets vor,**

d. h. insbes., daß diese Personen keine gesellschaftsrechtlichen Pflichten tragen. So entfällt die Beitragspflicht, bereits geleistete Einlagen können herausverlangt werden (§ 985 BGB) oder geben einen Bereicherungsanspruch. Geschäftsführungs- und Treuepflichten bestehen nicht, am Verlust sind sie nicht zu beteiligen (str.). Die Haftungsregelung (§ 128 HGB) kann nicht zu Lasten dieser Personen eingreifen (BGHZ 17, 160, 167). Dagegen nehmen sie etwa an der Gewinnverteilung nach gesellschaftsrechtlichen Bestimmungen teil (str.).

cc) Bei Fehlerhaftigkeit des Gesellschaftsvertrages infolge arglistiger **Täuschung oder** widerrechtlicher **Drohung** ist zu vermeiden, daß dem vorwerfbar Handelnden Vorteile erwachsen,

z. B. keine Beitragspflicht des Getäuschten, wenn diese allein dem Täuschenden zugute kommen würde; dagegen Beitragspflicht, soweit sie zur Befriedigung Dritter erforderlich ist (BGHZ 26, 330, 335).

d) Die **Fehlerhaftigkeit** des Gesellschaftsvertrages ist nur in der Weise **geltend zu machen, wie** ein zur Auflösung führender **wichtiger Grund** bei der vollwirksamen Gesellschaft. Bei der BGB-G kommt also nur eine Kündigung entsprechend § 723 BGB, bei OHG und KG nur[73] eine Auflösungsklage analog §§ 133, 161 II HGB in Betracht. Zur Kündigung bzw. Auflösungsklage genügt jeder Nichtigkeits- und Anfechtungsgrund (wobei §§ 121, 124 BGB zu beachten sind); **nicht erforderlich** ist, daß der jeweilige Grund als »wichtiger Grund« i. S. der §§ 723 BGB, 133 HGB anzusehen ist[74]. Ausnahmsweise kann der Geltendmachung von Anfechtungs- und Nichtigkeitsgründen mit dem Arglisteinwand (§ 242 BGB) begegnet werden, wenn ein Grund infolge Zeitablaufs oder veränderter Verhältnisse jede Relevanz verloren hat, z. B. bei jahrelanger Teilnahme an der Gesellschaft trotz Kenntnis eines Nichtigkeitsgrundes. Der Auflösungsgrund entfällt mit Heilung des Mangels, z. B. Bestätigung gemäß §§ 141, 144 BGB.

e) Mit Kündigung bzw. erfolgreicher Auflösungsklage tritt die Gesellschaft in das Stadium der Auseinandersetzung. Die Abwicklung richtet sich nach den auch hier dispositiven Regeln der jeweiligen Gesellschaftsform (§§ 730 ff. BGB, §§ 145 ff. HGB).

3. Fehlerhafte Vertragsänderungen

Die Grundsätze über die fehlerhafte Personengesellschaft betreffen zunächst die Gründung (den Gründungsvertrag) der Außengesellschaft, aber auch der bloßen Innengesellschaft (BGH, NJW-RR 1991, 613; str.). Die Grundsätze finden aber auch entsprechende Anwendung bei **fehlerhaftem**

73 Bei OHG und KG ist eine Auflösungsklage nicht erforderlich, wenn der Gesellschaftsvertrag statt der Klage (mit § 133 III HGB vereinbar!) die Kündigung aus wichtigem Grunde zuläßt (BGH, WM 1974, 318) und (wie man nach der Änderung des § 131 HGB durch das HRefG hinzufügen muß) die Kündigung nach dem Gesellschaftsvertrag in Abweichung von § 131 III HGB n. F. zur Auflösung der Gesellschaft (nicht nur zum Ausscheiden des Kündigenden) führt. Fehlen solche Vereinbarungen, dann ist doch in Übereinstimmung mit der bisherigen Rspr. des BGH (BB 1973, 1090) zuzulassen, daß ein Gesellschafter, der fehlerhaft (durch arglistige Täuschung veranlaßt) in die Gesellschaft eingetreten ist (»fehlerhafter Beitritt«), seine Mitgliedschaft fristlos kündigt und damit (in Übereinstimmung mit der Wertung in § 131 III HGB n. F.) ausscheidet. (Vgl. zur sog. Publikums-KG unten E V 3 h). Dann ist bei »Anfechtung« des Beitritts gemäß § 123 BGB an Umdeutung (§ 140 BGB) in fristlose Kündigung zu denken! Statt der Auflösungsklage kann auch eine Ausschlußklage (§ 140 HGB) in Betracht kommen. Dann wird man aber verlangen müssen, daß der Nichtigkeits- oder Anfechtungsgrund zugleich ein wichtiger Grund i. S. dieser Bestimmungen ist (z. B. Bestimmung zum Vertragsschluß durch arglistige Täuschung).

74 So h. M. seit BGHZ 3, 285, 291 f.; *Hueck*, OHG, § 7 III 1 B; *Westermann*, Rdz. 785.

Beitritt eines Gesellschafters in eine bereits bestehende Personengesellschaft[75], beim fehlerhaften **»Eintritt«** in das Geschäft eines Einzelkaufmanns[76], bei **fehlerhaftem Ausscheiden**[77] und bei sonstiger **fehlerhafter Änderung** des Gesellschaftsvertrages, sofern die Folgen der vollzogenen Änderung rückwirkend schwer zu beseitigen wären[78].

Nach BGH (WM 1988, 418) finden die Grundsätze über die fehlerhafte Gesellschaft auch auf die **fehlerhafte Übertragung der Gesellschafterstellung** (= Mitgliedschaft, Gesellschaftsanteil) Anwendung, soweit diese durch Vereinbarung zwischen Ausscheidendem und Eintretendem unter Zustimmung der übrigen Gesellschafter erfolgt[79].

4. Abgrenzung zur Scheingesellschaft bzw. Scheingesellschafter

Die Grundsätze über die fehlerhafte Gesellschaft sind mit den **Rechtsscheingrundsätzen des Handelsrechts** nicht zu verwechseln, da der Rechtsscheingedanke für die Beschränkung der Nichtigkeitsfolgen bei fehlerhafter Gesellschaft nach h. M. (wie gesehen) nicht entscheidend ist. Zu den in diesem Zusammenhang relevanten handelsrechtlichen Rechtsscheingrundsätzen gehört vor allem die Lehre von der Scheinhandelsgesellschaft bzw. vom Scheingesellschafter.

a) Gerade dann, wenn keine fehlerhafte Gesellschaft besteht oder wenn die Grundsätze über diese nicht helfen, weil eine Gesellschaft, die unter § 3 II oder § 105 II HGB n. F. fällt, nicht in das Handelsregister eingetragen und deshalb nicht nach §§ 123 II, 161 II HGB als OHG oder KG nach außen wirksam geworden ist (vgl. oben 2 a), kann die **gewohnheitsrechtlich** anerkannte **Lehre von der Scheinhandelsgesellschaft** (Veranlassung des Rechtsscheines einer in Wahrheit nicht oder nicht so [Beispiel: Rechtsschein einer dem gesetzlichen Leitbild entsprechenden KG, obwohl eine GmbH & Co. KG gegeben ist] vorhandenen Handelsgesellschaft) **bzw. vom Scheingesellschafter** (Veranlassung des Rechtsscheines als persönlich – beschränkt oder unbeschränkt – haftender Gesellschafter an einer Personenhandelsgesellschaft beteiligt zu sein) eingreifen. Dabei werden die Tatbestände der Scheingesellschaft und des Scheingesellschafters vielfach zusammenfallen, müssen dies aber nicht.

---

75 BGHZ 44, 235; BGH, WM 1977, 783; 1988, 414, hier auch für den Fall, daß ein Teil der Gesellschafter am Aufnahmevertrag nicht mitgewirkt hat, dies aber in Unkenntnis der Handelnden; zuletzt etwa BGH, WM 1992, 490 bei verstecktem Dissens.

76 BGH, NJW 1972, 1466; krit. *Honsell/Harrer*, ZIP 1983, 259.

77 BGH, BB 1975, 758; *Ulmer*, GroßKomm. HGB, § 105 Anm. 373 ff.

78 *Westermann*, Rdz. 757; *Reinhardt/Schultz*, Rdz. 233 ff.; *Ulmer*, GroßKomm. HGB, § 105 Anm. 364 ff.; einschränkend auch BGHZ 62, 20; vgl. auch BGH, ZIP 1992, 247 (249). Beachte auch *Noack*, Fehlerhafte Beschlüsse in Gesellschaften und Vereinen, 1989.

79 Ebenso *Soergel/Hadding*, § 719 Anm. 15; diff. MünchKomm/*Ulmer*, § 705 Anm. 290; abl. *Karsten Schmidt*, BB 1988, 1053; möglicherweise rückt der BGH von dieser Rspr. ab (vgl. BGH, NJW 1990, 1915); Fallbeispiel bei *Müller-Laube*, JuS 1985, 885.

Beispiel: Der Geschäftsführer der Komplementär-GmbH, der selbst nicht Gesellschafter der GmbH & Co. KG ist, führt eine KG-Firma, die keinen Hinweis auf die beschränkte Haftung der KG enthält; vgl. dazu unten E III 1.

Beide Tatbestände sind spezifische Ausprägungen des handelsrechtlichen (auf Staubs Lehre vom Scheinkaufmann zurückgehenden) Rechtsscheingrundsatzes[80], bei dem (wie auch sonst bei Rechtssätzen) zwischen Voraussetzungen und Rechtsfolgen zu unterscheiden ist.

aa) **Voraussetzungen**

- **Veranlassung** (setzen, aufrechterhalten, dulden) **des Rechtsscheins** einer Personenhandelsgesellschaft bzw. persönlich haftender Gesellschafter einer solchen zu sein. Ein solcher Rechtsschein wird namentlich durch das Auftreten als OHG oder KG (Auftreten unter gemeinschaftlicher Firma mit Gesellschaftszusatz, auch in allgemein verständlicher Abkürzung, genügt; vgl. § 19 I Nr. 2, 3 HGB n. F.) im Rechtsverkehr, auch im Prozeß (BGH, NJW 1980, 784) gesetzt, z. B. durch die Verwendung von Briefbogen, Zeitungsanzeigen.
- Die Veranlassung des Rechtsscheins muß **zurechenbar** sein. Das ist nicht der Fall bei nicht voll Geschäftsfähigen (insbes. Minderjährigen) und Personen, in deren Namen andere ohne Vertretungsmacht, Zustimmung oder zumindest Duldung gehandelt haben.
- **Schutzwürdigkeit des Dritten.** Dies setzt zum einen Gutgläubigkeit des Dritten voraus; diese fehlt bei positiver Kenntnis und grobfahrlässiger Unkenntnis (Maßstab entsprechend § 932 II BGB). Zum anderen ist erforderlich, daß der Dritte im Vertrauen auf den Rechtsschein irgendwelche Vermögensdispositionen getroffen hat; dabei dürfen die Anforderungen an Vertrauen und Kausalität aber nicht überspannt werden (BGHZ 22, 234, 238).

bb) **Rechtsfolge**

Die »Scheingesellschaft« ist im Gegensatz zur fehlerhaften Gesellschaft weder im Innen- noch im Außenverhältnis wirkliche Gesellschaft; sie ist nur »Schein«, kann z. B. weder klagen noch (str.) verklagt werden. Lediglich die Scheinveranlasser müssen sich wie die Scheingesellschafter vom gutgläubigen Dritten am gesetzten Rechtsschein festhalten lassen. So haften Scheingesellschafter für Verbindlichkeiten der Schein-OHG entsprechend § 128 HGB; zur Haftung von »Kommanditisten« einer Schein-KG folgendes

Beispiel: Eine »KG«, deren Gewerbebetrieb nicht schon nach § 1 II HGB n. F. Handelsgewerbe ist (Kleingewerbe gemäß § 105 II HGB n. F. i. V.m. § 161 II HGB), deren Firma aber nicht in das HReg eingetragen ist, akzeptierte durch ihren einzigen »Komplementär« unter der Firma der »KG« Wechsel, die bei Verfall nicht eingelöst wurden und zu Protest gingen. Kann der Wechselinhaber die »Kommanditisten«, die ihre Einlage noch nicht geleistet ha-

80 Vgl. *Hofmann*, Handelsrecht, B IV 2; *Karsten Schmidt*, Handelsrecht, § 10 VIII; *Nickel*, Der Scheinkaufmann, JA 1980, 566; *Limbach*, Die Lehre vom Scheinkaufmann, ZHR 134 (1970), 289; *Canaris*, Vertrauenshaftung im deutschen Privatrecht, 1971.

ben, analog § 171 I HGB persönlich in Anspruch nehmen? Zur Lösung (nach alter Rechtslage bei einem sollkaufmännischen Gewerbe nach § 2 HGB a. F., dem heute das Kleingewerbe nach § 105 II HGB gleichsteht) vgl. BGHZ 61, 59 (und dazu Karsten Schmidt, JZ 1974, 219; Teichmann/Schick, JuS 1975, 18; Beyerle, BB 1975, 944; Kollhosser, ZGR 1976, 231) sowie unten E VI 3 b.

b) Die Lehre von der Scheinhandelsgesellschaft bzw. vom Scheingesellschafter ist aber insoweit als **verdrängt** anzusehen, als die **speziellen Gewohnheitsrechtssätze zur Wirkung unrichtiger Handelsregistereintragungen** eingreifen. Diese Gewohnheitsrechtssätze haben Lehre und Rechtsprechung zum Schutze derjenigen entwickelt, die im Rechtsverkehr im Vertrauen auf eine unrichtige Eintragung (als Rechtsscheintatbestand) in das Handelsregister gehandelt haben. Danach muß sich derjenige von einem Dritten an der unrichtigen Eintragung festhalten lassen (Rechtsfolge), der

- eine ihn betreffende **Falscheintragung** (insbes. durch unrichtige Anmeldung) in das Handelsregister **veranlaßt** hat *oder*
- die **Beseitigung einer Falscheintragung schuldhaft (!) nicht betrieben** hat, z. B. durch Verzicht auf Rechtsmittel oder Unterlassung der Anregung der Amtslöschung,
- und **der Dritte in berechtigtem Vertrauen auf die Handelsregistereintragung gehandelt** hat. Das erfordert positiv Einsicht in das Handelsregister und Kausalität der Falscheintragung für die Entschließung des Dritten. Dieser muß ferner gutgläubig sein. Dabei schadet nach einem Urteil des BGH (JZ 1971, 334 f.) bereits (einfache) fahrlässige Unkenntnis von der Unrichtigkeit der Eintragung (beachte die Diskrepanz zu den Anforderungen an die Scheingesellschaft bzw. Scheingesellschafter!).

Beispiel (in Abwandlung der unzutreffend begründeten Entscheidung RGZ 125, 228): Eine im Handelsregister eingetragene OHG ist Eigentümerin eines Grundstücks. Die OHG hat vier Gesellschafter. Diese sind nicht im Handelsregister eingetragen. Dort sind vielmehr S und T verzeichnet, die aber in Wahrheit nicht Gesellschafter sind, weil ihr Eintritt in die Gesellschaft als Scheingeschäft nichtig war. Eine Bekanntmachung von S und T ist nicht erfolgt. S hat namens der OHG der Bank X, die das Handelsregister eingesehen hat, eine Hypothek bestellt. Danach ist die OHG in Konkurs gefallen. Aus der Konkursmasse hat K das Grundstück erworben. Er verlangt nun von X Einwilligung in die Löschung der Hypothek.

Lösung: K kann von X sog. Grundbuchberichtigung nach § 894 BGB verlangen, wenn das Grundbuch unrichtig ist, weil die Hypothek mangels wirksamer Einigung in Wirklichkeit nicht besteht. Das hängt davon ab, ob S die OHG bei der Einigung über die Hypothekenbestellung wirksam vertreten hat. Nach § 125 I HGB hatte S keine Vertretungsmacht, da er in Wahrheit nicht Gesellschafter war (und auch die Grundsätze über die fehlerhafte Gesellschaft nicht eingreifen, weil der Aufnahmevertrag nur zum Schein abgeschlossen ist; (vgl. oben 1 c [1]). Die OHG muß sich jedoch an der unrichtigen Eintragung im Handelsregister festhalten lassen, weil sie durch unrichtige Anmeldung die unrichtige Eintragung des S als Gesellschafter veranlaßt hat, und X tatsächlich auf die Eintragung im Handelsregister vertraut hat und seine Unkenntnis über die wahre Rechtslage auch nicht auf Fahrlässigkeit beruht. S hat also die Hypothek wirksam bestellt; kein Anspruch des K aus § 894 BGB.

c) Die ausschließlich an die unrichtige Handelsregistereintragung anknüpfenden Gewohnheitsrechtssätze finden ihrerseits keine Anwendung im **Anwendungsbereich des § 15 III HGB.** Die Anforderungen dieser Bestimmung für den Verkehrsschutz bei unrichtiger Bekanntmachung sind schwächer als die der Gewohnheitsrechtssätze bei Eintragung, so daß **§ 15 III HGB als speziellere Regelung** vorgeht, wenn Eintragung und Bekanntmachung gleichermaßen unrichtig sind. Nach § 15 III HGB müssen sich insbes. diejenigen, deren Gesellschafterstellung in einer OHG oder KG auf eigene Antragstellung hin zu Unrecht bekanntgemacht wurde, an dieser Bekanntmachung festhalten lassen, weil die Gesellschafterstellung eine »einzutragende Tatsache« i. S. dieser Bestimmung ist, da sie eintragungspflichtig wäre, wenn sie in Wirklichkeit gegeben wäre (§§ 106 II, 162 I HGB). Im Außenverhältnis gilt die unrichtige Bekanntmachung insbes. bezüglich der Vertretung der Gesellschaft und der Haftung der bekanntgemachten Gesellschafter (Anspruchsgrundlage gegen diese: § 128 i. V. m. § 15 III HGB), es sei denn, daß der Dritte die Unrichtigkeit kannte. § 15 III HGB hat insbesondere Bedeutung, wenn ein Gesellschaftsvertrag völlig fehlt oder der Gesellschaftszweck etwa gesetzes- oder sittenwidrig ist (und deshalb keine fehlerhafte Gesellschaft vorliegt) oder wenn jemand als Gesellschafter einer wirklich bestehenden OHG oder KG bekanntgemacht wird, ohne es (auch nur fehlerhaft) zu sein.

Merke: Ohne daß es insoweit auf die Frage der streitigen Interpretation des § 15 III HGB als Veranlassungs- oder reiner Rechtsscheintatbestand ankommt, geht § 15 III HGB immer den Gewohnheitsrechtssätzen zur unrichtigen Handelsregistereintragung vor. Diese Gewohnheitsrechtssätze gehen ihrerseits als speziellere Regelungen der Lehre von der Scheingesellschaft bzw. Scheingesellschafter vor.

Literatur: Zur Bedeutung von Handelsregistereintragung und Handelsregisterbekanntmachung im Gesellschaftsrecht, namentlich zu § 15 HGB und den Gewohnheitsrechtssätzen, vgl. *Kreutz*, Jura 1982, 626 ff.; *Hofmann*, JA 1980, 264; *Karsten Schmidt*, Handelsrecht, § 14.

d) Keinen Rechtsscheintatbestand enthält **§ 5 HGB.** Nach dieser Bestimmung **ist** eine als OHG (oder KG) ins HReg eingetragene Gesellschaft, sofern sie ein Gewerbe betreibt, OHG (oder KG)[81], selbst wenn sie kein »Handelsgewerbe« betreibt. Ob § 5 HGB insoweit überhaupt noch praktische Bedeutung hat, ist allerdings zweifelhaft. Nachdem nämlich das HRefG auch kleingewerblich tätigen Gesellschaften den Zugang zu OHG und KG eröffnet hat (§ 105 II n. F., 161 II HGB), stehen sie berechtigterweise im HReg und sind auch wirklich OHG (bzw. KG), wenn ihre Firma eingetragen ist. Da im übrigen jedes Gewerbe »Handelsgewerbe« ist (§ 1 II HGB n. F.), verbleibt § 5 HGB nur Bedeutung, wenn eine Gesellschaft, die ein land- oder forstwirtschaftliches Unternehmen betreibt, zu Unrecht im HReg steht. Nach §§ 3 II, 2 HGB ist das der Fall, wenn ihr Betrieb schon bei der Eintragung keine kaufmännische Einrichtung erfordert hat oder danach zum Klein »gewerbe« geschrumpft ist. Auch insoweit setzt die Anwendung des § 5 HGB aber voraus, daß der Betrieb »Gewerbe« ist oder jedenfalls als solches gilt; dies ist im Hinblick auf § 3 II HGB konsequenterweise zu bejahen.

81 Vgl. *Karsten Schmidt*, Handelsrecht, § 10 III.

VI. Gesellschafterwechsel bei der OHG

Gegenüber der Regelung des Gesellschafterwechsels bei der BGB-G (C V) hat das HRefG 1998 die Besonderheiten des OHG- (und KG-)Rechts dadurch erheblich ausgebaut, daß dem Prinzip der Unternehmenskontinuität der Vorrang eingeräumt wurde vor dem Prinzip der Personenkontinuität. Dadurch soll den wirtschaftlichen Interessen der Gesellschafter und der Gesellschaftsgläubiger an der Fortführung der Gesellschaft Rechnung getragen werden.

1. Ausscheiden eines Gesellschafters

Der gesetzlichen Regelung hat das HRefG 1998 eine neue Konzeption zugrundegelegt: Gesellschafterbezogene Gründe, die früher zur Auflösung der OHG führten (vgl. § 131 Nr. 4, 5, teilweise 6 HGB a. F.), sind jetzt umgewandelt nach der Regel: »Fortführung der Gesellschaft und Ausscheiden des Gesellschafters« (§ 131 III 1 Nr. 1–4 HGB n. F.).[82] Diese Gründe führen jedoch nur dann zum Ausscheiden, wenn im Gesellschaftsvertrag nichts Abweichendes bestimmt ist; insbesondere kann auch bestimmt werden, daß der Eintritt des betreffenden Ereignisses die Gesellschaft auflöst. Es ist Aufgabe der Kautelarpraxis, den Interessen und Wünschen der Gesellschafter durch angemessene, ggf. differenzierende Vertragsgestaltung Rechnung zu tragen. Der Gesellschaftsvertrag kann auch weitere Ausscheidensgründe vorsehen (§ 131 III 1 Nr. 5 HGB n. F.). Zusätzlich nennt § 131 III 1 Nr. 6 HGB n. F. das Ausscheiden durch »Beschluß der Gesellschafter«, ein Grund, der nicht mit der Ausschließung nach § 140 HGB verwechselt werden darf. Der Zeitpunkt des Ausscheidens, zu dem der Betroffene seine Gesellschafterstellung verliert, ist in § 131 III 2 HGB n. F. festgelegt. Unter den verbleibenden Gesellschaftern wird die OHG (unter Aufrechterhaltung ihrer Identität) fortgesetzt; zu Recht hat es der Gesetzgeber nicht für erforderlich gehalten, das ausdrücklich zu bestimmen[83].

a) Gesetzliche Fälle

(1) **Gesellschafterbezogene Gründe**, die zum Ausscheiden des Betroffenen (und Fortsetzung der Gesellschaft unter den verbleibenden Gesellschaftern) führen, sind:

- Tod des Gesellschafters (§ 131 III 1 Nr. 1 HGB n. F.). Zur Vererbung der Gesellschafterstellung vgl. unten 4.

---

82 Es gilt aber eine Übergangsvorschrift (Art. 41 EGHGB), nach der ein Gesellschafter bis zum 31. 12. 2001 die weitere Anwendung alten Rechts (§§ 131–142 HGB a. F.) verlangen kann, solange noch kein Ausscheidensgrund eingetreten ist; das Verlangen kann durch Gesellschafterbeschluß zurückgewiesen werden.

83 Vgl. Begründung RegE-HRefG, BT-Drucks. 13/8444, S. 66.

- Eröffnung des Insolvenzverfahrens (durch Eröffnungsbeschluß, § 27 InsO) über das Vermögen des Gesellschafters (§ 131 III 1 Nr. 2 HGB n. F.).
- Kündigung des Gesellschafters (§ 131 III 1 Nr. 3 HGB n. F.). Erfaßt wird zunächst die ordentliche, lediglich fristgebundene Kündigung einer für unbestimmte Zeit eingegangenen (oder nach § 134 HGB gleichgestellten) Gesellschaft gemäß § 132 HGB, die gesellschaftsvertraglich nicht ausgeschlossen und nur in Grenzen beschränkt werden kann (§ 105 III HGB, § 723 III BGB). Eine außerordentliche Kündigung ist im Gesetz nicht vorgesehen, kann aber vereinbart werden und führt dann ebenfalls zum Ausscheiden des Kündigenden, wenn keine andere Rechtsfolge bestimmt ist. Da die Kündigung zum Ausscheiden führt, betrifft sie die Mitgliedschaft des Kündigenden, nicht mehr wie früher (als sie zur Auflösung der Gesellschaft führte) das gesamte Gesellschaftsverhältnis. Soweit eine Kündigungsfrist einzuhalten ist, scheidet der Kündigende nicht vor deren Ablauf aus (§ 131 III 2 HGB n. F.).
- Kündigung durch den Privatgläubiger des Gesellschafters (§ 131 III 1 Nr. 4 HGB n. F.), dessen Kündigungsrecht sich nach § 135 HGB bestimmt.

(2) **Beschluß der Gesellschafter**. § 131 III 1 Nr. 6 HGB n. F. stellt klar, daß die Gesellschafter jederzeit einstimmig (§ 119 I HGB) das Ausscheiden eines (oder mehrerer) von ihnen beschließen können (wie ja auch die Auflösung der Gesellschaft, § 131 I Nr. 2 HGB n. F.). Dem Ausscheidungswilligen verhilft auch ein Mehrheitsbeschluß zum Ausscheiden, wenn Mehrheitsentscheidung wirksam vorgesehen ist. Eine Ausschließung des Gesellschafters gegen seinen Willen ist dagegen nach § 140 HGB zu beurteilen; sie kann nur dann durch Mehrheitsbeschluß erfolgen, wenn die Ausschlußklage im Gesellschaftsvertrag durch eine Ausschließungsklausel ersetzt ist[84]; vgl. dazu sogleich.

(3) Ausschluß durch **Ausschließungsurteil** auf Klage aller übrigen Gesellschafter, § 140 HGB.

Voraussetzung: In der Person des Auszuschließenden muß ein wichtiger Grund für eine Auflösungsklage nach § 133 HGB begründet sein. An dessen Vorliegen sind strenge Anforderungen zu stellen, weil das unfreiwillige Ausscheiden aus der OHG u. U. mit großen wirtschaftlichen Nachteilen verbunden ist. BGH, WM 1971, 20, 22: Die Ausschließung ist das letzte Mittel, das nur angewandt werden darf, wenn eine weniger einschneidende und für alle Beteiligte zumutbare Lösung nicht in Betracht kommt, z. B. Entziehung der Geschäftsführungs- und Vertretungsmacht oder sonstige zumutbare Vertragsänderungen, die der Auszuschließende verbindlich anbietet (vgl. auch BGH, WM 1975, 769)[85].

Geltendmachung (dazu insbes. BGHZ 64, 253): Die Ausschlußklage muß von allen übrigen Gesellschaftern erhoben werden; andernfalls ist sie wegen Fehlens dieser Prozeßvoraus-

84 Ebenso *Karsten Schmidt*, NJW 1998, 2161, 2166.

85 Vgl. die Nachweise oben C FN 159. Zu den besonderen Anforderungen an den Ausschluß eines Kommanditisten nach §§ 161 II, 140 HGB vgl. BGH, NJW 1995, 957.

setzung als unzulässig abzuweisen. Ein klageunwilliger Gesellschafter kann in Ausnahmefällen aufgrund seiner gesellschaftlichen Treuepflicht verpflichtet sein, bei Vorliegen eines Ausschließungsgrundes seine Zustimmung zur Ausschließungsklage zu erteilen (vgl. C II 2 b). Verweigert er sie dennoch, so kann durch ein Leistungsurteil auf Zustimmung seine Mitwirkung an der Ausschließungsklage ersetzt werden. BGH (NJW 1977, 1013) und h. L. lassen dabei die Verbindung von Zustimmungs- und Ausschlußklage mit der Folge zu, daß über beide gleichzeitig verhandelt und entschieden wird[86].

§ 140 HGB ist in dreifacher Hinsicht **nicht zwingend:** Der Gesellschaftsvertrag kann den Ausschluß durch Beschluß der übrigen Gesellschafter (also Verzicht auf die Ausschlußklage) vorsehen. Ausschlußberechtigt können alle übrigen oder auch nur einzelne Gesellschafter sein. Außerdem kann auf das Erfordernis eines wichtigen Grundes verzichtet werden (sog. **»Hinauskündigungsklausel«**). Eine solche Klausel ist aber, wenn sie die Kündigung in das freie Ermessen des oder der Berechtigten stellt, nichtig, wenn sie (die Hinauskündigungsklausel) nicht wegen außergewöhnlicher Umstände sachlich gerechtfertigt ist. Der BGH hat die Nichtigkeit (unbefriedigend) zunächst auf eine gerichtliche Inhaltskontrolle des Personengesellschaftsvertrages gestützt[87], dann aber methodisch überzeugend auf § 138 I BGB[88]. Dies ist jetzt »gefestigte« Rspr. (so BGHZ 105, 213; 107, 359); insbes. hat sich damit die Auff. nicht durchgesetzt, die § 242 BGB als maßgeblichen Kontrollmaßstab heranziehen wollte (so etwa Grunewald, Der Ausschluß aus Gesellschaft und Verein, 1987, S. 137 ff.). Die Tendenz geht in der Rspr. neuerdings zur Begrenzung der Nichtigkeit über eine entsprechende Anwendung des § 139 BGB (vgl. BGHZ 105, 213, wo das Vorliegen einer Hinauskündigungsklausel verneint wird, weil der BGH die Kündigung an ein festes Tatbestandsmerkmal geknüpft sieht [dazu Behr, ZGR 1990, 370]; BGHZ 107, 351, 359 = JZ 1989, 956 mit zust. Anm. Grunewald, wo der BGH eine (echte) Hinauskündigungsklausel insoweit als gültig ansieht, als sie die Ausschließung aus wichtigem Grund, also unter Beseitigung des Erfordernisses gerichtlicher Ausschlußklage, zuläßt).

Der **Streit um die Wirksamkeit des Ausschlusses** ist gegen die Mitgesellschafter auszutragen (BGHZ 91, 132, 133), ausnahmsweise mit der Gesellschaft, wenn der Gesellschaftsvertrag dies bestimmt (BGH, WM 1990, 309, 675)[89].

(4) Auch für die **zweigliedrige** OHG (Zwei-Personengesellschaft) gelten die (dispositiven) gesetzlichen Regeln über das Ausscheiden bzw. den Ausschluß von Gesellschaftern; gleiches gilt, wenn aus der mehrgliedrigen OHG gleichzeitig alle Gesellschafter bis auf einen ausscheiden. Dem steht nicht entgegen, daß danach nur ein »Gesellschafter« verbleibt; für die Ausschließungsklage ist das in § 140 I 2 HGB n. F. ausdrücklich klargestellt. Für ein Ausscheiden genügt, daß bis zum Zeitpunkt des Ausscheidens eine Gesellschaft besteht; die Dogmatik erfordert nicht, daß die Gesellschaft anschließend noch fortbesteht[90]. Mit dem Ausscheiden erlischt die zweigliedrige Personengesellschaft wegen Wegfalls der Gesellschaftermehrheit, und zwar ohne Liquidation; das Gesellschaftsvermögen wächst in Rechtsfolge des Ausschei-

86 Dazu *Nickel*, JuS 1977, 14; *H. P. Westermann*, NJW 1977, 2185; *Pabst*, BB 1978, 892; *Merle*, ZGR 1979, 67.

87 BGHZ 81, 263; dazu krit. *Kreutz*, ZGR 1983, 109; *Krämer*, NJW 1981, 2553; *Bunte*, ZIP 1983, 8; zust. etwa *Hennerkes/Binz*, NJW 1983, 73; BGH, NJW 1982, 2303.

88 BGH, ZIP 1985, 737 mit Anm. *Bunte*, S. 915; beachte auch *Flume*, DB 1986, 629; *Loritz*, JZ 1986, 1073; *Weber/Hikel*, NJW 1986, 2752; *Müller-Laube/Büsching*, JA 1989, 1; Fallösung bei *Timm/Schöne*, JuS 1992, 223.

89 Dazu *Bork*, ZGR 1991, 125.

90 Vgl. auch Begründung zum RegE-HRefG, BT-Drucks. 13/8444, S. 67.

dens dem verbleibenden »Gesellschafter« entsprechend § 105 III HGB, § 738 I 1 BGB zu (Gesamtrechtsnachfolge nach dem Anwachsungsprinzip); vgl. BGH, NJW 1993, 1917. Die gleichen Rechtsfolgen gelten, wenn ein Gesellschafter von dem vertraglich eingeräumten Recht Gebrauch macht, das Unternehmen bei bestimmten (nicht schon von § 131 III 1 Nr. 1–4 HGB n. F. erfaßten) Ereignissen (z. B. bei Scheidung der Ehe der Gesellschafter) mit Aktiven und Passiven zu übernehmen (vertragliche Übernahmevereinbarung); es ist dies ein Fall des § 131 III 1 Nr. 5 HGB n. F., der zum Ausscheiden des anderen Gesellschafters führt.

b) Rechtsfolgen des Ausscheidens

Keine Besonderheiten im Innenverhältnis gegenüber der BGB-G (s. oben C V 1 b aa); im Außenverhältnis haftet der Ausgeschiedene weiter nach § 128 HGB; vgl. oben III 4 f.

2. Eintritt eines Gesellschafters

Mit dem Erwerb der Gesellschafterstellung (vgl. C V 2 a) haftet der Eintretende nach §§ 128, 129 HGB auch für die vor seinem Eintritt begründeten Gesellschaftsschulden. Diese Haftung ist zwingend, § 130 HGB. Von der zwingenden Haftung des Gesellschafters gemäß § 130 HGB sind zwei Fälle zu unterscheiden, die keine Ausnahme bedeuten:

a) Eine OHG übernimmt ein bestehendes Handelsunternehmen und führt es unter der bisherigen Firma fort; es gilt § 25 HGB: Haftung der OHG, aber Möglichkeit des Haftungsausschlusses zugunsten der OHG als solcher nach § 25 II HGB.

b) Wird ein einzelkaufmännisches Unternehmen durch »Eintritt« (in Wirklichkeit bringt der Einzelkaufmann sein Unternehmen in die nach allgemeinen Regeln gegründete Gesellschaft ein) eines Gesellschafters zur OHG, so gilt § 28 HGB. Haftung der OHG, aber Möglichkeit des Haftungsausschlusses zugunsten der OHG nach § 28 II HGB.

In beiden Fällen (a und b) entsteht bei Haftungsausschluß keine Gesellschaftsschuld, folglich keine Haftung der Gesellschafter nach § 128 HGB[91].

---

91 Haftet die OHG nach § 28 I HGB und dementsprechend alle Gesellschafter nach § 128 HGB, so bleibt doch daneben die Forthaftung des bisherigen Geschäftsinhabers für seine Altschulden unberührt (vgl. *Heymann/Emmerich*, HGB, 2. Aufl. 1995, § 28 Anm. 24). Eine Enthaftung in entsprechender Anwendung von § 26 HGB (i. d. F. des NachhBG 1994) kommt nicht in Betracht; sie macht im Hinblick auf seine Gesellschafterhaftung nach § 128 HGB auch keinen Sinn. Wird der frühere Geschäftsinhaber in einer neu gegründeten KG aber Kommanditist, und haftet die KG für seine Altschulden nach § 28 I HGB, so gilt nach § 28 III HGB (i. d. F. des NachhBG 1994) die Enthaftungsregelung nach § 26 HGB n. F. entsprechend. Unberührt davon bleibt seine Haftung als Kommanditist nach §§ 171 ff. HGB.

3. Übertragung der gesamten Gesellschafterstellung

Die Übertragung der Gesellschafterstellung ist wie bei der BGB-G möglich (s. oben C V 3), hat aber bei der OHG (und KG) größere praktische Bedeutung.

Rechtsfolge im Außenverhältnis: Der Erwerber (Neugesellschafter) haftet nach § 130 I HGB (analog, weil kein eigentlicher Eintritt vorliegt) auch für Altverbindlichkeiten nach Maßgabe der §§ 128, 129 HGB. Der Veräußerer haftet für Altverbindlichkeiten (wie im Falle des Ausscheidens) weiter; obwohl kein eigentliches Ausscheiden vorliegt, kommt ihm aber die Nachhaftungsbegrenzung entsprechend § 160 I, II HGB (i. d. F. des NachhBG 1994) zugute (vgl. oben III 4 f).

4. Die Vererbung der Gesellschafterstellung[92]

Bei der Vererbung der Gesellschafterstellung in der Personengesellschaft ist die **unterschiedliche Ausgangslage** bei der BGB-G einerseits und den Personenhandelsgesellschaften (und der Partnerschaft) andererseits zu berücksichtigen, die sich daraus ergibt, daß bei letzteren der Grundsatz der Unternehmenskontinuität Vorrang vor dem der Personenidentität eingeräumt wurde, während an der strikten Personenbezogenheit der BGB-G festgehalten wurde: Dementsprechend führt der Tod eines Gesellschafters nach der (dispositiven) Regelung bei der BGB-G zur Auflösung der Gesellschaft (§ 727 I BGB), während er bei der OHG nach dem (ebenso dispositiven) § 131 III 1 Nr. 1 HGB n. F.[93] zum Ausscheiden des Verstorbenen (und damit zum Erlöschen seiner Gesellschafterstellung) führt.

a) Unterschiedliche Rechtsfolgen in der Ausgangslage

Entsprechend dieser unterschiedlichen gesetzlichen Ausgangslage ergeben sich beim Tod eines Gesellschafters **unterschiedliche** gesellschaftsrechtliche und erbrechtliche **Rechtsfolgen** bei BGB-G und OHG (die man sich klarmachen muß, um die Problematik der Vererbung der Gesellschafterstellung zu verstehen).

---

92 Literatur: Zum Meinungsstand bis 1965: *H. Wiedemann*, Die Übertragung und Vererbung von Mitgliedschaftsrechten bei Handelsgesellschaften, 1965; *Stötter*, DB 1970, 525 ff.; Übersicht und Analyse der von 1965 bis 1972 erschienenen Lit.: *P. Ulmer*, ZGR 1972, 195 ff., 324 ff. – Danach insbes. *H. Westermann*, Personengesellschaftsrecht, Rdz. 452–583; MünchKomm/*Ulmer*, § 727 Anm. 20 ff.; Die Vererbung von Geschäftsanteilen bei OHG und KG, JA 1971, 755 = ZR 263; *Flume*, Die Personengesellschaft, S. 375 ff.; *H. P. Westermann*, JuS 1979, 761 ff.; *Müller-Graff*, JuS 1977, 323 (Übungsfall); *Karsten Schmidt*, Gesellschaftsrecht, § 45 V; *Sudhoff/Sudhoff*, Handbuch der Unternehmensnachfolge, 3. Aufl. 1984; *Rapsch*, Jura 1990, 473 (Übungsklausur).

93 § 131 III 1 Nr. 1 HGB n. F. gilt entsprechend für die Komplementäre der KG (§ 161 II HGB) und die Gesellschafter der Partnerschaft (§ 9 I PartGG); für die Kommanditisten der KG gilt § 177 HGB n. F.

aa) Bei der BGB-G ergeben sich als Folgen der Auflösung:
Gesellschaftsrechtlich: Auseinandersetzung unter den Gesellschaftern (§§ 730 ff. BGB); vgl. C IV 1 e, 2.

Erbrechtlich: Die Rechts- und Pflichtenstellung des Verstorbenen als »Auseinandersetzungsgesellschafter« geht in vollem Umfang auf den oder die erbrechtlich bestimmten Erben über (§ 1922 BGB); insoweit ist sie vererblich. Bei mehreren Erben wird nicht jeder selbständig Auseinandersetzungsgesellschafter; vielmehr tritt ausnahmsweise die Erbengemeinschaft als solche in die Auseinandersetzungsgesellschaft ein[94]. Es gelten die erbrechtlichen Haftungsbegrenzungsmöglichkeiten (§§ 1975 ff. BGB).

Aber: Der Tod eines Gesellschafters löst die BGB-G **nicht** auf, **wenn gesellschaftsvertraglich etwas anderes bestimmt ist** (§ 727 BGB). In Betracht kommt die Vereinbarung (»Klausel«), daß die Gesellschaft beim Tod eines Gesellschafters unter den übrigen Gesellschaftern fortgeführt wird.

Rechtsfolgen dieser **(einfachen) Fortsetzungsklausel:**

Gesellschaftsrechtlich: Der Verstorbene scheidet aus der Gesellschaft aus (§ 736 I BGB); seine Gesellschafterstellung erlischt. Unter den übrigen Gesellschaftern besteht die Gesellschaft fort; es findet keine Auseinandersetzung statt, sondern Abfindung des Ausscheidenden (bzw. seiner Erben) nach §§ 738–740 BGB (vgl. C V 1 b).

Erbrechtlich: Die schuldrechtlichen Ansprüche nach §§ 738 ff. BGB, insbes. auch der Abfindungsanspruch nach § 738 I 2 3. Fall BGB, gehen auf die Erben über (§§ 1922, 2032 BGB). (Die Gesellschafterstellung des Verstorbenen ist mit seinem Ausscheiden erloschen und kann mithin auch nicht in den Nachlaß fallen.)

bb) Bei der **OHG** führt bereits die gesetzliche Regelung zu den gesellschaftsrechtlichen und erbrechtlichen Rechtsfolgen, die sich bei der BGB-G bei einfacher Fortsetzungsklausel ergeben: Nach § 131 III 1 Nr. 1 HGB n. F. scheidet der Verstorbene aus der OHG aus mit der Konsequenz (auch ohne ausdrückliche gesetzliche Regelung), daß diese unter den übrigen Gesellschaftern fortgesetzt wird. Der Vereinbarung einer Fortsetzungsklausel bedarf es nicht. Der Abfindungsanspruch geht auf den oder die Erben über.

Aber auch § 131 III 1 Nr. 1 HGB n. F. ist dispositiv. Wollen die Gesellschafter, daß die Gesellschaft beim Tod eines Gesellschafters aufgelöst wird, so können sie dies durch eine **Auflösungsklausel** vereinbaren; im Todesfall treten dann die Rechtsfolgen ein wie bei der BGB-G in der gesetzlichen Ausgangslage (oben aa). Die Auflösungsklausel wird bei der gewerblich tätigen OHG

94 Das ist nach h. M. die einzige Ausnahme von dem Grundsatz, daß eine Erbengemeinschaft nicht Gesellschafterin einer Personengesellschaft sein kann. Vgl. BGHZ 68, 225, 237; *P. Ulmer*, Groß-Komm. HGB, 3. Aufl., § 131 Anm. 93; *Westermann*, Rdz. 453, 612; *Hueck*, OHG, § 23 II 4.

aber nur in Sonderfällen der Interessenlage der Gesellschafter entsprechen (Gefahr erheblicher Wertverluste bei der Liquidation). Die wirtschaftliche Interessenlage wird vielmehr im Regelfall (wie die bisherige Kautelarpraxis zeigt) dahin gehen, die Gesellschaft so fortzuführen, daß **an Stelle des Verstorbenen** dessen Erbe(n) oder bestimmte Dritte treten. Dafür kommen die Vereinbarung einer **Eintrittsklausel** oder einer **Nachfolgeklausel** im Gesellschaftsvertrag in Betracht (zu deren Problematik, Inhalt und Rechtsfolgen sogleich unter b und c). Bei der BGB-G beinhalten diese Klauseln zugleich die Fortsetzungsvereinbarung, durch die die Auflösung der Gesellschaft nach § 727 I BGB abbedungen wird.

b) Die Eintrittsklausel

Diese geht dahin, daß die Gesellschaft unter den übrigen Gesellschaftern fortgeführt wird (Bestätigung der gesetzlichen Ausgangslage bei der OHG, Fortsetzungsklausel bei der BGB-G), räumt zugleich aber einer bestimmten Person (das kann ein Erbe, aber auch ein Nichterbe sein) das Recht ein, in die Gesellschaft einzutreten (wobei der Gesellschaftsvertrag weitere Einzelheiten bestimmen kann).

Gesellschaftsrechtliche Rechtsfolgen: Der Verstorbene scheidet aus; die Gesellschaft wird unter den übrigen fortgesetzt; es findet keine Auseinandersetzung statt, sondern Abfindung des Ausscheidenden nach §§ 738 ff. BGB, 105 III HGB. Die Eintrittsklausel ist zugleich Vertrag zugunsten Dritter (§ 328 BGB) und gewährt dem Berechtigten einen schuldrechtlichen Anspruch gegenüber den übrigen Gesellschaftern, in die Gesellschaft aufgenommen zu werden (»Eintrittsrecht«).

Der Eintritt erfolgt also nicht automatisch durch die gesellschaftsvertragliche Regelung, sondern setzt, wenn sich der Berechtigte entschließt, von seinem Eintrittsrecht Gebrauch zu machen, in dessen Erfüllung den Abschluß eines schuldrechtlichen Aufnahmevertrages voraus. Insofern gilt das zum Eintritt von Gesellschaftern Gesagte (vgl. C V 2 und oben unter 2). Bezüglich der Rechtsstellung des Aufgenommenen ist die nähere Ausgestaltung des Gesellschaftsvertrages entscheidend. Haben die übrigen Gesellschafter schon im Gesellschaftsvertrag das Angebot zur Aufnahme erklärt, so braucht der Eintrittsberechtigte nur noch anzunehmen, um den Aufnahmevertrag zustande zu bringen.

Erbrechtliche Rechtsfolgen: Weil die Gesellschafterstellung mit dem Ausscheiden des Verstorbenen erloschen ist und mithin nicht in den Nachlaß fallen kann, liegt kein Fall der Vererbung der Gesellschafterstellung vor. Der Eintritt spielt sich völlig außerhalb des Erbrechts ab. Lediglich der Abfindungsanspruch nach §§ 738 ff. BGB, § 105 III HGB geht auf den/die Erben über (§§ 1922, 2032 BGB).

Kollisionsprobleme zwischen Gesellschafts- und Erbrecht *stellen sich* insoweit *nicht*. Andererseits ist die Eintrittsklausel allein nicht geeignet, die Nachfolge für den Tod eines Gesellschafters zweckgerecht zu regeln: Sie kann nicht verhindern, daß die Gesellschaft durch Zahlung des Abfindungsguthabens an den/die Erben wirtschaftlich geschwächt wird. Auch ist die Stellung des Eintrittsberechtigten schwach, wenn nicht sichergestellt ist, daß er die wertmäßige Beteiligung am Gesellschaftsvermögen (dem Kapitalanteil) des Verstorbenen erwirbt, da er andernfalls mit dem Eintritt zur Einlageleistung aus seinem eigenen Vermögen verpflichtet wird.

Eine sinnvolle Ausgestaltung der Eintrittsklausel muß daher Sorge dafür tragen, daß dem/den (nichteintrittsberechtigten) Erben kein Abfindungsanspruch zusteht, vielmehr gerade der Eintrittsberechtigte diesen erwirbt, und er dadurch in die Lage versetzt wird, seine Beitragsschuld durch Verrechnung mit dem Abfindungsanspruch zu erfüllen, mit der Folge, daß ihm der volle Kapitalanteil des Verstorbenen gutgeschrieben wird[95].

Der Abfindungsanspruch kann dem Eintrittsberechtigten insbesondere dadurch zugeordnet werden, daß er Alleinerbe des Verstorbenen wird (§ 1922 BGB) oder ihm der Abfindungsanspruch rechtsgeschäftlich (etwa durch Zuwendung auf den Todesfall nach § 2301 BGB) zugewandt wird. Über weitere Gestaltungsmöglichkeiten vgl. Ulmer, ZGR 1972, 195, 218 ff.; Westermann, Rdz. 557 ff. Steht fest, daß der neue Gesellschafter über die rechtsgeschäftliche Zuwendung des Abfindungsanspruchs (§ 2301 BGB) den vollen Kapitalanteil des Verstorbenen erworben hat, so stellt sich die erbrechtliche Frage, ob er den nichteintrittsberechtigten Erben insoweit zum Ausgleich verpflichtet ist; vgl. dazu näher bei Ulmer, a. a. O., S. 331 ff.; Westermann, Rdz. 562 ff.

c) Die Nachfolgeklausel

Diese ist ebenfalls auf die Fortsetzung der Gesellschaft gerichtet, will aber darüber hinaus sicherstellen, daß beim Tode eines Gesellschafters ein oder mehrere seiner Erben »automatisch« in seine Gesellschafterstellung einrükken und die Gesellschaft mit den übrigen Gesellschaftern fortsetzen.

Beispiel: Ein Gesellschaftsvertrag bestimmt, daß beim Tode eines Gesellschafters dessen Anteil je zur Hälfte auf seine Ehefrau und seinen ältesten Sohn übergehen soll.

Dieses Ziel läßt sich nach herrschender, auch vom BGH (BGHZ 68, 225) geteilter Auffassung grundsätzlich nur im Zusammenwirken von gesellschaftsvertraglicher Nachfolgeklausel und Erbrecht durch die Vererbung der Gesellschafterstellung herbeiführen. Deshalb muß eine gesellschaftsvertragliche Nachfolgevereinbarung im Zweifel in diesem Sinne als sog. **erbrechtliche Nachfolgeklausel** interpretiert werden.

Dies vor allem deshalb, weil eine **sog. rechtsgeschäftliche Nachfolgeregelung,** die darauf abzielt, die Mitgliedschaft beim Tode eines Gesellschafters durch Vertrag zugunsten Dritter (also nicht nach Erbrecht) auf eine am Gesellschaftsvertrag nicht beteiligte Person übergehen zu lassen, nach billigenswerter h. M. **unwirksam** ist (und ggf. in eine bloße Eintrittsklausel umzudeuten ist; vgl. BGHZ 68, 225 = JZ 1977, 685 mit zust. Anm. Wiedemann = BB 1977, 809 mit zust. Bem. von P. Ulmer, BB 1977, 805). Eine solche rein gesellschaftsvertragliche Anteilszuordnung auf den Todesfall scheitert daran, daß es keine »Verfügungs«-Geschäfte zugunsten Dritter gibt (BGHZ 41, 95) und es sich außerdem wegen der mit der Gesellschafterstellung verbundenen Pflichten (Mitgliedschaft als Bündel von Rechten und

95 Dazu *P. Ulmer*, ZGR 1972, 195, 218; *Westermann*, Rdz. 555 ff.; *Stötter*, DB 1970, 526. Zur Frage, ob es möglich ist, daß der Geschäftsanteil einem Eintrittsberechtigten testamentarisch vermacht wird, wenn der Anspruch auf Gewinn und das Auseinandersetzungsguthaben aber dem Erben verbleiben soll, vgl. BGHZ 98, 48 = JZ 1987, 880 mit abl. Anm. *Ulmer;* dazu auch *Flume*, NJW 1988, 161; *Götte*, DNotZ 1988, 603; *Marotzke*, JR 1988, 184.

Pflichten) zugleich um einen unzulässigen Vertrag zu Lasten Dritter handeln würde. **Merke aber:** Wenn der vorgesehene Nachfolger bereits Gesellschafter ist und deshalb als solcher auch an der Nachfolgevereinbarung beteiligt ist, kann die rein gesellschaftsvertragliche Nachfolgeregelung eingreifen.

Die Bedeutung der sog. erbrechtlichen Nachfolgeklausel:

Gesellschaftsrechtliche Rechtsfolgen: Die Gesellschaft besteht fort; mangels Ausscheidens des Verstorbenen entsteht kein Abfindungsanspruch. Die Gesellschafterstellung des Verstorbenen erlischt nicht, sondern ist »vererblich gestellt«, nicht in dem Sinne, daß die Gesellschafterstellung an sich erbrechtlich nicht vererblich wäre, sondern in dem Sinne, daß sie den Tod des Gesellschafters (in der werbenden Gesellschaft) überdauert und erst dadurch als solche in den Nachlaß fallen kann[96]. Durch die Nachfolgeklausel wird gesellschaftsrechtlich die Voraussetzung für die Vererbung der Gesellschafterstellung geschaffen. Der Nachfolgevorgang selbst bleibt dem Erbrecht vorbehalten.

Erbrechtliche Rechtsfolgen: Diese sind in einem unmittelbaren Einrücken von Erben in die Gesellschafterstellung des Erblassers zu suchen (erbrechtliche Gesamtrechtsnachfolge, § 1922 BGB). Im einzelnen hängt diese Rechtsfolge aber davon ab, inwieweit die gesellschaftsvertragliche Ausgestaltung der Nachfolgeklausel mit der tatsächlichen Erbenstellung beim Erbgang übereinstimmt. Folgende Hauptfälle sind zu unterscheiden (und nachfolgend zu behandeln):

- Ein Alleinerbe soll Nachfolger werden (dazu sogleich aa);
- mehrere Erben sollen sämtlich Nachfolger werden (dazu bb);
- von mehreren Erben soll nur einer (oder einzelne) Nachfolger werden (»qualifizierte Nachfolgeklausel«; dazu cc).

aa) Vererbung der Gesellschafterstellung auf einen Alleinerben
(»Erblasser hinterläßt Alleinerben«)[97].

Beispiel: Der Gesellschaftsvertrag bestimmt, daß beim Tode eines Gesellschafters dessen Erben in die Gesellschafterstellung einrücken. A stirbt und wird von seiner Frau als Alleinerbin beerbt.

Ist eine Nachfolgeklausel vorgesehen und wird der Erblasser von einem Alleinerben beerbt, so **decken sich Erbenstellung und gesellschaftsvertrag-**

---

96 Vgl. zur dogmatischen Einordnung *Sethe*, JZ 1997, 989.

97 Zu Problemen der Vor- und Nacherbschaft bei der Vererbung der Gesellschafterstellung vgl. *Westermann*, Rdz. 497 ff.; *Hefermehl*, FS f. H. Westermann, 1974, S. 223; *Baur/Grunsky*, ZHR 133 (1969/70), S. 209; *Paschke*, ZIP 1985, 129; *Michalski*, DB 1987, Beilage Nr. 16. Beachte auch *Konzen*, Der vermeintliche Erbe in der OHG, ZHR 1985, 29. Rechtsprechung: BGH, NJW 1981, 1560; WM 1984, 30; BGHZ 98, 48 (Anteilsvererbung im Wege der Vorerbschaft auf den verbleibenden Gesellschafter einer zweigliedrigen OHG unter Anordnung einer Testamentsvollstreckung; krit. zu dieser »Einmann«-OHG *Ulmer*, JuS 1986, 856; vgl. auch *Stimpel*, FS f. Rowedder, 1994, S. 477); vgl. aber auch oben C IV 1 h.

liche Nachfolgestellung: Der Erbe tritt mit dem Erbfall unmittelbar in die volle Gesellschafterstellung des Erblassers (im Innenverhältnis) ein, § 1922 BGB. Diese Bestimmung ist der Verfügungstatbestand, der den unmittelbaren Übergang der Gesellschafterstellung vom Erblasser auf den Erben bewirkt. Dritten haftet der Erbe des persönlich haftenden Gesellschafters für Altschulden der OHG und KG nach §§ 130, 128 (161 II) HGB (BGH, WM 1981, 1127), der Erbe des Kommanditisten nach §§ 171–173 HGB[98].

Will der Erbe sein Einrücken in die unveränderte Rechte- und Pflichtenstellung als Gesellschafter (mit Ausnahme der höchstpersönlichen Rechte und Pflichten, die nicht vererblich sind) verhindern, so müßte er nach Erbrecht die Erbschaft (nicht etwa nur die Gesellschafterstellung) ausschlagen. An diese **Dilemmasituation knüpft § 139 HGB an** und versucht auszugleichen:

Der Erbe-Gesellschafter kann innerhalb der Frist des § 139 III HGB (3 Monate) sein Verbleiben in der Gesellschaft davon abhängig machen, daß ihm mit »der Einlage des Erblassers« die **Stellung eines Kommanditisten eingeräumt** wird, § 139 I HGB. Stimmen die anderen Gesellschafter zu, so wird die OHG zur KG; der Erbe-Gesellschafter haftet als Kommanditist nur noch beschränkt, § 171 HGB, sofern er nicht durch die »Einlage des Erblassers« von der Haftung befreit ist (s. unten E III e ee). Lehnen die übrigen Gesellschafter ab, wobei sie sich bei mehreren (dazu gleich unter bb) Erben-Gesellschaftern durchaus unterschiedlich verhalten können (BGH, WM 1971, 556), so kann der Erbe-Gesellschafter wählen, ob er ausscheiden (§ 139 II HGB) oder als OHG-Gesellschafter mit allen Konsequenzen in der OHG bleiben will. Wird der Erbe-Gesellschafter Kommanditist oder scheidet er aus, so gilt hinsichtlich seiner **Haftung** § 139 IV HGB: Für die bis dahin entstandenen Gesellschaftsschulden haftet er nur wie für sonstige Nachlaßverbindlichkeiten, d. h. persönlich und unbeschränkt, aber mit der Möglichkeit der Haftungsbeschränkung auf den Nachlaß (§§ 1975 ff. BGB). Ist der Erbe Kommanditist geworden, so haftet er daneben wie jeder Kommanditist gemäß §§ 171–173 HGB. In der Zwischenzeit, d. h. in der 3-Monats-Frist, bis sich herausstellt, ob der Erbe Gesellschafter der OHG bleibt, Kommanditist wird oder ausscheidet (oder die Gesellschaft aufgelöst wird, § 139 IV HGB), haftet er ebenfalls nur nach den Grundsätzen über die beschränkbare Haftung für Nachlaßverbindlichkeiten[99]. § 139 HGB spielt keine Rolle, wenn der Gesellschaftsvertrag eine Kombination von **Nachfolge- und Umwandlungsklausel** derart

98 Der Erbe des Gesellschafters einer BGB-G haftet für die zur Zeit des Erbfalls bereits begründeten Altschulden des Erblassers nach h. M. nur nach erbrechtlichen Grundsätzen, d. h. persönlich und unbeschränkt, aber mit der Möglichkeit der Haftungsbeschränkung nach §§ 1975 ff. BGB. § 139 I, II HGB ist nicht entsprechend anwendbar; MünchKomm/*Ulmer*, § 727 Anm. 24; *Westermann*, Rdz. 743 m. w. N.

99 H. M.; vgl. *Heymann/Emmerich*, HGB, 2. Aufl. 1996, § 139 Anm. 49 ff.; *Schlegelberger/K. Schmidt*, HGB, § 139 Anm. 101 ff.; allgemein zur Haftung des Gesellschaftererben nach § 139 HGB *Emmerich*, ZHR 150 (1986), 193; beachte auch *Kick*, Die Haftung des Erben eines Personengesellschafters, 1997.

vorsieht, daß sich ein OHG- oder Komplementäranteil mit dem Erbfall in einen (oder mehrere) Kommanditanteil umwandelt, in den der (die) Erbe einrückt (s. dazu unten E III 3 e ee).

Erbt ein **Minderjähriger** die Gesellschafterstellung und setzt er die Mitgliedschaft fort, so ist die Haftungsbeschränkung nach § 1629 a BGB zu beachten, die das Minderjährigenhaftungsbeschränkungsgesetz (MHbeG, in Kraft seit 1. 1. 1999) eingeführt hat[100]. Danach beschränkt sich die Haftung für grundsätzlich alle vor Volljährigkeit begründeten Verbindlichkeiten auf den Bestand des bei Eintritt der Volljährigkeit vorhandenen Vermögens des Kindes. Erfaßt werden u. a. auch alle Verbindlichkeiten (im Innen- und Außenverhältnis), die aufgrund einer während der Minderjährigkeit von Todes wegen erworbenen Gesellschafterstellung entstanden sind oder danach von vertretungsberechtigten Personen mit Wirkung für den minderjährigen Gesellschafter begründet worden sind. Die Geltendmachung der Haftungsbeschränkung erfolgt durch Dürftigkeitseinrede entsprechend §§ 1990, 1991 BGB (§ 1629 a I BGB); demnach kann der volljährig Gewordene die Befriedigung eines (Alt-)Gläubigers insoweit verweigern, als das bei Eintritt der Volljährigkeit vorhandene Vermögen nicht ausreicht. Auch im Prozeß ist die Geltendmachung der Haftungsbeschränkung entsprechend dem Vorbehalt beschränkter Erbenhaftung als Einrede ausgestaltet (§§ 786 n. F., 780, 781, 785 ZPO).

bb) Vererbung der Gesellschafterstellung auf mehrere Erben

Sind mehrere Erben vorhanden und bestimmt die Nachfolgeklausel, daß die Gesellschaft mit sämtlichen Erben fortgeführt werden soll, so ergibt sich bezüglich des Nachfolgevorgangs eine **Kollision zwischen erbrechtlicher und gesellschaftsrechtlicher Regelung**: Gesellschaftsvertraglich soll jeder Erbe nur als Einzelperson Gesellschafter werden, während nach Erbrecht (§ 2032 I BGB) die *Erbengemeinschaft* in die Gesellschafterstellung einrükken würde. Diese Kollision läßt sich nicht i. S. der erbrechtlichen Nachfolgeregelung lösen, weil (so die ganz h. M.) die Erbengemeinschaft nicht Gesellschafter einer Personengesellschaft sein kann. Begründung (vgl. BGHZ 22, 186 ff.; BGH, WM 1971, 308, 723): Die Erbengemeinschaft ist nicht hinreichend verselbständigt, um im Rechtsverkehr als handlungs- und haftungsfähige Einheit auftreten zu können (vgl. §§ 2038, 2040, 2058, 2059 BGB). Lit. und Rspr. (BGHZ 55, 267; 68, 225, 237; BGH, NJW 1983, 2376; BGHZ 98, 48) verfahren deshalb einmütig nach dem **Grundsatz: »Gesellschaftsrecht geht vor Erbrecht«** und lassen jeden einzelnen Miterben individuell nach Maßgabe seiner Erbquote unmittelbar Nachfolger des Verstorbenen in der Ge-

---

100 Mit dem MHbeG (BGBl. I 1998, S. 2487) hat der Gesetzgeber der Entscheidung des BVerfG vom 13. 5. 1986 (BVerfGE 72, 155 = WM 1986, 828) Rechnung getragen, ist dabei aber weit über die vom BVerfG beanstandete Gesetzeslage hinausgegangen. Das BVerfG hatte §§ 1629 I, 1643 I BGB insoweit für unvereinbar mit dem allgemeinen Persönlichkeitsrecht (Art. 1 I, 2 I GG) und für nichtig erklärt, als danach Eltern im Zusammenhang mit der Fortführung eines zu einem Nachlaß gehörenden Handelsgeschäfts zu Lasten ihrer minderjährigen Kinder Verbindlichkeiten eingehen können, die über deren Haftung mit dem vererbten Vermögen hinausgehen. Näher zur Entscheidung des BVerfG *Hüffer*, ZGR 1986, 603; *Karsten Schmidt*, BB 1986, 1238; *M. Wolf*, AcP 1987, 319. Überblick zum MHbeG bei *Behnke*, NZG 1999, 244.

sellschaft werden (»die Gesellschafterstellung zerfällt in mehrere Rechtsstellungen«; Prinzip der Einzelrechtsnachfolge als Sondererbfolge)[101].

Dieser Durchbrechung des Prinzips gesamthänderischer Erbnachfolge wird teilweise bereits der Charakter von Gewohnheitsrecht zugebilligt (so schon Rüthers, AcP 168 [1968], 276). Jedenfalls läßt sich darauf verweisen, daß offenbar auch das Gesetz die Einzelrechtsnachfolge billigt (vgl. § 139 I HGB: »*Jeder Erbe* kann sein Verbleiben davon abhängig machen«). Die Aufteilung der Gesellschafterstellung in mehrere selbständige Gesellschafterstellungen ist auch materiellrechtlich von Bedeutung. Mit dem Erbfall wird jeder Erbe (§ 1922 BGB) selbständiger Gesellschafter nach Maßgabe des seiner Erbquote entsprechenden Kapitalanteils. Die Verwaltungsrechte vervielfältigen sich nach der Zahl der Erben. Für Altschulden haftet jeder Erbe (wie der Alleinerbe) mit der Möglichkeit der erbrechtlichen Haftungsbeschränkung; **§ 139 HGB gilt**. Dabei können sich die übrigen Gesellschafter hinsichtlich der Zustimmung zur Einräumung der Stellung eines Kommanditisten durchaus unterschiedlich verhalten (BGH, WM 1971, 556).

cc) Vererbung der Gesellschafterstellung auf einen (oder einzelne) von mehreren Erben (»qualifizierte Nachfolgeklausel«)

Um das Ansteigen der Zahl der Gesellschafter zu verhindern, bestimmen Nachfolgeklauseln oft, daß nur einer (oder einzelne) von mehreren (letztwil-

---

101 Str. ist zwischen zwei Senaten des BGH und in der Lit., ob es in der Konsequenz dieser Sondererbfolge liegt, daß der vererbte Geschäftsanteil (die Gesellschafterstellung) nicht zum Nachlaß gehört. Der II. Senat (Gesellschaftsrechtssenat) nahm dies zunächst uneingeschränkt an mit der Folge, daß der vererbte Geschäftsanteil weder von einer Nachlaßverwaltung gemäß § 1985 I BGB (BGHZ 47, 293), noch einem Nachlaßkonkurs gemäß §§ 6, 214 ff. KO (BGHZ 91, 132, 136 f.), noch von einer Testamentsvollstreckung gemäß § 2205 S. 1 BGB erfaßt wird (so für den Geschäftsanteil des persönlich unbeschränkt haftenden Gesellschafters der OHG und den Komplementär der KG: BGHZ 68, 225, 239; für den Gesellschafter der BGB-G: BGH, NJW 1981, 749; für den Kommanditanteil, bei dem die Lit.-Kontroverse besonders heftig geführt wurde, aber bereits zweifelnd BGH, NJW 1985, 1953). Im Interesse der übrigen Nachlaßbeteiligten, insbes. der Nachlaßgläubiger, ordnete der II. Senat jedoch die nach § 717 S. 2 BGB selbständig abtretbaren Ansprüche auf Gewinn und das (künftige) Auseinandersetzungsguthaben (unter »Abspaltung« vom Geschäftsanteil) dem Nachlaß zu (BGHZ 91, 132, 136; BGH, JZ 1987, 880).
Demgegenüber lehnt der IVa-Senat (zuständig für erbrechtliche Fragen) die Abspaltungsthese (als unzureichend) ab und nimmt allgemein an, daß der Gesellschaftsanteil trotz Sondererbfolge zum Nachlaß gehört und damit auch der Verfügungsbefugnis des Testamentsvollstreckers und dem Zugriff der Nachlaßgläubiger unterliegt (BGH, NJW 1983, 2376; NJW 1986, 2431; NJW 1996, 1284). Vgl. zu diesem Streitstand m. w. N. *Flume*, NJW 1988, 161; *ders.*, ZHR 1991, 501 und *Marotzke*, AcP 1987, 223, die dem IVa-Senat zustimmen, andererseits *Ulmer*, JuS 1986, 856, der dem II. Senat zustimmt, dessen Rechtsprechung er selbst initiiert hat (vgl. FS f. Schilling, 1973, S. 79, 89 ff.); neuerdings umschwenkend *Ulmer/Schäfer*, ZHR 160 (1996), 413. Beachte aus jüngerer Zeit zu den Konsequenzen dieser Kontroverse (auch für die Rechtssicherheit) noch *Koch*, BB 1987, 2106; *Schmitz*, ZGR 1988, 140; *Weber*, FS f. Stiefel, 1987, S. 829; *Quack*, BB 1989, 2271; *Hehemann*, BB 1995, 1301.
Später hat der II. Senat **im Grundsatz** die in der Lit. bereits überwiegend angenommene Wirksamkeit der vom Erblasser angeordneten (Dauer-)Testamentsvollstreckung am **Kommanditanteil**, trotz Sondererbfolge auf zwei Erben, anerkannt, sofern sie im Gesellschaftsvertrag zugelassen ist oder die übrigen Gesellschafter später zugestimmt haben (BGH, NJW 1989, 3152; dazu *Ulmer*, NJW 1990, 73; *Stodolkowitz*, FS f. Kellermann (ZGR-Sonderheft 10), 1991, S. 439). Damit ist die Kontroverse zum IVa-Senat aber nur partiell überwunden. Zudem läßt diese Entscheidung noch offen, welchen Einschränkungen die Testamentsvollstreckung am Kommanditanteil aus gesellschaftsrechtlichen Gründen unterliegen muß. Vgl. umfassend *Raddatz*, Die Nachlaßzugehörigkeit vererbter Personengesellschaftsanteile, 1991; *Weidlich*, Die Testamentsvollstreckung im Recht der Personengesellschaften, 1993.

lig oder gesetzlich bestimmten) Miterben in die gesamte Gesellschafterstellung des Erblassers nachfolgen soll.

Beispiel: Ein Gesellschaftsvertrag bestimmt, daß beim Tod eines Gesellschafters die Gesellschaft mit dem ältesten Sohn des Verstorbenen fortgesetzt werden soll. Gesellschafter A stirbt ohne Testament und hinterläßt Frau, Sohn und zwei Töchter.

Dann ergibt sich im Erbfall eine offensichtliche **Diskrepanz zwischen gesellschaftsvertraglicher Nachfolgebestimmung** (»einer soll in die gesamte Gesellschafterstellung nachrücken«) **und erbrechtlicher Gesamtnachfolge** (»die Miterbengemeinschaft als solche rückt nach«, §§ 1922, 2032 BGB).

Diese Kollision wäre zu vermeiden gewesen, wenn (was in der Praxis dringend zu empfehlen ist) die Erbfolge durch letztwillige Verfügung an die Nachfolgeklausel angepaßt worden wäre, z. B. durch Einsetzung als Alleinerbe, durch Vorausvermächtnis oder Teilungsanordnung.

Diese Kollision von Gesellschafts- und Erbrecht ist im geltenden Recht weder gelöst noch durch Analogie zu lösen (Rüthers, AcP 1968, 276). Es muß daher eine interessengemäße und sachgerechte Lösung extra legem gesucht werden. Dabei läßt sich im Ergebnis heute fast Einigkeit darüber feststellen:

- daß die Gesellschafterstellung des Erblassers in vollem Umfang auf den gesellschaftsvertraglich bestimmten (begünstigten) Nachfolger übergeht (unmittelbare Nachfolge des Begünstigten),
- daß dieser aber gegenüber den von der Nachfolge ausgeschlossenen Erben zum Ausgleich verpflichtet ist **(»Gesellschaftsrecht geht – soweit wie nötig – vor Erbrecht«)**.

Es dürfte aber verfrüht sein, heute bereits von einem Gewohnheitsrecht zu sprechen. **Drei Fragestellungen** lassen sich unterscheiden[102]:

- Wer wird Gesellschafter-Nachfolger?
- In welchem Umfang rückt der Nachfolger in die Gesellschafterstellung ein?
- Wie läßt sich die Ausgleichsregelung begründen?

(1) Es besteht weitgehend Übereinstimmung darüber, daß **nur der** durch gesellschaftsvertragliche Nachfolgeklausel **begünstigte Erbe** Gesellschafter-Nachfolger wird: Ein durch die Nachfolgeklausel nicht gedeckter Anfall ist nicht möglich; umgekehrt ist die Nachfolge dann nicht möglich, wenn der in der Nachfolgeklausel Begünstigte nicht Erbe geworden ist (BGH, NJW 1978, 264; JZ 1987, 880). Problematisch ist indessen, durch welchen Verfügungstatbestand der (automatische) Anfall der Gesellschafterstellung an den Begünstigten erfolgt.

Nach der (durch die generelle Absage an die »Theorie von der rein gesellschaftsvertraglichen Zuordnung« durch dinglich wirkenden Vertrag zugunsten eines Dritten unter Lebenden) allein vertretbaren »Theorie von der erbrechtlichen Zuordnung der Gesellschafterstellung« erfolgt der Anfall kraft Erbrechts nach § 1922 BGB. Diese Auffassung ist indessen mit der Gesamtnachfolge der Miterbengemeinschaft (§ 2032 BGB) unvereinbar,

102 Vgl. näher MünchKomm/*Ulmer*, § 727 Anm. 30 ff.; *Soergel/Hadding*, § 727 Anm. 27 ff.; *P. Ulmer*, ZGR 1972, 195, 205 ff.; *Westermann*, Rdz. 527 ff.

auch wenn man annimmt, daß die Gesellschafterstellung eben nur in den Grenzen der Nachfolgeklausel vererblich gestellt ist. Die Vorstellung, daß es sich bei der Gesellschafterstellung in entsprechender Anwendung des § 1417 BGB um ein Sondergut handelt (Wiedemann, Säcker), macht andererseits nicht erklärlich, durch welchen Verfügungstatbestand der zum Nachfolger Bestimmte Gesellschafter wird.

Zur Erklärung dient daher heute überwiegend die Annahme einer (dem Erbrecht an und für sich unbekannten) **Sondererbfolge** kraft das Erbrecht derogierenden Gesellschaftsrechts (»Gesellschaftsrecht geht vor Erbrecht«). Zum Teil werden Elemente dieser Sondererbfolge aus § 139 HGB hergeleitet. Verfügungstatbestand ist und bleibt aber § 1922 BGB.

(2) Nach h. M., der sich auch der BGH angeschlossen hat[103], rückt der Nachfolger unmittelbar (automatisch) **in vollem Umfang** in die Gesellschafterstellung des Erblassers ein, erhält also insbesondere auch den vollen Kapitalanteil des Erblassers (sofern gesellschaftsvertraglich nichts anderes bestimmt ist). Das ist angesichts der Vorstellung einer gesellschaftsrechtlich bindend angeordneten Sondererbfolge in die Gesellschafterstellung nur folgerichtig. Die Nachfolge tritt unabhängig davon ein, ob Abfindungsansprüche der übrigen Erben ausgeschlossen sind oder nicht[104].

(3) Es besteht Einigkeit darüber, daß der durch die Vollnachfolge **begünstigte Miterbe** im Verhältnis zu **den übrigen Miterben zum Ausgleich verpflichtet** ist, wenn und soweit er durch die Zuordnung der Gesellschafterstellung wertmäßig mehr erhalten hat als ihm bei erbrechtlicher Betrachtung zusteht (»Prinzip des Wertausgleichs«). Diese Ausgleichspflicht läßt sich nicht auf eine bestimmte Rechtsnorm stützen, sondern wird als Folge offener Rechtsfortbildung daraus hergeleitet, daß der Vorrang des Gesellschaftsrechtes nicht gebietet, den Wert der Beteiligung an der Gesellschaft dem Begünstigten allein zuzuordnen[105]. Vielmehr behält die Erbquote als Anteil am Wert des Gesamtnachlasses ihre volle erbrechtliche Bedeutung für die Ansprüche der Miterben untereinander auf Wertausgleich; demgemäß steht der Anspruch auf Wertausgleich der Erbengemeinschaft gegen den (oder die) Nachfolger-Erben zu[106]. Str. ist, ob der vererbte Geschäftsanteil (aus Gründen der Sicherung der übrigen Nachlaßbeteiligten) auch gegenständlich zum Nachlaß gehört oder ob nur der Anspruch auf Gewinn und auf das künftige Auseinandersetzungsguthaben (durch Abspaltung vom Gesellschaftsanteil) in den Nachlaß fällt (vgl. dazu näher oben FN 101).

---

103 BGHZ 68, 225 (wichtig!). In diesem Urteil (vgl. dazu die Bespr. von *P. Ulmer*, BB 1977, 805 und *Wiedemann*, JZ 1977, 689) hat der BGH seine frühere Ansicht (BGHZ 22, 186) ausdrücklich aufgegeben, daß bei qualifizierter Nachfolgeklausel der Gesellschaftsanteil unmittelbar nur in Höhe seiner Erbquote auf den Begünstigten übergehe; ebenso der IVa-Senat, BGHZ 98, 48.

104 Im Zweifel wird man aber schon die qualifizierte Nachfolgeklausel dahin auslegen können, daß Abfindungsansprüche der übrigen Miterben ausgeschlossen sind. Die heute h. A. der unmittelbaren Voll-Nachfolge geht zurück auf *Siebert*, NJW 1955, 809, 811; BB 1957, 18, 19.

105 Für Analogie zu § 2048 (Ausgleichsanspruch aus mit dem Anteilsübergang vollzogener Teilungszuordnung) bzw. §§ 2050 ff. BGB aber z. B. MünchKomm/*Ulmer*, § 727 Anm. 32; *Soergel/Hadding*, § 727 Anm. 31.

106 Zur Ausgleichspflicht vgl. *Tiedau*, NJW 1980, 2446; *Homann*, Die angemessene Berücksichtigung der weichenden Erben bei der Vererbung von Gesellschaftsanteilen einer Personengesellschaft, Diss. Bielefeld 1985.

E. Die Kommanditgesellschaft (KG), §§ 161–177 a HGB

Literatur: *H. Berg*, Hauptprobleme bei den Personengesellschaften des Handelsrechts, JuS 1974, 685 ff.; *Hadding*, Die HGB-Klausur, 2. Aufl. 1995, (§ 13); *Hüffer*, 100 Bände BGHZ: Personengesellschaftsrecht, ZHR 1987, 396; *Immenga/Peters*, JuS 1979, 120 (lehrreiche Erörterung des Gesellschaftsvertrages einer KG); *Kellermann/Stodolkowitz*, Höchstrichterliche Rechtsprechung zum Personengesellschaftsrecht, 4. Aufl. 1994; *Kuhn*, Die Rechtsprechung des BGH zur KG, WM 1968, 1074 ff.; WM 1974, 674 ff.; WM 1978, Sonderbeilage Nr. 1; Fortsetzung des Rechtsprechungsberichts bei *Brandes*, WM 1986, Sonderbeilage Nr. 1; WM 1990, 1221; WM 1994, 569; WM 1998, 261; *Sudhoff*, Personengesellschaften, 7. Aufl. 1999; *Sudhoff*, Rechte und Pflichten des Kommanditisten, 3. Aufl. 1986; *Ulmer*, Hundert Jahre Personengesellschaftsrecht: Rechtsfortbildung bei OHG und KG, ZHR 1997, 102; *Weipert u. a.* in: *Riegger/Weipert* (Hrsg.), Münchener Handbuch des Gesellschaftsrechts, Bd. 2, 1991; *H. P. Westermann*, Handbuch der Personengesellschaften, 1. Teil, 4. Aufl. 1994; *H. P. Westermann/V. Rebmann*, Rechtsprechung zum Personengesellschaftsrecht, DZWir 1993, 272, 327; ferner Kommentare zu §§ 161 ff. HGB.

Zur Geschichte: *Servos*, Die Personenhandelsgesellschaften und die stille Gesellschaft in den Kodifikationen und Kodifikationsentwürfen von ALR bis zum ADHGB, Diss. Köln 1984.

Vorbemerkungen

1. Die KG ist Sonderform zur OHG; für sie gilt weitgehend OHG-Recht (§ 161 II HGB). Subsidiär gelten außerdem die §§ 705 ff. BGB (§§ 161 II, 105 III HGB).

Die KG ist wie die OHG zunächst »eine Gesellschaft, deren Zweck auf den Betrieb eines (vollkaufmännischen) Handelsgewerbes unter gemeinschaftlicher Firma gerichtet ist« (§ 161 I HGB); aber auch kleingewerblich tätige Gesellschaften und solche, die nur eigenes Vermögen verwalten, können als KG in das HReg eingetragen werden (§§ 161 II, 105 II n. F. HGB). Das **Unterscheidungskriterium zur OHG** liegt **nur** darin, daß bei einem oder mehreren Gesellschaftern – aber nicht bei allen – »die Haftung gegenüber den Gesellschaftsgläubigern auf den Betrag einer bestimmten Vermögenseinlage beschränkt ist«, § 161 I HGB. Anders als bei der OHG gibt es bei der KG im Hinblick auf die Haftung der Gesellschafter für Gesellschaftsschulden also **zwei Arten von Gesellschaftern,** wobei **von jeder Art mindestens einer** vorhanden sein muß, nämlich:

(1) **ein persönlich** (deutlicher: unbeschränkt) **haftender** Gesellschafter, **Komplementär** genannt; er haftet wie ein OHG-Gesellschafter (§§ 161 II, 128, 129 HGB).

(2) **ein** auf den Betrag einer bestimmten Vermögenseinlage **beschränkt haftender** Gesellschafter, **Kommanditist** genannt; er haftet gemäß §§ 171–176 HGB.

Alle natürlichen und juristischen Personen, außerdem wegen ihrer weitgehenden Verselbständigung OHG und KG, können Komplementär oder Kommanditist werden; nicht dagegen die BGB-G oder die Erbengemeinschaft[1]. Außerdem ist der Trend zur Anerkennung der Stiftung[2] und der Auslandskapitalgesellschaft[3] als Komplementär zu beachten.

2. Die **Bedeutung der KG-Form** im Wirtschaftsleben ist größer als die der OHG. Ihre Beliebtheit erklärt sich daraus, daß der Kommanditist mit beschränktem Risiko Mitglied einer Personenhandelsgesellschaft werden kann. Besondere Eignung hat sie als Familiengesellschaftsform[4], da sie Beteiligung der Familienmitglieder nach deren persönlichen Verhältnissen (Mitarbeit, Ausbildung, Alter) erlaubt. In den letzten 25 Jahren hat die KG besondere Bedeutung als Finanzierungs- (Kapitalansammlungs-) und Steuerabschreibungsgesellschaft gewonnen (sog. Publikums-, Massen- oder Anlage-KG; vgl. unten V 3).

Die rechtlichen Unterschiede zwischen KG und OHG ergeben sich allein aus der besonderen Rechtsstellung des (oder der) **Kommanditisten.** Das KG-Recht enthält im wesentlichen Sondernormen für deren Rechtsstellung im Innenverhältnis (§§ 164–169 HGB) und im Außenverhältnis (§§ 170–176 HGB). Soweit keine Sondernormen bestehen, ist der Kommanditist als gleichberechtigter Partner des Gesellschaftsvertrages **wie der Komplemen-**

---

1 So h. M.; vgl. BGHZ 46, 291, 296; WM 1986, 1280; *Staub/Schilling*, HGB, § 161 Anm. 25, 28 m. w. N.; s. auch oben D I 1 mit FN 7. Zur Erbengemeinschaft als Kommanditistin im Falle des § 177 HGB abw. *Köbler*, DB 1972, 2241. Zur GmbH & Co. KG als Komplementärin der KG (»doppelstöckige GmbH & Co. KG«) vgl. *Pfander/v. Stumm*, DB 1973, 2499; zu handelsrechtlichen Problemen dabei *Karsten Schmidt*, DB 1990, 93; allg. zur GmbH & Co. KG unten VI; *Th. Beckmann*, Die AG & Co. KG, 1992.

2 Zur Stiftung & Co. KG als Rechtsform der Unternehmung: *Weimar/Geitzhaus/Delp*, BB 1986, 1999; *Hennerkes/Binz/Sorg*, DB 1986, 2269; *Weimar/Reeh*, DB 1988, 1637 (1641); *Delp*, Die Stiftung & Co. KG: eine Unternehmensform der rechtsgestaltenden Beratungspraxis, 1991; *Höfner-Byok*, Die Stiftung & Co. KG, 1996; krit. *Karsten Schmidt*, DB 1987, 261.

3 Zur »Ausländischen Kapitalgesellschaft & Co. KG« vgl. BayObLG, NJW 1986, 3029 (betr. »private limited company« britischen Rechts) und dazu krit. *Großfeld*, IPRax 1986, 351; *Ebke*, ZGR 1987, 245; *Ebenroth/Eyles*, DB 1988, Beilage 2, S. 1 (15 ff.); ferner OLG Saarbrücken, JZ 1989, 904 (betr. schweizerische Aktiengesellschaft) und dazu *Ebenroth/Hopp*, JZ 1989, 383; *Großfeld/Strotmann*, IPRax 1990, 298; *Kronke*, RIW 1990, 799; beachte auch *Schmidt-Hermesdorf*, Ausländische Gesellschafter inländischer Personengesellschaften, Diss. Trier 1987; *Grothe*, Die »ausländische Kapitalgesellschaft & Co.«, 1989; *Haidinger*, Die »ausländische Kapitalgesellschaft & Co. KG«, 1990; *Ebenroth/Auer*, Die ausländische Kapitalgesellschaft & Co. – ein Beitrag zur Zulässigkeit grenzüberschreitender Typenvermischung, DNotZ 1990, 139; *M. Heinrich*, Die ausländische juristische Person & Co. KG, 1996; *Staudinger/Großfeld*, IntGesR (1998), Rn. 536 ff.

4 Dazu etwa: *Costede*, Familien-GmbH oder Familienpersonengesellschaft, GmbHRdsch. 1979, 4; *Maiberg*, DB 1978, 1209; *H. J. Mayer*, Rechtsprobleme der Familiengesellschaft, 1977; *Bünz/Heinsius*, Familien-Gesellschaften in Recht und Praxis (Loseblatt); *Hennerkes/May*, Überlegungen zur Rechtsformwahl im Familienunternehmen, DB 1988, 483, 537; *dies.*, Der Gesellschaftsvertrag des Familienunternehmens, NJW 1988, 2761; *Barbasch*, Ausgewählte Probleme der »großen Familien-KG«, 1989.

tär nach OHG-Recht zu behandeln (§ 161 II HGB). Im einzelnen gilt folgendes:

I. Die Entstehung (Gründung)[5] der KG

1. Die Erweiterung des Anwendungsbereichs (auch) der KG durch das HRefG 1998 gemäß §§ 161 II, 105 II n. F. HGB macht es erforderlich, auch bei der Entstehung der KG zwischen Gesellschaften, die den Betrieb eines Handelsgewerbes bezwecken (KG nach § 161 I HGB) einerseits und kleingewerblichen und vermögensverwaltenden Gesellschaften andererseits (KG nach §§ 161 II, 105 II n. F. HGB) zu unterscheiden – wie bei der OHG (vgl. oben D I 1, 2).

a) KG nach § 161 I HGB

aa) Im **Innenverhältnis** entsteht diese KG mit Abschluß des Gesellschaftsvertrages, der die **konstitutiven** Merkmale des § 161 I HGB enthält. Das sind zunächst die drei Merkmale wie bei der OHG (oben D I 1 a). Der Zweck muß auf den Betrieb eines Handelsgewerbes i. S. des § 1 II HGB gerichtet sein, d. h. auf den Betrieb eines Gewerbes, das nach Art und Umfang einen in kaufmännischer Weise eingerichteten Geschäftsbetrieb erfordert; bei land- und forstwirtschaftlichen Unternehmen muß ein Handelsgewerbe kraft Registereintragung (§ 3 II, § 2 HGB n. F.) bezweckt sein. **Zusätzlich** ist eine Bestimmung darüber erforderlich, welcher Vertragspartner **Kommanditist** werden soll, welche Einlage er zu leisten hat (Einlagepflicht als Beitragspflicht im Innenverhältnis) und inwieweit er den Gesellschaftsgläubigern haften soll (ziffernmäßige **Haftsumme,** auch Hafteinlage genannt).

Einlagepflicht und Haftsumme werden im Gesetz nicht unterschieden; dieses kennt nur den Begriff der Einlage. Wegen der strengen Unterscheidung zwischen Außen- und Innenverhältnis ist der Unterschied jedoch bedeutungsvoll, weil Einlagepflicht und Haftsumme nicht gleich sein müssen, wenn sie es auch in der Regel sein werden. Für die Haftung des Kommanditisten im Außenverhältnis ist allein die Haftsumme entscheidend, die ins HReg eingetragen ist. Übersteigt die Haftsumme die Pflichteinlage, so hat der von KG-Gläubigern in Anspruch genommene Kommanditist Ausgleichsansprüche (§ 110 HGB, § 426 BGB); dazu *H. Westermann*, FS f. Barz, 1974, S. 81.

bb) Im **Außenverhältnis** entsteht die KG mit Wirksamwerden gemäß §§ 123, 161 II HGB (wie die OHG nach § 105 I HGB; vgl. oben D I 1 b). Hinsichtlich der Anmeldung zum HReg ist § 162 HGB zu beachten.

b) KG nach §§ 161 II, 105 II n. F. HGB

Kleingewerbliche und **vermögensverwaltende** Gesellschaften werden gemäß §§ 161 II, 105 II n. F. HGB erst mit Eintragung ihrer Firma in das HReg

5 Zur Entstehung durch Umwandlung vgl. oben B VI.

im Innen- und Außenverhältnis zur KG. Wie die OHG nach § 105 II HGB n. F. (vgl. oben D I 2) werden sie zunächst als BGB-G gegründet; für sie gilt im Innenverhältnis und, soweit sie schon vor Eintragung in das HReg durch Geschäftstätigkeit nach außen in Erscheinung treten, auch im Außenverhältnis das Recht der BGB-G. Die Gesellschafter können vereinbaren, daß KG-Innenrecht sofort gelten soll. Das ist im Zweifel dann anzunehmen, wenn sie schon im ursprünglichen Gesellschaftsvertrag die Eintragung als KG in das HReg vorsehen und dementsprechend zusätzlich festlegen, welcher Vertragspartner Kommanditist werden soll und mit welcher Haftsumme er den Gesellschaftsgläubigern haften soll. Ansonsten muß der Gesellschaftsvertrag spätestens vor der Anmeldung zum HReg um diese Bestimmungen ergänzt werden (vgl. § 162 HGB).

2. Die KG ist ebensowenig wie die OHG juristische Person (ganz h. M.); sie ist jedoch nach Maßgabe des § 124 I HGB (§ 161 II HGB) **wie eine juristische Person zu behandeln** (vgl. dazu oben D I 4). Die KG ist außerdem wie die OHG **Gesamthandsgemeinschaft,** §§ 161 II, 105 III HGB, §§ 718, 719 BGB.

3. Die **KG ist als Handelsgesellschaft Kaufmann,** § 6 I HGB. Komplementäre und Kommanditisten haben nur in ihrer Verbundenheit in der KG Kaufmannseigenschaft, d. h. nur, wenn sie unter der Firma der KG handeln (vgl. oben D I 6). Beim Handeln im eigenen Namen ist weder der Kommanditist[6] noch der Komplementär[7] Kaufmann. Bedeutung dieses Streites: Ein Komplementär könnte nach h. M. z. B. ein Bürgschaftsversprechen im eigenen Namen formlos (wirksam) abgeben (§ 350 HGB), nicht aber ein Kommanditist (BGH, NJW 1980, 1572, 1574; 1982, 569, 570).

4. Fehlt es bei der Gründung der KG nach § 161 I HGB an einem Handelsgewerbe, so liegt eine BGB-G ebenso vor, wie bei den Gesellschaften i. S. der §§ 161 II, 105 II n. F. HGB vor der Eintragung. Ist bei keinem Gesellschafter die Haftung wirksam beschränkt, so liegt eine OHG vor, wenn § 105 I oder II HGB ansonsten erfüllt ist (vgl. oben D I 5 b). Die Grundsätze über die fehlerhafte Gesellschaft und die Scheingesellschaft (vgl. oben D V) gelten.

II. Die Innenbeziehungen bei der KG

Die Rechtsbeziehungen der Gesellschafter untereinander (Komplementäre und Kommanditisten) bestimmen sich:

6 So auch die h. M.; vgl. BGHZ 45, 282; *Staub/Schilling*, HGB, § 161 Anm. 12.

7 Anders die wohl noch h. M.; vgl. BGHZ 34, 293, 296; 45, 282, 284; wie hier dagegen etwa *Baumbach/Hopt*, HGB, § 161 Anm. 5; vgl. auch oben D I 6, weil der Komplementär wie ein OHG-Gesellschafter zu behandeln ist.

- in erster Linie nach den im Gesellschaftsvertrag getroffenen Vereinbarungen (§ 163 HGB);
- in zweiter Linie nach dem Recht der KG, §§ 164–169 HGB;
- in dritter Linie nach dem Recht der OHG, § 161 II, §§ 110–122 HGB;
- in vierter Linie nach dem Recht der BGB-G, §§ 161 II, 105 III HGB, §§ 705 ff. BGB.

1. Der Komplementär

Der Komplementär wird, soweit nichts anderes vereinbart ist, grundsätzlich wie ein OHG-Gesellschafter behandelt, § 161 II HGB.

2. Der Kommanditist

Für den Kommanditisten sehen die dispositiven §§ 164–169 HGB folgende Besonderheiten vor.

a) Geschäftsführung

Er ist **von der Geschäftsführung ausgeschlossen,** hat aber bei »ungewöhnlichen Geschäften« ein **Widerspruchsrecht,** § 164 HGB. Dadurch wird die bloß kapitalmäßige Beteiligung des Kommanditisten zum Ausdruck gebracht.

Die h. M. erweitert das Widerspruchsrecht in ein Zustimmungserfordernis (vgl. auch § 116 II HGB), weil andernfalls der von der Geschäftsführung Ausgeschlossene praktisch keinen Gebrauch von seinem Widerspruchsrecht machen könnte[8]. Darüber hinaus ist zu beachten, daß der Kommanditist »zur Not« geschäftsführungsberechtigt sein kann, § 744 II BGB analog; auch kann seine Geschäftsführung als GoA (§§ 677, 683 BGB) gerechtfertigt sein.

§ 164 HGB ist jedoch dispositiv; dem Kommanditisten kann daher gesellschaftsvertraglich Geschäftsführungsmacht eingeräumt werden, wie sie andererseits dem Komplementär auch entzogen werden kann. Geschäftsführung durch einen Kommanditisten ist **keine unzulässige Drittorganschaft,** da ihm diese mit Rücksicht auf seine Stellung als Gesellschafter eingeräumt wird (h. M.; vgl. auch BGHZ 17, 392; 51, 198; WM 1971, 1198). Der Kommanditist hat dann im Innenverhältnis die Stellung eines Komplementärs: §§ 110 ff. HGB gelten (§ 161 II HGB), soweit nichts anderes bestimmt ist. Auch § 117 HGB gilt; insbes. kann der Komplementär dem Kommanditisten die Geschäftsführungsbefugnis nicht allein entziehen (BGH, WM 1974, 177: keine Geschäftsführungsmaßnahme).Von der Mitarbeit im Rahmen von Gesellschaftsverträgen ist die Begründung eines Arbeitsverhältnisses neben der Gesellschafterstellung zu unterscheiden[9].

Fall: Ein Minderjähriger ist als Kommanditist, sein gesetzlicher Vertreter als Komplementär an einer KG beteiligt. Hindert diesen § 181 BGB bei Gesellschafterbeschlüssen mitzuwirken, so daß Ergänzungspflegschaft nötig ist? BGH (NJW 1976, 49): Nein, weil für gewöhnliche Beschlüsse im Gegensatz zu Vertragsänderungen § 181 BGB nicht paßt.

---

8 RGZ 158, 302 und die ganz h. M., vgl. *Staub/Schilling*, HGB, § 164 Anm. 2; zu den zustimmungspflichtigen Geschäften *Weimar*, MDR 1988, 7.

9 Zur Abgrenzung vgl. *Loritz*, RdA 1992, 310.

b) Treuepflicht

Wie jeden Gesellschafter einer Personengesellschaft trifft den Kommanditisten eine gesellschaftsrechtliche Treuepflicht, nach § 165 HGB aber nicht das Wettbewerbsverbot der §§ 112, 113 HGB. Grund: Seine hauptsächlich kapitalistische Beteiligung. Umgekehrt kann sich deshalb ein Wettbewerbsverbot entsprechend § 112 HGB für den Kommanditisten aus der Treuepflicht herleiten, wenn er aufgrund seiner Stellung in der KG (maßgeblichen) Einfluß auf die Geschäftspolitik nehmen kann[10].

Beispiel einer Treuepflichtverletzung: BGH, DB 1989, 1666 und dazu Weisser, DB 1989, 2010.

c) Kontrollrechte

Seine Kontrollrechte (Informations- und Prüfungsrechte) sind (wegen des geringen Haftungsrisikos) beschränkt[11], § 166 HGB. Es sind das ordentliche (Abs. 1, 2) und das außerordentliche (Abs. 3) Informationsrecht zu unterscheiden.

§ 166 HGB ist dispositiv. Gleichwohl ist die **Abdingbarkeit** der gesetzlichen Informationsrechte zweifelhaft. Im Hinblick auf das weitgehende Informationsrecht des GmbH-Gesellschafters nach § 51 a GmbHG hat der BGH (NJW 1989, 225)[12] angedeutet, daß ein über § 166 I HGB hinausgehendes allgemeines Auskunfts- und Einsichtsrecht des Kommanditisten möglicherweise anzuerkennen ist, wenn ein Informationsbedürfnis besteht (BGH, NJW 1992, 1890).

d) Gewinn- und Verlustbeteiligung

Auch hinsichtlich Gewinnanspruch und Verlustbeteiligung des Kommanditisten gelten gewisse Besonderheiten, §§ 167–169 HGB; er hat kein Entnahmerecht, § 169 I 1 HGB.

(1) Gewinn und Verlust werden zunächst in der Bilanz festgestellt[13] (§§ 167 I, 120 I HGB) und dann nach Maßgabe des § 168 HGB verteilt.

(2) **Verluste** des Kommanditisten werden lediglich von seinem Kapitalkonto abgeschrieben, § 167 III HGB. Er ist auch bei negativem Kapitalkonto[14] bei der Auseinandersetzung der KG nicht zum Verlustausgleich verpflichtet[15].

---

10 Vgl. BGHZ 89, 162 und dazu *Löffler*, NJW 1986, 223; ebenso OLG Frankfurt, GmbHRdsch. 1992, 668.

11 Zur Ausdehnung des Inhalts und Umfangs der Kontrollrechte nach der Rspr. des BGH vgl. *Winkelmann*, JR 1970, 10; ferner *Immenga*, Die Minderheitsrechte des Kommanditisten, ZGR 1974, 385; *Huber*, Das Auskunftsrecht des Kommanditisten, ZGR 1982, 539; *Weipert*, Gesellschafterinformationsrechte in der Kommanditgesellschaft, DStR 1992, 1097. Zum Auskunftsanspruch über Beteiligungsgesellschaften: BGH, WM 1983, 910. Zu den Anforderungen an die Entziehung gesellschaftsvertraglich zustehender Informationsrechte durch Mehrheitsentscheidung der Gesellschafter vgl. BGH, NJW 1995, 194.

12 Dazu *Schiessl*, NJW 1989, 1597; *Veltins/Hikel*, DB 1989, 465; *Hahn*, BB 1997, 741.

13 Da dies Grundlagengeschäft ist, müssen, wenn im Gesellschaftsvertrag nichts anderes bestimmt ist, auch die Kommanditisten zustimmen (BGH, NJW 1996, 1678; dazu *Hoffmann/Sauter*, DStR 1996, 967).

14 In § 15 a EStG (i. d. F. vom 20. 8. 1980) hat der Gesetzgeber die steuerrechtliche Anerkennung des negativen Kapitalkontos des Kommanditisten geregelt und – namentlich mit Zielrichtung Abschreibungsgesellschaften – beschränkt. Vgl. dazu *Knobbe-Keuk*, NJW 1980, 2557; *Wallenhorst*, BB 1981, 546.

15 Dazu Übungsfall bei *Walter*, JuS 1985, 463.

(3) Dagegen hat er grundsätzlich **Anspruch auf Gewinnauszahlung**, § 169 I HGB. Das gilt nicht, wenn durch die Gewinnauszahlung sein Kapitalanteil unter den Betrag der geleisteten (nicht der vereinbarten) Einlage herabgemindert würde oder wenn er durch Verlustabschreibungen schon darunter liegt (§ 169 I 2 HGB). Grund: Die bereits geleistete Einlage soll dem Gesellschaftsvermögen erhalten bleiben, weil sich der Kommanditist durch die Leistung der Einlage von seiner persönlichen Haftung befreit hat und diese auch durch Verluste nicht wieder auflebt. Deshalb sind auch abgeschriebene Verluste durch spätere Gewinne zunächst auszugleichen, bevor wieder Gewinne ausgezahlt werden.

(4) Andererseits können dem Kapitalkonto eines Kommanditisten Gewinne – abweichend von § 120 II HGB – nur bis zur Höhe der vereinbarten Einlage (Pflichteinlage) zugeschrieben werden, § 167 II HGB. Das bedeutet: Der Kommanditist kann seinen Kapitalanteil durch Stehenlassen von Gewinnen im Gegensatz zum Komplementär nicht vergrößern. Stehengelassene Gewinne sind auf einem Sonderkonto zu verbuchen und wie eine Forderung des Kommanditisten gegen die Gesellschaft zu behandeln, § 169 II HGB. Das kann für den Kommanditisten sehr nachteilig werden, wenn sich etwa der Gewinn oder das Stimmrecht gesellschaftsvertraglich nach den Kapitalanteilen richtet und diese sich durch ständig stehengelassene Gewinne der Komplementäre »auseinanderleben«.

Literatur: *U. Huber*, Gesellschafterkonten in der Personengesellschaft, ZGR 1988, 1.

III. Die Außenbeziehungen bei der KG

1. Firma

Die KG nimmt unter der **gemeinschaftlichen Firma** der Gesellschafter am Handelsverkehr teil. Unter der Firma kann die KG (wie die OHG) Rechte erwerben, Verbindlichkeiten eingehen, Eigentum und andere dingliche Rechte an Grundstücken erwerben, vor Gericht klagen und verklagt[16] werden, §§ 161 II, 124 I HGB. Die Firma der KG bestimmt sich nach § 19 I Nr. 3, II, § 18 I, II HGB n. F., § 30 HGB.

Firmenrechtlich gilt für die KG nach der Liberalisierung und Vereinfachung des Firmenbildungsrechts durch das HRefG 1998 das gleiche wie für die OHG (vgl. oben D III 1 a) mit dem Unterschied, daß die Firma den konkreten Rechtsformzusatz »Kommanditgesellschaft« oder die allgemein verständliche Abkürzung »KG« enthalten muß (§ 19 I Nr. 3 HGB n. F.). Zur Führung einer abgeleiteten Firma vgl. §§ 21, 22, 24 HGB.

Wenn bei der KG (und OHG) keine natürliche Person persönlich (unbeschränkt!) haftet (»GmbH & Co. KG«), ist ein besonderer, diese Haftungsbeschränkung kennzeichnender Rechtsformzusatz vorgeschrieben. Zur Firma der GmbH & Co. KG nach der durch die GmbH-Novelle 1980 eingefügten Regelung (§ 19 V HGB a. F.), die jetzt mit geringfügigen Änderungen durch das HRefG in § 19 II HGB n. F. enthalten ist, vgl. unten VI 4 (1). Kommt die beschränkte Haftung der GmbH & Co. KG nicht klar in ihrer Firma zum Ausdruck, so droht als Rechtsscheinhaftung unbeschränkte Komplementärhaftung für diejenigen (insbes. Kommanditisten, Geschäftsführer der Komplementär-GmbH), die im Geschäftsverkehr mit Dritten zurechenbar den Rechtsschein gesetzt haben, Komplementär der KG sei (mindestens) eine natürliche Person, die demgemäß mit ihrem Privatvermögen unbeschränkt hafte (vgl. dazu Schmidt-Salzer, NJW 1975, 1481). Diese Rechtsscheinhaftung

16 Vgl. dazu näher *Noack*, Die KG im Prozeß und in der Vollstreckung, DB 1973, 1157.

scheitert auch nicht an § 15 II HGB (die wahre Rechtslage ist aus dem HReg ersichtlich), weil § 19 II HGB fordert, daß die Haftungsbeschränkung bereits aus der Firma ersichtlich ist, also ein speziellerer Vertrauenstatbestand gegenüber der Verlautbarung des HReg vorrangig ist. Zur Rechtsscheinhaftung vgl. BGH, WM 1977, 1405; BB 1978, 1182; BAG, NJW 1979, 2267 und oben D V 4 a.

2. Der Komplementär

Der Komplementär hat im Außenverhältnis dieselbe Rechtsstellung wie der Gesellschafter einer OHG: Ihm steht die gesellschaftliche (organschaftliche) Vertretung der KG zu (§§ 125–127 HGB); er haftet für Verbindlichkeiten der KG nach § 128 HGB. §§ 125–130 HGB gelten über § 161 II HGB.

3. Der Kommanditist

Wichtige Sondernormen gelten für die **Rechtsstellung des Kommanditisten im Außenverhältnis.**

a) Vertretung

Er ist **von der gesellschaftsrechtlichen** (organschaftlichen) **Vertretung** der KG **ausgeschlossen,** § 170 HGB. Diese Bestimmung ist, im Gegensatz zur Regelung der Geschäftsführung, zwingend (h. M.[17], die sich auf einen Umkehrschluß zu § 163 HGB stützt); eine gleichwohl vorgenommene Bestellung wäre unzulässige sog. Drittorganschaft (vgl. oben D II 1 c cc). Deshalb scheidet auch unechte Gesamtvertretung zwischen Komplementär und Kommanditist als ausschließliche Vertretungsregelung aus[18].

Im Hinblick auf § 170 HGB hat der BGH (BGHZ 51, 198) den Entzug der organschaftlichen Vertretungsmacht des einzigen Komplementärs einer KG (gemäß §§ 161 II, 127 HGB) nicht für zulässig gehalten (wohl aber den Entzug seiner Geschäftsführungsmacht, da diese auch dem Kommanditisten eingeräumt werden kann).

§ 170 HGB hindert allerdings nicht, dem Kommanditisten (wie jedem Dritten) rechtsgeschäftliche Vertretungsmacht für die KG einzuräumen, insbes. auch Prokura oder Handlungsvollmacht. Wird diese Vertretungsmacht bereits im Gesellschaftsvertrag eingeräumt, so ist der Kommanditist »verfassungsmäßig berufener Vertreter« i. S. von § 31 BGB. Die KG haftet demnach gewohnheitsrechtlich analog § 31 BGB für unerlaubte Handlungen im Rahmen seiner Vertretungsmacht[19].

17 Vgl. m. w. N. *Schlegelberger/Martens*, HGB, § 170 Anm. 8 ff.

18 A. A. *Brox*, FS f. H. Westermann, 1974, S. 21.

19 § 31 BGB kann darüber hinaus auch dann entsprechend anwendbar sein, wenn dem Kommanditisten zwar keine Vertretungsmacht, wohl aber Geschäftsführungsbefugnis eingeräumt ist (vgl. *Heymann/Horn*, HGB, 2. Aufl. 1986, § 170 Anm. 4; *Schlegelberger/Martens*, HGB, § 170 Anm. 20; *Westermann*, Rdz. 866).

b) Haftung (§§ 171–176 HGB)[20]

Sie unterscheidet sich von der des Komplementärs allein dadurch, daß sie summenmäßig beschränkt ist. Auch der Kommanditist schuldet unmittelbar, primär, Erfüllung der ganzen Verbindlichkeit (gesamtschuldnerisch) in ihrem jeweiligen Bestand (akzessorisch) (vgl. oben D III 4 c), haftet aber persönlich, d. h. mit seinem Privatvermögen, nur bis zur Höhe seiner Hafteinlage (Haftsumme), § 171 I HGB. **Anspruchsgrundlage** der Gesellschaftsgläubiger gegen den Kommanditisten: § 171 I HGB.

aa) Danach haftet der Kommanditist den Gläubigern der Gesellschaft (also für Gesellschaftsschulden) nur »bis zur Höhe seiner Einlage«, § 171 I HGB (»beschränkte persönliche Haftung«). Gemeint ist seine Hafteinlage (Haftsumme), die auf einen Geldbetrag lauten muß und ins HReg einzutragen ist. **Für** Wirksamwerden und Umfang der **Haftungsbeschränkung** ist (nicht die gesellschaftsvertragliche Regelung der Einlagepflicht, sondern) die **Eintragung der Haftsumme im HReg maßgebend,** § 172 I HGB.

Das gilt auch für eine spätere Herabsetzung der Hafteinlage (§ 174 HGB), während bei einer späteren Erhöhung der Hafteinlage außerdem § 172 II HGB zu beachten ist.

Folge der Maßgeblichkeit der HReg-Eintragung: **Unbeschränkte Haftung vor Eintragung** gemäß § 176 I 1 HGB[21]. Beginnt eine Gesellschaft ihre Geschäfte vor Eintragung als KG (und damit auch der Haftsummen) im HReg, so haften die Kommanditisten, die dem Geschäftsbeginn zugestimmt haben, grundsätzlich unbeschränkt für die bis zur Eintragung begründeten Verbindlichkeiten der KG; § 176 I 1 HGB ist dann die Anspruchsgrundlage gegen diese. § 176 I 1 HGB gilt jedoch nur bei solchen KG, die auf den Betrieb eines Handelsgewerbes i. S. des § 1 II HGB n. F. gerichtet sind; nur diese werden durch Aufnahme der Geschäfte im Außenverhältnis wirksam (§§ 123 II, 161 II HGB). Soweit dagegen die Eintragung im HReg konstitutiv ist für das Entstehen einer KG im Außenverhältnis (bei land- und forstwirtschaftlich tätigen Gesellschaften gemäß §§ 3 II, 2 HGB; bei kleingewerblichen und vermögensverwaltenden Gesellschaften gemäß §§ 105 II, 161 II HGB), kommt § 176 I 1 HGB nicht zur Anwendung; das ist der Sinn der Regelung in

---

20 Vgl. dazu auch *Keuk*, Die Haftung des Kommanditisten für die Schulden der Gesellschaft, ZHR 135 (1971), 410; *Kornblum*, Die Haftung der Gesellschafter für Verbindlichkeiten von Personengesellschaften, 1972, S. 197 ff.; *Karsten Schmidt*, Kommanditisteneinlage – Kapitalaufbringung und Kapitalerhaltung in der KG, ZGR 1976, 307; *ders.*, Einlage und Haftung des Kommanditisten, 1977; *Wiedemann*, Beschränkte und unbeschränkte Kommanditistenhaftung, FS f. Bärmann, 1975, S. 1037; *Häsemeyer*, Kommanditistenhaftung und Insolvenzrecht, ZHR 1985, 42; *Weimar*, Haftung und Verlustbeteiligung des Kommanditisten, DStR 1997, 1730; Erörterung eines Übungsfalles bei *Scharrelmann*, JuS 1977, 673.

21 Zu § 176 HGB allgemein *Beyerle*, Der unbeschränkt haftende Kommanditist, 1976; *Riegger*, BB 1979, 1380; *Crezelius*, BB 1983, 5; *Spies*, Die über die Haftsumme des § 171 HGB hinausgehende Kommanditistenhaftung, 1983; *Knobbe-Keuk*, Die unbeschränkte Kommanditistenhaftung nach § 176 HGB – Schein und Wirklichkeit, FS f. Stimpel, 1985, S. 187; *Eckert*, Aktuelle Rechtsprobleme des § 176, JuS 1986, 122; *Kroppen*, Die Haftung des Kommanditisten bei fehlender Eintragung, Diss. Köln 1987. Vgl. auch unten VI 3 b.

§ 176 I 2 HGB. Da diese vor Eintragung BGB-Gesellschaften sind, richtet sich die Haftung der Gesellschafter für die bis zur Eintragung begründeten Verbindlichkeiten nach dem Außenrecht der BGB-G. Selbst wenn eine solche BGB-G als »Schein-KG« auftritt, kann die Haftung der »Kommanditisten« nicht auf § 176 I 1 HGB gestützt werden, weil sonst § 176 I 2 HGB ausgeschaltet würde[22] (vgl. näher unten d).

Eine **Ausnahme** von der unbeschränkten Haftung des Kommanditisten ergibt sich aus dem »es sei denn«-Satzteil in § 176 I 1 HGB: Soweit dem Gläubiger die Beteiligung als Kommanditist bekannt war, kann sich der Kommanditist auf die Haftungsbeschränkung berufen und haftet dann beschränkt nach § 171 I HGB. Das ist schon bei genauer Kenntnis aller Komplementäre der Fall, weil sich daraus zwingend ergibt, daß jeder andere Gesellschafter Kommanditist ist. Deshalb findet § 176 I 1 HGB keine Anwendung, wenn Verbindlichkeiten erkennbar namens einer (noch nicht eingetragenen, ein Handelsgewerbe i. S. des § 1 II HGB betreibenden) GmbH & Co. KG begründet wurden, weil dem Gläubiger dann ja bekannt ist, daß nur die GmbH Komplementär und jeder andere Gesellschafter in der Haftung beschränkt ist[23]. In diesen Fällen bemißt sich die (ja nicht eingetragene) Haftsumme nach der bloßen Vereinbarung über die Haftsumme im Gesellschaftsvertrag; wo eine solche Vereinbarung – wie in der Regel – fehlt, ist die Haftsumme gleich der Pflichteinlage. Besteht diese nicht in Geld (Sacheinlage), so haftet der Kommanditist im Zweifel bis zu dem Geldbetrag, der dem wirklichen Wert der Sacheinlage entspricht (BGH, NJW 1977, 1820; dazu Karsten Schmidt, DB 1977, 2313; Müller-Graff, JuS 1979, 24).

Beachte: Die unbeschränkte Haftung des Kommanditisten nach § 176 I 1 HGB (und auch nach § 176 II HGB) betrifft die Gesellschaftsverbindlichkeiten (nur aus rechtsgeschäftlichem Handeln, str.), die bis zur Eintragung der KG (maßgeblich ist nicht die Bekanntmachung, § 15 I HGB gilt also nicht) begründet werden. Mit der Eintragung als Kommanditist wird die allgemeine Kommanditistenhaftung herbeigeführt. Die unbeschränkte Haftung nach § 176 HGB bleibt daneben bestehen; analog § 160 III HGB (i. d. F. des NachhBG 1994) unterliegt diese Nachhaftung aber der Begrenzung entsprechend § 160 I, II HGB n. F.

bb) Die **Haftung** des Kommanditisten nach § 171 I HGB ist jedoch **ausgeschlossen,** soweit die Einlage geleistet ist (§ 171 I 2. Halbs. HGB); der Beweis obliegt, auch bezüglich des Wertes der Einlage, dem Kommanditisten, der sich auf die Haftungsbefreiung beruft (vgl. BGH, WM 1977, 167). Ob die Einlage geleistet ist, geht nicht aus dem HReg hervor. Grund: Dem Registerrichter wäre die Überprüfung der Leistung unmöglich; deshalb wird sie nicht eingetragen. Der Gesellschaftsgläubiger, der einen Kommanditisten in Anspruch nimmt, muß daher stets damit rechnen, daß dessen Haftung ausgeschlossen ist und der Kommanditist sich darauf beruft; vgl. BGHZ 51, 391 = NJW 1969, 1210.

Die **Einlage** kann **geleistet** sein:

(1) In Natur in das Gesellschaftsvermögen, z. B. ein Geldbetrag, sonstige vermögenswerte Leistungen, wie Sachen, Rechte, Patente oder Dienste. Fallen dabei die im HReg eingetragene Hafteinlage (Haftsumme) und die Pflicht-

22 So mit Recht BGHZ 61, 59 = NJW 1973, 1691; zust. u. a. *Teichmann/Schick*, JuS 1975, 18, 22; h. M.
23 So auch BGH, WM 1983, 651; WM 1986, 1280; vgl. auch *Schlegelberger/Karsten Schmidt*, HGB, § 176 Anm. 14; *P. Hofmann*, GmbHRdsch. 1970, 182.

einlage (im Innenverhältnis) auseinander (was schon dann der Fall ist, wenn die Pflichteinlage nicht in Geld besteht, weil die Hafteinlage immer in Geld auszudrücken ist), so leistet der Kommanditist praktisch nur die Pflichteinlage. Dann muß diese Leistung nach ihrem objektiven, wirklichen Wert bewertet (vgl. BGHZ 61, 59, 72 = NJW 1973, 1691, 1694) und auf die Hafteinlage angerechnet werden. Wichtig ist, daß die Bewertung der Leistung den Gesellschaftern nicht freisteht, wie das im Innenverhältnis (vgl. BGH, WM 1974, 1151) der Fall ist. Grund: Gläubigerschutz.

Beispiel: Hat Kommanditist K als Pflichteinlage bestimmte Dienste versprochen und ist eine Hafteinlage von DM 10 000,– im HReg eingetragen, so muß bei der Prüfung, ob seine Haftung ausgeschlossen ist, zur Bestimmung des Wertes seiner Leistung der Betrag zugrunde gelegt werden, den die Gesellschaft aufwenden müßte, wenn sie von einem Dritten entsprechende Dienstleistungen erhalten wollte. Dieser Betrag ist dann auf die Hafteinlage anzurechnen.

(2) Durch Stehenlassen von Gewinnen, § 167 II HGB.

(3) Durch Befriedigung von Gesellschaftsgläubigern (aus eigenen Mitteln oder auf seine Rechnung, auch durch Aufrechnung mit einer persönlichen Forderung gegenüber einem Gesellschaftsgläubiger); BGHZ 42, 192; 39, 319. Dabei ist gleichgültig, ob der Kommanditist freiwillig oder gezwungenermaßen geleistet hat[24].

(4) Durch Aufrechnung gemäß §§ 387 ff. BGB mit einer gegen die KG gerichteten (vollwertigen) Forderung des Kommanditisten, wobei die Art der Gesellschaftsschuld ohne Bedeutung ist (z. B. auch Schadensersatzanspruch); BGHZ 51, 391. Ist die Forderung gegen die KG im Hinblick auf deren wirtschaftliche Lage nicht vollwertig[25], so tritt die Haftungsbefreiung nur in Höhe des objektiven Wertes der Forderung ein (BGH, NJW 1985, 2947 und dazu Karsten Schmidt, ZGR 1986, 152). Zur Vertiefung: BGHZ 58, 72, 75 f.

(5) Dagegen kann dem Kommanditisten die Hafteinlage nicht mit haftungsbefreiender Wirkung erlassen oder gestundet werden, § 172 III HGB.

Folgerichtig läßt auch eine Rückgewähr des Geleisteten die Haftung wieder aufleben, § 172 IV HGB. Das gilt für die Rückzahlung einer Geldeinlage (etwa auch durch Auszahlung des Abfindungsguthabens an einen Ausscheidenden), aber auch für jede andere Vermögensverschiebung zugunsten des Kommanditisten und zu Lasten des Gesellschaftsvermögens, die nicht als Gewinnzahlung zu werten ist, wie z. B. die Bezahlung einer Privatschuld des Kommanditisten durch die KG, die Gewährung eines Darlehens an den Kommanditisten etc.: Entscheidend ist die Minderung des Gesellschaftsvermögens als Haftungsobjekt

24 Die Frage, ob auch eine Sacheinlagepflicht (Pflichteinlage) erlischt, wenn der Kommanditist von einem Gesellschaftsgläubiger in Anspruch genommen wird und zahlt, erörtert *Gursky*, DB 1978, 1261.

25 Nach OLG Köln (BB 1994, 380) ist Vollwertigkeit nur dann gegeben, wenn die KG im Zeitpunkt der Aufrechnungserklärung über Mittel verfügt, um alle fälligen Gesellschaftsschulden erfüllen zu können.

(BGHZ 39, 319, 331)[26]. Jedoch läßt die angemessene Geschäftsführervergütung, die ein Kommanditist erhält, die Haftung nicht aufleben; BAG, NJW 1983, 1869; dazu Riegger, DB 1983, 1909.

Wie eine Rückgewähr des Geleisteten wird schließlich die Gewinnauszahlung behandelt, wenn der Kapitalanteil der Kommanditisten dadurch unter den Betrag der geleisteten Haftsumme sinkt oder durch Verluste bereits darunter liegt, § 172 IV 2 HGB (zum Beurteilungsmaßstab: BGH, DB 1990, 415). Beachte aber § 172 V HGB (dazu BGH, NJW 1982, 2500 mit Anm. Karsten Schmidt).

cc) **Im Insolvenzverfahren über das Vermögen der KG** ist zugunsten des Insolvenzverwalters (oder des Sachwalters) die Verfügungsbefugnis der Gläubiger ausgeschlossen, die Haftung der Kommanditisten in Anspruch zu nehmen, § 171 II HGB. Grund: Keine Sondervorteile für einzelne Gläubiger; vielmehr sollen die Mittel aus der summenmäßig beschränkten Haftung des Kommanditisten gleichmäßig auf die Gläubiger verteilt werden, denen er haftet (BGH, WM 1990, 1417, 1419)[27].

c) Haftungsprobleme bei der GmbH & Co. KG

Zu Haftungsproblemen im Gründungsstadium der GmbH & Co. KG vgl. unten VI 3.

d) Haftung in der Schein-KG

Eine Schein-KG liegt vor, wenn eine Gesellschaft, die in Wirklichkeit BGB-G ist, im Rechtsverkehr unter einer Firma mit dem Rechtsformzusatz »Kommanditgesellschaft« oder »KG« (»GmbH & Co. KG«) auftritt. Das kann insbes. vorkommen bei Gesellschaften, die ein land- oder forstwirtschaftliches Unternehmen betreiben (§§ 3 II, 2 HGB), die kleingewerblich angelegt sind (deren Gewerbebetrieb also nicht schon nach § 1 II HGB Handelsgewerbe ist) oder die nur eigenes Vermögen verwalten (§§ 105 II, 161 II HGB), aber (noch) nicht (mit konstitutiver Wirkung für das Entstehen einer KG im Außenverhältnis, §§ 161 II, 123 I, II HGB) in das HReg eingetragen sind. Aber auch eine in das HReg eingetragene KG kann BGB-G sein, nämlich dann, wenn sie überhaupt kein Gewerbe betreibt (und auch nicht nur eigenes Vermögen verwaltet) und deshalb auch § 5 HGB keine Anwendung

---

26 Vgl. aber auch BGHZ 61, 149 und *Bälz*, BB 1977, 1481, zu der Frage, ob § 172 IV 1 HGB auch dann gilt, wenn ein ausscheidender Kommanditist aus dem Privatvermögen eines Mitgesellschafters abgefunden wird. Der BGH (WM 1985, 455, 457) hat bestätigt, daß Leistungen aus dem Privatvermögen des Komplementärs für Kommanditisten unschädlich sind, sofern der Komplementär dafür aus rechtlichen oder tatsächlichen Gründen bei der KG (nach §§ 110, 161 II HGB) nicht Rückgriff nehmen kann und insoweit deshalb keine Minderung des Gesellschaftsvermögens eintritt; vgl. dazu *Wolfsteiner*, BB 1985, 1217; *H. P. Jahnke*, BB 1986, 757; *Kornblum*, JZ 1985, 1001; *Hadding*, FS f. Fleck, 1988, S. 71.

27 Konsequenz daraus nach BGH (WM 1991, 404): § 171 II HGB gilt entsprechend, wenn über das Vermögen einer im HReg eingetragenen »KG«, die (mangels Gewerbebetriebs) in Wirklichkeit BGB-G ist, das Konkursverfahren (jetzt: Insolvenzverfahren) eröffnet worden ist. § 171 II HGB gilt aber nicht im Insolvenzverfahren einer Komplementär-GmbH (BGH, NJW 1976, 751).

findet. Insoweit hat sich die Problematik der Schein-KG also nicht etwa durch das HRefG erledigt.

Die Haftung eines »Kommanditisten« einer solchen Schein-KG kann in den Fällen, in denen (noch) keine HReg-Eintragung erfolgt ist, wegen § 176 I 2 HGB nicht auf § 176 I 1 HGB gestützt werden[28]. In Betracht kommt aber eine **Rechtsscheinhaftung**, die nach dem konkreten Rechtsscheintatbestand zu beurteilen ist. Ist der »Kommanditist« wie ein persönlich haftender Gesellschafter aufgetreten, so haftet er unbeschränkt (entsprechend §§ 161 II, 128 HGB). Dagegen kommt nur eine Rechtsscheinhaftung analog § 171 I HGB in Betracht, wenn der Rechtsschein nur auf Beteiligung als Kommanditist geht (insbes. wenn die Gesellschaft als »GmbH & Co. KG« auftritt; vgl. oben b aa). Bei **Vertragsschulden** kommt neben der Rechtsscheinhaftung eine im Ergebnis übereinstimmende Haftung der »Kommanditisten« nach der Haftungsregelung bei der BGB-G in Betracht, wenn man mit der (bisher) h. M. eine Beschränkung der Vertretungsmacht in der Form für zulässig hält, daß der Vertreter die vertretenen Gesellschafter nur zu einer Haftung mit dem Gesellschaftsvermögen und dem Betrag ihrer Einlage verpflichten kann, wenn diese Beschränkung für Dritte erkennbar ist (vgl. oben C III 2 a cc). Eine solche Beschränkung der Vertretungsmacht liegt bei der bloßen Schein-KG vor, weil die »Kommanditisten« durch den Abschluß des Gesellschaftsvertrages ihr Einverständnis nur damit erklären, daß die geschäftsführenden Gesellschafter sie persönlich nur soweit verpflichten, wie es der Kommanditistenhaftung entspricht (§ 171 I HGB). Entsprechend dieser beschränkten Vertretungsmacht treten die Geschäftsführer nach außen auf, wenn sie unter der Firma der »KG« rechtsgeschäftlich handeln. Dementsprechend ist die beschränkte Vertretungsmacht für Dritte erkennbar und damit wirksam (so auch BGH, WM 1991, 404; dazu von Gerkan, ZGR 1992, 109 aus der Sicht der Lehre von der Doppelverpflichtung).

e) Haftung bei Ein- und Austritt

aa) Der in eine Personenhandelsgesellschaft (also KG oder OHG, die sich damit zur KG wandelt) **eintretende** Kommanditist haftet nach Maßgabe der §§ 171, 172 HGB auch für die zu diesem Zeitpunkt bereits begründeten Gesellschaftsschulden, § 173 HGB (vgl. § 130 HGB bei der OHG); unbeschränkte Haftung kann sich aus § 176 II HGB ergeben (dazu: BGH, NJW 1983, 2258)[29].

---

28 BGHZ 61, 59 (66); 69, 95 (99); *Baumbach/Hopt*, § 176 Anm. 7; *Heymann/Horn*, HGB, § 176 Anm. 10; *Canaris*, Handelsrecht, § 6 III 3 b; *Staub/Schilling*, § 176 Anm. 14; *Teichmann/Schick*, JuS 1975, 18, 22; ebenso Begründung zum RegE-HRefG, BT-Drucks. 13/8444, S. 68 im Hinblick auf die Folgeänderung des § 176 I HGB n. F.; a. M. *Karsten Schmidt*, Gesellschaftsrecht, § 55 II 1 a m. w. N. FN 21.

29 Zur Vertiefung: BGH, NJW 1976, 848 = BGHZ 66, 98 und dazu *Schilling*, ZGR 1978, 173; BGH, NJW 1982, 883 mit Anm. *Karsten Schmidt;* ferner zu Haftungsfragen des fehlerhaft eingetretenen Kommanditisten BGH, NJW 1977, 1820 (mit Bespr. von *Müller-Graff*, JuS 1979, 24) und NJW 1980, 54; *Stock*, Haftungsprobleme beim Kommanditistenwechsel, DStR 1991, 385, 418.

bb) Der **ausscheidende** Kommanditist haftet, soweit er seine Einlage noch nicht geleistet oder sie zurückerlangt hat (etwa durch Auszahlung eines Abfindungsanspruchs gemäß § 738 I BGB, §§ 105 III, 161 II HGB; vgl. BGHZ 61, 149), nach § 171 I HGB für bereits entstandene Verbindlichkeiten weiter; es gilt die **Nachhaftungsbegrenzung** nach § 161 II, § 160 I, II HGB i. d. F. des NachhBG 1994 (vgl. oben D III 4 f).

cc) Kein Austritt mit gleichzeitigem Neueintritt liegt vor, wenn die **Gesellschafterstellung** vertraglich **umgewandelt** wird, etwa ein Komplementär Kommanditist wird oder umgekehrt (»Unternehmensumstrukturierung«). Dann ändern sich die Mitgliedschaftsrechte und die Haftung, die Zugehörigkeit zur Gesellschaft bleibt aber ohne Unterbrechung erhalten.

Wird ein Kommanditist Komplementär, so haftet er für Neuverbindlichkeiten nach §§ 161 II, 128 HGB und ebenso für Altverbindlichkeiten nach § 161 II HGB und § 130 I HGB analog, weil die Umwandlung der Gesellschafterstellung haftungsrechtlich wie ein Beitritt zur Gesellschaft zu behandeln ist[30]. Entsprechendes gilt, wenn der Kommanditist (unter gleichzeitiger Umwandlung der KG in eine OHG) OHG-Gesellschafter wird.

Wird ein Komplementär (oder ein OHG-Gesellschafter unter gleichzeitiger Umwandlung der OHG zur KG) **Kommanditist,** dann haftet er für Altverbindlichkeiten als Komplementär weiter, nach § 160 III 1 HGB (i. d. F. des NachhBG 1994) aber in entsprechender Anwendung von § 160 I, II HGB n. F. ebenso begrenzt wie beim Ausscheiden aus der Gesellschaft (vgl. oben D III 4 f). Altverbindlichkeiten sind solche, die im Zeitpunkt der Eintragung der Änderung der Gesellschafterstellung (nicht der Bekanntmachung, so daß § 15 I HGB nicht gilt) begründet waren. Die Nachhaftungsbegrenzung gilt auch dann, wenn der Gesellschafter in der Gesellschaft geschäftsführend tätig bleibt (§ 160 III 2), z. B. als Geschäftsführer der Komplementär-GmbH einer GmbH & Co. KG[31]. Neben diese Nachhaftung tritt die allgemeine Kommanditistenhaftung für die nach Eintragung der Kommanditistenstellung begründeten Verbindlichkeiten der KG (vgl. § 160 III 3 HGB n. F.).

dd) Wenn ein **Kommanditanteil** im Wege eines Verfügungsgeschäfts (vgl. oben C V 3) **übertragen** worden ist, so haftet der Erwerber nach § 173 I HGB (analog, weil ein eigentlicher Eintritt nicht vorliegt) auch für Altverbindlichkeiten nach Maßgabe der §§ 171, 172 HGB. Seine Haftung ist ausgeschlossen (§ 171 I 2. Halbs. HGB), wenn die Haftsumme vom Veräußerer voll geleistet ist und keine Rückgewähr des Geleisteten erfolgt (§ 172 IV HGB). Auch den Veräußerer trifft dann grundsätzlich keine (Nach-)Haftung. Der Kommanditistenwechsel ist jedoch unter Beifügung eines Nachfolgevermerks im HReg einzutragen, damit nicht der Eindruck einer zusätzlichen Kommanditistenbeteiligung entsteht. Deshalb lebt die Haftung des früheren Kommanditisten, dessen Ausscheiden noch nicht im HReg eingetragen und bekanntgemacht worden ist, in analoger Anwendung des § 172 IV HGB wieder auf, weil mit der Übertragung der Erwerber sich auf die Einlageleistung seines Rechtsvorgängers mit der Wirkung des § 171 I 2. Halbs. HGB berufen

30 Ebenso im Ergebnis *Heymann/Emmerich*, HGB, 2. Aufl. 1996, § 130 Anm. 2; *Schlegelberger/Karsten Schmidt*, HGB, § 130 Anm. 3.

31 Die frühere Rechtsprechung (vgl. BGH, NJW 1981, 175; 1983, 2256, 2934; BAG, BB 1990, 1067), die eine Haftungsbegrenzung in diesen Fällen ausgeschlossen hatte, ist damit überholt.

kann, so daß die im HReg noch eingetragene Haftsumme des früheren Kommanditisten durch seine Einlageleistung fortan nicht mehr gedeckt ist. Er haftet dann nach §§ 171, 172 IV analog, 15 I HGB (vgl. BGHZ 81, 82)[32]. Ist die Einlage bei Übertragung des Kommanditanteils noch nicht geleistet, so haftet neben dem Erwerber auch der Veräußerer für Altverbindlichkeiten mit der Nachhaftungsbegrenzung nach § 161 II, § 160 I, II HGB n. F. analog (weil kein eigentliches Ausscheiden vorliegt).

Bei den Haftungsproblemen bei der **Übertragung der Gesellschafterstellung an Mitgesellschafter** der KG ist zu berücksichtigen, daß die **Einheitlichkeit der Mitgliedschaft** in der Personengesellschaft einer Doppelrolle als Komplementär und zugleich Kommanditist entgegensteht. Beim Zuerwerb vereinigen sich beide Anteile in einer Gesellschafterstellung[33].

Erwirbt etwa ein Komplementär den Kommanditanteil eines Mitgesellschafters, ändert sich an seiner unbeschränkten Haftung für Gesellschaftsverbindlichkeiten (§§ 161 II, 128 HGB) nichts. Erwirbt umgekehrt ein Kommanditist den Geschäftsanteil eines Komplementärs hinzu, so haftet er (gemäß § 161 II HGB) als Komplementär in entsprechender Anwendung von § 130 I HGB nach Maßgabe der §§ 128, 129 HGB für Alt- und ebenso für Neuverbindlichkeiten.

Erwirbt ein Kommanditist einen weiteren Kommanditanteil hinzu, so haftet er zusätzlich mit der im HReg eingetragenen Haftsumme des erworbenen Kommanditanteils entsprechend § 173 HGB auch für Altverbindlichkeiten[34], soweit die Haftung nicht nach § 171 I 2. Halbs. HGB ausgeschlossen ist.

ee) Wird eine Komplementärstellung unter gesellschaftsvertraglich vorausbestimmter Umwandlung in mehrere Kommanditbeteiligungen im Wege der Sondererbfolge (s. oben D VI 4 c bb) vererbt, so stellt sich für die Haftung nach §§ 173 I, 171 I HGB das Problem der haftungsbefreienden Einlageleistung durch Verrechnung mit der wertmäßigen Beteiligung des Erblassers am Gesellschaftsvermögen (Kapitalanteil). Dabei kommt nach Ansicht des BGH (BGHZ 101, 123)[35] auch bei negativem Kapitalkonto des Erblassers eine Einlageleistung in Betracht, wenn im Umwandlungszeitpunkt entsprechende stille Reserven vorhanden waren.

32 Dazu *Huber*, ZGR 1984, 146; *Eckert*, ZHR 1983, 565; *Jeschke*, DB 1983, 541; beachte auch f. *Michel*, Die Kommanditanteilsübertragung auf einen Dritten, 1990; *ders.*, Zur Problematik der Vermögensverschiebungen nach Kommanditanteilsübertragung, ZGR 1993, 118; *von Olshausen*, Haftungsprobleme beim Kommanditistenwechsel unter Lebenden – eine wechselvolle unendliche Geschichte, Gedächtnisschrift f. Knobbe-Keuk, 1997, S. 247.

33 H. M.; vgl. BGHZ 24, 106, 108; BGH, DB 1963, 1316; DB 1989, 1718; *Heymann/Horn*, HGB, 2. Aufl. 1996, § 161 Anm. 44; *Schlegelberger/Martens*, HGB, § 161 HGB Anm. 41; aus der jüngeren Diskussion zu den Stichworten »Einheitlichkeit der Mitgliedschaft« bzw. »Zulässigkeit einer Mehrfachmitgliedschaft« in der Personengesellschaft vgl. *Steinbeck*, DB 1995, 761; *Lüttge*, NJW 1994, 5; *Esch*, BB 1993, 664; *ders.*, BB 1996, 1621; *Bippus*, AcP 1995, 13; *Wiedemann*, FS f. Zöllner, 1998, Bd. 1, S. 635.

34 Vgl. *Staub/Schilling*, HGB, § 173 Anm. 16.

35 Dazu *Blaurock/Suttmeyer*, JuS 1989, 96; *Buchner*, DNotZ 1988, 467; *Frey*, ZGR 1988, 281; *Karsten Schmidt*, BB 1989, 1702.

IV. Die Beendigung der KG

Einzige Besonderheit: Der **Tod eines Kommanditisten ist kein gesetzlicher Ausscheidensgrund** (wie der Tod des Komplementärs, §§ 161 II, 131 III 1 Nr. 1 n. F. HGB); vielmehr wird die Gesellschaft (mangels abweichender gesellschaftsvertraglicher Bestimmung) mit den Erben fortgesetzt, § 177 n. F. HGB[36]. Stirbt ein Kommanditist, so rücken der oder die Erben in seine Gesellschafterstellung ein; diese ist bereits nach der gesetzlichen Regelung vererblich, einer gesellschaftsvertraglichen Nachfolgeklausel bedarf es insoweit nicht. Der Erbgang vollzieht sich nach § 1922 BGB. Bei einer Mehrheit von Erben wird nicht etwa die Erbengemeinschaft als solche, sondern jeder Miterbe (nach dem Prinzip der Sonderrechtsnachfolge) zu einem seiner Erbquote entsprechenden Anteil selbständig Kommanditist (ganz h. M.)[37]. Auch insoweit ist § 177 HGB aber dispositiv. Durch qualifizierte Nachfolgeklausel im Gesellschaftsvertrag (vgl. oben D VI 4 c cc) kann auch ein Erbe (unter Ausschluß der Miterben) in die Kommanditistenstellung berufen werden. Jeder Erbe haftet nach § 173 HGB.

Merke: Die KG ist beendet, wenn ihr vorletzter Gesellschafter wegfällt, z. B. die Komplementär-GmbH einer GmbH & Co. KG vermögenslos ist und im HReg gelöscht worden ist (BGH, WM 1988, 432, 434). Grund: Es gibt keine Einmann-Personengesellschaft. Davon zu unterscheiden ist der Fall, daß beim Tod des einzigen Komplementärs dessen Gesellschafterstellung unter vorausbestimmter Umwandlung in eine Kommanditbeteiligung vererbt wird: Dann wandelt sich die KG zur OHG; diese wandelt sich wieder zur KG, wenn einer der »Kommanditisten« die Komplementär-Stellung übernimmt (vgl. BGHZ 101, 171)[38].

V. Die atypische Ausgestaltung der KG

Die gesetzliche Ausgestaltung der KG als Sonderform der OHG geht von einer Personengesellschaft mit überschaubarer Gesellschafterzahl aus, bei der Macht (Geschäftsführung, Vertretung) und umfassende Verantwortung (Haftung) bei dem oder den Komplementären liegen, während der gesellschaftsrechtliche Einfluß des oder der Kommanditisten ihrem beschränkten Haftungsrisiko angepaßt ist. Dieses Verhältnis zwischen Komplementären und Kommanditisten kann aber im Rahmen dispositiver oder nicht normierter Regelungsbereiche je nach den wirtschaftlichen Bedürfnissen abwei-

36 § 177 n. F. HGB ist durch das HRefG redaktionell an die Neufassung des § 131 HGB n. F. angepaßt, bedeutet aber keine Änderung der bisherigen Rechtslage.

37 Vgl. *Heymann/Horn*, HGB, 2. Aufl. 1996, § 177 Anm. 11; *Schlegelberger/Karsten Schmidt*, HGB, § 177 Anm. 12; *Staub/Schilling*, HGB, § 177 Anm. 7.

38 Dazu *Frey*, ZGR 1988, 281.

chend von der gesetzlichen Vorstellung ausgestaltet werden (Gestaltungsfreiheit).

1. Der Kommanditist als »Herr der KG«

Das gilt etwa dann, wenn der **Kommanditist der eigentliche Geldgeber** der Gesellschaft ist oder die wesentliche Arbeit leistet, dementsprechend maßgeblichen Einfluß auf die Gesellschaft haben, gleichwohl aber nur beschränkt haften will. In einem solchen Falle kann die vertragliche Ausgestaltung im Innenverhältnis so weit gehen, daß dem Kommanditisten die Geschäftsführung übertragen wird, während der (oder die) Komplementär(e) an seine Weisungen gebunden oder ganz von der Geschäftsführung ausgeschlossen wird (werden) (vgl. BGHZ 45, 204 = NJW 1966, 1309). Wirtschaftlich hat dann der, der seinen Namen als persönlich haftender Gesellschafter gibt, eine angestelltenähnliche Position, während der Kommanditist zum wahren Leiter des gesellschaftlichen Unternehmens wird. Meist wird dann dem Komplementär neben seiner (oft geringen) Gewinnbeteiligung ein festes Gehalt gezahlt. Häufig wird er zugleich im Innenverhältnis von der Verlusttragung und Haftung freigestellt. Die dem Kommanditisten im Innern eingeräumten Machtbefugnisse können noch verstärkt werden, indem ihm rechtsgeschäftliche (nicht gesellschaftsrechtliche, wegen § 170 HGB) Vertretungsmacht eingeräumt wird, etwa Prokura. Wird in dieser Form das Verhältnis zwischen Macht und Verantwortung umgestaltet (»kapitalistische KG«), so **ändert** dies grundsätzlich **nichts an der bloß beschränkten Haftung des Kommanditisten,** da im Außenverhältnis die in das HReg eingetragene Haftungsbeschränkung (Haftsumme) maßgebend ist. Das gilt selbst dann, wenn etwa der einzige Komplementär mittellos ist. So richtig BGHZ 45, 204 = NJW 1966, 1309[39]:

A gründete mit der mittellosen B eine KG zum Betrieb einer Strickerei. A wurde Kommanditist mit einer Einlage von DM 10 000,–, B persönlich haftende Gesellschafterin; sie brachte ihre Arbeitskraft ein. Die KG wurde im HReg eingetragen. A zahlte seine Einlage. Verhandlungen mit Kunden und Lieferanten führte allein A. Wegen eines Kaufpreisanspruchs aus Warenlieferungen an die KG will G den A persönlich in Anspruch nehmen, »weil dieser der eigentliche Herr des Unternehmens sei«. BGH a. a. O.: Keine Rechtsgrundlage, da die persönliche Haftung des A durch Leistung seiner Einlage ausgeschlossen ist, § 171 I HGB.

2. Kommanditisten in großer Zahl

Sind Kommanditisten in großer Zahl vorhanden, so werden häufig körperschaftliche Strukturelemente (wie z. B. Kommanditistenversammlung, Verwaltungsrat, Vorstand) im Gesellschaftsvertrag aufgegriffen,

39 Dazu insbes. *P. Hofmann*, NJW 1969, 577. Anders *A. Boerner*, Die Haftung des herrschenden Kommanditisten, 1985.

- sei es, um die Rechte und Einflußmöglichkeiten der Kommanditisten weiter zu beschneiden (z. B. indem sie ihre Mitwirkungs- und Kontrollrechte nur nach Mehrheitsbeschluß in der Kommanditistenversammlung durch ihren Vorstand ausüben dürfen),
- sei es, um die eigentliche Leitung des Unternehmens durch die Kommanditisten sicherzustellen (z. B. indem die Komplementäre an die Weisungen des Kommanditistenvorstandes oder ihrer Versammlung gebunden werden).

Literatur: *Nitschke*, Die körperschaftlich strukturierte Personengesellschaft, 1970; *H. Schneider/U. Schneider*, Die Organisation der Gesellschafterversammlung bei Personengesellschaften, FS f. Möhring (1975), S. 271; *Wiedemann*, Verbandssouveränität und Außeneinfluß, FS f. Schilling, 1973, S. 105 ff.; *Reuter*, Der Beirat der Personengesellschaft, FS f. Steindorff, 1990, S. 229; *Haack*, Der Beirat der GmbH & Co. KG, BB 1993, 1607.

3. Publikums- (oder Massen-)KG

Literatur: *Schlarmann*, Die Rechtsprechung des BGH zu Publikumspersonengesellschaften, BB 1979, 192; *U. Schneider*, Sonderrecht für Publikumspersonengesellschaften, ZHR 142 (1978), S. 228; *Kraft*, Die Rechtsprechung des BGH zur Publikums-KG zwischen Vertragsauslegung und Rechtsfortbildung, FS f. Rob. Fischer 1979, S. 321; *Stimpel*, Anlegerschutz durch Gesellschaftsrecht in der Publikums-KG, FS f. Rob. Fischer, 1979, S. 771; *Hüffer*, Die Publikumspersonengesellschaft und das Problem des Anlegerschutzes, JuS 1979, 457; *Bälz*, Treuhandkommanditist, Treuhänder der Kommanditisten und Anlegerschutz, ZGR 1980, 1; *Gieseke*, Besondere Probleme bei der mittelbaren Beteiligung an einer Publikums-KG durch einen Treuhand-Kommanditisten, DB 1984, 970; *Maulbetsch*, Beirat und Treuhand in der Publikumspersonengesellschaft, 1984; *A. Hofmann*, Die Rechtsstellung des Treugebers in der kupierten Publikums-KG, Diss. Göttingen 1985; *M. Reinhardt*, Anlegerschutz bei der Publikums-KG, 1985; *Kellermann*, Zur Anwendung körperschaftsrechtlicher Grundsätze und Vorschriften auf die Publikums-KG, FS f. Stimpel, 1985, S. 295; *K.-F. Lenz*, Publikums-KG und KG auf Aktien, 1986; *Brandes*, Die Rechtsprechung des BGH zur GmbH & Co. KG und zur Publikumsgesellschaft, WM 1987, Sonderbeilage Nr. 1; Fortsetzung WM 1990, 1221; WM 1994, 569; *Wawrzinek*, Unternehmensinterner Anlegerschutz im Recht der Publikumspersonengesellschaften, 1987; *J. Dietrich*, Die Publikums-KG und die gesellschaftsrechtlich geschützten Interessen, 1988; *Wüst*, Vom Präjudiz zur Prinzipienbildung bei der Publikums-KG, ZHR 1988, 215; *Sauer*, Die Publikums-Kommanditgesellschaft, 2. Aufl. 1989; *Grote*, Anlegerschutz bei der Publikums-KG durch Einrichtung eines Beirats, 1995; *Schiefer*, Rechtsformen der Publikumsgesellschaften und Sonderrecht der Publikums-KG, DStR 1997, 119, 164.

Aktuell und durchaus examensrelevant ist ein Sonderrecht für sog. Publikums- oder Massen-KG, das der BGH in den letzten 25 Jahren in weit über 50 Entscheidungen herausgebildet hat. Kennzeichen der Publikums-KG ist, daß sie nur von wenigen Personen (meist in der Form der GmbH & Co. KG) gegründet wird, aber doch von vornherein auf die **Aufnahme** (den Beitritt) einer **Vielzahl von Kommanditisten** (sog. Anlagegesellschafter) **angelegt** ist (KG mit mehreren 100 Kommanditisten sind keine Seltenheit), die **in der Öffentlichkeit geworben** werden sollen.

Besondere praktische Bedeutung hat diese KG-Form als sog. **Abschreibungsgesellschaft** (vgl. zu deren Rechtsnatur Sack, DB 1974, 1657; allgemein Hopt, Gutachten zum 51. DJT, S. G 28 ff.; v. Armansperg, Die Abschreibungsgesellschaft, 1983) gefunden, die vom Gesetzgeber gesetzte Investitionsanreize durch Sonderabschreibungen (namentlich für Investitionen in Berlin, im (früheren) Zonenrandgebiet, in der Schiff- und Luftfahrt sowie in Entwicklungsländern) ausnutzt und durch Verlustzuweisung (von weit über 100 % der Kapitalbeteiligung[40]) an ihre Gesellschafter als Mitunternehmer deren Einkommensteuerbelastung mindert, so daß diesen möglich wird, ihre Beteiligung wesentlich oder gar ganz aus ersparter Einkommensteuer (vor) zu finanzieren. Das erklärt die Attraktivität dieser Kapitalanlage vor allem für diejenigen, die in der Einkommensteuerprogression hoch stehen. Daneben kommt der Publikums-KG insbes. bei sog. **geschlossenen Immobilienfonds** Bedeutung zu (vgl. Hopt, a. a. O., S. G 38 ff.; Klumpe/Nastold, Immobilienfonds, 1993).

Auf beiden Tätigkeitsfeldern hat die Publikums-KG die AG in ihrer klassischen Form als Kapitalsammelbecken verdrängt, obwohl nach Kapitalbedarf und Gesellschafterzahl diese die gesetzlich vorgesehene Rechtsform wäre und im Gegensatz zu ihr kein wirksamer gesetzlicher Anlegerschutz bei der Publikums-KG besteht.

Mit dem Sonderrecht bezweckt der BGH den **Schutz der Anlagegesellschafter** und daneben die Sicherung der **Funktionsfähigkeit der Massen-KG.** Methodisch bewegt sich das Gericht dabei zwischen »ergänzender« (Gesellschafts-) Vertragsauslegung und offener richterlicher Rechtsfortbildung. Trotz weitgehender Billigung in der Literatur[41] bestehen m. E. grundsätzliche Bedenken gegen diese Rechtsprechung, weil die für jede Schutzregelung unverzichtbare Schutzbedürftigkeit im Falle der Anlagegesellschafter ohne Zuhilfenahme rechtspolitischer Überlegungen nicht dargetan werden kann. Rechtspolitische Entscheidungen sind jedoch grundsätzlich vom Gesetzgeber zu treffen. Es ist allerdings festzustellen, daß der Gesetzgeber angesichts des vom Gesellschaftsrechtssenat des BGH geschaffenen Sonderrechts seinerseits kein Bedürfnis für eine gesetzliche Regelung gesehen hat[42].

Nach der Rechtsprechung des BGH sind bei der Publikums-KG insbes. folgende **besonderen Rechtsgrundsätze** zu beachten:

a) Nach einem Grundsatzurteil vom 14. 4. 1975 (BGHZ 64, 238)[43] unterliegen ihre Gesellschaftsverträge gerichtlicher **Inhaltskontrolle** nach § 242 BGB.

Dabei handelt es sich um eine Billigkeitskontrolle, die die Gestaltungsfreiheit der Gründer im Interesse der Anlagegesellschafter hinter die durch §§ 134, 138 BGB gezogenen Grenzen zurückdrängt. Begründung (in Anlehnung an die Rspr. zu AGB): Derartigen Verträgen fehle der Vertragskompromiß als Gewähr dafür, daß die Interessen aller Beteiligten berücksichtigt seien, weil die Anlagegesellschafter mit dem Aufnahmevertrag nur einen fertig

40 Es ist allerdings zu beachten, daß § 15 a EStG die Verlustverrechnungsmöglichkeiten bei der Einkommensteuer stark einschränkt; vgl. *Sturm*, WM 1980, 914 und oben FN 14.

41 Vgl. m. w. N. nur *Hopt*, ZHR 141 (1977), S. 389, 405 ff.; *U. Schneider* a. a. O.; *Ulmer*, Richterrechtliche Entwicklungen im Gesellschaftsrecht 1971–1985, 1986, S. 18 ff.; kritischer *Martens*, JZ 1976, 511; *Crezelius*, BB 1985, 209, 215.

42 Vgl. *Krieger*, FS f. Stimpel, 1985, S. 307.

43 Dazu *Schulte*, ZGR 1976, 97; *Martens*, JZ 1976, 511.

vorformulierten Gesellschaftsvertrag unterzeichneten, auf den sie keinen mitgestaltenden Einfluß ausüben könnten. Der BGH hat deshalb einer für »Aufsichtsratsmitglieder« extrem günstigen gesellschaftsvertraglichen Haftungsbegrenzung und Verjährungsverkürzung die Wirksamkeit versagt. Obwohl zwischenzeitlich § 23 I AGB-Gesetz (lesen!) zumindest der Anknüpfung an förmliche Parallelen von AGB und vorformulierten Gesellschaftsverträgen für eine offene Inhaltskontrolle den Boden entzogen hat, hält der BGH an dieser fest[44].

b) Ihre Gesellschaftsverträge unterliegen trotz grundsätzlicher Formfreiheit einem partiellen **Formzwang:** Alle Verpflichtungen, die der Gesellschaft gegenüber Gründungsgesellschaftern auferlegt werden und diesen Vorteile verschaffen, müssen, um wirksam zu sein, in einen **schriftlich** festgelegten Gesellschaftsvertrag (oder in einen ordnungsgemäß zustandegekommenen und **protokollierten** Gesellschafterbeschluß) aufgenommen werden, um für Beitretende ersichtlich zu sein. Beispiele formlos unwirksamer Nebenabreden: Geschäftsführervergütung, Gründerhonorar (BGH, NJW 1976, 1451; dazu Heinze, ZGR 1979, 106); Freistellung von der Kommanditeinlage (BGH, NJW 1978, 755), Recht der Komplementärin, die Beiträge der Kommanditisten ohne Gesellschafterbeschluß zu erhöhen (BGH, NJW 1979, 419).

c) Der bei Personengesellschaften aus Gründen des Minderheitenschutzes ansonsten (noch) beachtete **Bestimmtheitsgrundsatz** für die Änderung des Gesellschaftsvertrages durch **Mehrheitsbeschluß** (vgl. C I 6) **gilt nicht.** Bei der Publikums-KG sind deshalb vertragsändernde Mehrheitsbeschlüsse schon dann zulässig, wenn der Gesellschaftsvertrag das Mehrheitsprinzip vorsieht, ohne die Beschlußgegenstände näher zu bezeichnen (BGHZ 71, 53, 58 f. = JZ 1978, 610 mit Anm. Wiedemann; vgl. auch schon BGHZ 69, 160, 165 sowie BGHZ 66, 82, wo die betragsmäßig nicht begrenzte Erhöhung der Beiträge durch Mehrheitsbeschluß gebilligt wird; zum ganzen Hadding, ZGR 1979, 636). Damit soll eine vernünftige Fortentwicklung der Massen-KG ermöglicht werden. Ob der Gesichtspunkt ihrer Funktionsfähigkeit stark genug ist, um (in Anlehnung an § 179 II AktG) das Mehrheitsprinzip selbst dann gelten zu lassen, wenn es im Gesellschaftsvertrag nicht vorgesehen ist, hat der BGH offen gelassen.

---

44 Vgl. BGH, WM 1982, 583, 760; 1983, 1407; WM 1988, 23, 939. Lit.: *U. H. Schneider*, Die Inhaltskontrolle von Gesellschaftsverträgen, ZGR 1978, 1; *Reuter*, Richterliche Kontrolle der Satzung von Publikums-Personengesellschaften, Die AG 1979, 321; *G. A. Wilhelm*, Die Problematik der Massen-KG, insbes. die Probleme bei Überprüfung, Auslegung und Ergänzung der Gesellschaftsverträge, Diss. Tübingen 1981; *v. Westphalen*, Richterliche Inhaltskontrolle von Standard-Klauseln bei einer Publikums-KG und der Prospekthaftung, DB 1983, 2745; *Heid*, Die Inhaltskontrolle des Vertrages der Publikumspersonengesellschaft nach AGB-Grundsätzen, DB 1985, Beilage Nr. 4; *ders.*, Mehrheitsbeschluß und Inhaltskontrolle als Instrumentarien des Kapitalanlegerschutzes in der Publikums-GmbH & Co. KG, 1986; *Hille*, Die Inhaltskontrolle der Gesellschaftsverträge von Publikums-Personengesellschaften, 1986; *Nassall*, Die Inhaltskontrolle des Gesellschaftsvertrages der »kupierten« Publikums-KG, BB 1988, 286. Beachte auch *Fastrich*, Richterliche Inhaltskontrolle im Privatrecht, 1992, S. 124 ff.

Der Mehrheitsbeschluß kann jedoch unwirksam sein, z. B. wenn ein Gesellschafter ohne seine Zustimmung gegenüber anderen zu seinem Nachteil ungleich behandelt wird oder ihm unentziehbare Rechte[45] entzogen werden. Für die Publikums-KG besteht nach BGH (WM 1985, 195, 256) jedoch dann die Besonderheit, daß in solchen Fällen der Mehrheitsbeschluß wirksam ist, wenn der betroffene Gesellschafter aufgrund seiner gesellschaftsrechtlichen Treuepflicht seine Zustimmung hätte erteilen müssen. Die nicht oder pflichtwidrig abgegebene Stimme soll dann (ohne Zustimmungsklage!) so zu behandeln sein, als sei sie entsprechend der Treuepflicht abgegeben worden.

d) Der BGH hält daran fest, daß die **Aufnahme eines Beitrittswilligen** in eine bereits bestehende Publikums-KG immer **durch Vertrag mit allen Altgesellschaftern** erfolgt (BGH, WM 1985, 125, 258; dabei hat der BGH anerkannt, daß der Vertrag unter der Bedingung der vollen Finanzierung der Beitragsverbindlichkeit geschlossen werden kann); in der Praxis werden dabei die Altkommanditisten in der Regel durch den Komplementär (meist eine GmbH, die durch ihren Geschäftsführer handelt) vertreten.

Dessen Bevollmächtigung kann schon in der gesellschaftsvertraglichen »Ermächtigung« gesehen werden, daß weitere Gesellschafter aufgenommen werden können. Schließt in einem solchen Fall der Komplementär den Aufnahmevertrag »namens der KG«, so kann dies nach dem objektiven Erklärungswert als ein Handeln im eigenen und zugleich im Namen aller Altgesellschafter interpretiert werden (BGH, BB 1976, 154). Um die Neuaufnahme zu erleichtern, hat es der BGH (NJW 1978, 1000) daneben zugelassen, daß die Gesellschafter »die KG selbst« ermächtigen, Aufnahmeverträge mit Beitrittswilligen im eigenen Namen mit Wirkung für alle Gesellschafter abzuschließen (Verpflichtungsermächtigung).

e) Ein **Verschulden** des Komplementärs **beim Abschluß eines Aufnahmevertrages** (namentlich durch arglistige Täuschung der Beitrittswilligen) wird den Alt-Anlagekommanditisten gleichwohl nicht zugerechnet; deshalb haften sie nicht aus c. i. c. Eine (entsprechende) Anwendung des § 278 BGB, der ansonsten nach h. M. auch bei c. i. c. gilt (vgl. etwa BGH, WM 1987, 1336), lehnt der BGH grundsätzlich ab. § 278 BGB findet jedoch Anwendung, wenn ein (Alt-)Kommanditist, der nicht nur Kapitalanleger ist, als Initiator, Gründer und Gestalter der Publikums-KG hervorgetreten ist (BGH, WM 1984, 1529; WM 1987, 811), wenn er Financier der Gesellschaft gewesen ist (BGH, WM 1991, 637) oder wenn er durch unrichtige Angaben selbst bewirkt hat, daß Anlagegesellschafter beigetreten sind (BGH, ZIP 1992, 322).

Begründung (für die grundsätzliche Ablehnung der analogen Anwendung des § 278 BGB): Sämtliche Beitrittsverhandlungen und -abschlüsse sind dem Einfluß- und Verantwortungsbereich der Anlagegesellschafter entzogen, so daß ihnen auch keinerlei Verhandlungsvertrauen entgegengebracht wird (grundlegend: BGH, NJW 1973, 1604, 1605). Im Regelfall kommt daher nur ein Schadensersatzanspruch gegen den Komplementär (meist die Komplementär-GmbH) selbst aus c. i. c. in Betracht. Dies folgt schon daraus, daß dieser zugleich im eigenen Namen die Aufnahmeverträge schließt; einer Heranziehung des Grundsatzes, daß der Vertreter für Verschulden bei Vertragsschluß selbst haftet, wenn er für seine Per-

45 Vgl. zur Abgrenzung *Löffler*, NJW 1989, 2656; *Hermanns*, Unverzichtbare Mitverwaltungsrechte des Personengesellschafters, 1993.

son Vertrauen in Anspruch genommen und dadurch die Vertragsverhandlungen beeinflußt hat, bedarf es insoweit nicht.

Immerhin können nach diesem Grundsatz sonstige Vertreter oder Sachwalter der Publikumsgesellschaft, die nicht selbst Vertragspartner werden sollen, aus c. i. c. haften; diese Ansprüche unterliegen einer 30jährigen Verjährungsfrist (BGH, WM 1984, 475, 477; 1985, 533, 534; 1986, 583).

f) In mehreren Entscheidungen hat der BGH für den Fall, daß Beitrittsinteressenten durch (schuldhaft) **unrichtige oder unvollständige Werbeprospekte** (zum Umfang der Aufklärungspflicht vgl. BGHZ 79, 337) zum Beitritt veranlaßt wurden, den Kreis der Haftenden erheblich erweitert. Im Unterschied zur Haftung aus c. i. c. spricht der BGH dabei von der bürgerlichrechtlichen **Prospekthaftung**[46]. Dabei kann der Geschädigte unter zwei Möglichkeiten des Schadensausgleichs wählen: Er kann an der Beteiligung festhalten und Ersatz der durch das Verschulden des anderen Teils veranlaßten Mehraufwendungen fordern (BGH, WM 1989, 416, 417 f.). Er kann aber auch verlangen, so gestellt zu werden, wie er gestanden hätte, wenn er der Gesellschaft nicht beigetreten wäre. In diesem Fall geht die Haftung auf Ersatz des Schadens, den Beitretende dadurch erlitten haben, daß sie den Prospektangaben vertrauten. Da andernfalls der Beitritt nicht erfolgt wäre, besteht der Schaden in dem Verlust der Einlage (BGHZ 79, 337, 346) und (gemäß § 252 BGB) entgangener Zinsvorteile, weil das Eigenkapital in solcher Höhe erfahrungsgemäß nicht ungenutzt geblieben, sondern zu einem üblichen Zinssatz angelegt worden wäre (BGH, WM 1992, 143). Der Geschädigte ist seinerseits aber (entsprechend §§ 280 II, 286 II i. V. m. §§ 346, 348 BGB) verpflichtet, Zug um Zug gegen Ausgleich seines Schadens dem Schädiger den Gesellschaftsanteil zu überlassen, den er aus dem Beitritt erlangt hat (BGH a. a. O.).

Diese »Prospekthaftung« trifft alle Personen, die wie etwa Gesellschafter-Geschäftsführer der Komplementär-GmbH (so BGHZ 71, 284) oder Gründergesellschafter und Beiratsmitglieder besonderen Einfluß in der Publikums-KG ausüben und Mitverantwortung tragen, wenn die Prospekte mit deren Wissen und Willen in Verkehr gebracht wurden (so BGHZ 72,

---

46 Vgl. *Köndgen*, Zur Theorie der Prospekthaftung, Die AG 1983, 85, 120; *P. Scholz*, Die Prospekthaftung, Jura 1983, 1; *v. Bar*, Vertrauenshaftung ohne Vertrauen. Zur Prospekthaftung bei der Publikums-KG in der Rspr. des BGH, ZGR 1983, 476; *v. Teuffel*, Zur Zulässigkeit der Prospekthaftung als eigenständiges Rechtsinstitut, DB 1985, 373; *Assmann*, Prospekthaftung als Haftung für die Verletzung kapitalmarktbezogener Informationsverkehrspflichten nach deutschem und US-amerikanischem Recht, 1985; *Pleyer*, Zur Grundlage des Schadensersatzanspruches wegen fehlerhafter Prospekte beim Vertrieb von Anteilen an einer Publikums-KG in der Rspr. des BGH, FS f. Stimpel, 1985, S. 335; *Pleyer/Hegel*, Die Prospekthaftung bei der Publikums-KG. Detailfragen anhand der Rspr. des BGH, ZIP 1985, 1370; *dies.*, Zur Grundlage der Prospekthaftung bei der Publikums-KG in der Literatur, ZIP 1986, 681; *Lengerke*, Prospekthaftung bei Verlustzuweisungsgesellschaften, Diss. Osnabrück 1986; *v. Morgen*, Die differenzierende Rspr. des BGH zur Verjährung von Prospekthaftungsansprüchen, NJW 1987, 474; *Schießl*, Zur Verjährung von Prospekthaftungsansprüchen gegen Anlagevermittler, NJW 1987, 1684; *Wiengarten*, Anlegerschutz beim Vertrieb von Anteilen an Publikumspersonengesellschaften, Diss. Münster 1987; *Grotherr*, Die Bedeutung der Prospektprüfung als Instrument des Anlegerschutzes, DB 1988, 742; *v. Grießenbeck*, Zur Anwendbarkeit des § 98 HGB auf Emissionsgehilfen beim Vertrieb von Anteilen einer Publikums-KG, BB 1988, 2188.

382; WM 1986, 583). In gleicher Weise sollen Personen haften, die als Rechtsanwälte oder Wirtschaftsprüfer (BGHZ 77, 172) oder Vermittler von Kapitalanlagen (BGH, WM 1979, 530) eine berufliche Garantenstellung bei der Herausgabe des Prospektes einnehmen, sofern sie, wie der BGH einschränkend verlangt (WM 1986, 904, 906), nach außen namentlich in Erscheinung getreten sind. Der BGH stützt diese Haftung nicht auf einen durch den Prospekt geschaffenen konkreten Vertrauenstatbestand, sondern auf die **abstrakte** Überlegung, daß das Vertrauen der Beitretenden typischerweise dieser Personengruppe gilt (»typisiertes Vertrauen«). In Abweichung von der allgemeinen 30jährigen Verjährungsfrist soll der Prospekthaftungsanspruch in Fällen typisierter Vertrauenstatbestände in Anlehnung an § 20 KAGG in sechs Monaten seit Kenntniserlangung von der Unrichtigkeit oder Unvollständigkeit verjähren, spätestens jedoch drei Jahre seit Beitritt (BGH DB 1982, 1160). Bei **konkreter** Inanspruchnahme von Vertrauen soll es dagegen bei der Haftung von Vertretern und Sachwaltern nach der hergebrachten Rechtsprechung zur c. i. c. und bei der normalen Verjährungsfrist bleiben (BGH, DB 1982, 1160; DB 1984, 1671, 1920; WM 1985, 533).

Über die zivilrechtliche Prospekthaftung hinaus setzen sich diejenigen einer **Schadensersatzpflicht nach § 823 II BGB i. V. m. § 264 a StGB** (Kapitalanlagebetrug) aus, die in Prospekten bezüglich der für eine Anlageentscheidung erheblichen Umstände unrichtige vorteilhafte Angaben machen oder nachteilige Tatsachen verschweigen. § 264 a StGB, der durch das 2. WiKG eingefügt wurde und am 1. 8. 1986 in Kraft trat, ist Schutzgesetz i. S. des § 823 II BGB[47].

Merke: Kapitalanlageberater und Anlagevermittler können auch aus positiver Vertragsverletzung wegen Schlechterfüllung des mit einem Anlageinteressenten geschlossenen Geschäftsbesorgungsvertrages haften, wenn sie unrichtige oder unvollständige Informationen geben; zum Umfang dieser Informationspflicht vgl. BGH, DB 1982, 482.

g) Gesellschafter, die als Mitglieder gesellschaftsvertraglich vorgesehener Aufsichts-, Bei- oder Verwaltungsräte ihre Pflichten[48] verletzen, können sich mangels eines persönlichen Vertrauensverhältnisses zwischen den Gesellschaftern der Massen-KG nicht auf die Haftungsbeschränkung des § 708 BGB berufen. Sie haben vielmehr die im Verkehr erforderliche Sorgfalt zu beachten und **haften der Gesellschaft** (BGH, WM 1984, 1640) entsprechend §§ 116, 93 AktG (BGHZ 69, 207) mit 5jähriger Verjährungsfrist (BGHZ 87, 84).

h) Ein Anlagegesellschafter, der durch arglistige Täuschung[49] zum Eintritt in eine Publikums-KG bewogen wurde, hat ein Recht zur **fristlosen Kündigung seiner Mitgliedschaft** mit der Folge, daß er sofort ausscheiden kann und die KG im übrigen fortbesteht (BGHZ 63, 338; BGH, NJW 1976, 894). Dieses Kündigungsrecht endet mit der Auflösung der KG, namentlich mit

47 Vgl. zur Bedeutung des § 264 a StGB für den Anlegerschutz *Grotherr*, DB 1986, 2584; *Joecks*, Wistra 1986, 142; *Cerny*, MDR 1987, 271; *Knauth*, NJW 1987, 28; *Pleyer/Hegel*, ZIP 1987, 79; *Rössner/Worms*, BB 1988, 93.

48 Zu deren Umfang vgl. BGH, NJW 1978, 425; zu den Aufgaben des Beirats und den Anforderungen an eine schuldhafte Pflichtverletzung vgl. BGH, WM 1979, 1425; OLG Düsseldorf, WM 1984, 1080. Vgl. zur »Haftung der Beiratsmitglieder einer personalistischen GmbH & Co. KG« *Kinze*, NJW 1992, 2790.

49 Diese Rspr. ist auf den infolge arglistiger Täuschung fehlerhaften Beitritt gerichtet und läßt sich grundsätzlich nicht auf andere wichtige Gründe i. S. des § 133 HGB erstrecken; vgl. BGH, NJW 1977, 2160; BGH, NJW 1978, 376; dazu *Loritz*, NJW 1981, 369.

Konkurseröffnung (jetzt: Eröffnung des Insolvenzverfahrens) über ihr Vermögen (BGH, NJW 1979, 765).

Diese Lösung basiert auf folgender Überlegung: Die arglistige Täuschung führt zum fehlerhaften (weil anfechtbaren) Beitritt des Getäuschten und bringt die Grundsätze über die fehlerhafte Gesellschaft zur Anwendung (vgl. D V 3). Danach ist die Fehlerhaftigkeit (hier: Anfechtbarkeit) wie ein zur Auflösung der KG führender wichtiger Grund, d. h.nach dispositiver gesetzlicher Regelung durch Auflösungsklage (§§ 161 II, 133 HGB), sofern es der Gesellschaftsvertrag zuläßt, durch fristlose Kündigung geltend zu machen. Die Auflösung läuft jedoch dem allseitigen Interesse am Bestand der Massen-KG zuwider. Ein sachgemäßes Ergebnis ergab sich aber, wenn der Gesellschaftsvertrag die fristlose Kündigung unter den von § 138 HGB a. F. vorausgesetzten Modifikationen zuließ. Dann konnte der Getäuschte seine Mitgliedschaft kündigen und ausscheiden, so wie es jetzt § 131 III 1 Nr. 3 HGB n. F. bei Kündigung des Gesellschafters vorsieht. Diese Lösung erklärte der BGH aber schlechthin für »allein sachgerecht«, selbst wenn ihr im konkreten Fall die Grundlage im Gesellschaftsvertrag fehlt (d. h. die fristlose Kündigung bei wichtigem Grund nicht zugelassen ist). In diesen Fällen kann eine Anfechtung des Beitritts in eine fristlose Kündigung der Mitgliedschaft umgedeutet werden (§ 140 BGB). Sie muß gegenüber allen oder einem empfangsberechtigten Gesellschafter erklärt werden. Dabei genügt der Zugang beim Komplementär schon dann, wenn dieser zum Abschluß von Aufnahmeverträgen ermächtigt ist (BGH, NJW 1975, 1700).

Wie immer beim Ausscheiden eines Gesellschafters findet eine Vermögensauseinandersetzung nach den (dispositiven) §§ 738 ff. BGB, §§ 105 III, 161 II HGB statt. Dazu ist eine Abschichtungsbilanz aufzustellen; in diese gehen Einzelansprüche, auch die Pflicht zur Leistung der Einlage, als Abrechnungsposten ein (vgl. BGH, NJW 1978, 424, 2154). Ergibt sich ein Passivsaldo, so erhält der Getäuschte nichts zurück und muß seine noch nicht geleistete Einlage zahlen. Eine Aufrechnung mit Schadensersatzansprüchen aus Verschulden beim Vertragsschluß scheitert am Merkmal der Gegenseitigkeit (s. oben e).

i) Bei der Publikums-KG wird bei der vertraglichen Festlegung der vom Kommanditisten zu erbringenden Leistung nicht selten zwischen einer »Kommanditeinlage« und einem »Darlehen« oder einer »stillen Beteiligung« unterschieden, ohne daß die letzteren Leistungen – was in Abgrenzung etwa zum schuldrechtlichen Darlehen durch Auslegung zu ermitteln ist – die Eigenschaft verlieren, Teil des gesellschaftsvertraglich geschuldeten Gesamtbeitrags zu sein. Sie haben dann die Eigenschaft **haftenden Eigenkapitals** der KG.

Das bedeutet im Zweifel, daß die Gesellschafter den Darlehensbetrag der Gesellschaft bis zum Ablauf der festgesetzten Zeit tatsächlich belassen müssen (BGHZ 70, 60, 63 f.). Der BGH leitet daraus ab, daß solche Leistungen – ebenso wie die Kommanditeinlage – in der Liquidation oder im Konkurs (jetzt: in der Insolvenz) der Gesellschaft zur Befriedigung der Gesellschaftsgläubiger zur Verfügung stehen müssen. Dementsprechend kann sie der Konkursverwalter (Insolvenzverwalter) einfordern (BGH, WM 1985, 258, 284); Anspruchsgrundlage: die Beitragspflicht nach § 705 BGB, §§ 105 III, 161 II HGB. Im Konkurs der Gesellschaft ist ein Anspruch auf Rückzahlung des Darlehens ausgeschlossen (BGH, WM 1981, 761; 1982, 742). Andererseits können dann aber auch die Darlehensleistungen als Einlageleistungen i. S. von § 171 I HGB angesehen werden, mit denen der Kommanditist von seiner Haftung für Gesellschaftsschulden frei wird (BGH, WM 1982, 742 = JA 1983, 86 mit Anm. Häuser).

Literatur: *H. P. Westermann*, Kapitalersetzende Darlehen bei Publikums-Personengesellschaften, FS f. Fleck, 1988 (ZGR-Sonderheft 7), S. 423.

Schwieriger Übungsfall: Dr. med. B vereinbart mit A seinen Beitritt als Kommanditist zur »W. Vermittlungsgesellschaft mbH & Co Immobilien KG«. Deren einziger persönlich haftender Gesellschafter ist die »W. Vermittlungsgesellschaft mbH«, als deren alleiniger Geschäftsführer A bestellt ist. Laut Gesellschaftsvertrag der KG, die auf den Beitritt einer Vielzahl Kommanditisten angelegt ist und mehr als 300 Kommanditisten hat, ist der Komplementär »ermächtigt«, Beitrittserklärungen weiterer Kommanditisten anzunehmen. Von der mit A vereinbarten Einlage in Höhe von DM 100 000,– zahlt B sofort DM 50 000,–; weitere DM 50 000,– sollen ein halbes Jahr später fällig werden. Kurz vor diesem Termin erfährt B, daß A ihn durch arglistige Täuschung zum Beitritt bewogen hat. B schreibt daraufhin sofort an A, er fechte seine Beitrittserklärung an. Die KG fordert zum Fälligkeitstermin gleichwohl weitere DM 50 000,– von B. Sie macht geltend, für B ergebe sich jedenfalls bei einer Abschichtungsbilanz ein negatives Kapitalkonto von über DM 120 000,–. B erklärt hilfsweise, er rechne mit Schadensersatzansprüchen aus Verschulden beim Vertragsschluß auf. Wie ist die Rechtslage?

Prüfen Sie als Anspruchsgrundlagen: a) Anspruch auf vereinbarten Beitrag: §§ 161 II, 105 III HGB, 705 BGB; b) Anspruch aus Verlustbeteiligung: § 739 BGB i. V. m. §§ 105 III, 161 II, 167 III HGB.

Weiterer Übungsfall bei Hopt/Ratge, JuS 1987, 224.

VI. Die GmbH & Co. KG

Literatur: *Brandes*, Die Rspr. des BGH zur GmbH & Co. KG und zur Publikumsgesellschaft, WM 1987, Sonderbeilage Nr. 1; *Binz*, GmbH &. Co., 8. Aufl. 1992; *Brönner/Rux/Wagner*, Die GmbH & Co. KG: Umfassende Erläuterungen, Beispiele und Musterformulare für die Rechtspraxis, 8. Aufl. 1998; *Hesselmann/Tillmann*, Handbuch der GmbH & Co., 18. Aufl. 1997; *Hunscha*, Die GmbH & Co. KG als Alleingesellschafterin ihrer GmbH-Komplementärin, 1974; *Klamroth*, Die GmbH & Co. KG, 8. Aufl. 1998; *Klauss/Birle*, Die GmbH & Co. KG, 7. Aufl. 1988; *Priester*, Vertragsgestaltung bei der GmbH & Co. KG, 2. Aufl. 1991; *Schulze zur Wiesche*, GmbH & Co. KG, 2. Aufl. 1991; *Skibbe*, Die dreistufige GmbH & Co. KG im Gesellschafts-, Mitbestimmungs- und Umwandlungsrecht, WM 1978, 890; *Streim/Klaus*, Zur Rechnungslegung, Prüfung und Publizität der GmbH & Co. KG, BB 1994, 1109; *Sommer*, Die Gesellschaftsverträge der GmbH & Co. KG, 2. Aufl. 1997; *Sudhoff/Sudhoff*, Der Gesellschaftsvertrag der GmbH & Co., 8. Aufl. 1992; *Sudhoff/Sudhoff*, Rechte und Pflichten des Geschäftsführers einer GmbH und einer GmbH & Co. KG, 14. Aufl. 1994; *Tillmann*, Der GmbH-Geschäftsführervertrag, 5. Aufl. 1989; *Uhlenbruck*, Die GmbH & Co. KG in Krise, Konkurs und Vergleich, 2. Aufl. 1988; *Th. Zacher*, Kapitalsicherung und Haftung in der GmbH & Co. KG, 1992; ferner zu aktuellen Problemen die Beiträge insbes. in GmbHRdsch., BB und DB.

Die GmbH & Co. KG ist eine KG, deren einziger Komplementär eine GmbH ist. Es ist eine im Wirtschaftsleben beliebte und bedeutungsvolle Konstruktion einer Unternehmensverbindung durch gesellschaftsrechtliche Beteiligung einer GmbH an einer KG. Diese Kombination der GmbH-Form mit der KG-Form entspricht zwar nicht dem gesetzlichen Leitbild der KG (unbeschränkte Haftung mindestens einer natürlichen Person), ist aber **heute unbedenklich zulässig** (seit RGZ 105, 101 ff.) und vom Gesetz anerkannt (vgl.

unten 4), weil sich auch eine juristische Person als Komplementär an einer KG beteiligen kann (ihre Beteiligung als Kommanditist ist nie ernsthaft bezweifelt worden). Formale Begründung: Auch die juristische Person haftet als Komplementär mit ihrem ganzen Vermögen, auch wenn dies bei der GmbH bei Errichtung nur aus der Mindestsumme von nunmehr 25.000 Euro zu bestehen braucht (§ 5 I GmbHG).

1. Gestaltungsmöglichkeiten

Die Rechtsform der GmbH & Co. KG eröffnet **verschiedene Gestaltungsmöglichkeiten,** insbes.:

a) Eine GmbH wird Komplementärin einer KG, **ohne** im übrigen mit den Kommanditisten (meist natürlichen Personen) der KG personell verbunden zu sein.

b) Die späteren Kommanditisten gründen zunächst eine GmbH, dann mit dieser GmbH als Komplementärin eine KG (die personelle Verbundenheit liegt dann darin, daß die **Kommanditisten die Gesellschafter der Komplementär-GmbH** sind).

Beispiel: Eine GmbH & Co. KG besteht aus den Kommanditisten A, B und C, die zugleich die Gesellschafter der Komplementär-GmbH sind, zu deren Geschäftsführer A bestellt ist. A schließt im Namen der KG (für die er als Organ der GmbH die der GmbH als Geschäftsführerin der KG zustehende Vertretungsbefugnis ausübt) mit sich selbst als Vertragspartner einen Darlehensvertrag und übereignet sich DM 50 000,–. B und C sind damit einverstanden. Sind diese Verträge wirksam? BGHZ 58, 115 = NJW 1972, 623: Nein, verbotenes Selbstkontrahieren des A nach § 181 BGB[50]. Fassen dagegen A, B und C den einstimmigen Beschluß, den Gesellschaftsvertrag zu ändern (z. B. die Einlagen zu erhöhen), so liegt darin zugleich die Erlaubnis für A, sowohl als Vertreter der Komplementär-GmbH als auch in eigenem Namen als Kommanditist bei der Vertragsänderung mitzuwirken; BGH, NJW 1976, 1538.

Besondere Variante: Die Einlage der Kommanditisten besteht in ihrem Geschäftsanteil an der Komplementär-GmbH. Dann wird mit Abtretung der Anteile (beachte § 172 VI HGB) die KG alleinige Gesellschafterin ihrer Komplementär-GmbH mit der Folge, daß die Geschäftsführung der KG (einschließlich der Ausübung der Gesellschafterstellung in der GmbH) allein durch den (oder die) Geschäftsführer der GmbH erfolgt. Diese **sog. Einheitsgesellschaft** kann vor allem dem reibungslosen Zusammenspiel in der KG und GmbH dienstbar gemacht werden[51].

c) Es wird zunächst eine Einmann-GmbH gegründet (§ 1 GmbHG) (oder, was aber nach neuem Recht nicht mehr nötig ist, eine Zweimann-GmbH, aus der dann durch Übernahme des Geschäftsanteils des einen durch den anderen Gesellschafter eine Einmann-GmbH entsteht), bei der der einzige Gesell-

50 Vgl. dazu *Frank*, NJW 1974, 1073; ferner *Konow*, GmbHRdsch. 1972, 262.
51 Vgl. dazu *Hunscha* a. a. O.; *Mayer*, BB 1979, 1072; *Bülow*, DB 1982, 527; *Esch*, BB 1991, 1129.

schafter alleiniger Geschäftsführer wird. Dieser gründet dann persönlich als Kommanditist mit der Einmann-GmbH als Komplementärin eine KG. So ist es möglich, daß **eine** natürliche Person eine KG betreibt, ohne persönlich unbeschränkt haften zu müssen.

2. Verfolgte Ziele

Für die Wahl der Rechtsform der GmbH & Co. KG **sind steuerrechtliche,** vor allem aber auch **gesellschaftsrechtliche Überlegungen maßgebend.**

a) Unter **steuerrechtlichen** Aspekten ist zu beachten, daß die mit der früheren Doppelbesteuerung von Kapitalgesellschaften (hier: GmbH) u. U. verbundenen Steuernachteile (Kapitalgesellschaften unterlagen hinsichtlich ihrer Gewinne der Körperschaftsteuer, außerdem ausgeschüttete Gewinne bei den Gesellschaftern der Einkommensteuer) durch das Körperschaftsteuerreformgesetz 1976 abgebaut sind. Danach wird durch das sog. Verrechnungsverfahren eine steuerliche Doppelbelastung dadurch ausgeschlossen, daß die Körperschaftsteuer für ausgeschütteten Gewinn auf die Einkommensteuerschuld der Anteilseigner angerechnet wird. Zu anderen steuerrechtlichen Problemen vgl. die angegebene Spezialliteratur.

b) **Gesellschaftsrechtlich** wird insbes. erreicht:

(1) Keine der als Kommanditisten beteiligten natürlichen Personen haftet unbeschränkt. Zwar haftet die Komplementär-GmbH unbeschränkt, aber nur mit ihrem Gesellschaftsvermögen (§ 13 II GmbHG). Diese **allseitige Haftungsbeschränkung** hat der GmbH & Co. KG bisweilen den Vorwurf mangelnder Seriosität eingetragen. Gleichwohl ist das Bedürfnis allseitiger Haftungsbeschränkung durchaus anerkennenswert. Der Gesetzgeber hat die GmbH & Co. KG u. a. in § 4 MitbestG anerkannt. Die GmbH-Novelle 1980 hat eine Verstärkung des Gläubigerschutzes bei der GmbH & Co. KG gebracht; vgl. unten 4.

(2) Die Beteiligung der GmbH ermöglicht sog. **Drittorganschaft** in der KG, weil das GmbH-Recht gestattet, Nicht-Gesellschafter zu Geschäftsführern zu bestellen (Prinzip der Fremdorganschaft). Auch läßt sich die Vertretung der KG durch einen Kommanditisten, der gleichzeitig Geschäftsführer der Komplementär-GmbH ist und als solcher handelt, ohne Verstoß gegen § 170 HGB erreichen.

(3) Die Beteiligung der GmbH ermöglichte der KG eine **Sachfirma**, solange eine solche nur bei der GmbH zulässig war (§ 4 I GmbHG a. F.). Die Liberalisierung und Vereinfachung des Firmenbildungsrechts durch das HRefG 1998 ermöglicht nunmehr aber auch der KG neben der Personen(namens)firma die Führung einer Sachfirma oder Phantasiefirma (§§ 18 I, 19 HGB n. F.; vgl. oben III 1 und D III 1), so daß firmenrechtliche Gesichtspunkte ihre Bedeutung für die Wahl der GmbH & Co. KG-Form verloren haben. Andererseits ist die Verpflichtung der GmbH & Co. KG nach § 19 II HGB n. F. (nach wie

vor) zu beachten, auch bei abgeleiteter Firma einen Firmenzusatz aufzunehmen, der die Haftungsbeschränkung kennzeichnet[52].

(4) Die Beteiligung der GmbH ermöglicht weitgehende **Kontinuität** im Bestand der KG (»Die GmbH stirbt nicht«)[53].

Kurz: Gesellschaftsrechtlich lassen sich mit der GmbH & Co. KG die Vorteile der GmbH- und KG-Form verbinden, weil sowohl das KG-Recht als auch das GmbH-Recht in weitem Umfang dispositiv sind und weitgehende Gestaltungsfreiheiten lassen. Aufgabe von Rspr. und Lehre ist es dabei, die Grenzen dieser Gesellschaftsform so abzustecken, daß die Interessen der beteiligten Gesellschafter, aber auch sonstiger Betroffener (insbes. Gläubiger) gewahrt bleiben.

1. Beispiel dafür aus der Rspr. (BGHZ 60, 324 = NJW 1973, 1036[54]): Ausgangspunkt: Das KG-Recht läßt Kapitalrückzahlungen (vgl. § 172 IV HGB) und Auszahlungen (Entnahmen) an Kommanditisten zu (§ 169 I HGB ist dispositiv, § 163 HGB). Zum Gläubigerschutz verbietet dagegen § 30 GmbHG, das zur Erhaltung des Stammkapitals erforderliche Vermögen an die Gesellschafter auszuzahlen; unzulässige Auszahlungen sind zu erstatten (§ 31 I GmbHG). BGH: Zuwendungen, die eine GmbH & Co. KG einem Kommanditisten macht, der zugleich Gesellschafter der Komplementär-GmbH ist, verstoßen gegen § 30 I GmbHG, wenn sie zwar aus dem Vermögen der KG erbracht werden, hierdurch mittelbar aber das Vermögen der GmbH unter den Nennwert des Stammkapitals sinkt. *Folge*: Erstattungsanspruch der GmbH & Co. KG entsprechend § 31 GmbHG, der zum KG-Gesamthandsvermögen gehört.

2. Beispiel (BGHZ 76, 326 = NJW 1980, 1524): Ausgangspunkt: In der GmbH & Co. KG führt die Komplementär-GmbH die Geschäfte der KG; für sie handelt ihr Geschäftsführer (G). Dieser steht zur Komplementär-GmbH in einem Dienstverhältnis (Geschäftsführervertrag), hat aber grundsätzlich keine vertraglichen Beziehungen zur KG (sofern nicht etwas anderes vereinbart ist). Schädigt nun G die KG, z. B. durch zweckwidrige Verwendung des Vermögens der KG, ohne daß ihm eine unerlaubte Handlung (Veruntreuung, § 823 II BGB; sittenwidrige Schädigung, § 826 BGB) nachgewiesen werden kann, so konnte nach bisheriger Rechtslage die KG den G nicht auf Schadensersatz in Anspruch nehmen. Diese Lücke hat der BGH nun geschlossen. Er sieht im Dienstvertrag des G mit der Komplementär-GmbH in der GmbH & Co. KG einen Vertrag mit Schutzwirkung für die KG, wenn die wesentliche Aufgabe der Komplementär-GmbH (von der persönlichen Haftung abgesehen) in der Geschäftsführung für die KG besteht. Unter dieser Voraussetzung sieht der BGH die Anforderungen an einen Vertrag mit Schutzwirkung für Dritte erfüllt: Die KG ist in die Schutzwirkung des Dienstvertrages einbezogen, weil sie durch die Gefahr der Schlechtleistung der Geschäftsführertätigkeit risikobetroffen ist (»Leistungsnähe«), und die Komplementär-GmbH als Gläubigerin des G ihrerseits zu einer sorgfältigen Geschäftsführung in der KG verpflichtet ist, und diese Punkte auch für G erkennbar sind. Dabei schadet es nicht, daß sich hier die Einbeziehung der KG weitgehend mit der Hauptpflicht des G deckt, während die Grundsätze über den Vertrag mit Schutzwirkung für Dritte hauptsächlich mit Blick auf Nebenpflichten (Fürsorge- und Obhutspflichten) entwickelt wurden.

---

52 Vgl. zu dieser Kennzeichnung etwa BGH, WM 1985, 165; auch *Bokelmann*, GmbHRdsch. 1994, 356; näher unten 4 (1).

53 Vgl. *Reuter*, Privatrechtliche Schranken der Perpetuierung von Unternehmen, 1973, insbes. S. 227 ff.

54 Vgl. dazu *Hunscha*, GmbHRdsch. 1973, 257; *Karsten Schmidt*, DB 1973, 2227; *Immenga*, ZGR 1975, 487. Zur weitergehenden Übernahme der Kapitalsicherungsregeln (§§ 30, 31 GmbHG) auf die GmbH & Co. KG bei Rückgewährungen eigenkapitalersetzender Darlehen vgl. BGHZ 67, 171; 81, 252.

Folge: Bei fahrlässig mangelhafter Geschäftsführung (Verstoß gegen § 43 GmbHG) kann die KG den G wegen positiver Vertragsverletzung i. V. m. den Grundsätzen des Vertrages mit Schutzwirkung für Dritte auf Schadensersatz in Anspruch nehmen; bestätigt durch BGH, WM 1981, 440 und BB 1987, 1345 (dort wird allerdings auch ein Schadensersatzanspruch nach § 823 II BGB i. V. m. § 266 StGB bei Schädigung der KG durch den Geschäftsführer der Komplementär-GmbH bejaht; vgl. dazu Schultz, BB 1988, 572).

3. Haftungsprobleme im Gründungsstadium[55]

Besondere Haftungsprobleme stellen sich, wenn **im Gründungsstadium** der GmbH & Co. KG die Geschäftsführer mit Zustimmung aller Beteiligten die Geschäfte der Gesellschaft aufnehmen, **bevor** alle HReg-Eintragungen erfolgt sind.

Dabei ist zu unterscheiden:

- Die Komplementär-GmbH ist im HReg eingetragen, die KG noch nicht.
- Weder die Komplementär-GmbH noch die KG sind im HReg eingetragen.

Zusätzlich mußte vor dem HRefG 1998 für die Beurteilung des Wirksamwerdens der KG im Außenverhältnis danach unterschieden werden, ob ein sog. mußkaufmännisches Gewerbe (Handelsgewerbe kraft Gesetz nach § 1 II HGB a. F.) oder ein sog. sollkaufmännisches Gewerbe (Handelsgewerbe kraft Eintragung im HReg nach § 2 HGB a. F.) betrieben wurde. Das HRefG hat diese Unterscheidung zwischen Grundhandelsgewerben einerseits, Dienstleistungsgewerben und Handwerk andererseits beseitigt. Nach der Neudefinition des Begriffs »Handelsgewerbe« in § 1 II HGB reicht jetzt für den Betrieb eines Handelsgewerbes grundsätzlich jeder Gewerbebetrieb. Dementsprechend wird jetzt jede KG, die ein Handelsgewerbe i. S. von § 1 II HGB betreibt, mit Geschäftsbeginn im Außenverhältnis wirksam (§§ 123 II, 161 II HGB). Damit hat die Problematik der Haftung im Gründungsstadium der GmbH & Co. KG viel von ihrer praktischen Relevanz verloren. Es bleibt jetzt nurmehr der Unterschied zu solchen Gesellschaften zu beachten, die erst mit Eintragung ihrer Firma in das HReg zur KG und damit im Außenverhältnis wirksam werden. Wie der Soweit-Satzteil in § 123 II HGB klarstellt, sind dies land- oder forstwirtschaftlich tätige Gesellschaften (§§ 3 II, 2 HGB), kleingewerbliche und vermögensverwaltende Gesellschaften (§§ 105 II n. F., 161 II HGB).

---

55 Literatur: *Binz*, Haftungsverhältnisse im Gründungsstadium der GmbH & Co. KG, 1976; *ders.*, Haftungsverhältnisse bei werbender Tätigkeit der Vor-GmbH & Co. KG, GmbHRdsch. 1976, 29; *U. Huber*, Haftungsprobleme der GmbH & Co. KG im Gründungsstadium, sowie *Kuhn*, Zur werdenden GmbH & Co. KG, beide in FS f. Hefermehl, 1976; *Hüffer*, JuS 1980, 485; *H. P. Westermann*, Haftungsfragen bei Gründung und Finanzierung der GmbH und der GmbH & Co. KG, 1984.

Daraus ergeben sich vier unterscheidbare Konstellationen:

a) Haftungslage, wenn die GmbH, nicht aber die KG eingetragen ist und ein Handelsgewerbe nach § 1 II HGB n. F. betrieben wird. Hier besteht bereits eine nach außen wirksame KG (§§ 123 II, 161 II HGB).

- Die KG haftet nach §§ 124, 161 II HGB mit dem Gesellschaftsvermögen.
- Die Komplementär-GmbH haftet nach §§ 128, 161 II HGB.
- Kommanditisten haften nach § 171 I HGB. § 176 I HGB findet keine Anwendung, weil anzunehmen ist, daß bei Rechtsgeschäften, die erkennbar namens der GmbH & Co. KG geschlossen werden, dem Gläubiger bekannt ist, daß außer der Komplementär-GmbH alle anderen Gesellschafter nur beschränkt haften; so auch BGH, WM 1983, 651; BGH, WM 1986, 1280 (vgl. oben III 3 b aa).

b) Haftungslage, wenn die GmbH, nicht aber die KG eingetragen ist und lediglich ein Kleingewerbe, eigene Vermögensverwaltung oder Land- oder Forstwirtschaft betrieben wird.

Hier besteht mangels insoweit konstitutiver Eintragung für das Entstehen der KG (§§ 105 II; 3 II, 2, 105 I HGB) eine BGB-G. Dazu: BGHZ 61, 59[56] (nach alter Rechtslage bei einem sollkaufmännischen Gewerbe nach § 2 HGB a. F.).

In dieser Konstellation haftet die »Komplementär«-GmbH unbeschränkt, während die Gesellschafter, die sich nur als »Kommanditisten« an der GmbH & Co. »KG« beteiligen wollen, grundsätzlich nur beschränkt und entsprechend § 171 I HGB haften.

Zu diesem Ergebnis gelangt der BGH (BGHZ 61, 59 für die Haftung aus einem Wechsel; vgl. auch BGHZ 69, 95) durch die Anwendung der Grundsätze über die Scheingesellschaft, weil die BGB-G als »Schein-GmbH & Co. KG« auftritt. Eine dem konkreten Rechtsschein entsprechende Haftung bedeutet dann, daß die Gesellschafter jeweils so haften, wie wenn die KG schon entstanden, d. h. als solche im HReg eingetragen worden wäre, also beschränkt auf den Betrag der Einlage, soweit dies der Gesellschaftsvertrag vorsieht, und im übrigen unbeschränkt. Eine unbeschränkte »Kommanditisten«haftung kann auch nicht auf § 176 I 1 HGB gestützt werden, weil andernfalls § 176 I 2 HGB weitgehend ausgeschaltet würde. Nur wenn ein »Kommanditist« wie ein persönlich haftender Gesellschafter aufgetreten ist, haftet er nach §§ 128, 161 II HGB dem auf diesen Rechtsschein vertrauenden Geschäftspartner unbeschränkt. Zu übereinstimmendem Ergebnis gelangt man bei Vertragsschulden, wenn man die Haftungsregelung bei der BGB-G i. S. der (bisher) h. M. konsequent anwendet. Danach haftet die GmbH grundsätzlich unbeschränkt, während die »Kommanditisten« nur beschränkt haften, weil die Vertretungsmacht der durch ihre Geschäftsführer handelnden GmbH nach dem Gesellschaftsvertrag, demzufolge die Haftung der »Kommanditisten« auf ihre Einlage beschränkt sein soll, nur dahin geht, diese nur beschränkt auf das Gesellschaftsvermögen und den Betrag ihrer Einlage zu verpflichten, und dies ein Dritter auch erkennen muß, wenn ihm die Gesellschaft als »GmbH & Co. KG« gegenübertritt. Außer mit dem Gesellschaftsvermögen haften danach die »Kommanditisten« persönlich so, als handelte es sich wirklich um eine KG. Diese Haftungslage hat der BGH (WM 1991, 404, 406) anerkannt (vgl. näher oben III 3 d).

56 Vgl. dazu zuletzt *Teichmann/Schick*, JuS 1975, 18; *Beyerle*, BB 1975, 944; *Kollhosser*, ZGR 1976, 231, alle m. w. N. Vgl. aber auch *Schulze-Osterloh*, NJW 1983, 1281, der die Kapitalgesellschaft & Co. als Handelsgesellschaft kraft Rechtsform (analog §§ 3 AktG, 13 III GmbHG) ansehen will, weil bereits die Komplementärin immer Kaufmann ist; a. A. die h. M., vgl. BayObLG, WM 1985, 457.

c) Haftungslage, wenn weder die (bereits errichtete) GmbH noch die KG eingetragen sind und ein Handelsgewerbe nach § 1 II HGB n. F. betrieben wird. Dazu: BGHZ 70, 132[57].

Hier ist zunächst die Gesellschaftsform zweifelhaft. Eine BGB-G kann nicht gegeben sein, weil diese wegen verdrängender Spezialität der OHG-Form (vgl. D I 5 a) ein Handelsgewerbe i. S. des § 1 II HGB n. F. nicht betreiben kann. Ob eine KG besteht, hängt davon ab, ob ein Komplementär vorhanden ist. Da die GmbH als solche mangels Eintragung noch nicht besteht (§ 11 I GmbHG), kommt sie dafür nicht in Betracht. Ob die sog. »Vor-GmbH« bereits Komplementär der KG sein kann, ist streitig, wird aber von der h. M. richtigerweise bejaht, weil sie unter ihrer Firma Verbindlichkeiten eingehen, Rechte erwerben und auch ein Handelsgewerbe betreiben kann. Unter Aufgabe seines früher gegenteiligen Standpunkts so auch BGHZ 80, 129, 132 = NJW 1981, 1373[58] mit dem Hinweis darauf, daß die »Vor-GmbH« wegen ihrer körperschaftlichen Struktur in der Lage ist, durch ihre Geschäftsführer als Vertreter nach außen aufzutreten. Demnach besteht eine nach außen wirksame KG (§§ 123 II, 161 II HGB); bestätigt: BGH, WM 1985, 165.

- Die KG haftet nach §§ 124, 161 II HGB mit dem Gesellschaftsvermögen.
- Die »Vor-GmbH« haftet nach §§ 128, 161 II HGB. Wird die GmbH später eingetragen, so gehen nach h. M., der sich auch der BGH (BGHZ 80, 129, 140) angeschlossen hat, alle Rechte und Pflichten der »Vor-GmbH« im Wege der Gesamtrechtsnachfolge auf die GmbH über, so auch die Haftung nach §§ 128, 161 II HGB.
- Ob auch die Gesellschafter der »Vor-GmbH« deren Haftung nach § 128 HGB mittragen müssen, ist zweifelhaft. Nach dem »Haftungskonzept unbeschränkter Innenhaftung«, das das Konzept »beschränkter Außenhaftung« der Gründergesellschafter in der höchstrichterlichen Rspr. abgelöst hat, ist das nicht der Fall (vgl. oben B I 5 b bb).
- Im Schrifttum wird z. T. die Ansicht vertreten, der Geschäftsführer der »Vor-GmbH« hafte für die Verbindlichkeiten, die er in Ausübung der der »Vor-GmbH« zustehenden Vertretungsmacht für die KG begründet hat, in unmittelbarer oder entsprechender Anwendung des § 11 II GmbHG. Der BGH, der diese Frage zuvor immer offengelassen hatte (zuletzt BGHZ 76, 320), bejaht dies jetzt unter Hinweis darauf, daß es nur so im Interesse der Gläubiger vertretbar sei, der Vorgesellschaft die »Komplementärfähigkeit« zuzuerkennen. Die Haftung nach § 11 II GmbHG stelle insoweit einen Ausgleich für den Gläubiger dafür dar, daß die Kapitalgrundlage der »Vor-GmbH« noch nicht gerichtlich kontrolliert, publiziert und durch zwingende Schutzvorschriften abgesichert ist (BGHZ 80, 129, 133; dagegen Hennerkes/Binz, DB 1982, 1971). Diese Handelndenhaftung erlischt jedoch automatisch mit Eintragung der GmbH (BGHZ 80, 129, 143 f. und 182 ff.).
- Kommanditisten haften nach § 171 HGB (wie unter a).

d) Haftungslage, wenn weder die (bereits errichtete) GmbH noch die KG eingetragen sind und lediglich ein Kleingewerbe, eigene Vermögensverwaltung oder Land- oder Forstwirtschaft betrieben wird. Dazu: BGHZ 69, 95 (nach alter Rechtslage bei einem sollkaufmännischen Gewerbe nach § 2 HGB a. F.). Hier besteht zunächst eine BGB-G, weil die für die Entstehung der KG konstitutive Eintragung (§§ 105 II; 105 I, 3 II, 2 HGB) nicht stattgefunden hat. Deren Mitglieder sind die »Vor-GmbH« (str.) sowie die »Kommanditisten«.

Haftungsmäßig gilt zunächst das unter b) Gesagte entsprechend. Darüber hinaus haftet der Geschäftsführer der »Vor-GmbH« für sein Handeln nach § 11 II GmbHG; er vertritt bei Ein-

57 Übungsfall bei *Müller-Graff/Blank*, JuS 1992, 493.
58 Dazu *Karsten Schmidt* und *Flume*, NJW 1981, 1345, 1753 und *Schultz*, JuS 1982, 732.3

gehung von Verbindlichkeiten außer den »Kommanditisten« auch die »Vor-GmbH«. (Vgl. zur Haftung bei der BGB-G C III 3.)

Mit ihrer späteren Eintragung wird auch die KG Schuldnerin der ursprünglich nur für die BGB-Gesellschafter begründeten Verbindlichkeiten (formwechselnde Umwandlung von Personengesellschaften).

4. GmbH & Co. KG als beschränkt haftende Personenhandelsgesellschaft

Die GmbH & Co. KG ist der in der Praxis häufigste Typ jener Spezies von Personenhandelsgesellschaften, die mit Kapitalgesellschaften derart verbunden sind, daß alle Gesellschafter einer OHG oder der (die) Komplementär(e) der KG Kapitalgesellschaften sind. Den Kapitalgesellschaften (wie insbes. GmbH und AG) stehen aber auch Stiftungen, ausländische juristische Personen und solche OHG und KG gleich, bei denen ebenfalls keine natürliche Person persönlich unbeschränkt haftender Gesellschafter ist. In all diesen Fällen haftet den Gesellschaftsgläubigern letztlich keine natürliche Person persönlich und unbeschränkt, sondern nur das Gesellschaftsvermögen der OHG und KG und das Gesellschaftsvermögen ihrer Gesellschafter, insoweit also nur eine beschränkte Vermögensmasse. Um den mit einer solchen »Haftungsbeschränkung« für die Gläubiger verbundenen Gefahren entgegenzutreten, hat die GmbH-Novelle 1980 praktisch wichtige Änderungen im HGB eingeführt, gleichsam als flankierende Maßnahmen zum Ausbau des Gläubigerschutzes bei der GmbH, da der Gesetzgeber dabei vor allem die GmbH & Co. KG im Auge hatte.

Erfaßt werden alle OHG und KG, bei denen kein Gesellschafter (OHG) bzw. kein persönlich (unbeschränkt) haftender Gesellschafter (Komplementäre der KG) eine natürliche Person ist. Die gesetzlichen Sonderregelungen gelten (im Wege der Ausnahme) aber dann nicht, wenn zu den persönlich (unbeschränkt) haftenden Gesellschaftern eine andere OHG oder KG gehört, bei der ein persönlich (unbeschränkt) haftender Gesellschafter eine natürliche Person ist[59], weil dann jedenfalls mittelbar eine natürliche Person persönlich unbeschränkt haftet. Die Ausnahmen gelten auch für die »doppelstöckige GmbH & Co. KG«, wenn letztlich eine natürliche Person unbeschränkt haftet. Das hat der Gesetzgeber des HRefG durch die Neuformulierung des § 19 II HGB n. F. (der § 19 V HGB a. F. ersetzt) klargestellt[60]. Im Sinne dieser Neuregelung kann man daher sagen, daß alle Sonderregelungen für OHG und KG nur dann gelten, wenn letztlich »keine natürliche Person (für Gesellschaftsverbindlichkeiten) persönlich (unbeschränkt) haftet«.

59 Vgl. § 125 a I 3, § 129 a S. 2, § 130 a I 1 2. Halbs., § 172 a S. 2, § 177 a HGB.
60 Vgl. BT-Drucks. 13/8444, S. 56.

Für die beschränkt haftende KG (und OHG) gelten insbes.[61] folgende **Besonderheiten**:

(1) In Verallgemeinerung der Rspr. des BGH (grundlegend BGHZ 62, 216, 226) zur Firma der GmbH & Co. KG verlangt nunmehr § 19 II HGB, daß die (originäre oder abgeleitete) Firma eine Bezeichnung enthalten muß, welche die Haftungsbeschränkung kennzeichnet. Die Bestimmung läßt offen, welche Zusätze in Betracht kommen. Da jetzt die Firma von OHG und KG einen konkreten Rechtsformzusatz haben muß (§ 19 I Nr. 2, 3 HGB n. F.), kommen Bezeichnungen wie »GmbH & Co.« oder »GmbH & Cie.« nicht (mehr) in Betracht. Vielmehr muß es heißen »GmbH & Co. KG« (»GmbH & Co. Kommanditgesellschaft« bzw. »GmbH & Co. OHG« (»GmbH & Co. Offene Handelsgesellschaft«) oder etwa »Stiftung & Co. KG«. Aber auch Zusätze wie »beschränkt haftende OHG« oder »Kommanditgesellschaft mit Haftungsbeschränkung« dürften im Hinblick auf den Wortlaut des § 19 II HGB n. F. möglich sein[62].

(2) Für ihre Finanzausstattung durch (»kapitalersetzende«) Gesellschafterdarlehen gelten sinngemäß die §§ 32 a, 32 b GmbHG (vgl. dazu unten M III 1 c). Da die Gesellschafter der OHG und die Komplementäre der KG aber ohnehin für die Verbindlichkeiten der OHG bzw. KG haften, werden nur solche Darlehen erfaßt, die von Gesellschaftern bzw. Mitgliedern der OHG-Gesellschafter bzw. der Komplementäre der KG und von Kommanditisten der KG gewährt werden (§§ 129 a, 172 a HGB)[63].

(3) Die Einlage eines Kommanditisten gilt nicht als geleistet, soweit sie in Anteilen an dem persönlich haftenden Gesellschafter bewirkt ist (§ 172 VI HGB). Damit wird zwar die sog. Einheitsgesellschaft (s. oben VI 1 a) nicht unmöglich gemacht, eine solche Abtretung bewirkt jedoch keine haftungsbefreiende Erfüllung der Einlageverpflichtung der Kommandi-

---

61 Außerdem ist auf die Pflicht zu zusätzlichen Angaben auf Geschäftsbriefen (§§ 125 a I 2, 177 a HGB) sowie die Verpflichtung zu achten, die Eröffnung des Insolvenzverfahrens nicht nur bei Zahlungsunfähigkeit zu beantragen, sondern auch bei Überschuldung (§§ 130 a I 1, 177 a HGB).

62 Krit. insoweit *Heymann/Emmerich*, HGB, 2. Aufl. 1995, § 19 Anm. 29; MünchKommHGB/*Bokelmann*, § 19 RdNr. 51.

63 Zum Verbot der Rückgewähr kapitalersetzender Gesellschafterdarlehen (analog §§ 30, 31 GmbHG) nach früherer Rspr., die (neben §§ 129 a, 172 a HGB) auch weiterhin bedeutsam bleibt, vgl. BGH, NJW 1977, 104 mit Anm. *Karsten Schmidt;* BGHZ 76, 326 sowie *Lutter/Hommelhoff*, ZGR 1979, 31; *Baumbach/Hopt*, HGB, § 172 a Anm. 18 ff., 32 ff.; *Heymann/Horn*, HGB, 2. Aufl. 1996, § 172 a Anm. 34 ff. Neuere Rspr: BGH, WM 1986, 447 (Übernahme einer Bürgschaft zu dem Zeitpunkt, in dem die GmbH & Co. KG ihre Kreditfähigkeit verloren hatte), WM 1986, 1554 (Kreditsicherung nach Betriebsaufspaltung, die auf Krisenfinanzierung angelegt war), BGH, NJW 1992, 1763 (selbständiges Schuldversprechen zur Sicherung eines laufenden Bankkredits). Der BGH (BGHZ 104, 33) hat auch entschieden, daß ein Darlehen, das neben der Kommanditeinlage als Teil der Einlagepflicht zu gewähren war und nach der ihm zugedachten Funktion Eigenkapitalcharakter hat, zur Haftmasse der KG gehört, das den Gläubigern zur Verfügung stehen muß und im Konkurs der KG nicht geltend gemacht werden kann (damit gilt Entsprechendes wie bei der Publikums-KG; vgl. oben V 3 i). Zu kapitalersetzenden Kommanditistenleistungen vgl. auch *Joost*, ZGR 1987, 370; *Karsten Schmidt*, GmbHRdsch. 1986, 337 und 1989, 141; *S. Koch*, Eigenkapitalleistungen und eigenkapitalersetzende Leistungen des Kommanditisten in der gesetzestypischen Kommanditgesellschaft, 1992; *S. Michel*, Eigenkapitalersetzende Gesellschafterleistungen bei GmbH & Co. KG und KG, 1992.

tisten und nimmt damit der Einheitsgesellschaft im Interesse einer wirklichen Kapitalaufbringung aus dem Kommanditistenvermögen einen Teil ihrer Attraktivität.

F. Die stille Gesellschaft (StG), §§ 230–236 HGB, und die Unterbeteiligung

Literatur: *Albracht*, Die stille Gesellschaft im Recht der Publikumsgesellschaften, 1990; *Bezzenberger* in: *Riegger/Weipert* (Hrsg.), Münchener Handbuch des Gesellschaftsrechts, Bd. 2, 1991; *Böttcher/Zartmann/Faut*, Stille Gesellschaft und Unterbeteiligung, 3. Aufl. 1978; *Hadding*, Die HGB-Klausur, 2. Aufl. 1995 (§ 15); *Herrmann*, Sog. Schenkungen stiller Beteiligungen, ZHR 1983, 313 (dagegen: *Hengeler*, ZHR 1983, 329); *Kuhn*, Die Rechtsprechung des BGH zur stillen und zur BGB-G, WM 1975, 718, Fortsetzung bei *U. Fischer*, WM 1981, 638 und *Brandes*, WM 1989, 1357; 1998, 261; *Paulick/Blaurock*, Handbuch der stillen Gesellschaft, 5. Aufl. 1998; *Paulick*, Gesellschaftsrechtliche und steuerrechtliche Probleme der Einmann-GmbH Stille Gesellschaft, FS f. Scherpf, 1983, S. 149; *Petzold*, Die stille Gesellschaft im Gesellschafts- und Steuerrecht, NWB 1988, 2077, 2137; *Post/Hoffmann*, Die stille Beteiligung am Unternehmen der Kapitalgesellschaft – GmbH & Still – Recht, Steuer, Betriebswirtschaft, 3. Aufl. 1999; *Reusch*, Die stille Gesellschaft als Publikumspersonengesellschaft, 1989; *Karsten Schmidt*, Die Kreditfunktion der stillen Einlage, ZHR 140 (1976), 475; *ders.*, Konzernrechtliche Wirksamkeitsvoraussetzungen für typische Stille Beteiligungen an Kapitalgesellschaften?, ZGR 1984, 295; *Schulze zur Wiesche*, Die GmbH und Still, 3. Aufl. 1997; *Schwedhelm*, Die GmbH und Still als Mitunternehmerschaft, 1987; *Stüttgen*, Die stille Beteiligung an der gewerblichen Familien-GmbH, 1988; *Weimar*, Die GmbH & Still im Fortschritt des Gesellschaftsrechts, ZIP 1993, 1509; ferner die Kommentare zu §§ 230ff. HGB (bzw. bei Altauflagen §§ 335ff. HGB a. F.).

Zur Geschichte: *Servos*, Die Personenhandelsgesellschaften und die stille Gesellschaft in den Kodifikationen und Kodifikationsentwürfen von ALR bis zum ADHGB, Diss. Köln 1984.

I. Allgemeines

Die StG ist eine Gesellschaft, bei der sich jemand am Handelsgewerbe eines anderen mit einer Vermögenseinlage, die in dessen Vermögen übergeht, gegen einen Anteil am Gewinn beteiligt, §§ 230, 231 II HGB.

1. Sonderform der BGB-G

Die StG ist eine Sonderform der BGB-G (hilfsweise können §§ 705ff. BGB angewandt werden), aber keine Handelsgesellschaft i.S. von § 6 I HGB (vgl. Überschrift 2. Buch HGB: »Handelsgesellschaften und Stille Gesellschaft«). Grund: Der stille Gesellschafter betreibt kein Handelsgewerbe, sondern beteiligt sich nur (hinter den Kulissen) am Betrieb des Handelsgewerbes eines anderen, während bei OHG und KG die Gesellschafter auch nach außen (»offen«) als Träger des gemeinschaftlichen Handelsunternehmens in Erscheinung treten (HReg-Eintragung!). Handelsgesellschaften sind Außengesellschaften; die StG ist dagegen bloße Innengesellschaft. Sie ist nicht rechtsfähig.

2. Die Besonderheiten der StG

a) Es entstehen lediglich schuldrechtliche Rechtsbeziehungen (Rechte und Pflichten) zwischen den Gesellschaftern.

b) Es gibt kein Gesellschaftsvermögen (das wäre sachenrechtliche Beziehung); die StG ist keine Gesamthandsgemeinschaft. Folglich gibt es auch keine sog. Sozialrechtsbeziehungen.

c) Bei der StG gibt es keine Außenbeziehungen. Nur der Geschäftsinhaber tritt nach außen auf. Deshalb gibt es im Recht der StG keine Regeln über Firma, Vertretung und Haftung.

3. Wirtschaftliche Bedeutung der StG

Sie ermöglicht die Beteiligung an einem Handelsgewerbe

- mit begrenztem Kapitaleinsatz;
- ohne Mitarbeit;
- ohne unmittelbare Haftung;
- ohne Offenlegung im HReg.

II. Entstehung der StG

1. Gesellschaftsvertrag

Die StG entsteht **mit Abschluß** des grundsätzlich **formlosen,** auch konkludenten **Gesellschaftsvertrages** gemäß §§ 230 I, 231 II HGB,

sofern nicht nach der Art der Einlage eine Form vorgeschrieben ist, z. B. gemäß § 313 BGB. Nach BGHZ 7, 378 ist die Form des § 518 BGB zu beachten, wenn ein Dritter unentgeltlich in der Weise an der stillen Gesellschaft beteiligt wird, daß der Geschäftsinhaber ihm ein Kapitalguthaben durch bloße Zubuchung einräumt; zweifelhaft (vgl. auch oben C I 1 b mit FN 14)[1].

2. Voraussetzungen

a) Ein Vertrag zwischen mindestens zwei Personen

Nach früher h. M. wurde die stille Gesellschaft als notwendig **zweigliedrig** angesehen, weil in §§ 230 ff. HGB nur von einem stillen Gesellschafter die Rede ist. Wenn sich am Handelsgewerbe, das ein anderer betreibt, mehrere »Stille« beteiligen, sollte es sich immer um mehrere, voneinander unabhängige stille Gesellschaften handeln. Heute ist darüber hinaus auch die **mehrgliedrige** StG, die mehrere oder auch viele stille Gesellschafter umfaßt,

---

1 Dazu *A. Hueck*, NJW 1953, 138; *Würdiger*, JZ 1953, 226. Nach *E. Herrmann* (ZHR 1983, 313) soll es sich in diesem Fall nicht um eine StG handeln, weil »der Stille« keinerlei Leistung erbringt, den gemeinsamen Zweck somit nicht fördert; dagegen zutr. *Hengeler*, ZHR 1983, 329.

ganz überwiegend anerkannt[2]. Diese wird durch einheitlichen Vertrag (Gründungsvertrag oder Beitrittsvertrag) mit der Folge begründet, daß die stillen Gesellschafter auch untereinander verpflichtet sein können. Praktische Bedeutung hat die mehrgliedrige StG vor allem als Publikumsgesellschaft (Anlagegesellschaft), die als GmbH (»GmbH & Still«) oder als GmbH & Co. KG[3] geführt wird, sowie bei Arbeitnehmerbeteiligungen.

Personen dieses Vertrages sind: der Geschäftsinhaber, der ein Handelsgewerbe betreibt (oder dies zu tun beabsichtigt), und der oder mehrere Stille. Auch die stille Gesellschaft kennt danach – wie die KG – zwei Arten von Gesellschaftern.

aa) Der **Geschäftsinhaber** muß ein Handelsgewerbe betreiben, also **Kaufmann** i. S. der §§ 1–6 HGB sein. In Betracht kommen natürliche Personen als Einzelkaufmann (gleichgültig, ob ein Handelsgewerbe nach § 1 II HGB betrieben wird oder das Unternehmen nach §§ 2, 3 II HGB als Handelsgewerbe gilt), juristische Personen als Handelsgesellschaften (z. B. AG, GmbH [»GmbH & Still«][4] sowie die Personenhandelsgesellschaften OHG und KG (§ 6 I HGB). Gesellschaften werden beim Vertragsschluß mit dem »Stillen« durch ihre vertretungsberechtigten Organe bzw. Gesellschafter vertreten.

bb) **Stiller Gesellschafter** kann jede natürliche und juristische Person, außerdem eine OHG, KG, BGB-G und sogar die Erbengemeinschaft (RGZ 126, 386) werden, weil der Stille nicht am Geschäftsbetrieb beteiligt ist und es kein Gesellschaftsvermögen gibt. Stiller Gesellschafter kann auch derjenige werden, der bereits Gesellschafter der Inhabergesellschaft ist.

Bei **fehlerhaftem** Gesellschaftsvertrag gelten (nach h. M.) gleichwohl die Grundsätze der »fehlerhaften Gesellschaft« (BGHZ 55, 5). Vgl. oben D V.

b) Gemeinsamer Zweck

»Gemeinsamer Zweck« des Vertrages muß die Beteiligung des Stillen am Betrieb des Handelsgewerbes des Geschäftsinhabers sein. Diese »Beteiligung« muß verabredet sein. Am Merkmal der vertraglichen Festlegung der Beteiligung ist insbes. die in der Praxis oft schwierige **Abgrenzung** der StG **zu** sog. **partiarischen Rechtsverhältnissen** vorzunehmen, insbes. zum

2 Vgl. BGH, NJW 1994, 1156 m. w. N. Vgl. auch schon BGH, NJW 1972, 338 (wo der BGH wie selbstverständlich von der Zulässigkeit der mehrgliedrigen StG ausgeht) und dazu *Blaurock*, NJW 1972, 1119; *Iber*, RdA 1973, 303; *Karsten Schmidt*, DB 1976, 1705.

3 Zur stillen Beteiligung an der Publikums-KG vgl. *Weimar*, DB 1987, 1077; *Reusch* a. a. O. Beachte auch *Schön*, ZGR 1990, 220; *Albracht* a. a. O.

4 Als Formkaufmann kommen AG (§ 3 AktG) und GmbH (§ 13 III GmbHG) auch dann in Betracht, wenn sie kein Handelsgewerbe betreiben (BGH, NJW 1994, 1156); das gilt jedenfalls, wenn die Erzielung eines gemäß § 231 HGB verteilungsfähigen Gewinns nicht schlechthin ausgeschlossen ist (*Heymann/Horn*, HGB, 2. Aufl. 1996, § 230 Anm. 4). Zu aktuellen Entwicklungen vgl. *Bitz*, GmbHRdsch. 1997, 769.

partiarischen Darlehen[5] und Dienstvertrag[6], die Austauschverträge sind und bei denen die Gegenleistung für Darlehenshingabe und Dienstleistung in einer Gewinnbeteiligung liegt (vgl. oben C I 2 d).

Nach der Formel des BGH[7] kann die Abgrenzung nicht allein anhand der von den Parteien gewählten Bezeichnung (»Beteiligung«) oder einzelner Vertragsbestimmungen getroffen werden, sondern setzt eine umfassende Würdigung von Vertragszweck und -inhalt sowie der wirtschaftlichen Ziele der Beteiligten voraus; so auch h. M. (Problem der Vertragsauslegung). Für eine StG spricht, daß der Geldgeber bzw. Dienstleistende nicht nur am Gewinn, sondern auch am Verlust beteiligt ist; gleiches gilt für die Einräumung von Kontroll- und Überwachungsrechten.

c) Förderungspflicht

Der gemeinsame Zweck ist **unterschiedlich zu fördern:** Der Geschäftsinhaber verspricht, ein Handelsgewerbe zu betreiben und den Stillen am Gewinn des Geschäftsbetriebes zu beteiligen; der Stille verspricht, eine Vermögenseinlage in das Vermögen des Geschäftsinhabers zu leisten.

Die Gewinnbeteiligung ist zwingend (§ 231 II HGB). Als Vermögenseinlage kommen nicht nur Geldleistungen, sondern vor allem auch Rechte, Sachen und Dienstleistungen in Betracht. Es genügt, daß sich der Empfänger der Einlage verpflichtet, den Betrieb eines Handelsgewerbes erst aufzunehmen.

III. Die Innenbeziehungen bei der StG

Die StG erschöpft sich in **schuldrechtlichen** Rechtsbeziehungen zwischen den Gesellschaftern. Rechte und Pflichten bestimmen sich:

- in erster Linie nach dem Gesellschaftsvertrag (§§ 231–233 HGB sind – mit Ausnahme von § 231 II 2. Halbs. HGB – dispositiv);
- in zweiter Linie nach §§ 231–233 HGB;
- in dritter Linie nach §§ 705 ff. BGB, soweit diese mit den Besonderheiten der StG vereinbar sind.

Grundsätzlich gilt folgendes:

1. Beitragspflichten

a) Der **stille Gesellschafter** ist zur Leistung der versprochenen Einlage (= Beitrag) in das Vermögen des Geschäftsinhabers[8] verpflichtet. Die Erfüllung

5 Vgl. zur Abgrenzung *Lienau/Lotz*, DStR 1991, 618; *Theisen*, GmbHRdsch. 1987, 64 (Zum partiarischen Darlehen als Finanzierungsalternative zur StG). Nach *Schön* (ZGR 1993, 210) ist die Rechtsfigur des partiarischen Darlehens nicht anzuerkennen, so daß bei Kapitalhingabe an einen Kaufmann gegen Gewinnbeteiligung immer eine StG vorliegt.

6 Dazu *Brockhoff*, Arbeitnehmer oder stiller Gesellschafter?, BB 1972, 1092; *Iber*, Die mehrgliedrige StG als Unternehmensform zur freiwilligen Beteiligung von Arbeitnehmern, RdA 1973, 303. Zur Abgrenzung auch BFH WM 1983, 1066.

7 Vgl. BGH, WM 1967, 321; NJW 1995, 192; ebenso BFH, WM 1978, 994.

8 Soll die Einlage nach der Parteivereinbarung gemeinschaftliches Vermögen werden, liegt folglich keine StG, sondern eine BGB-Innengesellschaft vor (vgl. OLG Hamm, NJW-RR 1994, 1382).

dieser Verpflichtung erfolgt nach der Art der Einlage: Sachen sind zu übereignen (§§ 929, 873 BGB), Forderungen und Rechte abzutreten (§§ 398, 413 BGB), Dienste zu leisten, Sachen zum Gebrauch oder zur Nutzung zu überlassen etc.

Die Einlage ist, soweit sie nicht in Geld besteht, (frei) zu bewerten und dem Einlagekonto des Stillen zuzuschreiben. Das Einlagekonto ist insbes. für den Gewinnanspruch und den Rückzahlungsanspruch nach Auflösung der Gesellschaft für den Stillen von *unmittelbarer* Bedeutung und nicht nur Rechnungsgröße (wie der Kapitalanteil bei den anderen Personengesellschaften).

Da der Stille rechtlich nicht am Vermögen des Geschäftsinhabers beteiligt ist (sondern nur eine modifizierte Gläubigerstellung im Hinblick auf Gewinn- und Rückzahlungsanspruch hat), ist seine Vermögenseinlage grundsätzlich auch **nicht haftendes Eigenkapital** im Verhältnis zu anderen Gläubigern[9].

b) Der **Geschäftsinhaber** ist zum Betrieb des Handelsgewerbes im eigenen Namen, aber für Rechnung der Gesellschaft (im Innenverhältnis) verpflichtet. Ihm obliegt insbes. auch die Geschäftsführung allein; aus Geschäftsführungshandlungen im rechtsgeschäftlichen Bereich gegenüber Dritten wird er allein berechtigt und verpflichtet (§ 230 II HGB); dabei ist das Handeln des Geschäftsinhabers keine Vertretung, sondern Selbsthandeln. Soweit nichts anderes vereinbart ist, darf er ohne Zustimmung (vgl. BGH, WM 1974, 945) des Stillen den Betrieb seines Handelsgewerbes nicht beliebig umgestalten (ganz aufgeben, einschränken oder ausdehnen). Erfüllt der Geschäftsinhaber diese Pflicht nicht oder mangelhaft, kommen Erfüllungs- und Schadensersatzansprüche des Stillen in Betracht[10]; § 708 BGB ist zu beachten.

2. Treuepflicht

Beide Gesellschafter trifft die allgemeine gesellschaftsrechtliche Treuepflicht, § 242 BGB.

9 Die Einlage kann aber durch Vereinbarung (vgl. BGHZ 83, 341), kraft Gesetzes (§§ 32 a, 32 b GmbHG, §§ 129 a, 172 a HGB) oder Richterrechts (vgl. BGH, NJW 1985, 1079; BGHZ 106,7) in der Außenbeziehung zu den Gläubigern des Geschäftsinhabers wie haftendes Eigenkapital zu behandeln sein. Auch ein zusätzliches Darlehen des Stillen kann eigenkapitalersetzenden Charakter haben (BGHZ 106,7; dazu *Reusch*, BB 1989, 2358). Vgl. zu dieser Problematik *Heymann/Horn*, HGB, 2. Aufl. 1996, § 230 Anm. 10 f., 56 ff.; *Schmid/Hamann*, Die Einlage des atypischen stillen Gesellschafters als haftendes Eigenkapital, DStR 1992, 950).

10 Beispiel: BGH, WM 1987, 1193; dazu *Windbichler*, ZGR 1989, 434. In der Folgeentscheidung (BGH, NJW 1995, 1353) hat der BGH entschieden, daß bei einer Publikumsgesellschaft in der Form der »GmbH & Still« neben der GmbH auch deren Geschäftsführer den stillen Gesellschaftern schadensersatzpflichtig sein kann, wenn er deren Einlage zweckwidrig verwendet oder dem Unternehmen bestimmungswidrig Vermögen entzieht. Anspruchsgrundlage: § 43 II GmbHG (PVV) i. V. m. den Grundsätzen des Vertrages mit Schutzwirkung für Dritte (hier: der stillen Gesellschafter; vgl. die Parallele zur Einbeziehung der KG in den Schutzbereich des Dienstverhältnisses zwischen GmbH und ihrem Geschäftsführer bei der GmbH & Co. KG, oben E VI 2 b (4)).

3. Kontrollrechte des Stillen

Sie sind schwach ausgeprägt; vgl. § 233 HGB[11].

4. Gewinnbeteiligungsanspruch

Der Stille hat zwingend einen Gewinnbeteiligungsanspruch, §§ 231 II, 232 HGB. Dessen Umfang bestimmt sich nach dem Vertrag, hilfsweise nach Angemessenheit (§ 231 I HGB).

Am **Verlust** braucht der Stille nicht beteiligt zu sein (§ 231 II HGB). Ist er beteiligt (z. B. weil gar nichts vereinbart ist, § 231 I HGB), so trägt er einen angemessenen Anteil am Verlust. Dadurch wird er allerdings nicht zu Nachschüssen verpflichtet (§ 232 II HGB); der Verlust wird lediglich von seinem Kapitalkonto abgeschrieben, aber mit der Folge, daß Verluste zunächst aufzufüllen sind, bevor wiederum Gewinnansprüche entstehen (§ 232 II HGB).

5. Rückzahlungsanspruch des Stillen

Nach Auflösung der Gesellschaft hat der Stille gegen den Geschäftsinhaber Anspruch auf (Geld-)Auszahlung seines Guthabens, § 235 I HGB. Dieses ergibt sich unmittelbar aus dem Stand seines Einlagekontos sowie unter Berücksichtigung noch nicht abgerechneter Gewinne und Verluste, die auf der Basis einer »Gewinnermittlungsbilanz« (vgl. BGH, NJW-RR 1994, 1185, 1186) auf den Stichtag der Auflösung zu ermitteln sind. An einer Steigerung des inneren Geschäftswertes (Firmenwert) ist der Stille nicht beteiligt, wenn nichts anderes vereinbart ist. Der Rückzahlungsanspruch erhöht sich eventuell durch die Gewinnbeteiligung an der Abwicklung noch schwebender Geschäfte, § 235 II HGB. Bei einem Passivsaldo des Einlagekontos hat der Stille eine rückständige Einlage grundsätzlich nur bis zur Höhe seines Verlustanteils zu erbringen (vgl. BGH, ZIP 1985, 347).

Fall-Beispiel bei Habersack, JuS 1989, 738.

IV. Keine Außenbeziehungen

Außenbeziehungen gibt es bei der StG nicht. Im Außenverhältnis tritt der stille Gesellschafter nicht in Erscheinung. Hier agiert allein der Inhaber des Handelsgeschäftes; er allein wird berechtigt und verpflichtet (§ 230 II HGB).

V. Die Beendigung der StG

Die Beendigung der StG vollzieht sich (im Gegensatz zu den anderen Personengesellschaften) **nur einstufig:** Mit Eintritt eines Auflösungsgrundes ist

11 Dazu *Kort*, DStR 1997, 1372.

die Gesellschaft beendet. Eine Auseinandersetzung (i. S. einer Liquidation) erübrigt sich, weil es kein Gesellschaftsvermögen gibt; die »Auseinandersetzung« nach § 235 I HGB betrifft nur die Berechnung des Anspruchs auf Auszahlung des Guthabens (oder ggf. der Ausgleichsforderung des Geschäftsinhabers). Es gelten die gleichen Auflösungsgründe wie bei der BGB-G (vgl. oben C IV 1) mit den sich aus § 234 HGB ergebenden Besonderheiten:

- Tod des Stillen ist kein Auflösungsgrund, § 234 II HGB; seine Erben werden an seiner Stelle Gesellschafter (RGZ 126, 386, 392). Der Tod des Geschäftsinhabers löst im Zweifel die StG auf (§ 727 I BGB); aber die Auflösung einer KG als Geschäftsinhaberin beendet die StG nicht ohne weiteres (BGHZ 84, 379 = JA 1983, 270 mit Anm. Schwung).
- Die ordentliche Kündigung der auf unbestimmte Zeit oder auf Lebenszeit eingegangenen StG richtet sich nach §§ 132, 134, 135 HGB, verlangt also die Einhaltung einer 6-monatigen Kündigungsfrist zum Ende des Geschäftsjahres, bzw. unterstellt den Privatgläubiger des Stillen den verschärften Voraussetzungen des § 135 HGB.
- Die Eröffnung des Insolvenzverfahrens über das Vermögen des Geschäftsinhabers und des Stillen beenden die Gesellschaft, § 728 BGB. Im Insolvenzverfahren des Geschäftsinhabers ist der Stille Insolvenzgläubiger, soweit ihm ein Rückzahlungsanspruch zusteht, § 236 I HGB (dazu: BGH, JuS 1983, 718) und keine eigenkapitalersetzende stille Beteiligung vorliegt (vgl. oben FN 9).

VI. Gesellschafterwechsel

Geschäftsinhaber und Stiller sind Gesellschafter. Für die Übertragung ihrer Gesellschafterstellung gelten deshalb keine Besonderheiten; vgl. oben C V 3. Insbes. kann der Stille seine »Beteiligung«, anders als etwa bei partiarischem Darlehen, nicht einfach abtreten; er bedarf dazu der Zustimmung des Geschäftsinhabers.

VII. Die atypische stille Gesellschaft

Eine StG kann abweichend vom gesetzlichen Regeltypus ausgestaltet werden. Im Rahmen der Gestaltungsfreiheit kommt es namentlich zu zwei (häufig auch miteinander verbundenen) Erscheinungsformen, die mit dem Begriff »atypische StG« bezeichnet werden[12]:

1. Der stille Gesellschafter wird gesellschaftsvertraglich **an der Geschäftsführung beteiligt;** dies ist möglich (BGHZ 8, 157, 160), auch in der Form, daß ihm im Hinblick auf die Geschäftsführung des Geschäftsinhabers »weitreichende« Zustimmungs- oder Mitwirkungsrechte eingeräumt werden. Wird jedoch im Innenverhältnis dem Geschäftsinhaber die Geschäftsführung

12 Andere, gegenüber dem gesetzlichen Leitbild ebenfalls atypische Gestaltungen, wie etwa die mehrgliedrige StG oder die eigenkapitalersetzende stille Beteiligung, werden üblicherweise nicht dem Begriff »atypische StG« unterstellt (vgl. *Heymann/Horn*, HGB, 2. Aufl. 1996, § 230 Anm. 52). Zur Abgrenzung der atypischen StG von sonstigen Rechtsverhältnissen vgl. BGH, NJW 1992, 2696.

gänzlich entzogen und dem Stillen übertragen und handelt der Geschäftsinhaber dann zwar im eigenen Namen, aber für Rechnung und nach Weisung des Stillen, so liegt keine Gesellschaft, sondern ein Geschäftsbesorgungsvertrag vor.

2. Der stille Gesellschafter wird (im Innenverhältnis) in schuldrechtlicher Form **am Vermögen des Geschäftsinhabers beteiligt**, derart, daß sich sein Rückzahlungsanspruch bei Auflösung der Gesellschaft nicht nur nach dem Stand seines Einlagekontos bestimmt (Einlage, zuzüglich Gewinn, abzüglich Verlust), sondern auch die Steigerung des inneren Geschäftswertes (Firmenwert, stille Reserve) mit umfaßt, sich also nach dem tatsächlichen Geschäftswert richtet (BGH, NJW-RR 1994, 1185). Eine solche abweichende Ermittlung des Rückzahlungsanspruches gemäß §§ 232, 235 HGB ist mit der Struktur der StG vereinbar.

Literatur: *Aulinger*, Die atypische Stille Gesellschaft, 1955; *Döllerer*, Die atypische stille Gesellschaft, DStR 1985, 295; *Rasner*, Die atypische Stille Gesellschaft, 1961.

VIII. Die Unterbeteiligungsgesellschaft

Von der StG ist die sog. Unterbeteiligungsgesellschaft zu unterscheiden, bei der ein oder mehrere sog. Unterbeteiligte an der Gesellschafterstellung (vor allem) eines OHG- oder KG-Gesellschafters so beteiligt werden, daß Gewinn und Verlust oder nur Gewinn zwischen diesem Gesellschafter und den Unterbeteiligten geteilt werden[13]. Die Unterbeteiligungsgesellschaft ist typische Innengesellschaft (zwischen dem Hauptgesellschafter und den Unterbeteiligten), weil der Unterbeteiligte nicht in unmittelbare Beziehungen zur Hauptgesellschaft (OHG, KG) tritt. Sie ist jedoch keine StG, sondern BGB-G, weil sich der Unterbeteiligte nicht am Betrieb des Handelsgewerbes eines anderen beteiligt (h. M.); neben den für die Innengesellschaft passenden §§ 705 ff. BGB ist aber auch die analoge Anwendung der Vorschriften über die StG möglich, weil regelmäßig wie bei dieser eine mittelbare Unternehmensbeteiligung erfolgt[14].

Literatur: *Blaurock*, Unterbeteiligung und Treuhand an Gesellschaftsanteilen, 1981; *Friehe*, Die Unterbeteiligung bei Personengesellschaften, 1974; *Thomsen*, Die Unterbeteiligung an einem Personengesellschaftsanteil, 1978; *Ulbrich*, Die Unterbeteiligungsgesellschaft an Personengesellschaftsanteilen, 1982; *Wagner*, Die Unterbeteiligung an einem OHG-Anteil, 1975.

13 Vgl. zur Abgrenzung einer Unterbeteiligungsgesellschaft mit diesem Gesellschaftszweck von einem bloßen Treuhand(auftrags-)verhältnis zum Halten und Ausüben eines Geschäftsanteils BGH, NJW 1994, 2886.

14 Vgl. etwa zur analogen Anwendung von § 235 HGB für die Unterbeteiligung an einem Kommanditanteil OLG Hamm, NJW-RR 1994, 999.

G. Die Reederei

Rechtsgrundlage: §§ 489–509 HGB.

Literatur: *Bote* in: *Riegger/Weipert* (Hrsg.), Münchener Handbuch des Gesellschaftsrechts, Bd. 1, 1995, §§ 80–86; *Prüßmann/Rabe,* Seehandelsrecht, 3. Aufl. 1992; *E. Ruhwedel,* Die Partenreederei, 1973; *Schaps/Abraham/Abraham,* Das Seerecht in der Bundesrepublik Deutschland, Erster Teil, 4. Aufl. 1978; *Karsten Schmidt,* Gesellschaftsrecht, § 64; *ders.,* Die Partenreederei als Handelsgesellschaft, 1995; *ders.,* Die Partenreederei – Stiefkind des Unternehmensrechts, 1996 (Schriften des Deutschen Vereins für Internationales Seerecht, Reihe A, Heft 89).

H. Die Partnerschaftsgesellschaft (Partnerschaft)

Rechtsgrundlage: Partnerschaftsgesellschaftsgesetz (PartGG) vom 25. 7. 1994 (BGBl. I S. 1744), geändert durch das HRefG vom 22. 6. 1998 (BGBl. I S. 1474) und das Gesetz zur Änderung des Umwandlungsgesetzes, des Partnerschaftsgesellschaftsgesetzes und anderer Gesetze vom 22. 7. 1998 (BGBl. I S. 1878).

Literatur: *Bayer/Imberger*, Nochmals: Die Rechtsformen freiberuflicher Tätigkeit, DZWir 1995, 177; *Coester-Waltjen*, Besonderheiten des neuen Partnerschaftsgesellschaftsgesetzes, Jura 1995, 666; *Knoll/Schüppen*, Die Partnerschaftsgesellschaft – Handlungszwang, Handlungsalternative oder Schubladenmodell, DStR 1995, 608, 646; *Mahnke*, Das Partnerschaftsgesellschaftsgesetz, WM 1996, 1029; *Neye*, Partnerschaft und Umwandlung, ZIP 1997, 722; *Karsten Schmidt*, Partnerschaftsgesetzgebung zwischen Berufsrecht, Schuldrecht und Gesellschaftsrecht, Ein Alternativvorschlag zum Entwurf eines Partnerschaftsgesellschaftsgesetzes, ZIP 1993, 633; *ders.*, Die freiberufliche Partnerschaft, NJW 1995, 1; *Seibert*, Die Partnerschaft, eine neue Rechtsform für die freien Berufe, 1994; *ders.*, Die Partnerschaft für die Freien Berufe, DB 1994, 2381; *Ulmer/Habersack*, Die Haftungsverfassung der Partnerschaftsgesellschaft, FS f. Brandner, 1996, S. 151.

Zur Entstehungsgeschichte: *Beckmann*, Für eine Partnerschaft Freier Berufe, FS f. Kleinert, 1992, S. 210; *Leutheusser-Schnarrenberger*, Die Partnerschaftsgesellschaft – nationale und EG-rechtliche Bestrebungen zu einem Sonderrecht für die freien Berufe, FS f. Helmrich, 1994, S. 677.

Kommentare zum PartGG: *Feddersen/Meyer-Landrut*, 1995; *Henssler*, 1997; *Meilicke/v. Westphalen/Hoffmann/Lenz*, 1995; *Michalski/Römmermann*, 2. Aufl. 1999.

I. Allgemeines

1. Durch das PartGG, das am 1. 7. 1995 in Kraft getreten ist, hat der deutsche Gesetzgeber (erstmals in diesem Jahrhundert) eine **neue eigenständige Gesellschaftsform** geschaffen: Die **Partnerschaft,** die **ausschließlich Freiberuflern zur gemeinsamen Berufsausübung** zur Verfügung steht. Nach § 1 I 1 PartGG ist die Partnerschaft eine Gesellschaft, in der sich Angehörige Freier Berufe zur Ausübung ihrer Berufe zusammenschließen.

2. Mit der Schaffung der Partnerschaft hat der Gesetzgeber die langjährige rechtspolitische Diskussion[1] zur Weiterentwicklung rechtlicher Formen der Zusammenarbeit von Angehörigen Freier Berufe (Partnerschaft) und minderkaufmännischer Unternehmen (sog. »Mitunternehmer-BGB-G«) über das Recht der BGB-G hinaus ganz bewußt durch eine Sondergesellschafts-

1 Vgl. *Karsten Schmidt*, Gesellschaft bürgerlichen Rechts. Welche Änderungen und Ergänzungen sind im Recht der BGB-Gesellschaft geboten?, in: Gutachten und Vorschläge zur Überarbeitung des Schuldrechts, Bd. III, S. 413, 455 ff., 496 ff. sowie JBl. 1988, 745; *Beckmann* a. a. O.; *Bayer/Imberger*, DZWir 1995, 177 f.

form **nur** für die Freien Berufe zu einem Zwischenabschluß gebracht[2]. Erst in einem zweiten Reformschritt hat dann das HRefG 1998 den Anwendungsbereich von OHG und KG erweitert, insbes. auch kleingewerblichen und vermögenverwaltenden Gesellschaften den Zugang zu diesen Gesellschaftsformen eröffnet (§§ 105 II, 161 II HGB), nicht aber den Freiberuflern, da diese nach überkommenem Verständnis kein Gewerbe betreiben (vgl. die Typusbeschreibung der Freien Berufe in § 1 II 1 PartGG n. F.). Damit muß nun sorgsam zwischen Freiberuflern, denen der Weg zur Partnerschaft offen steht, und Gewerbetreibenden, denen der Zugang zu OHG und KG offen steht, unterschieden werden.

Bis zur Einführung der Partnerschaft konnten sich Freiberufler zur gemeinsamen Berufsausübung überwiegend nur in einer BGB-G zusammenschließen (was auch nach wie vor möglich ist), weil ihnen die Personenhandelsgesellschaftsformen (mangels Ausübung eines Gewerbes) und (bisher) die Kapitalgesellschaften (aus standesrechtlichen Gründen) weithin (z. B. bei Ärzten und Rechtsanwälten, nicht aber etwa bei Steuerberatern) nicht zur Verfügung standen. Die BGB-G wurde aber, namentlich für große Zusammenschlüsse, mangels Firma und Rechtsfähigkeit und der unbeschränkten Gesellschafterhaftung als nicht sachgerecht eingestuft. Die **Partnerschaft soll diese Lücke zwischen BGB-G und Kapitalgesellschaften schließen.** Zu beachten ist aber, daß diese Initiative des Gesetzgebers zum Teil durch die jüngere höchstrichterliche Rechtsprechung an Bedeutung verloren hat, insoweit nämlich, als diese fast gleichzeitig mit der Schaffung der Partnerschaft durch den Gesetzgeber die Freiberufler-GmbH bei Zahnärzten[3] und Rechtsanwälten[4] als zulässig anerkannt hat. Zwischenzeitlich hat der Gesetzgeber seinerseits wieder auf diese Rechtsprechung zur Anwalts-GmbH reagiert und durch Gesetz vom 31. 8. 1998 (BGBl. I S. 2600), das am 1. 3. 1999 in Kraft getreten ist, für diese einen als unabdingbar angesehenen Ordnungsrahmen geschaffen (§§ 59 c-m BRAO)[5]. Es bleibt deshalb abzuwarten, in welchem Umfang die Partnerschaft in der Praxis angenommen wird; nach Presseberichten sind bis Mai 1998 nur gut 800 Partnerschaften in die Partnerschaftsregister (s. unten II 2) eingetragen worden.

3. Dogmatisch ist die Partnerschaft zwischen BGB-G und OHG einzuordnen: Sie ist eine Personengesellschaft, jedoch **keine** Handelsgesellschaft (§ 1 I 2 PartGG). Das PartGG beschränkt sich auf die Regelung der wichtigsten partnerschaftsspezifischen Strukturprinzipien und erklärt im übrigen eine

---

2 Anders das österreichische Bundesgesetz über eingetragene Erwerbsgesellschaften (EEG) vom 25. 4. 1990, ÖstBGBl. 1990, 257, das für Freiberufler und sonstige Nicht-Vollkaufleute die »offene Erwerbsgesellschaft« und die »Kommanditerwerbsgesellschaft« neben OHG und KG zur Verfügung stellt.

3 Grundlegend BGHZ 124, 224.

4 BayObLG, NJW 1995, 199; NJW 1996, 3217; LG Baden-Baden, GmbHRdsch. 1996, 924.

5 Vgl. zum RegE *Römmermann*, NZG 1998, 81. Lit. zu den gesellschaftsrechtlichen Alternativen für Rechtsanwälte: *Gail/Overlack*, Anwaltsgesellschaften, 2. Aufl. 1996; *Henssler*, DB 1995, 1549; *Kaiser/Bellstedt*, Die Anwaltssozietät, 2. Aufl. 1995; *Sommer*, GmbHRdsch. 1995, 249.

ganze Reihe von Bestimmungen des OHG-Rechts für entsprechend anwendbar. Das PartGG verweist aber nicht pauschal auf das Recht der OHG. Subsidiär gilt vielmehr das Recht der BGB-G (§ 1 IV PartGG).

4. Zu beachten sind zwischenzeitliche **Änderungen** des PartGG durch das HRefG (BGBl. I 1998, S. 1474) und das Gesetz zur Änderung des UmwG und des PartGG (BGBl. I 1998, S. 1878), durch das Partnerschaftsgesellschaften als umwandlungsfähige Rechtsträger (grundsätzlich wie Personenhandelsgesellschaften) in das UmwG aufgenommen wurden und insbes. die Haftungsregelung nach § 8 II PartGG geändert worden ist (vgl. unten IV 4 a).

II. Die Entstehung der Partnerschaft

Die Entstehung der Partnerschaft erfolgt (wie bei der OHG nach § 105 I HGB) in zwei Schritten: Sie entsteht im Innenverhältnis mit dem **Abschluß des Partnerschaftsvertrages;** im Außenverhältnis wird sie mit ihrer **Eintragung in das Partnerschaftsregister** wirksam.

1. Der Partnerschaftsvertrag

Er muß gemäß § 3 II PartGG als Mindestinhalt enthalten:

- den Namen und den Sitz der Partnerschaft,
- Namen, Vornamen und Wohnort jeden Partners sowie den (oder die) in der Partnerschaft ausgeübten Beruf(e),
- den Gegenstand der Partnerschaft.

a) Der **Name** der Partnerschaft muß nach § 2 I PartGG den Namen mindestens eines Partners (Beifügung von Vornamen nicht erforderlich) und die Berufsbezeichnungen aller in der Partnerschaft vertretenen (d. h. auszuübenden) Berufe enthalten sowie den **Zusatz** »und Partner« oder »Partnerschaft«. Gesellschaften, die (wie etwa eine BGB-G) schon bei Inkrafttreten des PartGG solche Zusätze geführt haben, durften diese Bezeichnungen nur noch bis zum 1. 7. 1997 fortführen, danach nur noch bei Hinweis auf ihre andere Rechtsform. Im übrigen sind diese Zusätze (auch »+ Partner« oder »& Partner«) ausschließlich der Partnerschaft vorbehalten (§ 11 PartGG); auch Kapitalgesellschaften sind sie verwehrt[6].

Nach § 2 II PartGG gelten für **Bildung und Führung des Namens** der Partnerschaft die HGB-Bestimmungen über die Firmenwahrheit (§ 18 II), die Firmenbeständigkeit (§§ 21, 22 I, 23, 24), die Firmenausschließlichkeit (§ 30) sowie § 31 II, § 32 (Insolvenz) und § 37 (Rechtsfolgen unzulässigen Firmengebrauchs) entsprechend.

6 BGH, NJW 1997, 1894; zust. *Hülsmann*, NJW 1998, 35.

b) **Mitglieder** einer Partnerschaft können **nur** natürliche Personen sein (§ 1 I 3 PartGG), **die** Angehörige Freier Berufe sind (§ 1 I 1 PartGG). Die Partnerschaft ist damit als einzige Gesellschaftsform streng personalistisch (deshalb kann z. B. ein Wirtschaftsprüfer, nicht aber eine Wirtschaftsprüfer-GmbH oder eine Wirtschaftsprüfer-Partnerschaft Mitglied sein).

Den Kreis derjenigen Personen, die **Freie Berufe** i. S. des PartGG ausüben, regelt § 1 II 2 PartGG abschließend; die jetzt in § 1 II 1 PartGG vorangestellte Typusbeschreibung soll nur den Freien Beruf in seiner Bedeutung betonen[7]. Es ist zu beachten, daß dieser Katalog über den berufsrechtlich überkommenen Kreis der Freien Berufe hinausgeht. Die Mitglieder der Partnerschaft müssen nicht denselben Freien Beruf ausüben; beliebige Berufskombinationen sind grundsätzlich möglich, soweit nicht berufsrechtliche Vorschriften über einzelne Freie Berufe Einschränkungen enthalten (z. B. ist in § 59 a BRAO abschließend geregelt, mit welchen anderen Berufen Rechtsanwälte sich zur gemeinsamen Berufsausübung zusammenschließen dürfen).

c) Die Partnerschaft muß einen **gemeinsamen Zweck** (Gegenstand) haben. Dieser kann nach § 1 I 1 PartGG nur in der **gemeinsamen Ausübung Freier Berufe** liegen. Die Partnerschaft ist deshalb stets mitunternehmerische Berufsausübungsgesellschaft, nicht nur Kooperationsform[8] (in der anwaltlichen Terminologie also etwa Sozietät nicht bloße Bürogemeinschaft).

d) Der Partnerschaftsvertrag bedarf (anders als der Gesellschaftsvertrag anderer Personengesellschaften) der **Schriftform** (§ 3 I PartGG). Die Form hat Beweisfunktion und ist deshalb materielle Wirksamkeitsvoraussetzung des Vertrages. Dieser ist bei Formmangel nach § 125 S. 1 BGB nichtig, so daß ggf. eine fehlerhafte Gesellschaft vorliegt (vgl. dazu D V)[9]. Formnichtigkeit ist nach § 139 BGB aber nicht bereits dann gegeben, wenn im schriftlichen Vertrag nur Teile seines Mindestinhalts nach § 3 II PartGG (etwa der Vorname oder der Wohnort eines Partners) fehlen.

2. Die Eintragung in das Partnerschaftsregister

Sie ist immer (»konstitutive«) Voraussetzung dafür, daß die Partnerschaft im Verhältnis zu Dritten (Außenverhältnis) wirksam wird (§ 7 I PartGG), d. h. das Partnerschafts-Außenrecht (Vertretung, Haftung) maßgebend wird. Beginnt die Partnerschaft schon vorher ihre Tätigkeit im Verhältnis zu Dritten, so gilt das Außenrecht der BGB-G (§ 1 IV PartGG); da auf § 123 II HGB nicht verwiesen wird, ist die Eintragung formales Abgrenzungskriterium zur BGB-G.

7 Vgl. Bericht des Rechtsausschusses, BT-Drucks. 13/10955, S. 12.
8 Dazu näher *Karsten Schmidt*, NJW 1995, 1 (2 f.).
9 So auch *Bayer-Imberger*, DZWir 1995, 177 (180); *Knoll/Schüppen*, DStR 1995, 608 (612); a. M. *Karsten Schmidt*, NJW 1995, 1 (3), der offenbar annimmt, daß die Eintragung in das Partnerschaftsregister den Formmangel heilt.

Das **Partnerschaftsregister** ist ein eigens für die Partnerschaft neu eingeführtes Register, das (neben dem Handelsregister) bei den Amtsgerichten geführt wird (§ 160 b FGG)[10] und auf das die passenden Bestimmungen über das HReg (§§ 8–12, 13, 13 c, 13 d, 13 h, 14–16 HGB) entsprechend anzuwenden sind (§ 5 II PartGG); insbes. gelten somit auch die Publizitätsregeln des § 15 HGB entsprechend. Der Inhalt der Eintragung richtet sich nach § 5 I PartGG. Da die Funktionen von HReg und Partnerschaftsregister übereinstimmen, soll dessen separate Einrichtung unterstreichen, daß die Partnerschaft kein Handelsgewerbe ausübt.

III. Die Innenbeziehungen bei der Partnerschaft

1. Rechte und Pflichten der Partner

Die Rechtsbeziehungen der Partner untereinander (Rechte und Pflichten) unterliegen weitgehender Vertragsfreiheit; sie richten sich

- in erster Linie nach den Bestimmungen des Partnerschaftsvertrages;
- in zweiter Linie sind §§ 110–119 (mit Ausnahme von § 116 III) HGB entsprechend anzuwenden (§ 6 III PartGG),
- subsidiär gelten die Vorschriften über die BGB-G (§ 1 IV PartGG).

Letzteres gilt etwa für die Beteiligung am Gewinn und Verlust (§ 722 BGB), wenn diese wichtige Frage nicht im Partnerschaftsvertrag geregelt ist, weil §§ 120 f. HGB nach § 6 III PartGG nicht entsprechend gelten.

2. Geschäftsführung

Für die Geschäftsführung in der Partnerschaft gilt (vorbehaltlich vertraglicher Abweichungen) das Recht der OHG entsprechend. Dementsprechend ist nach § 116 I und II HGB nach dem Maßstab der konkreten Zwecksetzung der jeweiligen Partnerschaft zwischen Handlungen zu unterscheiden, die die gemeinsame Berufsausübung gewöhnlich mit sich bringt (»gewöhnliche Geschäfte«) und solchen, die darüber hinausgehen (»ungewöhnliche Geschäfte«).

Für die gewöhnlichen Geschäfte gilt der Grundsatz der Einzelgeschäftsführung aller Partner (entsprechend §§ 114 I, 115 I HGB). Die Führung gewöhnlicher Geschäfte umfaßt auch die Erbringung der beruflichen Leistungen, wobei die Partner, wie § 6 I PartGG klarstellt, das für sie jeweils geltende Berufsrecht zu beachten haben. Durch den Partnerschaftsvertrag können die Partner (entgegen § 114 II HGB) nicht von der Erbringung ihrer beruflichen Leistungen ausgeschlossen werden, sondern nur von den sonstigen Geschäften (§ 6 II PartGG). Denn der Ausschluß einzelner Partner von ihrer freien Berufsausübung

10 Nähere Regelungen trifft die VO über die Einrichtung und Führung des Partnerschaftsregisters vom 16. 6. 1995 (BGBl. I S. 808); vgl. dazu näher *B. Schaub*, NJW 1996, 625.

wäre mit der Zielsetzung der Partnerschaft unvereinbar (und würde die Möglichkeit bloßer Kapitalbeteiligung eröffnen). Allerdings ist der Entzug des gesamten Geschäftsführungsrechts entsprechend § 117 HGB möglich.

3. Partnerschaftsvermögen

Das Partnerschaftsvermögen ist **Gesamthandsvermögen** (§ 1 IV PartGG, §§ 718 f. BGB); vgl. dazu C II 5.

IV. Die Außenbeziehungen bei der Partnerschaft

1. Der Name

Die Partnerschaft handelt nach außen unter ihrem Namen. Zum Namensrecht vgl. oben II 1 a. Die Anwendung des Außenrechts der Partnerschaft setzt voraus, daß sie durch Eintragung in das Partnerschaftsregister im Verhältnis zu Dritten wirksam geworden ist (vgl. oben II 2).

2. Die Partnerschaft als selbständige Einheit

Die Partnerschaft ist **selbständige Einheit,** die (wie OHG und KG) **wie** eine juristische Person als Rechtssubjekt behandelt wird (obwohl sie nur Gesamthand ist). Das wird durch entsprechende Anwendung von § 124 HGB sichergestellt (§ 7 II PartGG). Dementsprechend kann sie unter ihrem Namen **Rechte** erwerben und **Verbindlichkeiten** eingehen (vgl. dazu oben D III 3), vor Gericht klagen und verklagt werden; sie ist unter ihrem Namen insbes. auch grundbuchfähig und kann Eigentum und andere dingliche Rechte an Grundstücken erwerben. Außerdem ist sie insolvenzfähig (§ 11 II Nr. 2 InsO).

Verbindlichkeiten der Partnerschaft sind Partnerschaftsschulden, für die diese mit dem Partnerschaftsvermögen haftet (das den Partnern gesamthänderisch zugeordnet ist). In entsprechender Anwendung von § 124 II HGB ist zur Zwangsvollstreckung in das Partnerschaftsvermögen ein gegen die Partnerschaft als solche gerichteter vollstreckbarer Schuldtitel erforderlich; ein solcher läßt sich erstreiten, weil die Partnerschaft unter ihrem Namen auf Erfüllung ihrer Verbindlichkeiten verklagt werden kann.

3. Vertretung

Die Partner **vertreten** die Partnerschaft (organschaftlich) in entsprechender Anwendung des Vertretungsrechts der OHG (§ 7 III PartGG). Dementsprechend gilt der (dispositive) **Grundsatz der Einzelvertretungsmacht** jeden Partners (§ 125 I HGB). Der Ausschluß einzelner Partner von der Vertretung ist (bei Eintragung in das Partnerschaftsregister und Bekanntmachung, entsprechend § 125 IV HGB, § 5 II PartGG i. V. m. § 15 II HGB) aber auch gegenüber Dritten ebenso wirksam möglich wie die Vereinbarung (echter) Gesamtvertretungsmacht (§§ 125 I, II HGB entsprechend). Derartige Beschränkungen sind jedoch unzulässig, soweit sie im Widerspruch zum Berufsrecht einzelner Freier Berufe stehen, namentlich auch dann, wenn die Ausübung eines Freien Berufes (als unentziehbare Geschäftsführung, s. oben III 2) ohne gleichzeitige rechtsgeschäftliche Vertretung (faktisch) nicht möglich ist[11]. Eine »unechte« Gesamtvertretung (§ 125 III HGB) kommt nicht in Betracht, weil die Partnerschaft nicht Handelsgesellschaft ist und deshalb keine Prokura erteilen kann[12]. Der Umfang der Vertretungsmacht, der Dritten gegenüber nicht wirksam beschränkt werden kann, richtet sich nach § 126 HGB. Möglich ist eine Entziehung der Vertretungsmacht durch gerichtliche Entscheidung (§ 127 HGB entsprechend). Wie für die OHG (§ 125 a I 1, II HGB) besteht auch für die Partnerschaft die Pflicht zur Angabe von Rechtsform, Sitz, Registergericht und Registernummer auf Geschäftsbriefen (§ 7 IV PartGG); die Angabe von Partnerschaftsregister und Registernummer dient auch der Unterscheidung der Partnerschaft von freiberuflichen Sozietäten in der Rechtsform der BGB-G.

4. Haftung

Für Verbindlichkeiten der Partnerschaft **haften** deren Gläubigern **die Partner** als Gesamtschuldner (§ 8 I 1 PartGG). Diese Anspruchsgrundlage ist § 128 S. 1 HGB nachgebildet und deshalb nach Voraussetzungen und Rechtsfolgen entsprechend zu interpretieren (vgl. oben D III 4). Konsequent ordnet § 8 I 2 PartGG die entsprechende Anwendung der §§ 129, 130 HGB an.

Nur auf die Haftung im engeren Sinne (d. h. auf die Vollstreckungsmöglichkeit der Gläubiger) bezieht sich der Hinweis in § 8 I 1 PartGG, daß den Gläubigern der Partnerschaft die Partner »neben dem Vermögen der Partnerschaft« haften (vgl. dazu oben IV 2). Der Gesetzgeber hielt diese Klarstellung wohl deshalb für geboten, weil auch im Falle der Beschränkung der Haftung der Partner gemäß § 8 II PartGG die Haftung der Partnerschaft mit dem Partnerschaftsvermögen unberührt bleibt. Anspruchsgrundlage gegen die Partnerschaft ist aber § 124 I HGB entsprechend (§ 7 II PartGG).

a) Nach Maßgabe des § 8 II PartGG n. F. ist die **persönliche Haftung** der Partner kraft Gesetzes **beschränkt**.

Ein gesetzliches Novum stellte zunächst die durch § 8 II PartGG a. F. eröffnete Möglichkeit dar, die persönliche Haftung der Partner (gemäß § 8 I 1 PartGG) für (Gläubiger-)Ansprüche aus Schäden wegen fehlerhafter Berufsausübung von vornherein **durch Vereinbarung** der Partnerschaft mit dem Auftraggeber (Mandant, Patient) auf den (oder diejenigen) Partner zu beschränken, der (die) innerhalb der Partnerschaft die berufliche Leistung zu erbringen, verantwortlich zu leiten oder zu überwachen hat (haben). Diese vertragliche Haftungsbeschränkung konnte auch durch Verwendung vorformulierter Vertragsbedingun-

11 Vgl. näher *Knoll/Schüppen*, DStR 1995, 646.
12 § 7 III PartGG verweist dementsprechend nicht auf § 125 III HGB.

gen erfolgen. Hinter diesem Konzept, das als »Markenzeichen« die Attraktivität der Partnerschaft als neuer Rechtsform ausmachen sollte, steht die Einsicht, daß es wegen der grundsätzlich persönlich zu erbringenden Leistung eines Partners nicht gerechtfertigt ist, daß in jedem Falle auch jeder andere Partner mit seinem Privatvermögen für Schadensersatzansprüche aus dessen fehlerhafter Berufsausübung haftet. Deshalb sollte eine Haftungsbeschränkung in der Form der Haftungskonzentration durch Vereinbarung herbeigeführt werden können[13].

Nach § 8 II PartGG n. F. ist nunmehr an die Stelle vertraglicher Haftungsbeschränkbarkeit (»vertragliche Handelndenhaftung«) eine »gesetzliche Handelndenhaftung« getreten. Danach haftet **nur** der (oder die) Partner **für berufliche Fehler** unbeschränkt persönlich, der (oder die) **mit der Bearbeitung eines Auftrags befaßt** war (waren); Bearbeitungsbeiträge von untergeordneter Bedeutung sind von der Haftung ausgenommen. Die Neuregelung ist ein richtiger Schritt zur Vereinfachung, weil sie die bisherige Vereinbarungsnotwendigkeit beseitigt. Der Auftraggeber steht nicht schlechter als bei einem Freiberufler, der in einer Einzelpraxis tätig wird; er steht sogar besser, weil neben dem handelnden Partner die Partnerschaft mit dem Partnerschaftsvermögen haftet (§ 7 II PartGG, § 124 HGB). Beruflich fehlerhafte Bearbeitungsbeiträge, für die nach § 8 I 1 PartGG persönlich unbeschränkt zu haften ist, können bei freiberuflicher Leistungserbringung geschehen, aber auch bei verantwortlicher Leitung oder Überwachung. Die Haftungsbeschränkung bezieht sich auf Verbindlichkeiten der Partnerschaft »für berufliche Fehler« einzelner Partner. Das sind vor allem Ansprüche aus Leistungsstörungen (PVV, Verzug, Unmöglichkeit, Gewährleistung, c. i. c.), die die Partnerschaft nach § 278 BGB verpflichten, aber auch Ansprüche wegen unerlaubter Handlungen der Partner, für die die Partnerschaft analog § 31 BGB haftet.

b) § 8 III PartGG stellt klar, daß daneben auch **durch formelles Gesetz** für einzelne Freie Berufe eine summenmäßige Haftungsbegrenzung für Schadensersatzansprüche wegen fehlerhafter Berufsausübung festgelegt werden kann, die sich dann auch auf die Haftung der Partnerschaft und der Mitpartner erstreckt. Sie soll jedoch nur dann zugelassen werden, wenn zur Absicherung der Gläubiger zugleich der Abschluß einer Berufshaftpflichtversicherung entweder der Partner oder der Partnerschaft vorgeschrieben wird.

---

13 Verworfen hat der Gesetzgeber das Gegenmodell einer »Kommanditpartnerschaft« mit gesellschaftsrechtlich feststehender Haftungsverteilung (Komplementär, Kommanditist); dazu *Karsten Schmidt*, ZIP 1993, 633 (649 f.); *Michalski*, ZIP 1993, 1210 (1214).

V. Die Beendigung der Partnerschaft

Die Beendigung der Partnerschaft vollzieht sich, wie bei allen Gesellschaften mit Gesamthandsvermögen, in zwei Stufen: Zuerst Auflösung, dann Liquidation.

1. Auf die **Auflösung** ist das OHG-Recht entsprechend anzuwenden (§ 9 I PartGG); vgl. dazu oben D IV 1. Zu beachten ist, daß gemäß § 131 III HGB n. F. die »gesellschafterbezogenen« Gründe (Tod, Insolvenz und Kündigung eines Partners sowie die Kündigung eines Privatgläubigers eines Partners) kraft Gesetzes nicht zur Auflösung führen, sondern nur zum Ausscheiden des betroffenen Partners aus der (mehrgliedrigen) Partnerschaft[14].

2. Für die **Liquidation** gilt ebenfalls das OHG-Recht entsprechend (§ 10 I PartGG); vgl. dazu oben D IV 2.

3. Nach Auflösung der Partnerschaft **haften die Partner** für deren Verbindlichkeiten nach Maßgabe des § 8 I, II PartGG **weiter.** Für diese Ansprüche gilt die Regelung der Verjährung in § 159 HGB n. F. entsprechend (§ 10 II PartGG).

VI. Gesellschafterwechsel bei der Partnerschaft

1. Ausscheiden eines Partners

Für das Ausscheiden eines Partners gilt grundsätzlich das OHG-Recht entsprechend (§ 9 I PartGG); vgl. oben D VI 1. Partnerschaftsspezifisch ist das Ausscheiden für den Partner bestimmt, der (endgültig) eine erforderliche Zulassung zu dem in der Partnerschaft ausgeübten Freien Beruf verliert (§ 9 III PartGG).

Die Rechtsfolgen des Ausscheidens bestimmen sich im Innenverhältnis nach §§ 738 ff. BGB (§ 1 IV PartGG). Im Außenverhältnis haftet der Ausgeschiedene für die bis dahin begründeten Verbindlichkeiten der Partnerschaft nach Maßgabe des § 8 I, II PartGG mit der sich aus § 160 I, II HGB n. F. (vgl. dazu oben D III 4 f.) ergebenden Nachhaftungsbegrenzung weiter (§ 10 II PartGG).

2. Eintritt eines Partners

Der Eintritt eines neuen Partners (Freiberufler) ist kraft Vertragsfreiheit durch Abschluß eines Aufnahmevertrages zwischen dem Neuen und den

---

14 § 9 II PartGG, der dies bisher als Sonderregelung zur Strukturverfestigung der Partnerschaft (BT-Drucks. 12/6152, S. 19 f.) bestimmte, ist durch das HRefG konsequenterweise aufgehoben worden.

Alt-Partnern jederzeit möglich. Mit dem Erwerb der Gesellschafterstellung haftet der Eintretende auch für die vor seinem Eintritt begründeten Verbindlichkeiten der Partnerschaft nach Maßgabe des § 8 I 1 PartGG, § 129 HGB (§§ 8 I 2 PartGG, 130 HGB), wenn keine Haftungsbeschränkung nach § 8 II PartGG eingreift.

3. Übertragung der gesamten Gesellschafterstellung eines Partners

Sie ist im Wege eines (dreiseitigen) Verkehrsgeschäfts wie bei der BGB-G gesellschaftsrechtlich möglich (vgl. oben C V 3), wenn der Erwerber die Voraussetzungen zur Ausübung eines Freien Berufs in der Partnerschaft gemäß § 1 I, II PartGG erfüllt. Ist das nicht der Fall, so ist nach dem Rechtsgedanken des § 9 III PartGG vom Ausscheiden des Erwerbes kraft Gesetzes auszugehen, wenn für die Berufsausübung eine Zulassung erforderlich ist; ansonsten ist von einer fehlerhaften Übertragung auszugehen, auf die die Grundsätze über die fehlerhafte Gesellschaft Anwendung finden (vgl. oben D V 3)[15].

4. Vererbung der Partnerstellung

Nach § 9 IV 1 PartGG ist die **Vererbung** der Partnerstellung grundsätzlich **ausgeschlossen**. Dies hat, da der Tod eines Partners nicht zur Auflösung der Partnerschaft führt (§ 9 I PartGG, § 131 III Nr. 1 HGB n. F.), zur Folge, daß der verstorbene Partner aus der (mehrgliedrigen oder zweigliedrigen) Partnerschaft ausscheidet und seine Gesellschafterstellung erlischt. Nur der Abfindungsanspruch des Ausgeschiedenen nach §§ 738 ff. BGB, § 1 IV PartGG geht auf den/die Erben über, sofern die Abfindung im Gesellschaftsvertrag nicht sogar ausgeschlossen ist.

Die Partnerstellung kann im Partnerschaftsvertrag gemäß § 9 IV 2 PartGG **»vererblich« gestellt** werden, wegen der Ausgestaltung als reiner Berufsausübungsgesellschaft jedoch nur auf solche Personen, die taugliche Partner der (konkreten) Partnerschaft gemäß § 1 I, II PartGG sind. Neben der Ausgestaltung der Eignung überläßt das Gesetz die Nachfolgeregelung dem Partnerschaftsvertrag (vgl. dazu oben D IV 4 c). Demjenigen, der als tauglicher Erbe in die Gesellschafterstellung einrückt, stehen die Rechte aus § 139 HGB nur insoweit zu, als er binnen drei Monaten seinen Austritt aus der Partnerschaft erklären kann (§ 9 IV 3 PartGG); er kann nicht verlangen, daß ihm die Stellung eines Kommanditisten eingeräumt wird, weil eine Kommanditpartnerschaft nicht zugelassen ist.

---

15 Vgl. auch die Lösungsansätze bei *Karsten Schmidt*, NJW 1995, 1 (4).

I. Die Europäische wirtschaftliche Interessenvereinigung (EWIV)

Rechtsgrundlage: EWG-Verordnung Nr. 2137/85 vom 25. 7. 1985 (ABl. L 199) über die Schaffung einer Europäischen wirtschaftlichen Interessenvereinigung (EWIV); deutsches EWIV-Ausführungsgesetz vom 14. 4. 1988 (BGBl. I S. 514).

Literatur: *Abmeier*, Die EWIV und nationales Recht, NJW 1986, 2987; *Autenrieth*, Die EWIV, 1994; *Ganske*, Die Europäische wirtschaftliche Interessenvereinigung (EWIV), DB 1985, Beilage Nr. 20; *ders.*, Das Recht der EWIV, 1988; *Gleichmann*, Europäische Wirtschaftliche Interessenvereinigung, ZHR 1985, 633; *Gloria/Karbowski*, Die Europäische Wirtschaftliche Interessenvereinigung – Rechtsgrundlagen, Zweck und Unternehmensgegenstand sowie Gründung einer EWIV mit Sitz in der Bundesrepublik, WM 1990, 1313; *Hatzig*, Die Europäische wirtschaftliche Interessenvereinigung, 1990; *Hauschka/v. Saalfeld*, Die europäische wirtschaftliche Interessenvereinigung als Kooperationsinstrument für die Angehörigen der freien Berufe, DStR 1991, 1083; *Kollhosser/Raddatz*, Die Europäische Wirtschaftliche Interessenvereinigung (EWIV), JA 1989, 10; *Lentner*, Das Gesellschaftsrecht der Europäischen wirtschaftlichen Interessenvereinigung (EWIV), 1994; *Meyer-Landrut*, Die Europäische Wirtschaftliche Interessenvereinigung, 1988; *Müller-Gugenberg*, EWIV – Die neue europäische Gesellschaftsform, NJW 1989, 1449; *ders.* (Hrsg.), Die EWIV in Europa, 1995; *Neye*, Die Europäische wirtschaftliche Interessenvereinigung – eine Zwischenbilanz, DB 1997, 861; *v. Rechenberg*, Die EWIV – Ihr Sein und Werden, ZGR 1992, 299; *Karsten Schmidt*, Gesellschaftsrecht, § 65; *Scriba*, Die Europäische wirtschaftliche Interessenvereinigung, 1988; *Selbherr* (Hrsg.), Kommentar zur Europäischen Wirtschaftlichen Interessenvereinigung, 1995; *Zettel*, Die Europäische wirtschaftliche Interessenvereinigung (EWIV) – ihre Grundlagen und Struktur, DRiZ 1990, 161.

I. Allgemeines

1. Gestützt auf Art. 235 EG-Vertrag (vgl. jetzt Art. 308 EG-Vertrag, Amsterdamer Fassung) hat der Ministerrat der Europäischen Gemeinschaften durch die Verordnung Nr. 2137/1985 (EWIV-VO) die erste eigenständige **Gesellschaftsform europäischen Rechts** geschaffen: die Europäische wirtschaftliche Interessenvereinigung (EWIV). Die EWIV-VO hat nach Art. 189 II EG-Vertrag (jetzt Art. 249 EG-Vertrag) allgemeine und unmittelbare Geltung in allen Mitgliedstaaten; sie bedurfte (anders als Richtlinien) keiner Umsetzung in nationales Recht. Ausführungsgesetze der Mitgliedstaaten sind nur soweit zulässig und geboten, wie die EWIV-VO Lücken aufweist oder ausdrücklich auf nationales Recht verweist. Die EWIV steht als Gesellschaftsform seit dem 1. 7. 1989, dem Zeitpunkt der »Geltung« der EWIV-VO (Art. 43 II) zur Verfügung. Das deutsche EWIV-Ausführungsgesetz ist am 1. 1. 1989 in Kraft getreten.

2. Mit der EWIV verfolgt der Ministerrat der EG das Ziel, durch eine Gesellschaftsform auf Gemeinschaftsebene die **grenzüberschreitende Zusammenarbeit** für Personen, Gesellschaften und andere juristischen Einheiten **zu erleichtern** und damit die Errichtung und das Funktionieren eines europäischen Binnenmarktes zu fördern[1]. Durch die supranationale (allen gleichermaßen nahestehende) Rechtsform soll namentlich den (insbes. psychologischen) Schwierigkeiten begegnet werden, die sich bei der Zusammenarbeit über die Grenze hinweg ansonsten daraus ergeben, daß sich der eine oder andere Partner einer fremden nationalen Rechtsordnung unterwerfen muß. Die Praxis hat bisher von der EWIV zurückhaltend Gebrauch gemacht[2].

3. Die EWIV hat den (alleinigen) **Zweck,** die wirtschaftliche Tätigkeit ihrer Mitglieder zu erleichtern oder zu entwickeln. Sie ist auf diese **Hilfsfunktion** beschränkt; deshalb darf die Tätigkeit der EWIV nicht an die Stelle der wirtschaftlich-unternehmerischen Tätigkeit ihrer Mitglieder treten. Im Rahmen dieser Zielsetzung läßt die EWIV-VO den Mitgliedern weitgehende Freiheit bei der Gestaltung ihrer vertraglichen Beziehungen und der inneren Verfassung der EWIV; der Schutz Dritter wird jedoch durch eine weitgehende Offenlegung und unbeschränkte Haftung der Mitglieder sichergestellt.

4. Für die EWIV ist das Ineinandergreifen von europäischem Recht (EWIV-VO) und nationalem Recht kennzeichnend. **Vorrangig ist die EWIV-VO** (Art. 1 I). Soweit sie jedoch keine Regelungen enthält oder ausdrücklich auf nationales Recht verweist, ist das **innerstaatliche Recht des Staates** anzuwenden, in dem die Vereinigung nach dem Gründungsvertrag ihren **Sitz** hat (Art. 2 EWIV-VO). Für EWIV mit Sitz in der Bundesrepublik Deutschland ist in § 1 des deutschen EWIV-Ausführungsgesetzes festgelegt, daß neben den Vorschriften dieses Ausführungsgesetzes subsidiär die für die **OHG** geltenden Vorschriften maßgebend sind und daß die EWIV als **Handelsgesellschaft** i. S. des HGB gilt.

Für die EWIV (mit Sitz in der Bundesrepublik) bestimmt sich demnach das maßgebliche Gesellschaftsrecht vierstufig:

- in erster Linie nach der EWIV-VO;
- in zweiter Linie nach dem EWIV-Ausführungsgesetz;
- in dritter Linie nach dem Recht der OHG;
- in vierter Linie nach dem Recht der BGB-G (auf das § 105 III HGB verweist).

1 Vgl. zu den Zielen die der EWIV-VO vorangestellten Erwägungen des Ministerrates.
2 Vgl. *Klein-Blenkers*, DB 1994, 2224, der von (geschätzt) 600 EWIV Ende 1993 berichtet.

II. Die Entstehung der EWIV

Die Entstehung der EWIV setzt den **Abschluß eines Gründungsvertrages** und die **Registereintragung der Vereinigung** in dem Staat voraus, in dem sie ihren Sitz hat (Art. 1 II EWIV-VO).

1. Gründungsvertrag

Er muß nach Art. 5 EWIV-VO mindestens folgende Angaben enthalten:

- den Namen der Vereinigung mit dem Zusatz »Europäische wirtschaftliche Interessenvereinigung« oder »EWIV«,
- den Sitz der Vereinigung,
- den Unternehmensgegenstand,
- Angaben über die Mitglieder,
- Angaben über die Dauer, sofern sie nicht unbestimmt ist.

a) **Mitglieder** der EWIV können nur werden (§ 4 I EWIV-VO):

- **Gesellschaften** i. S. des Art. 58 II EG-Vertrag (jetzt Art. 48 II EG-Vertrag), also Gesellschaften bürgerlichen Rechts[3] und des Handelsrechts sowie Genossenschaften, mit Ausnahme derjenigen, die keinen Erwerbszweck verfolgen;
- andere **juristische Einheiten** des öffentlichen und des Privatrechts, die nach dem Recht eines Mitgliedstaates begründet sind und ihren Sitz oder zumindest ihre Hauptverwaltung in der Gemeinschaft haben (z. B. Forschungseinrichtungen und gemeinnützige Unternehmen);
- **natürliche Personen,** die eine gewerbliche, kaufmännische, handwerkliche, landwirtschaftliche oder freiberufliche[4] Tätigkeit in der Gemeinschaft ausüben oder andere Dienstleistungen erbringen.

Die EWIV muß mindestens **zwei** Mitglieder haben (Art. 4 II EWIV-VO). Ihren Charakter als EG-Kooperationsinstrument erhält sie dadurch, daß mindestens zwei Mitglieder ihre Hauptverwaltung bzw. ihre Haupttätigkeit in **verschiedenen** EU-Mitgliedstaaten haben müssen.

b) Die EWIV muß einen **gemeinsamen Zweck** (Unternehmensgegenstand) haben. Dieser ist nach Art. 3 I EWIV-VO auf eine **Hilfstätigkeit** (»dienende Tätigkeit«) zur wirtschaftlichen Tätigkeit ihrer Mitglieder beschränkt. Danach kann die EWIV allein den Zweck verfolgen, die wirtschaftliche Tätigkeit ihrer Mitglieder zu erleichtern oder zu entwickeln sowie die Ergebnisse die-

---

3 Auch die BGB-G ist mitgliedsfähig; so auch *Karsten Schmidt*, Gesellschaftsrecht, § 65 II 1; *Bach*, BB 1990, 1432; *Grüninger*, DB 1990, 1449; a. A. *Müller-Gugenberger*, NJW 1989, 1449 (1456).

4 Als freiberufliche Kooperation ist insbes. auch die grenzüberschreitende Kooperation von Rechtsanwälten möglich; vgl. dazu *Zuck*, Die EWIV als Instrument anwaltlicher Zusammenarbeit, NJW 1990, 954. Vgl. zur Zulässigkeit der Werbung mit einer EWIV-Mitgliedschaft auf Anwalts-Briefbogen OLG Hamm, NJW 1993, 1339.

ser Tätigkeit zu verbessern oder zu steigern. Sie hat nicht den Zweck, Gewinn für sich selbst zu erzielen; die EWIV kann daher selbst kein Gewerbe oder einen freien Beruf[5] gegenüber Dritten ausüben. Nach Art. 3 II EWIV-VO unterliegt die EWIV zudem fünf Verwendungsverboten (Konzernleitungsverbot, Holdingverbot, Verbot der Beschäftigung von mehr als 500 Arbeitnehmern, Kreditgewährungsverbot, Verbot, Mitglied einer anderen EWIV zu werden)[6].

c) Der Gründungsvertrag kann **formlos** wirksam abgeschlossen werden. Da der Vertrag jedoch beim Register zu hinterlegen ist (Art. 7 I EWIV-VO), muß er jedenfalls dann schriftlich vorliegen.

2. Registereintragung am Sitz der EWIV

Sie ist zweite Gründungsvoraussetzung. Mangels eines EG-Registers hat die Publizität (auf Anmeldung) durch Eintragung in das national zuständige Register zu erfolgen (Art. 6, 39 EWIV-VO). In der Bundesrepublik Deutschland ist dies das HReg (§ 2 EWIV-Ausführungsgesetz). Außer der anschließenden HReg-Bekanntmachung erfolgt auch eine Bekanntmachung im Amtsblatt der Europäischen Gemeinschaften (Art. 11 EWIV-VO). Ist namens der EWIV vor der Registereintragung gehandelt worden, so bestimmt Art. 9 II EWIV-VO eine **Handelndenhaftung,** sofern die EWIV nach der Eintragung die sich aus diesen Handlungen ergebenden Verpflichtungen nicht übernimmt. Hier ist mithin die Problematik einer Vor-EWIV (bei einer Personengesellschaft) angezeigt.

III. Die Innenbeziehungen bei der EWIV

1. Organe der EWIV

Die EWIV hat notwendig **zwei Organe** (Art. 16 I EWIV-VO), die dem deutschen GmbH-Recht nachgebildet sind. Der Gründungsvertrag kann weitere Organe (z. B. Aufsichtsrat, Beirat) vorsehen und deren Befugnisse bestimmen (Gestaltungsfreiheit).

a) Geschäftsführungsorgan sind der oder die **Geschäftsführer;** diese müssen grundsätzlich[7] natürliche Person sein, aber nicht notwendig Mitglied der EWIV (Möglichkeit der Fremdorganschaft). Die Geschäftsführer werden im Gründungsvertrag oder durch Beschluß der Mitglieder bestellt. Sie führen (alle) Geschäfte der EWIV und vertreten diese gegenüber Dritten (Art. 19, 20

5 Für EG-weite Anwaltssozietäten steht die EWIV mithin nicht zur Verfügung.

6 Dazu näher *Gloria/Karbowski*, WM 1990, 1313 (1316 f.).

7 Nach Art. 19 II EWIV-VO kann das nationale Ausführungsrecht auch juristische Personen als Geschäftsführer zulassen; davon hat der deutsche Gesetzgeber aber keinen Gebrauch gemacht.

EWIV-VO). Zu ihrer Rechtsstellung vgl. §§ 3, 5–7, 10 ff. EWIV-Ausführungsgesetz.

b) Oberstes Organ sind **»die gemeinschaftlich handelnden Mitglieder«**[8], weil es jeden Beschluß zur Verwirklichung des »Unternehmens«gegenstandes fassen kann (Art. 16 II EWIV-VO). Jedes Mitglied hat eine Stimme; Mehrstimmrechte können Mitgliedern im Gründungsvertrag unter der Bedingung eingeräumt werden, daß ein einziges Mitglied nicht die Stimmenmehrheit besitzt (Art. 17 I EWIV-VO). Bestimmte Beschlüsse, die zugleich Änderungen des Gründungsvertrages darstellen, können nur einstimmig gefaßt werden; im übrigen kann das Mehrheitsprinzip im Gründungsvertrag vorgesehen werden (Art. 17 II, III EWIV-VO).

2. Rechte und Pflichten der Mitglieder

Die EWIV-VO überläßt die Regelung der Rechte und Pflichten der Mitglieder[9] weitgehend dem Gründungsvertrag; subsidiär gilt OHG-Recht.

a) Unter den Mitverwaltungsrechten ist neben dem **Stimmrecht,** das zur Mitwirkung bei den Mitgliederbeschlüssen berechtigt (s. oben III 1 bb), das Recht hervorzuheben, von den Geschäftsführern **Auskünfte** über die Geschäfte der Vereinigung zu erhalten und in die Bücher und Geschäftsunterlagen (unbeschränkt) **Einsicht** zu nehmen (Art. 18 EWIV-VO). **Gewinne** sind auf die Mitglieder zu gleichen Teilen aufzuteilen, sofern der Gründungsvertrag nichts anderes bestimmt (Art. 21 I EWIV-VO).

b) Eine **Beitragspflicht** ist in der EWIV-VO nicht festgelegt; sie kann im Gründungsvertrag bestimmt werden (Art. 17 II e EWIV-VO). Zur **Verlusttragung** sind die Mitglieder zu gleichen Teilen verpflichtet, wenn der Gründungsvertrag nichts anderes bestimmt (Art. 21 II EWIV-VO). Da diese Verlusttragungspflicht schon dann eintritt, wenn die Ausgaben die Einnahmen übersteigen, kann dies (anders als nach § 707 BGB, § 105 III HGB) auch zu einer Nachschußpflicht während Bestehens der EWIV führen[10]. Da die EWIV Personengesellschaft ist, besteht für alle Mitglieder eine allgemeine Treuepflicht[11].

3. Das Gesellschaftsvermögen

Das Gesellschaftsvermögen der EWIV ist wie bei der OHG **Gesamthandsvermögen** (§ 1 EWIV-Ausführungsgesetz, § 105 III HGB, §§ 718, 719 BGB).

8 Die EWIV-VO hat die Bezeichnung Mitglieder»versammlung« bewußt vermieden. Daraus folgt, daß die Mitglieder nicht in einer Versammlung beschließen müssen (z. B. auch im schriftlichen Verfahren oder unter Benutzung moderner Kommunikationstechniken).

9 Näher dazu: *Meyer-Landrut*, a. a. O., S. 65 ff.

10 Ebenso *Karsten Schmidt*, Gesellschaftsrecht, § 65 II 2 d.

11 Vgl. auch *Meyer-Landrut*, a. a. O., S. 75.

IV. Die Außenbeziehungen bei der EWIV

1. Der Name

Die EWIV muß einen Namen haben mit dem Zusatz »Europäische wirtschaftliche Interessenvereinigung« oder »EWIV« (Art. 5 lit. a EWIV-VO), unter dem sie im Rechtsverkehr auftritt. Da die EWIV-VO nichts Näheres regelt, gilt das OHG-Firmenrecht entsprechend. Nach § 18 I HGB n. F. kann die EWIV demnach eine Personal-, Sach- oder Phantasiefirma bilden; der frühere Streit um die Zulässigkeit einer Sachfirma[12] ist damit überholt. Zulässig ist auch der Name ausländischer Mitglieder als Firmenbestandteil[13]. Briefe, Bestellscheine und ähnliche Schriftstücke müssen den Namen und den Rechtsformzusatz, Registerort, die Anschrift und ggf. ergänzende Angaben enthalten (Art. 25 EWIV-VO).

2. Vertretung

Die EWIV wird im Rechtsverkehr mit Dritten vertreten. Die Vertretung erfolgt ausschließlich durch den Geschäftsführer, bei mehreren durch jeden einzelnen (Einzelvertretungsmacht jedes Geschäftsführers, Art. 20 I EWIV-VO). Gesamtvertretung kann im Gründungsvertrag vereinbart werden; Dritten kann diese aber nur entgegengesetzt werden, wenn sie ordnungsgemäß bekanntgemacht ist (Art. 20 II EWIV-VO). Der Umfang der Vertretungsmacht ist mit Wirkung gegenüber Dritten nicht beschränkbar; die ultra-vires-Lehre gilt nicht (§ 20 I EWIV-VO)[14].

3. Träger von Rechten und Pflichten

Mit der Registereintragung entsteht die EWIV. Von nun an hat sie »die Fähigkeit, im eigenen Namen **Träger von Rechten und Pflichten** jeder Art zu sein, Verträge zu schließen und andere Rechtshandlungen vorzunehmen und **vor Gericht zu stehen**« (Art. 1 II EWIV-VO). Damit ist indes nicht gesagt, daß sie juristische Person ist. Dies zu bestimmen überläßt Art. 1 III EWIV-VO den Mitgliedstaaten. Da die EWIV mit Sitz in der Bundesrepublik subsidiär dem Recht der OHG unterstellt ist, gilt dementsprechend § 124 HGB entsprechend (vgl. dazu oben D III 3); sie ist nicht juristische Person, wird aber wie eine solche behandelt.

---

12 Zu Recht schon vor dem HRefG bejahend AG München, BB 1990, 160; LG Frankfurt, BB 1991, 496; *Müller-Gugenberger*, BB 1989, 1922; *Gloria/Karbowski*, WM 1990, 1313 (1320); *Wöbke/Danckwerts*, DB 1994, 413; a. A. OLG Frankfurt, DB 1993, 1182; *Meyer-Landrut*, a. a. O., S. 154; *Ziegler*, Rpfleger 1990, 239; vgl. auch EuGH, NJW 1998, 972.

13 Vgl. *Meyer-Landrut*, a. a. O., S. 155.

14 Vgl. aber zu Ausnahmen vom Grundsatz unbeschränkter Vertretungsmacht oben D III 2 d cc.

4. Haftung der Mitglieder für Verbindlichkeiten der EWIV

Nach Art. 24 I 1 EWIV-VO haften die Mitglieder der EWIV unbeschränkt und gesamtschuldnerisch für deren Verbindlichkeiten, gleich welcher Art diese sind. Die Mitglieder haften, anders als bei der OHG, jedoch nur **subsidiär,** nämlich nur dann, wenn Gläubiger zunächst die EWIV zur Zahlung aufgefordert haben und Zahlung nicht innerhalb angemessener Frist erfolgt ist (Art. 24 II EWIV-VO). Die persönliche Haftung der Mitglieder macht bei der EWIV, wie bei der OHG, die für Kapitalgesellschaften typische Kapitalbindung überflüssig. Bezüglich der Haftungsfolgen gelten gemäß Art. 24 I 2 EWIV-VO, § 1 EWIV-Ausführungsgesetz die §§ 128, 129 HGB und §§ 421 ff. BGB entsprechend. Neu eintretende Mitglieder haften für Altverbindlichkeiten nach Art. 26 II EWIV-VO, allerdings mit der Möglichkeit der Haftungsbefreiung auch gegenüber Dritten durch Bekanntmachung. Jedes aus der EWIV ausscheidende Mitglied haftet für Altverbindlichkeiten weiter (Art. 34 EWIV-VO); es gilt eine Verjährungsfrist von fünf Jahren (Art. 37 I i. V. m. Art. 8 EWIV-VO).

V. Die Beendigung der EWIV

Die Beendigung der EWIV vollzieht sich (wie im deutschen Personengesellschaftsrecht) in zwei Stufen:

1. Stufe: Auflösung durch (grundsätzlich einstimmigen) Auflösungsbeschluß (Art. 31 EWIV-VO) oder durch gerichtliche Auflösungsentscheidung (Art. 32 EWIV-VO). Die Kündigung durch ein Mitglied ist kein Auflösungstatbestand, sondern führt zu dessen Ausscheiden (Art. 27 I EWIV-VO).

2. Stufe: Die Auflösung führt zur **Abwicklung** der EWIV; diese bestimmt sich nach dem Recht des Sitzstaates (Art. 35 I, II EWIV-VO). § 10 EWIV-Ausführungsgesetz bestimmt die Geschäftsführer zu Abwicklern, wenn nicht der Gründungsvertrag oder ein Mitgliederbeschluß etwas anderes bestimmen. Nach dem Recht des Sitzstaates bestimmt sich auch das Insolvenzrecht (Art. 36 EWIV-VO).

VI. Gesellschafterwechsel

Der Gesellschafterwechsel bei der EWIV weist weitgehende Parallelen zum deutschen Personengesellschaftsrecht auf. Die EWIV-VO regelt die **Aufnahme** neuer Mitglieder (Art. 26), ebenso wie das **Ausscheiden** von Mitgliedern durch Kündigung (Art. 27 I), Ausschluß (Art. 27 II), Tod oder Verlust der Mitgliedsfähigkeit (Art. 28 I) unter Abfindung des Ausscheidenden (Art. 33). Auch ist die **Abtretung der Mitgliedschaft** unter (einstimmiger)

Zustimmung der übrigen Mitglieder vorgesehen (Art. 22 I). Schließlich kommt eine **Vererbung** der Gesellschafterstellung im Todesfall in Betracht, wenn der Gründungsvertrag dies vorsieht oder alle anderen Mitglieder zustimmen (Art. 28 II).

J. Grundzüge des Vereinsrechts des BGB

Rechtsgrundlage: §§ 21–79 BGB (**§§ ohne Zusatz betreffen im folgenden das BGB**).

Literatur:

Kommentare und Lehrbücher zum Allgemeinen Teil des BGB.

a) **Eingetragener Verein:** *Märkle*, Der Verein im Zivil- und Steuerrecht, 9. Aufl., 1995; *Ott*, Die Vereinssatzung, 1992; *Reichert/van Look*, Handbuch des Vereins- und Verbandsrechts, 6. Aufl. 1995; *Sauter/Schweyer*, Der eingetragene Verein, 16. Aufl. 1997; *Stöber*, Vereinsrecht, 7. Aufl. 1997; *Reuter*, Die Verfassung des Vereins gemäß § 25 BGB, ZHR 148 (1984), 513; *ders.*, Rechtliche Grenzen ausgegliederter Wirtschaftstätigkeit von Idealvereinen, ZIP 1984, 1052; *ders.*, 100 Bände BGHZ: Vereins- und Genossenschaftsrecht, ZHR 151 (1987), 355; *Karsten Schmidt*, Der bürgerlichrechtliche Verein mit wirtschaftlicher Tätigkeit, AcP 182 (1982), 1; *ders.*, Wirtschaftstätigkeit von »Idealvereinen« durch Auslagerung auf Handelsgesellschaften (ADAC-Urteil, BGH, BB 1983, 328), NJW 1983, 543; *ders.*, Verbandszweck und Rechtsfähigkeit im Vereinsrecht, 1984 (zitiert: Verbandszweck); *ders.*, Systemfragen des Vereinsrechts, ZHR 147 (1983), 43; *ders.*, Der Vereinszweck nach dem Bürgerlichen Gesetzbuch, BB 1987, 556.

b) **Nicht eingetragener Verein:** *Flume*, Der nichtrechtsfähige Verein, ZHR 148 (1984), 503; *Habscheid*, Der nicht rechtsfähige Verein zwischen juristischer Person und Gesellschaft, AcP 155 (1956), 375 ff.; *Konzen*, Grundbuchfähigkeit eines nichtrechtsfähigen Vereins, JuS 1984, 20; *Reift*, Die Haftungsverfassung nichtrechtsfähiger unternehmenstragender Verbände, 1996; *Reuter*, Der nichtrechtsfähige wirtschaftliche Verein, FS f. Semler, 1993, S. 931; *Karsten Schmidt*, Die Partei- und Grundbuchfähigkeit nichtrechtsfähiger Vereine, NJW 1984, 2249.

I. Allgemeines

1. Begriff und Zweck

a) Im **BGB** findet sich **keine Definition** des Vereins des bürgerlichen Rechts. Vielmehr wird der Begriff in §§ 21 ff. als bekannt vorausgesetzt. Nach RGZ 143, 212, 213 versteht man unter einem Verein »eine auf die Dauer berechnete Verbindung einer größeren Anzahl von Personen zur Erreichung eines gemeinsamen Zwecks, die nach ihrer Satzung körperschaftlich organisiert ist, einen Gesamtnamen führt und auf einen wechselnden Mitgliederbestand angelegt ist«[1]. Die körperschaftliche Struktur des Vereins, die ihn z. B. von der Gesellschaft des bürgerlichen Rechts unterscheidet, ist insbes. dadurch gekennzeichnet, daß der Verein durch Organe, die nicht Mitglieder sein müssen (z. B. Vorstand), handelt und der Mitgliederwechsel keinen Einfluß auf seinen Bestand hat (vgl. oben A III 1 c (2)).

1 Vgl. auch RGZ 60, 94, 96; 165, 140, 143.

b) Der Gesetzgeber wollte mit dem Verein **keine bestimmte Organisationsstruktur** – wie etwa bei AG, GmbH oder eG – realisieren, sondern lediglich den Rahmen körperschaftlichen Zusammenwirkens mehrerer Personen abstecken[2]. Die §§ 21 ff. ermöglichen vielfältige Erscheinungsformen körperschaftlicher Vereinigungen; so sind z. B. Sportvereine, Automobilklubs, die Technischen Überwachungsvereine, aber auch politische Parteien, Gewerkschaften und Wirtschaftsverbände bürgerlichrechtliche Vereine[3].

2. Wirtschaftliche und nichtwirtschaftliche Vereine

a) Das Gesetz unterscheidet wirtschaftliche (§ 22) und nichtwirtschaftliche (§ 21) Vereine. **Wirtschaftlicher Verein** ist der Verein, dessen Zweck auf einen wirtschaftlichen Geschäftsbetrieb gerichtet ist, § 22 S. 1. Fehlt eine solche Zweckrichtung, so handelt es sich um einen **nichtwirtschaftlichen** Verein. Diese Unterscheidung ist von grundlegender Bedeutung[4].

aa) Während ein Verein mit nichtwirtschaftlicher Zwecksetzung bei Erfüllung der allgemeinen vereinsrechtlichen Normativbestimmungen (vgl. oben B I 4 b) Anspruch auf Eintragung in das Vereinsregister und damit auf Erwerb der Rechtsfähigkeit als juristische Person hat, erfordert es die Sicherheit des Rechtsverkehrs, insbes. der Gläubigerschutz, daß sich Personenvereinigungen mit wirtschaftlicher Zwecksetzung, falls sie sich vereinsrechtlich organisieren wollen, einer Prüfung durch die zuständige Behörde des betreffenden Bundeslandes unterziehen (Konzessionssystem, vgl. oben B I 4 b; wegen der jeweils zuständigen Stellen und deren Verfahrenspraxis vgl. Karsten Schmidt, Verbandszweck, S. 339 ff.) oder sich der Rechtsform der handelsrechtlichen Kapitalgesellschaften oder der eG, für die entsprechende Schutzvorschriften vorgesehen sind, bedienen.

bb) Bei der Frage der **Haftung der Mitglieder** kommt es ebenfalls auf diese Unterscheidung an: Für Verbindlichkeiten des nichtrechtsfähigen Wirtschaftsvereins haften seine Mitglieder gemäß § 54 S. 1 i. V. m. §§ 705, 426 bzw. §§ 128, 171 HGB (nach § 128 HGB analog, wenn ein Handelsgewerbe i. S. von § 1 II HGB betrieben wird, vgl. § 105 I HGB) persönlich; wird der wirtschaftliche Zweck eines Vereins verneint, so entfällt nach allg. Meinung auch die persönliche Haftung der Mitglieder mit ihrem Privatvermögen (vgl. unten III 4).

b) Für das Vorliegen der **wirtschaftlichen Zwecksetzung** eines Vereins müssen zwei Voraussetzungen erfüllt sein:

---

2 Vgl. *Soergel/Hadding*, vor § 21 Anm. 44.
3 Vgl. die Aufzählung bei *Karsten Schmidt*, Gesellschaftsrecht, § 23 I 2, S. 662 f.
4 Vgl. *Karsten Schmidt*, Verbandszweck, S. 89 ff.; *ders.*, Gesellschaftsrecht, § 23 III 1, S. 669.

aa) Der **Zweck** des Vereins muß darauf gerichtet sein, für sich oder seine Mitglieder **wirtschaftliche Vorteile** zu erlangen oder zu sichern. Hat der Verein den Zweck, den erwerbswirtschaftlichen Interessen seiner Mitglieder zu dienen, so ist nach BGHZ 45, 395, 398 nicht unbedingt notwendig, daß die Rechtsgeschäfte des Vereins mit Dritten entgeltlich sind; entscheidend ist, daß er bei Ausführung der Geschäfte dauernd und planmäßig in rechtsgeschäftlich verbindlicher Weise am Rechtsverkehr mit Dritten teilnimmt.

Aber selbst der Betrieb eines kaufmännischen Unternehmens reicht dann nicht aus, wenn dies nur der Erreichung des nicht kommerziellen Zweckes des Vereins dient. Dieses sog. **Nebenzweckprivileg**[5] greift beispielsweise dann Platz, wenn der Sportverein ein Vereinslokal betreibt (str.)[6].

bb) Die Erreichung des wirtschaftlichen Zwecks muß **mittels eines Geschäftsbetriebs** angestrebt werden. Dies ist z. B. bei Wirtschaftsverbänden nicht der Fall, die zwar die ökonomischen Interessen ihrer Mitglieder im Auge haben, diese aber durch Einwirkung auf staatliches Handeln und gerade nicht mittels eines eigenen Geschäftsbetriebs fördern wollen[7].

3. Rechtsfähige und nichtrechtsfähige Vereine; Erlangung der Rechtsfähigkeit

a) Das BGB regelt in den §§ 21 ff., 55 ff. den rechtsfähigen Verein, in § 54 den Verein ohne Rechtsfähigkeit. Während beide Vereinstypen die gleiche körperschaftliche Organisationsstruktur aufweisen (vgl. oben I 1 a), unterscheiden sie sich in dem Merkmal der **Rechtsfähigkeit** (nach a. A. nur darin, daß der nichtrechtsfähige Verein nicht juristische Person ist). Der rechtsfähige Verein ist juristische Person; für den nichtrechtsfähigen Verein sollen hingegen gemäß § 54 S. 1 die Vorschriften über die Gesellschaft bürgerlichen Rechts, §§ 705 ff., gelten (vgl. dazu unten III).

b) Gemäß § 21 erlangt der **nichtwirtschaftliche Verein** seine Rechtsfähigkeit durch **Eintragung ins Vereinsregister**; vgl. oben 2 a aa und unten II 4 c. Der **Wirtschaftsverein** kann nur durch **staatliche Verleihung** Rechtsfähigkeit erlangen, sofern er sie nicht nach anderen bundesgesetzlichen Vorschriften erwirbt. Zu diesen anderen bundesgesetzlichen Vorschriften zählen u. a. das Aktiengesetz, das GmbH-Gesetz und das Genossenschaftsgesetz.

---

5 Vgl. etwa RGZ 83, 232, 237; 154, 343, 354; BGHZ 15, 315, 319 und unten II 2.

6 Vgl. *Kübler*, § 10 II; sehr ausführlich *Karsten Schmidt*, Verbandszweck, S. 183 ff.

7 Vgl. *Kübler*, § 10 II 3 b; zur Abgrenzung vgl. auch *Karsten Schmidt*, Gesellschaftsrecht, § 23 III 2, 3 S. 670 ff.

Für **ausländische Vereine,** die nicht von den deutschen gesetzlichen Vorschriften, z. B. des Aktien- oder GmbH-Gesetzes, Gebrauch machen, gilt § 23. Nach dieser Vorschrift kann ihnen ebenfalls die Rechtsfähigkeit verliehen werden; doch wird davon nur der äußerst seltene Fall erfaßt, daß ein im Ausland nichtrechtsfähiger Verein die Rechtsfähigkeit nach deutschem Recht erlangen will[8]. Ist hingegen der Verein nach seinem Heimatrecht bereits rechtsfähig, so wirkt dies nach allgemeinen international-privatrechtlichen Grundsätzen automatisch auch im Inland; er wird als juristische Person anerkannt[9].

II. Der rechtsfähige Verein

1. Begriff; der eingetragene Verein (e. V.) als zahlenmäßig bedeutsamster rechtsfähiger Verein

Unter einem rechtsfähigen Verein versteht man eine auf Dauer angelegte Personenvereinigung mit körperschaftlicher Verfassung zur Verwirklichung eines gemeinsamen Zwecks, die die Rechtsfähigkeit nach §§ 21, 22 oder 23 erworben hat. Unter den rechtsfähigen Vereinen stellt der eingetragene Idealverein (e. V., vgl. §§ 21, 65) die größte Zahl, während Wirtschaftsvereine eine eher marginale Größe darstellen. Dies kommt zum einen daher, daß die für die Verleihung der Rechtsfähigkeit an wirtschaftliche Vereine zuständigen Stellen der einzelnen Bundesländer (§ 22) eine eher restriktive Zulassungspraxis verfolgen. Zum anderen machen die Vereine, die sich zielgerichtet wirtschaftlich betätigen wollen, meist von den Gesellschaftsformen, die das deutsche Recht bietet – AG, KGaA, GmbH, eG – Gebrauch; wegen ihrer im Rechtsleben geringen Bedeutung wird auf eine Darstellung der bürgerlich-rechtlichen Wirtschaftsvereine verzichtet.

2. Nebenzweckprivileg

Allen e. V. (Idealvereinen) – ob es sich dabei nun um Sportvereine, Automobilklubs oder den Verband der Philatelisten e. V. handelt – ist gemein, daß sie keinen wirtschaftlichen (Haupt-) Zweck verfolgen dürfen. Zulässig ist aber eine wirtschaftliche Betätigung, wenn es sich dabei lediglich um eine untergeordnete, dem ideellen Hauptzweck des Vereins dienende wirtschaftliche Betätigung im Rahmen des sog. **Nebenzweckprivilegs** handelt (vgl. oben I 2 b aa)[10]. Gleiches gilt, wenn der e. V. ein wirtschaftliches Unternehmen betreibt, das rechtlich und organisatorisch gegenüber dem Verein verselbstän-

8 Vgl. MünchKomm/*Reuter*, § 23 Anm. 1; *Karsten Schmidt*, Gesellschaftsrecht, § 23 II 2 a, S. 671.
9 Vgl. MünchKomm/*Reuter*, § 23 Anm. 1; *Soergel/Hadding*, § 23 Anm. 1.
10 BGHZ 45, 395, 397, 398; 85, 84, 89.

digt ist. Aufgrund dieser juristischen und organisatorischen Trennung wird das Wirken dieser Unternehmen nicht als eigene unternehmerische Betätigung des Vereins angesehen (vgl. BGHZ 85, 84 ADAC-Urteil). Um dem Schutzzweck der §§ 21, 22 Rechnung zu tragen, daß nämlich aus Gründen des Gläubigerschutzes die Vereine, die sich wirtschaftlich betätigen wollen, auf die Rechtsformen verwiesen werden, die entsprechende Schutzmechanismen wie Mindestkapitalausstattung, Bilanzierungs-, Publizitäts- und Prüfungspflichten aufweisen (vgl. BVerwGE 58, 26), ist eine Abgrenzung von Neben- und Hauptzweck erforderlich. Die Gewährung des Nebenzweckprivilegs setzt voraus, daß die wirtschaftliche Tätigkeit funktional der nichtwirtschaftlichen Haupttätigkeit dient[11].

3. Gründung

a) Erforderlich sind, wie § 56 zeigt, **sieben Gründungsmitglieder.** § 56 ist zwar als Sollvorschrift ausgestaltet[12]; das Registergericht prüft aber vor Eintragung die Erfüllung sowohl der Muß- als auch der Sollvorschriften der §§ 56–59. Stellt der Registerrichter einen Verstoß fest, so hat er die Anmeldung zurückzuweisen, § 60. Wird der Verein trotz Verletzung von Muß- oder Sollvorschriften eingetragen, erlangt er Rechtsfähigkeit. Während jedoch die Eintragung Verstöße gegen Sollvorschriften heilt, kann die Nichtbeachtung von Mußvorschriften zu einer Löschung von Amts wegen führen, §§ 159, 142 FGG[13].

b) Die Gründungsmitglieder müssen eine **Satzung** errichten (vgl. § 25), die als Mindestinhalt Zweck, Name und Sitz des Vereins enthalten muß (§ 57). Aus der Satzung muß sich auch ergeben, daß der Verein eingetragen werden soll. Die Satzung ist ein von den Gründern abgeschlossener **Vertrag,** der sowohl die Organisation des Vereins als auch schuldrechtliche Beziehungen zwischen den Gründern festlegt. Ob die Satzung diesen Charakter verliert und kraft Korporationsrecht zur Verfassung wird, sobald der Verein ins Leben tritt (so BGHZ 21, 370, 373, 374 f.), oder ob die Satzung von Anfang an Korporationscharakter hat, ist umstritten[14]. Bezüglich des Vereinszwecks ist zu beachten, daß aufgrund der Angaben in der Satzung der Registerrichter zur Prüfung in der Lage sein muß, ob der Verein eintragungsfähig ist oder ob der Antrag auf Eintragung wegen Vorliegens eines wirtschaftlichen Zwecks abzulehnen ist. Deshalb muß zu der häufig benutzten Formulierung »der Zweck ist nicht auf einen wirtschaftlichen Geschäftsbetrieb gerichtet« noch eine Präzisierung der beabsichtigten Vereinstätigkeit treten[15].

11 Vgl. *Karsten Schmidt*, Gesellschaftsrecht, § 23 III 3, S. 677.
12 Zur Bedeutung der Sollvorschriften vgl. *Creifelds*, Rechtswörterbuch, 13. Aufl. 1996: Stichwort »Sollvorschrift«.
13 Vgl. *Karsten Schmidt*, Gesellschaftsrecht, § 24 II 1, S. 680.
14 Vgl. *Soergel/Hadding*, § 25 Anm. 11 ff.
15 Vgl. *Karsten Schmidt*, Gesellschaftsrecht, § 24 III 1 b, S. 691.

Darüber hinaus sind die Sollvorschriften des § 57 II – der Vereinsname soll sich von den Namen anderer e. V. in derselben Gemeinde deutlich unterscheiden – und des § 58 (lesen!) zu beachten.

c) Von den Gründern ist gemäß § 26 ein **Vereinsvorstand,** der aus einer oder mehreren Personen bestehen kann, zu bestellen. Er hat den Verein nach § 59 **zur Eintragung** anzumelden. Dabei genügt bei einem mehrgliedrigen Vorstand nicht die Anmeldung durch ein Mitglied oder mehrere Mitglieder; vielmehr ist der gesamte Vorstand (alle Vorstandsmitglieder) in die Pflicht genommen, § 77 (str.)[16]. Der Anmeldung müssen die von mindestens sieben Mitgliedern unterschriebene Satzung und eine Abschrift der Urkunden über die Bestellung des Vorstands beigefügt werden, § 59.

4. Vorverein und e. V.

a) Mit der wirksamen Einigung der Gründer über die Vereinssatzung entsteht der **Vorverein**. Für diesen sind die Satzung und die Vorschriften des BGB für rechtsfähige Vereine maßgeblich, soweit sie nicht die Eintragung in das Vereinsregister voraussetzen; vgl. Reichert/van Look, Rdz. 78 ff., Karsten Schmidt, Gesellschaftsrecht, § 24 II 3, S. 686. Dies bedeutet u. a., daß bereits der Vorverein gerichtlich und außergerichtlich vom Vorstand, § 26 II, oder durch besondere Vertreter, § 30, vertreten wird. Für die Geschäftsführung eines mehrgliedrigen Vorstands und die Beschlußfassung in der Mitgliederversammlung gilt das Mehrheitsprinzip, §§ 28, 32 I; der Vorverein ist vermögensfähig; Rechtsfähigkeit erlangt er erst durch die Eintragung ins Vereinsregister[17]. Das durch Beitragszahlung erworbene Vermögen wird »Sondervermögen«, das den Mitgliedern in ihrer gesamthänderischen Verbundenheit zusteht. Auf dieses Sondervermögen (Vereinsvermögen) ist die Haftung der Mitglieder beschränkt; vgl. bereits oben I 2 a bb und zur Vorgesellschaft bei AG und GmbH B I 5 b bb. Daneben **haftet** gemäß § 54 S. 2 der **Handelnde** persönlich und unbeschränkt; diese Haftung erlischt mit Eintragung des Vereins[18].

Mangels Rechtsfähigkeit kann der Vorverein zwar nicht im eigenen Namen klagen (str.)[19]; er kann aber aufgrund der Vorschrift des § 50 II ZPO, die auch auf den Vorverein Anwendung findet, verklagt werden **(passive Parteifähigkeit).**

b) Wird der **Eintragungsantrag** gestellt, § 59 I, prüft der Registerrichter das Vorliegen der formellen (ordnungsgemäße Anmeldung) und der materiellen Eintragungsvoraussetzungen (Erfüllung der vereinsrechtlichen Normativ-

16 Vgl. BayObLGZ 71, 266, 270; *Reichert/van Look*, Rdz. 142, *Soergel/Hadding*, § 59 Anm. 3.
17 A. A. *Grunewald*, Gesellschaftsrecht, 2 A II 4 Rdz. 31.
18 Zu den Haftungsverhältnissen des Vorvereins vgl. *Karsten Schmidt*, Gesellschaftsrecht, § 24 II 3, S. 686.
19 Vgl. *Soergel/Hadding*, Vor § 21 Anm. 66 a. E.; § 54 Anm. 33.

bestimmungen). Stellt er Mängel fest, so weist er den Eintragungsantrag zurück, § 60; hält der Registerrichter den Mangel allerdings für behebbar, so hat er die Antragsteller zur Beseitigung des Mangels anzuhalten; dies kann formlos oder durch Zwischenverfügung geschehen[20].

Einen nach § 3 VereinsG bereits verbotenen Verein darf der Registerrichter nicht eintragen. Um zu vermeiden, daß ein nach § 3 VereinsG verbietbarer, aber noch nicht von der zuständigen Behörde verbotener Verein eingetragen wird, teilt das Registergericht der Verwaltungsbehörde jede Registeranmeldung mit, § 61 I. Erklärt die Behörde, daß sie keinen Einspruch erhebe, oder verstreichen sechs Wochen nach Zugang der Mitteilung ohne Einspruch oder verliert ein erhobener Einspruch seine Wirksamkeit, § 63 I, so wird der Verein eingetragen.

c) Mit der **Eintragung ins Vereinsregister** erlangt der Idealverein seine Rechtsfähigkeit, er wird juristische Person; die Eintragung ist somit **konstitutiv.** Es entsteht aber kein neues Rechtsgebilde; vielmehr besteht zwischen dem Vorverein und dem e. V. **Identität** (vgl. RGZ 85, 256, 259; BGH, WM 1978, 115). Die vom Vorverein erworbenen Rechte, aber auch seine Verpflichtungen, gehen auf den e. V. über[21]. Von nun an kann der Verein im Rechtsverkehr unter eigenem Namen auftreten und auch aktiv Prozesse führen. Für Verbindlichkeiten haftet grundsätzlich nur das Vereinsvermögen[22].

5. Die Verfassung des e. V.

a) Satzung

Die rechtliche Grundstruktur des Vereins, vom BGB in § 25 als Verfassung bezeichnet, wird durch die Vereinssatzung und die Vorschriften der §§ 26–39 festgelegt. Dabei bestimmt § 40, welche dieser Vorschriften dispositiv und welche zwingend sind. Dispositiv und damit hinter die entsprechenden Satzungsbestimmungen zurücktretend sind die §§ 27 I, III, 28 I, 32, 33, 38; nur die in § 40 nicht genannten Bestimmungen des Vereinsrechts sind folglich zwingender Natur. Daher kann die Satzung z. B. die Bestellung des Vorstandes entgegen § 27 I ohne Beschluß der Mitgliederversammlung zulassen, indem sie etwa ein (Wahl-)Gremium ernennt, das dann seinerseits den Vorstand bestellt, oder sie kann andere Mehrheiten für Satzungs- und/oder Zweckänderungen festlegen; sie kann dabei auch geringere Mehrheiten genügen lassen[23].

---

20 Vgl. *Reichert/van Look*, Rdz. 175 ff.

21 Vgl. *Soergel/Hadding*, vor § 21 Anm. 71 ff.; MünchKomm/*Reuter*, §§ 21, 22 Anm. 66 ff.; vgl. auch *Karsten Schmidt*, Gesellschaftsrecht, § 24 II 3, S. 686: Die Rechte und Pflichten des Vorvereins sind nach der Eintragung »ohne weiteres« Rechte und Pflichten des e. V.

22 Zur Durchgriffshaftung auf die Mitglieder BGHZ 54, 222; *Karsten Schmidt*, Gesellschaftsrecht, § 24 VI 2, S. 725 f.; MünchKomm/*Reuter*, vor § 21, Anm. 33 ff., 42 ff. sowie oben B III 3 a.

23 Vgl. *Reichert/van Look*, Rdz. 422, 427; MünchKomm/*Reuter*, § 33 Anm. 7 ff.; *Soergel/Hadding*, § 33 Anm. 6, 12; vgl. *Erman/Westermann*, § 33 Anm. 2: Diese Möglichkeit besteht nur, wenn sie sich eindeutig aus der Satzung ergibt.

Die §§ 57, 58 legen die Gegenstände fest, die in der Satzung geregelt sein müssen oder »sollen«: Die Satzung muß Zweck, Name und Sitz des Vereins enthalten sowie die Absicht ergeben, den Verein eintragen zu lassen, § 57 I. Nach § 58 »soll« (vgl. dazu oben 3 a) die Satzung Bestimmungen enthalten:

- über den Eintritt und Austritt der Mitglieder;
- darüber, ob und welche Beiträge zu leisten sind;
- über die Bildung des Vorstands;
- über die Berufung der Mitgliederversammlung und die Beurkundung von ihr gefaßter Beschlüsse.

b) Vorstand

Der Vorstand ist – neben der Mitgliederversammlung (dazu unten c) – gemäß § 26 I 1 notwendiges Organ des Vereins. In Ermangelung einer anders lautenden Satzungsbestimmung wird er von der Mitgliederversammlung **bestellt**, § 27 I (vgl. oben a); für die **Abberufung** ist im Zweifel ebenfalls die Mitgliederversammlung zuständig[24]. Der nach dem Gesetz jederzeit zulässige Widerruf der Bestellung kann durch die Satzung auf den Fall des Vorliegens wichtiger Gründe beschränkt werden, § 27 II 2 (zur Abberufung des Vorstands bei der AG vgl. § 84 III AktG; bei der eG § 24 III GenG).

In dringenden Fällen ist das zuständige Amtsgericht zur **Notbestellung** eines Vorstands befugt; die vom Gericht bestellten Vorstandsmitglieder bleiben jedoch nur solange im Amt, bis der Verein den Mangel (Fehlen der Vorstandsmitglieder) behoben hat; § 29.

Der Vorstand kann, wie §§ 26 I 2, 28 I zeigen, aus einer oder mehreren Personen bestehen, die nicht dem Verein angehören müssen (Prinzip der **Fremdorganschaft**; vgl. dazu oben B III 2 a).

Als **Leitungsorgan** des Vereins ist der Vorstand sowohl für die **Geschäftsführung** als auch für die **Vertretung** des Vereins nach außen zuständig.

aa) Gemäß § 26 II 1 besitzt er die gerichtliche und außergerichtliche **Vertretungsmacht.** Besteht der Vorstand aus mehreren Personen, kann die Satzung bestimmen, ob nur alle Vorstandsmitglieder zusammen, oder jedes Vorstandsmitglied allein, oder mehrere Vorstandsmitglieder (z. B. zwei) gemeinsam Vertretungsmacht haben[25]. Enthält die Satzung keine Regelung, so ist umstritten, ob der Verein nur durch alle Vorstandsmitglieder gemeinsam vertreten wird (Gesamtvertretung)[26], oder ob entsprechend § 28 I die Mehrheit der Vorstandsmitglieder zur Vertretung

---

24 Vgl. BayObLG, OLGE 32, 330; vgl. auch BGHZ 90, 92, 95.

25 Vgl. *Staudinger/Weick*, § 26 Anm. 12; *Palandt/Heinrichs*, § 26 Rdz. 6; *Soergel/Hadding*, § 26 Anm. 17.

26 So *Staudinger/Coing* in der Vorauflage, § 26 Anm. 13.

berechtigt ist[27]. Bei einem zweigliedrigen Vorstand kommt nur Gesamtvertretung in Betracht[28]. Für eine Willenserklärung, die dem Verein gegenüber abzugeben ist, genügt die Abgabe gegenüber einem Vorstandsmitglied, § 28 II, **Passivvertretung.**
Anders als z. B. bei der AG (§ 82 I AktG) oder der GmbH (§ 37 II 1 GmbHG) kann im Vereinsrecht die Vertretungsbefugnis der Vorstandsmitglieder durch die Satzung **mit Wirkung gegenüber Dritten beschränkt werden,** § 26 II 2. Wirksam ist diese Beschränkung aber nur, falls der Dritte sie kennt oder sie ins Vereinsregister eingetragen ist, §§ 70, 68[29].
Die Satzung kann bestimmen, daß neben dem Vorstand noch weitere **besondere Vertreter** bestellt werden, § 30.

bb) Dem Vorstand obliegt die **Geschäftsführung;** insoweit finden Vorschriften des Auftragsrechts (§§ 664–670) entsprechende Anwendung, sofern nicht ein Dienstvertrag geschlossen wurde. Über die Geschäftsführungsmaßnahmen entscheidet er durch Mehrheitsbeschluß, §§ 28 I, 32 I (vgl. auch oben aa). Fehlt eine anderslautende Satzungsbestimmung, so muß der Vorstand gemäß § 27 III i. V. m. §§ 664, 665 die von der Mitgliederversammlung beschlossenen Maßnahmen durchführen, widrigenfalls er gegenüber dem Verein zu haften und den daraus entstehenden Schaden zu ersetzen hat[30].

cc) Nach der für das Gesellschaftsrecht wohl bedeutendsten Vorschrift des Vereinsrechts, **§ 31** (sie gilt analog sowohl bei den Kapitalgesellschaften als auch bei den Personenhandelsgesellschaften; vgl. Soergel/Hadding, § 31 Anm. 6), **haftet der Verein** für zum Schadensersatz verpflichtende Handlungen des Vorstands, dessen Mitglieder oder sonstiger satzungsmäßig berufener Vertreter gegenüber Dritten. Die Vorschrift gilt grundsätzlich im Rahmen aller privatrechtlichen Anspruchsgrundlagen, die auf Schadensersatz zielen, d. h. bei unerlaubten Handlungen nach §§ 823 ff. ebenso wie bei Tatbeständen der Gefährdungshaftung und der Vertragsstörungen. Die den Ersatz begründenden Handlungen müssen in Ausführung der den betreffenden Personen zustehenden Verrichtungen, nicht nur bei deren Gelegenheit, geschehen sein. Eine Exkulpationsmöglichkeit, wie sie § 831 I 2 vorsieht, steht dem Verein im Rahmen des § 31 nicht zu[31].

---

27 So die h. M.; statt vieler *Soergel/Hadding*, § 26 Anm. 16; *Palandt/Heinrichs*, § 26 Rdz. 6; *Staudinger/Weick*, § 26 Anm. 12.
28 *Staudinger/Weick*, § 26 Anm. 12.
29 Vgl. *Palandt/Heinrichs*, § 26 Rdz. 5; *Karsten Schmidt*, Gesellschaftsrecht, § 24 III 2, S. 694.
30 Vgl. *Kübler*, § 10 III 3 c; vgl. auch BGHZ 119, 379, 385.
31 Näheres über die Zurechnungsnorm des § 31 vgl. *Karsten Schmidt*, Gesellschaftsrecht, § 10 IV 1, S. 282 ff.

c) Die Mitgliederversammlung

aa) Die Mitgliederversammlung ist **oberstes (Willensbildungs-) Organ** des Vereins, § 32 I. In ihr können die Mitglieder ihren Willen durch Ausübung ihres Stimmrechts kundtun und damit den Willen des Vereins bilden. Die Mitgliederversammlung entscheidet durch Beschluß; da ein solcher aber auch ohne Versammlung gefaßt werden kann, nämlich wenn alle Mitglieder ihre Zustimmung zu dem Beschluß schriftlich erklären, § 32 II, sollte richtigerweise von der Gesamtheit der Mitglieder als oberstes Willensbildungsorgan gesprochen werden. Gleiches gilt bei der GmbH, vgl. unten M IV 2 a, b[32].

Bei **Großvereinen,** wie z. B. dem ADAC (Mitgliederstand bereits 1993 ca. 11,6 Mio.), ist die Abhaltung einer Mitgliederversammlung nicht nur unzweckmäßig (so Karsten Schmidt, Gesellschaftsrecht, § 24 III 3 a, S. 697, 703), sondern praktisch unmöglich. An deren Stelle tritt dann eine **Delegiertenversammlung.** In diesem Fall beschränkt sich die Beteiligung des einzelnen Mitglieds an der Willensbildung des Vereins auf die Wahl der Delegierten.

bb) Eine gesetzliche Regelung darüber, wer zur **Einberufung** der Mitgliederversammlung berechtigt bzw. verpflichtet ist, enthält das Vereinsrecht – anders als z. B. das Aktiengesetz (§§ 111 III, 121 II) oder das GmbH-Gesetz (§ 49 I) – nicht; die §§ 36, 37 schreiben lediglich vor, wann die Mitgliederversammlung einzuberufen ist; § 58 Nr. 4 verlangt nur, daß in der Satzung die Voraussetzung und die Form der Einberufung geregelt sein »soll«. Nach einhelliger Meinung ist – in Ermangelung einer abweichenden Satzungsbestimmung – der **Vorstand** für die Einberufung der Mitgliederversammlung zuständig[33]. Möglich ist auch die Übertragung dieses Rechts auf ein anderes (fakultatives) Vereinsorgan oder die Ausgestaltung des Einberufungsrechts als Sonderrecht eines Mitglieds i. S. von § 35[34]. Jedoch kann dieses Sonderrecht auf Einberufung der Mitgliederversammlung nur neben dem entsprechenden Recht des Vorstands oder eines sonstigen Organs stehen.

Gemäß § 36 ist die Mitgliederversammlung in den durch die Satzung bestimmten Fällen (§ 58 Nr. 4) und dann einzuberufen, wenn es im **Vereinsinteresse** angezeigt ist. Darüber hinaus gibt § 37 I einer in der Satzung festgelegten Minderheit oder, falls eine Bestimmung fehlt, einer **Minderheit von 10%** der Vereinsmitglieder das Recht, unter Angabe des Zwecks und der Gründe, die Einberufung zu verlangen. Wird dem Verlangen nicht entsprochen, so kann das Amtsgericht die Mitglieder, die das Verlangen gestellt haben, zur Einberufung ermächtigen, § 37 II.

---

32 Vgl. auch *Karsten Schmidt*, Gesellschaftsrecht, § 24 III 3, S. 697.

33 Statt vieler vgl. *Reichert/van Look*, Rdz. 767 ff.; *Karsten Schmidt*, Gesellschaftsrecht, § 24 III 3, S. 699.

34 Vgl. *Reichert/van Look*, Rdz. 764, 765.

cc) Die – allerdings dispositive (vgl. § 40) – **zentrale Vorschrift** für die Mitgliederversammlung ist § 32 I. Danach hat sie im Zweifel über alle den Verein betreffenden Fragen durch Beschlußfassung zu entscheiden. Dies hat zur Konsequenz, daß Kompetenzkonflikte innerhalb des Vereins erst dann gerichtlich ausgetragen werden können, wenn die Mitgliederversammlung eine diesbezügliche Entscheidung getroffen hat (vgl. BGHZ 49, 396, 398).

Nach § 32 I 3 entscheidet bei der Beschlußfassung die **Mehrheit** der »erschienenen« Mitglieder, die jeweils eine Stimme haben. Dem Wortlaut nach müßten somit die Stimmenthaltungen als Nein-Stimmen gezählt werden. Mit der h. M.[35] ist aber von der **Mehrheit der abgegebenen Ja- oder Nein-Stimmen** auszugehen; **Stimmenthaltungen** sind nicht mitzuzählen. Während grundsätzlich die **einfache Mehrheit** zur Beschlußfassung ausreicht, bedürfen Beschlüsse, die eine **Satzungsänderung** zum Gegenstand haben, einer **Dreiviertelmehrheit;** die **Änderung des Vereinszwecks** bedarf der **Zustimmung aller Mitglieder.** Dies gilt aber nur, soweit die Satzung nichts anderes bestimmt; §§ 40, 33 I. Darüber hinaus muß eine Satzungsänderung zu ihrer Wirksamkeit ins Vereinsregister eingetragen werden, § 71. Ob und ggf. welche Beschlüsse zu **beurkunden** sind, ist Sache der Vereinsautonomie und in der Satzung zu regeln, § 58 Nr. 4.

Wegen des Sonderproblems der Behandlung **fehlerhafter Vereinsbeschlüsse** vgl. Karsten Schmidt, Gesellschaftsrecht, § 24 III 3, S. 702 ff.; vgl. auch B II 2 b; zur Rechtslage bei der AG: K IV 3 g; bei der GmbH: M IV 2 c.

6. Mitgliedschaft

a) Begriff; Inhalt

Mitgliedschaft ist die Gesamtheit der Rechtsbeziehungen eines Mitglieds zu seinem Verein. Gemäß § 38 ist sie nicht übertragbar, damit unpfändbar und unverpfändbar (§ 857 III ZPO; §§ 1273 II; 1274 II), und nicht vererblich; die Überlassung der Ausübung der Rechte aus der Mitgliedschaft untersagt § 38 ebenfalls; allerdings ist diese Vorschrift insgesamt abdingbar, § 40.

Die Mitgliedschaft umfaßt **alle Rechte und Pflichten** des Mitglieds in dieser Eigenschaft. Die bedeutendsten Rechte sind: passives Wahlrecht zu den Vereinsorganen, Recht zur Teilnahme an der Mitgliederversammlung und das Stimmrecht (auch aktives Wahlrecht) als **organschaftliche Rechte** sowie das Recht auf Benutzung der Vereinseinrichtungen als **Wertrecht.** Soweit diese Rechte allen Vereinsmitgliedern zustehen, ist für ihre Ausgestaltung der

35 Vgl. z. B. BGHZ 83, 35; *Soergel/Hadding*, § 32 Anm. 32; *Reichert/van Look*, Rdz. 767; *Karsten Schmidt*, Gesellschaftsrecht, § 24 III 3, S. 699; a. A. KG, NJW 1978, 1439.

Grundsatz der Gleichbehandlung als korporationsrechtliches Prinzip[36] zu beachten. In diesem Rahmen unterliegen sie aber grundsätzlich der **Disposition der Mitgliederversammlung.** Gemäß § 35 können dem einzelnen Mitglied **Sonderrechte** durch die Satzung eingeräumt werden (vgl. etwa oben II 2 c), die nur mit Zustimmung des Berechtigten beeinträchtigt werden können.

Ein Mitglied ist **vom Stimmrecht ausgeschlossen,** wenn Gegenstand der Beschlußfassung die Vornahme eines Rechtsgeschäfts mit ihm ist oder wenn es um die Einleitung bzw. Erledigung eines Rechtsstreits zwischen ihm und dem Verein geht (§ 34); aus dem gleichen Grunde dürfen Vorstandsmitglieder nicht über die Entlastung des Vorstands abstimmen[37].

Wichtigste Pflicht ist die **Beitragspflicht,** die gemäß § 58 Nr. 2 eine Regelung in der Satzung erfahren »soll«. Weitere Pflichten kann die Satzung vorsehen; sie können sich auch aus der allgemeinen **Treuepflicht** ergeben[38].

b) Erwerb

Die Mitgliedschaft wird entweder durch **Beteiligung an der Vereinsgründung** oder durch späteren **Beitritt** erworben. Der Beitritt ist ein Vertrag zwischen dem Verein und dem die Aufnahme Begehrenden. Er kommt durch Annahme der Beitrittserklärung durch den Verein zustande. Näheres über den Eintritt »soll« die Satzung enthalten, § 58 Nr. 1. Zum Problem des **Aufnahmezwangs** vgl. Bartodziej, ZGR 1991, 517 ff., insbes. 523, 526 f.; Karsten Schmidt, Gesellschaftsrecht, § 24 V 2, S. 712 ff. Aufgrund der Vereinsfreiheit hat der Verein grundsätzlich das Recht, frei über die Aufnahme neuer Mitglieder zu entscheiden[39]. Nach der Rspr. des BGH[40] kann aber ein Aufnahmeanspruch gegen einen Verein bestehen (»Aufnahmezwang« und zwar nicht nur bei einer Monopolstellung des Vereins, sondern auch dann, wenn der Verein oder Verband im wirtschaftlichen oder sozialen Bereich eine überragende Machtstellung hat und ein schwerwiegendes Interesse eines Beitrittswilligen am Erwerb der Mitgliedschaft besteht.

c) Beendigung

Die Mitgliedschaft endet durch **Austritt, Ausschluß, Tod** oder **Beendigung des Vereins** (zu letzterem vgl. unten 7). Das Austrittsrecht nach § 39 I kann durch die Satzung nicht ausgeschlossen werden; sie kann aber vorschreiben, daß der Austritt nur am Ende eines Geschäftsjahres und/oder nach Ablauf einer bestimmten Kündigungsfrist, die zwei Jahre nicht überschreiten

36 Vgl. *Kübler*, § 10 IV 2.

37 Vgl. *Palandt/Heinrichs*, § 34 Rdz. 1; *Karsten Schmidt*, Gesellschaftsrecht, § 24 III 3, S. 700.

38 Vgl. *Sauter/Schweyer*, Rdz. 348; *Karsten Schmidt*, Gesellschaftsrecht, § 24 IV, S. 709.

39 Vgl. BGH NJW 1985, 1214.

40 Vgl. BGHZ 93, 151; 101, 193, 200; vgl. auch BGH, NJW 1991, 485; DEB Schiedsgericht, SpuR. 1997, 163; *Steinbeck*, WuW 1996, 91 zu Sportverbänden; *Grunewald*, AcP 182 (1982) S. 181.

darf, erfolgen kann (§ 39 II). Davon unabhängig ist das Mitglied zum **fristlosen** Austritt aus **wichtigem Grund** berechtigt; vgl. RGZ 130, 375.

Ein wichtiger Grund kann dem Verein seinerseits das Recht geben, ein Mitglied auszuschließen. Der **Ausschluß** als schärfste Vereinsstrafe[41] kann auch auf einen satzungsmäßigen Grund gestützt werden. Die Befugnis zum Ausschluß aus wichtigem Grund besteht aber auch ohne besondere Satzungsbestimmung[42].

7. Das Ende des e. V.

Das BGB unterscheidet zwischen **Auflösung** des Vereins (vgl. § 41) einerseits und **Verlust** (§ 42) bzw. **Entziehung** (§ 43) **der Rechtsfähigkeit** andererseits; die Rechtsfolgen sind jedoch in beiden Fällen dieselben, § 45[43].

a) Nach § 41 kann der Verein durch **Beschluß der Mitgliederversammlung aufgelöst** werden, der in Ermangelung einer anderweitigen Satzungsbestimmung der Zustimmung von 3/4 der erschienenen Mitglieder bedarf. Außerdem wird der Verein in folgenden Fällen **aufgelöst:**

- Durch Ablauf der in der Satzung bestimmten Zeitdauer (§ 74 II) oder durch Eintritt sonstiger satzungsmäßiger Beendigungsgründe.
- Durch behördliches Verbot nach den §§ 3 ff. VereinsG.
- Durch den Wegfall sämtlicher Mitglieder[44], nicht hingegen, wenn die Mitgliederzahl lediglich die Zahl 3 unterschreitet (vgl. dazu gleich unten 7 b).
- Durch Sitzverlegung ins Ausland[45].

b) Der **Verlust der Rechtsfähigkeit** tritt in folgenden Fällen ein:

- Falls die zuständige Behörde dem Verein aufgrund gesetzwidrigen, das Gemeinwohl gefährdenden Verhaltens (§ 43 I), wegen Verfolgung satzungswidriger wirtschaftlicher Zwecke (§ 43 II; vgl. dazu KG, NJW-RR 1993, 187), oder bei Rechtsfähigkeit nach § 22 wegen Verfolgung eines anderen als in der Satzung genannten Zwecks (§ 43 IV) die Rechtsfähigkeit **entzieht.**
- Durch gerichtliche **Entziehung** nach § 73, falls die Mitgliederzahl unter 3 gesunken ist.

---

41 Vgl. *Kübler*, § 10 IV 4; BVerfG, NJW 1993, 1972 = NZA 1993, 655 (Ausschluß aus einer Gewerkschaft); vgl. auch BGHZ 102, 265; BGH, NJW 1994, 43; 1994, 2610; 1997, 3368; OLG Karlsruhe, NJW-RR 1997, 1998, 648.

42 Vgl. *Karsten Schmidt*, Gesellschaftsrecht, § 24 V 3, S. 720.

43 Vgl. BGH, NJW 1986, 1604; *Wimmer*, Gründung und Auflösung juristischer Personen (Teil I), DStR 1995, 1838.

44 Vgl. BGHZ 19, 51, 61; vgl. auch OLG Frankfurt am Main, RPfleger 1992, 28.

45 *Sauter/Schweyer*, Rdz. 361; *Karsten Schmidt*, Gesellschaftsrecht, § 24 VII 3 a, S. 732; a. A. *Kübler*, § 10 V 1 e: Verlust der Rechtsfähigkeit.

- Durch Löschung der Eintragung gemäß §§ 159 I i. V. m. 142 ff. FGG von Amts wegen, wenn zwingend vorgeschriebene Eintragungsvoraussetzungen nicht vorlagen.

Nach dem früheren Wortlaut des § 42 I verlor der Verein durch Eröffnung des Konkurses seine Rechtsfähigkeit. Durch Art. 33 Nr. 1 EGInsO wurde die Vorschrift mit Wirkung vom 1. 1. 1999 geändert. Die Eröffnung des Insolvenzverfahrens über das Vermögen des e. V. (vgl. § 11 I InsO) führt nunmehr zur Auflösung des Vereins. Allerdings schließt sich keine Liquidation nach §§ 47 ff. an, sondern das insolvenzrechtliche Abwicklungsverfahren[46]. Die Satzung kann für die Eröffnung des Insolvenzverfahrens das Fortbestehen des Vereins als nichtrechtfähiger Verein vorsehen; § 41 I 3. In diesem Fall, oder wenn das Insolvenzverfahren eingestellt oder aufgehoben wird, kann die Mitgliederversammlung die Fortsetzung des Vereins beschließen; § 42 I 2.

c) Sowohl bei Auflösung des Vereins als auch bei Verlust der Rechtsfähigkeit **fällt das Vereinsvermögen an** die in der Satzung **bestimmten** (§ 45 I) bzw. durch Beschluß der Mitgliederversammlung **zu bestimmenden** (§ 45 II 1) **Personen.**

aa) Fällt unter den Voraussetzungen des § 45 III (keine Bestimmung des Anfallberechtigten; Verein diente nicht ausschließlich den Interessen seiner Mitglieder) das Vereinsvermögen an **den Fiskus**, so ist dieser Gesamtrechtsnachfolger ipso iure, § 46; eine **Liquidation** findet nicht statt.

bb) In den übrigen Fällen der Auflösung und des Verlustes der Rechtsfähigkeit findet gemäß § 47 die **Liquidation** statt, es sei denn, die Personenvereinigung wird, falls ihr die Rechtsfähigkeit entzogen wurde, als **nichtrechtsfähiger Verein fortgeführt** (vgl. § 42 I 3[47]) oder die Mitglieder beschließen, falls der Verein durch Beschluß oder Zeitablauf aufgelöst wurde (§§ 41, 74 II), seine Fortsetzung; dies bedarf im Zweifel der Zustimmung aller Mitglieder, da durch den Fortsetzungsbeschluß der bis dahin bestehende Liquidationszweck geändert wird, § 33 I 2.

8. Umwandlung des e. V.

Das neue Umwandlungsgesetz (UmwG), das als Art. 1 des Gesetzes zur Bereinigung des Umwandlungsrechts (UmwBerG) erlassen wurde (BGBl. 1994 I S. 3210; vgl. dazu oben B VI), erkennt den e. V., z. T. auch den rechtsfähigen wirtschaftlichen Verein, als verschmelzungsfähigen (§ 3 I Nr. 4, II Nr. 1 UmwG), spaltungsfähigen (§ 124 UmwG) und formwechselnden (§ 191 UmwG) Rechtsträger an. Die Beteiligungsmöglichkeiten an den verschiedenen Formen der Umwandlung sind allerdings beschränkt. So kann z. B. nach

46 So bereits zu § 42 I a. F. *Karsten Schmidt*, KTS 1984, 368; *ders.* Gesellschaftsrecht, § 24 VIII 3, S. 734.
47 Vgl. *Kübler*, § 10 V 3.

§ 99 II UmwG ein e. V. im Wege der **Verschmelzung** nur andere e. V. aufnehmen oder mit ihnen einen neuen e. V. oder einen Rechtsträger anderer Rechtsform gründen; nach § 149 UmwG kann ein e. V. als übernehmender Rechtsträger im Wege der **Spaltung** nur andere e. V. aufnehmen oder mit ihnen einen e. V. neu gründen; nach § 272 UmwG kann ein e. V. im Wege des **Formwechsels** nur in eine GmbH, AG, KGaA oder eG umgewandelt werden.

III. Der nichtrechtsfähige Verein

1. Begriff

Auch der nichtrechtsfähige Verein (§ 54) ist eine auf Dauer angelegte Personenvereinigung zur Erreichung eines gemeinsamen Zwecks, die nach ihrer Satzung körperschaftlich organisiert ist, einen Gesamtnamen trägt und auf einen wechselnden Mitgliederbestand angelegt ist (vgl. schon RGZ 143, 212). Vom rechtsfähigen Verein unterscheidet er sich nur dadurch, daß er **keine juristische Person** ist, Rechtsfähigkeit also weder durch Verleihung (vgl. oben I 3 b) noch durch Eintragung (vgl. oben I 3 b, II) erworben hat.

2. Anzuwendende Vorschriften

Nach dem Wortlaut des § 54 S. 1 finden auf den nichtrechtsfähigen Verein die Vorschriften über die Gesellschaft bürgerlichen Rechts (BGB-G), §§ 705 ff., entsprechende Anwendung. Der nichtrechtsfähige Verein unterscheidet sich aber aufgrund seiner **körperschaftlichen Organisation** deutlich von einer personenbezogenen Gesamthandsgemeinschaft, wie sie die BGB-G darstellt (vgl. oben A III 1 e). Dies hat zur Folge, daß die meisten Vorschriften über die BGB-G für den nichtrechtsfähigen Verein nicht passen. Dies gilt etwa für die Bestimmungen über die gemeinschaftliche Geschäftsführung und Vertretung durch die Gesellschafter; §§ 709, 714 – aufgrund der körperschaftlichen Struktur besitzt der Verein ein Organ (Vorstand, der nicht aus Mitgliedern bestehen muß), das die Geschäfte führt und ihn nach außen vertritt – oder die §§ 723, 727, wonach das Ausscheiden eines Gesellschafters im Zweifel zur Auflösung der Gesellschaft führt, eine Folge, die mit einer auf wechselnden Mitgliederbestand angelegten Personenvereinigung unvereinbar ist.

Mit der Regelung in § 54 S. 1 verfolgte der historische Gesetzgeber den Zweck, politische Parteien und Gewerkschaften zur Eintragung zu veranlassen und sie auf diesem Wege einer staatlichen Kontrolle zu unterwerfen. Spätestens seit der Aufhebung der §§ 61 II; 43 III a. F. (BGBl. 1953 I S. 33) ist dieser ursprüngliche Zweck des Gesetzgebers überholt; er ist auch mit Art. 9 GG nicht in Einklang zu bringen[48].

48 Vgl. *Reichert/van Look*, Rdz. 2439; *Palandt/Heinrichs*, § 54 Rdz. 1.

Nach heute ganz h. M. ist auf den nichtrechtsfähigen Verein grundsätzlich **das Recht des rechtsfähigen Vereins anzuwenden**, freilich mit Ausnahme der Vorschriften, die die Rechtsfähigkeit voraussetzen[49]. Die Vereinsmitglieder schließen untereinander einen (schuldrechtlichen) Vertrag, in dem sie auch die innere Organisation des Vereins festlegen; sie errichten eine **Satzung,** die neben den §§ 26 ff. die Verfassung des Vereins regelt. Vertreten wird auch der nichtrechtsfähige Verein gemäß § 26 durch den **Vorstand.** Der Vorstand kann aus Vereinsmitgliedern, aber auch aus vereinsexternen Personen bestehen; das Prinzip der Selbstorganschaft (vgl. oben D II 1 c cc) gilt nicht. Bestellung und Abberufung des Vorstands richten sich nach § 27. Des weiteren anwendbar sind die §§ 28–32, 33–39 (zur Anwendbarkeit des § 39 II vgl. BGH, NJW 1979, 2304; dazu Reuter, ZGR 1981, 364), 41 und 53. Daneben sind die **Sondervorschriften** für den nichtrechtsfähigen Verein, § 54 S. 2 (Handelndenhaftung; diese ist unabdingbar), § 50 II ZPO (passive Parteifähigkeit; vgl. dazu unten 4 c) und § 11 I 2 InsO zu beachten.

Unanwendbar sind dagegen – wie bereits erwähnt – Bestimmungen, die die Rechtsfähigkeit voraussetzen bzw. die mit der Eintragung ins Vereinsregister im Zusammenhang stehen, wie z. B. die Publizitätsvorschriften, §§ 68 ff. oder die Vorschriften über das Eintragungsverfahren, §§ 59 ff.

3. Entstehung und innerer Aufbau des nichtrechtsfähigen Vereins

a) Entstehung

Der nichtrechtsfähige Verein **entsteht** durch **Errichtung der Satzung** und **Bestellung des Vorstands.** Es genügt, wenn die Satzung ergibt, daß eine **körperschaftlich verfaßte** Personenvereinigung (vgl. oben I 1 a) geschaffen werden soll[50].

b) Organe

Der nichtrechtsfähige Verein ist, wie der rechtsfähige Verein, **selbst handlungsunfähig**. Er benötigt bestimmte Organe, die für die innere Willensbildung, für die Führung der Geschäfte und für die Vertretung nach außen zuständig sind. Oberstes Willensbildungsorgan ist die **Mitgliederversammlung**; sie entscheidet über alle Angelegenheiten, die nicht dem Vorstand oder einem anderen Organ zugewiesen sind, § 32 I 1, und zwar im Zweifel durch Mehrheitsbeschluß, § 32 I 3. Falls in der Satzung nicht anders geregelt, wird der **Vorstand** durch sie bestellt und abberufen (§§ 27, 40). Der Vorstand ist für die **Geschäftsführung** und die gerichtliche und außergerichtliche **Vertretung** des nichtrechtsfähigen Vereins zuständig (vgl. §§ 26 II, 27 III). Be-

---

49 H. M.; Vgl. z. B. *Soergel/Hadding*, § 54 etwa in Anm. 7, 9, 10, 13, 14; *Karsten Schmidt*, § 25 II 2, S. 746 ff.

50 Vgl. *Kübler*, § 11 II 1; vgl. auch *Karsten Schmidt*, Gesellschaftsrecht, § 25 I, S. 739 ff.

steht der Vorstand aus mehreren Personen, so gilt für die Willensbildung im Vorstand § 28 I entsprechend.

c) Mitgliedschaft

Für den Erwerb und den Verlust der Mitgliedschaft gelten ebenfalls die vereinsrechtlichen Bestimmungen; die Regelungen für die BGB-G, etwa §§ 723, 729, wonach das Ausscheiden eines Gesellschafters grundsätzlich die Auflösung der Gesellschaft zur Folge hat, oder das Erfordernis der Zustimmung aller Gesellschafter bei Aufnahme eines neuen Mitglieds, sind mit der körperschaftlichen Struktur des Vereins nicht in Einklang zu bringen. Folglich können neue Mitglieder **jederzeit aufgenommen werden,** wobei die Satzung Näheres über das Aufnahme- bzw. Beitrittsverfahren enthalten »muß« vgl. § 58 I 1; vgl. auch oben II 6 b. Entsprechend § 39 I kann jedes Mitglied aus dem Verein austreten, ohne daß dadurch der Verein aufgelöst wird; vgl. auch oben II 6 c.

d) Beendigung

Schließlich gelten auch für die Beendigung des nichtrechtsfähigen Vereins die gleichen Regelungen wie beim e. V.; vgl. deshalb oben II 7 a. Der Verlust bzw. die Entziehung der Rechtsfähigkeit kommen als Beendigungsgründe naturgemäß nicht in Betracht.

4. Das Außenverhältnis

a) Haftung für Verbindlichkeiten

Ob für Verbindlichkeiten, die im Namen eines nichtrechtsfähigen **Idealvereins** begründet wurden, der Verein selbst mit dem »Vereinsvermögen«[51] oder die Vereinsmitglieder persönlich als Gesamtschuldner, wenn auch beschränkt auf ihren Anteil am gesamthänderisch gebundenen Vereinsvermögen[52], haften, hängt von der Beantwortung der Frage ab, ob man dem Verein trotz Fehlens der Rechtsfähigkeit eigene **Rechtssubjektivität** zuerkennt (dann Haftung des Vereins) oder nicht (dann Haftung der Mitglieder); vgl. den entsprechenden Streit bei der BGB-G oben C I 1 d. Eine Haftung der Mitglieder mit ihrem Privatvermögen scheidet jedenfalls nach beiden Auffassungen aus[53].

Beim nichtrechtsfähigen **Wirtschaftsverein** haften jedenfalls (neben dem Verein) seine Mitglieder für Verbindlichkeiten, die im Namen des Vereins begründet werden, unbeschränkt und persönlich gemäß § 54 S. 1 i. V. m.

51 Vgl. BGH LM § 31 Nr. 11; MünchKomm/*Reuter*, § 54 Anm. 26.
52 So *Palandt/Heinrichs*, § 54 Rdz. 12; *Kübler*, § 11 III 3; *Karsten Schmidt*, Gesellschaftsrecht, § 25 III 2, S. 753.
53 Vgl. bereits RGZ 63, 62, 65; 90, 173, 176; OLG Schleswig, NVwZ 1996, 103 (Fraktion).

§§ 705, 427[54] oder nach §§ 128, 171 HGB analog, wenn der Verein ein Handelsgewerbe i. S. von § 1 II HGB betreibt, da hier der Gläubigerschutz im Vordergrund steht. In der persönlichen Haftung der Mitglieder ist der Ausgleich dafür zu sehen, daß der nichtrechtsfähige Wirtschaftsverein nicht die Rechtsform einer handelsrechtlichen Kapital- oder Personengesellschaft gewählt hat, für die das Gesetz entsprechende Gläubigerschutzmechanismen vorsieht; vgl. auch oben I 2 a aa und II 2.

Bei allen nichtrechtsfähigen Vereinen haftet gemäß § 54 S. 2 neben dem Verein bzw. seiner Mitglieder der **Handelnde** aus einem Rechtsgeschäft, das er im Namen des Vereins abgeschlossen hat, persönlich und unbeschränkt. Bei § 54 S. 2 handelt es sich um eine Vorschrift zum Schutz Dritter. Nach der Rechtsprechung haftet danach nicht nur der Vorstand, sondern jeder, der im Namen des Vereins tätig wird, und zwar unabhängig davon, ob er mit Vertretungsmacht gehandelt hat und ob er überhaupt Mitglied des Vereins ist[55]. Beachte aber, daß diese Vorschrift durch § 37 I ParteiG für politische Parteien aufgehoben worden ist.

Nach ganz h. M. gilt § 31 auch für den nichtrechtsfähigen Verein entsprechend; vgl. oben III 2. Je nachdem, ob dem Verein Rechtssubjektivität zuerkannt wird oder nicht, haften für die zum Schadensersatz verpflichtenden Handlungen des Vorstands oder des verfassungsmäßig berufenen Vertreters die Mitglieder des Vereins mit ihrem Anteil am Vereinsvermögen oder der Verein selbst mit seinem Vermögen.

b) Grundbuchfähigkeit; Wechselfähigkeit

Gleichgültig, ob man dem nichtrechtsfähigen Verein Rechtssubjektivität zuerkennt oder nicht, ist ihm die **Grundbuchfähigkeit,** d. h. die Fähigkeit, unter seinem Namen im Grundbuch eingetragen zu werden, **abzusprechen**[56]. § 47 GBO schreibt für die Eintragung des einer Gesamthandsgemeinschaft zustehenden Grundstücks vor, daß alle Gesamthänder einzutragen sind. Dies hängt damit zusammen, daß der nichtrechtsfähige Verein, wie auch die BGB-G, keinerlei Publizitätsanforderungen unterliegt. Das Grundbuchamt kann also nicht durch Einsicht in ein öffentliches Register die Identität des nichtrechtsfähigen Vereins überprüfen. Da aber die Eintragung sämtlicher Mitglieder bei Großvereinen, wie etwa den Gewerkschaften, praktisch unmöglich ist und auch bei kleineren Vereinen aufgrund des jederzeit möglichen Mitgliederwechsels zu Problemen führen kann, bietet sich als Lösung

54 Vgl. *Soergel/Hadding*, § 54 Anm. 25; *Flume*, Personengesellschaft, § 7 I.
55 Vgl. RGZ 77, 429, 430; BGH, NJW 1957, 1186; vgl. auch *Karsten Schmidt*, Gesellschaftsrecht, § 25 III 3, S. 756.
56 So die Rspr.; vgl. OLG Düsseldorf, NJW 1997, 1991; a. M. die überwiegende Meinung im Schrifttum, vgl. z. B. *Soergel/Hadding*, § 54 Anm. 18; *Reichert/van Look*, Rdz. 2503; MünchKomm/*Reuter*, § 54 Anm. 10; vgl. auch *Karsten Schmidt*, Zur Partei- und Grundbuchfähigkeit nichtsrechtsfähiger Vereine, NJW 1984, 2249; *Konzen*, JuS 1984, 20.

das **Treuhandmodell** an: Etwa der Vorstandsvorsitzende[57] oder eine zu diesem Zweck gegründete Kapitalgesellschaft[58] erwirbt treuhänderisch das Grundeigentum und wird als Eigentümer ins Grundbuch eingetragen.

Umstritten ist die **Wechselfähigkeit** des nichtrechtsfähigen Vereins. Während die Rechtsprechung (RGZ 112, 124) aufgrund der fehlenden Rechtsfähigkeit davon ausgeht, daß der Verein selbst wechselmäßig weder berechtigt noch verpflichtet werden kann, bejaht das Schrifttum die Wechselfähigkeit des nichtrechtsfähigen Vereins[59]. Begründet wird dies damit, daß für den Fall, daß der Vorstand den Wechsel unterzeichnet, dieser persönlich nach § 54 S. 2 haftet; geschieht dies im Rahmen seiner Vertretungsmacht, so werden entweder die Mitglieder verpflichtet, die dann mit ihrem Anteil am Vereinsvermögen haften oder der Verein selbst, der dann mit seinem Vermögen haftet (vgl. oben III 4 a). Zum Problem der **Erbfähigkeit** vgl. MünchKomm/Reuter, § 54 Anm. 19; Karsten Schmidt, Gesellschaftsrecht, § 25 II 1 a, S. 744: »problemlos zu bejahen« ebenso Soergel/Hadding, § 54 Anm. 17.

c) Parteifähigkeit; Insolvenzfähigkeit

Gemäß § 50 II ZPO kann der nichtrechtsfähige Verein unter seinem Namen verklagt werden und erhält insoweit die Stellung eines rechtsfähigen Vereins **(passive Parteifähigkeit).** Hingegen besitzt er nach der ZPO **nicht** die **aktive Parteifähigkeit.** Will der nichtrechtsfähige Verein klagen, müssen daher alle Mitglieder gemeinsam die Klage erheben. Da diese Regelung es gerade Verbänden, die mitgliederstark sind und/oder einer hohen Fluktuation unterliegen, praktisch unmöglich macht, als Kläger aufzutreten, hat der Gesetzgeber in § 3 S. 1 ParteiG den politischen Parteien und in § 10 ArbGG den Gewerkschaften die uneingeschränkte und in § 98 Abs. 2 Nr. 7 und 8 AktG den Gewerkschaften eine eingeschränkte aktive Parteifähigkeit, nämlich für den Antrag auf Entscheidung über die Zusammensetzung des Aufsichtsrats bei der mitbestimmten AG, zugestanden.

Nachdem der BGH (BGHZ 42, 210) bereits der Gewerkschaft ÖTV zunächst die aktive Parteifähigkeit – beschränkt auf den Fall der Abwehr rechtswidriger Beeinträchtigung ihrer gewerkschaftlichen Tätigkeit – eingeräumt hatte, erkannte er in BGHZ 50, 325 die **volle aktive Parteifähigkeit der Gewerkschaften** vor den ordentlichen Gerichten an. Den anderen nichtrechtsfähigen Vereinen bleibt es hingegen nach wie vor verwehrt, als solche vor den Zivilgerichten als Kläger aufzutreten[60].

---

57 Vgl. RG, LZ 1919, 855; vgl. auch BGHZ 43, 313, 319 f.

58 Vgl. RG JW 1937, 392; OLG Frankfurt, NJW 1952, 792 f.

59 MünchKomm/*Reuter*, § 54 Anm. 18; *Palandt/Heinrichs*, § 54 Rdz. 9; *Soergel/Hadding*, § 54 Anm. 19; *Staudinger/Weick*, § 54 Anm. 27.

60 Vgl. z. B. BGHZ 109, 15, 17 (Siedlergemeinschaft); OLG Koblenz, NJW-RR 1993, 697 (Burschenschaft); krit. *Schulz*, NJW 1990, 1893; *Karsten Schmidt*, Gesellschaftsrecht, § 25 IV 1, S. 760;

Die **Insolvenzfähigkeit** kommt allen nichtrechtsfähigen Vereinen zu; vgl. § 11 I 2 InsO (früher § 213 KO i. V. m. § 50 II ZPO).

a. M. *Soergel/Hadding*, § 54 Anm. 33; MünchKomm/*Reuter*, § 54 Anm. 12 ff.; *Staudinger/Weick*, § 54 Anm. 20.

K. Grundzüge des Rechts der Aktiengesellschaft (AG)

Rechtsgrundlage: Aktiengesetz (AktG) von 1965, geändert u. a. durch das Gesetz für kleine Aktiengesellschaften und zur Deregulierung des Aktienrechts vom 2. 8. 1994 (BGBl. I S. 1961)[1], Art. 6 Umwandlungsbereinigungsgesetz vom 28. 10. 1994 (BGBl. I S. 3210), Gesetz über die Zulassung von Stückaktien (StückAG) vom 25. 3. 1998 (BGBl. I S. 590), Gesetz zur Kontrolle und Transparenz im Unternehmensbereich (KonTraG) vom 27. 4. 1998 (BGBl. I S. 786), Euro-Einführungsgesetz (EuroEG) vom 9. 6. 1998 (BGBl. I S. 1242) und durch das Handelsrechtsreformgesetz (HRefG) vom 22. 6. 1998 (BGBl. I S. 1474).

§§ ohne Zusatz betreffen im folgenden das AktG.

Literatur: Kommentare zum AktG: *Baumbach/Hueck*, 13. Aufl. 1968 (Ergänzungsheft 1970); *Geßler/Hefermehl/Eckardt/Kropff*, 1973 ff.; *Godin/Wilhelmi*, 4. Aufl. 1971; Großkommentar zum AktG, 3. Aufl. 1970 ff., 4. Aufl. 1992 ff., hrsg. von *Hopt/Wiedemann; Hüffer*, 3. Aufl. 1997; Kölner Kommentar zum AktG, hrsg. von *Zöllner*, 1. Aufl. 1970 ff., 2. Aufl. 1986 ff. Ferner: *Balser/Bokelmann/Piorreck*, Die Aktiengesellschaft. Ein Handbuch, 2. Aufl. 1992; *Henn*, Handbuch des Aktienrechts, 5. Aufl. 1994; *Hommelhoff*, 100 Bände BGHZ: Aktienrecht, ZHR 151 (1987), 493; Münchener Handbuch des Gesellschaftsrechts, Bd. 4 Aktiengesellschaft, 1988; *Nirk/Brenzing/Bächle*, Handbuch der Aktiengesellschaft, 2. Aufl. 1992; *Raiser*, Recht der Kapitalgesellschaften, 2. Aufl., 1992; *Schubert/Hommelhoff*, Hundert Jahre modernes Aktienrecht, ZGR Sonderheft 4, 1985; *Schwintowski*, Grundfragen des Kapitalgesellschaftsrechts, JA 1988, 361 ff., 416 ff.; *Wiedemann*, Entwicklungen im Kapitalgesellschaftsrecht, DB 1993, 141; *Würdinger*, Aktienrecht und Recht der verbundenen Unternehmen, 4. Aufl. 1981; zur Rechtsprechung auf dem Gebiet des Aktienrechts vgl. auch *Brandes*, WM 1984, 289; 1992, 465; 1994, 2177; 1997, 2281; *Koch*, NJW 1989, 3130; 1990, 158; 1992, 404; *Hirte*, NJW 1996, 2827, 3392; 1998, 2943; *Henze*, Höchstrichterliche Rechtsprechung zum Aktienrecht, 3. Aufl., 1997.

Geschichte: Die erste der heutigen AG ähnliche Rechtsform wiesen die Handelskompagnien auf, die seit dem 17. Jahrhundert als Kolonialgesellschaften in verschiedenen Ländern gegründet wurden (z. B. die niederländisch-ostindische Kompagnie von 1602). Diese Gesellschaften bedurften einer staatlichen Konzession, die die innere Verfassung der Gesellschaften regelte und ihnen gewisse Hoheitsrechte übertrug **(Oktroisystem).**

Die Blütezeit der AG begann Anfang des 19. Jahrhunderts mit dem aufkommenden Kapitalismus. Zwar wurde das Oktroisystem beseitigt, zur Erlangung der Rechtsfähigkeit bedurften die Gesellschaften aber nach wie vor einer staatlichen Konzession. Es entstanden erste gesetzliche Regelungen, die aber Verfassung und Willensbildung der AG weitgehend der Satzung überließen (z. B. code de commerce, 1807; Preußisches Gesetz über die Aktiengesellschaften, 1843; ADHGB, 1861). Diese Zeit wird als Zeit des **Konzessionssystems** bezeichnet.

1870 erfolgte ein grundlegender Wandel. Die Aktienrechtsnovelle legte die Voraussetzungen fest, unter denen eine AG errichtet werden konnte. Seitens des Staates wird nurmehr die Erfüllung der gesetzlichen Voraussetzungen geprüft; sind sie erfüllt, so muß die Gesell-

---

1 Vgl. dazu *Blanke*, BB 1994, 1505; *Kindler*, Die Aktiengesellschaft für den Mittelstand, NJW 1994, 3041.

schaft eingetragen werden **(System der Normativbestimmungen).** Auf diesem System beruht auch das geltende Aktienrecht[2] (vgl. auch oben B I 4 b).

Wichtige Änderungen des AktG erfolgten im Jahre 1998. Durch das **StückAG** wurde die Möglichkeit geschaffen, nennwertlose Aktien (Stückaktien) auszugeben (vgl. §§ 8, 9). Das Gesetz zur Kontrolle und Transparenz im Unternehmensbereich (**KonTraG**) brachte u. a. folgende Änderungen: Die Berichtspflicht des Vorstandes gegenüber dem Aufsichtsrat wurde erweitert (§ 90 I Nr. 1); auf die für eine Person höchstzulässige Zahl von Aufsichtsratssitzen werden nunmehr Ämter als Vorsitzender eines Aufsichtsrats doppelt angerechnet (§ 100 II 2); die Sitzungsfrequenz der Aufsichtsräte börsennotierter Gesellschaften (§ 3 II) wurde erhöht (§ 110 III 2); das Quorum für die Geltendmachung von Schadensersatzansprüchen gegenüber Organmitgliedern wurde herabgesetzt (§ 147 III); Mehrfachstimmrechte wurden generell abgeschafft (§ 12 II; vgl. aber die Übergangsregelung in § 5 EGAktG) ebenso Höchststimmrechte bei börsennotierten Gesellschaften (§ 134 I 2); der Erwerb eigener Aktien wurde erleichtert (§§ 71 ff.); die Pflichten von Kreditinstituten bei der Stimmrechtsausübung für Aktionäre wurden verschärft (135 I 3). Zu den Änderungen durch das KonTraG vgl.: Lingemann/Wasmann, BB 1998, 853; Claussen, DB 1998, 177; Seibert, WM 1997, 1.

I. Zweck und Rechtsnatur

1. Konzeption

Die AG war konzipiert als **Gesellschaftsform für Großunternehmen mit erheblichem Kapitalbedarf** (Kapitalsammlungsfunktion). Das Kapital wird in der Regel von einer Vielzahl meist anonym bleibender Beteiligter aufgebracht, die Aktien gegen Einlagen übernehmen. Durch die Zulassung der Einmann-Gründung und verschiedener Erleichterungen z. B. bezüglich des Formzwangs in § 130 und des Ausschlusses des Bezugsrechts in § 186 durch das Gesetz vom 2. 8. 1994 soll die AG als Rechtsform auch für mittelständische Unternehmen attraktiv gemacht werden. Das erforderliche Mindestgrundkapital bleibt allerdings unverändert. Die Beteiligung ist einfach; sie setzt nur die Bereitschaft, einen bestimmten Geldbetrag zur Verfügung zu stellen, voraus, aber keine kaufmännischen oder sonstigen Fähigkeiten. Weil die AG selbst rechtsfähig ist (juristische Person), haften diese Geldgeber (Aktionäre) für Gesellschaftsverbindlichkeiten nicht (vgl. § 1 I 2). Das erfordert besondere Gläubigerschutzvorschriften. Aber auch die Aktionäre selbst bedürfen rechtlichen Schutzes, weil sie oft geschäftlich unerfahren und ihre Interessen keineswegs einheitlich sind (Beherrschung des Unternehmens, Spekulation, Geldanlage). Die Interessen der Allgemeinheit sind wegen der **großen wirtschaftlichen Macht** von AG berührt: Bereits 1993 verfügten rund 3.200 AG (+ KGaA) über ein Grundkapital von rund 174 Milliarden

---

2 Zum Verhältnis der verschiedenen »Systeme« zueinander vgl. *Karsten Schmidt*, Gesellschaftrecht, § 8 II 5, S. 199 ff. Vgl. zur geschichtlichen Entwicklung *Schmidt/Meyer-Landrut*, Großkommentar zum AktG, Einleitung; vgl. auch *Schubert*, Die Abschaffung des Konzessionssystems durch die Aktienrechtsnovelle von 1870, ZGR 1981, 285. Zum Europäischen Gesellschaftsrecht vgl. oben A VI 7.

DM[3]. Es ist eine wichtige Aufgabe des AktG, diese unterschiedlichen Interessen zum Ausgleich zu bringen.

2. Rechtsnatur

a) Die AG ist eine Gesellschaft mit eigener Rechtspersönlichkeit (§ 1 I 1), also **juristische Person.** Sie selbst ist Träger von Rechten und Pflichten. Ihren Gläubigern haftet nur sie mit dem Gesellschaftsvermögen (§ 1 I 2).

Die AG ist ein Verein; die Vorschriften des AktG sind leges speciales zum Vereinsrecht des BGB. Das AktG regelt jedoch fast alle Probleme selbst, so daß es nur selten erforderlich ist, ergänzend auf das Vereinsrecht zurückzugreifen (wichtig: § 31 BGB!).

b) Die AG »gilt« unabhängig von dem Gegenstand ihres Unternehmens als **Handelsgesellschaft** (§ 3). Diese Fiktion unterstellt die AG stets den handelsrechtlichen Vorschriften für Kaufleute (1., 3. und 4. Buch des HGB), § 6 HGB, selbst wenn sie kein Handelsewerbe i. S. von § 1 II HGB betreibt (§ 6 II HGB). Die AG ist **Formkaufmann**.

c) Im Gegensatz zu den Personenhandelsgesellschaften muß die AG ein in Aktien zerlegtes Grundkapital haben (§ 1 II; vgl. näher unten III). Aufbringung und Erhaltung des Kapitals, nicht die Persönlichkeit der Mitglieder bestimmen den Charakter der AG; sie ist **typische Kapitalgesellschaft;** diesen Begriff verwendet jetzt auch die Überschrift vor § 264 HGB und § 3 I Nr. 2 UmwG.

II. Die Entstehung der AG

Die Gründung der AG erfolgt in mehreren Akten, beginnend mit der »Feststellung des Gesellschaftsvertrages (Satzung)« (§ 2) bzw. einer einseitigen Errichtungserklärung und endend mit der Eintragung der Gesellschaft in das HReg (vgl. § 41 I und oben B I 5). Man unterscheidet zwei Formen: **»einfache«** und **»qualifizierte«** (für die AG gefährliche Abreden!) **Gründung**.

1. Einfache Gründung

Die einfache Gründung gestaltet sich so:

a) **Feststellung der Satzung (= Abschluß des Gesellschaftsvertrages) zwischen mindestens zwei Gründern** oder **Abgabe einer Errichtungserklärung durch eine Person jeweils in der Form der notariellen Beurkundung** (§§ 2; 23 I). Auch die Entstehung einer AG setzt (wie die Entstehung jeder anderen Gesellschaft) den Abschluß eines Gesellschaftsvertrages oder, bei

3 Quelle: Statistisches Jahrbuch 1995 für die Bundesrepublik Deutschland, S. 132: Stand 31. 12. 1992; die Bestandsstatistiken wurden ab Berichtsjahr 1994 eingestellt.

der Einmann-Gründung, eine einseitige Errichtungserklärung voraus. Synonym wird in § 2 dafür die Bezeichnung »Satzung« verwendet; man spricht deshalb überwiegend von der »Feststellung der Satzung«. Die Satzung enthält neben den körperschaftsrechtlichen Organisationsbestimmungen (§ 23 III, IV) die für einen unbestimmten Personenkreis (etwa gegenwärtige und künftige Aktionäre, Gläubiger) von Bedeutung sein können (vgl. BGHZ 123, 347), auch die Regelung individualrechtlicher Beziehungen zwischen den Gründern (bzw. zwischen ihnen und der Gesellschaft), insbes. die Pflicht, Aktien gegen Einlagen zu übernehmen (§§ 2; 23 II).

aa) **Die Satzung muß mindestens enthalten:**

(1) Die **zwingenden Satzungserfordernisse** des § 23 III, IV:

- Bestimmung der **Firma** (vgl. § 4) und des **Sitzes** der Gesellschaft (vgl. § 5); § 23 III Nr. 1; die Zulässigkeit eines Doppelsitzes ist umstritten[4].
- Bestimmung des **Gegenstandes des Unternehmens**, d. h. den Bereich der beabsichtigten Tätigkeit, § 23 III Nr. 2; den Gegenstand des Unternehmens unterscheidet die h. M. vom Gesellschaftszweck[5].
- Festlegung der **Höhe des Grundkapitals** (mindestens DM 100 000.- bzw. 50 000 Euro, vgl. §§ 6, 7), § 23 III Nr. 3. Für Aktiengesellschaften, die vor dem 1. 1. 1999 in das HReg eingetragen oder zur Eintragung angemeldet worden sind, bleibt der bisher gültige Mindestbetrag in DM maßgeblich, bis die Nennbeträge an die nunmehr nach § 8 geltenden Beträge angepaßt werden. Für spätere Gründungen gilt das in § 7 vorgeschriebene Mindestgrundkapital von 50 000 Euro (vgl. § 2 EGAktG, vgl. auch unten III Vorbemerkung);
- während bislang **Nennbetrag, Zahl und Gattung der Aktien** festzulegen waren, schreibt nunmehr das Gesetz vor, daß die Satzung bestimmen muß, ob das Grundkapital in Nennbetragsaktien, wie bisher, oder in Stückaktien zerlegt ist. Sieht die Satzung Nennbetragsaktien vor, so sind wie bisher die Nennbeträge und die Zahl der Aktien je Nennbetrag anzugeben. Sind Stückaktien vorgesehen, ist deren Zahl anzugeben. Wenn mehrere Gattungen bestehen, ist die Gattung der Aktien und die Zahl der Aktien je Gattung anzugeben (vgl. §§ 1 II; 6; 8 I-III; 11), § 23 III Nr. 4;
- Festlegung, ob **Inhaber- oder Namensaktien** ausgegeben werden (vgl. § 10), § 23 III Nr. 5;
- Angabe **der Zahl der Vorstandsmitglieder** oder der Regeln, nach denen diese Zahl festgelegt wird (vgl. § 76 II), § 23 III Nr. 6;
- Bestimmungen über die **Form der Bekanntmachungen** der Gesellschaft (»Gesellschaftsblätter«, § 25), § 23 IV.

4 Vgl. BayObLG, NJW-RR 1986, 31; OLG Düsseldorf, WM 1988,50; KG, WM 1996, 1454; *Katschinski*, ZIP 1997, 620; *Matthoff*, WiB 1996, 773.
5 Vgl. dazu *Karsten Schmidt*, Gesellschaftsrecht, § 4 II 3, S. 67 ff.; § 28 IV 4, S. 855 f.

Fakultativer Satzungsinhalt. Die Gestaltung der Satzung berührt das Interesse der Aktionäre und Dritter, die zur Gesellschaft in Rechtsbeziehungen treten. Abweichungen von den Vorschriften des AktG sind deshalb in der Satzung *nur* möglich, soweit das im AktG ausdrücklich zugelassen ist (vgl. §§ 54 II, 58 II, 60 III, 63 I 2), § 23 V 1. Ergänzende Bestimmungen sind ebenfalls *nur* zulässig, wenn sie das AktG ausdrücklich vorsieht (vgl. §§ 25 S. 2, 55 I, 63 III, 68 II) oder wenn das Gesetz keine abschließende Regelung enthält (Auslegungsfrage), § 23 V 2. Ergänzende Bestimmungen dürfen nicht zu der gesetzlichen Regelung in Widerspruch stehen. Fazit: äußerst **begrenzte Gestaltungsfreiheit!**

(2) Die **Übernahme aller Aktien durch die Gründer,** §§ 2, 23 II, 29. Dadurch werden individualrechtliche Beziehungen zwischen den Gründern bzw. zwischen diesen und der Gesellschaft geschaffen, weil die Erklärung, Aktien zu übernehmen, die Gründer (§ 28) verpflichtet, zum Entstehen der Gesellschaft durch Leistung von Einlagen beizutragen und die Einzahlungspflicht (§ 54 I) zu erfüllen.

bb) An der Errichtungserklärung bzw. am Abschluß des Gesellschaftsvertrages müssen eine oder mehrere Personen, **die Gründer,** mitwirken (§§ 2; 28).

(Die Gründung einer Einmann-AG ist nach § 2 i. d. F. des Gesetzes vom 2. 8. 1994 seit dem 10. 8. 1994 möglich).

cc) Die Satzung (im engeren Sinne, § 23 III, IV) und die Aktienübernahme (hinsichtlich Nennbetrag bzw. Zahl, Ausgabebetrag und ggf. Gattung der Aktien, die jeder Gründer übernimmt), sind in einer Urkunde durch **notarielle Beurkundung** festzustellen, § 23 I. Ein Formmangel wird jedoch durch spätere HReg-Eintragung geheilt. Dies ergibt sich aus der abschließenden Aufzählung der Nichtigkeitsgründe in § 275; vgl. § 275 I 2 und unten 4 a.

dd) Mit wirksamer Übernahme aller Aktien durch die Gründer ist die Gesellschaft **errichtet** (§ 29). Damit entsteht die sog. **Vor-AG** (nicht zu verwechseln mit der Vorgründungsgesellschaft), die nach jetzt h. M. bereits aktienrechtlichen Vorschriften unterliegt, soweit deren Anwendung nicht die Eintragung der Gesellschaft (vgl. § 41 I) voraussetzt (vgl. oben B I 5 und unten M II 5 zur Einmann Vor-GmbH).

b) **Bestellung der Organe** (»Aufsichtsrat«, »Vorstand«, »Abschlußprüfer«), um die Vor-AG handlungsfähig zu machen. Die Gründer bestellen den Aufsichtsrat sowie die Abschlußprüfer (oft Wirtschaftsprüfungsunternehmen) für das erste Geschäftsjahr (§ 30). Der Aufsichtsrat bestellt den Vorstand (§ 30 IV).

c) Sodann haben die Gründer über den Hergang der Gründung schriftlich zu berichten **(Gründungsbericht),** § 32. Der Bericht soll als Basis für die Gründungsprüfung durch Vorstand und Aufsichtsrat (§ 33) sowie durch das Registergericht (§ 38) dienen.

d) **Gründungsprüfung** (Prüfung des gesamten Hergangs der Gründung, § 34) durch Vorstand und Aufsichtsrat (§ 33), um unsolide Gründungen zu verhindern. Ggf. (z. B. wenn ein Mitglied des Vorstands oder Aufsichtsrats zu den Gründern gehört, § 33 II Nr. 1) hat zusätzlich eine Prüfung durch vom Gericht zu bestellende bes. Gründungsprüfer stattzufinden (§ 33 II, III). Über die Gründungsprüfung ist ein schriftlicher Bericht zu erstatten, den der Vorstand beim Registergericht einzureichen hat und den jedermann dort einsehen kann (§ 34 II, III).

e) Nunmehr müssen die Gründer einen **Teil der Einlage,** den »eingeforderten Betrag«, zu Händen und zur endgültigen freien Verfügung des Vorstandes **leisten** (§ 36 II). Bei der Einmanngründung hat der Gründer für den Teil seiner Einlage, der den eingeforderten Betrag übersteigt, eine Sicherung zu bestellen. Das Erfordernis »zur freien Verfügung« soll den effektiven und endgültigen Zufluß der Bareinlagen (Bar- oder Buchgeld) gewährleisten. Die zu leistende Einlage beträgt, wenn die Satzung sie nicht erhöht hat, bei Bareinlagen 1/4 des geringsten Ausgabebetrags und bei Ausgabe der Aktien für einem höheren als diesen Betrag, zusätzlich diesen Mehrbetrag (**»Agio«** §§ 36 a I; 54 I); **Sacheinlagen** sind **vollständig** zu leisten (§ 36 a II 1)[6]. Zahlungsmodalitäten: § 54 III. Zur Kapitalaufbringung und zur »freien Verfügung« vgl. Karsten Schmidt, Die AG 1986, 106.

f) Alsdann erfolgt die **Anmeldung der Gesellschaft** zur Eintragung in das HReg; sie ist von allen Gründern und allen Aufsichtsrats- und Vorstandsmitgliedern vorzunehmen, § 36 I. Zum Inhalt der Anmeldung vgl. § 37.

g) Das **Registergericht prüft,** ob die Gesellschaft ordnungsgemäß errichtet und angemeldet ist. Diese Prüfung erstreckt sich auf die formale Ordnungsmäßigkeit der Anmeldung (§§ 36, 37, 38 I). Im Rahmen pflichtgemäßen Ermessens hat das Gericht darüber hinaus eine materielle Prüfungspflicht (vgl. insbes. § 38 II 2: Überbewertung von Sacheinlagen). Eine umfassende wirtschaftliche Prüfung, etwa, ob das Grundkapital ausreicht, ob das Unternehmen lebensfähig ist, findet allerdings nicht statt[7]. Zeigen sich Mängel, so ist die Eintragung abzulehnen; § 38 I 2 (zur Begrenzung des Ablehnungsrechts vgl. § 38 III).

h) Ansonsten wird die Gesellschaft ins HReg eingetragen (Inhalt der Eintragung, § 39) und anschließend bekanntgemacht (§ 40). **Mit der Eintragung entsteht die AG als solche** (§ 41 I), d. h. sie erwirbt Rechtsfähigkeit, wird zur juristischen Person (vgl. dazu oben B I 5 c). Bei einer AG, bei der alle Aktien einer Person oder der Gesellschaft und einer Person gehören, ist dem Registergericht eine Mitteilung darüber mit genauen Angaben über die Person des Alleinaktionärs einzureichen; § 42.

---

6 Zum Zeitpunkt der Leistung vgl. *Mayer,* ZHR 154 (1990), 535.

7 Vgl. *Karsten Schmidt*, Gesellschaftsrecht, § 27 II 3 f., S. 794; *Kraft*, Kölner Kommentar, 2. Aufl., § 38 Anm. 8.

2. Qualifizierte Gründung

Qualifizierte Gründung (§§ 26; 27) liegt vor, wenn bei Gründung einer AG folgende für Gläubiger bzw. Allgemeinheit besonders gefährliche Abreden getroffen werden:

a) Einräumung persönlicher Vorteile **(»Sondervorteile«) an einzelne** Aktionäre oder Dritte (§ 26 I), z. B. vorzugsweise Beteiligung am Gewinn; das Recht, Anlagen der Gesellschaft zu benutzen.

b) **Vergütungszusage an Gründer oder Dritte** für ihre Tätigkeit bei der Gründung (»**Gründungsaufwand**«, § 26 II).

c) Einlagen, die anstelle des Ausgabebetrags in bar für die übernommenen Aktien zu leisten sind (**Sacheinlagen**, § 27), z. B. Grundstücke, Patente, ein ganzes Unternehmen[8].

d) **Sachübernahmen,** d. h. Verpflichtungen der Gesellschaft, Gegenstände von einem Aktionär oder Dritten zu übernehmen, ohne daß die Gegenleistung der Gesellschaft in Aktien besteht (§ 27 I, II). Soll die von der Gesellschaft zu erbringende Gegenleistung auf die Einlageverpflichtung eines Aktionärs angerechnet werden, so gilt dies als Sacheinlage (§ 27 I, II). Die Fälle c) und d) werden unter dem Begriff **»Sachgründung«** zusammengefaßt.

e) Bei all diesen Abreden besteht die Gefahr, daß der AG das nach der Satzung aufzubringende Grundkapital von Anfang an nicht zugeführt oder daß es durch Verpflichtungen bereits im Gründungsstadium geschmälert wird. Sie können gleichwohl wirtschaftlich notwendig oder zweckmäßig sein. Das AktG hat sie deshalb nicht verboten, ihre Wirksamkeit aber an besondere **Voraussetzungen** geknüpft und einzelne **Sonderregelungen** vorgesehen:

aa) Sacheinlagen und Sachübernahmen können nur Vermögensgegenstände sein, deren wirtschaftlicher Wert feststellbar ist. Dazu gehören nicht Verpflichtungen zu Dienstleistungen (§ 27 II).

bb) Alle Abreden bedürfen einer detaillierten Aufnahme in die Satzung und damit notarieller Beurkundung (§§ 26 I, 27 I, 23 I).

Ist dies nicht geschehen, so sind die Vereinbarungen, aber auch die Rechtshandlungen zu ihrer Erfüllung, der Gesellschaft gegenüber unwirksam (§§ 26 III, 27 III)[9]. Z. B. erwirbt die Gesellschaft kein Eigentum, wenn ein Aktionär eine nicht in der Satzung festgesetzte Sacheinlage erbringt. Auch durch Satzungsänderung kann nach Eintragung der Gesellschaft Heilung solcher unwirksamer Vereinbarungen und Ausführungshandlungen nicht mehr erreicht werden (§§ 26 III 2, 27 IV). Andererseits berührt die Unwirksamkeit von Sacheinlage- oder Sachübernahmevereinbarungen die Gültigkeit der Satzung nicht, wenn die Ge-

---

8 Vgl. *Binz*, Das Handelsgeschäft als Sacheinlage bei der Gründung einer AG, Diss. Mainz 1972; *Hannemann*, Bewertung von Forderungen als Sacheinlagen bei Kapitalgesellschaften, DB 1995, 2055; *Steinbeck*, Obligatorische Nutzungsüberlassung als Sacheinlage und Kapitalersatz, ZGR 1996, 116.

9 Vgl. BGH, Die AG 1975, 76; *Kraft*, Kölner Kommentar, 2. Aufl., § 26 Anm. 39, § 27 Anm. 84; *Hüffer*, AktG, § 27 Anm. 30.

sellschaft eingetragen ist (§ 27 III 2). Ist die Vereinbarung über eine Sacheinlage unwirksam, so hat der Aktionär an ihrer Stelle den Nennbetrag der übernommenen Aktien (oder ihren höheren Ausgabebetrag) zu entrichten, § 27 III 3. Ist die Sacheinlage erheblich überbewertet, hat der Gründer den Unterschied zum Aktiennennbetrag in bar nachzuzahlen[10]. Bei einer unwirksamen Sachübernahme kommt eine derartige Differenzhaftung nicht in Frage, da die von den Vertragspartnern versprochene Leistung keine Einlage auf von ihm übernommene Aktien darstellt. Eine unwirksame Sachübernahme begründet keinerlei Rechte und Pflichten zwischen der Gesellschaft und ihrem Vertragspartner; bereits erbrachte Leistungen können herausverlangt werden (§ 27 III 1). U. U. kommt eine Handelndenhaftung nach § 41 I 2 in Betracht.

cc) Wird ein Unternehmen oder ein Unternehmensteil eingebracht, gelten für die Aufsichtsratsbestellung Besonderheiten, um möglichst rasch den Vorschriften des MitbestG entsprechen zu können, § 31.

dd) Im Gründungsbericht sind besondere Angaben zu machen, § 32 II.

ee) In jedem Fall findet eine zusätzliche Gründungsprüfung durch vom Registergericht des Sitzes der Gesellschaft (§§ 33 III; 14) zu bestellende Gründungsprüfer statt (§ 33 II Nr. 3, 4); sie bezieht sich vornehmlich auf die Abreden nach §§ 26, 27[11].

ff) Um die Umgehung der Sachgründungsvorschriften (§ 27) zu verhindern, läßt das AktG Verträge über den Erwerb von Vermögensgegenständen durch die AG in den ersten zwei Jahren nach Eintragung der Gesellschaft nur unter besonderen Voraussetzungen zu, wenn die dafür zu leistende Vergütung den zehnten Teil des Grundkapitals übersteigt (§§ 52, 53: **Nachgründung**).

gg) Die strengen Vorschriften für Sachgründungen dürfen nicht dadurch umgangen werden, daß eine Sacheinlageverpflichtung in das Gewand einer Bareinlageverpflichtung gekleidet wird, etwa dadurch, daß eine Bareinlage versprochen und auch geleistet wird aber mit der Maßgabe, daß die geleistete Bareinlage zur Bezahlung von Lieferungen des Einlegers an die Gesellschaft verwendet wird oder daß damit bereits bestehende Forderungen des Einlegers gegen die Gesellschaft beglichen werden sollen. Man spricht in diesen Fällen von **verdeckter (verschleierter) Sacheinlage.** Sie ist nach h. M. unzulässig. Auch durch den Vollzug der Abrede wird die Einlagepflicht nicht wirksam erfüllt[12]. Die Abgrenzung zu nach wie vor zulässigen Umsatzgeschäften der AG auch mit ihren Aktionären ist nicht immer einfach. Eine verdeckte Sacheinlage liegt jedenfalls nur vor, wenn durch Koppelung eines Verkehrsgeschäfts mit

10 BGH, NJW 1975, 974 = BGHZ 64, 52; vgl. BGHZ 68, 191 zur GmbH; *Kraft*, Kölner Kommentar, 2. Aufl., § 27 Anm. 62; *Hüffer*, AktG, § 27 Anm. 28.

11 Vgl. BGHZ 64, 52.

12 Vgl. BGHZ 110, 47 = NJW 1990, 982; vgl. auch BGHZ 118, 83, 93 ff.; *Karsten Schmidt*, Gesellschaftsrecht, § 29 II 1 c, S. 892 ff.; *G. Hueck*, Gesellschaftsrecht, § 22 II 4, S. 197; *Ulmer*, Verdeckte Sacheinlagen im Aktien- und GmbH-Recht, ZHR 154 (1990), 120; *Rasner*, Verdeckte Sacheinlage und ihre Heilung, NJW 1993, 186; *Einsele*, NJW 1996, 2681; krit. zur h. M. *Meilicke*, Die »verschleierte Sacheinlage« eine deutsche Fehlentwicklung, 1989.

einer Bareinlage wirtschaftlich der Erfolg einer Sacheinlage erreicht wird[13].

3. Besondere Entstehungsformen

a) Eine AG kann auch **durch Formwechsel** einer OHG oder einer KG (§ 214 UmwG), einer Partnerschaftsgesellschaft (§ 225 a UmwG), einer GmbH (§ 226 UmwG), einer KGaA (§ 226 UmwG), einer eG, eines e. V. oder einer Körperschaft oder Anstalt des öffentlichen Rechts (§§ 258 I, 272, 301 UmwG) entstehen. Es handelt sich dabei um **formwechselnde** Umwandlungen, wobei für die neue AG deren Gründungsvorschriften anzuwenden sind, soweit sich aus dem UmwG nichts anderes ergibt (§ 197 UmwG); die Identität der umgewandelten Gesellschaft ändert sich nicht (vgl. oben B VI 4).

b) Als weitere Möglichkeiten der Entstehung einer AG sind die **Verschmelzung durch Neugründung** (§ 2 Nr. 2 UmwG) sowie die **Spaltung** (Aufspaltung, Abspaltung, Ausgliederung) **zur Neugründung** (§ 123 UmwG) zu nennen. Auch dabei sind die Gründungsvorschriften des AktG auf die neue AG anzuwenden, soweit sich aus dem UmwG nichts anderes ergibt (§§ 36 II, 135 II UmwG). Vgl. zu diesen Umwandlungsarten oben B VI 1, 2.

4. Vorratsgründung, Mantelgründung

Mit diesen Begriffen wird die Gründung einer AG (oder GmbH) bezeichnet, wenn bei der Gründung der Unternehmenszweck, der letztlich verwirklicht werden soll, oder der Zeitpunkt der Verwirklichung des Unternehmenszwecks noch nicht feststeht. Über die Zulässigkeit einer solchen Gründung besteht Streit. Das Kammergericht und das OLG Köln haben die Zulässigkeit wegen Verstoßes gegen § 117 I BGB (Scheingeschäft) verneint[14]. Die Literatur hat sich weitgehend dieser Auffassung angeschlossen[15], jedenfalls wenn die Mantel- oder Vorratsgründung nicht durch entsprechende Formulierung des Unternehmsgegenstandes wie etwa »Verwaltung des eigenen Vermögens« offengelegt wird. Wird die Mantel- oder Vorratsgründung auf diese Weise offengelegt, so hält sie nunmehr auch der BGH für zulässig[16].

5. Mängel der Gründung[17]

Nach der Eintragung ins HReg ist die AG auch bei Mängeln des Gründungsvorgangs grundsätzlich rechtlich wirksam als juristische Person entstanden.

13 Vgl. *Karsten Schmidt*, Gesellschaftsrecht, § 29 II 1 c aa, S. 893.
14 KG, JFG 1, 200, 201; 3, 193, 199; OLG Köln, GmbHRdsch. 1988, 25.
15 Vgl. z. B. *Hachenburg/Ulmer*, § 3 Anm. 32, 33; *Karsten Schmidt*, Gesellschaftsrecht, § 4 III 2, S. 73.
16 BGH, NJW 1992, 1824 = BGHZ 117, 323; vgl. zu dem Problem *Kraft*, DStR 1993, 101; *Ebenroth/Müller*, DNotZ 1994, 75; *Priester*, DB 1983, 2291.
17 Vgl. *Paschke*, Die fehlerhafte Korporation, ZHR 155 (1991), 1.

a) **Mängel des Gründungsvertrages** (z. B. Formfehler) werden bis auf wenige Ausnahmen durch die Eintragung geheilt; nur Mängel hinsichtlich der Bestimmungen über das Grundkapital und den Unternehmensgegenstand können aufgrund einer Nichtigkeitsklage zur Nichtigerklärung (§ 275) bzw. zur Löschung (§ 144 I FGG) der Gesellschaft führen. Diese Nichtigerklärung hat jedoch lediglich die **Abwicklung** der bis dahin als rechtswirksam angesehenen »nichtigen« Gesellschaft zur Folge (§ 277). Bei einer Reihe weiterer Mängel kann das Registergericht die Auflösung der Gesellschaft herbeiführen, wenn diese Mängel nicht behoben werden (§ 262 I Nr. 5, § 144 a FGG). In allen genannten Fällen bleibt die Gesellschaft trotz ganz wesentlicher Mängel zunächst bestehen und geht erst nach Beendigung der Liquidation und Löschung im HReg unter (vgl. dazu oben B IV).

b) **Mängel der Willenserklärungen** eines einzelnen Gesellschafters beim Abschluß des Gründungsvertrages bzw. bei der Abgabe der Errichtungserklärung (Irrtum, Täuschung, Drohung, Scheingeschäft) oder beim späteren Beitritt können nach der Eintragung bzw. dem Beitritt durch Übernahme von Aktien im Rahmen einer Kapitalerhöhung grundsätzlich nicht mehr geltend gemacht werden[18]. Dies gilt nicht beim rechtsgeschäftlichen, abgeleiteten Erwerb von Aktien[19].

Beim originären Erwerb der Mitgliedschaft im Zuge einer Gründung soll sich die Öffentlichkeit nach der Eintragung soweit irgend möglich darauf verlassen können, daß die Gesellschaft wirklich besteht und daß dem Kapitalaufbringungs- und -erhaltungsgrundsatz voll Rechnung getragen wird. Deshalb darf auch die Gesellschaft selbst nicht auf Schadensersatz in Anspruch genommen werden, wenn ihre Organe einen Gesellschafter bei Gründung oder Beitritt schädigen; nur die Handelnden persönlich haften hier (vgl. RGZ 88, 187).

Wenn die versprochene Einlage trotz mangelhafter Willenserklärung zu erbringen ist, so ist der eigentliche Grund hierfür der vom Erklärenden gesetzte Rechtsschein[20]. Hieraus ergibt sich zugleich die Grenze der Verpflichtung: Wer keinen Rechtsschein gesetzt hat (z. B. Fälschung) oder wessen Haftung durch selbst veranlaßten Rechtsschein wegen besonderer Schutzbedürftigkeit nicht in Betracht kommt (nicht voll geschäftsfähige Personen), der ist auch nach Eintragung nicht gehindert, Mängel seiner Willenserklärung geltend zu machen. Der Bestand der eingetragenen Gesellschaft wird allerdings auch dadurch nicht berührt.

c) **Im Gründungsstadium,** d. h. solange die AG noch nicht eingetragen und daher noch nicht als solche entstanden ist (§ 41 I 1), können alle Mängel des Gründungsvorgangs geltend gemacht werden, um zu verhindern, daß die Gesellschaft ins HReg eingetragen

---

18 Vgl. z. B. RGZ 54, 128, 132; 57, 292, 297 f.; 165, 193, 203; BGH, DB 1976, 861 (für eG); BGHZ 44, 235 (für OHG); BGHZ 63, 338, 345 (für Publikums-KG).

19 Vgl. *Karsten Schmidt*, Gesellschaftsrecht, § 6 V 2 b, S. 171; BGH, NJW 1990, 1915 zur Abtretung eines GmbH-Anteils; dazu *Grunewald*, ZGR 1991, 452; BGH, NJW-RR 1995, 1182.

20 Vgl. BGHZ 21, 378, 382 zur GmbH; vgl. aber *Karsten Schmidt*, Gesellschaftsrecht, § 6 V 1, S. 167: keine bloße Rechtsscheinhaftung.

wird und entsteht. Soweit die sog. Vor-AG aber bereits in Vollzug gesetzt wurde, können die Grundsätze der sog. fehlerhaften Gesellschaft zur Anwendung kommen; vgl. dazu oben D V.

6. Verantwortlichkeit der Gründer; Verpflichtung zum Schadensersatz

Strenge Vorschriften über eine **Haftung der an der Gründung Beteiligten** (Gründer, Hintermänner und sog. Gründungsgenossen, Vorstands- und Aufsichtsratsmitglieder, Gründungsprüfer)[21] sollen für einen ordnungsgemäßen Gründungsvorgang sorgen (§§ 46–51). Anspruchsgrundlagen: §§ 46; 47; 48; 49 i. V. m. § 323 I-IV HGB. Die Schadensersatzansprüche stehen der Gesellschaft zu; sie treten an die Stelle des durch pflichtwidrige oder unredliche Gründung verminderten Anfangsgesellschaftsvermögens. Gründer, Vorstands- und Aufsichtsratsmitglieder können sich außerdem strafbar machen, § 399.

III. Grundkapital, Aktien und andere aktienrechtliche Papiere

Literatur: *Fabricius*, Vermögensbindung in AG und GmbH – tiefgreifender Unterschied oder grundsätzliche Identität?, ZHR 144 (1980), 628; *Joost*, Grundlagen und Rechtsfolgen der Kapitalerhaltungsregeln im Aktienrecht, ZHR 149 (1985), 419; *Kübler*, Aktie, Unternehmenfinanzierung und Kapitalmarkt, 1989; *Lutter*, Kapital, Sicherung der Kapitalaufbringung und Kapitalerhaltung in den Aktien- und GmbH-Rechten der EWG, 1964; *ders.*, Das überholte Thesaurierungsgebot bei der Eintragung von Kapitalgesellschaften in das Handelsregister, NJW 1989, 2649; *Möllers*, Anlegerschutz durch Aktien- und Kapitalmarktrecht, ZGR 1997, 334; *Quack*, Die Schaffung genehmigten Kapitals unter Ausschluß des Bezugsrechtes der Aktionäre, ZHR 147 (1983), 257 zu BGHZ 83, 319; *van Venrooy*, Voraussetzungen und Verwendbarkeit genehmigten Kapitals, Die AG 1981, 205; *Jan Wilhelm*, Die Vermögensbindung bei der AG und der GmbH und das Problem der Unterkapitalisierung, FS f. Flume, 1978, Bd. II, S. 337; *Zöllner/Noack*, One share – one vote?, Die AG 1991, 117.

Vorbemerkung

Die Einführung des Euro am 1. 1. 1999 machte es erforderlich, die im AktG vorgesehenen bisherigen DM-Beträge auf Euro umzustellen. Diese Umstellung ist durch Art. 3 § 1 des Euro-Einführungsgesetzes (EuroEG) vom 9. 6. 1998 (BGBl. I S. 1242) mit Wirkung vom 1. 1. 1999 erfolgt. Das AktG wurde dadurch in einer Reihe von Vorschriften geändert (vgl. die Zusammenstellung im Schönfelder Nr. 51 AktG, S. 7). Wichtig sind die Änderungen der §§ 6, 7 und 8. Das Grundkapital muß danach auf einen Nennbetrag in Euro lauten und 50 000 Euro (vorher DM 100 000.-) betragen (§§ 6, 7). Nennbetragsaktien müssen mindestens auf 1 Euro (vorher DM 5.–), höhere Nennbeträge auf volle Euro lauten (§ 8 II).

Die §§ 1–4 EGAktG i. d. F. des Art. 3 § 2 EuroEG enthalten detaillierte Übergangsvorschriften. Nach § 1 II EGAktG dürfen Gesellschaften, die vor dem 1. 1. 1999 in das HReg eingetragen wurden oder bis zum 31. 12. 2002 eingetragen werden, die Nennbeträge ihres Grundkapitals und ihrer Aktien weiter in DM bezeichnen. Für Gesellschaften, die vor dem 1. 1. 1999 ins HReg eingetragen oder zur Eintragung angemeldet wurden, bleibt

21 Dazu BGH, NJW 1975, 974.

der bis dahin gültiger Mindestnennbetrag des Grundkapitals maßgeblich, bis die Aktiennennbeträge an die jetzt in § 8 festgelegten Beträge angepaßt sind (§ 2 S. 1 EGAktG). Nähere Einzelheiten zu dieser Anpassung regeln die §§ 3 und 4 EGAktG. Der **nachfolgenden** Darstellung liegt das **AktG i. d. F. des EuroEG** zugrunde.

1. Grundkapital

a) Begriff

Als Kapitalgesellschaft benötigt die AG ein in der Satzung festzusetzendes (§ 23 III Nr. 3), ziffernmäßig auszudrückendes Grundkapital (§§ 1 II, 6).

Dies ist ein Kapitalbetrag von fester, nur durch Satzungsänderung modifizierbarer Größe, zu dessen Aufbringung sich die Gründer bei der Gründung verpflichten müssen (§§ 2, 9, 29). Mindestgrundkapital: 50 000 Euro (§ 7). Vom Grundkapital **zu unterscheiden** ist **das Gesellschaftsvermögen,** das § 1 I 2 als Haftungsobjekt für die Gesellschaftsverbindlichkeiten bezeichnet. Das Vermögen ist keine fixe Größe wie das Grundkapital; es kann höher, aber auch niedriger als dieses sein.

Niedriger ist es etwa, wenn die Gesellschaft einen Teil des »eingeforderten Betrages« durch Geschäftstätigkeit oder durch Gerichts- und Notarkosten einbüßt und die Differenzhaftung der Gründer (vgl. dazu B I 5 c cc) nicht eingreift. Umgekehrt kann es höher sein, etwa wenn die Aktien zu einem höheren Betrag als dem Nennwert oder als dem auf die einzelne Stückaktie entfallenden anteiligen Betrag des Grundkapitals ausgegeben werden (Überpari-Emission, § 9 II) oder bei erfolgreicher Geschäftstätigkeit.

b) Aufbringung und Erhaltung

Da Aktionäre für Verbindlichkeiten der Gesellschaft nicht persönlich haften, stellt das Gesellschaftsvermögen das einzige Haftungsobjekt für die Gläubiger dar (§ 1 I 2). Zur ausnahmsweisen Haftung der Aktionäre (Durchgriffshaftung) vgl. oben B III 3 a. Das Grundkapital hat in diesem Zusammenhang die Bedeutung, der AG insbes. im Interesse ihrer Gläubiger[22] ein Vermögen zumindest in Höhe des Grundkapitals zu verschaffen und zu erhalten. Seine Funktion liegt also in der Sicherung Dritter. Dem dienen im einzelnen folgende Regelungen:

aa) Die Aktien dürfen nicht gegen einen geringeren Wert als ihren Nennbetrag bzw. den auf die einzelne Stückaktie entfallenden anteiligen Betrag des Grundkapitals ausgegeben werden (**Verbot der Unterpari-Emission,** § 9 I) und müssen alle vor Eintragung der AG ins HReg »übernommen« sein (§§ 2; 29; 38 I).

bb) Den Aktionären darf die Pflicht zur Leistung der versprochenen Einlage (außer im Falle der Kapitalherabsetzung) nicht erlassen werden (§ 66); bereits geleistete Einlagen dürfen nicht zurückgewährt werden (§§ 57 I, 62)[23].

---

22 Vgl. *G. Hueck*, Gesellschaftsrecht, § 21 I 3, S. 185.

23 Vgl. dazu *Karsten Schmidt*, Gesellschaftsrecht, § 29 II 2, S. 896; *Joost*, ZHR 149 (1985), 419; vgl. auch OLG Frankfurt, BB 1996, 445.

cc) Der Erwerb und die Inpfandnahme eigener Aktien durch die AG, der einer Rückgewähr der Einlagen gleichkommen oder zu einer verdeckten Gewinnausschüttung führen kann, ist nur ausnahmsweise zulässig (§§ 71–71 e)[24].

dd) Solange das Gesellschaftsvermögen den Betrag des Grundkapitals nicht übersteigt, darf den Aktionären kein Gewinn ausgeschüttet werden. Deshalb ist das Grundkapital auf der Passivseite der Bilanz einzusetzen (§ 152 AktG, § 266 III A I HGB): Verteilungsfähiger Gewinn (vgl. § 58) ist dadurch erst dann vorhanden, wenn das Aktivvermögen das Grundkapital und die sonstigen Passivposten (vgl. § 266 II Nr. 2 HGB) übersteigt.

c) Erhöhung des Grundkapitals

Entsteht weiterer Kapitalbedarf, so gilt zunächst: Die Aktionäre sind zu Nachschüssen nicht verpflichtet! Neben der Möglichkeit zur Kreditaufnahme und der Ausgabe von Schuldverschreibungen oder Genußrechten (vgl. § 221 I, III) kommt dann insbes. in Betracht, das Grundkapital als wesentlichen Bestandteil der Satzung im Wege der Satzungsänderung (§§ 182 ff.) zu erhöhen und die dadurch neu geschaffenen Aktien gegen Einlagen bzw. Einlageverpflichtungen mindestens in Höhe ihres Nennbetrages auszugeben **(Kapitalerhöhung gegen Einlagen, ordentliche Kapitalerhöhung)**. Der Beschluß wird mit Eintragung in das HReg wirksam (§ 189). Die Ausgabe der neuen Aktien erfolgt entweder gegen Barzahlung oder gegen Sacheinlagen. In diesem Fall gelten ähnlich strenge Vorschriften wie bei der Sachgründung; insbes. ist eine Prüfung durch unabhängige Prüfer erforderlich (§ 183 sowie oben II 2)[25]. Die wirksam beschlossene Kapitalerhöhung wird durch »Zeichnung« der neuen Aktien (schriftliche Übernahme der Einlagepflicht, § 185) ausgeführt. Den bisherigen Aktionären steht ein gesetzliches Bezugsrecht auf einen ihrer bisherigen Beteiligung entsprechenden Anteil an den neuen (jungen) Aktien zu (§ 186 I), das nur unter bestimmten Voraussetzungen und nur im Erhöhungsbeschluß selbst ausgeschlossen werden kann (§ 186 III-V). Der Ausschluß ist nur gerechtfertigt, wenn die Folgen für die vom Bezugsrecht ausgeschlossenen Aktionäre gebührend berücksichtigt werden und wenn der Ausschluß aus sachlichen Gründen im Interesse der Gesellschaft dringend geboten ist. Dabei sind das Gesellschafts- und Aktionärsinteresse sowie Mittel und Zweck gegeneinander abzuwägen[26]. Eine gewisse Erleichterung bringt der 1994 in das Gesetz eingefügte § 186 III 4, der den Ausschluß zuläßt, wenn die Kapitalerhöhung gegen Bareinlage 10% des Grundkapitals nicht übersteigt und der Ausgabepreis den Börsenpreis nicht wesentlich unterschreitet. Beschließt die HV, das Bezugsrecht nur für einzelne Aktien oder für verschiedene Aktien unterschiedlich auszuschließen, ist der Gleichbehandlungsgrundsatz (§ 53 a) zu beach-

---

24 Vgl. hierzu *Burckhardt*, Der Erwerb eigener Aktien und Stammanteile, 1983; *Büdenbender*, Eigene Aktien und Aktien an der Muttergesellschaft, DZWir 1998, 1, 55.

25 Zur Zulässigkeit einer Kapitalerhöhung durch Sacheinlagen vgl. BGHZ 71, 40.

26 Vgl. BGHZ 71, 40; 83, 319; 123, 239; 136, 133 (zum Ausschluß bei genehmigtem Kapital); *Lutter*, ZGR 1979, 401; *Becker*, BB 1981, 394; *Martens*, ZIP 1992, 1677, EuGH, WM 1996, 2200, dazu *Bungert*, WM 1995, 1.

ten[27]. Zur Einzahlung der Einlage vgl. BGHZ 99, 231. Eine besondere Form der Kapitalbeschaffung durch Kapitalerhöhung stellt die **»bedingte Kapitalerhöhung«** dar, die nach dem Beschluß der HV nur soweit durchgeführt werden soll, wie von einem Umtausch- bzw. Bezugsrecht Gebrauch gemacht wird, das die Gesellschaft auf die neuen Aktien einräumt (§§ 192 ff.). Eine weitere mögliche Form der Kapitalerhöhung stellt das sog. **»genehmigte Kapital«** dar[28]: Um der AG die Möglichkeit zu geben, sich neues Kapital bei günstiger Marktsituation und in konkret erforderlicher Höhe zu beschaffen, kann die Satzung den Vorstand für höchstens fünf Jahre nach Eintragung der entsprechenden Satzungsbestimmung in das HReg ermächtigen, das Grundkapital bis zu einem bestimmten Nennbetrag, maximal bis zur Hälfte des bisherigen Grundkapitals, durch Ausgabe neuer Aktien gegen Sach- oder Bareinlagen zu erhöhen (§§ 202 ff.). Das genehmigte Kapital kann auch zur Ausgabe von Aktien an Arbeitnehmer der Gesellschaft (Belegschaftsaktien) genutzt werden (§ 202 IV).

Von der (effektiven) Kapitalerhöhung zum Zweck der Beschaffung neuer Mittel ist die (nominelle) **Kapitalerhöhung aus Gesellschaftsmitteln** zu unterscheiden (§§ 207 ff.). Hierbei werden bilanzmäßig ausgewiesene (offene) Rücklagen, also Mittel, die die Gesellschaft bereits hat, in Grundkapital umgewandelt und damit rechtlich gebunden. Deshalb stehen die neuen Aktien zwingend den bisherigen Aktionären nach dem Verhältnis ihrer Anteile am alten Grundkapital zu (§ 212).

Diskutiert wird in jüngster Zeit, ob Aktionärsdarlehen unter bestimmten Voraussetzungen analog §§ 32 a, 32 b GmbHG wie Haftkapital behandelt werden können[29]. Eine Anwendbarkeit der GmbH-Vorschriften auf die AG wird abgelehnt vom OLG Düsseldorf, Die AG 1983, 250; vorsichtig bejaht vom BGH (BGHZ 90, 381), wenn der Darlehensgeber an der AG unternehmerisch beteiligt ist, d. h. regelmäßig bei einem Aktienbesitz von mehr als 25% des Grundkapitals oder bei entsprechendem Einfluß auf die Unternehmensleitung.

d) Herabsetzung des Grundkapitals

Dies bedeutet eine Verringerung der in der Satzung festgelegten Ziffer des Grundkapitals, erfordert daher stets eine Satzungsänderung. Sie bewirkt, daß die Bindung eines Teils des bisher als Grundkapital ausgewiesenen Betrages beseitigt wird.

Der nunmehr frei gewordene Betrag kann den Aktionären unter Berücksichtigung bes. Gläubigerschutzbestimmungen (§ 225) zurückbezahlt oder zur Gewinnausschüttung verwendet werden, weil sich der Passivposten »Grundkapital« entsprechend gemindert hat. Das Mindestgrundkapital (50 000 Euro) darf bei einer Kapitalherabsetzung nur unter-

27 Vgl. dazu *Lutter*, Kölner Kommentar, 2. Aufl., § 186 Anm. 85, 86.

28 Zum Bezugsrechtsausschluß bei genehmigtem Kapital vgl. BGHZ 136, 133 sowie *Kimpler*, DB 1994, 767.

29 Vgl. dazu *Immenga*, ZIP 1983, 1405; *Heilmann*, KTS 1983, 513; *Junker*, ZHR 156 (1992), 394; im Ergebnis auch *Karsten Schmidt*, Gesellschaftsrecht, § 29 I 2, S. 884 f.: Folge eines allgemeinen Rechtsgedankens.

schritten werden, wenn durch eine gleichzeitige Kapitalerhöhung dieser Betrag mindestens wieder erreicht wird (§ 228); vgl. unten e.

Die Kapitalherabsetzung kann bei Gesellschaften mit **Nennbetragsaktien** *technisch* erreicht werden durch:

aa) **Verminderung des Nennwertes** der Aktien (z. B. von 300 Euro auf 200 Euro); § 222 IV 1.

bb) **Reduzierung der Zahl** der vorhandenen Aktien (Zusammenlegung), z. B. für drei eingereichte Aktien à 100 Euro werden zwei à 100 Euro neu ausgegeben, § 222 IV 2.

cc) Bei **allen Gesellschaften** (solchen mit Nennwert- oder Stückaktien) kann die Kapitalherabsetzung auch durch **Einziehung** von Aktien (Amortisation) erreicht werden; §§ 237 ff.

Besonderheiten gelten für die Kapitalherabsetzung, die nur zum Ausgleich von Wertberichtigungen oder von Verlusten oder zur Erhöhung der gesetzlichen Rücklage vorgenommen wird (vereinfachte Kapitalherabsetzung, §§ 229 ff.). Eine Rückzahlung an die Aktionäre ist für diesen Fall ausdrücklich verboten (§ 230).

e) Sanierung

Von Sanierung spricht man, wenn Kapitalherabsetzung und Kapitalerhöhung zur Kapitalbeschaffung verbunden werden. Durch die Erhöhung erhält die AG neue Mittel. Die Herabsetzung verhindert, daß das alte Grundkapital, hinter dem kein entsprechendes Gesellschaftsvermögen steht, als hoher Passivposten die Ausschüttung von Gewinnen in der Zukunft blockiert. Dies ist wichtig, weil ohne Gewinnaussicht neue Geldgeber nur schwer zu finden sind. Möglich ist eine Sanierung auch durch Kapitalherabsetzung ohne gleichzeitige Kapitalerhöhung, wenn die Aktionäre bereit sind, neue Mittel gegen Gewährung von Vorrechten zur Verfügung zu stellen und durch die Herabsetzung das Mindestgrundkapital (§ 7) nicht unterschritten wird[30].

2. Aktien

Nach § 1 II hat die Gesellschaft ein »in Aktien zerlegtes« Grundkapital. Aktie ist hier i. S. von Mitgliedschaftsrecht (vgl. unten b) gemeint. Um die Zahl aller Aktien und das Verhältnis der einzelnen Aktie zur Gesamtzahl aller Aktien bestimmen zu können, können die einzelnen Aktien mit einem bestimmten Nennbetrag versehen werden (Nennbetragsaktie, § 8 I). Die Summe der Nennbeträge aller Aktien muß dem Nennwert des satzungsmäßigen Grundkapitals entsprechen[31].

Durch das StückAG vom 25. 3. 1998 (BGBl. I S. 590) wurde die Ausgabe von nennwertlosen Aktien (Stückaktien) zugelassen (§ 8 I)[32]. Auch diese Aktie verkörpert einen anteiligen Betrag des Grundkapitals (§ 8 III 2), genauer gesagt ein Mitgliedschaftsrecht als Teil aller an der Gesellschaft bestehenden Mitgliedschaftsrechte. Das Verhältnis der einzelnen Aktie zur Gesamtzahl der Mitgliedschaftsrechte an der Gesellschaft wird durch die Zahl der ausgegebenen Stückaktien bestimmt (§ 8 IV). Der auf die einzelne Aktie entfallende anteilige Betrag des Grundkapitals darf einen Euro nicht unterschreiten (§ 8 III 3).

30 Vgl. *Lutter*, Kölner Kommentar, 2. Aufl., Vorb. § 182 Anm. 6.
31 Vgl. *Kraft*, Kölner Kommentar, 2. Aufl., § 1 Anm. 30 ff.
32 Zur nennwertlosen Aktie vgl. *Ekkenga*, Vorzüge und Nachteile der nennwertlosen Aktie, WM 1997, 1645; vgl. auch *Heider*, Die AG 1998, 1.

Das Wort Aktie wird vom Gesetz in **dreifacher Bedeutung** gebraucht. Es bezeichnet:

- einen Teil des Grundkapitals (dazu a),
- die Summe von Rechten und Pflichten des Aktionärs, d. h. seine Mitgliedschaft (dazu b),
- die Urkunde, die die Mitgliedschaft verbrieft (Wertpapier) (dazu c).

a) Aktie als Anteil am Grundkapital

Aktien können auf einen festen Euro-Betrag, mindestens auf 1 Euro, lauten (§ 8 II); unterschiedliche Nennbeträge, die auf volle Euro lauten müssen, sind möglich (vgl. § 8 II 4). Die Nennbeträge aller Aktien zusammen müssen der Ziffer des Grundkapitals entsprechen: Die Aktie ist Bruchteil des Grundkapitals (§ 8 IV). Aktien können auch ohne Nennbetrag ausgegeben werden (§ 8 III 1). Das Gesetz bezeichnet diese Aktien als »Stückaktien« (§ 8 I, III). Auch diese Aktien verkörpern einen Anteil am Grundkapital. Dieser Anteil bestimmt sich nach der Gesamtzahl der ausgegebenen Stückaktien; er darf 1 Euro nicht unterschreiten (§ 8 III 3, IV). Wirtschaftlich bedeutet sowohl die Nennwert- als auch die Stückaktie in dieser Hinsicht einen bestimmten Anteil am Gesellschaftsvermögen. Der kommerzielle Wert der Aktie kann höher oder auch niedriger als ihr rechnerischer Anteil am Grundkapital sein, je nachdem ob das Gesellschaftsvermögen größer oder kleiner als das Grundkapital ist. Dies drückt sich im Kurswert aus, der allerdings häufig auch durch andere (z. B. Entwicklungsaussichten), u. U. außerhalb der einzelnen Gesellschaft liegende Umstände (z. B. Spekulation) beeinflußt wird.

b) Aktie als Mitgliedschaft

Mit dem Wort Aktie wird auch die Gesamtheit der mit der Mitgliedschaft an der Gesellschaft verbundenen Rechte und Pflichten des Aktionärs bezeichnet (vgl. dazu unten V). Die Mitgliedschaft in der AG ist als solche wohl als subjektives Recht zu begreifen (vgl. oben B II 1).

Hauptpflicht des Aktionärs ist die Leistung der versprochenen Einlage, die durch den Ausgabebetrag (§ 9) begrenzt wird (§ 54 I).

Die wichtigsten **Rechte** sind der Anspruch auf Gewinn (»Dividende« § 58 IV) und Liquidationserlös (§ 271), d. h. **Vermögensrechte** sowie das Recht, an der Hauptversammlung teilzunehmen, dort Auskunft zu verlangen und das Stimmrecht, das allerdings bei stimmrechtslosen Vorzugsaktien fehlt (§ 12 I 2), auszuüben (§§ 118, 131, 134), d. h. **Mitverwaltungsrechte.**

Grundsätzlich gewährt jede Aktie ihrem Anteil am Grundkapital entsprechend gleiche Rechte **(Stammaktien)**. Die Satzung kann aber einzelnen Aktien oder einer Gruppe von ihnen Sonderrechte, wie z. B. das Recht auf Vorzugsdividende einräumen; vgl. § 11 (**Vorzugsaktien;** vgl. dazu Reckinger, Die AG 1983, 216). **Mehrstimmrechtsaktien** sind **unzulässig,** § 12 II; Übergangsregelungen enthält § 5 EGAktG (vgl. dazu auch unten IV 3 g).

c) Aktie als Wertpapier

Die Gesellschaft ist verpflichtet, den Aktionären eine **Urkunde über** ihre **Mitgliedschaft** auszustellen (RGZ 52, 423); in der Satzung kann der Anspruch auf Verbriefung seines Anteils aber ausgeschlossen oder eingeschränkt werden (§ 10 V). Das Mitgliedschaftsrecht entsteht aber nicht durch die Ausstellung oder Begebung der Aktienurkunde, sondern durch die Entstehung der AG, d. h. mit ihrer Eintragung (§ 41 I) (»deklaratorisches Wertpapier«). Vor diesem Zeitpunkt ausgegebene Papiere sind nichtig (§ 41 IV 2). Die Urkunden über die Mitgliedschaft können nach Maßgabe der Satzung (vgl. § 23 III Nr. 5) entweder als Inhaber- oder als Namenspapiere ausgegeben werden (§ 10 I); vor Volleinzahlung ist die Ausgabe von Inhaberaktien nicht zulässig (§ 10 II). Bei entsprechender Satzungsbestimmung (§ 24) kann der Aktionär die Umwandlung einer Namens- in eine Inhaberaktie (und umgekehrt) verlangen.

aa) Die **in der Praxis bei weitem überwiegende Inhaberaktie** ist Inhaberpapier, das nach den Vorschriften über die Übereignung beweglicher Sachen übereignet (§§ 929 ff. BGB), verpfändet (§§ 1204 ff. BGB) oder mit einem Nießbrauch belastet (§§ 1030 ff. BGB) werden kann. Gutgläubiger Erwerb ist auch an abhanden gekommenen Aktienurkunden möglich (§ 935 II BGB), jedoch schränkt § 367 HGB den Gutglaubensschutz von Banken für diesen Fall ein. Sind Inhaberaktien ausgegeben, so ist nur der Inhaber des Papiers als Aktionär der Gesellschaft gegenüber legitimiert.

bb) **Namensaktie.** Die Satzung kann bestimmen, daß Namensaktien ausgegeben werden (vgl. § 23 III Nr. 5) und daß auf Verlangen eines Aktionärs seine Inhaberaktie in eine Namensaktie umgewandelt wird (§ 24). Sie kommen in der Praxis selten vor. Namensaktien müssen ausgegeben werden, wenn die Einlagen von den Aktionären noch nicht voll eingezahlt sind (§ 10 II). Sie sind **geborene Orderpapiere,** d. h. sie können auch ohne Orderklausel durch Indossament (wertpapierrechtliche, auf Übertragung gerichtete Erklärung, vgl. Art. 11 WG) und Übergabe übertragen werden. Nach § 68 I gelten die Art. 12, 13 und 16 WG sinngemäß; darüber hinaus sind die Art. 14, 18 und 19 WG entsprechend anwendbar. Die sog. Garantiefunktion (vgl. Art. 15, 17 WG) kommt dem Indossament auf einer Namensaktie jedoch nicht zu[33].

Die Übertragung von Namensaktien kann durch die Satzung an die Zustimmung der Gesellschaft gebunden werden (§ 68 II: **»vinkulierte Namensaktie«).** Dadurch wird die Transportfunktion des Indossaments eingeschränkt. Das Indossament bewirkt die Übertragung nur, wenn

33 Zu weiteren wertpapierrechtlichen Fragen vgl. die Kommentare zu § 68 AktG (etwa *Lutter*, Kölner Kommentar, 2. Aufl., § 68 Anm. 15 ff.) und die Lit. zum Wertpapierrecht, etwa *Zöllner*, Wertpapierrecht, 14. Aufl. 1987, S. 182 f.

die Zustimmung der Gesellschaft, die der Vorstand erteilt, vorliegt; dennoch bleibt die Aktie Orderpapier[34].

Namensaktien und ihre Inhaber sind in das **Aktienbuch** der Gesellschaft einzutragen (§ 67 I), ebenso der Übergang auf einen Rechtsnachfolger (§ 68 III). Diese Eintragungen sind nicht konstitutiv. Im Verhältnis zur Gesellschaft gilt jedoch nur der als Aktionär, der als solcher im Aktienbuch eingetragen ist (§ 67 II).

cc) Sobald die Mitgliedschaft mit Eintragung der Gesellschaft entstanden ist, kann sie, auch wenn noch keine Aktienurkunden ausgegeben sind, nach allgemeinen Vorschriften im Wege der Einzel- (§§ 413, 398 ff. BGB) oder Gesamtrechtsnachfolge (z. B. § 1922 BGB) auf andere übergehen. Vor der Eintragung der Gesellschaft können die Anteilsrechte nicht übertragen werden; Aktien oder Zwischenscheine dürfen vor Eintragung der Gesellschaft nicht ausgegeben werden (§ 41 IV 1). Beachte den Unterschied zur Übertragung und Vererbung der Gesellschafterstellung bei Personengesellschaften, vgl. oben C V 3, D VI 4.

3. Zwischenscheine

Anstelle von Aktien können **nach Eintragung** der Gesellschaft im HReg auch Zwischenscheine (Interimsscheine) ausgegeben werden (§ 8 VI; vgl. auch § 41 IV 1). Dies geschieht häufig, wenn die Ausgabe von Inhaberaktien nicht zulässig ist, weil die Einlage noch nicht voll geleistet wurde (vgl. § 10 II). Zwischenscheine **müssen auf den Namen lauten;** lauten sie auf den Inhaber, so sind sie nichtig (§ 10 III, IV). Für die rechtliche Behandlung der Zwischenscheine gelten die Bestimmungen über Namensaktien entsprechend (vgl. §§ 67 IV, 68 V).

4. Gewinnanteilscheine, Erneuerungsscheine

a) Mit den Aktien (-Urkunden) werden in der Regel Gewinnanteilscheine **(Dividendenscheine, Kupons)** ausgegeben, die den Gewinnanspruch für einzelne Jahre verbriefen (sofern die Hauptversammlung die Ausschüttung eines Gewinnes für das entsprechende Jahr beschließt). Diese Scheine sind ebenfalls Wertpapiere, und zwar in der Regel Inhaberschuldverschreibungen (§§ 793 ff. BGB). Sie sind unabhängig von der Aktie übertragbar.

b) Der Erneuerungsschein **(Talon)** ermächtigt seinen Inhaber zum Bezug neuer Gewinnanteilscheine (vgl. § 75). Er ist kein Wertpapier, sondern Legitimationspapier i. S. von § 805 BGB. Der Besitzer der Aktie (bzw. des Zwischenscheins) kann daher der Ausgabe neuer Gewinnanteilscheine an den Inhaber des Erneuerungsscheines widersprechen (§ 75).

5. Obligationen (Schuldverschreibungen)

Streng von den die Mitgliedschaft verkörpernden Aktien zu unterscheiden sind die als Obligationen bezeichneten Schuldverschreibungen. Sie sind **schuldrechtliche Wertpapiere,** meist in der Form von Inhaberschuldverschreibungen oder Verpflichtungsscheinen und verbriefen nur ein Forde-

34 Vgl. *Lutter*, Kölner Kommentar, 2. Aufl., § 68 Anm. 14.

rungsrecht gegen die Gesellschaft. Sie sind beliebtes Mittel zur Kapitalbeschaffung, wenn eine Kapitalerhöhung nicht möglich oder unzweckmäßig ist. Obligationen können **gleichzeitig** einen **Anspruch auf Umwandlung in Aktien** verbriefen. Man spricht dann von **Wandelschuldverschreibungen** (§ 221). In der Praxis nicht selten ist die Kombination einer Schuldverschreibung mit einem **Bezugsrecht auf Aktien,** bei dessen Ausübung aber stets eine zusätzliche Einlagepflicht entsteht. Auch diese Ausgestaltung wird von § 221 I unter dem Oberbegriff »Wandelschuldverschreibung« definiert. Gebräuchlich ist dafür aber die Bezeichnung **Optionsanleihe.** Dabei wird das Optionsrecht in einem selbständigen, von der Schuldverschreibung abtrennbaren Optionsschein verbrieft, der selbständig übertragbar ist[35]. Aktienoptionen sind auch ohne Verbindung mit einer Schuldverschreibung als **reines Optionsrecht** gestaltbar (vgl. § 192 II Nr. 3)[36]. Als weitere Sonderform von Schuldverschreibungen, die aber keinen Erwerb von und keinen Umtausch in Aktien ermöglichen, sind zu nennen die Gewinnschuldverschreibungen und die Genußrechte. **Gewinnschuldverschreibungen** verbriefen reine Gläubigerrechte; die Ansprüche der Gläubiger werden aber »mit Gewinnanteilen von Aktionären« (vgl. § 221 I 1) gekoppelt, etwa dergestalt, daß der vorgesehene Zinssatz sich entsprechend der an die Aktionäre ausgeschütteten Dividende erhöht. **Genußrechte** (§ 221 III), meist in Genußscheinen verbrieft, sind ebenfalls schuldrechtliche Ansprüche, d. h. reine Gläubigerrechte. Ihr Inhalt ist unterschiedlich. Sie können z. B. einen Anspruch auf einen Anteil am Reingewinn oder ein Recht zur Benutzung von Einrichtungen der Gesellschaft gewähren[37].

IV. Die Organe der AG

Die AG als juristische Person ist nicht selbst handlungsfähig. Zur internen Willensbildung, zum Handeln und zum rechtsgeschäftlichen Auftreten Dritten gegenüber braucht sie Organe. Das AktG schreibt **zwingend drei Organe** vor, nämlich: **Vorstand, Aufsichtsrat und Hauptversammlung** (HV). Dabei kommt der HV im wesentlichen die Aufgabe der internen Willensbildung durch Beschlußfassung der Aktionäre, dem Vorstand die Führung der Geschäfte und die Vertretung der Gesellschaft nach außen zu, während der Aufsichtsrat insbes. die Aufgabe hat, die Geschäftsführung des Vorstandes zu überwachen.

35 Zu Einzelheiten und Gestaltungsmöglichkeiten vgl. *Lutter*, Kölner Kommentar, 2. Aufl., § 221 Anm. 12 ff., 137 ff.; *Hirte*, WM 1994, 321.

36 Vgl. *Lutter*, Aktienoptionen für Führungskräfte – de lege lata und de lege ferenda, ZIP 1997, 1; *Fuchs*, Aktienoptionen für Führungskräfte und bedingte Kapitalerhöhung, DB 1997, 661; *Hüffer*, ZHR 161 (1997), 214.

37 Vgl. dazu *Lutter*, Kölner Kommentar, 2. Aufl., § 221 Anm. 196 ff.

Für die Prüfung der Gründung sind ggf. besondere **Gründungsprüfer** (§ 33 II, III), für die Prüfung des Jahresabschlusses immer besondere **Abschlußprüfer** (§ 119 I Nr. 4, §§ 316 ff. HGB) zu bestellen.

Die Vorschriften über die Bestellung und Zusammensetzung der Organe sowie über die Verteilung ihrer Zuständigkeiten sind zwingendes Recht. Nur wo das Gesetz dies zuläßt, kann die Satzung Abweichungen vorsehen.

1. Der Vorstand (§§ 76–94)

Literatur: *Brinkmann*, Die Unternehmensziele im Aktienrecht, Die AG 1982, 122; *Dose*, Die Rechtsstellung der Vorstandsmitglieder einer AG, 3. Aufl. 1975; *Hefermehl*, Zur Haftung der Vorstandsmitglieder bei Ausführung von Hauptversammlungsbeschlüssen, FS f. Schilling, 1973, S. 159; *Hopt*, Aktionärskreis und Vorstandsneutralität, ZGR 1993, 534; *Horn*, Die Haftung des Vorstands der AG nach § 93 AktG und die Pflichten des Aufsichtsrats, ZIP 1997, 1129; *Martens*, Die Entscheidungsautonomie des Vorstands und die »Basisdemokratie« in der AG, ZHR 147 (1983), 377; *ders.*, Der Einfluß von Vorstand und Aufsichtsrat auf Kompetenzen und Strukturen der Aktionäre – Unternehmensverantwortung contra Neutralitätspflicht, FS f. Beusch, 1993, S. 529; *ders.*, Der Grundsatz gemeinsamer Vorstandsverantwortung, FS f. Fleck, 1988, S. 191; *Mertens*, Zur Berichtspflicht des Vorstands gegenüber dem Aufsichtsrat, Die AG 1980, 67; *ders.*, FS f. Goerdeler, 1987, S. 349; *Meyer-Landrut*, Zur Suspendierung eines Vorstandsmitglieds einer AG, FS f. Fischer, 1979, S. 477; *Priester*, Stichentscheid bei zweiköpfigem Vorstand, Die AG 1984, 253; *Raisch*, Zum Begriff und zur Bedeutung des Unternehmensinteresses als Verhaltensmaxime von Vorstands- und Aufsichtsratsmitgliedern, FS f. Hefermehl, 1976, S. 346; *Raiser*, Die Verantwortlichkeit von Vorstands- und Aufsichtsratsmitgliedern einer Aktiengesellschaft, in: Unternehmensverfassung 1983, S. 39; *Rittner*, Zur Verantwortung des Vorstandes nach § 76 I AktG 1965, FS f. Geßler, 1971, S. 139; *Semler*, Leitung und Überwachung der Aktiengesellschaft: Die Leitungsaufgabe des Vorstands und die Überwachungsaufgabe des Aufsichtsrats in der Aktiengesellschaft, 2. Aufl., 1996; *Teubner*, Unternehmensinteresse, ZHR 149 (1985), 470; *Werner*, Zuständigkeitsverlagerung in der AG durch Richterrecht, ZHR 147 (1983), 429; zu den »Pflichten des Vorstands zur Unternehmensplanung« *Lutter*, FS f. Albach, 1991, S. 350; *Feddersen*, ZGR 1993, 114; *Kallmeyer*, ZGR 1993, 104.

Der Vorstand ist das **eigenverantwortliche** (nicht weisungsgebundene) **Leitungsorgan der Gesellschaft** (§ 76 I). Er führt die Geschäfte und vertritt die Gesellschaft gerichtlich und außergerichtlich (§§ 77, 78).

a) Seine **Zusammensetzung**, d. h. die Zahl seiner Mitglieder (Einmannvorstand oder mehrgliedriger Vorstand, § 76 II) regelt die Satzung (§ 23 III Nr. 6); sie kann persönliche Voraussetzungen (z. B. deutsche Staatsangehörigkeit, bestimmtes Lebensalter) vorsehen. Bei AG mit mehr als drei Mio. Euro Grundkapital muß er aus mindestens zwei Personen bestehen, wenn die Satzung nicht ausdrücklich einen Einmannvorstand vorschreibt (§ 76 II 2). In nach dem nach dem MitbestG oder nach dem MontanMitbestG mitbestimmten Unternehmen muß der Vorstand wegen der zwingend vorgeschriebenen Bestellung eines **Arbeitsdirektors** (§ 33 MitbestG, § 13 MontanMitbestG, § 13 MitbestErgG)[38] mindestens aus zwei Personen bestehen.

38 Vgl. dazu oben B VII.

Juristische Personen, beschränkt geschäftsfähige natürliche Personen sowie Mitglieder des Aufsichtsrats können nicht zu Vorstandsmitgliedern bestellt werden (§§ 76 III 1, 105 I). Kraft Gesetzes (§ 76 III 2 und 3) können Personen, die wegen bestimmter Straftaten verurteilt wurden oder denen die Ausübung eines bestimmten Berufes oder Gewerbes untersagt wurde, nicht Mitglieder des Vorstandes sein. Vorstandsmitglieder brauchen nicht Aktionäre zu sein und sind es in der Regel auch nicht (Prinzip der **Fremdorganschaft;** vgl. oben B III 2 a bb).

b) Die **Bestellung** erfolgt **durch den Aufsichtsrat** auf höchstens fünf Jahre (§ 84); wiederholte Bestellung ist möglich. Die Bestellung kann **aus wichtigem Grund** durch den Aufsichtsrat (§ 84 III) **widerrufen** werden. Ob eine einseitige Suspendierung zulässig ist, ist umstritten. Die Möglichkeit ist in Fällen schwerwiegender, nicht sofort zu klärender Vorwürfe gegen ein Vorstandsmitglied zu bejahen. Zuständig ist der Aufsichtsrat. Suspendierung bedeutet ein vorläufiges Amtsausübungsverbot unter Weiterzahlung der Vergütung. Die organschaftliche Vertretungsbefugnis wird durch die Suspendierung nicht berührt[39]. Bei mehrgliedrigem Vorstand kann ein Mitglied durch den Aufsichtsrat zum Vorsitzenden des Vorstandes ernannt werden (§ 84 II): Er hat das Recht, die Vorstandssitzungen zu leiten. Ein qualifiziertes Stimmrecht oder ein Vetorecht bei Vorstandsbeschlüssen ergibt sich daraus noch nicht; vgl. aber unten c. Die Bestellung wird mit Annahme durch den Bestellten wirksam; sie ist körperschaftlicher Akt und begründet die Geschäftsführungs- und Vertretungsbefugnis für die Gesellschaft (§§ 77, 78).

Daneben wird meist **ein Anstellungsvertrag geschlossen.**

Dieser regelt das Innenverhältnis zwischen Vorstandsmitglied und Gesellschaft, insbes. die Höhe der Vergütung, eventuelle Kündigungsfristen und weitere Rechte und Pflichten beider Vertragspartner. Bei seinem Abschluß wird die Gesellschaft vom Aufsichtsrat vertreten (§ 112). Der Anstellungsvertrag ist in der Regel Dienstvertrag, er darf nur für die Zeit organschaftlicher Bestellung fest abgeschlossen werden (BGHZ 3, 90, 94; beachte § 84 I S. 5). Jedoch kann vorgesehen werden, daß er bei Verlängerung der Amtszeit bis zu deren Ende weiter gilt. Für die Bezüge der Vorstandsmitglieder gelten die §§ 86, 87; auch ein Wettbewerbsverbot ist vorgesehen (§ 88). Die *Selbständigkeit* des Anstellungsvertrages gegenüber der körperschaftlichen Bestellung zum Vorstand zeigt sich insbes. bei vorzeitigem Widerruf dieser Bestellung: Stellen die zum Widerruf berechtigenden Gründe nicht gleichzeitig einen Grund zur Beendigung des Dienstvertrages dar, so bleibt dieser bestehen, die Gesellschaft ist insbes. zur Weiterzahlung der vereinbarten Vergütung verpflichtet, soweit sich nicht aus § 615 S. 2 BGB eine Einschränkung ergibt[40]. Ob eine Koppelung der Beendi-

39 Vgl. *Mertens*, Kölner Kommentar, 2. Aufl., § 84 Anm. 152 ff.; *Raiser*, § 14 Rdz. 37; KG, DB 1983, 2026; OLG München, Die AG 1986, 234; *Meyer-Landrut*, Zur Suspendierung eines Vorstandsmitglieds einer AG, FS f. R. Fischer, 1979, 477.

40 Vgl. BGHZ 15, 75; 79, 38, 41; BGH, NJW 1989, 2683, 2684; *Fleck*, Das Dienstverhältnis der Vorstandsmitglieder und Geschäftsführer in der Rechtsprechung des BGH, WM 1985, 677; 1994, 1957; s. auch § 37 III 3 MitbestG; *Martens*, Die außerordentliche Beendigung von Organ- und Anstellungsverhältnis, FS f. W. Werner, Handelsrecht und Wirtschaftsrecht in der Bankpraxis 1984, S. 495; *Pech*, Bestellung und Anstellung von Vorstandsmitgliedern in Aktiengesellschaften und Ge-

gung der Organstellung mit der Beendigung des Anstellungsvertrages zulässig ist, ist umstritten (bejahend: BGH, NJW 1989, 2683; dagegen: Eckardt, Die AG 1989, 431). Vorstandsmitglieder können ihr Amt auch aus wichtigem Grund jederzeit niederlegen, ohne genötigt zu sein, das Anstellungsverhältnis mit sofortiger Wirkung zu kündigen (BGH, Die AG 1984, 266). Das einzelne Vorstandsmitglied wird durch den Anstellungsvertrag nach ganz überwiegender Ansicht nicht Arbeitnehmer der Gesellschaft[41].

c) Der Vorstand führt die Geschäfte der AG (§ 77). Die **Geschäftsführungsbefugnis** erstreckt sich auf den gesamten Geschäftsbereich der AG; sie (nicht die Vertretungsmacht) wird durch den satzungsgemäßen Gegenstand der Gesellschaft begrenzt[42]. Sie kann darüber hinaus nur dahin eingeschränkt werden, daß bestimmte Geschäfte von der Zustimmung des Aufsichtsrates abhängig gemacht werden (§ 111 IV). Die HV kann über Fragen der Geschäftsführung nur dann entscheiden, wenn der Vorstand dies selbst verlangt (§ 119 II). Bei mehrgliedrigem Vorstand gilt grundsätzlich **Gesamtgeschäftsführung.** Die Satzung oder eine Geschäftsordnung für den Vorstand können eine andere Regelung treffen (§ 77 I 2).

So können bei der Willensbildung Mehrheitsbeschlüsse vorgesehen oder im Wege der **Geschäftsverteilung** einzelnen Vorstandsmitgliedern gewisse Bereiche (z. B. Recht, Finanzwesen, Produktion, Verkauf usw.) zur eigenverantwortlichen Leitung übertragen werden. Grundsätzliche Fragen der Unternehmenspolitik und gesetzlich »dem Vorstand« zugewiesene Aufgaben (z. B. § 90: Bericht an den Aufsichtsrat) fallen aber immer in die Zuständigkeit der Gesamtheit der Vorstandsmitglieder. Ist ein **Vorsitzender** bestellt (§ 84 II), so steht ihm doch kein Alleinentscheidungsrecht bei Meinungsverschiedenheiten zu (anders § 70 II AktG 1937); dies kann ihm auch nicht durch Geschäftsordnung oder Satzung eingeräumt werden (§ 77 I 2). Zulässig ist, seiner Stimme das entscheidende Gewicht bei Stimmengleichheit zu geben. Bei nichtmitbestimmten Aktiengesellschaften ist es auch zulässig, ihm ein Vetorecht einzuräumen[43].

d) Der Vorstand **vertritt** die AG gerichtlich und außergerichtlich (§ 78 I), bei mehrgliedrigem Vorstand gilt nach dem Gesetz Gesamtvertretung (§ 78 II). Die Satzung kann Einzelvertretung, gemeinsame Vertretung von jeweils 2 Vorstandsmitgliedern oder durch ein Vorstandsmitglied und einen Prokuristen (sog. unechte Gesamtvertretung, § 78 III) vorsehen. Bei unwirksamer Einzelvertretung ist ausnahmsweise Vertrauenshaftung der AG möglich (BGH, BB 1976, 902). Die Vertretungsbefugnis ist inhaltlich (Umfang) Dritten gegenüber **grundsätzlich unbeschränkt und unbeschränkbar** (§ 82 I).

Beschränkungen in der Satzung, in der Geschäftsordnung, durch Beschlüsse des Aufsichtsrates bzw. der HV oder durch einen Zustimmungsvorbehalt nach § 111 IV binden die Vorstandsmitglieder nur im Innenverhältnis, d. h. gegenüber der Gesellschaft (eventuell Regreßansprüche!). Lediglich gesetzliche Beschränkungen wirken auch nach außen (Vgl. z. B. §§ 52 I, 112, 293, 295).

---

schäftsführern in einer GmbH, DStR 1995, 1195; krit. und eher abl. gegenüber der h. M. *Reuter*, FS f. Zöllner, 1998, S. 487.

41 Vgl. BGHZ 79, 291, 292 für den Geschäftsführer einer GmbH sowie *G. Hueck*, FS f. Hilger und Stumpf, 1983, S. 365.

42 *Mertens*, Kölner Kommentar, 2. Aufl., § 82 Anm. 14.

43 Vgl. *Baumbach/Hueck*, AktG, § 77 Anm. 8; *Mertens*, Kölner Kommentar, 2. Aufl., § 77 Anm. 9 ff.; *G. Hueck*, Gesellschaftsrecht, § 23 VIII 4, S. 215.

Ein Dritter kann sich allerdings auf die unbeschränkte Vertretungsmacht nicht berufen, wenn er die interne Beschränkung kannte und mit dem Vorstand zum Schaden der Gesellschaft zusammengewirkt hat (Kollusion) oder wenn er den Mißbrauch der Vertretungsmacht durch den Vorstand hätte erkennen müssen[44].

Eine Beschränkung der Vertretungsmacht durch den Zweck der jeweiligen Gesellschaft, wie sie etwa im anglo-amerikanischen Rechtskreis aus der **ultra-vires-Lehre** abgeleitet wird, kennt das deutsche Recht nicht. Die ultra-vires-Lehre verbietet der juristischen Person im Innen- und Außenverhältnis Geschäfte, die nicht von dem in der Satzung niedergelegten Aufgabenkreis gedeckt sind. Sie bezieht sich somit auf das Innen- und Außenverhältnis (Beschränkung der Rechtsfähigkeit)[45].

Für die organschaftliche Position des Vorstandes gilt ergänzend Vereinsrecht. Er hat entsprechend § 26 II 1 BGB die Stellung eines gesetzlichen Vertreters. § 31 BGB ist entsprechend anwendbar.

e) **Haftung bei Pflichtverletzung** (§ 93). Dem weiten Umfang der selbständigen Befugnisse des Vorstands entspricht eine **scharfe Schadensersatzpflicht der Gesellschaft gegenüber.** Anspruchsgrundlage: § 93 II, III. Zur Pflicht des Aufsichtsrats, Schadensersatzansprüche gegen Vorstandsmitglieder geltend zu machen, vgl. BGHZ 135, 244; Horn, ZIP 1997, 1129). Unter den besonderen Voraussetzungen des § 93 V kann der Ersatzanspruch der Gesellschaft auch von den Gläubigern der Gesellschaft geltend gemacht werden. Umstritten ist, ob § 93 V einen eigenen Anspruch der Gläubiger begründet oder einen Fall der Prozeßstandschaft darstellt[46]. Dem Aktionär steht grundsätzlich kein Schadensersatzanspruch zu, soweit der Schaden in der Entwertung seiner Aktien besteht[47]. Bei Pflichtverletzungen haben sich die Vorstandsmitglieder zu exkulpieren, d. h. zu beweisen, daß sie die »Sorgfalt eines ordentlichen und gewissenhaften Geschäftsleiters angewandt haben« (§ 93 II 2) oder daß die schadensverursachende »Handlung auf einem gesetzmäßigen Beschluß der HV beruht«, § 93 IV. Zur Verjährung des Anspruchs vgl. BGH, Die AG 1987, 245.

2. Der Aufsichtsrat (§§ 95–116)

Rechtsgrundlage: Neben §§ 95–116 die §§ 76, 77 BetrVG 1972; das MitbestG, MontanMitbestG und MitbestErgG.

Literatur: *Baums*, Der fehlerhafte Aufsichtsratsbeschluß, ZGR 1983, 300; *ders.*, Der Aufsichtsrat – Aufgaben und Reformfragen, ZIP 1995, 11; *Bleicher*, Der Aufsichtsrat im Wandel, 1987; *Dreier*, Interessenkonflikte bei Aufsichtsratsmitgliedern von Aktiengesellschaften, JZ 1990, 896; *D. Hoffmann*, Der Aufsichtsrat, Ein Handbuch für die Praxis, 3. Aufl. 1994; *Lutter*, Defizite für eine effiziente Aufsichtsratstätigkeit und gesetzliche Möglichkeiten der Verbesserung, ZHR 159 (1995), 287; *ders.*, Professionalisierung der Aufsichtsräte, NJW 1995, 1133; *Lutter/Krieger*, Rechte und Pflichten des Aufsichtsrats, 3. Aufl. 1993; *Martens*, Der Aufsichtsrat im Konzern, ZHR 159 (1995), 567; *Mutter*, Unternehmerische

44 RGZ 145, 315; 153, 374; *Mertens*, Kölner Kommentar, 2. Aufl., § 82 Anm. 39 ff.
45 Vgl. *Soergel/Lüderitz*, 12. Aufl., EGBGB vor Art. 10 Anh. Anm. 18.
46 Vgl. dazu *Mertens*, Kölner Kommentar, 2. Aufl., § 93 Anm. 142.
47 BGH, DB 1987, 478.

Entscheidungen und Haftung des Aufsichtsrats der Aktiengesellschaft, 1994; *Peltzer*, Die Haftung des Aufsichtsrats bei Verletzung der Überwachungspflicht, WM 1981, 346; *Peus*, Der Aufsichtsratsvorsitzende, 1983; *Rellermeyer*, Aufsichtsratsausschüsse, 1986; *ders.*, Der Aufsichtsrat – Betrachtungen zur neueren Rechtsprechung des BGH, ZGR 1993, 77; *Semler*, Leitung und Überwachung der Aktiengesellschaft: Die Leitungsaufgabe des Vorstands und die Überwachungsaufgabe der Aufsichtsrats in der Aktiengesellschaft, 2. Aufl. 1996; *ders.*, Ausschüsse des Aufsichtsrates, Die AG 1988, 60.

Der Aufsichtsrat ist im wesentlichen ein **Organ zur Überwachung** des Vorstands (§ 111; vgl. BGHZ 135, 244), den er bestellt und abberuft (§ 84) und dessen Mitgliedern gegenüber er die Gesellschaft vertritt (§ 112). Daneben hat er in besonderen Situationen die Pflicht, die HV einzuberufen (§ 111 III). Auch können Geschäftsführungsmaßnahmen von seiner Zustimmung abhängig gemacht werden (§ 111 IV 2).

a) Der Aufsichtsrat besteht aus **mindestens drei** oder einer (nach oben begrenzten) durch 3 teilbaren größeren Zahl von **Mitgliedern**, soweit sich nicht aus den Mitbestimmungsgesetzen etwas anderes ergibt (§§ 95, 96 sowie oben B VII).

Wählbar ist jede natürliche Person, die nicht in der Geschäftsfähigkeit beschränkt ist (§ 100 I). Weitere persönliche Voraussetzungen nennen §§ 100 II-IV, 105, insbes., daß Aufsichtsratsmitglied grundsätzlich (Ausnahme: § 100 II 2) nicht werden kann, wer bereits in 10 gesetzlichen (!) Aufsichtsräten Mitglied ist (§ 100 II Nr. 1) oder wer selbst Vorstandsmitglied, stellvertretendes Vorstandsmitglied (§ 94), Prokurist (beachte aber § 6 II 1 MitbestG) oder Generalhandlungsbevollmächtigter der AG ist (§ 105). Auf die Höchstzahl nach § 100 II Nr. 1 nicht anzurechnen sind bis zu 5 Aufsichtsratssitze von gesetzlichen Vertretern bzw. Inhabern eines herrschenden Konzernunternehmens in Konzerngesellschaften (§ 100 II 2). Aufsichtsratssitze als Vorsitzender sind doppelt anzurechnen (§ 100 II 3).

b) Die **Bestellung** der Aufsichtsratsmitglieder erfolgt, soweit es sich um die Vertreter der Aktionäre handelt, meist durch Wahl[48]. Die Bestellung der Arbeitnehmervertreter im Aufsichtsrat erfolgt nach den jeweils einschlägigen Vorschriften der die Mitbestimmung regelnden Gesetze (vgl. oben B VII). Die Bestellung wird wirksam durch Annahme seitens des Gewählten bzw. Benannten. Die Amtsdauer beträgt höchstens vier Jahre (§ 102). Rechte und Pflichten der Gesellschaft gegenüber richten sich, soweit das Gesetz keine zwingenden Bestimmungen enthält, nach dem **Anstellungsvertrag,** der vom Vorstand als Vertreter der AG mit den Aufsichtsratsmitgliedern abgeschlossen wird (str.). Gegen das Erfordernis eines eigenen Anstellungsvertrages wenden sich die Vertreter der sog. Amtstheorie, wonach ohne besonderen Vertragsschluß bereits aufgrund der Bestellung als Organmitglied ein gesetzliches Schuldverhältnis mit der Gesellschaft zustande kommt[49]. Zur Vergütung vgl. § 113. Aufwendungsersatzansprüche: §§ 675, 670 BGB. Proble-

48 Neben der Wahl sieht § 101 II auch die Möglichkeit der Entsendung von Aufsichtsratsmitgliedern aufgrund eines entsprechenden, in der Satzung eingeräumten Rechts vor.

49 Vgl. *Schilling*, FS f. R. Fischer, 1979, S. 679; für die Amtstheorie vgl. *Mertens*, Kölner Kommentar, 2. Aufl., § 101 Anm. 5, 8; *Geßler* in: Geßler/Hefermehl, § 101 Anm. 54; *Karsten Schmidt*, Gesellschaftsrecht, § 28 III 3, S. 840; vgl. auch *Reuter*, FS f. Zöllner, 1998, S. 487.

matisch kann die Wirksamkeit eines zusätzlichen entgeltlichen Beratungsvertrages sein[50].

c) Die **Abberufung** von Aufsichtsratsmitgliedern vor Ablauf ihrer Amtszeit ist nach Maßgabe und unter den Voraussetzungen des § 103 jederzeit möglich. Der Abberufungsbeschluß bedarf einer qualifizierten Mehrheit, wenn die Satzung nichts anderes bestimmt (§ 103 I 2 und 3)[51]; beachte für mitbestimmte Unternehmen § 103 IV sowie § 23 MitbestG.

d) Die **innere Ordnung** des Aufsichtsrates bestimmt sich weitgehend nach der Satzung oder nach der **Geschäftsordnung**, die er sich selbst geben kann. Um die nach Größe und Geschäftszweig zweckmäßigste Regelung nicht zu beschränken, regelt das Gesetz (§§ 107–110) nur wenige Punkte, insbes.:

- Wahl eines Vorsitzenden und mindestens eines Stellvertreters als Leiter des Kollegiums, § 107 I;
- Entscheidungen sind durch Beschluß (mit einfacher Mehrheit) zu treffen, § 108;
- Sitzungen sind zu protokollieren, § 107 II;
- Einberufungsrecht jedes Mitglieds des Aufsichtsrats (und des Vorstands als Gremium),§ 110.

Zur Rechtslage bei der mitbestimmten AG vgl. oben B VII. Aufsichtsratsbeschlüsse können nichtig (Verstöße gegen zwingendes Recht) oder anfechtbar (z. B. Verstöße gegen Verfahrensvorschriften, auf deren Einhaltung verzichtet werden kann) sein. Ob die §§ 241 ff., deren unmittelbare Anwendung nicht in Betracht kommt, analog anzuwenden sind, ist umstritten; der BGH lehnt das ab[52].

e) Die zwei wichtigsten **Aufgaben** des Aufsichtsrats sind die Bestellung und Abberufung des Vorstands (§ 84) und die Überwachung seiner Geschäftsführung (§ 111 I). Um ihm die Erfüllung dieser Aufgabe zu ermöglichen, ist ihm ein Einsichts- und Prüfungsrecht eingeräumt (§ 111 II). Weiter ist der Vorstand zu einer umfassenden Unterrichtung des Aufsichtsrats verpflichtet (§ 90)[53]. Als Einzelaufgaben u. a. sind (vgl. §§ 246 II, 249 I, 89, 111 IV) zu erwähnen:

---

50 Er ist als Vertrag nach § 114 nichtig (§ 134 BGB, § 113 AktG), wenn die Beratungstätigkeit bereits von der Beratungspflicht umfaßt wird, die sich aus der Überwachungsaufgabe des Aufsichtsrats ergibt (BGHZ 114, 127; dazu *Lutter/Kremer*, ZGR 1992, 87; *Beater*, ZHR 157 (1993), 420; *Dechert*, WiB 1997, 561). Zur Problematik, wenn die Beratungstätigkeit inhaltlich unter § 114 fällt, der Dienstverpflichtete aber erst später zum Aufsichtsratsmitglied bestellt wird, vgl. BGHZ 126, 340 = NJW 1994, 2484; dazu *Krummel/Küttner*, DB 1996, 193.

51 Vgl. LG Frankfurt, Die AG 1987, 160; OLG Düsseldorf, WiB 1997, 759.

52 Vgl. BGHZ 122, 342, 346 ff.; 135, 244, 247; ausführlich *Lutter/Krieger*, Rechte und Pflichten des Aufsichtsrats, 3. Aufl. 1993, Rdz. 251 ff.; *Raiser*, § 15 IV 6, S. 136; vgl. auch *Lehmke*, Der fehlerhafte Aufsichtsratsbeschluß, 1994.

53 Vgl. zur Berichtspflicht *Mertens*, Die AG 1980, 67; *Sina*, NJW 1990, 1016. Zur Kontrollfunktion (Grundsätze, Defizite) vgl. *Bea/Scheurer*, DB 1994, 2145; *Frerk*, Die AG 1995, 212; *Lutter*, ZHR 159 (1995), 287; *Theisen*, Die AG 1995, 193; *Steinbeck*, Überwachungspflicht und Einwirkungsmöglichkeiten des Aufsichtsrats in der Aktiengesellschaft, 1992. Die Frage, ob der Aufsichtsrat mit unternehmerischem Ermessen handelt, hat im Hinblick auf die Geltendmachung von Schadensersatzansprüchen gegen den Vorstand Bedeutung gewonnen; vgl. BGHZ 135, 244, Vorinstanz OLG Düsseldorf, ZIP 1995, 1183 (gegen LG Düsseldorf, ZIP 1994, 628); dazu *Raiser*, NJW 1996, 552; *Dreher*, ZHR 158 (1994), 614; *Fischer*, BB 1996, 225; *Jäger*, WiB 1997, 10; *Kindler*, ZHR 162 (1998), 101.

- Einberufung der HV, wenn es das Wohl der Gesellschaft erfordert (§ 111 III); ansonsten ist dies Aufgabe des Vorstandes (§ 121 II);
- Prüfung des Jahresabschlusses, des Gewinnverteilungsvorschlages und des Lageberichts sowie Berichterstattung über diese Punkte an die HV (§ 171);
- Vertretung der Gesellschaft gegenüber Vorstandsmitgliedern (§ 112)[54].

Ein Recht eines Aufsichtsratsmitglieds, Unterlassung seiner Meinung nach rechtswidriger Geschäftsführungsmaßnahmen des Vorstands im Klageweg zu verlangen, besteht nicht (str.)[55]. Davon zu unterscheiden ist die grundsätzlich zulässige Klage des Aufsichtsratsmitglieds auf Feststellung der Nichtigkeit eines Aufsichtsratsbeschlusses (BGHZ 122, 342).

f) **Haftung** bei Pflichtverletzungen und **Sorgfaltspflicht** der Aufsichtsratsmitglieder gegenüber der Gesellschaft entsprechen denen der Vorstandsmitglieder (§§ 116; 93). Zur Verantwortung der Aufsichtsratsmitglieder vgl. Möllers, ZIP 1995, 1725; Schäfer/Misslin, NZG 1998, 441; Übersicht bei Eisenhardt, Jura 1982, 289. Beispiel: BGH, NJW 1980, 1629; BGHZ 135, 244[56]. Zur Verschwiegenheitspflicht vgl. oben B VII 1 d, 2 e sowie Schwintowski, NJW 1990, 1009.

3. Die Hauptversammlung (§§ 118–147)

Literatur: *Baums*, Der unwirksame Hauptversammlungsbeschluß, ZHR 142 (1978), 582; *Bezzenberger*, Die Geschäftsordnung der Hauptversammlung, ZGR 1998, 352; *Günther*, Politische Diskussion in der HV, FS f. Fechner, 1973, S. 117; *Hefermehl*, Umfang und Grenzen des Auskunftsrechts des Aktionärs in der HV, FS f. Duden, 1977, S. 109; *Henn*, Die Rechte des Aktionärs, Rechte und Pflichten in- und außerhalb der Hauptversammlung, 1984; *Kallmeyer*, Hauptversammlungskompetenzen in der AG, DB 1989, 2008; *Lutter*, Der Aktionär in der Marktwirtschaft, 1973; *Marsch-Barner*, Zum Auskunftsrecht des Aktionärs in der Hauptversammlung, WM 1984, 41; *Quack*, Das Rederecht des Aktionärs in der Hauptversammlung: Eine Selbstverständlichkeit?, FS f. Brandner, 1966, S. 858; *von Rechenberg*, Die Hauptversammlung als oberstes Organ der Aktiengesellschaft, 1996; *Steiner*, Die Hauptversammlung der Aktiengesellschaft, 1995; *Trouet*, Die Hauptversammlung – Organ der Aktiengesellschaft oder Forum der Aktionäre?, NJW 1986, 1302; *Zöllner*, Die Konzentration der Abstimmungsvorgänge auf großen HV'en, ZGR 1974, 1.

Von der Grundkonzeption des Aktienrechts her ist die HV das **oberste Organ** der Gesellschaft. Das AktG 1937 hatte jedoch ihre Zuständigkeit im Interesse einer strafferen Unternehmensführung erheblich beschnitten. An dieser Be-

54 Vgl. dazu *Werner*, ZGR 1989, 369. Schließt nur der Aufsichtsratsvorsitzende (oder ein anderes Aufsichtsratsmitglied) einen Vertrag mit einem Vorstandsmitglied, so fehlt ihm die Vertretungsmacht (§ 112), aber der Aufsichtsrat kann gemäß § 177 BGB genehmigen; OLG Karlsruhe, WM 1996, 161; OLG Frankfurt, BB 1995, 2440.

55 Vgl. BGH, NJW 1989, 979 = BGHZ 106, 54 sowie *Bauer*, Organklage zwischen Vorstand und Aufsichtsrat der Aktiengesellschaft, 1986; *Raiser*, Klagebefugnis einzelner Aufsichtsratsmitglieder, ZGR 1989, 43; *Mertens*, Organstreit in der Aktiengesellschaft? Eine rechtspolitische Kritik, ZHR 154 (1990), 24; *Bork*, ZIP 1991, 137; *Poseck*, Die Klage des Aufsichtsrats gegen die Geschäftsführung des Vorstands, DB 1996, 2165.

56 Dazu *Ulmer*, NJW 1980, 1603; vgl. auch LG Hamburg, Die AG 1982, 51 und BGH, Die AG 1983, 337; BGH, NJW 1985, 1772; zur »Aufsichtsratshaftung zwischen Norm und Wirklichkeit« beachte *Trescher*, DB 1995, 661; vgl. auch die Angaben oben FN 53.

grenzung hat das AktG 1965 im wesentlichen festgehalten, wenngleich in einzelnen Punkten die Befugnisse der HV wieder erweitert wurden. Das Verhältnis der Organe zueinander ist daher heute eher koordiniert als hierarchisch geordnet.

a) Die HV ist die **Versammlung aller Aktionäre der Gesellschaft,** in der diese grundsätzlich ihre Aktionärsrechte ausüben (§ 118 I); die Mitglieder des Vorstands und des Aufsichtsrates sollen an der HV teilnehmen (§ 118 II). Auch Aktionäre ohne Stimmrecht sind teilnahmeberechtigt (vgl. §§ 12 I 2, 140 I). Die Ausübung des Stimmrechts (bei Beschlußfassung) steht nur den durch Aktienbesitz oder Eintragung in das Aktienbuch (bei Namensaktien, § 67) legitimierten stimmberechtigten Aktionären zu. Vom Stimmrecht ist das Teilnahmerecht zu unterscheiden, das das Rederecht in der HV zu den Verhandlungsgegenständen umfaßt.

Teilnahme oder Stimmrechtsausübung können durch die Satzung von rechtzeitiger Hinterlegung der Aktien und ferner von rechtzeitiger Anmeldung der Aktionäre abhängig gemacht werden (§ 123 II, III). Als Hinterlegungsstelle wird in der Regel die Gesellschaft selbst oder eine Bank bestimmt. Der Sinn einer solchen Regelung liegt in der leichteren Überprüfung der Legitimation und darin, unerwünschte kurzfristige Fluktuationen im Aktienbesitz (etwa nur zur Abstimmung in einer bestimmten HV) zu erschweren.

b) **Zuständig** ist die HV nach § 119 I für alle im Gesetz oder Satzung ausdrücklich genannten Angelegenheiten, namentlich für

aa) alle Fragen, die den verfassungsmäßigen Aufbau, die Kapitalgrundlage und den Fortbestand der AG betreffen (Satzungsänderungen jeder Art, Auflösung, Unternehmensverträge, Umwandlungen usw.), Vgl. z. B. §§ 119 I, 179, 262 I Nr. 2, 293, § 65 UmwG;

bb) Wahl und Abberufung der Aktionärsvertreter im AR;

cc) Gewinnverwendung;

dd) Entlastung der Vorstands- und Aufsichtsratsmitglieder.

Nur auf Verlangen des Vorstandes ist die HV nach § 119 II auch zuständig, über Fragen der Geschäftsführung zu entscheiden.

Es ist umstritten, ob die Vorschriften über die Zuständigkeit der HV in den in der Satzung und im Gesetz (vgl. § 119 I) ausdrücklich genannten Fällen eine abschließende Regelung enthalten oder ob es für grundlegende Änderungen im Gefüge einer AG (z. B. Ausgliederung wichtiger Unternehmensteile, Veräußerung von Tochtergesellschaften) ungeschriebene Zuständigkeiten der HV gibt.

Der BGH (BGHZ 83, 122 »Holzmüller«) hat im Zusammenhang mit der Ausgliederung des wichtigsten Betriebes einer AG diese Auffassung vertreten und festgestellt, es gebe grundlegende Maßnahmen, die nur formal von der Geschäftsführungs- und Vertretungsbefugnis des Vorstandes noch gedeckt seien, aber so tief in die Mitgliedschaftsrechte der Aktionäre eingreifen, daß es die Sorgfaltspflicht des Vorstandes gebietet, nach § 119 II von der

HV eine Entscheidung zu verlangen (BGHZ 83, 122, 131)[57]. Die vom BGH postulierte Pflicht des Vorstands, in besonders schwerwiegenden Fällen die Zustimmung der HV einzuholen, berührt nur das Innenverhältnis. Die Maßnahmen sind nach außen auch ohne Zustimmung der HV wirksam; den Vorstand kann allerdings eine Schadensersatzpflicht treffen. Deshalb wird im Schrifttum teilweise § 119 II als Basis für eine erweiterte Zuständigkeit der HV abgelehnt und eine Rechtsanalogie zu den oben aa) genannten Vorschriften befürwortet. Dies hätte zur Folge, daß an der HV vorbei durchgeführte Maßnahmen auch im Außenverhältnis unwirksam wären[58].

c) Eine HV setzt ordnungsgemäße **Einberufung** durch den Vorstand (§ 121 II), ausnahmsweise durch den Aufsichtsrat (§ 111 III) voraus. Sind alle Aktionäre der Gesellschaft namentlich bekannt, so kann die Einberufung durch eingeschriebenen Brief erfolgen (§ 121 IV). Dies gilt auch für die Bekanntmachung der Tagesordnung (§ 124 I 3). Ansonsten geschieht dies durch Bekanntmachung in den Gesellschaftsblättern (§§ 123 III, 124). Sind alle Aktionäre erschienen oder vertreten (Vollversammlung), so können Beschlüsse ohne Beachtung der §§ 121–128 gefaßt werden, wenn kein Aktionär widerspricht (§ 121 VI). Mindestens einmal im Jahr ist eine **ordentliche HV** einzuberufen, die zumindest über die Verwendung des Gewinns und über die Entlastung von Vorstand und Aufsichtsrat zu entscheiden hat (§§ 120, 175). **Außerordentliche HV** sind bei Bedarf (§§ 121 I, 111 III) oder auf Wunsch von Aktionären, deren Anteile zusammen mindestens den zwanzigsten Teil des Grundkapitals erreichen, einzuberufen (§ 122). Zur Frist der Einberufung vgl. § 123.

d) Die HV kann sich mit qualifizierter Mehrheit eine Geschäftsordnung mit Regeln für die Vorbereitung und Durchführung der HV geben (§ 129 I 1). In der HV ist ein Verzeichnis der erschienenen oder vertretenen Aktionäre sowie der Vertreter, unter Angabe des Betrags der von ihnen vertretenen Aktien, zu erstellen (§ 129 I 2). Zu weiteren erforderlichen Angaben vgl. § 19 II, IV. Die **Leitung** hat ein Vorsitzender, der entweder durch die Satzung oder die Geschäftsordnung bestimmt (meist der Vorsitzende des Aufsichtsrats) oder von der Versammlung gewählt wird. Ihm stehen, soweit die Geschäftsordnung nichts anderes bestimmt, das Hausrecht und alle Befugnisse zu, die zur

---

57 Vgl. dazu *Heinsius*, ZGR 1984, 383; *Lutter*, Organzuständigkeit im Konzern, FS f. Stimpel, 1985, S. 825, der für eine Erweiterung der Zuständigkeit der HV eintritt; vgl. auch *Lutter/Leinekugel*, ZIP 1998, 805; *Ulmer*, Ungeschriebene Mitwirkungsbefugnisse der Hauptversammlung?, Die AG 1975, 15; a. A. z. B. *Werner*, Zuständigkeitsverlagerung in der AG durch Richterrecht?, ZHR 147 (1983), 429; *Mertens*, Kölner Kommentar, 2. Aufl., § 76 Anm. 51 ff.; *Grunewald*, Rückverlagerung von Entscheidungskompetenzen der Hauptversammlung auf den Vorstand, Die AG 1990, 133. Zu beachten ist, daß nunmehr für die Ausgliederung auf der Grundlage des neuen UmwG Ausgliederungsbeschlüsse der HV erforderlich sind (§§ 123 III, 125, 13 I UmwG); vgl. zur »Ausgliederung zwischen Holzmüller und neuem Umwandlungsrecht« *Feddersen/Kiem*, ZIP 1994, 1078. Beachte auch *Groß*, Zuständigkeit der Hauptversammlung bei Erwerb und Veräußerung von Unternehmensbeteiligungen, Die AG 1994, 266.

58 Vgl. *Raiser*, § 16 Rdz. 13; *Martens*, ZHR 147 (1983), 377; *Geßler*, FS f. Stimpel, 1985, S. 771, 773 ff.

ordnungsgemäßen Abwicklung erforderlich sind. Dazu gehört u. U. auch das Recht, die Redezeit eines Aktionärs zu beschränken (vgl. OLG Stuttgart, WM 1995, 617; zum Rederecht Schaaf, Publikumshauptversammlung und Rederecht, ZIP 1997, 1324) und störende Aktionäre von der Versammlung auszuschließen (vgl. LG Frankfurt, ZIP 1984, 321: Ausschluß von randalierenden Aktionären).

Zur Vertiefung BGHZ 44, 245: Die restliche Redezeit eines Aktionärs, der bereits 25–30 Minuten gesprochen und sich dabei mehrfach wiederholt hatte, wurde auf drei Minuten beschränkt. Aufgrund der sich daran anschließenden Auseinandersetzung, in der der Aktionär ausfällig wurde und andere Aktionäre beschimpfte, wurde er von der weiteren Teilnahme an der HV ausgeschlossen. In den Leitsätzen werden folgende Gesichtspunkte herausgestellt:

- Der Leiter der HV hat alle Rechte, die er braucht, um einen ordnungsgemäßen Ablauf der HV herbeizuführen. Zu seiner Zuständigkeit gehört auch die Beschränkung der weiteren Redezeit eines Aktionärs und die Verweisung eines Aktionärs aus dem Saal.
- Eine etwaige Zustimmung der HV zu derartigen Maßnahmen des Versammlungsleiters ist eine unverbindliche Meinungsäußerung und mit der Nichtigkeits- oder Anfechtungsklage nicht angreifbar.
- Der Ausschluß eines Aktionärs aus der HV ist gerechtfertigt, wenn er den reibungslosen Ablauf stört und die Störung nicht auf andere Weise behoben werden kann.
- Ist ein Aktionär zu Unrecht ausgeschlossen worden, kann er die in seiner Abwesenheit gefaßten Beschlüsse anfechten.

Neben dem Rederecht und dem Stimmrecht (s. unten g) ist das **Auskunftsrecht**[59] (§§ 131, 132) wichtigste Befugnis jedes Aktionärs in der HV.

Das Auskunftsrecht ist gegenüber der Regelung im AktG 1937 insbes. dadurch verstärkt worden, daß nicht mehr der Vorstand nach pflichtgemäßem Ermessen über die Verweigerung zu entscheiden hat mit der Folge, daß eine gerichtliche Überprüfung nur auf Ermessensfehlgebrauch möglich ist, sondern daß § 131 III die Gründe für die Auskunftsverweigerung erschöpfend aufzählt. Im Streitfall entscheidet das Landgericht des Sitzes der Gesellschaft. Zum Verfahren vgl. § 132.

Das Auskunftsrecht dient primär der Information, um eine sachgerechte Stimmrechtsausübung zu ermöglichen, daneben der Entscheidung, ob Anfechtungsklage (unten h bb) erhoben oder Minderheitenrechte geltend gemacht werden sollen. Deshalb steht es auch Aktionären zu, die vom Stimmrecht ausgeschlossen sind (§ 140 I) und auch solchen Aktionären, deren Redezeit abgelaufen ist (BGHZ 44, 245, 252). Das Recht kann nur in der HV ausgeübt werden (§ 131 I 1), und zwar von dem, der das Stimmrecht oder Teilnahmerecht ausüben darf, also z. B. auch von einem Bevollmäch-

59 Dazu *Barz*, Das Auskunftsrecht nach § 131/132 AktG in der Rechtsprechung, FS f. Ph. Möhring, 1975, S. 153; *Ebenroth/Wilken*, Zum Auskunftsrecht des Aktionärs im Konzern, BB 1993, 1818; *Großfeld/Mölenkamp*, Zum Auskunftsrecht des Aktionärs, ZIP 1994, 1425; *Hefermehl*, Umfang und Grenzen des Auskunftsrechts des Aktionärs in der Hauptversammlung, FS f. Duden, 1977, S. 109; *Meilicke/Heidel*, Das Auskunftsrecht des Aktionärs in der Hauptversammlung, DStR 1992, 72; *A. Reuter*, Das Auskunftsrecht des Aktionärs – Neuere Rechtsprechung zu § 131 AktG, DB 1988, 2615; *Trouet*, Die Hauptversammlung – Organ der Aktiengesellschaft oder Forum der Aktionäre?, NJW 1986, 1302; *Zöllner*, Kölner Kommentar, 1. Aufl., Anm. zu § 131.

tigten. Der Anspruch richtet sich gegen die Gesellschaft, zuständig zur Erfüllung ist ausschließlich der Vorstand. Gegenstand der Auskunft können alle »Angelegenheiten der Gesellschaft« sein, soweit die Auskunft zur sachgemäßen Beurteilung des Gegenstandes der Tagesordnung (so wie sie praktiziert wird) erforderlich ist; sie erstreckt sich auch auf die rechtlichen und geschäftlichen Beziehungen zu einem verbundenen Unternehmen (§ 131 I). Ist eine Auskunft zu Unrecht verweigert oder falsch erteilt worden, kann ein daraufhin gefaßter Beschluß nach § 243 I, IV angefochten werden[60].

Die **Bestimmung des Umfangs der Auskunftspflicht** im Einzelfall ist schwierig. Eine enge Auslegung ist nicht am Platze; andererseits ist sorgfältig zu prüfen, ob die erbetene Auskunft zur sachgemäßen Beurteilung des Gegenstandes der Tagesordnung *»erforderlich«* ist. Darauf kommt es nur dann nicht an, wenn ein Aktionär außerhalb der HV eine Auskunft erhalten hat und ein anderer Aktionär dieselbe Auskunft nunmehr in der HV verlangt. Dann ist das Auskunftsverweigerungsrecht auf den Fall beschränkt, daß der Vorstand sich durch die Auskunft strafbar macht (§ 131 IV)[61].

e) Soweit über Tagesordnungspunkte eine Entscheidung der HV herbeizuführen ist, erfolgt diese durch **Beschlußfassung.** Erforderlich ist, soweit nicht Gesetz oder Satzung etwas anderes vorschreiben, die Mehrheit der abgegeben Stimmen (einfache Stimmenmehrheit, § 133). Stimmenthaltungen sind dabei nicht mitzuzählen. Bei Stimmengleichheit ist der Antrag abgelehnt.

In einer Reihe von Fällen schreibt das Gesetz zusätzlich zur einfachen Stimmenmehrheit noch eine (meist 3/4) Mehrheit des in der HV vertretenen Grundkapitals vor, z. B. dispositiv bei satzungsändernden Beschlüssen (§ 179 II), zwingend bei Kapitalherabsetzung (§ 222 I). In einzelnen Fällen kann auch eine Minderheit eine Entscheidung herbeiführen, vgl. §§ 142 II (mit Hilfe des Gerichts), 147 I. Sind mehrere Gattungen von Aktien vorhanden (vgl. § 11 sowie unten V 2), so sind bei bestimmten Gegenständen zu dem Beschluß der HV noch Sonderbeschlüsse der einzelnen Gattungen erforderlich (Vgl. z. B. §§ 179 III, 138).

f) Für die Beschlüsse der HV (aber auch für Beschlüsse einzelner Gattungen von Aktien) ist **grundsätzlich notarielle Beurkundung** vorgeschrieben (§§ 130 I, 138 S. 2). Handelt es sich um eine nicht börsennotierte Gesellschaft (vgl. § 3 II), genügt eine vom Vorsitzenden des Aufsichtsrats zu unterzeichnende Niederschrift, außer bei Beschlüssen, die nach dem Gesetz der Zustimmung einer 3/4 oder einer größeren Kapitalmehrheit bedürfen (§ 130 I 3). Soweit Beurkundung vorgeschrieben ist, sind nicht beurkundete Beschlüsse nichtig (§§ 241 Nr. 2, 249). Zur Geltendmachung der Nichtigkeit vgl. § 249.

---

60 Vgl. BGHZ 86, 1; 119, 1; LG Frankfurt, WM 1994, 68.

61 Zu Einzelfragen vgl. *Zöllner*, Kölner Kommentar, 1. Aufl., Anm. zu § 131; aus der Rspr. RGZ 167, 151; BGHZ 36, 121; 86, 1; BGH, NJW 1992, 2760; LG München I, ZIP 1993, 1630; OLG Frankfurt, Die AG 1984, 25; LG Dortmund, Die AG 1984, 83; OLG Düsseldorf, Die AG 1987, 21, BB 1987, 2253 und NJW 1988, 1033; LG Berlin, ZIP 1993, 1632.

Die Beschlüsse müssen, um wirksam zu werden, vom Vorsitzenden festgestellt und verkündet werden. Entspricht der verkündete Beschluß nicht der Rechtslage, etwa weil die nach Gesetz oder Satzung erforderliche Mehrheit in Wahrheit nicht erreicht war, ist der Beschluß anfechtbar (dazu unten h bb). Hat der Vorsitzende zu Unrecht die Ablehnung eines Antrags als Ergebnis festgestellt und verkündet, so kann nach h. M. mit der Anfechtungsklage der Antrag auf Feststellung des tatsächlichen Beschlußergebnisses verbunden werden (sog. positive Beschlußfeststellungsklage)[62].

g) Das **Stimmrecht** in der HV steht grundsätzlich jedem Aktionär zu (§ 12), soweit er nicht nur stimmrechtlose Vorzugsaktien besitzt (§§ 12 I, 139 ff.). Das Recht kann dem Aktionär nicht entzogen oder von einer bestimmten Zahl von Aktien abhängig gemacht werden. Das Stimmrecht beginnt mit der vollständigen Leistung der Einlage, sofern die Satzung nicht etwas anderes bestimmt (§ 134 II 1 und 2). Eine Abspaltung des Stimmrechts von der Aktie ist nicht zulässig (BGH, NJW 1987, 780).

Kraft Gesetzes sind in einigen im Gesetz abschließend aufgeführten Fällen von Interessenkollision bestimmte Aktionäre **von der Stimmrechtsausübung ausgeschlossen:** z. B. diejenigen, über deren Entlastung oder Befreiung von einer Verbindlichkeit zu beschließen ist (§ 136 I). Sonst aber schließt ein (entgegenstehendes) eigenes Interesse die Stimmrechtsausübung nicht aus; in besonders gelagerten Fällen kann eine Stimmrechtsausübung jedoch zur Anfechtung des Beschlusses führen (§ 243 II). Aus eigenen Aktien steht der Gesellschaft ein Stimmrecht nicht zu, § 71 b. Gleiches gilt für Aktien der Gesellschaft im Besitz eines abhängigen oder eines im Mehrheitsbesitz stehenden Unternehmens, § 71 d S. 4. Eine **Entziehung des Stimmrechts** ist im übrigen unzulässig; allerdings kann ein vom Vorsitzenden angeordneter Ausschluß eines Aktionärs von der Teilnahme an der HV (vgl. oben d) de facto auch zu einem Ausschluß des Stimmrechts für diese Zeit führen (ggf. Anfechtungsklage gegen den gefaßten Beschluß, vgl. § 245 Nr. 2).

Verträge, durch die ein Aktionär sich verpflichtet, in einem bestimmten Sinn zu stimmen (Stimmbindungsverträge), sind im Rahmen zwingenden Rechts wirksam[63]. Zu beachten ist vor allem § 136 II. Werden dafür besondere Vorteile gefordert oder angenommen (Stimmenkauf), so begeht der gebundene Aktionär eine Ordnungswidrigkeit nach § 405 III Nr. 6, derjenige, der den Vorteil anbietet, verspricht oder gewährt, eine Ordnungswidrigkeit nach § 405 III Nr. 7. Stimmbindungsverträge haben nur schuldrechtliche Wirkung. Nach Meinung des BGH (BGHZ 48, 163) kann auf Erfüllung geklagt werden; es gilt dann § 894 ZPO.

Der Konzeption einer Kapitalgesellschaft entsprechend bemißt sich das **Stimmrecht** bei **Nennbetragsaktien** nach den **Nennbeträgen der Aktien,** bei **Stückaktien** nach der **Zahl der Aktien,** die der Stimmberechtigte hat (§ 134 I). Dabei gewährt bei Nennbetragsaktien der Nennbetrag der Aktien mit dem niedrigsten Nennwert eine Stimme, Aktien mit höherem Nennwert entsprechend mehr, z. B. 50 Euro = eine Stimme, 1 000 Euro = 20 Stimmen. Bei Stückaktien gewährt jede Aktie eine Stimme. Das Stimmrecht von Aktio-

62 Vgl. BGHZ 76, 191, 197 ff.; 97, 28 für die GmbH; *Zöllner*, Kölner Kommentar, 1. Aufl., § 248 Anm. 24 ff.; *ders.*, ZGR 1982, 623; *Karsten Schmidt*, NJW 1986, 2018, 2020 f.

63 Vgl. BGHZ 48, 163 für die GmbH; *Zöllner*, Kölner Kommentar, 1. Aufl., § 136 Anm. 83 ff.; *ders.*, Schranken und Wirkung von Stimmbindungsverträgen bei der GmbH, ZHR 155 (1991), 168; *Martens*, Stimmrechtsbeschränkung und Stimmrechtsbindungsvertrag im Aktienrecht, Die AG 1993, 495; zu dem Problem Stimmbindungsverträge und Beschlußanfechtung vgl. *Happ*, ZGR 1984, 168; *Raiser*, § 16 Rdz. 75 ff.

nären, die mehrere Aktien besitzen, kann bei **nicht börsennotierten** Gesellschaften in der Satzung durch Festlegung eines Höchstbetrages oder von Abstufungen beschränkt werden (**Höchststimmrecht,** § 134 I 2), z. B. um sich gegen unerwünschte (»feindliche«) Übernahmeangebote zu schützen[64].

Mehrstimmrechtsaktien konnten ursprünglich mit Genehmigung der zuständigen obersten Landesbehörde ausgegeben werden. Nach § 12 II i. d. F. des KonTraG sind Mehrstimmrechte unzulässig. Übergangsregelungen enthält § 5 EGAktG[65].

Zur **Ausübung des Stimmrechts** ist grundsätzlich der Aktionär befugt; er kann sich jedoch dabei durch eine mit **schriftlicher Vollmacht** ausgestattete Person vertreten lassen (§ 134 III). Diese Bestimmung schließt nicht aus, daß ein Aktionär seine Aktie einem anderen zur Ausübung des Stimmrechts im eigenen Namen überläßt, jedoch ist eine Abspaltung des Stimmrechts von der Aktie unzulässig (BGH, NJW 1987, 780).

Möglich ist auch eine Übertragung der Aktie zur Ausübung des Stimmrechts im eigenen Namen; dabei handelt es sich um ein Treuhandverhältnis, das auch als Legitimationsübertragung bezeichnet wird (vgl. § 129 III). Aufgrund dieser Möglichkeit hatte sich in der Praxis besonders die Ausübung des Stimmrechts durch Banken für bei ihnen verwahrte Aktien entwickelt **(Banken- oder Depotstimmrecht)**. Um Mißbräuche des Depotstimmrechts zu verhindern, ist § 135 geschaffen worden. Rechtspolitisch geht es dabei um das Problem, Machtzusammenballung ohne eigenen Kapitaleinsatz bei Banken und Vertretungslosigkeit der Kleinaktionäre ohne Einschaltung der Banken zu einem sachgerechten Ausgleich zu bringen. Das Gesetz will die Ausübung des Stimmrechts durch Banken nicht verhindern, sie aber stärker an die Kontrolle der Aktionäre binden. Die im einzelnen recht komplizierte Regelung sieht insbes. vor, daß Banken das Stimmrecht grundsätzlich nicht mehr im eigenen Namen (keine Legitimationsübertragung mehr! Enge Ausnahme: § 135 VII), sondern nur noch als Vertreter im Namen der Aktionäre ausüben dürfen (§ 135 I, IV). Das Stimmrecht kann aber auch, wenn die Vollmacht dies bestimmt, »im Namen dessen, den es angeht« ausgeübt werden (§ 135 IV 2 und 4), so daß die Anonymität des Aktionärs gewahrt bleibt. Die Stimmabgabe ist stets nur aufgrund einer einem bestimmten Kreditinstitut erteilten schriftlichen, längstens für 15 Monate geltenden, stets widerruflichen Vollmacht möglich (§ 135 II). Die Bank ist bei der Stimmrechtsausübung grundsätzlich an die Weisungen des Aktionärs oder an ihre eigenen vorher dem Aktionär nach § 128 II mitgeteilten Vorschläge gebunden (§ 135 V)[66]. Ist die Bank mit mehr als 5 v. H. (unmittelbar oder mittelbar) am Grundkapital der Gesellschaft beteiligt, darf sie das Stimmrecht nur ausüben, wenn der Aktionär ausdrückliche Weisungen erteilt hat (§ 135 I 3).

Mängel der Stimmabgabe, die sie als Rechtsgeschäft (nach BGB) nichtig oder anfechtbar machen, können nach Verkündung des Beschlusses in der

64 Vgl. BGH, NJW 1978, 540 = BGHZ 70, 117; dazu *Adams*, Die AG 1990, 63; *Baums*, Die AG 1990, 221; *Zöllner/Noack*, Die AG 1991, 117; vgl. auch *Hopt*, WM-Festgabe f. Heinsius, WM Sonderheft vom 25. 9. 1991, S. 22; vgl. auch *Claussen*, DB 1998, 177.

65 Zu Mehrstimmrechten und zur Zulässigkeit ihrer Abschaffung vgl. *Saenger*, ZIP 1997, 1813; *Kluth*, ZIP 1997, 1217; *Zöllner/Hanau*, Die AG 1997, 206; *Terbrack/Wermeckes*, DZWir 1998, 186; *Claussen*, DB 1998, 177.

66 Weitere Einzelheiten bei *Zöllner*, Kölner Kommentar, 1. Aufl., Anm. zu § 135; vgl. auch *Raiser*, § 16 VIII Rdz. S. 84 ff.; *Henssler*, ZHR 157 (1993), 91; zur Haftung des Stimmrechtsvertreters BGHZ 129, 136 = NJW 1995, 1737 mit Anm. *Altmeppen*; *Henssler*, DZWir 1995, 436; vgl. auch *Hammen*, WM 1997, 1221; *Leutheusser-Schnarrenberger*, Im Kräftefeld der Interessen: Das Vollmachtsstimmrecht der Banken, DB 1995, 2355.

HV nur durch Anfechtungsklage gegen den Beschluß selbst geltend gemacht werden. Die Anfechtungsklage kann aber keinen Erfolg haben, wenn trotz Unwirksamkeit der Stimmabgabe noch ein Gesellschafterbeschluß vorhanden ist, wenn also der Wegfall der nichtigen oder angefochtenen Stimme die erforderliche Mehrheit nicht beseitigt (BGH, NJW 1952, 98, 99, BGHZ 14, 264, 267 f. für GmbH); beachte aber § 243 IV für den Fall der Verweigerung einer Auskunft.

h) **Hauptversammlungsbeschlüsse sind Rechtsgeschäfte,** die nichtig oder anfechtbar sein können; vgl. auch oben B II 2 b. Allerdings schränkt das Gesetz die Nichtigkeits- und Anfechtungsgründe gegenüber dem bürgerlichen Recht ein und sieht für die Geltendmachung ein besonderes Verfahren vor.

aa) Die Gründe, aus denen ein HV-Beschluß **nichtig** ist, sind in § 241 abschließend aufgezählt; es handelt sich um schwere oder relativ klar erkennbare Mängel. Verstößt ein Beschluß gegen zwingende Vorschriften des MitbestG, so führt dies zur Nichtigkeit nach § 241 Nr. 3[67]. Die Nichtigkeit kann von jedermann jederzeit geltend gemacht werden. Geltendmachung durch Feststellungsklage nach § 256 ZPO ist zulässig (vgl. § 249). Wird die Nichtigkeitsklage nach § 249 I 1 durch einen Aktionär, durch den Vorstand oder ein Mitglied des Vorstands oder des Aufsichtsrats erhoben, so kommt dem der Klage stattgebenden Urteil gestaltende Wirkung gegenüber allen Aktionären sowie den Mitgliedern des Vorstands und des Aufsichtsrat zu (§§ 249 I, 248 I 1)[68].

Die **Geltendmachung** ist allerdings **ausgeschlossen** (Heilung der Nichtigkeit), wenn bei einem Verstoß gegen § 130 I, II und IV der Beschluß ins HReg eingetragen ist (§§ 242 I; 241 Nr. 2). Bei Beschlüssen, die nach § 241 Nr. 1, 3 oder 4 nichtig sind, tritt die Heilung ein, wenn der Beschluß in das HReg eingetragen ist und 3 Jahre seit der Eintragung verstrichen sind (§ 242 II)[69], oder wenn bei zulässiger Ladung durch eingeschriebenen Brief (§ 121 IV) der nicht geladene Aktionär den Beschluß genehmigt (§ 242 II 4). Ist ein Beschluß auf Anfechtungsklage hin rechtskräftig für nichtig erklärt oder bereits als nichtig gelöscht worden (§ 241 Nr. 5 u. 6), so ist eine **Heilung** der dadurch eingetretenen Nichtigkeit nicht mehr möglich. Besonderheiten gelten für nichtige Beschlüsse im Zusammenhang mit Kapitalerhöhungen und Kapitalherabsetzungen (§§ 241 I 1. Halbs., 242 III).

bb) Alle anderen nicht in § 241 aufgeführten Verletzungen des Gesetzes oder der Satzung machen einen HV-Beschluß **anfechtbar** (§ 243), sofern nicht der Beweis erbracht wird, daß der Verstoß den Beschluß nicht beeinflußt hat.

Nach geltendem Recht ist die Anfechtung wegen Auskunftsverweigerung trotz eines solchen Nachweises möglich (§ 243 IV). Die Anfechtung kann nach § 243 II auch darauf gestützt werden, daß ein Aktionär durch seine Stimmrechtsausübung für sich oder

67 Vgl. BGHZ 83, 106, 144, 151.

68 Vgl. *Karsten Schmidt*, Gesellschaftsrecht § 28 IV 5, S. 866; a. A. *Baumbach/Hueck*, AktG, § 249 Anm. 2.

69 Vgl. dazu BGHZ 99, 211.

andere zum Schaden der Gesellschaft oder anderer Aktionäre Sondervorteile erstrebt hat, wenn der Beschluß geeignet ist, dieses Ziel zu erreichen und wenn nicht der Beschluß einen angemessenen Schadensausgleich für die geschädigten Aktionäre vorsieht[70].

Anfechtbare Beschlüsse können durch spätere, nicht anfechtbare Beschlüsse grundsätzlich bestätigt und damit der Anfechtung entzogen werden (§ 244). Die Anfechtung ist durch **Klage gegen die Gesellschaft** geltend zu machen; sie ist fristgebunden (§ 246: ein Monat nach Beschlußfassung). **Anfechtungsberechtigt** sind nur Aktionäre, Mitglieder des Vorstands und Aufsichtsrats und der Vorstand als Organ (zu den Voraussetzungen der Anfechtungsbefugnis im einzelnen vgl. § 245). Das Anfechtungsrecht des Aktionärs ist ein Gestaltungsrecht, dessen Mißbrauch zum Verlust der Anfechtungsbefugnis führen kann[71]. Ein stattgebendes Urteil führt zur rückwirkenden Nichtigkeit des Beschlusses, wirkt also rechtsgestaltend, und zwar gegenüber allen Aktionären sowie den Mitgliedern des Vorstands und Aufsichtsrats (§ 248 I 1)[72].

cc) Für die **besonders wichtigen HV-Beschlüsse** über die Wahl von Aufsichtsratsmitgliedern, die Verwendung des Bilanzgewinnes und über eine Kapitalerhöhung gegen Einlagen enthält das Gesetz in den §§ 250–255 spezielle Bestimmungen. Sonderregelungen bestehen auch für die Nichtigkeit des Jahresabschlusses und die Anfechtung der Feststellung des Jahresabschlusses durch die HV (§§ 256, 257).

dd) Beschlüsse können auch **schwebend unwirksam** sein, wenn sie an sich fehlerfrei sind, aber noch der Zustimmung bestimmter Aktionäre oder Gruppen von Aktionären bedürfen (Vgl. z.B. §§ 141 I, 179 III) oder an sonstige von der Satzung vorgeschriebene, aber noch nicht eingetretene Voraussetzungen gebunden sind[73]. Wird die Zustimmung erteilt oder treten die Voraussetzungen ein, ist der Beschluß wirksam; wird sie verweigert oder steht fest, daß die erforderlichen Voraussetzungen nicht mehr eintreten können, ist er endgültig unwirksam. Die Eintragung des schwebend unwirksamen Beschlusses in das HReg führt analog § 242 II zur Heilung[74].

---

70 Vgl. *Geßler*, FS f. Barz, 1974, S. 97; BGHZ 103, 184, 193.

71 Zum Mißbrauch des Klagerechts vgl. BGH, NJW 1989, 2689 = BGHZ 107, 296; BGH, NJW 1990, 322; ZIP 1990, 168; BGH, NJW-RR 1992, 1388; BVerfG, WM 1990, 755; vgl. auch *Timm* (Hrsg.), Mißbräuchliches Aktionärsverhalten, RWS Forum 4, 1990; *Radu*, ZIP 1992, 303; *Schulz-Gardyan*, Die sogenannte Aktionärsklage, 1991; *Wardenbach*, ZGR 1992, 563.

72 Vgl. *Schulte*, Rechtsnatur und Wirkungen des Anfechtungs- und Nichtigkeitsurteils nach den §§ 246, 248 AktG, Die AG 1988, 67.

73 Vgl. BGHZ 15, 177, 181; 48, 141, 143.

74 Vgl. *Zöllner*, Kölner Kommentar, 1. Aufl., § 242 Anm. 27.

V. Der Aktionär als Mitglied der AG (Rechtsbeziehungen zwischen AG und Aktionär)

1. Erwerb und Verlust der Mitgliedschaft

a) **Originär** wird die Mitgliedschaft an einer AG **erworben**

- durch Übernahme von Aktien bei der Gründung (§§ 2, 29) oder
- durch Zeichnung von Aktien im Zuge einer Kapitalerhöhung (vgl. § 185),

wozu in beiden Fällen die Eintragung (der Gesellschaft bzw. der Durchführung der Kapitalerhöhung) ins HReg (§§ 41, 189) kommen muß.

Abgeleiteter Erwerb ist im Wege der Gesamtrechtsnachfolge (Erbfall, Verschmelzung, Spaltung) oder Einzelrechtsnachfolge (z. B. Börsenhandel!) möglich. Ist die Mitgliedschaft in einer Aktie verbrieft, so kann sich die Einzelrechtsnachfolge nach wertpapierrechtlichen Regeln vollziehen, d. h. bei Inhaberaktien durch Einigung und Übergabe, bei Namensaktien durch Einigung und Übergabe des mit einem Indossament versehenen Papiers (vgl. oben III 2 c). Zur Übertragung in den Formen des heutigen Bankverkehrs und Börsenhandels vgl. Canaris, Bankverkehrsrecht, 2. Aufl., Rdz. 1010 ff., 2007 ff., 2080 ff; Baumbach/Hefermehl, Wechsel- und Scheckgesetz, 20. Aufl. 1997, WRP Anm. 90 ff.

Mitglieder (Aktionäre) können natürliche und juristische Personen sein, aber auch eine OHG, KG und ein eingetragener Verein. Gleiches gilt für die BGB-G[75].

b) **Die Mitgliedschaft endet:**

- durch Veräußerung der Aktie bzw. Übergang auf einen Gesamtrechtsnachfolger,
- durch Ausschluß, wenn die geforderte Einlage nicht rechtzeitig bezahlt wird (Kaduzierung, § 64),
- durch Einziehung von Aktien (Amortisation) aus Anlaß einer Kapitalherabsetzung (§§ 237 ff.) und
- bei Vollbeendigung der Gesellschaft (dazu oben B IV).

2. Rechte aus der Mitgliedschaft

Rechte aus der Mitgliedschaft stehen grundsätzlich allen Aktionären gleichmäßig zu (allgemeines Mitgliedschaftsrecht, z. B. Recht auf Dividende, Stimmrecht, [vgl. aber § 12 I 2: Stimmrechtslose Vorzugsaktien], Auskunftsrecht). Darüber hinaus gibt es aber Rechte, die nur einzelnen **(Sonderrechte)** oder einer Gruppe von Aktionären **(Gattungsvorrechte,** vgl. § 11)

75 Vgl. BGHZ 118, 83, 99; für die GmbH BGHZ 78, 311; vgl. auch oben B I 1 b aa.

eingeräumt sind. Diese Vorrechte können vor allem in einer besonderen (Vorzugs-)Dividende bestehen; Mehrstimmrechte sind unzulässig (§ 12 II; vgl. dazu oben IV 3 g). Zu den gesetzlichen **Minderheitsrechten** vgl. Lehmann, Die AG 1983, 113; Semler, Minderheitenschutz in Kapitalgesellschaften, AnwBl. 1991, 440.

a) Rechte, die sich aus der Mitgliedschaft ergeben, sind zu unterscheiden von Rechten, die einem Aktionär aufgrund Rechtsgeschäfts (z. B. Kauf, Darlehen; Schuldverschreibungen vgl. oben III 5) oder Gesetzes (§§ 812, 823 BGB) gegen die Gesellschaft zustehen **(Gläubigerrechte)**. Aus Mitgliedschaftsrechten können aber Gläubigerrechte entstehen, z. B. der Zahlungsanspruch auf eine konkrete Jahresdividende aufgrund eines entsprechenden Gewinnverteilungsbeschlusses der HV; vgl. unten c) a. E.

b) Nach dem Inhalt der Rechte unterscheidet man (nicht vermögenswerte) **Rechte auf Mitverwaltung,** insbes. das Recht auf Teilnahme an der HV, auf Stimmabgabe, das Auskunftsrecht und das Recht zur Anfechtung von HV-Beschlüssen, und **Vermögensrechte,** insbes. den Anspruch auf Dividende und auf den Liquidationserlös, d. h. auf einen Anteil an dem nach Durchführung der Liquidation verbleibenden Vermögen der Gesellschaft (§ 271).

c) **Wichtigstes Vermögensrecht** ist das **Dividendenrecht,** d. h. der Anspruch auf einen Anteil am Bilanzgewinn. Anspruchsgrundlage: § 58 IV i. V. m. § 174. Weist die Bilanz Gewinn aus, so haben die Aktionäre grundsätzlich auch Anspruch auf dessen Verteilung. Dieser Anspruch ist allerdings von vornherein erheblich eingeschränkt:

Einmal schreibt § 150 die Bildung einer **gesetzlichen Rücklage** u. a. aus dem Jahresüberschuß vor. Für den Regelfall, daß Vorstand und Aufsichtsrat den Jahresabschluß feststellen (vgl. § 172), *können* sie nach § 58 II bis zu 50% des Jahresüberschusses (oder auch mehr; bei einer nicht börsennotierten AG auch weniger, wenn die Satzung dies zuläßt) in die **freie Rücklage** einstellen. Zum Recht, Eigenkapitalanteile in Gewinnrücklagen einzustellen, vgl. § 58 II a. Durch die Begrenzung ist sichergestellt, daß nicht durch die Verwaltung den Aktionären willkürlich ein zu großer Teil des Gewinns entzogen wird. Stellt ausnahmsweise die HV den Jahresabschluß fest (§ 173 I), so kann die Satzung für diesen Fall vorschreiben, daß bis zu 50% des nach Abzug der gesetzlichen Rücklage verbleibenden Jahresüberschusses in die freie Rücklage eingestellt werden müssen und damit der Verteilung entzogen werden (§ 58 I). Die HV kann darüber hinaus in beiden Fällen in ihrem Gewinnverwendungsbeschluß weitere Beträge aus dem Bilanzgewinn von der Verteilung ausschließen (§ 58 III). Die Minderheitsaktionäre sind damit von der Mehrheit abhängig, was die Gewinnausschüttung anlangt. Das Anfechtungsrecht nach § 254 ist demgegenüber nur ein bescheidener Schutz, zumal auf diese Weise allenfalls eine Dividende von 4% erreicht werden kann.

Wichtig ist, daß das mitgliedschaftliche Dividendenrecht dem einzelnen Aktionär keinen unmittelbaren Zahlungsanspruch auf eine seinem Anteil am Grundkapital entsprechende (vgl. § 60) Geldsumme gibt. Ein solcher **Dividendenzahlungsanspruch** als Gläubigerrecht entsteht erst, wenn die HV einen Gewinnverwendungsbeschluß gefaßt hat (§ 174). Gleichzeitig mit diesem Beschluß (und durch ihn) entsteht aus dem Dividendenrecht ein Gewinnzahlungsanspruch, der von der Mitgliedschaft unabhängig ist (echtes Gläubigerrecht, BGHZ 23, 150, 154; vgl. auch BGHZ 84, 303; es kann dem einzelnen Aktionär nur mit seiner Zustimmung genommen werden!). Anspruchsgrundlage: § 58 IV i. V. m. dem konkreten Gewinnverwendungsbeschluß gemäß § 174. Bis dahin gibt das Dividendenrecht nur einen Anspruch gegen die AG auf Herbeiführung eines Gewinnverwendungsbeschlusses[76].

d) Die allgemeinen **Mitgliedschaftsrechte unterliegen** grundsätzlich **der Disposition der HV**, die sie mit einfacher Mehrheit oder, wenn eine Satzungsänderung erforderlich ist, mit der qualifizierten Mehrheit des § 179 II (3/4 Kapitalmehrheit) verändern kann. Dies gilt allerdings nicht für das Stimmrecht und das Teilnahme- und Auskunftsrecht in der HV.

In Ausnahmefällen können aber auch diese Rechte faktisch durch den Leiter der HV in einer und für eine konkrete(n) HV entzogen oder beschränkt werden (vgl. oben IV 3 d).

Zu beachten ist aber in jedem Fall der **Grundsatz der gleichmäßigen Behandlung** aller Aktionäre[77], der nunmehr in § 53 a ausdrücklich normiert ist. Unzulässig sind danach willkürliche, sachfremde Differenzierungen. Ein Verstoß dagegen kann freilich durch Zustimmung der Betroffenen stets geheilt werden. Bis zu dieser Zustimmung ist der Beschluß schwebend unwirksam; wird sie verweigert, so ist er anfechtbar (§ 243).

e) **Sonderrechte** einzelner Aktionäre können nur mit deren Zustimmung eingeschränkt oder entzogen werden (§ 35 BGB). Stehen einer **Gattung von Aktien Vorzugsrechte** zu, so genügt zu ihrer Einschränkung oder Entziehung nach § 179 III ein Sonderbeschluß aller der betroffenen Gattung zugehörigen Aktionäre, der mit qualifizierter Mehrheit (§ 179 III 3, II) gefaßt werden kann. Die Veränderung innerhalb der Gattung muß dem Gleichbehandlungsgrundsatz entsprechen (vgl. § 53 a)[78].

3. Pflichten aus der Mitgliedschaft

a) Grundsätzlich hat der Aktionär **nur** die Pflicht, die übernommene (Bar- oder Sach-)**Einlage zu leisten** (§ 54). Im Interesse der Aufbringung des Grundkapitals ist eine Befreiung von dieser Pflicht nicht möglich (es sei denn durch Kapitalherabsetzung, § 66 I 1, III). Eine Aufrechnung gegen die Einlageforderung ist unzulässig (§ 66 I 2), ebenso eine Rückgewähr der Einlagen (§ 57 I). Säumnis bei der Einzahlung führt zur Verzinsungspflicht, u. U. auch zu Schadensersatzansprüchen (§ 63); sogar der Ausschluß des säumigen Aktionärs (Kaduzierung) ist möglich (§ 64). Bei Übertragung der Mit-

76 Vgl. *Lutter*, Kölner Kommentar, 2. Aufl., § 58 Anm. 89, 96 ff.

77 Dazu umfassend *Lutter/Zöllner*, Kölner Kommentar, 2. Aufl., Anm. zu § 53 a; *Henn*, Die AG 1985, 246; BGHZ 120, 141.

78 Zur Veränderung der Aktionärsrechte vgl. *Kraft*, Kölner Kommentar, 2. Aufl., § 11 Anm. 30 ff.

gliedschaft vor Volleinzahlung der Einlage haftet hilfsweise auch der Vormann (§ 65).

b) Zu Nachschüssen ist der Aktionär *nicht* verpflichtet, für Gesellschaftsschulden haftet er *nicht*. Nur bei Rückzahlungspflichten wegen gesetzwidrigen Empfangs von Zahlungen (§ 62 II) und im Falle sog. Durchgriffshaftung (oben B III 3 a) können Gesellschaftsgläubiger ausnahmsweise unmittelbar gegen die Aktionäre vorgehen. Aktionäre können sich aber zu Zusatzleistungen verpflichten (LG Mainz, WM 1986, 1315).

c) Sind vinkulierte Namensaktien (oben III 2 c bb) ausgegeben, so kann die Satzung den Aktionären neben der Einlagepflicht die Pflicht auferlegen, »wiederkehrende, nicht in Geld bestehende Leistungen zu erbringen« (§ 55 I, **Nebenleistungs-AG**). Für die Leistung darf eine ihrem Wert entsprechende Vergütung gezahlt werden, auch wenn die Gesellschaft keinen Gewinn erwirtschaftet (§ 61). Die Vorschrift wurde eingeführt, um den Aktiengesellschaften von Zuckerrübenbauern zu ermöglichen, ihre Aktionäre zur Belieferung der Gesellschaft mit Zuckerrüben zu verpflichten. Große praktische Bedeutung hat die Vorschrift, obwohl sie nicht auf diesen Wirtschaftszweig beschränkt ist, nicht erlangt.

d) Gegenüber der AG hat der Aktionär eine **Treuepflicht.** Darüber hinaus war lange zweifelhaft, ob auch eine Treuepflicht der Aktionäre untereinander (ähnlich wie bei den Gesellschaftern einer Personengesellschaft) anzuerkennen ist. Der BGH hat dies zunächst für den Mehrheitsaktionär (BGHZ 103, 184, 194) und jetzt auch für den (kleinen) Minderheitsaktionär (BGHZ 129, 136) anerkannt; vgl. oben B II 1 a m. w. N. in FN 51–54.

VI. Jahresabschluß, Gewinnverwendung

Rechtsgrundlage: §§ 238 ff., 264 ff. HGB, §§ 150–176.

Literatur: Beck'scher Bilanzkommentar, Der Jahresabschluß nach Handels- und Steuerrecht, 3. Auflage, 1995; *Großfeld*, Bilanzrecht für Juristen – Das Bilanzrichtliniengesetz vom 19. 12. 1985, NJW 1986, 955; *ders.*, Bilanzrecht, 3. Aufl. 1998; *Gross/Schruff*, Der Jahresabschluß nach neuem Recht, 3. Aufl. 1986; *Knobbe-Keuk*, Bilanz- und Unternehmenssteuerrecht, 9. Aufl. 1993; *Wörner*, Handels- und Steuerbilanz nach neuem Recht, 4. Aufl. 1991; *Schulze-Osterloh*, Jahresabschluß, Abschlußprüfung und Publizität der Kapitalgesellschaften nach dem Bilanzrichtlinien-Gesetz, ZHR 150 (1986), 532; Kommentare zum HGB.

Die Rechtsform der AG ist auf Großunternehmen zugeschnitten; dem entspricht die Praxis. Am wirtschaftlichen Wohlergehen dieser Unternehmen sind vor allem interessiert: Gesellschaftsgläubiger und Aktionäre, weil nach § 1 I 2 für Verbindlichkeiten der AG nur das Gesellschaftsvermögen haftet und andererseits nach § 57 III Dividende nur verteilt werden darf, wenn die Bilanz Gewinn ausweist. Dazu kommt das Interesse einer in der Regel großen Zahl von Beschäftigten an der Erhaltung ihrer Arbeitsplätze; daran ist auch die Allgemeinheit interessiert. Der Gesetzgeber ist daher bemüht, durch Präzisierung der allgemein gehaltenen HGB-Vorschriften (§§ 238–261) über die Aufstellung von Bilanzen und Gewinn- und Verlustrechnungen, durch strenge Vorschriften über die Kapitalaufbringung und Kapitalerhaltung sowie durch die Verstärkung der Publizitätspflicht einerseits die AG wirtschaftlich gesund zu erhalten und andererseits alle Interessierten über die Situation der Gesellschaft zu informieren.

Aufgrund der 4. Richtlinie des Rates der EG (Bilanzrichtlinie, ABl. Nr. 222 v. 14. 8. 1978) wurde am 19. 12. 1985 das Bilanzrichtlinien-Gesetz erlassen (BGBl. I S. 2355), das am 1. 1. 1986 in Kraft trat. Damit ist eine Kodifikation des Bilanzrechts (Recht der Rechnungslegung und der Publizität) geschaffen worden, die als 3. Buch in das HGB (§§ 238 ff.) aufgenommen wurde. Es enthält im ersten Abschnitt (§§ 238–261 HGB) allgemeine Vorschriften für alle Kaufleute, im zweiten Abschnitt (§§ 264 ff. HGB) Spezialbestimmungen für Kapitalgesellschaften (AG, KGaA, GmbH) einschließlich der Konzerne und im dritten Abschnitt (§§ 336 ff. HGB) ergänzende Vorschriften für eG. Für die AG und die KGaA sind daneben die §§ 150–160, 170–176, 286 zu beachten. Insgesamt hat die Neuregelung für Aktiengesellschaften nur wenige bedeutsame Änderungen gebracht. Wichtig ist die neue Differenzierung zwischen kleinen, mittleren und großen Kapitalgesellschaften (vgl. § 267 HGB). Die bisherige Differenzierung nach der Gesellschaftsform ist dagegen weitgehend beseitigt.

Dem Ziel des Lernbuchs entsprechend, werden nachfolgend nur Grundzüge geschildert (vgl. auch oben B VIII):

1. Der Vorstand ist verpflichtet, in den ersten 3 Monaten des Geschäftsjahres für das vorangegangene Geschäftsjahr den **Jahresabschluß** (Bilanz und Gewinn- und Verlustrechnung; § 242 III HGB) aufzustellen und um einen **Anhang** sowie einen **Lagebericht** zu erweitern (§ 264 I HGB). Diese Unterlagen sind durch unabhängige **Abschlußprüfer** (außer bei kleinen Kapitalgesellschaften, § 267 I HGB) und durch den Aufsichtsrat zu prüfen (§ 316 I, II HGB, § 171).

a) Die **Bilanz** ist eine Gegenüberstellung des Aktiv- und Passivvermögens der Gesellschaft zu einem bestimmten Stichtag und soll im Prinzip ein **Bild über die tatsächliche Vermögenslage** der Gesellschaft geben (§ 242 I HGB, § 152).

Das Gesetz enthält detaillierte Vorschriften über die Gliederung der Bilanz (§ 266 HGB) und die Bewertung der Vermögensgegenstände (§§ 252 ff., 279 ff. HGB). Dabei soll insbes. eine zu hohe Bewertung des Aktivvermögens verhindert werden. Grund: Sicherung gegen nicht gerechtfertigte Gewinnverteilung; Gläubigerschutz. Eine Überbewertung ist stets unzulässig und macht den Jahresabschluß grundsätzlich nichtig (§ 256 V Nr. 1). Eine Unterbewertung, die zur Bildung stiller Reserven führt, da der tatsächliche Vermögenswert größer ist, ist nur nach Maßgabe der gesetzlichen Vorschriften (§ 253 I, III HGB), d. h. nicht willkürlich zugelassen. Grund: Der Gewinnanspruch der Aktionäre soll nicht ohne sachlichen Grund gemindert werden. Der Jahresabschluß kann bei Verstoß gegen diese Grundsätze nichtig sein (§ 256 V Nr. 2). Die **Bewertung nach dem sog. Niedrigstwertprinzip** führt aber dazu, daß die Bilanz nicht den wahren Wert des Gesellschaftsvermögens angibt. Sie ist **nicht**

Vermögensbilanz, sondern Gewinnverteilungsbilanz. Für Steuerzwecke wird daher meist eine eigene Steuerbilanz erstellt, für die andere Bewertungsvorschriften gelten (vgl. aber § 254 HGB).

b) Die Bilanz wird ergänzt durch die **Gewinn- und Verlustrechnung,** die Vermögensbewegungen im Geschäftsjahr und die Ertragslage widerspiegelt (vgl. § 158, §§ 242 II, 275 ff. HGB).

c) Der **Bilanzanhang** dient der Aufschlüsselung und Erläuterung der Bilanzposten (§§ 160, 284 ff. HGB). Er bildet mit der Bilanz und der Gewinn- und Verlustrechnung eine Einheit (§ 264 I HGB). Diese Angaben waren früher im **Geschäftsbericht** enthalten.

d) Der **Lagebericht** stellt den Geschäftsverlauf und die Lage der Gesellschaft, den tatsächlichen Verhältnissen entsprechend, dar (§§ 264 I, 289 HGB).

2. Um die Einhaltung der Vorschriften über den Jahresabschluß sicherzustellen, ist für große und mittelgroße AG (§ 267 HGB) zwingend eine **Prüfung durch (unabhängige) Abschlußprüfer** vorgeschrieben (§ 316 HGB), die von der HV für jedes Geschäftsjahr zu wählen sind (§ 318 I HGB). Durch das KonTraG vom 27. 4. 1998 (BGBl. I S. 786) wurden Gegenstand und Umfang der Prüfung über den Maßstab der Ordnungsgemäßheit und Gesetzmäßigkeit hinaus wesentlich erweitert (§ 317 HGB). Zu den Änderungen vgl. Forster, Die Wpg. 1998, 41. Nur Wirtschaftsprüfer und Wirtschaftsprüfungsgesellschaften können Abschlußprüfer sein; der Bedeutung der Prüfung entspricht die Verantwortlichkeit der Prüfer; vgl. §§ 319, 323 HGB. Der Jahresabschluß ist mit dem in § 322 HGB vorgeschriebenen Bestätigungsvermerk zu versehen. Sodann findet noch die Prüfung durch den Aufsichtsrat statt (§§ 170 f.), an dessen Verhandlungen der Abschlußprüfer teilzunehmen hat (§ 171 I 2).

3. Billigt der Aufsichtsrat den Jahresabschluß, so ist dieser festgestellt und der HV zur Entgegennahme sowie zur **Beschlußfassung über die Gewinnverwendung** vorzulegen (§§ 172, 174 ff.). Nur ausnahmsweise ist die HV für seine Feststellung zuständig (vgl. §§ 172, 173). Über die Verwendung des in der Bilanz ausgewiesenen Gewinns beschließt die HV in den Grenzen des § 58 III, IV frei. Soweit Ausschüttung beschlossen wird (§ 174 II Nr. 2), entsteht dadurch für den einzelnen Aktionär ein unentziehbarer Anspruch auf Auszahlung seines Gewinnanteils (Gläubigerrecht!, vgl. oben V 2), der in der Regel unter Vorlage des entsprechenden Gewinnanteilscheines (vgl. oben III 4) zu realisieren ist.

Für die Geltendmachung von Mängeln des festgestellten Jahresabschlusses und des Gewinnverwendungsbeschlusses enthält das Gesetz in den §§ 253, 254, 256, 257 besondere Bestimmungen. Zu beachten ist weiter das Verfahren der **Sonderprüfung** wegen unzulässiger Unterbewertung und unzulänglicher Angaben im Anhang gemäß §§ 258 ff.

4. Zur **Information** der interessierten Kreise sind der festgestellte Jahresabschluß, der Lagebericht, der Bericht des Aufsichtsrates und der Gewinnverwendungsbeschluß unverzüglich zum HReg einzureichen und im Bundesanzeiger bekanntzumachen, bei welchem HReg die Unterlagen eingereicht sind (§ 325 HGB). Für mittlere und kleine Gesellschaften sind Erleichterungen vorgesehen (vgl. §§ 326, 327 HGB).

VII. Beendigung der Gesellschaft (Auflösung und Liquidation, §§ 262 ff.)

Vgl. dazu oben B IV.

VIII. Umwandlung

Die Umwandlung ist in der Form der Verschmelzung, der Spaltung, der Vermögensübertragung und des Formwechsels nunmehr im Umwandlungsgesetz (Art. 1 des Umwandlungsbereinigungsgesetzes vom 28. 10. 1994, BGBl. I S. 3210) geregelt. Vgl. dazu oben B VI.

IX. Verbundene Unternehmen (§§ 15 ff., 291 ff.)

Vgl. dazu oben B V.

L. Grundzüge des Rechts der Kommanditgesellschaft auf Aktien (KGaA)

Rechtsgrundlage: §§ 278–290 AktG.

§§ ohne Zusatz betreffen im folgenden das AktG.

Literatur: Kommentare zum AktG; *Claussen*, Perspektiven für die Kommanditgesellschaft auf Aktien, FS f. Heinsius, 1991, S. 61; *Fischer*, Die KGaA nach dem MitbestG, 1982; *Kallmeyer*, Rechte und Pflichten des Aufsichtsrats in der KGaA, ZGR 1983, 57; *ders.*, Die Kommanditgesellschaft auf Aktien – eine Rechtsformalternative für den Mittelstand, DStR 1994, 977; *Ladewig/Motte*, Die Kommanditgesellschaft auf Aktien – eine Alternative für börsenwillige mittelständische Unternehmen? Teil I, DStR 1996, 800; Teil II, DStR 1996, 842; *Lenz*, Publikums-KG und KGaA, 1986; *Meier*, Die aktien- und steuerrechtliche Behandlung der KGaA, BlStSozArbR 1985, 300; *Mertens*, Zur Existenzberechtigung der KGaA, FS f. Barz, 1975, S. 253; *Pflug*, Der persönlich haftende Gesellschafter in der KGaA, NJW 1971, 345; *Steindorff*, KGaA und Mitbestimmung, FS f. Ballerstedt, 1975, S. 127; *Wiesner*, Die Enthaftung ausgeschiedener persönlich haftender Gesellschafter einer KGaA, ZHR 148 (1984), 56.

Geschichte: Die Gesellschaftsform der KGaA findet sich bereits im 18. Jahrhundert. Sie war bis etwa 1870 verhältnismäßig weit verbreitet; seitdem ist ihre Bedeutung ständig zurückgegangen. Auch praktische Gesichtspunkte (Steuervorteile, partielle Befreiung von Vorschriften des MitbestG) haben ihre weitere Verbreitung nicht fördern können.

Zur geschichtlichen Entwicklung vgl. Schlegelberger/Quassowski, AktG 1937, 3. Aufl., Übersicht vor § 219; Viktor King, Das Reichsgesetz betreffend die Kommanditgesellschaften auf Aktien, 1884, Vorwort; Sethe, Die personalistische Kapitalgesellschaft mit Börsenzugang, 1996.

I. Begriff und anzuwendendes Recht

1. Die KGaA ist eine **eigentümliche Mischform,** in der Elemente der AG und der KG vereinigt sind. Die Gesellschaft ist **juristische Person** und hat ein in Aktien zerlegtes Grundkapital, an dem die **Kommanditaktionäre** beteiligt sind. Während diese für die Verbindlichkeiten der Gesellschaft persönlich nicht haften, muß mindestens ein Gesellschafter vorhanden sein, der den Gesellschaftsgläubigern persönlich unbeschränkt haftet **(persönlich haftender Gesellschafter),** § 278 I. Besonderheiten ergeben sich daraus, daß die KGaA danach zwei Arten von Gesellschaftern hat.

2. Für die **KGaA selbst** sowie für die **Kommanditaktionäre** gelten grundsätzlich die Vorschriften des 1. Buches des AktG (§§ 1–277), soweit sich aus den §§ 279ff. oder aus dem Fehlen eines Vorstands nichts anderes ergibt (§ 278 III).

Die persönlich haftenden Gesellschafter haben im wesentlichen die Rechtsstellung eines KG-Komplementärs, § 278 II (Anspruchsgrundlage gegen sie bei Verbindlichkeiten der Gesellschaft: § 278 II, §§ 161 II, 128 HGB).

3. Die **praktische Bedeutung** dieser Gesellschaftsform ist bis heute nicht sehr groß (30 Gesellschaften mit ca. 2,4 Milliarden DM Grundkapital zum 31. 12. 1992)[1].

II. Gründung und Verfassung

1. Die Gründung

Die Gründung der KGaA erfolgt im Wege der Einheitsgründung nach aktienrechtlichen Vorschriften; eine Einmanngründung ist nach wie vor nicht möglich (vgl. § 280 I 1: mindestens fünf Personen). An der Feststellung der Satzung (Gesellschaftsvertrag) müssen sich auch alle persönlich haftenden Gesellschafter beteiligen (vgl. § 280 II S. 1), die zwar keine Aktien zu übernehmen brauchen, sich aber verpflichten müssen, als persönlich haftende Gesellschafter an der Gesellschaft teilzunehmen. Übernehmen sie außerdem Aktien, so haben sie gleichzeitig die Stellung von Kommanditaktionären. Das **Grundkapital** von mindestens 50 000 Euro ist von den Kommanditaktionären zu übernehmen. Die persönlich haftenden Gesellschafter können **Vermögenseinlagen** leisten, die nicht Bestandteil des Grundkapitals sind, die nach Art und Höhe in der Satzung festgelegt und in der Bilanz auf der Passivseite gesondert ausgewiesen werden müssen (§§ 281 II, 286 II).

2. Die persönlich haftenden Gesellschafter

Sie haben die gleiche Funktion wie der Vorstand bei der AG (§§ 283, 284), werden aber nicht vom Aufsichtsrat bestellt. Nach der bis vor wenigen Jahren vorherrschenden Auffassung mußte der persönlich haftende Gesellschafter eine natürliche Person sein[2]. Eine KGaA mit einer Genossenschaft oder Kapitalgesellschaft als einzigem persönlich haftenden Gesellschafter (»GmbH & Co. KGaA«) ist nach dieser Auffassung de lege lata nicht zulässig. Das OLG Karlsruhe wollte in einem Eintragungsverfahren offenbar dementsprechend entscheiden, eine KGaA könne nicht mit einer juristischen Person als einzigem persönlich haftenden Gesellschafter gegründet werden[3]. Wegen einer gegenteiligen Entscheidung des OLG Hamburg[4] hat das OLG Karls-

1 Statistisches Jahrbuch für die Bundesrepublik Deutschland 1994, S. 141.
2 Vgl. *Pflug*, NJW 1971, 345; *Mertens*, Kölner Kommentar zum AktG, 1. Aufl., § 278 Anm. 10 ff.; *Raiser*, § 23 Rdz. 4; *Karsten Schmidt*, Gesellschaftsrecht, § 32 III 2 a, S. 977; *ders.*, ZHR 160 (1996), 263, 276.
3 OLG Karlsruhe, NJW-RR 1996, 1254.
4 NJW 1969, 1030.

ruhe die Sache dem BGH zur Entscheidung vorgelegt. Dieser hat zu Recht festgestellt, daß auch eine juristische Person (einzige) persönlich haftende Gesellschafterin einer KGaA sein könne[5]; das Fehlen einer natürlichen Person als Komplementär müsse allerdings in der Firma der KGaA kenntlich gemacht werden[6]. Die Vertretungsmacht und Geschäftsführungsbefugnis der persönlich haftenden Gesellschafter bestimmen sich nach dem Recht der KG-Komplementäre (§ 278 II).

3. Die Kommanditaktionäre

Sie üben ihre Rechte in der HV aus, in der die persönlich haftenden Gesellschafter nur Stimmrecht haben, wenn sie Aktien besitzen und in der Stimmrechtsausübung nicht beschränkt sind (vgl. § 285 I).

Beschlüsse der HV, die Angelegenheiten betreffen, für die bei einer KG das Einverständnis zwischen Komplementären und Kommanditisten erforderlich ist, bedürfen zu ihrer Wirksamkeit in der Regel der Zustimmung der persönlich haftenden Gesellschafter (§ 285 II). Da die Vorschriften des HGB insoweit dispositiv sind, ist für die Frage, welche Beschlüsse der HV der Zustimmung der persönlich haftenden Gesellschafter bedürfen, primär die Satzung maßgeblich. Der Beschluß über die Feststellung des Jahresabschlusses bedarf zwingend der Zustimmung der persönlich haftenden Gesellschafter (§ 286 I).

4. Der Aufsichtsrat

Seine Zusammensetzung entspricht dem der AG. Er ist einerseits Organ der Gesellschaft und überwacht als solches die Geschäftsführung. Er ist aber auch Vertretungsorgan der Kommanditaktionäre und führt, wenn die Satzung nicht etwas anderes bestimmt, deren Beschlüsse aus (§ 287 I). Auch die Bildung eines Beirats ist möglich[7].

5. Mitbestimmung der Arbeitnehmer

Vgl. dazu oben B VII 2. Beachte: Die Wahl und Abberufung der Vorstandsmitglieder durch den Aufsichtsrat entfällt, da die persönlich haftenden Gesellschafter »geborene« Organmitglieder sind; vgl. § 31 I 2 MitbestG. Ein Arbeitsdirektor ist nicht zu bestellen; § 33 I 2 MitbestG. Die Rechtsform der KGaA bietet sich daher an, wenn Unternehmen der »paritätischen« Arbeit-

5 BGHZ 134, 392 = NJW 1997, 1923; zust. *Baumann*, BB 1997, 2281; *Ladewig/Motte*, DStR 1997, 1539; so bereits, mit Hinweisen auf die Praxis, *Graf*, Die Kapitalgesellschaft & Co. KG auf Aktien, 1993; vgl. auch *Claussen*, GmbHRdsch. 1996, 73; *Schürmann/Groh*, BB 1995, 684; *Habel/Strieder*, DB 1994, 1557; *Priester*, ZHR 160 (1996), 363, 276 ff., 287; *Hüffer*, AktG, 3. Aufl., § 278 Anm. 8, 9.

6 BGHZ 134, 397, 401.

7 Vgl. dazu *Martens*, Die AG 1982, 113.

nehmermitbestimmung nach dem MitbestG zumindest teilweise die Wirkung nehmen wollen.

III. Gewinn und Verlust

Die Gewinn- und Verlustbeteiligung der persönlich haftenden Gesellschafter richtet sich nach den Vorschriften der KG (§ 278 II; vgl. auch § 286 I, III, IV), sofern die Satzung nichts anderes bestimmt. Die Kommanditaktionäre sind am Verlust nicht beteiligt; ihr Gewinnanspruch richtet sich nach Aktienrecht, § 278 I, III; vgl. oben K V 2 c.

IV. Umwandlung

Vgl. oben B VI.

M. Grundzüge des Rechts der Gesellschaft mit beschränkter Haftung (GmbH)

Rechtsgrundlage: GmbHG von 1892, zuletzt geändert u. a. durch Gesetz vom 18. 12. 1991 (BGBl. I S. 2206), durch Art. 48 EGInsO vom 5. 10. 1994 (BGBl. I S. 2911), durch Art. 4 des Umwandlungsbereinigungsgesetzes vom 28. 10. 1994 (BGBl. I S. 3210), durch Art. 2 des KapAEG vom 20. 4. 1998 (BGBl. I S. 707), durch Art. 10 des KonTraG vom 27. 4. 1998 (BGBl. I S. 786), durch das Euro-Einführungsgesetz (EuroEG) vom 9. 6. 1998 (BGBl. I S. 1242) und durch Art. 9 des HRefG vom 22. 6. 1998 (BGBl. I S. 1474). **§§ ohne Zusatz betreffen im folgenden das GmbHG.**

Literatur:

1. Kommentare: *Baumbach/Hueck*, 16. Aufl. 1996; *Lutter/Hommelhoff*, 14. Aufl. 1995; *Hachenburg*, Großkommentar, 8. Aufl. 1989 ff.; *Scholz*, 8. Aufl., Bd. I 1993, Bd. II 1995; *Hilber/Vogel/Schoeler*, 1987; *Meyer-Landrut/Miller/Niehus*, 1987; *Roth/Altmeppen*, 3. Aufl. 1997; *Rowedder u. a.*, 3. Aufl. 1997.

2. Handbücher: *Feine*, Die GmbH, Ehrenbergs Handbuch des gesamten Handelsrechts, Bd. III, 3, 3. Aufl. 1929; *Hoffmann/Liebs*, Der GmbH-Geschäftsführer, 1995; *Reichert*, Der GmbH-Vertrag, 2. Aufl. 1994; *Sudhoff/Sudhoff*, Der Gesellschaftsvertrag der GmbH, 8. Aufl. 1992; *Sudhoff/Sudhoff*, Rechte und Pflichten des Geschäftsführers einer GmbH und einer GmbH & Co., 14. Aufl. 1994; *Tillmann*, Der Geschäftsführervertrag der GmbH und GmbH & Co., 6. Aufl. 1995; *Klauss/Birle*, Die GmbH, 5. Aufl. 1992; *Bartl/Fichtelmann/Henkes/Schlarp/Schulze*, GmbH-Recht, Handbuch und Kommentar, 4. Aufl. 1998; *Beck'sches* Handbuch der GmbH, 1995; Münchener Handbuch des Gesellschaftsrechts, Band 3: Gesellschaft mit beschränkter Haftung (Hrsg. *Priester/Mayer*), 1996.

3. Sonstiges: 100 Jahre GmbH-Gesetz, Festschrift, 1992; *Brandes*, Die Rechtsprechung des BGH zur GmbH, WM 1983, 286; WM Sonderbeilage Nr. 2/88 zu Heft 7/88; WM 1988, 329; WM 1992, Beilage 3; WM 1995, 641, WM 1998, 1; *Claussen*, Überlegungen zur Rechtsform der GmbH, GmbHRdsch. 1996, 73; *Goette*, Die GmbH nach der BGH-Rechtsprechung, 1997; *Groß*, Das Anstellungsverhältnis des GmbH-Geschäftsführers im Zivil-, Arbeits-, Sozialversicherungs- und Steuerrecht, 1987; *Henze*, Höchstrichterliche Rechtsprechung zum Recht der GmbH, 1993; *Junge*, Die Zukunft der GmbH in der europäischen Gemeinschaft, GmbHRdsch. 1992, 225; *Langenfeld*, GmbH-Praktikum, 2. Aufl., 1998; *Moshof*, Die Reformen der Gesellschaften m. b.H, 1994; *Oldenburg*, Die Keinmann-GmbH, 1985; *Raiser*, 100 Bände BGHZ: GmbH-Recht – Die Treuepflichten im GmbH-Recht als Beispiel der Rechtsfortbildung, ZHR 151 (1987), 422; *Schimmelpfennig/Hauschka*, Die Zulassung der Ein-Personen-GmbH in Europa und die Änderung des deutschen GmbH-Rechts, NJW 1992, 942; *Schwintowski*, Grundfragen des Kapitalgesellschaftsrechts, JA 1988, 361 ff., 416 ff.; *Stehle*, Die GmbH, Unternehmensform mit Zukunft für mittelständische Betriebe, 9. Aufl. 1995; *Tillmann/Winter*, GmbH-Praktikum, 1995; *H. P. Westermann*, Die Funktion des »Leitbildes« von der GmbH, GmbHRdsch. 1979, 193; *Zöllner*, 100 Jahre GmbH, JZ 1992, 381; Zur Einmanngründung vgl. die Angaben unten nach I 5 c.

Geschichte: Die GmbH ist ohne historisches Vorbild aus Zweckmäßigkeitsgründen durch das GmbHG von 1892 geschaffen worden. Angesichts der komplizierten und kostspieligen Gründungsvorschriften, der meist zwingenden organisatorischen Regeln bei der AG, die auf Gesellschaften mit großer Mitgliederzahl und hohem Kapitalbedarf zugeschnitten sind, hielt es der Gesetzgeber für zweckmäßig und notwendig, eine Gesellschaftsform zu schaffen, die es auch Gesellschaften mit typischerweise wenigen Gesellschaftern und geringerem Kapitalbedarf ermöglichte, ein Unternehmen ohne persönliche Haftung zu betreiben. Zur Geschichte der GmbH und des GmbH-Rechts vgl. Karsten Schmidt, Gesellschaftsrecht, § 33 II, S. 984.

I. Allgemeines

1. Die GmbH steht in gewisser Weise **zwischen der AG und den handelsrechtlichen Personengesellschaften**. Sie ist aber wie die AG **juristische Person**, gilt als **Handelsgesellschaft** und ist damit **Kaufmann** (§ 13 III, § 6 HGB). Im Gegensatz zur AG unterliegen die Rechtsbeziehungen der Gesellschafter untereinander und zur Gesellschaft (Innenbeziehungen) jedoch überwiegend rechtsgeschäftlicher Gestaltungsfreiheit. Die Zahl der Gesellschafter ist häufig gering, nicht selten finden sich sog. Einmanngesellschaften, und die persönliche Mitarbeit der Gesellschafter als Geschäftsführer ist außerordentlich häufig (personenbezogene Mitgliedschaft); grundsätzlich gilt aber bei der GmbH, ebenso wie bei der AG, das Prinzip der Fremdorganschaft (vgl. dazu B III 2 a bb).

2. Die Rechtsform der GmbH hat erhebliche **wirtschaftliche Bedeutung** erlangt, ihre Zahl und die Summe ihres Stammkapitals steigen ständig. Bereits am 31. 12. 1992 bestanden rund 550 000 GmbH mit einem Stammkapital von etwa 246 Milliarden DM[1]. 1996 gab es bereits etwa 770 000 GmbH[2]. Rund 1/4 dieser GmbH sind Komplementäre von KG; zur GmbH & Co. KG vgl. oben E VI.

3. Die erleichterte Gründung, die weitgehend fehlende Prüfung bei der Gründung und die erhebliche Dispositionsfreiheit der Gesellschafter im Innenverhältnis hat naturgemäß auch zu **Mißständen** und zur Schädigung Dritter geführt. Der Wunsch nach einer **Reform** mit dem Ziel erhöhten Gläubiger- und Minderheitenschutzes und verstärkter Publizität geht bis in die 30er Jahre zurück. Die damals bereits geplante umfassende Reform ist allerdings nicht zustande gekommen.

4. 1969 wurde ein Referentenentwurf vorgelegt, der 1971 zu einem Regierungsentwurf eines GmbHG und eines Einführungsgesetzes führte (BT-Drucks. VI/3088). Wegen des vorzeitigen Endes der 6. Legislaturperiode wurden die Entwürfe 1973 neu eingebracht (BT-Drucks. 7/253). Sie sind nach der ersten Lesung im Bundestag am 22. 3. 1973 an die zuständigen Ausschüsse (Recht, Wirtschaft, Arbeit) überwiesen, aber auch vom 7. Bundestag nicht verabschiedet worden.

Literatur: Zu den Entwürfen: *Emmerich*, JuS 1973, 520; *Geßler*, DB 1973, 48; *Kreutz*, Die AG 1973, 145; *Winter*, GmbHRdsch. 1972, 5, 26; vgl. auch *G. Hueck/Lutter/Mertens/*

---

1 Quelle: Statistisches Jahrbuch für die Bundesrepublik Deutschland, 1994, S. 138; die Bestandsstatistiken wurden ab Berichtsjahr 1994 eingestellt.

2 Vgl. *Hansen*, GmbHRdsch. 1997, 204.

E. Rehbinder/Ulmer/Wiedemann/Zöllner, Arbeitskreis GmbH-Reform, Thesen und Vorschläge zur GmbH-Reform, 2. Bd. 1971/1972.

5. Da die bis 1973 vorgelegten Entwürfe politisch nicht durchsetzbar waren, legte die Bundesregierung einen neuen Entwurf (sog. GmbH-Novelle) vor, in dem unter Verzicht auf eine umfassende GmbH-Reform lediglich die Änderung einzelner Vorschriften des geltenden GmbHG und damit zusammenhängender Regelungen anderer Gesetze vorgesehen war (BT-Drucks. 8/1347). Die **Novelle** wurde als Gesetz zur Änderung des Gesetzes betreffend die Gesellschaften mit beschränkter Haftung und anderer handelsrechtlicher Vorschriften am 4. 7. 1980 (BGBl. I S. 836) verabschiedet und ist am 1. 1. 1981 in Kraft getreten. Ziele dieser Neuregelung sind:

a) **Verstärkung des Gläubigerschutzes:**
Durch Erhöhung des Mindeststammkapitals von bis dahin DM 20 000,– auf DM 50 000,–, nunmehr 25 000 Euro (vgl. dazu unten III Vorbemerkung) und der Mindesteinlagepflicht (vgl. § 7 II, III).

Durch Ausbau der Sachgründungsvorschriften (§§ 5 IV, 9, 9 c, 19 V), eine verschärfte Gründerhaftung (§ 9 a) sowie Vorschriften über die Behandlung von Gesellschafterdarlehen als Eigenkapital der Gesellschaft, wenn diese notleidend wird (§§ 32 a und 32 b).

b) **Verstärkung der Gesellschafterrechte:** U. a. durch Einführung eines Auskunfts- und Einsichtsrechtes (vgl. §§ 51 a und b).

c) **Berücksichtigung wirtschaftlicher Bedürfnisse:** Durch Zulassung der Einmanngründung (§ 1; vgl. auch §§ 7 II 3, 8 II 2), der Umwandlung eines einzelkaufmännischen Unternehmens in eine GmbH (§ 56 a UmwG 1969, jetzt ersetzt durch § 152 UmwG) sowie durch eigene Verschmelzungsregelungen (§§ 19 ff. KapErhG, ersetzt durch das UmwG; vgl. dazu oben B VI).

Literatur zur GmbH-Novelle: *Deutler*, Das neue GmbH-Recht – GmbH-Novelle, 1980; *Flume*, Die Gründung der Einmann-GmbH nach der Novelle zum GmbH-Gesetz, DB 1980, 1781; *ders.*, NJW 1981, 1345; *ders.*, ZHR 146 (1982), 205; *Gersch/Herget/Marsch/Stützle*, GmbH-Reform, 1980; *Geßler*, Die GmbH-Novelle, BB 1980, 1385; *Lutter*, Die GmbH-Novelle und ihre Bedeutung für die GmbH, die GmbH & Co. KG und die Aktiengesellschaft, DB 1980, 1317; *Karsten Schmidt*, Grundzüge der GmbH-Novelle, NJW 1980, 1769; *Timm*, Das neue GmbH-Recht in der Diskussion, GmbHRdsch. 1980, 286; *Ulmer*, Die Einmanngründung der GmbH – ein Danaergeschenk?, BB 1980, 1001; weitere Lit. s. oben B I 5. Zur GmbH & Co. KG vgl. oben E VI.

Inzwischen sind weitere Änderungen des GmbH-Gesetzes u. a. durch das Verschmelzungsrichtlinie-Gesetz vom 25. 10. 1982, durch das Bilanzrichtlinie-Gesetz vom 19. 12. 1985 und durch das 2. Gesetz zur Bekämpfung der Wirtschaftskriminalität eingetreten. Weitere Änderungen haben das Gesetz vom 18. 12. 1991 (BGBl. I S. 2206) zur Durchführung der 12. EG-Richtlinie auf dem Gebiet des Gesellschaftsrechts betreffend die Gesellschaften mbH mit einem einzigen Gesellschafter (vgl. ZRP 1992, 75), Art. 48 des EGInsO vom 5. 10. 1994 (BGBl. I S. 2911), das Umwandlungsbereinigungsgesetz vom 28. 10. 1994 (BGBl. I S. 3210; vgl. dazu oben B VI), das KapAEG vom 20. 4. 1998 (BGBl. I S. 707), das KonTraG vom 27. 4.

1998 (BGBl. I S. 786), das Euro-EG vom 9. 6. 1998 (BGBl. I S. 1242) sowie das HRefG vom 22. 6. 1998 (BGBl. I S. 1474) gebracht.

6. Eine eigenständige Regelung bezüglich der Anfechtbarkeit und Nichtigkeit von Gesellschafterbeschlüssen, die immer wieder in der Literatur gefordert wird (Vgl. z. B. schon A. Hueck, FS f. Molitor, 1962, S. 401 ff., 405 ff.), hat der Gesetzgeber bisher nicht geschaffen (vgl. dazu unten IV 2 c).

II. Rechtsnatur und Entstehung

Literatur: *Hüffer*, Das Gründungsrecht der GmbH, Grundzüge, Fortschritte und Neuerungen, JuS 1983, 161.

1. Rechtsnatur

Die Rechtsnatur der GmbH entspricht im Grundsatz der der AG.

a) Die GmbH ist eine Gesellschaft mit **körperschaftlicher Organisation** (vom Mitgliederbestand unabhängige, eigenständige Organisation mit besonderen Organen, einheitlicher eigener Name) und **eigener Rechtspersönlichkeit** (Juristische Person, § 13 I). Für Verbindlichkeiten der GmbH haftet nur ihr Gesellschaftsvermögen (§ 13 II; zur sog. Durchgriffshaftung vgl. oben B III 3 a).

b) Die GmbH kann zu jedem gesetzlich zulässigen Zweck gegründet werden. In der Praxis finden sich wirtschaftliche und ideelle Zwecke[3]. Grenzfälle wegen des Standesrechts bilden Gesellschaften von freiberuflich tätigen Personen. Ausdrücklich zugelassen ist die GmbH als Steuerberatungs- und Wirtschaftsprüfungsgesellschaft (vgl. § 49 StBerG, § 27 I WPO) sowie jetzt auch als Rechtsanwaltsgesellschaft, die der Gesetzgeber zugelassen und mit Sonderregelungen ausgestaltet hat (§§ 59 c ff. BRAO, in Kraft seit 1. 3. 1999), nachdem das BayObLG in einer vielbeachteten Entscheidung bereits eine Rechtsanwalts-GmbH zur Eintragung zugelassen hatte[4]. Nicht in der Rechtsform einer GmbH können betrieben werden: Versicherungsunternehmen, private Bausparkassen und Hypothekenbanken. Die GmbH ist **Handelsgesellschaft** ohne Rücksicht auf den Gesellschaftszweck (§§ 1, 13 III) und damit **Formkaufmann**; § 1 II HGB gilt für sie nicht (§ 6 HGB).

c) Sie hat als Kapitalgesellschaft ein **Mindeststammkapital** von 25 000 Euro, das in **Stammeinlagen** zu mindestens 100 Euro (vgl. dazu unten III Vorbemerkung) zerlegt ist (§ 5 I, III 3).

---

3 Vgl. *Loidl*, Die GmbH ohne erwerbswirtschaftliche Zielsetzung, 1970; *ders.*, GmbHRdsch. 1971, 278.
4 Vgl. BayObLG, NJW 1995, 199; 1996, 3217; vgl. dazu *Taupitz*, NJW 1995, 369; *Boin*, NJW 1995, 371; *Dauner-Lieb*, GmbHRdsch. 1995, 259; *Henssler*, ZHR 161 (1997), 305.

d) Sie hat **zwei notwendige Organe,** nämlich **»Geschäftsführer«** für die Geschäftsführung und Vertretung (§§ 6, 35) und die Gesamtheit der Gesellschafter **(Gesellschafterversammlung)** für die **interne Willensbildung** (§§ 45 ff.). Einen Aufsichtsrat müssen nur die Gesellschaften haben, die den Vorschriften über die Arbeitnehmer-Mitbestimmung unterliegen (§ 77 BetrVG 1952, § 3 MontanMitbestG, § 3 MitbestErgG, §§ 1 und 6 MitbestG). In anderen Gesellschaften ist die Errichtung eines (fakultativen) Aufsichtsrates durch den Gesellschaftsvertrag möglich (vgl. § 52).

2. Entstehung

Die GmbH entsteht ähnlich wie die AG in mehreren Akten.

a) Erforderlich ist der Abschluß eines **notariell beurkundeten Gesellschaftsvertrages** (Satzung)[5]; er ist von sämtlichen Gesellschaftern **(Gründern)** zu unterzeichnen (§ 2); zur Gründerfähigkeit vgl. oben B I 1 b. Mit der notariellen Beurkundung und der damit verbundenen Übernahme aller Gesellschaftsanteile entsteht die Vor-GmbH (vgl. oben B I 5 b).

Die GmbH kann seit 1981 auch als sog. **Einmanngesellschaft** (Einpersonengesellschaft) gegründet werden. Eine Einmann-GmbH kann auch durch Umwandlung (Ausgliederung) eines einzelkaufmännischen Unternehmens (§ 152 UmwG) oder durch nachträgliche Vereinigung aller Geschäftsanteile in einer Hand entstehen (vgl. oben B I 1 a). Die Errichtung des Statuts durch den Einmanngründer (das Gesetz spricht auch insoweit vom Gesellschaftsvertrag: § 2 I) ist **ein einseitiges Rechtsgeschäft,** das mit seiner notariellen Beurkundung wirksam wird und damit die Vor-GmbH zum Entstehen bringt. Str. ist, ob die Einmannvorgesellschaft selbst Träger von Rechten und Pflichten sein kann. Diese Frage wird nunmehr in der Literatur weitgehend bejaht. Das ist nicht unbedenklich, da damit durch die einseitige Errichtungserklärung des Gründers der Zugriff der »Gesellschaftsgläubiger« auf das Vermögen der Vorgesellschaft beschränkt wird, obwohl nach § 13 II dazu die Eintragung der GmbH in das HReg erforderlich ist. Wohl aus diesem Grund läßt der BGH, abweichend von seinem Innenhaftungskonzept (vgl. oben B I 5 b), einen unmittelbaren Zugriff der »Gesellschaftsgläubiger« auf das Vermögen des Einmanngründers zu (vgl. BGHZ 134, 333, 341). Vgl. zur **Einmanngründung** auch oben B I 5 b und c und unten II 5).

aa) Der **Gesellschaftsvertrag muß mindestens enthalten** (§ 3 I):

(1) Die Festlegung von **Firma, Sitz** und **Gegenstand** des Unternehmens. Die **Firmenbildung** (§ 1 I Nr. 1) richtet sich nach § 4. Die Firma kann Sach- oder Personenfirma sein. Sie kann auch aus der Verbindung einer Personen- mit einer Sachbezeichnung gebildet werden. Zwingend vorgeschrieben ist der Zusatz »Gesellschaft mit beschränkter Haftung« oder eine allgemeinverständliche Abkürzung dieser Bezeichnung (z. B. GmbH). Bei der Vor-GmbH ist ein Hinweis auf das Gründungsstadium geboten und im Hinblick auf § 11 II ratsam. Üblich ist die Form »GmbH

5 Vgl. *Priester,* Der Vertrag einer GmbH, JuS 1984, 541; *ders.*, Aktuelle Gestaltungsfragen bei GmbH-Verträgen, DStR 1992, 254; *Reichert,* Der Gesellschaftsvertrag der GmbH, 2. Aufl. 1994.

i. G. (= in Gründung)«. Die Verwendung einer Firma ohne den Zusatz GmbH kann zu einer Rechtsscheinhaftung des Handelnden führen[6].
Für die Bestimmung des **Sitzes** (§ 3 I Nr. 1) enthielt das GmbHG bislang keine Vorschriften. Seit 1. 1. 1999 gilt der durch das HRefG eingefügte § 4 a I, wonach der Sitz der Gesellschaft der Ort ist, den die Satzung bestimmt. Nach § 4 a II ist »in der Regel« der Ort als Sitz zu bestimmen, an dem sich entweder ein Betrieb oder die Geschäftsleitung befindet oder die Verwaltung geführt wird. Damit ist das GmbHG dem AktG (vgl. § 5 II AktG) angeglichen[7]. Der Sitz muß allerdings innerhalb der Bundesrepublik Deutschland liegen. Die Wahl eines rein fiktiven Sitzes ist unzulässig[8].
Die Angabe des **Unternehmensgegenstandes** (§ 3 I Nr. 2) soll klarstellen, in welchen Bereichen die Gesellschaft tätig werden will, dem Registerrichter die Prüfung der Zulässigkeit der Gesellschaft und ihrer Firma ermöglichen und die Gesellschaft individualisieren[9]. Er ist nicht notwendig identisch mit dem Zweck, den die Gesellschafter mit der Gesellschaft verfolgen[10];

(2) die Angabe des **Betrags des Stammkapitals**, § 3 I Nr. 3 (mindestens 25 000 Euro, § 5 I); vgl. dazu unten III;

(3) die Angabe des Betrags der **Stammeinlage** (vgl. dazu unten III 2) jedes einzelnen Gesellschafters, d. h. des Betrages, den jeder Gesellschafter **in bar** oder in **Sachwerten** auf das Stammkapital einzulegen sich verpflichtet, wobei sämtliche Stammeinlagen der Summe des Stammkapitals zu entsprechen haben, § 3 I Nr. 4, § 5 III 3. Die Übernehmer müssen im Gesellschaftsvertrag namentlich bezeichnet sein; dies gilt auch bei der Einmanngründung[11]. Verpflichtet sich ein Gesellschafter zu Einlagen auf das Stammkapital, die nicht in Geld zu leisten sind **(Sacheinlagen**, »qualifizierte Gründung«), so sind genaue Angaben bezüglich Gegenstand und Geldwert der Sacheinlage im Gesellschaftsvertrag erforderlich (§ 5 IV); zur Abgrenzung von Bar- und Sacheinlage vgl. HansOLG, GmbHRdsch. 1982, 157. Gegenstand der Sacheinlage können alle bewertbaren, vermögenswerten Gegenstände sein, die auch als Gegenstände des Rechtsverkehrs in Frage kommen. Hierunter fallen Sachen und Rechte, aber auch Handelsgeschäfte[12]. Ansprüche auf Dienstleistungen können nicht Gegenstand einer Sacheinlage sein (vgl. § 27 II

---

6 BGHZ 64, 11, 17 f.; 71, 354, 357 f.; BGH, NJW 1981, 2569; vgl. auch BGH, NJW 1990, 2678; 1991, 2627; OLG Naumburg, NJW-RR 1997, 1324.

7 Im Ergebnis ebenso schon zum bisherigen Recht *Roth/Altmeppen*, § 3 Anm. 4.

8 H. M.; vgl. *Roth/Altmeppen*, § 3 Anm. 4; OLG Frankfurt, GmbHRdsch. 1979, 226; vgl. auch BayObLG, BB 1987, 1970; OLG Schleswig, DB 1994, 626.

9 Vgl. *Raiser*, § 25 Rdz. 17; *Hueck* in *Baumbach/Hueck*, § 3 Anm. 10.

10 Vgl. dazu *Hachenburg/Ulmer*, § 1 Anm. 9 ff.; *Hueck* in *Baumbach/Hueck*, § 1 Anm. 5 ff., § 3 Anm. 9; zum Zweck der Gesellschaft vgl. oben II 1 b und *Wallner*, Der Unternehmensgegenstand der GmbH als Ausdruck der Unternehmensfreiheit, JZ 1986, 721.

11 OLG Hamm, NJW 1987, 263.

12 Vgl. *Karsten Schmidt*, Gesellschaftsrecht, § 20 II b, S. 572 ff.

AktG). Da die Sacheinlagevereinbarung nur die Art der Erfüllung der Beitragspflicht gegenüber der normalen Pflicht zur Barleistung modifiziert, besteht die Geldeinlagepflicht subsidiär daneben weiter. Sie lebt wieder auf, wenn entweder die Sacheinlagepflicht nicht wirksam vereinbart ist (vgl. § 19 V), oder wenn die vereinbarte Sachleistung wegen Unmöglichkeit oder Mangelhaftigkeit des Einlagegegenstandes nicht erbracht werden kann[13]. Erforderlich ist nunmehr auch ein **Sachgründungsbericht** der Gründergesellschafter (§ 5 IV 2). Eine Prüfung durch bes. Gründungsprüfer ist aber nicht vorgeschrieben[14].

Das Sacheinlageversprechen ist danach als Kapitaldeckungsversprechen, nicht als Kauf aufzufassen; vgl. BGHZ 45, 338, 345. Bei überbewerteter Sacheinlage sieht § 9 I ausdrücklich die Pflicht zur Zahlung des Fehlbetrages in Geld vor (»Differenzhaftung«). Maßgeblich für die Feststellung der Überbewertung ist der Zeitpunkt der Anmeldung der Gesellschaft zum HReg; vgl. auch § 9 c S. 2. Für die Bewertung maßgeblich ist der wirkliche Wert (§ 240 HGB; Verbot der Unterpari-Emission). Str. ist, ob den Gesellschaftern ein Bewertungsspielraum zusteht. Diese Frage bejaht BGHZ 68, 191, 196. Die Frage wird verneint von Hachenburg/Ulmer, § 9 Anm. 13 und Karsten Schmidt, GmbHRdsch. 1978, 5, 8[15].
Obgleich § 5 IV nur die Sacheinlage erwähnt, gelten die Vorschriften über die Sachgründung auch, wenn eine **Sachübernahme** in der Weise vereinbart wird, daß die Gesellschaft einen Vermögenswert (von einem Gesellschafter oder einem Dritten) übernimmt und die Vergütung mit der Bareinlagepflicht eines Gesellschafters verrechnet wird. Erfolgt die Sachübernahme ohne Verrechnung der Vergütung mit der Einlagepflicht eines Gesellschafters, so gelten die Vorschriften über die Sachgründung nicht[16].
Sowohl Bar- als auch Sacheinlagen müssen zur freien Verfügung der Geschäftsführer stehen (§§ 8 II, 7 II, III). Die Zahlung eines Gesellschafters auf ein debitorisches Konto der Gesellschaft steht dem Grundsatz der freien Verfügbarkeit grundsätzlich nicht entgegen[17].
Soll **Gründungsaufwand** oder **Gründerlohn** zu Lasten der GmbH an Gründer oder sonstige Personen gezahlt werden, so ist dies in die Satzung aufzunehmen; § 26 II AktG analog; vgl. BGHZ 107, 1, 6.

Die strengen Vorschriften für die Sachgründung verleiten zu Umgehungsversuchen etwa dadurch, daß eine Bareinlage übernommen, gleichzeitig ein Verkehrsgeschäft, z. B. ein Kaufvertrag, zwischen dem Gesellschafter und der Gesellschaft abgeschlossen und die dem Gesellschafter daraus gegen die Gesellschaft zustehende Forderung aus der geleisteten Bareinlage beglichen wird (verschleierte oder verdeckte Sacheinlage). Durch den Vollzug eines derartigen Geschäftes wird die Bareinlagepflicht des beteiligten Gesellschafters nicht erfüllt. Das gilt nicht nur für die schon »klassischen« Fälle verdeckter Sacheinlagen

13 Vgl. *Karsten Schmidt*, Gesellschaftsrecht, § 20 III 4, S. 585; § 37 II 3, S. 1119; vgl. auch BGHZ 68, 191 für die Rechtslage vor der GmbH-Novelle 1981.
14 Zu den Problemen bei der Sachgründung *Günthner*, NJW 1975, 524; *Sudhoff/Sudhoff*, Die Sacheinlage bei der Gründung einer GmbH, NJW 1982, 129; *v. Rössing*, Die Sachgründung nach der GmbH-Novelle 1980, 1984.
15 Zur früheren Rechtslage vgl. BGH, NJW 1977, 1196.
16 Vgl. *Hueck* in *Baumbach/Hueck*, § 5 Anm. 16, 17.
17 Vgl. BGH, NJW 1991, 226 und 1294.

durch sog. »Hin- und Herzahlen«, sondern auch für »jedes andere Leistungsverhalten, das dem Normzweck des § 19 V zuwiderläuft, die auf Publizität und Wertdeckungskontrolle zielenden Sacheinlageregelungen gegen **Umgehungen** abzusichern« (BGHZ 132, 133). Der BGH hat in dieser Entscheidung (unter ausführlicher Auswertung der in der Lit. vertretenen Ansichten) die **Heilung** einer verdeckten Sacheinlage auch nach Eintragung der Gesellschaft bei Neugründung bzw. einer Kapitalerhöhung ins HReg zugelassen, wenn die (Rest-)Bareinlage durch satzungsändernden Beschluß (im Wege der Änderung der Einlagendeckung) in eine Sacheinlage umgewandelt wird[18].

bb) Im Gegensatz zur Satzung einer AG (vgl. § 23 V AktG) kann der Gesellschaftsvertrag im Rahmen zwingenden Rechts beliebige weitere Regelungen enthalten **(Gestaltungsfreiheit).** Mit dem Abschluß (Errichtung) des Gesellschaftsvertrages entsteht die Vor-GmbH; vgl. oben B I 5 sowie unten 5. Zur Rechtsscheinhaftung der Vor-GmbH vgl. OLG Celle, GmbHRdsch. 1990, 398.

b) Durch den Gesellschaftsvertrag oder durch nachfolgenden Beschluß (vgl. dazu BGHZ 80, 212) der Gesellschafter ist **mindestens ein Geschäftsführer** zu bestellen.

c) Erforderlich ist weiter die **Einzahlung** von 1/4 der Bareinlagen (§ 7 II 1) **und Einbringung** der gesamten Sacheinlagen und Sachübernahmen (§ 7 III). Insgesamt muß mindestens so viel eingezahlt sein, daß der Gesamtbetrag der geleisteten Bareinlagen zuzüglich des Gesamtbetrags der Stammeinlagen, für die Sacheinlagen geleistet sind, die Hälfte des Mindeststammkapitals (§ 5 I) erreicht (§ 7 II 2). Die Einlagen müssen in das Vermögen der Vorgesellschaft gelangen[19] und endgültig der freien Verfügung des Geschäftsführers unterliegen (vgl. § 8 II). D. h., die Einleger müssen ihre Verfügungsmacht endgültig und ohne Beschränkung oder Vorbehalt zugunsten der Vorgesellschaft aufgeben[20]. Auch eine Leistung der Einlage vor Fälligkeit hat befreiende Wirkung[21]. Bei der **Einmanngründung** ist zusätzlich zur geleisteten Mindesteinlage für den übrigen Teil der Geldeinlage eine Sicherheit zu bestellen (§ 7 II 3; vgl. auch unten 5). Gleiches gilt, wenn sich alle Geschäftsanteile nachträglich in der Hand eines Gesellschafters vereinigen (vgl. § 19 IV). Wem gegenüber die Sicherheit bei der Einmanngründung zu bestellen ist, läßt sich dem Gesetz nicht entnehmen. In Frage käme die Vorgesellschaft, wenn man ihr insoweit Rechtsfähigkeit zuerkennt (vgl. oben B I 5 b) oder die künftige GmbH; vgl. unten 5.

---

18 Vgl. dazu auch oben K II 2 d gg; zum Problem der sog. »verschleierten« Sacheinlage vgl. BGHZ 28, 314; 125, 141; 132, 133; 132, 141; *Ulmer*, Verdeckte Sacheinlage im Aktien- und GmbH-Recht, ZHR 154 (1990), 128; *Grunewald*, Rechtsfolgen verdeckter Sacheinlagen, FS f. Rowedder, 1994, S. 111; *Brauer*, BB 1997, 269; *Krieger*, ZGR 1996, 674 (zur Heilung).

19 OLG Hamm, GmbHRdsch. 1985, 326.

20 Vgl. *Hueck* in *Baumbach/Hueck* § 7 Anm. 5 a; BGHZ 113, 335, 348 f.

21 Vgl. BGHZ 105, 300.

d) Sodann wird die Gesellschaft zur **Eintragung ins HReg angemeldet** (§ 7 I). Das Registergericht prüft die Ordnungsmäßigkeit des Gründungsvorganges, insbes. das Vorliegen der in § 8 I genannten Unterlagen (zu Nr. 6: Die Eintragung in die Handwerksrolle ist eine »staatliche Genehmigung« i. S. dieser Vorschrift; BGHZ 102, 109) und der in § 8 II, III genannten Versicherungen (§ 9 c I 1). Der Registerrichter hat auch zu prüfen, ob die Mindesteinlage eingezahlt ist und zur freien Verfügung des Geschäftsführers steht und ob das Stammkapital bereits mit Verbindlichkeiten belastet ist[22]. Bei Sacheinlagen kann das Gericht die Eintragungen auch bei unverhältnismäßiger Überbewertung der einzubringenden Gegenstände ablehnen (§ 9 c I 2)[23]. Zur Einschränkung des Ablehnungsrechts vgl. § 9 c II.

e) Verläuft die Prüfung positiv, so ist die Gesellschaft in das HReg einzutragen. **Mit der Eintragung entsteht die GmbH** »als solche«, d. h. als juristische Person (§ 11 I), die Eintragung ist also wie bei der AG konstitutiv; sie ist bekannt zu machen (vgl. § 10 III). Hat der Registerrichter Zweifel am Vorliegen der Eintragungsvoraussetzungen, **kann** er die Anmelder durch Zwischenverfügung zu weiteren Angaben oder zur Vorlage weiterer Unterlagen auffordern. Leidet die Anmeldung an behebbaren Mängeln, so **ist** den Anmeldern durch Zwischenverfügung Gelegenheit zu ihrer Behebung zu geben; eine Frist kann gesetzt werden (§ 26 S. 2 HRV). Werden die Zweifel nicht ausgeräumt oder die Mängel nicht behoben, so hat das Gericht die Eintragung abzulehnen. Gegen die Entscheidungen des Gerichts (Zwischenverfügung, Ablehnung der Eintragung) ist Beschwerde möglich (§ 19 FGG).

3. Mängel der Gründung

Literatur: *Anton*, Nichtige GmbH-Satzung, GmbHRdsch. 1973, 75; *Immenga*, Die Problematik der Anfechtungsklage im GmbH-Recht, GmbHRdsch. 1973, 5.

a) Für **Mängel der Beteiligungserklärung** gilt entsprechendes wie bei der AG (vgl. oben K II 3); sie können grundsätzlich nicht mehr geltend gemacht werden, wenn die Gesellschaft nach außen in Erscheinung getreten ist[24]. Eine Ausnahme gilt für Personen, deren Schutz Vorrang genießt. Geschäftsunfähige können daher, wenn sie selbst die entsprechenden Erklärungen abgegeben haben, nicht Gesellschafter werden[25]. Für Mängel (z. B. Anfechtbarkeit) bei rechtsgeschäftlicher Übertragung eines Geschäftsanteils gelten die allgemeinen Vorschriften des BGB (z. B. § 142 BGB)[26].

22 BayObLG, NJW 1988, 1599; BGHZ 80, 129, 143; 80, 182, 184 f.

23 Vgl. zur materiellen Prüfungspflicht des Registerrichters *Ammon*, DStR 1995, 1311; *Hueck* in *Baumbach/Hueck*, § 9 c Anm. 2; *Wernicke*, BB 1986, 1869; vgl. auch *Groß*, Ordnungsmäßigkeit einer Satzung der GmbH – Zur Prüfungspflicht des Registergerichts nach § 9 c GmbHG, Rpfleger 1983, 213.

24 Vgl. z. B. BGHZ 55, 5, 8 f.; BGH, BB 1982, 1325; *Karsten Schmidt*, Gesellschaftsrecht, § 6 V S. 167 ff.

25 Vgl. BGH, NJW 1992, 1503; *Raiser*, § 26 Rdz. 98; *Hueck* in *Baumbach/Hueck*, § 2 Anm. 38 ff.

26 BGH, NJW 1990, 1915; dazu *Grunewald*, ZGR 1991, 452 ff.

b) **Mängel des Gesellschaftsvertrages** selbst können nach Eintragung der Gesellschaft nur nach Maßgabe des § 75 geltend gemacht werden, d. h. nur, wenn die Bestimmungen über die Höhe des Stammkapitals oder über den Gegenstand des Unternehmens in der Satzung fehlen bzw. wenn letztere Bestimmung nichtig ist. Ist die Bestimmung über den Gegenstand des Unternehmens mangelhaft, so kann dieser Mangel durch einstimmigen Gesellschafterbeschluß geheilt werden (§ 76).

Die **Geltendmachung der Nichtigkeit** erfolgt durch Gestaltungsklage; §§ 246 II-IV, 248 I AktG gelten entsprechend (§ 75 II). Auf § 246 I AktG ist nicht verwiesen, so daß die dort festgelegte Ausschlußfrist von einem Monat nicht gilt. Das Klagerecht kann aber verwirkt werden[27]. Klageberechtigt ist jeder Gesellschafter, jeder Geschäftsführer und jedes Mitglied des Aufsichtsrats, wenn ein solcher besteht (§ 75 I). Wird die Nichtigkeit der Gesellschaft rechtskräftig festgestellt, wird die Nichtigkeit in das HReg eingetragen; anschließend findet die Abwicklung nach den Vorschriften wie bei Auflösung statt (§§ 77 I, 65 ff.).

Eine GmbH kann auch nach § 144 I 2 FGG als nichtig gelöscht, nach §§ 141 a, 144 a IV, 144 b von Amts wegen aufgelöst werden (vgl. auch § 60 I Nr. 6 und 7).

4. Ersatzansprüche der Gesellschaft

In Anlehnung an §§ 46 ff. AktG sieht auch das GmbHG in §§ 9 a, b Ersatzansprüche der Gesellschaft vor, wenn zum Zweck der Gründung falsche Angaben gemacht oder die Gesellschaft von Gesellschaftern durch Einlagen oder Gründungsaufwand schuldhaft geschädigt wurde **(Gründerhaftung).** Diese Ersatzpflicht trifft auch eventuelle Hintermänner (§ 9 a IV). Auch Schadensersatzansprüche nach den allgemeinen Vorschriften können entstehen, z. B. nach §§ 826, 823 II BGB i. V. m. § 82 I Nr. 1, 2 und 4.

5. Die Einmanngesellschaft, insbes. die Einmanngründung

Literatur: *Bode*, Die gescheiterte Gründung der Einmann-GmbH, 1994; *Brinkmann*, Begrenzte Haftung bei der Einmann-GmbH in Gründung, GmbHRdsch. 1982, 269; *Heinrich*, Besonderheiten der Einpersonen-Gründung, Münchener Handbuch des Gesellschaftsrechts III, 1996, § 10; *Hueck* in: *Baumbach/Hueck*, § 11 Anm. 35 ff.; *Hachenburg/Ulmer*, § 1 Anm. 40 ff.; *John*, Die doppelstöckige Einmann-GmbH-Gründung, BB 1985, 626; *ders.*, Die Gründung der Einmann-GmbH, 1986; *Kreutz*, Von der Einmann- zur »Keinmann«-GmbH?, FS f. Stimpel, 1985, S. 379; *Karsten Schmidt*, Zur Rechtslage der gescheiterten Einmann-Vor-GmbH, GmbHRdsch. 1988, 89; *Ulmer/Ihrig*, Die Rechtsnatur der Einmann-Gründungsorganisation. Ein Beitrag zum Gründungsrecht der Einmann-GmbH, GmbHRdsch. 1988, 373. Vgl. auch die Angaben oben bei B I 5.

a) Anders als bei Personengesellschaften (vgl. oben C IV 1 h) bleibt die GmbH (ebenso wie die AG) als juristische Person bestehen, auch wenn sich alle Mitgliedschaftsrechte in einer Hand vereinigen (**Einmanngesellschaft**). Die Zulässigkeit der Einmanngesellschaft ist heute in Lit. und Rspr. einhellig aner-

27 Vgl. *Schulze-Osterloh* in *Baumbach/Hueck*, § 75 Anm. 18; zur ähnlichen Problematik bei Anfechtungsklagen gegen Beschlüsse der Gesellschafter vgl. unten IV 2 c.

kannt; auch der Gesetzgeber geht von ihr aus (vgl. oben B I 1 a bb). § 1 sieht sogar die Möglichkeit der Gründung einer GmbH durch einen Gründer vor. Dies entspricht der 12. gesellschaftsrechtlichen EG-Richtlinie vom 21. 12. 1989, die durch Gesetz vom 18. 12. 1991 (BGBl. I S. 2206) in nationales Recht umgesetzt wurde (vgl. dazu Schimmelpfennig/Hauschka, NJW 1992, 942). Das Gesetz regelt nur einige wenige Einzelheiten der Einmann-GmbH ausdrücklich (vgl. §§ 19 IV, 35 IV, 48 III, 56 a).

Die **Einmanngesellschaft** unterliegt nach ihrer Eintragung im HReg allen Vorschriften über die GmbH, sie **ist juristische Person,** sie muß die gesetzlich vorgeschriebenen Organe haben. Besonderheiten: § 48 III: Niederschrift über die »Entschlüsse« des einzigen Gesellschafters; § 35 IV: Insichgeschäfte des Gesellschaftergeschäftsführers einer Einmann-GmbH.

b) Für die **Einmanngründung** enthält das Gesetz, sieht man von ihrer Zulassung in § 1 ab, nur eine der Sicherung der Kapitalaufbringung dienende Vorschrift in § 7 II 3. Wesentliche Probleme sind durch das Gesetz nicht gelöst. Gesetzlich nicht geregelt ist etwa die Begründung und Zuordnung eines Gesellschaftsvermögens vor Eintragung, die Haftungsverhältnisse vor Eintragung und die Frage, ob und wie die im Gründungsstadium im Namen der Vor-GmbH begründeten Rechte und Pflichten auf die GmbH übergehen.

aa) Zur Gründung ist an Stelle des Abschlusses eines notariell beurkundeten Gesellschaftsvertrags (§ 2 I) eine einseitige **Errichtungserklärung** des Gründers erforderlich. Es handelt sich dabei um ein einseitiges Rechtsgeschäft, das mit seiner notariellen Beurkundung wirksam wird (Organisationsakt).

bb) Während nach überwiegender Auffassung bei der Gründung durch mehrere Personen mit der notariellen Beurkundung des Gesellschaftsvertrags, die auch die Übernahme sämtlicher Stammeinlagen (Geschäftsanteile, vgl. § 14) einschließt (vgl. § 5 II, III 3), die **Vor-GmbH** (Gründungsgesellschaft) als (teil-) rechtsfähiges Zuordnungssubjekt, eine Vereinigungsform sui generis, entsteht, ist dies bei der Einmanngründung fraglich (vgl. oben B I 5 b). Ein Teil der Lehre hält auch die Gründerorganisation bei der Einmanngründung für (teil-) rechtsfähig[28]. Nimmt man dies an, so ist eine klare rechtliche Trennung der Rechte und Verbindlichkeiten der Vor-GmbH von denen ihres Alleingesellschafters und eine eigenständige Haftung der Vor-GmbH für »ihre« Verbindlichkeiten erreicht. Ein anderer Teil der Lehre nimmt nur ein organisatorisch verselbständigtes Sondervermögen an, dessen Träger der Gründer bleibt[29]. Der

---

28 Vgl. *Karsten Schmidt*, NJW 1980, 1769; *ders.*, ZHR 145 (1981), 540, 556; *ders.*, Gesellschaftsrecht, § 40 II 2, S. 1241: Die Vor-GmbH ist bereits Träger von Rechten und Verbindlichkeiten; *John*, BB 1982, 507, 513; *Raiser*, § 26 Rdz. 58: vorläufige Rechtsfähigkeit.

29 Vgl. *Flume*, Die juristische Person, S. 172; *ders.*, DB 1980, 1781, 1783; *Hachenburg/Ulmer*, § 11 Anm. 17; *Ulmer/Ihrig*, GmbHRdsch. 1988, 373; wohl auch *Hueck* in *Baumbach/Hueck*, § 11 Anm. 37; *Hueck*, § 35 IV 2 a cc.

Einmanngründer ist nach dieser Auffassung Schuldner der im Namen der Vor-GmbH begründeten Verbindlichkeiten. Fraglich ist, ob seine Haftung auf das Sondervermögen der Vor-GmbH beschränkt ist[30], oder ob er unbeschränkt, d. h. auch mit seinem Privatvermögen haftet[31]. Lehnt man die (Teil-) Rechtsfähigkeit der Vor-GmbH ab, so kann, da auch eine Gesamthandsgemeinschaft der Gründer nicht besteht, eine Haftungsbeschränkung auf das »Sondervermögen« der Vor-GmbH nicht begründet werden. Da der Alleingründer auch Inhaber des Vermögens »der Vor-GmbH« bleibt, steht auch dieses »Sondervermögen« dem Zugriff seiner persönlichen Gläubiger offen[32]. Nach der klaren gesetzlichen Regelung ist für die rechtliche und haftungsmäßige Trennung von Gesellschaftsvermögen und Vermögen des Gesellschafters die Eintragung der Gesellschaft in das HReg Voraussetzung (§ 13 II), so daß vorher die Haftung »der Gesellschaft« nicht auf das Gesellschaftsvermögen beschränkt sein kann. Angesichts dieses Befundes ist es zutreffend, wenn der BGH das von ihm entwickelte sog. Innenhaftungskonzept auf die Einmann Vor-GmbH nicht anwenden will (vgl. BGHZ 134, 333, 341 und oben B I 5 b bb).

cc) Fraglich ist auch, ob die von der Rspr. bei Gründung der GmbH durch mehrere Gründer vertretene konsequente **Identitätstheorie** und der damit begründete Übergang aller Rechte und Verbindlichkeiten der Vor-GmbH auf die eingetragene GmbH auf die Einmanngründung anwendbar ist (vgl. dazu oben B I 5 c). Für die Aktiva des bereits vor Eintragung entstandenen Sondervermögens (§ 7 II 1 und 2, III) sowie für die Rechte aus der nach § 7 II 3 geforderten Sicherheitsleistung dürfte dies zu bejahen sein. Die Gesamtrechtsnachfolge der eingetragenen GmbH scheitert jedenfalls nicht am Fehlen einer Gründer-Gesamthandsgemeinschaft, wie § 214 i. V. m. § 202 UmwG (Gesamtrechtsnachfolge in das einzelkaufmännische Unternehmen) zeigt[33]. Fraglich ist, ob dies auch für die Verbindlichkeiten gilt. Soweit diese auf einem Handeln für die künftige GmbH beruhen (§ 11 II), wird auch das zu bejahen sein, da der Gläubiger mit Übergang der Verbindlichkeiten auf die GmbH den Schuldner erhält, von dem er bei Abschluß des Rechtsgeschäfts ausgegangen ist. Nimmt man, entgegen der hier vertretenen Ansicht, an, daß auch die Einmann-Vor-GmbH selbst Träger der in ihrem Namen begründeten Verbindlichkeiten ist, muß man auch annehmen, daß diese mit Eintragung auf die GmbH übergehen. Den Alleingründer trifft dann die vom BGH entwickelte Differenzhaftung als reine Innenhaftung der Gesellschaft gegenüber (vgl. dazu oben B I 5 c cc). Verneint man die (Teil-) Rechtsfähigkeit der Einmann-Vor-GmbH, so verpflichten die in ihrem Namen einge-

30 So *Fleck*, GmbHRdsch. 1983, 5, 17; *Hueck* in *Baumbach/Hueck*, § 11 Anm. 40.
31 So *Flume*, NJW 1981, 1756.
32 *Hachenburg/Ulmer*, § 11 Anm. 68, hält allerdings die Abwehr von Vollstreckungsmaßnahmen für möglich.
33 *Hachenburg/Ulmer*, § 11 Anm. 78.

gangen Verbindlichkeiten den Gründer; er haftet mit seinem gesamten Vermögen. Verbindlichkeiten können dann nur durch Schuldübernahme nach §§ 414 ff. BGB auf die eingetragene GmbH übergeleitet werden.

dd) Die Frage, wie und wem die in § 7 II 3 vorgeschriebenen **Einlagen zu bewirken** sind und wie die angeordnete **Sicherheitsleistung gestellt** werden kann, ist leicht zu beantworten, wenn man der Einmann Vor-GmbH (Teil-) Rechtsfähigkeit zuerkennt. Lehnt man dies ab, entstehen Probleme. Sieht man in dem Vermögen »der Einmann Vor-GmbH« nur ein Sondervermögen des Alleingründers, bleibt dieser Inhaber der von ihm dem Sondervermögen zugeführten Vermögensgegenstände, auch wenn im Interesse der Sicherung der Kapitalaufbringung eine deutliche Absonderung vom Privatvermögen des Gründers erfolgt ist. Bei Bareinlagen kann dies etwa durch Gutschrift auf ein auf den Namen der (Vor-) Gesellschaft lautendes Konto oder auf ein Notar-Anderkonto erfolgen. Bei Einbringung eines Unternehmens ist eine Übersicht über die einzubringenden Vermögensgegenstände aufzustellen, um diese individualisieren zu können. Bei Grundstücken käme eine Auflassungsvormerkung zugunsten der künftigen GmbH in Frage. Was die Sicherheitsleistung anlangt, so entfällt die Möglichkeit einer vertraglichen Bestellung zwischen Gründer und Vor-GmbH, wenn dieser die Rechtsfähigkeit nicht zuerkannt wird. In Frage käme hingegen eine Hinterlegung, eventuell auch eine Bürgschaftserklärung gegenüber und zugunsten der künftigen GmbH, die diese nach Eintragung annehmen kann[34].

III. Stammkapital, Stammeinlage, Geschäftsanteil

Literatur: *Fleck*, Grundsatz der Kapitalerhaltung – seine Ausweitung und seine Grenzen, FS 100 Jahre GmbH-Gesetz, 1992, S. 391; *Priester*, Kapitalaufbringung, FS 100 Jahre GmbH-Gesetz, 1992, S. 159; *Ulmer*, Die GmbH und der Gläubigerschutz, GmbHRdsch. 1984, 256.

Vorbemerkungen

Die Einführung des Euro am 1. 1. 1999 machte es erforderlich, die bisher im GmbHG vorgesehenen DM-Beträge auf Euro umzustellen. Diese Umstellung ist durch Art. 3 § 3 Euro-Einführungsgesetz (EuroEG) vom 9. 6. 1998 (BGBl. I S. 1242) mit Wirkung vom 1. 1. 1999 erfolgt. Das GmbHG wurde dadurch in einer Reihe von Vorschriften geändert (vgl. die Zusammenstellung im Schönfelder Nr. 52, GmbHG, S. 1). Besonders wichtig sind die Änderungen in den §§ 5 und 47 II. Das Stammkapital muß danach auf 25 000 Euro (vorher DM 50 000,–) lauten, die Stammeinlage jedes Gesellschafters muß mindestens

34 Zu diesen Fragen vgl. ausführlich *Hachenburg/Ulmer*, § 7 Anm. 59 ff.; vgl. auch OLG Celle, GmbHRdsch. 1985, 195.

100 Euro (vorher DM 500,–) betragen (§ 5 I). Höhere Stammeinlagen müssen in Euro durch 50 (vorher in DM durch 100) teilbar sein (§ 5 III 2). § 86 EGGmbHG i. d. F. des Art. 3 § 3 EuroEG enthält detaillierte Übergangsbestimmungen. Vgl. Schneider, Die Anpassung des GmbH-Rechts bei Einführung des Euro, NJW 1998, 3158, 3159.

1. Das Stammkapital

Das Stammkapital bei der GmbH entspricht dem Grundkapital bei der AG. Es ist ein ziffernmäßig fixierter Betrag von mindestens 25 000 Euro (§ 5 I), der im Gesellschaftsvertrag festzulegen ist (§ 3 I Nr. 3) und nur durch Satzungsänderung (vgl. §§ 53, 55, 58) verändert werden kann. Es ist mangels persönlicher Haftung der Gesellschafter für die Verbindlichkeiten der Gesellschaft (§ 13 II) eine Art **Garantiesumme** für die Gläubiger, aber nicht identisch mit dem Gesellschaftsvermögen, das höher (Gewinn) oder niedriger (Verlust) sein kann. Das Gesetz versucht aber sicherzustellen, daß die GmbH bei Gründung mindestens ein Vermögen in Höhe des Stammkapitals bekommt (Grundsatz der Kapitalaufbringung) und daß dieses während der Dauer der Gesellschaft erhalten bleibt (Grundsatz der Kapitalerhaltung).

a) **Kapitalaufbringung.** Die Gründer müssen alle Stammeinlagen übernehmen, d. h. sich zur Leistung von Beiträgen verpflichten, die zusammen mindestens der Höhe des Stammkapitals entsprechen (§ 5 III 3). Die Einlagen können auch in anderen Vermögensgegenständen als Geld bestehen (Sachgründung; §§ 5 IV; 19 V; vgl. oben II 2 a aa). Mindesteinlage: Sacheinlagen vollständig, Bareinlagen zu 1/4, insgesamt (Bar- plus Sacheinlagen) die Hälfte des Mindeststammkapitals (§ 7 II, III; vgl. oben II 2 c); die Mindesteinlage ist vor Anmeldung zur Eintragung zu leisten. **Beispiel**: Beträgt das Stammkapital 50 000 Euro, wobei 15 000 Euro als Sacheinlage, die restlichen 35 000 Euro als Bareinlage vereinbart sind, so beläuft sich die Mindesteinlage nach § 7 II 1 auf 8 750 Euro, die nach § 7 III auf 15 000 Euro. Um die Mindestgesamtleistung von 25 000 Euro zu erreichen, sind weitere 1 250 Euro an Bareinlage zu leisten.

Die Stammeinlageverpflichtung eines Gesellschafters wird auch dann getilgt, wenn die entsprechende Überweisung nicht von seinem Privatkonto, sondern vom Konto einer von ihm beherrschten Gesellschaft erfolgt[35].

Von der Verpflichtung der Einlageleistung können die Gesellschafter, abgesehen vom Fall der Kapitalherabsetzung, nicht befreit werden; sie können nicht gegen den Anspruch der Gesellschaft aufrechnen. Die Geltendmachung eines Zurückbehaltungsrechtes ist beschränkt (vgl. § 19 II 3). Bei Vereinigung aller Geschäftsanteile in einer Hand innerhalb von 3 Jahren nach Eintragung der Gesellschaft sind die Bareinlagen voll einzuzahlen oder Sicherheit zu leisten oder ein Teil der Geschäftsanteile an einen Dritten zu übertragen

35 Vgl. OLG Frankfurt am Main, GmbHRdsch. 1991, 102; zur Leistung der Stammeinlage vgl. auch OLG Köln, WM 1984, 740.

(§ 19 IV). Säumige Gesellschafter können ausgeschlossen werden (Kaduzierung, § 21)[36]. Das gilt auch, wenn eine Sacheinlagepflicht nicht erfüllt wird und deshalb die Bardekkungspflicht eingreift (vgl. oben II 2 a aa)[37]. Jeder Rechtsvorgänger eines ausgeschlossenen Gesellschafters haftet der Gesellschaft für den noch offenen Betrag (§ 22).

Anders als bei der AG haben die übrigen Gesellschafter nach dem Verhältnis ihrer Geschäftsanteile für die Leistung der Einlagen, die von anderen Barzahlungspflichtigen nicht erlangt und auch durch Verkauf des betreffenden Geschäftsanteils (§ 23) nicht gedeckt werden können, aufzukommen (§ 24, **»Ausfallhaftung«**)[38].

Als Sicherung des Grundsatzes der Kapitalaufbringung kann auch die vom BGH unter Aufgabe des Vorbelastungsverbotes entwickelte Differenzhaftung der Gründer nach Eintragung der Gesellschaft angesehen werden (vgl. BGHZ 80, 129, 141 sowie oben B I 5 c).

b) **Kapitalerhaltung**[39]. Das zur Erhaltung des Stammkapitals erforderliche Vermögen darf an die Gesellschafter nicht ausgezahlt werden (§ 30 I)[40]. Deshalb ist das Stammkapital in voller Höhe auf der Passivseite der Bilanz einzustellen (so daß verteilungsfähiger Gewinn [§ 29 I] nur ausgewiesen wird, wenn das Vermögen das Stammkapital übersteigt), und es besteht eine **Rückzahlungspflicht**, wenn Zahlungen entgegen § 30 an die Gesellschafter geleistet werden, die das zur Erhaltung des Stammkapitals der Gesellschaft erforderliche Vermögen schmälern (§§ 31 I, 30).

Auch der **Erwerb eigener Geschäftsanteile**[41] kann die Erhaltung eines dem Stammkapital entsprechenden Vermögens gefährden: Deshalb ist der Erwerb nicht voll eingezahlter Geschäftsanteile verboten (§ 33 I), der Erwerb voll eingezahlter Geschäftsanteile beschränkt (§ 33 II). Gleiches gilt für die Inpfandnahme. Die **Einziehung** von Geschäftsanteilen (Amortisation) ist nur zulässig, wenn sie der Gesellschaftsvertrag vorsieht. Zwangsweise darf sie nur erfolgen, wenn die Voraussetzungen dafür im Gesellschaftsvertrag bereits zu dem Zeitpunkt festgelegt waren, zu dem der einzuziehende Anteil vom jetzigen Inhaber erworben wurde (§ 34); sie wird gelegentlich beim Tod eines Gesellschafters[42] und bei Pfändung eines Geschäftsanteils[43] im Gesellschaftsvertrag vorgesehen. Vgl. auch unten V 1 b.

---

36 Vgl. *Karsten Schmidt*, Gesellschaftsrecht, § 37 II 5, S. 1124 ff.; BGH, NJW 1977, 2316; 1983, 2880; *Paulick*, GmbHRdsch. 1978, 121; *Hörstel*, NJW 1994, 965.

37 Vgl. *Karsten Schmidt*, Gesellschaftsrecht, § 37 II, S. 1125; *Hueck* in *Baumbach/Hueck*, § 21 Anm. 3.

38 Vgl. dazu *Karsten Schmidt*, Summenmäßige Grenzen der Haftung von Mitgesellschaftern aus rückständigen Einlagen (§ 24 GmbHG) und verbotene Ausschüttung (§ 31 III GmbHG), BB 1985, 154; KG, GmbHRdsch. 1993, 647; BGHZ 132, 390.

39 Vgl. dazu *Joost*, Grundlagen und Rechtsfolgen der Kapitalerhaltungsregeln in der GmbH, ZHR 148 (1984), 27; *Götte*, DStR 1997, 1495.

40 Zum Kapitalerhaltungsgrundsatz vgl. BGH, GmbHRdsch. 1982, 181; 1986, 113; 1987, 187; vgl. auch *Röhrkasten*, Die Rückzahlung des Stammkapitals, GmbHRdsch. 1974, 36; *v. Gerkan*, Erhaltung des Stammkapitals, GmbHRdsch. 1986, 218.

41 Vgl. dazu *Burckhardt*, Der Erwerb der eigenen Aktien und Stammanteile, 1983; BGH NJW 1997, 196.

42 Vgl. *Finger*, GmbHRdsch. 1975, 97; *Habersack*, ZIP 1990, 625; vgl. auch unten V 1 b.

43 Vgl. BGHZ 65, 22; zu den Voraussetzungen des Ausschlusses eines Gesellschafters und der Einziehung seines Gesellschaftsanteils vgl. BGH, NJW-RR 1991, 1249; OLG Hamburg, GmbHRdsch. 1996, 610; *Lutter*, GmbHRdsch 1997, 1134.

c) Zwecks zusätzlicher Sicherung der Gläubiger schreiben die §§ 32 a und 32 b die Behandlung von **Gesellschafterdarlehen**, aber auch von **Darlehen Dritter** unter bestimmten Voraussetzungen, als **Eigenkapital** der Gesellschaft vor, wenn über das Gesellschaftsvermögen das Insolvenzverfahren eröffnet wird[44]. Für die Abgrenzung der nach wie vor zulässigen normalen Gesellschafterdarlehen von den kapitalersetzenden Darlehen stellt § 32 a I darauf ab, ob im Zeitpunkt der Darlehensgewährung ein ordentlicher Kaufmann statt des Darlehens Eigenkapital zugeführt hätte. Das ist z. B. der Fall, wenn zu diesem Zeitpunkt kein Kredit zu marktüblichen Bedingungen zu erhalten gewesen wäre[45]. Die Regelung gilt entsprechend, wenn ein Gesellschafter sein (der zunächst wirtschaftlich gesunden Gesellschaft gegebenes) Darlehen »stehen« läßt, die Gesellschaft dann aber notleidend wird[46]. Wirtschaftlich gleich zu behandelnde Sachverhalte regelt § 32 a II und III in entsprechender Weise[47]. Neuerdings haben die Regeln über den Eigenkapitalersatz gewisse Einschränkungen erfahren (§ 32 a III 2, 3). Zur Haftung eines Gesellschafters, der eine Sicherung bestellt hatte oder als Bürge haftet, für bereits zurückbezahlte Darlehen vgl. § 32 b[48]. Der Erhaltung des Stammkapitals dient auch § 43 a, der eine Beschränkung der Kreditgewährung an Geschäftsführer, andere gesetzliche Vertreter, Prokuristen und bestimmte Handlungsbevollmächtigte vorsieht[49].

d) **Änderungen des Stammkapitals** können sich durch **Kapitalerhöhung** oder **-herabsetzung** ergeben. Dazu bedarf es einer Änderung des Gesellschaftsvertrages, §§ 53 ff.[50]. Die **Kapitalerhöhung aus Gesellschaftsmitteln**

---

44 Zum früheren Recht vgl. BGH, GmbHRdsch. 1980, 28 sowie BGHZ 81, 252, 311, 365; zum neuen Recht vgl. BGH, NJW 1985, 2719; *Claussen*, Kapitalersetzende Darlehen und Sanierung durch Kreditinstitute, ZHR 147 (1983), 195; *ders.*, Zeitwende im Kapitalersatzrecht, GmbHRdsch. 1994, 9; *Fischer/Lepper*, ZIP 1986, 1; *v. Gerkan*, Zum Stand der Rechtsentwicklung für die kapitalersetzenden Gesellschafterleistungen, GmbHRdsch. 1990, 384; *ders.*, Das Recht des Eigenkapitalersatzes in der Diskussion, ZGR 1997, 173; *Hommelhoff*, Der praktische Fall: Eigenkapitalersatzes Gesellschafterdarlehen, JuS 1989, 643; *Lutter*, Neues zum Gesellschafterdarlehen?, ZIP 1989, 477; *Mayer*, Kapitalersetzende Darlehen im GmbH-Recht aus handels- und konkursrechtlicher Sicht, BB 1990, 1935; *Mincke*, Kreditsicherung und kapitalersetzende Darlehen, ZGR 1987, 521; *Müller*, Das kapitalersetzende Gesellschafterdarlehen, Jura 1985, 337; *Karsten Schmidt*, Kapitalersetzende Gesellschafterdarlehen, Die AG 1984, 12; *Timm*, Grundfälle zu den eigenkapitalersetzenden Gesellschafterleistungen, JuS 1991, 652, 738; *Ulmer*, Umstrittene Fragen im Recht der Gesellschafterdarlehen (§ 32 a GmbHG), ZIP 1984, 1163.

45 St.Rspr; vgl. BGHZ 81, 252, 255; 119, 201, 204; vgl. zu den Indizien für die Feststellung der Kreditwürdigkeit BGH, NJW 1996, 720.

46 Vgl. BGHZ 105, 168, 185 f.; 127, 336; BGH NJW 1995, 457; 1985, 2719; OLG Hamburg, GmbHRdsch. 1991, 103.

47 Vgl. z. B. BGH, NJW 1996, 722; 1997, 740 (Bürgschaft); BGHZ 109, 55; 121, 31 (Vermietung von Wirtschaftsgütern); BGH NJW 1993, 393, 2179 (Gebrauchsüberlassung); BGHZ 127, 1; vgl. auch BGHZ 127, 17 (Nutzungsüberlassung und Verwertungsbefugnis des Konkursverwalters).

48 Zur Rechtslage vor Änderung des § 32 b durch Art. 49 Nr. 3 EGInsO vgl. BGH, NJW 1989, 3143.

49 Vgl. dazu *U. H. Schneider*, GmbHRdsch. 1982, 197; *Friedrich*, DStR 1991, 1118; *Peltzer*, FS f. Rowedder, 1994, S. 325.

50 Die Kapitalerhöhung ist auch durch Erhöhung des einzelnen Geschäftsanteils zulässig, wenn der Inhaber dieses Anteils zu den Gründern gehört, BGH, NJW 1975, 118; zum Bezugsrecht der Gesellschafter vgl. *Priester*, DB 1980, 1925; *Hommelhoff/Freytag*, DStR 1996, 1367; *Munzig*, Das gesetz-

ist nunmehr in den durch Art. 4 des Umwandlungsbereinigungsgesetzes eingefügten §§ 57 c-o geregelt. Zur **vereinfachten Kapitalherabsetzung** (um Wertminderungen auszugleichen oder sonstige Verluste zu decken) und zur Kapitalherabsetzung bei gleichzeitiger Erhöhung des Stammkapitals (**sanierende Kapitalerhöhung**; dazu Maser/Sommer, GmbHRdsch. 1996, 22) vgl. die durch das EGInsO eingefügten §§ 58 a-e; 58 f.

2. Die Stammeinlage

Der Aktie in ihrer Bedeutung als Anteil am Grundkapital entspricht die Stammeinlage. Sie stellt einen ziffernmäßig ausgedrückten **Bruchteil des Stammkapitals** dar, den jeder Gesellschafter in bar oder in Sachwerten einzulegen sich verpflichtet hat. Die Summe aller Stammeinlagen muß der Höhe des Stammkapitals entsprechen (§ 5 III 3). Die **Mindesthöhe** einer Stammeinlage ist **100 Euro** (§ 5 I); Stammeinlagen können aber unterschiedlich hoch sein, da jeder Gesellschafter (anders als der Aktionär) bei der Gründung nur eine Stammeinlage übernehmen kann (§ 5 II, III 1). Der Betrag jeder Stammeinlage muß in Euro durch 50 teilbar sein (§ 5 III 2). Die Höhe der Stammeinlage gibt unmittelbar die Höhe der Einlagepflicht des einzelnen Gesellschafters an (§ 3 I Nr. 4); sie bestimmt mittelbar aber auch (sofern die Satzung nicht anderes vorschreibt) den Anteil am Gewinn (§ 29 III), am Liquidationserlös (§ 72) und das Stimmgewicht (§ 47 II), da der Geschäftsanteil (aus dem diese Mitgliedschaftsrechte entspringen) sich nach dem Betrag der übernommenen Stammeinlage bestimmt (§ 14).

3. Der Geschäftsanteil

Der Aktie in ihrer Bedeutung als **Bündel mitgliedschaftlicher Rechte und Pflichten** entspricht bei der GmbH der Geschäftsanteil, der nach dem Betrag der übernommenen Stammeinlage bestimmt wird (§ 14). Es gibt aber keine Verkörperung dieser Mitgliedschaft in einem Wertpapier. Der Geschäftsanteil ist grundsätzlich veräußerlich und vererblich (§ 15 I). Der **rechtsgeschäftliche Übergang** vollzieht sich nach allgemeinen Grundsätzen, d. h. durch Abtretung (§§ 413, 398 BGB), die aber ebenso wie der ihr zugrunde liegende Kaufvertrag notarieller Beurkundung bedarf (§ 15 III, IV)[51]. Der gleichen Form bedarf die Abtretung eines Anspruchs auf Übertragung eines Geschäftsanteils (BGH, NJW 1980, 1100). Anteilkauf ist in der Regel Rechtskauf, so daß nur für Rechtsmängel gehaftet wird; §§ 434, 437

---

liche Bezugsrecht bei der GmbH, 1996; allgemein zur Kapitalerhöhung: *Schaeberle/Meermann*, Die Kapitalerhöhung bei einer GmbH, 1985.

51 Vgl. *Karsten Schmidt*, Die fehlerhafte Anteilsübertragung, BB 1988, 1053; *Hopt/Mössle*, Der mißlungene Anteilsverkauf, JuS 1985, 211; *Schlüter*, Veräußerung und Abtretung von GmbH-Geschäftsanteilen als Formproblem, FS f. Bartholomeyczik, 1973, S. 359.

I, 440 I BGB[52]. Handelt es sich aber wirtschaftlich um den Kauf des Unternehmens, dann gelten die Vorschriften über die Sachmängelhaftung[53]. Zum Erfordernis der vormundschaftsgerichtlichen Genehmigung bei Abtretung eines GmbH-Anteils an einen Minderjährigen vgl. BGHZ 107, 23 sowie Winkler, ZGR 1990, 131. Wird die Abtretung eines GmbH-Anteils angefochten, so gelten die Vorschriften des BGB (z. B. § 142 BGB); die Grundsätze der fehlerhaften Gesellschaft sind nicht anwendbar; vgl. oben II 3 a. Zur Haftung aus culpa in contrahendo (c. i. c.) in solchen Fällen vgl. BGH, GmbHRdsch. 1980, 204.

Bereits wegen der Regelung in § 15 III und IV ist die **Verkehrsfähigkeit** der Geschäftsanteile wesentlich **geringer** als die der Aktien, insbes. der Inhaberaktien; sie kann durch Gesellschaftsvertrag noch weiter beschränkt werden, insbes. indem die Abtretung (nicht das Kausalgeschäft) in der Satzung von der Zustimmung der Gesellschaft abhängig gemacht wird (§ 15 V: **vinkulierte** Geschäftsanteile). Die Zustimmung wird durch den Geschäftsführer erteilt, der aber im Innenverhältnis regelmäßig die Zustimmung der Gesellschafter benötigt[54]. Die Vinkulierung kann auch nachträglich eingeführt werden; erforderlich ist dann aber die Zustimmung aller betroffenen Gesellschafter[55]. Str. ist, ob die **Abtretung gänzlich ausgeschlossen** werden kann. Dafür spricht der Grundsatz der Vertragsfreiheit (RGZ 80, 175, 179); dann aber muß man ein Austrittsrecht des so gebundenen Gesellschafters aus wichtigem Grund anerkennen[56]. Die Vererblichkeit kann keinesfalls ausgeschlossen werden. Zulässig ist aber, für den Fall des Todes die Einziehung des Geschäftsanteils vorzusehen (s. oben 1 b)[57].

Der Gesellschaft gegenüber gilt bei Veräußerung nur der als Erwerber und damit Gesellschafter, dessen Erwerb der Gesellschaft angezeigt und nachgewiesen wird, § 16 I[58]. Im Gegensatz zur Aktie (vgl. § 8 V AktG) sind die Geschäftsanteile, allerdings nur im Falle der Veräußerung und Vererbung, **teilbar,** wenn der Gesellschaftsvertrag dies nicht ausschließt (§ 17 VI). Für die Veräußerung von Teilen eines Geschäftsanteils ist grundsätzlich die schriftliche Genehmigung der Gesellschaft erforderlich (§ 17 I, II); Ausnahmen in § 17 III. Unzulässig ist eine Teilung eines Geschäftsanteils, wenn die Teile in der Hand eines Gesellschafters bleiben (Teilung auf Vorrat)[59].

Möglich ist auch die Einräumung einer Unterbeteiligung an einem Geschäftsanteil, die aber nicht der Form des § 15 III bedarf. Durch die Unterbeteiligung entsteht eine bürgerlich-rechtliche Innengesellschaft zwischen

52 BGHZ 65, 246, 250 f.; BGH, NJW 1980, 2408.
53 Vgl. *Hueck* in *Baumbach/Hueck*, § 15 Anm. 7; vgl. auch BGHZ 65, 246; RGZ 63, 57, 60; *Karsten Schmidt*, Handelsrecht, 4. Aufl. 1994, § 6 II 2, 3 S. 144 ff., 148 ff.
54 BGH, NJW 1988, 2241; *Hueck* in *Baumbach/Hueck*, § 15 Anm. 41.
55 H. M.; vgl. *Hueck* in *Baumbach/Hueck*, § 15 Anm. 39 m. w. N.; *Fette*, GmbHRdsch. 1986, 73; a. M. *Lutter/Hommelhoff*, § 15 Anm. 24.
56 *Hueck* in *Baumbach/Hueck*, Anh. § 34 Anm. 15; *Scholz/Winter*, § 15 Anm. 78; vgl. auch unten V 1 b.
57 Vgl. zum Ganzen *Hueck* in *Baumbach/Hueck*, § 15 Anm. 9, 12 ff.; *Raiser*, § 30 Rdz. 30 ff.; zu einer erbrechtlichen Nachfolgeklausel vgl. BGHZ 92, 386.
58 Vgl. BayObLG, BB 1990, 85; OLG Düsseldorf, NJW-RR 1996, 607; zum Zweck der Vorschrift BGHZ 84, 47, 49.
59 Vgl. *Hueck* in *Baumbach/Hueck*, § 17 Anm. 6; OLG Frankfurt, DB 1977, 2180.

dem Unterbeteiligten und dem (Haupt-) Gesellschafter, die in mehrfacher Hinsicht der stillen Gesellschaft nahe steht[60].

IV. Die Organe der GmbH

Die GmbH wird erst durch Organe handlungsfähig. Das GmbHG schreibt aber, anders als das AktG, nur zwei Organe zwingend vor, nämlich Geschäftsführer (§ 6) und die Gesamtheit der Gesellschafter (§ 45). Der Gesellschaftsvertrag kann allerdings die Bestellung eines Aufsichtsrats vorschreiben (vgl. § 52). Nach § 77 I BetrVG 1952 muß in GmbH mit mehr als 500 ArbN, nach §§ 1, 6 MitbestG in GmbH mit in der Regel mehr als 2000 Arbeitnehmern ein Aufsichtsrat gebildet werden. Auch im Bereich der Montanindustrie ist für einer GmbH unter bestimmten Voraussetzungen ein Aufsichtsrat vorgeschrieben (§ 3 MontanMitbestG, § 3 MitbestErgG); vgl. dazu oben B VII.

Kennzeichnend ist, daß **die weitgehende Gestaltungsfreiheit** im Innenverhältnis (vgl. oben II 2 a bb) auch **für** die **Zuständigkeitsregelung zwischen den Organen** gilt. Der Vorrang des Gesellschaftsvertrages wird in § 45 ausdrücklich hervorgehoben. Nach der dispositiven gesetzlichen Regelung (§§ 46–51) liegt – auch insoweit im Gegensatz zur AG – der Schwerpunkt der Zuständigkeit bei der Gesamtheit der Gesellschafter (soweit das MitbestG nicht entgegensteht); diese haben es in der Hand, den Geschäftsbereich der Geschäftsführer, jedenfalls im Innenverhältnis, festzulegen[61].

1. Geschäftsführer

Literatur: *Brauer/Gragert*, Der GmbH-Geschäftsführer zwischen Himmel und Hölle, ZIP 1997, 2177; *Buchner*, Die Entlastung des Geschäftsführers in der GmbH – Wenig Klarheit über ein altes gesellschaftsrechtliches Institut, GmbHRdsch. 1988, 9; *Dernbach*, Abberufung und Kündigung des GmbH-Geschäftsführers, BB 1982, 1266; *Ebenroth/Lange*, Sorgfaltspflichten und Haftung des Geschäftsführers einer GmbH nach § 43 GmbHG, GmbHRdsch. 1992, 64; *Gille/Baumgart*, Schadensersatzpflicht des GmbH-Geschäftsführers nach § 823 II BGB i. V. m. § 64 I GmbHG, JuS 1974, 226; *Jäger*, Der Anstellungsvertrag des GmbH-Geschäftsführers, 3. Aufl. 1994; *Klump*, Aktuelle Fragen der Haftung des GmbH-Geschäftsführers, 2. Aufl., 1995; *Konzen*, Geschäftsführung, Weisungsrecht und Verantwortlichkeit in der GmbH und GmbH & Co. KG, NJW 1989, 2977; *Reiserer*, Der GmbH-Geschäftsführer im Arbeits- und Sozialversicherungsrecht, 1995; *Sudhoff/Sudhoff*, Rechte und Pflichten des Geschäftsführes einer GmbH und einer GmbH & Co., 14. Aufl. 1994; *Spoerlein/Tausend*, Handbuch für Geschäftsführer der GmbH, 15. Aufl. 1992; *Tillmann*,

60 Vgl. OLG Frankfurt, GmbHRdsch. 1987, 57; vgl. auch BGHZ 50, 316, 3320, 323; zur Unterbeteiligung in zivil- und steuerrechtlicher Sicht vgl. *Blaurock/Berninger*, GmbHRdsch. 1990, 11, 87; vgl. auch *Henn*, Die Unterbeteiligung in der GmbH, 1996.

61 Vgl. *Theisen*, Weisungsrecht gegen Zustimmungsvorbehaltsrecht in der mitbestimmten GmbH, BB 1980, 1243; *Konzen*, Geschäftsführung, Weisungsrecht und Verantwortlichkeit in der GmbH und GmbH & Co. KG, NJW 1989, 2977.

Der Geschäftsführervertrag der GmbH und GmbH und Co. KG, 6. Aufl. 1998; *Wimmer*, Die Haftung des GmbH-Geschäftsführers, NJW 1996, 2546.

Die **Geschäftsführer** entsprechen nach Stellung und Funktion dem Vorstand der AG, d. h. sie führen die Geschäfte und vertreten die Gesellschaft nach außen (§ 35 I). Die Geschäftsführung als Aufgabe der Geschäftsführer wird im Gesetz nicht eigens erwähnt, sie wird als selbstverständlich vorausgesetzt. Das zeigt bereits die Überschrift des dritten Abschnitts des GmbHG. Von Geschäftsführern im Rahmen ihrer Zuständigkeit begangene unerlaubte Handlungen verpflichten die GmbH zum Schadensersatz; § 31 BGB gilt entsprechend. Die **Zahl** der Geschäftsführer wird in der Satzung festgelegt (§ 6 I). Gesellschafter, auch sämtliche, können zu Geschäftsführern bestellt werden.

a) Die **Bestellung** erfolgt entweder im Gesellschaftsvertrag oder später durch die Gesellschafter (§§ 6 III 2, 46 Nr. 5), sofern nicht aufgrund des MitbestG der Aufsichtsrat zuständig ist; § 31 I, II MitbestG (vgl. dazu oben B VII 2 d). Der Gesellschaftsvertrag kann vorbehaltlich der zwingenden Sonderregelung in den verschiedenen Mitbestimmungsgesetzen auch einer anderen Stelle, etwa einem freiwillig gebildeten Aufsichtsrat oder Beirat, die Bestellung übertragen (§ 45). Zum **Widerruf** der Bestellung sind in einer nicht der Mitbestimmung unterliegenden GmbH die Gesellschafter (§ 46 Nr. 5) oder die im Gesellschaftsvertrag bezeichnete Stelle grundsätzlich jederzeit befugt (§ 38)[62]. Die Satzung kann diese Befugnis einschränken. Der Widerruf in der mitbestimmten GmbH richtet sich nach § 84 AktG und § 31 V MitbestG[63]. Bestellung und Abberufung sind körperschaftliche Akte, sie begründen bzw. beenden die Geschäftsführungs- und Vertretungsbefugnis.

Von der Organstellung ist das **Anstellungsverhältnis** zu unterscheiden[64]; dessen Schicksal bestimmt sich nach den für dieses Rechtsverhältnis (meist Dienstvertrag) geltenden Bestimmungen (vgl. § 38 I); zuständig für den Abschluß sind grundsätzlich die Gesellschafter, in der mitbestimmten GmbH der Aufsichtsrat (BGH, NJW 1984, 733). Die Gesellschafter sind mangels anderslautender gesetzlicher oder satzungsmäßiger Bestimmungen auch für die Änderung des Dienstvertrags, die nicht mit der Organstellung zusammenhängt, sowie für die einvernehmliche Aufhebung des Dienstvertrags zuständig (BGH, NJW 1991, 1680). Der **Geschäftsführer ist nicht Arbeitneh-**

62 Vgl. BGHZ 86, 177, dazu *U. H. Schneider*, ZGR 1983, 535 sowie BGH, DB 1987, 323.

63 Vgl. *Vollmer*, GmbHRdsch. 1984, 5.

64 H. M.; vgl. BGH, NJW 1978, 1435; *Fleck*, Das Dienstverhältnis der Vorstandsmitglieder und Geschäftsführer in der Rechtsprechung des BGH, WM 1985, 677; 1994, 1957; vgl. auch *Jäger*, Der Anstellungsvertrag des GmbH-Geschäftsführers, 3. Aufl. 1994; *Schneider*, Der Anstellungsvertrag des Geschäftsführers einer GmbH im Konzern, GmbHRdsch. 1993, 10; *Lutter/Hommelhoff*, Anh. § 6; *Henssler*, Das Anstellungsverhältnis der Organmitglieder, RdA 1992, 289; *Hoffmann/Liebs*, Der GmbH-Geschäftsführer, 1995, RdNr. 200 ff.; vgl. aber krit. zur h.M *Reuter*, FS f. Zöllner, 1998, S. 487, krit. auch *Zöllner* in *Baumbach/Hueck*, § 35 Anm. 9 in bezug auf den Gesellschaftergeschäftsführer.

mer[65]. Dennoch hat der BGH auf die Kündigung des Anstellungsverhältnisses eines Geschäftsführers § 622 I 1 BGB analog angewandt, obwohl er am Kapital der Gesellschaft beteiligt war (BGHZ 91, 217; im Ergebnis zust. Zöllner in: Baumbach/Hueck, § 35 Anm. 127); für den Kündigungsrechtsstreit sind allerdings die ordentlichen Gerichte zuständig (§ 5 I 3 ArbGG, vgl. BAG, GmbHRdsch. 1988, 179; zur Kündigung aus wichtigem Grund vgl. BGH, NJW 1993, 463). Zur Anwendung des Arbeitnehmererfindergesetzes vgl. BGHZ 110, 30. Zur analogen Anwendung weiterer arbeitsrechtlicher Vorschriften vgl. Raiser, § 32 Rdz. 34 ff., 97 ff.

Geschäftsführer kann nur eine **unbeschränkt geschäftsfähige natürliche Person** sein. Die Verurteilung wegen bestimmter Delikte und die Untersagung der Berufs- bzw. Gewerbeausübung führen zur zeitweiligen Unfähigkeit, Geschäftsführer zu sein (§§ 6, 8 III).

b) Die Geschäftsführer **führen die Geschäfte der Gesellschaft und vertreten sie** nach außen nach Maßgabe des Gesellschaftsvertrages. Enthält dieser keine Regelung, so gilt Gesamtgeschäftsführung bzw. Gesamtvertretung (§ 35 II 2). Nur bei der Passivvertretung, d. h. bei Erklärungen Dritter gegenüber der Gesellschaft, genügt stets die Abgabe der Erklärung einem der Geschäftsführer gegenüber (§ 35 II 3). Zur persönlichen Haftung des gesamtvertretungsberechtigten Geschäftsführers bei alleinigem Handeln für die GmbH (keine Duldungsvollmacht!) vgl. BGH, NJW 1988, 1199. Der Gesellschaftsvertrag kann der Gesellschafterversammlung das Recht zu abweichender Regelung der Vertretungsbefugnis im Einzelfall überlassen[66]. Inhaltliche Beschränkungen wirken nur im Verhältnis zur Gesellschaft (§ 37 I); so darf der Geschäftsführer eine langjährig praktizierte Geschäftspolitik nicht ohne Zustimmung der Gesellschafterversammlung ändern (BGH, NJW 1991, 1681). Die **Vertretungsmacht ist Dritten gegenüber unbeschränkt und unbeschränkbar** (§ 37 II)[67]. Für **Pflichtverletzungen** haften die Geschäftsführer der Gesellschaft nach § 43 II[68]. Klagevoraussetzung ist ein Beschluß der Gesellschafter nach § 46 Nr. 8 (vgl. Zöllner in: Baumbach/Hueck, § 46 Anm. 38, 40); dabei ist der betroffene Gesellschafter vom Stimmrecht ausgeschlossen (vgl. BGHZ 28, 355). Wird einem Geschäftsführer Entlastung erteilt, so ist die GmbH mit den Ersatzansprüchen ausgeschlossen, die der die Entlastung erteilenden Gesellschafterversammlung bei sorgfältiger Prüfung aller Unterlagen und Berichte erkennbar waren[69].

65 Vgl. BAG, NZA 1986, 68; 1996, 952; 1997, 1363; *Zöllner* in *Baumbach/Hueck*, § 35 Anm. 97 ff.
66 BGH, NJW 1975, 1741.
67 Zum Mißbrauch der Vertretungsmacht vgl. oben K IV 1 d sowie *John*, GmbHRdsch. 1983, 90; *Roth*, ZGR 1985, 263; *Michalski*, GmbHRdsch. 1991, 341; *Zacher*, GmbHRdsch. 1994, 841 und BGH, NJW 1984, 1461; 1988, 2241.
68 Vgl. BGH, NJW 1997, 791; *Konzen*, NJW 1989, 2977; *Ebenroth/Lange*, GmbHRdsch. 1992, 69.
69 BGHZ 97, 362, dazu *Karsten Schmidt*, NJW 1986, 2018; vgl. auch *Sigle*, DStR 1992, 469.

Nach § 35 IV gilt das **Verbot des Selbstkontrahierens** des § 181 BGB entgegen der früheren Rechtsprechung[70] auch für den **Einmanngesellschafter** (auch wenn weitere Geschäftsanteile in der Hand der Gesellschaft sind), der gleichzeitig alleiniger Geschäftsführer der Gesellschaft ist. Eine Befreiung von diesem Verbot ist nur im Gesellschaftsvertrag möglich und eintragungspflichtig[71]. Die Befreiung erlischt nicht dadurch, daß sie zunächst dem Geschäftsführer einer mehrgliedrigen GmbH erteilt wurde und dieser dann Alleingesellschafter wird[72]. Enthält der Gesellschaftsvertrag keine Befreiungsmöglichkeit, so ist eine Satzungsänderung erforderlich, ein einfacher Gesellschafterbeschluß genügt nicht[73]. Die Satzung kann allerdings vorsehen, daß der Alleingesellschafter sich durch »Gesellschafterbeschluß« von dem Verbot des § 181 BGB befreit[74]. Zur Befreiung von der Beschränkung des § 181 BGB bei der **mehrgliedrigen GmbH** ist ein Beschluß der Gesellschafter ausreichend, einer Grundlage in der Satzung bedarf es nicht[75]. § 181 BGB findet auch dann Anwendung, wenn sich ein Gesellschafter, der von anderen Gesellschaftern zu ihrer Vertretung in der Gesellschafterversammlung bevollmächtigt wurde, mit den Stimmen seiner Vollmachtgeber zum Geschäftsführer bestellt (BGH, NJW 1991, 961). Geschäfte, die ohne die erforderliche Befreiung von dem Geschäftsführer im Namen der Gesellschaft mit sich abgeschlossen werden, sind nichtig[76].

c) Ein Geschäftsführer kann, sofern die Satzung nichts anderes bestimmt, sein Amt jederzeit niederlegen (vgl. BGHZ 131, 257). Mit der Amtsniederlegung ist seine organschaftliche Stellung beendet. Diese Wirkung ist unabhängig davon, ob und wann der Anstellungsvertrag endet. Kann der Anstellungsvertrag nicht gleichzeitig aus wichtigem Grund mit der Amtsniederlegung beendet werden, so kann die Amtsniederlegung zu einem Schadensersatzanspruch der Gesellschaft wegen Verletzung des Anstellungsvertrages führen (vgl. BGHZ 78, 82 mit ausführlicher Begründung; vgl. auch BGHZ 121, 257).

d) Die Gesellschaft kann auch anderen Personen rechtsgeschäftlich Vollmacht zur Vertretung der Gesellschaft erteilen, z. B. Prokura (§§ 6, 48 HGB). Die Prokura ist auch als gemischte Gesamtprokura in der Weise zulässig, daß der Prokurist die Gesellschaft in Gemeinschaft mit einem Ge-

---

70 Vgl. BGHZ 56, 97; 75, 338.

71 Vgl. *Tiedtke*, GmbHRdsch. 1993, 386; BGH LM Nr. 2, § 10 GmbHG; OLG Frankfurt, NJW 1983, 639; FG Niedersachsen, GmbHRdsch. 1998, 894.

72 Vgl. BGHZ 114, 167; a. A. BayObLG, NJW-RR 1987, 1175; BFH, NJW 1991, 2039.

73 Vgl. OLG Köln, NJW 1993, 1018; BayObLG, NJW 1981, 1565; *Karsten Schmidt*, § 40 III 2, S. 1248; a. A. *Zöllner* in *Baumbach/Hueck*, § 35 Anm. 75.

74 BayObLG, BB 1984, 1117; *Hachenburg/Mertens*, 7. Aufl., 2. Bearb. 1984, § 35 Anm. 227 h; vgl. auch *Schick*, DB 1984, 1024; BGHZ 87, 59 und BayObLG, BB 1989, 2426.

75 Vgl. *Zöllner* in *Baumbach/Hueck*, § 35 Anm. 75; OLG Stuttgart, GmbHRdsch. 1985, 221.

76 *Kreutz*, FS f. Mühl, 1981, S. 409, 428; a. M. *Zöllner* in *Baumbach/Hueck*, § 35 Anm. 74 a: schwebend unwirksam.

schäftsführer vertritt[77]. Dies ist allerdings nicht zulässig, wenn nur ein Geschäftsführer vorhanden ist, oder als einzige Vertretungsform, wenn mehrere Geschäftsführer vorhanden sind[78].

2. Gesamtheit der Gesellschafter

Literatur: *Eickhoff*, Die Praxis der Gesellschafterversammlung, 2. Aufl. 1995; *Hüffer*, Die Gesellschafterversammlung – Organ der GmbH oder bloßes Beschlußverfahren, FS 100 Jahre GmbH-Gesetz, 1992, S. 521; *Karl*, Formerfordernisse bei Einberufung, Ankündigung und Durchführung von Gesellschafterversammlungen in der GmbH, DStR 1993, 880; *Zöllner/Noack*, Geltendmachung von Beschlußmängeln im GmbH-Recht, ZGR 1989, 525.

a) Ihre Stellung entspricht im Prinzip der HV bei der AG. Ihre **Befugnis** reicht, wenn gesellschaftsvertraglich nichts anderes festgelegt ist, jedoch weiter; sie umfaßt z. B. die Feststellung des Jahresabschlusses, die Bestellung und Abberufung der Geschäftsführer (anders in der mitbestimmten GmbH: § 31 MitbestG, § 12 MontanMitbestG, § 13 MitbestErgG), die Überwachung der Geschäftsführer einschließlich der Weisungsbefugnis ihnen gegenüber (§§ 45, 46).

b) Die den Gesellschaftern zustehenden Entscheidungen werden meist in einer **Gesellschafterversammlung** mit Stimmenmehrheit gefaßt (§§ 47 I, 48 I). Das Stimmgewicht richtet sich nach den Geschäftsanteilen, wobei mangels anderer Regelung jede 50 Euro eines Geschäftsanteils eine Stimme geben (§ 47 II). Stimmabgabe durch Bevollmächtigte ist zulässig (§ 47 III). Die Versammlung wird durch die Geschäftsführer einberufen; eine Minderheit von 10% des Stammkapitals kann die Einberufung erzwingen (§§ 49, 50); zur Form der Einberufung vgl. § 51. Beschlüsse können auch ohne Versammlung gefaßt werden, wenn alle Gesellschafter schriftlich ihr Einverständnis mit den zu regelnden Sachverhalten gegeben haben oder mit der schriftlichen Stimmabgabe einverstanden sind (§ 48 II). Das Stimmrecht steht grundsätzlich jedem Gesellschafter zu; vgl. unten V 2. In bestimmten Fällen von Interessenkollisionen (z. B. Entlastung eines Gesellschafters, Einleitung eines Prozesses gegenüber einem Gesellschafter) haben die Betroffenen kein Stimmrecht (§ 47 IV)[79]. Der BGH legt § 47 IV allerdings insoweit restriktiv aus, als körperschaftliche »Sozialakte«, z. B. die Bestellung von Gesellschaftsorganen, die Genehmigung von Anteilsübertragungen, Einziehungsbeschlüsse, Beschlüsse über die Einforderung von Stammeinlagen, nicht von dem Stimmrechtsverbot erfaßt werden[80].

---

77 BGHZ 99, 70.

78 Vgl. *Zöllner* in *Baumbach/Hueck*, § 35 Anm. 66.

79 Vgl. BGH, NJW 1989, 2694.

80 BGH, NJW 1991, 172; dazu *van Look*, NJW 1991, 152; ausführlich zu diesem Problemkreis: *Zöllner* in *Baumbach/Hueck*, § 47 Anm. 44 ff.; *Wank*, Der Stimmrechtsausschluß im GmbH-Recht in der neueren Rechtsprechung des BGH, ZGR 1979, 222; *Siegmund*, Stimmverbote im GmbH-Recht, BB 1981, 1674.

c) Vorschriften über **Nichtigkeit oder Anfechtbarkeit von Gesellschafterbeschlüssen** enthält das GmbHG nicht. Die aktienrechtlichen Vorschriften werden entsprechend angewandt[81]. Nichtig sind Beschlüsse, die inhaltlich gegen die guten Sitten oder zwingendes Recht verstoßen, das zumindest auch dem Schutz der Gesellschafter oder öffentlicher Interessen dient (z. B. die zwingenden Vorschriften des MitbestG; vgl. BGHZ 89, 48, 50). Die Nichtigkeit kann von jedermann jederzeit geltend gemacht werden; möglich ist auch eine Feststellungsklage. Die Drei-Jahres-Frist des § 242 II AktG gilt auch hier (BGHZ 80, 212; anders noch BGHZ 11, 231, 240: angemessene Frist). Alle anderen Mängel machen einen Beschluß nur anfechtbar. Die Anfechtung erfolgt durch Gestaltungsklage gegen die Gesellschaft, sie kann grundsätzlich nur von einem Gesellschafter erhoben werden (beachte § 16). Allerdings findet die aktienrechtsspezifische Vorschrift des § 245 AktG keine Anwendung. Ausnahmsweise ist auch der Geschäftsführer gegen ausführungsbedürftige Beschlüsse klagebefugt, wenn ihm die Ausführung obliegt[82]. Die Klagefrist des § 246 I AktG gilt nach h. M. nicht, vielmehr muß die Klage innerhalb angemessener Frist erhoben werden, die sicher nicht kürzer ist als ein Monat. Eine Satzungsbestimmung, die eine Frist von weniger als einem Monat vorsieht, ist unwirksam[83]. Ein der Klage stattgebendes Urteil wirkt für und gegen alle Gesellschafter, die Gesellschaft und – sofern vorhanden – gegen den Aufsichtsrat.

3. Aufsichtsrat

Literatur: *Bea/Scheurer*, Die Kontrollfunktion des Aufsichtsrats, DB 1994, 2145; *Großfeld/Brondics*, Die Stellung des fakultativen Aufsichtsrates (Beirat) in der GmbH und GmbH & Co. KG, Die AG 1987, 293; *Mertens*, Der Beirat in der GmbH – besonders der mitbestimmten, FS f. Stimpel, 1985, S. 417; *Rohleder*, Die Übertragbarkeit von Kompetenzen auf GmbH-Beiräte, 1991; *Schilling*, Die GmbH und der fakultative Aufsichtsrat, BB 1995, 109; *U. H. Schneider*, Das Verhältnis von obligatorischem Aufsichtsrat und Beirat bei der GmbH, BB 1973, 1464; *Teubner*, Der Beirat zwischen Verbandssouveränität und Mitbestimmung, ZGR 1986, 565; *Verhoeven*, Minderheitenschutz und Beirat in der GmbH, BB 1978, 335.

a) Ist die Bildung **freiwillig,** so richten sich Bestellung, Abberufung und Aufgaben nach dem Gesellschaftsvertrag; ergänzend greifen eine Reihe aktienrechtlicher Vorschriften ein (§ 52); insbes. gilt auch hier § 105 AktG.

b) Ist die Bildung **gesetzlich vorgeschrieben,** so gelten weitgehend die aktienrechtlichen Bestimmungen zwingend, soweit die einzelnen Gesetze nichts anderes vorschreiben (vgl. § 77 I BetrVG 1952, § 25 I Nr. 2 MitbestG, § 3 II MontanMitbestG, §§ 1 I, 3 I MitbestErgG).

---

81 Vgl. RGZ 166, 129; 170, 358, 380; BGHZ 11, 231, 240; 80, 212; 101, 113; 104, 66; *Zöllner* in *Baumbach/Hueck*, Anh. § 47; vgl. auch oben K IV 3 g.

82 Vgl. *Zöllner* in *Baumbach/Hueck*, Anh. § 47 Anm. 75.

83 BGHZ 104, 66; 111, 224; *Roth/Altmeppen*, § 47 Anm. 123 ff.; *Zöllner* in *Baumbach/Hueck*, Anh. § 47 Anm. 78 ff.; vgl. auch *Zöllner/Noack*, ZGR 1989, 525.

4. Sonstige Gremien

Häufig sieht die Satzung andere Gremien vor, die etwa als **Beiräte** bezeichnet werden. Ihre Bestellung und ihre Befugnisse richten sich ausschließlich nach der Satzung, soweit nicht zwingendes Recht entgegensteht[84].

V. Die Rechtsstellung der Gesellschafter

1. Erwerb und Verlust der Mitgliedschaft

a) Die Mitgliedschaft (»Geschäftsanteil« genannt, § 14) wird **originär** durch Übernahme einer Stammeinlage bei Gründung oder Kapitalerhöhung mit der Eintragung der Gesellschaft bzw. der Kapitalerhöhung (§§ 3 I Nr. 4, 11, 55) oder **abgeleitet** durch Gesamt- bzw. Einzelrechtsnachfolge (§§ 15, 16) **erworben.** Zur Anfechtung des Anteilserwerbs wegen arglistiger Täuschung vgl. BGH, NJW 1990, 1915 und oben II 3 a.

b) Der **Verlust der Mitgliedschaft**[85] tritt durch Veräußerung des Geschäftsanteils (§ 15 I; vgl. dazu oben III 3), durch Ausschluß eines säumigen Gesellschafters (Kaduzierung, § 21)[86], durch Einziehung des Geschäftsanteils (Amortisation, § 34)[87], durch Aufgabe des Geschäftsanteils (Abandon) bei unbeschränkter Nachschußpflicht (§ 27) sowie mit Vollbeendigung der Gesellschaft ein.

Abgesehen von § 21 ist der **Ausschluß** eines Gesellschafters[88] auch zulässig, wenn die Satzung eine Ausschließungsklausel (§ 34) enthält oder als äußerstes Mittel, wenn andere gangbare Wege, die Mißstände zu beseitigen, nicht vorhanden sind; § 737 BGB, § 140 HGB gelten entsprechend (RGZ 169, 330; BGHZ 16, 317, 322; 80, 346, 349). Eine Bestimmung in der Satzung, die einem Gesellschafter das Recht einräumt, Mitgesellschafter nach freiem Ermessen aus der Gesellschaft auszuschließen, ist grundsätzlich nichtig (BGHZ 81, 263; 112, 103). Soweit die Satzung für den Ausschluß nicht einen Gesellschafterbeschluß genügen läßt (vgl. BGHZ 32, 17), ist nur Ausschlußklage möglich. Voraussetzung ist aber auch dafür ein wichtiger Grund, der für die anderen Gesellschafter die weitere Mitgliedschaft des Auszuschließenden unzumutbar macht (vgl. BGH, GmbHRdsch. 1987, 302; BGH, ZIP 1995, 565, 569). Die Ausschließungsklage ist eine Gestaltungsklage (allg. Meinung).

---

84 Vgl. *Bea*, NJW 1996, 2564; *Herrmanns/Buth*, DStR 1996, 597; vgl. auch die Literatur oben vor 3 a.

85 Vgl. *Balz*, Die Beendigung der Mitgliedschaft in der GmbH, 1984.

86 BGH, NJW 1983, 2880; vgl. oben III 1 a bei FN 34 und unten bei FN 88.

87 Vgl. dazu oben III 1 b sowie *Niemeier*, Die Willensbildung über die Einziehung von Geschäftsanteilen, GmbHRdsch. 1983, 161; *ders.*, Rechtstatsachen und Rechtsfragen der Einziehung von GmbH-Anteilen, 1982; *ders.*, Rechtsschutz und Bestandsschutz bei fehlerhafter Einziehung von GmbH-Anteilen, ZGR 1990, 314; *Gehrlein*, ZIP 1996, 1157.

88 Vgl. *Damrau/Schröter*, Der Ausschluß eines (mißliebigen) Gesellschafters einer GmbH, NJW 1991, 1927; *Eser*, Zur Ausschließbarkeit eines GmbH-Gesellschafters außerhalb der Satzung, DB 1985, 29; *ders.*, Zur Ausschließbarkeit eines GmbH-Gesellschafters, DStR 1991, 747; *Grunewald*, Der Ausschluß aus Gesellschaft und Verein, 1987; *Hörstel*, Der Ausschluß des GmbH-Gesellschafters durch Kaduzierung, NJW 1994, 965; *Soufleros*, Ausschließung und Abfindung eines GmbH-Gesellschafters, 1983; *Ulmer*, FS f. Rittner, 1991, S. 735.

Dem Ausgeschlossenen steht ein Abfindungsanspruch in Höhe des vollen Wertes seines Anteils zu. Das Ausschlußurteil hat daher nach BGH und h. M. unter der aufschiebenden Bedingung rechtzeitiger Zahlung der im Urteil festzusetzenden Abfindung zu erfolgen[89]. Diese Bedingungskonstruktion ist wegen der damit verbundenen Unsicherheit über den Zeitpunkt des Wirksamwerdens des Ausschlusses zu Recht auf Kritik gestoßen[90]. Denkbar wäre als Lösung, daß das Ausschlußurteil unbedingt ergeht, daß der Gesellschafter mit Rechtskraft der Entscheidung die Befugnis zur Ausübung seiner Gesellschafterrechte verliert, aber nur Zug um Zug gegen Zahlung der Abfindung verpflichtet ist, seinen Geschäftsanteil zur Einziehung oder sonstigen Verwertung zur Verfügung zu stellen hat[91]. Bei der Zahlung der Abfindung ist § 30 I zu beachten[92]. Der **Austritt** eines GmbH-Gesellschafters[93] ist ebensowenig geregelt wie der Ausschluß, er muß aber entsprechend dem für Dauerschuldverhältnisse aus §§ 554 a, 626, 723 BGB, § 92 HGB hergeleiteten, allgemein anerkannten Grundsatz jedenfalls aus wichtigem Grund möglich sein[94]. Der Austritt erfolgt durch einseitige Erklärung gegenüber der Gesellschaft; er ist nur als äußerstes Mittel zulässig. Der Austritt beseitigt die Gesellschafterrechte und das Recht zu ihrer Ausübung nicht. Der Gesellschafter ist aber bei Ausübung des Stimmrechts, entsprechend der Situation, an seine Treuepflicht gebunden (vgl. BGHZ 88, 320, 323 ff.). Der Ausgetretene hat einen Anspruch gegen die Gesellschaft auf Abnahme seines Gesellschaftsanteils gegen Abfindung.

2. Die Rechte der Gesellschafter

Verwaltungsrechte, insbes. das Stimmrecht und Teilnahmerecht an der Gesellschafterversammlung (§§ 47, 48)[95], sowie **Vermögensrechte,** insbes. der Anspruch auf Reingewinn (§ 29) und auf den Anteil am Liquidationserlös (§ 72), entsprechen im wesentlichen denen der Aktionäre (vgl. oben K V 2), unterliegen jedoch in erheblich größerem Umfang der Disposition der Gesellschafter und der Satzung. So ist z. B. der Ausschluß vom Gewinnrecht zulässig[96]. Sonderrechte können allerdings nicht ohne Zustimmung des Berechtigten entzogen werden (§ 35 BGB; vgl. oben K V 2 e und BGH, WM 1989, 250). Auch Stimmrechtsbindungsverträge sind grundsätzlich zulässig[97].

---

89 Vgl. BGHZ 9, 174, 179; 16, 325; vgl. auch *Hueck* in *Baumbach/Hueck*, Anh. § 34 Anm. 8, 12.

90 Vgl. z. B. *Hachenburg/Ulmer*, § 34 Anh. Anm. 33, 35; *Grunewald*, Der Ausschluß aus Gesellschaft und Verein, 1987, S. 111 ff.

91 So *Hueck* in *Baumbach/Hueck*, Anh. § 34 Anm. 12.

92 Zum Verhältnis von Ausschließungsklage und Auflösungsklage vgl. BGH, DB 1981, 1972.

93 Vgl. *Schwerdtner*, Das Kündigungsrecht des GmbH-Gesellschafters, GmbHRdsch. 1976, 101; *Balz*, Rechte und Pflichten des Gesellschafters nach Austritt aus der GmbH, DB 1984, 1865; zu den Problemem bei der Aufbringung der Mittel für die Abfindung ausgetretener Gesellschafter vgl. *Grunewald*, GmbHRdsch. 1991, 185; *H.F. Müller*, Das Austrittsrecht des GmbH-Gesellschafters, 1996. Zum Stimmrecht des Gesellschafters nach seiner Kündigung vgl. BGH, BB 1984, 88.

94 Vgl. BGHZ 29, 172; 41, 108; 116, 359, 364.

95 Zum Ausschluß des Stimmrechts nach § 47 IV 1 Vgl. z. B. BGH, NJW 1989, 2694; zum Ausschluß nach § 47 IV 2 vgl. BGH, NJW 1991, 172 und oben IV 2 b; zur Einflußnahme auf das Stimmrecht durch einstweilige Verfügung vgl. OLG Koblenz, NJW 1991, 1119; OLG Hamburg, NJW 1992, 186.

96 Allgemeine Meinung; Vgl. z. B. BGHZ 14, 264, 271; BayObLG DB 1987, 2350; Art. 12 § 7 des Gesetzes zur Änderung des GmbH-Gesetzes und anderer handelsrechtlicher Vorschriften vom 4. 7. 1980 i. d. F. des Bilanzrichtlinien-Gesetzes vom 19. 12. 1985 (BGBl. I S. 2355) sowie § 29 IV; dazu *Hommelhoff*, ZGR 1986, 418; *Geßler*, BB 1986, 227.

97 BGHZ 48, 163; OLG Köln, ZIP 1988, 1122; *Lutter/Grunewald*, Die AG 1989, 112; *Zöllner*, Zu Schranken und Wirkung von Stimmbindungsverträgen, insbes. bei der GmbH, ZHR 155 (1991), 168.

§ 51 a sieht ein **Auskunfts- und Einsichtsrecht** der Gesellschafter vor[98]. Die Satzung kann Verfahrensregeln für die Ausübung dieser Rechte vorsehen, »der materielle Gehalt der Informationsrechte« darf dadurch aber nicht eingeschränkt werden (§ 51 a III; vgl. dazu BayObLG, BB 1988, 2405: Beschränkung auf 1 Stunde pro Monat unwirksam). Für die gerichtliche Entscheidung über das Auskunfts- und Einsichtsrecht gelten die aktienrechtlichen Vorschriften entsprechend (§ 51 b). Eine Anfechtungsklage gegen den Gesellschafterbeschluß, durch den die Auskunft verweigert wurde (§ 51 a II 2), ist daneben nicht zulässig (BGH, NJW 1988, 1090). Ein solcher Beschluß kann aber angefochten werden, wenn eine dafür wesentliche, nach § 51 a zu gebende Information verweigert wurde (vgl. § 243 IV AktG)[99].

Unter gewissen Voraussetzungen kann ein Gesellschafter auch einen Anspruch der Gesellschaft klageweise geltend machen (actio pro socio; **Gesellschafterklage**)[100].

3. Die Pflichten der Gesellschafter

a) Die Pflicht zur **Leistung der versprochenen Einlage** entspricht grundsätzlich der des Aktionärs. Es besteht eine strenge Haftung der einzelnen Gesellschafter und ihrer Rechtsvorgänger; darüber hinaus haften alle Gesellschafter für Bareinlagen (auch für die Differenzhaftung nach § 9), die nicht beigetrieben werden können: »**Ausfallhaftung**«; vgl. zu Einzelheiten §§ 24 i. V. m. 21, 22, 23.

b) Anders als bei der AG kann der Gesellschaftsvertrag der GmbH eine **Nachschußpflicht** vorsehen (vgl. § 26). Die Höhe der Nachschußpflicht kann **unbeschränkt** sein. Der Gesellschafter kann sich dann dieser Pflicht entziehen, indem er seinen Geschäftsanteil der Gesellschaft zur Verfügung stellt (Abandon, § 27; vgl. oben 1 b). Ist die Nachschußpflicht auf einen bestimmten Betrag **beschränkt** (beschränkte Nachschußpflicht), so gilt für den nachzuschießenden Betrag die gleiche strenge Haftung wie für die Stammeinlage (§§ 28, 22, 23). Nötig zur Einforderung von Nachschüssen ist stets ein Beschluß der Gesellschafter (§ 26 I).

---

98 Vgl. dazu *Grunewald*, Einsichts- und Auskunftsrecht des GmbH-Gesellschafters nach neuem Recht, ZHR 146 (1982), 211; *Karl*, Das Auskunfts- und Einsichtsrecht des GmbH-Gesellschafters nach § 51 a GmbHG, DStR 1995, 940; *Lutter*, Zum Informationsrecht des Gesellschafters nach neuem GmbH-Recht, ZGR 1982, 1; *Müller*, Schranken des Informationsrechts nach § 51 a GmbHG, GmbHRdsch. 1987, 87; *A. Reuter*, § 51 a GmbHG – Quo vadis?, BB 1986, 1653; *Tietze*, Das Informationsrecht des GmbH-Gesellschafters, 1985; 181; BGHZ 135, 48; BGH, WM 1988, 121; OLG Hamm, BB 1986, 1531; OLG Stuttgart, BB 1983, 677.

99 *Zöllner* in *Baumbach/Hueck*, § 51 a Anm. 33 a.

100 Vgl. dazu BGHZ 65, 15; *Gehrlein*, ZIP 1993, 1525; dazu *Kowalski*, ZIP 1995, 1315; *Grunewald*, Die Gesellschafterklage in der Personengesellschaft und der GmbH, 1990, S. 66 ff.; *Hueck* in *Baumbach/Hueck*, § 13 Anm. 32 ff.; *Raiser*, Das Recht der Gesellschafterklagen, ZHR 153 (1989), 1; *Zöllner*, Die sogenannte Gesellschafterklage im Kapitalgesellschaftsrecht, ZGR 1988, 392.

c) Die Satzung kann **beliebige weitere Pflichten** der Gesellschafter vorsehen (vgl. § 3 II). Nachträglich können solche Pflichten nur durch Satzungsänderung mit Zustimmung aller betroffenen Gesellschafter begründet werden (§ 53 III).

d) Auch eine **Treuepflicht** zwischen den Gesellschaftern und der Gesellschafter zur Gesellschaft ist wegen der mehr personenbezogenen Mitgliedschaft zu bejahen; sie richtet sich in ihrem Umfang nach der Ausgestaltung der jeweiligen GmbH: Je mehr diese einer Personengesellschaft angenähert ist, desto stärker ist auch die Treuepflicht. Insbes. wirkt die Treuepflicht als Handlungsmaßstab und Grenze für die Ausübung von Mehrheitsmacht bei Abstimmungen[101].

4. Grundsatz der gleichmäßigen Behandlung

Berühren Gesellschafterbeschlüsse die einzelnen Gesellschafter in ihrer rechtlichen Position, so gilt der Grundsatz der gleichmäßigen Behandlung, es sei denn, die ungleich behandelten Gesellschafter stimmen der Ungleichbehandlung zu[102]. Dem Schutz der Gesellschafter dienen (neben dem Auskunfts- und Einsichtsrecht in § 51 a) ferner die **Minderheitsrechte** in den §§ 50 I, 61 II, 66 II.

VI. Rechnungslegung, Bilanz, Gewinnverwendung

Rechtsgrundlage: §§ 41–42 a GmbHG; §§ 238 ff., 264 ff. HGB.

Literatur: *Fussan*, Jahresabschluß der GmbH nach neuem Recht, 1986; *Gößner/Rödl*, Das neue Recht der GmbH nach dem Bilanzrichtlinien-Gesetz, 2. Aufl. 1987; *Großfeld*, Bilanzrecht für Juristen – Das Bilanzrichtliniengesetz vom 19. 12. 1985, NJW 1986, 955; *ders.*, Bilanzrecht, 3. Aufl. 1998; *Hommelhoff*, Die Ergebnisverwendung in der GmbH nach dem Bilanzrichtliniengesetz, ZGR 1986, 418; *Hommelhoff/Priester*, Bilanzrichtliniengesetz und GmbH-Satzung, ZGR 1986, 463; *Hueck*, Minderheitsschutz bei der Ergebnisverwendung in der GmbH, FS. f. Steindorff, 1990, S. 45; *Lück*, Offenlegungspflichten für die »kleinen« GmbH nach dem Bilanzrichtlinien-Gesetz, Grenzen der Transparenz, GmbHRdsch. 1987, 42; *Schulze-Osterloh*, Jahresabschluß, Abschlußprüfung und Publizität der Kapitalgesellschaften nach dem BilRG, ZHR 150 (1986), 532; *Schanze/Habersack/Spindler*, Bilanzrecht/Gesellschaftsrecht: Turbulenzen bei der Birili-GmbH, JA 1989, 171. Vgl. auch die Angaben oben bei B VIII.

---

101 Vgl. BGHZ 9, 157, 163; 14, 25, 38; 65, 13, 18 f.; 98, 276; BGH, NJW 1987, 3192; zur Grenze der Treuepflicht BGH, NJW 1989, 166; grundlegend: *Immenga*, Die personalistische Kapitalgesellschaft, 1970, S. 180 ff.; vgl. auch *Ivens*, Das Fördergebot des GmbH-Gesellschafters, GmbHRdsch. 1988, 249; *Timm*, Zur Sachkontrolle von Mehrheitsentscheidungen im Kapitalgesellschaftsrecht, ZGR 1987, 403; *Zöllner*, Die Schranken mitgliedschaftlicher Stimmrechtsmacht bei den privatrechtlichen Personenverbänden, 1963, S. 355 ff., 366 ff.; vgl. auch oben B II 1 a.

102 Vgl. *Konow*, Der Grundsatz der gleichmäßigen Behandlung der GmbH-Gesellschafter bei der Gewinnverteilung, GmbHRdsch. 1973, 121.

1. Durch das Bilanzrichtlinien-Gesetz, das am 1. 1. 1986 in Kraft trat, wurde eine Kodifikation des Bilanzrechts geschaffen und als 3. Buch (§§ 238 ff.) in das HGB aufgenommen (vgl. oben B VIII). Die Regelung stimmt mit der für die AG überein (vgl. oben K VI). Lediglich die §§ 42, 42 a enthalten noch Sonderbestimmungen für die GmbH. Zu beachten ist, daß für mittlere und kleine Gesellschaften i. S. des § 267 HGB gewisse Erleichterungen vorgesehen sind (z. B. in §§ 264 I 3, 266 I 3, 276, 288, 326, 327 HGB); Abschlußprüfer mittelgroßer GmbH können auch vereidigte Buchprüfer und Buchprüfungsgesellschaften sein (§ 319 I HGB).

Wichtig ist, daß das Stammkapital und eventuelle Nachschüsse auf der Passivseite der Bilanz einzusetzen sind (§ 42, § 266 III A I HGB).

2. Für die Feststellung der Bilanz und für die Verteilung des Bilanzgewinnes sind grundsätzlich die Gesellschafter zuständig (§§ 46 Nr. 1, 42 a I). Bei den Beschlüssen über die Gewinnverwendung ist § 29 zu beachten.

VII. Beendigung der Gesellschaft (§§ 60 ff.)

Literatur: *Hönn*, Die konstitutive Wirkung der Löschung von Kapitalgesellschaften, ZHR 138 (1974), 50; *Karsten Schmidt*, Löschung und Beendigung der GmbH, GmbHRdsch. 1988, 209; *ders.*, Zur Ablösung des Löschungsgesetzes, GmbHRdsch. 1994, 829.

1. Bei der GmbH ist, wie bei allen Handelsgesellschaften, zwischen **Auflösung** und **Beendigung** (Vollbeendigung) zu unterscheiden (vgl. dazu oben B IV). § 60 I zählt Auflösungsgründe auf; die Aufzählung ist aber nicht abschließend. Nach § 60 II kann der Gesellschaftsvertrag, anders als die Satzung der AG (vgl. B IV 1), weitere Auflösungsgründe vorsehen. Zur Auflösung führen außerdem die Rechtskraft des Nichtigkeitsurteils nach § 75 und die Löschung nach §§ 144 I 2 und 142 FGG sowie die Sitzverlegung ins Ausland[103]. Die Löschung wegen Vermögenslosigkeit als Auflösungsgrund (§ 141 a FGG, in das FGG eingefügt durch Art. 23 EGInsO) wurde durch Art. 48 Nr. 5 EGInsO als Nr. 7 in § 60 I eingefügt.

2. Die Auflösung ist grundsätzlich zur Eintragung ins HReg anzumelden; § 65 I 1; zu den Ausnahmen § 65 I 2.

3. Die Gesellschaft bleibt als Abwicklungsgesellschaft bestehen (vgl. § 64). Die Abwicklung erfolgt durch die Liquidatoren, die die laufenden Geschäfte zu beenden, Verpflichtungen zu erfüllen und das Gesellschaftsvermögen in Geld umzusetzen haben (§§ 66 ff., 70); als Liquidatoren fungieren, außer im

103 Vgl. zur Auflösungsklage nach § 61 bei einer personalistischen GmbH BGHZ 80, 346; zur Löschung wegen Vermögenslosigkeit nach dem inzwischen aufgehobenen § 2 LöschG vgl. BayObLG, GmbHRdsch. 1985, 53; zur Löschung wegen Sitzverlegung ins Ausland RGZ 107, 94, 97 zur AG; BayObLG, GmbHRdsch. 1992, 529; NJW-RR 1993, 43 (Anm. dazu *Ebenroth/Auer*, JZ 1993, 374); OLG Hamm, DB 1997, 193 zur GmbH.

Fall des Insolvenzverfahrens, im Zweifel die Geschäftsführer, § 66 I. Das verbleibende Vermögen wird nach Ablauf eines Sperrjahres an die Gesellschafter verteilt (§§ 72, 73). Ist die Gesellschaft durch **Löschung wegen Vermögenslosigkeit** aufgelöst, so findet eine Liquidation nur statt, wenn sich nach der Löschung herausstellt, daß noch verteilungsfähiges Vermögen vorhanden ist (§ 66 V).

4.
Nach Verteilung des Vermögens ist die Gesellschaft im HReg zu löschen (vgl. § 31 II 1 HGB sowie oben B IV 3).

VIII. Verbundene Unternehmen, Umwandlungen

1. Vgl. zum Recht verbundener Unternehmen unter dem Gesichtspunkt des GmbH-Konzernrechts oben B V 3.

2. Die Umwandlung einer GmbH in der Form der Verschmelzung, Spaltung, Vermögensübertragung und des Formwechsels ist jetzt im UmwG geregelt; vgl. dazu oben B VI.

IX. Die Mitbestimmung der Arbeitnehmer

Vgl. dazu oben B VII, insbes. die dort angegebene spezielle Lit. zur Mitbestimmung bei der GmbH.

N. Andere Gesellschaftsformen

I. Die eingetragene Genossenschaft (eG)

Rechtsgrundlage: Gesetz betreffend die Erwerbs- und Wirtschaftsgenossenschaften (GenG) vom 1. 5. 1889, zuletzt geändert durch das Umwandlungsbereinigungsgesetz vom 28. 10. 1994 (BGBl. I S. 3210), durch Art. 49 des EGInsO vom 18. 10. 1994 (BGBl. I S. 2911) und durch Art. 10 des HRefG vom 22. 6. 1998 (BGBl. I S. 1474). **§§ ohne Zusatz betreffen im folgenden das GenG.**

Literatur: *Beuthien*, Genossenschaft und Kartellrecht, früher und heute, ZRP 1984, 317; *ders.*, Genossenschaftsrecht: Woher – wohin?, in: Hundert Jahre Genossenschaftsgesetz 1889–1989, 1990; *Glenk*, Die eingetragene Genossenschaft (Handbuch), 1996; *Großfeld/Aldejohann*, Der Gleichbehandlungsgrundsatz im Genossenschaftsrecht, BB 1987, 2377; *Hettrich/Pöhlmann*, Genossenschaftsgesetz, Kommentar, 1995; *Kohte*, Die Genossenschaft – eine Rechtsform der Zukunft?, ZIP 1991, 985; *Lang/Weidmüller*, GenG, Kommentar, 33. Aufl. 1997; *Meyer/Meulenbergh/Beuthien*, GenG, Kurzkommentar, 12. Aufl. 1983, Nachtrag 1986; *K. Müller*, GenG, Kommentar, Bd. I, 2. Aufl. 1991, Bd. II, 2. Aufl. 1996; Bd. III, 1. Aufl. 1980; *Paulick*, Das Recht der eingetragenen Genossenschaft, 1956; *Reuter*, 100 Bände BGHZ: Vereins- und Genossenschaftsrecht, ZHR 151 (1987), 355; *Schnorr v. Carolsfeld*, Zu den Grundfragen des Wesens der eG, ZgGenW 1982, 1; *ders.*, Genossenschaften ohne Rechtsfähigkeit, ZgGenW 1984, 45; *Schubert/Steder*, Genossenschafts-Handbuch, 1993 ff.; *Schultz*, Das neue Genossenschaftsrecht, NJW 1974, 161; *ders.*, Der genossenschaftliche Förderungszweck und seine immanenten Konsequenzen, Schriften zur Kooperationsforschung, B. Vorträge, Bd. 17, 1984; *Turner*, Die eingetragene Genossenschaft im System des Gesellschaftsrechts, 1992; *Wartenberg*, Stellung und Aufgaben des genossenschaftlichen Aufsichtsrates, 3. Aufl. 1983; *Weber*, Die eingetragene Genossenschaft als wirtschaftlicher Sonderverein, 1984.

Zeitschrift: Zeitschrift für das gesamte Genossenschaftswesen (ZgGenW).

Geschichte: Erwerbs- und Wirtschaftsgenossenschaften entstanden in Deutschland in der Mitte des 19. Jahrhunderts, um Handwerkern sowie Landwirten die Möglichkeit zu geben, sich durch Zusammenschluß die Vorteile von Großbetrieben zu sichern. Initiatoren: Schulze-Delitsch für Handwerker, Raiffeisen für Landwirte. Beispiele: Bezugs- und Absatzgenossenschaften der Landwirte, Einzelhandelsgenossenschaften der Kaufleute, Konsumgenossenschaften, Kreditgenossenschaften (Volksbanken, Raiffeisenbanken), Wohnungsbaugenossenschaften. Vielfach haben sich einzelne Genossenschaften zu zentralen Gebilden zusammengeschlossen, die jedoch meist als GmbH oder AG organisiert sind.

Zur geschichtlichen Entwicklung vgl. Meyer/Meulenbergh/Beuthien, GenG, 12. Aufl. Einleitung.

1. Rechtsnatur, Arten, Entstehung

a) Die eG sind (nach § 1): »Gesellschaften von nicht geschlossener Mitgliederzahl, welche die Förderung des Erwerbs oder der Wirtschaft ihrer Mitglieder mittels gemeinschaftlichen Geschäftsbetriebes bezwecken.«

b) Die eG sind körperschaftlich organisiert; sie sind **Vereine mit eigener Rechtspersönlichkeit** (Juristische Personen, § 17 I) und gelten als **Kaufleute** (§ 17 II, § 6 HGB). Für die Verbindlichkeiten der eG haften nicht die Genossen, sondern nur das Vermögen der Genossenschaft (§ 2; beachte aber die Nachschußpflicht unten c).

Besonderheiten:

aa) keine geschlossene Mitgliederzahl, d. h. angelegt auf freien Ein- (§§ 15 ff.) und Austritt (§ 65 I) von Genossen und Übertragung des Geschäftsguthabens (§ 76).
bb) keine ziffernmäßig fixierte Kapitalbasis; die Beteiligung der Genossen am Gesellschaftsvermögen ist Folge, nicht (wie bei AG und GmbH) Voraussetzung der Mitgliedschaft;
cc) Zweck der eG ist nicht eigene Gewinnerzielung, sondern Unterstützung d. h. Förderung des Erwerbs oder der Wirtschaft der Genossen bei deren wirtschaftlicher Betätigung;
dd) zwingend ist regelmäßige Prüfung der gesamten Geschäftsverhältnisse (der Einrichtungen, der Vermögenslage sowie der Geschäftsführung) der eG durch einen Prüfungsverband (§§ 53 ff.).

c) **Arten.** Je nach der Pflicht zur Leistung von Geld, die die Genossen im Insolvenzverfahren der eG zu erbringen haben, unterscheidet man (§ 6 Nr. 3):

aa) eG mit unbeschränkter Nachschußpflicht (eGmuH);
bb) eG mit (auf eine bestimmte Haftsumme) beschränkter Nachschußpflicht (eGmbH);
cc) eG ohne Nachschußpflicht.

d) Die **Entstehung** der eG entspricht weitgehend der des e. V. nach Bürgerlichem Recht und ist gegenüber der AG wesentlich einfacher. Sie setzt voraus:

aa) schriftliche Feststellung des Statuts (§ 5) durch mindestens sieben Gründer (§ 4). Inhalt des Statuts: §§ 6–8; Gestaltungsmöglichkeiten im übrigen bestehen grundsätzlich nur im Rahmen der Vorschriften des GenG.; das Statut darf von den Bestimmungen des GenG nur insoweit abweichen, als das Gesetz dies ausdrücklich zuläßt (§ 18).
bb) Anmeldung zum Genossenschaftsregister (geführt bei dem zur Führung des HReg zuständigen Gericht, in dessen Bezirk die Genossenschaft ihren Sitz hat; vgl. §§ 10, 11, § 125); Prüfung durch das Registergericht und Eintragung (§ 11 a). Die Eintragung ist konstitutiv, mit ihr erwirbt die eG Rechtsfähigkeit (§ 13).
cc) Mängel der Gründung können nach Eintragung nurmehr beschränkt geltend gemacht werden (§§ 94–97); Heilung der Mängel ist stets möglich (§ 95 II).

2. Organe

Wie die AG hat die eG drei notwendige Organe, die aber – anders als bei der AG – grundsätzlich aus Genossen bestehen müssen. Ausnahme: Aufsichtsrat bei mitbestimmten eG (§§ 77 III, 76 BetrVG 1952, §§ 1 I, III, 6 I, 7 MitbestG) und Arbeitsdirektor (§ 33 III MitbestG).

a) **Vorstand:** mindestens zwei Personen, bestellt durch die Generalversammlung (§ 24 I, II), soweit das MitbestG (§ 31 MitbestG) nicht entgegensteht.

b) **Aufsichtsrat** mit ähnlicher Stellung wie bei der AG (§§ 38 ff.). Bestellung durch die Generalversammlung (§ 36 I) außer die ArbN-Vertreter bei mitbestimmter eG (§§ 77 III, 76 BetrVG 1952; §§ 6, 9 ff. MitbestG).

c) **Generalversammlung** als oberstes Organ; bei größeren eG kann das Statut bestimmen, daß an ihre Stelle eine Vertreterversammlung tritt (§§ 43, 43 a). Diese Versammlungen sind u. a. für Satzungsänderungen zuständig (§ 16).

3. Rechtsstellung der Genossen

a) Mitglieder

Mitglieder können sein: natürliche Personen, juristische Personen, OHG und KG und nach heute überwiegender Meinung auch die BGB-G (vgl. BGHZ 116, 86; vgl. dazu Beuthien/Ernst, ZHR 156 (1992), 227).

b) Erwerb der Mitgliedschaft

aa) durch Teilnahme an der Gründung (Unterzeichnung des Statuts);
bb) durch späteren Beitritt (Schriftform, Zulassung durch die eG, konstitutive Eintragung in die beim Registergericht geführte Mitgliederliste; §§ 15, 15 a, 15 b).
cc) Die Mitgliedschaft ist **nicht übertragbar** und in der Regel auch **nicht vererblich.** Übertragen werden kann aber das Geschäftsguthaben an jemanden, der schon Genosse ist oder gleichzeitig Genosse wird (§ 76). Zur Situation im Erbfall vgl. § 77.

c) Verlust der Mitgliedschaft

aa) durch Tod des Genossen (§ 77 I);
bb) durch Austritt, der durch schriftliche Kündigung (§ 65 I), aber auch durch Abtretung des Geschäftsguthabens (§ 76) erfolgen kann;
cc) durch Ausschließung (§ 68).

Das Ausscheiden eines Genossen ist in der Mitgliederliste einzutragen (§§ 69, 76 II, 77 III).

d) Beteiligung am Gesellschaftsvermögen, Zahlungspflicht, andere Pflichten

aa) Im Statut ist ein Höchstbetrag anzugeben, bis zu dem sich ein Genosse mit Einlagen beteiligen kann, § 7 Nr. 1: **»Geschäftsanteil«**; auf diesen sind bestimmte Einlagen zu leisten: Pflicht- oder Mindesteinlagen (§§ 7 Nr. 1, 50). Geschäftsanteile und Pflichteinlagen müssen grundsätzlich für alle Genossen gleich hoch sein, doch besteht die Möglichkeit (u. U. sogar die Pflicht), sich mit mehreren Geschäftsanteilen zu beteiligen (§ 7 a). Mindest- oder Höchstbeträge für Geschäftsanteile sind nicht vorgeschrieben. Der Betrag, mit dem der Genosse tatsächlich an der Genossenschaft beteiligt ist (Einlage + Gewinn – Verlust), ist das **Geschäftsguthaben,** das jedoch nicht höher sein kann als der Geschäftsanteil (§ 19 I 3). Nach dem Geschäftsguthaben richten sich im Zweifel der Anteil an Gewinn und Verlust und der Anspruch bei Ausscheiden bzw. Auflösung der eG.

bb) Kraft Gesetzes hat der Genosse die Pflicht, die Mindesteinlage zu leisten (§ 7 Nr. 1), einen evtl. Fehlbetrag beim Ausscheiden zu decken (§ 73 II 3), u. U. Nachschüsse im Insolvenzverfahren zu zahlen (§§ 6 Nr. 3, 119–121).

cc) Das Statut kann beliebige weitere Pflichten vorsehen, z. B. Liefer- oder Abnahmepflichten (vgl. §§ 18, 16 III).

dd) Die personalistische Struktur der Genossenschaft führt zu einer Treuepflicht der Genossen untereinander und gegenüber der Genossenschaft, ähnlich wie bei Personengesellschaften (vgl. oben B II 1 a und Großfeld/Aldejohann, BB 1987, 2377).

e) Rechte der Genossen

Man unterscheidet wie auch sonst im Gesellschaftsrecht (nicht vermögenswerte) Mitverwaltungsrechte (insbes. Stimmrecht, § 43 III) und vermögenswerte Rechte (z. B. Rechte zur Teilnahme an genossenschaftlichen Einrichtungen, wie etwa Darlehensgewährung, Warenbezug, Benutzung von Geräten).

4. Rechnungslegung, Bilanz

§ 33; §§ 238 ff., 336 ff. HGB

5. Beendigung der eG

§§ 78 ff.

6. Verbundene Unternehmen, Umwandlungen

a) Ein Recht der verbundenen Unternehmen im Bereich der eG gibt es bislang nicht; eG können jedoch an Unternehmensverbindungen i. S. des AktG beteiligt sein; dann gelten die aktienrechtlichen Bestimmungen; vgl. dazu Emmerich/Sonnenschein, Konzernrecht, 6. Aufl. 1997, § 29.

b) Die Möglichkeiten der Umwandlung von eG ist nunmehr im UmwG vom 28. 10. 1994 (BGBl. I S. 3210) geregelt. Unter den Oberbegriff der Umwandlung fallen nach diesem Gesetz die Verschmelzung, die Spaltung (Aufspaltung, Abspaltung, Ausgliederung) und der Formwechsel. Vgl. dazu oben B VI.

II. Versicherungsverein auf Gegenseitigkeit (VVaG)

Rechtsgrundlage

§§ 7, 15–53 Gesetz über die Beaufsichtigung der Versicherungsunternehmen (Versicherungsaufsichtsgesetz – VAG).

Literatur

Fahr/Kaulbach, VAG, 1994; *Goldberg/Müller*, VAG und Bundesaufsichtsgesetz, 1980; *Großfeld*, Der Versicherungsverein auf Gegenseitigkeit im System der Unternehmensformen, 1985; *Hohlfeld*, Die Zukunft der Versicherungsaufsicht nach Vollendung des Binnenmarktes, VersR 1993, 144; *Prölss/Schmidt*, Versicherungsaufsichtsgesetz, 11. Aufl. 1997; *Schmidt, R.*, Versicherungsaufsichtsrecht und EG-Recht, Bd. 1 und 2, 1993.

Geschichte

Zur geschichtlichen Entwicklung vgl. *Goldberg* in: Kommentar zum Versicherungsaufsichtsgesetz, 1980, § 15 Rdz. 1 ff.

III. Bergrechtliche Gewerkschaft

Rechtsgrundlage

Früher war die Bergrechtliche Gewerkschaft in landesrechtlichen Gesetzen als Gesellschaftsform geregelt, z. B.: Art. 94–134 Preußisches allgemeines Berggesetz von 1865, das in ehemals preußischen Gebieten galt; Art. 139–177 Bayerisches Berggesetz von 1910. Inzwischen hat der Bund von seiner Gesetzgebungskompetenz nach Art. 74 Nr. 11 GG Gebrauch gemacht und ein Bundesberggesetz erlassen (vgl. BGBl. 1980 I S. 1310). Gesellschaftsrechtlich interessant ist die Regelung in § 163 des Bundesberggesetzes. Diese Bestimmung sieht die gesetzliche Auflösung der bisherigen Gewerkschaften mit eigener oder ohne eigene Rechtspersönlichkeit mit Ablauf des 1. Januar 1986 vor, sofern nicht ein Umwandlungs- oder Verschmelzungsbeschluß zur Eintragung in das HReg angemeldet wurde. Durch das Erste Rechtsbereinigungsgesetz vom 24. 4. 1986 (BGBl. I S. 560) ist an § 163 Bundesberggesetz ein neuer Abs. 4 angefügt worden, der die Übergangsfrist für die am Stichtag des § 163 I 3 Bundesberggesetz noch aktiv im Bergbau tätigen Gewerkschaften bis zum 1. 1. 1989 verlängert hat. Durch das Gesetz zur Änderung des Gesetzes über den Sozialplan im Konkurs- und Vergleichsverfahren und des Bundesberggesetzes vom 20. 12. 1988 (BGBl. I S. 2450) ist diese Frist um weitere fünf Jahre bis zum 31. 12. 1993 verlängert worden. Die bisherigen bergrechtlichen Gewerkschaften können nach diesem Zeitpunkt nurmehr in Form der herkömmlichen Kapitalgesellschaften, insbesondere der AG und der GmbH, fortgeführt werden.

Literatur

Boldt/Weller, Bundesberggesetz, 1984, Ergänzungsband 1992; *Schulte*, Das Bundesberggesetz, NJW 1981, 88.

Stichwortverzeichnis

Die Zahlen bezeichnen die Seiten.